JN169863

近代大阪の
小学校建築史

川島智生 著

大阪大学出版会

「浪花新建十二景之内
東大組十五区小学校之図」

「明治天皇行幸の図」
明治10年の大宝小学校が行幸馬車の
後方に描かれている
（小出楢重画、南小学校所蔵）

第一盈進高等小学校講堂
のち千早赤阪村立赤阪小学校（現在は明治村、2017年筆者撮影）

船場小学校 赤煉瓦本館

大宝小学校
（写真所蔵 清水建設）

浪華小学校
（写真所蔵 清水建設）

桃園小学校
(1990年筆者撮影)

愛日小学校
(1993年筆者撮影)

精華小学校
(2011年筆者撮影)

金甌小学校 講堂

芦池小学校 講堂

精華小学校 講堂
(2010年筆者撮影)

赤川小学校

天王寺第５小学校

『小学校の理想設備』表紙
（汎愛小学校）（昭和３年）

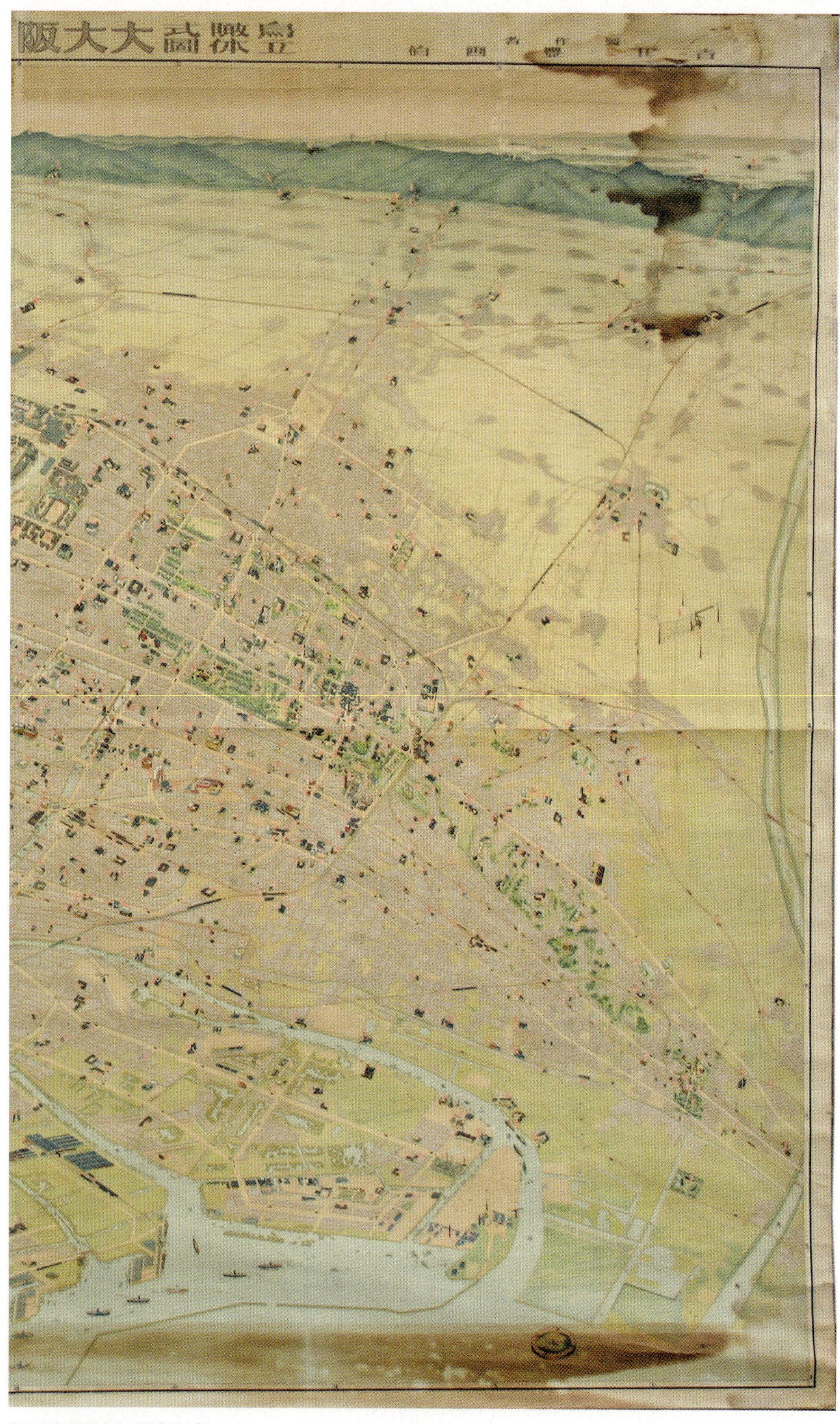

（上宮高校所蔵）昭和10年

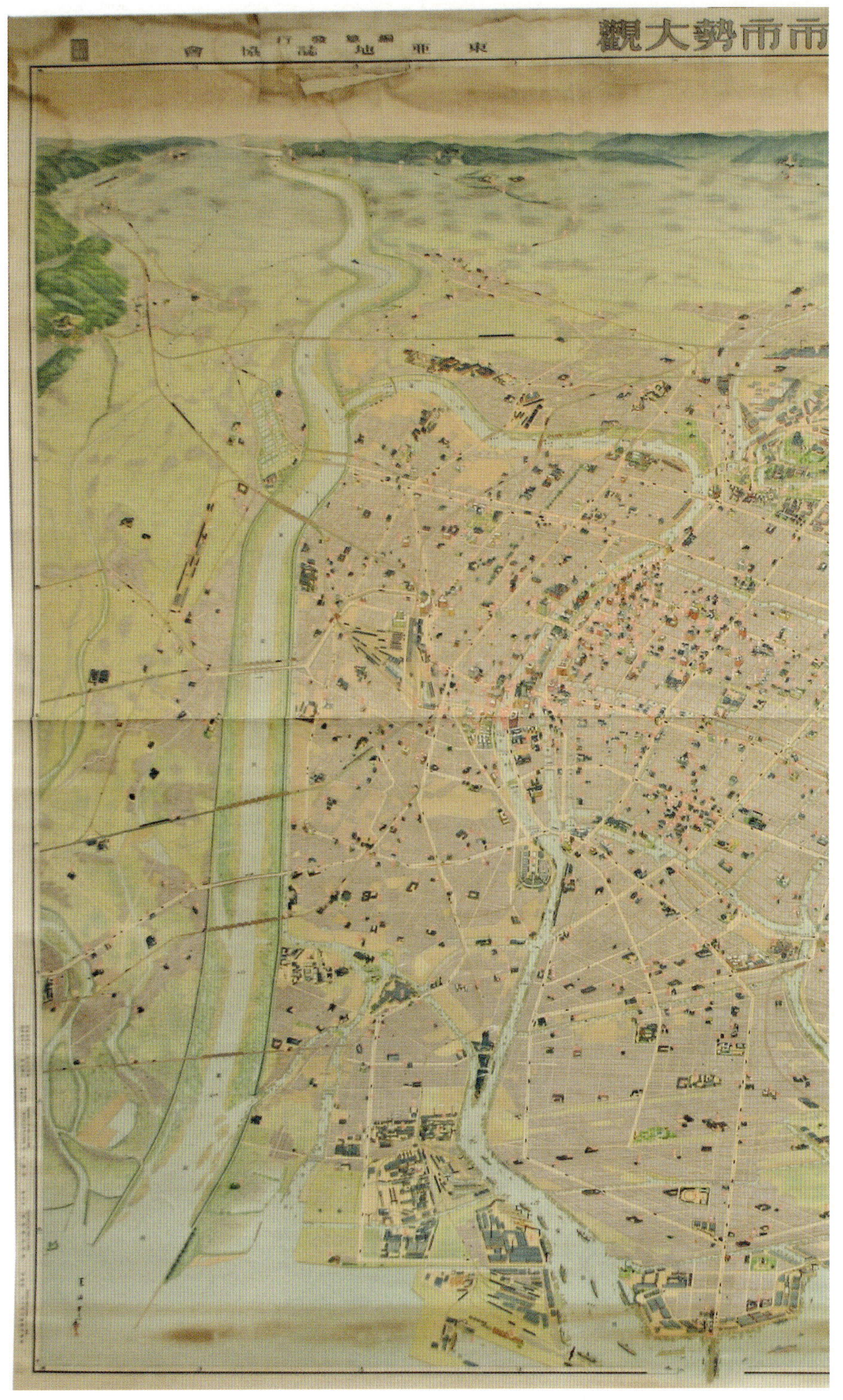

鳥瞰式立体図　大大阪市市勢大観

大阪市戦災焼失区域図
(大阪市立中央図書館所蔵)

近代大阪の小学校建築史　目次

第二章　大正期の民間建築家による小学校建築と学区制との関連

第四章　鉄筋コンクリート造小学校の標準化について
――復興小学校建築の成立と特徴 351

＊ここで記す小学校という呼称は尋常小学校を意味し、高等小学校に関しては「高等」とつけて記載している。
＊書名や史料の引用に際して旧漢字は常用漢字に改めた。

序章　大阪の小学校が歩んだ近代

一　研究の目的

明治・大正・昭和戦前期に建てられていた、いわゆる「近代建築」と呼ばれる建築の過半は、すでに失われてしまっている。そして、現在、大正末期から昭和戦前期にかけて建てられた鉄筋コンクリート造の建築が、耐用年数六〇年を経過したことを理由に、取り壊しの嵐のなかにある。[1]そのため、今という時期を逃しては、「現物」としての鉄筋コンクリート造の「近代建築」と出逢うことはできないと考えられる。明治期の建築を対象とした研究が一定の成果をあげているのに対し、昭和戦前期の建築を対象とした研究は未だ空白の部分も多い。そのなかで鉄筋コンクリートという構造は、歌い文句であった耐震耐火に加えて、同一の建築に多くの機能を複合させることを構造的に可能とし、立体化によって床面積の大幅な増加を実現させるなど、明治初期の西洋建築との遭遇にも匹敵するほどに、その誕生は「革命的な」[2]ものであったと考えられる。そのこともあって、大正末期には「鉄筋コンクリート神話」[3]なるものが生まれてくる。そのことが普及に際し、大きな要因になっていく。そして今日に至るまで、我々は鉄筋コンクリート造に代わるものを見出せないでいる。つまり現在も鉄筋コンクリート造の呪縛のなかにあるといって過言ではない。

さて、鉄筋コンクリート造建築がもっとも普及するものに、大都市の公立小学校校舎がある。小学校校舎の建築的な位置付けは、個々の建築的なレベルとしては、けっして高いものではないが、地域的にも広範囲にわたって一斉に出現するために、その様態は群として捉えることができる。つまり一定の普遍性を有していたと考えられる。

そのために、鉄筋コンクリート造の成立を考える上で、その事例としては相応しい対象と考えられる。従来、小学校校舎と言えばデザインされない建築としての見方が強かった。そのことは擬洋風への反動としての、明治前期におこった「質実剛健をよしとする」(4)ことを受けた結果の簡素化や、公教育の平等性による画一化、ということなどに由来するものと考えられるが、小学校建築を歴史的に観察していけば、それとは対極に位置付けられる、デザインされた校舎建築の存在が浮かび上がってくる。従来の歴史観ではそのような、地域によって作られた小学校は、大都市では概ね、市制が敷かれるまでの明治期前半のものと考えられていたが、実は大正後期から昭和初期に成立する鉄筋コンクリート造校舎においても、地域が主体で建設されていたことが見出せる。つまり、小学校の建設や運営に関して、地域が担っていくとする、「学区制度」(5)が大阪市、京都市など大都市において強く存在していたからに他ならない。その結果、意匠や内容において多様な鉄筋コンクリート造小学校建築が出現することになる。

周知のように、明治初期には擬洋風という建築が一斉に出現するが、このデザインは制度的に誕生したばかりの小学校校舎に顕著に見られた。全国にわたって地域のなかにまで浸透した擬洋風のスタイルが、わが国の建築の洋風化に大きく関係したように、大正後期から昭和戦前期にかけての小学校校舎の鉄筋コンクリート造化は、水洗便所や、エレベーター、屋上庭園、室内プールなど整備を中心に、今日の近代的な建築の内容の先取りを果たしていたと考えることができる。わが国の近代は洋風化として開始されたが、大正期には鉄筋コンクリート造建築の成立によって、建築を中心にその様相は大きく変化していく。つまり、この時期は大きな転換期にあったと考えられる。本書ではこのことに着目して、とりわけ広範囲に普及した、小学校建築の鉄筋コンクリート造化という現象を建築史に見ることによって、日本における建築の近代化の過程を考える一端としたい。

二　本書の構成と要旨

第一章では明治初期の小学校の誕生時にどのような建築がつくられていたのかをみる。また、洋風校舎の成立とその背景をさぐる。

第一節では明治前期の大阪の小学校について、その成立と建築特徴をあきらかにし、擬洋風校舎がきわめて早い時期に一斉に出現していたことを実証する。小学校の建築動向から相当数が開設当時から、洋風意匠の要素を有するいわゆる擬洋風のものになっていたことを述べる。そして、大阪での擬洋風校舎の建築様態を論じ、大阪での擬洋風校舎とはがわが国できわめて早い時期の擬洋風小学校であることをあきらかにする。

最後に、洋風校舎出現の原因に大阪府少参事・藤村紫郎の積極的な推進があったことを指摘する。

第二節では明治後期以降の小学校のプランの定型化と意匠面での特徴を、学区制度と文部省による学校建築に関する法制度の整備との関係からみる。この時期は明治初期に建てられた校舎の建て替えの時期にあたり、ほとんどの学校で新しく校舎がつくられる。その拠り所は採光や通風などの衛生工学であったが、一方多くの小学校で和風意匠を強調した外観となっており、それらの実体を検証する。

大阪市での校舎の成立を学区制度の復活との関係から論じる。ここで成立した校舎には長屋門に類似したものと玄関部を強調するものの二種類があったことをあきらかにし、そこでは和風意匠を強調する手法が用いられていたことをみ、その背景をさぐる。

明治前期の段階で和風意匠を有する校舎が出現していたことをあきらかにする。そして、明治中期の校舎の一斉の出現の背景には学区制度の廃止があったことを指摘する。さらに、この時期に出現した校舎は和風意匠が強調される傾向にあった。その成立に洋風のプランや構造の採用があったことをあきらかにし、設計の監修を文部省の建築技師・久留正道がおこなっていた小学校もあったことを実証する。

第二章では鉄筋コンクリート造校舎の成立過程を学区制度廃止との関連からみるとともに建築内容をあきらかにする。

第一節、二節では、大正期の大阪市での鉄筋コンクリート造校舎の成立過程を、設計を担当した民間建築家との関連からあきらかにしていく。大正期の大阪市では学区制度が施行されていたため、学区に小学校の建設事業が委ねられていたことを述べ、そのようなシステムに則り、設計に民間建築家が登用されることになったことを論じる。そして、つくられた鉄筋コンクリート造校舎の建築的特徴を述べる。そこでは、エレベーターや屋上プールなどの豪華な設備を有するものが出現していたことをあきらかにし、ファサードについては同時期の事務所ビルディングとの共通性を論じた。

第二節では第一節でみた民間建築家の登用についてより詳細に考究する。同時に民間建築家が設計をおこなった小学校についての建築的な特徴を建築家ごとに解明する。取り上げる建築家は増田清、橋本勉、国枝博、宗兵蔵、花岡才五郎、池田実、熊澤栄太郎、阿部美樹志、石本喜久治、安井武雄、横浜勉、永井榮之丞、の一二人と大阪市営繕課の建築技術者である。

建築家についてはその経歴、建築作品、理念、社会との関わりなどから実像を探り、いかに小学校校舎の設計を担い、どのような校舎を目指したのかを解き明かす。

小学校建築についてはプランやスタイル、構造、意匠などの建築特徴の分析にくわえ、建設経緯や建築内容を学区という地域制度との関連から論じる。

第三節では、大正期の大阪市での鉄筋コンクリート造校舎の成立が、昭和二年（一九二七）の学区制度の廃止と、深く関連していたことを財政面から論じる。

鉄筋コンクリート造への改築ラッシュが大正末期の数年間に集中していたことと、改築計画が各学区によっておこなわれていた実態をあきらかにする。そして、鉄筋コンクリート造校舎が学区制度のなかで成立したことを述べ、学区が建設主体であったことで、各学区によって建設費に差異が生じていたことを実証する。さらに、改築費の多くが大阪市当局による交付金によって占められていることを検証し、交付金が高額な建設費を可能とした事実をあきらかにする。

最後に、学区制度廃止との関連をさぐり、学区制度廃止を見越しての改築が多かったことを論じ、学区制度廃止を円滑に推進するために、鉄筋コンクリート造校舎の建設費として、交付金が大阪市当局より交付された側面を指摘した。

第三章では、学区制度廃止後の大阪市の小学校の成立過程をみるもので、昭和二年から昭和九年までを対象とする。ここでは建設主体が学区から大阪市当局に移ったことで、設計は大阪市建築課がおこなっており、ここでつくられた校舎の建築特徴を論じる。大阪市当局による第一次から六次におよぶ小学校の建設計画の全容をあきらかにし、実施された内容を述べる。

そして、小学校建設計画の実施のために、新設される校舎係も含め、拡充される大阪市建築課の組織陣容をあきらかにする。さらに、ここでつくられた校舎の建築特徴を、設計の規格化やプランの定型化、意匠の変容という側面から検証する。

第四章では鉄筋コンクリート造校舎の標準化の過程を関西大風水害の復興事業との関連からみる。

第一節では昭和九年の関西大風水害により大被害をこうむった、大阪市の小学校校舎の復興事業に着目し、そこでつくられた鉄筋コンクリート造校舎の標準設計の内容とその理念を論じる。

建設の主体であった大阪市臨時校園建設所の組織とその建築技術者陣容について述べる。そして、復興計画の内容を述べ、実際におこなわれた建設事業の全容をあきらかにする。さらに、校舎設計の際に、標準化がおこなわれていたことに注目し、標準化への過程をみることで、標準化の内容を検証する。

また、標準化が意匠面までに及んでいたことをあきらかにし、遮光庇の形態によってファサードが類型化されていたことを論じる。そして、校舎設計の標準化にあたっての科学的根拠とされた、伊藤正文の衛生工学研究についてあきらかにする。

最後に、臨時校園建設所の設計理念について、臨時校園建設所の建築部門の最高責任者であった伊藤正文の言説を検証することであきらかにすることを試みたもので、伊藤正文が中心メンバーであった日本インターナショナル建築会の理念との関連までも視野にいれて論じる。

注

(1) 行政の管轄にある建築の法的な、最大の使用年限を指す。
(2) 菅見によるが、大須賀巌「学校建築と建築家」『建築と社会』第一八巻、第七号（昭和一〇年七月、日本建築協会）のなかで、日本で最初に神戸でおこなわれた鉄筋コンクリート校舎の誕生を「革命的事業」とたとえてある。
(3) 耐震耐火の上に、半永久的に持つという「永久建築」として捉えられていたようだ。
(4) 文部省側からの学校のあり様に対する考え方
(5) 利用するものが金を出して運営するという、受益者負担の考えに基づく教育制度で、地域が主体で小学校の建設や運営をおこなっていた。

第一章　明治期の小学校建築の成立と特徴

一　明治期の小学校建築の成立と特徴

明治初期の小学校校舎には擬洋風というスタイルが用いられたことはよく知られているが、現存している校舎に関しての研究が中心で、すでに失われてしまった校舎についての考究は進んでいるとは言い難い。本章で取り扱う大阪市の明治初期の小学校校舎についても明治中期の建て替え時に多くが撤去される。従って遺構としては残存されていない[1]。そのこともあって、従来その校舎について建築的な観点に立脚しての研究は殆どなかった。だが錦絵や新聞などから、当時の校舎の建築的な様相を断片的に見ることができる。さらに今回、調査により見出した史料を用いて、明治初期の大阪市の小学校校舎を概観し、擬洋風校舎成立に関わった藤村紫郎について考察するものである。

1　小学校建築の動向

大阪では明治五年（一八七二）七月から明治六年（一八七三）五月[2]にかけて一挙に多くの小学校校舎が竣工する。旧大阪三郷が改組された東西南北の四大組は七九の学区から形成されており、一学区に一校の割合で小学校が開設される。明治九年（一八七六）の時点[3]での小学校設立状況を見ると合計八一校が設立されている。そのうち五〇校が新築であった[4]。このことは全国での校舎の新築の割合が一八％[5]であったことを考えれば、新築の割合が著しく高いことが判る。

東大組第19区小学校銅版画

東大組第19区小学校

北大組第14・15区小学校

北大組第１区小学校

そのような小学校の設置は、一般的には明治五年（一八七二）の学制発布の影響によると考えられるが、大阪では小学校の設置は、旧来の町会所を廃し新たに開設が決まった会議所と一体化して成されていた（上図参照）。大阪府は明治五年四月に各学区に会議所を設置するように通達[6]をおこない、同年一一月には「小学校建営心得廉書[7]」のなかで、小学校校舎の中に「講堂兼集議所」の設置を求めている。大阪の小学校には教育施設であることに加えて、学区を形成する地域の集会施設[8]の機能や大阪府の出張所の役割も必要とされていた。

これは大阪の小学校のモデル[9]であった京都の小学校で、区会議所との併置という形で設立がなされていたことを踏襲したものと考えられる。また校舎の建設事業は、

学区制の最も徹底せる大阪市に於ては明治五年（一八七二）三月から九年（一八七六）四月迄に各学区に小学校の完成を見る。[10]

というように、学区が主体で行われていたため

に、各学区が互いに競いあって校舎を建設する。このことは明治二年（一八六九）、京都での小学校の一斉の設立時にも見られる。

2　建築的な特徴

この時期大阪の小学校校舎には擬洋風校舎が現れており、錦絵[11]（口絵参照）や右頁写真[12]などから竣工時の校舎の外観の様相を見ることができる。ここからは大阪においても他地方[13]に見られる擬洋風校舎と同じようなものが造られていたということが理解される。さらに学校沿革史や記念誌[14]からは塔屋も含めると三階建てや四階建て[15]の校舎も竣工していたことが判る。そこでは、

> 八町、十町程ニ高見屋を立てギヤマンを入、異作之こしらへ、町々に我一とはりこみ其りっぱな成事云計りなり[16]

安堂小学校（明治５年）

道仁小学校（明治６年）

靭尋常小学校（明治６年）

というような状況を見せていた。ここで現れていた校舎は次項で詳しくみる「藤村式」[17]であったと考えられる。その建築的な特徴をみれば、まず形態として望楼や太鼓楼、ベランダの設置があり、意匠として窓などの開口部のアーチ、隅石を模した壁、ベランダの軒飾り板、柱頭装飾などがあり、それらはいわゆる擬洋風建築の特徴をなしているといえる[18]。小学校建築の先駆都市京都での様態をみると、京都での校舎の建設は明治一〇年（一八七七）が新築のピークとなっており、明治二年（一八六九）の時点での京都での小学校校舎には擬洋風の意匠のものは成立をみていなかった。神戸においても擬洋風校舎の出現は明治一二年以降であり、このことからみても大阪では擬洋風校舎は早い時期につくられており、しかも多くの小学校で誕生していたことがわかる。その様相は、明治七年（一八七四）に文部省役人と大阪を視察していた御雇アメリカ人モルレーが大阪の小学校について、

市街ニ設クル学校ハ蓋シ我全州ニ比例ナキ高大美ノ家屋ナリト雖モ[19]

と記していることからも伺い知れる。「藤村式」校舎が京都で数多く出現していたならば、このような大阪の小学校建築への注目はなかったと考えられる。この背景には次項でみる大阪府小参事であった藤村紫郎の積極的な洋風化推進が関係していたが、近世より蓄積されていた大商業地としての富の集積が、「藤村式」擬洋風校舎の成立を財政的に支えたとみることができる。

一方で、北大組第一区の校舎の写真[20]（8頁写真参照）や北大組第一四・一五区の校舎の絵[21]（8頁図参照）からは、洋風の意匠が窓まわりなどの開口部と大壁に限定され、上で見てきた「藤村式」校舎と較べると洋風意匠の影響が比較的少ない校舎もあったことが判る。このように洋風意匠の内容については各学区によって差異が生じていたことが指摘できる。

このような洋風意匠を志向する傾向は11頁の瓦屋町小学校[22]の事例からも読み取れる。そこでは明治六年（一八七三）の小学校設立時には既存の相模屋敷を使用したが、その後窓の上部をアーチとし鎧戸を設けるなど、外観上洋風意匠に影響を受けたものに改修されていた。このことは次に詳しくみる藤村紫郎が大阪から去った後におこなわ

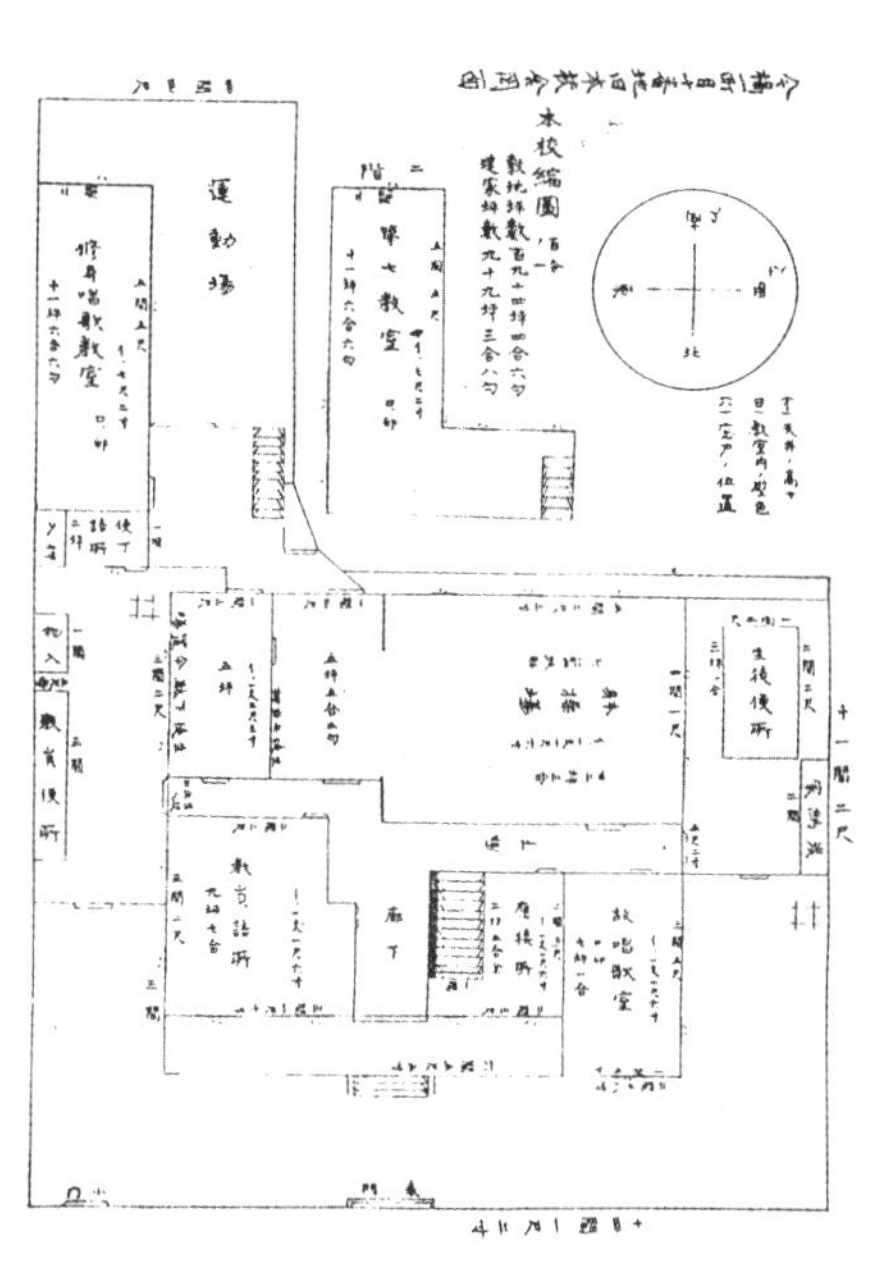

東大組第12区小学校 配置図兼平面図

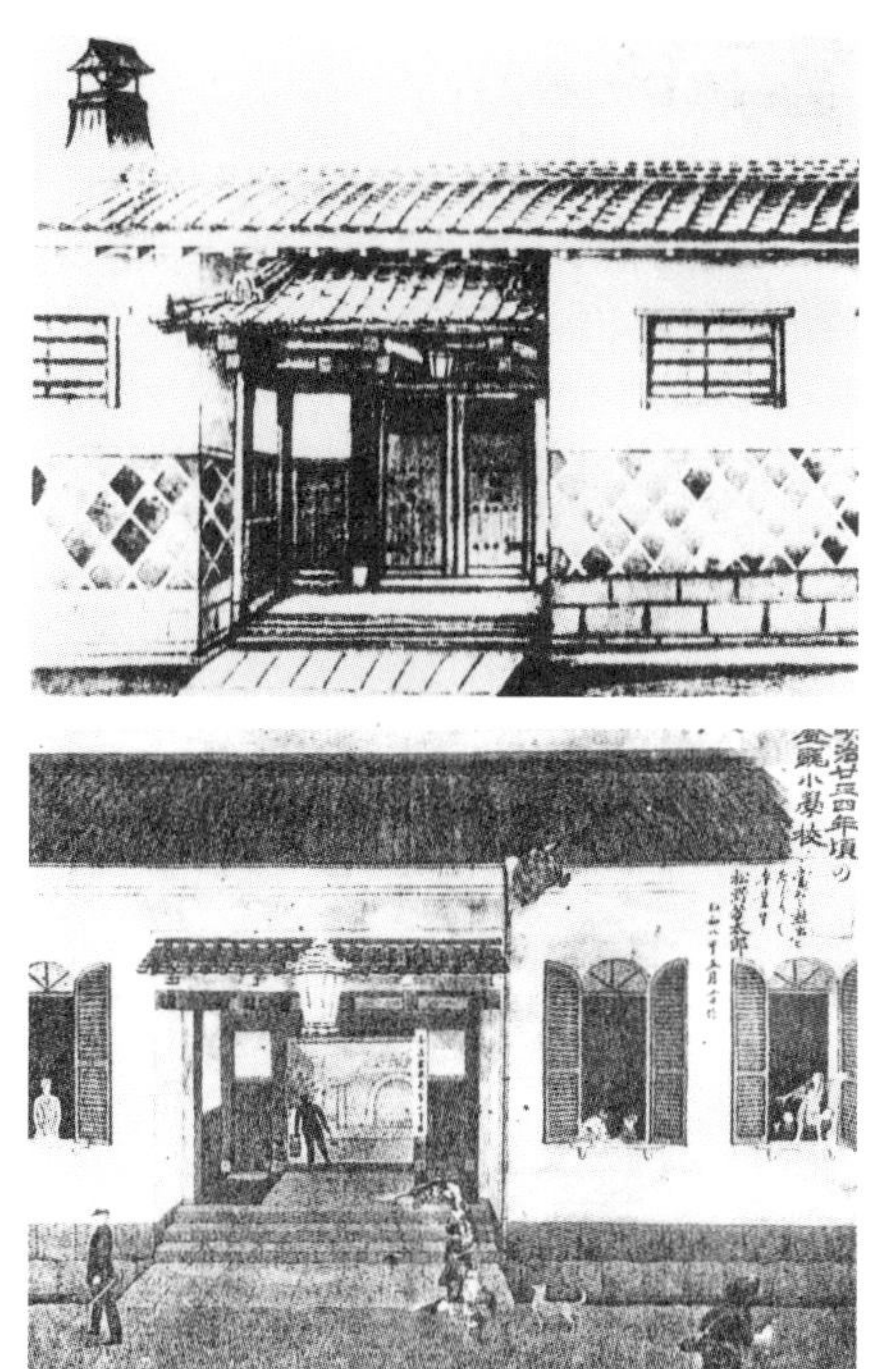

南大組第４区小学校（瓦屋町小学校）
上：改修前　　下：改修後

れていた。このことからも明治六年以降も洋風への志向が強かったことがうかがえる。

明治初期大阪の擬洋風小学校の掉尾を飾るのが、明治一一年（一八七八）に栄小学校と改称される第三大区二三番小学校であった。集められた史料[23]によれば、明治八年（一八七五）九月に竣工する校舎は明治前期の大阪の小学校の中では最も大規模で、壮麗な洋風建築であったようだ。明治一二年二月一四日付の『大阪日報』第八九七号によれば、「其建築は大坂第一等と呼れる煉瓦石造なり」とあり、工費は二万余円で大阪府庁を模した建物であった。大阪府庁は前年の明治七年（一八七四）にキンドル[24]の設計によって完成した洋風建築であった。「其ノ校舎ハ範ヲ当時政府ト称セシ大阪府庁ニ採リ、其ノ輪奐ノ美、規模ノ大、当時、日本第一ノ小学校ト称セラル[25]」とある。擬洋風校舎は一般的に木骨漆喰塗であって、煉瓦造によるものは管見の限りにおいて他に類例はみない。

「煉瓦石造」という記述が正確であれば、明治初期の擬洋風校舎の建築史に新しいページを付け加えるものといえるが、一方で「栄沿革誌」[26]によれば、「建築洋式木造」とあり、洋風木造校舎であったと記される。また明治三〇年（一八九七）には「風雨ノタメ破損屡ナルヲ以テ第三第四層ヲ撤去」とある。ここからは四階建てであったことが判明する。写真や絵など校舎の外観を示すものが何も残っていないために詳しくは判明しないが、おそらくは煉瓦造部分は二階までであって、三階四階は木造だったのだろう。

この校舎の坪数は四八五坪であったことが判明しており、見出せた平面図から実際に坪数を拾うと、一階二階ともに約一八〇坪前後であり、逆算すれば三階と四階を合わせて約一三五坪となる。すなわち三階四階は擬洋風校舎に多かった塔の部分に該当したものと推測される。そのために上階にいくほどに面積が小さくなっていった。

残された平面図ならびに一階玄関廻りの写真からは、一階は正面が柱廊となり、その奥が階段と裏面に抜ける通

栄小学校 明治8年落成式

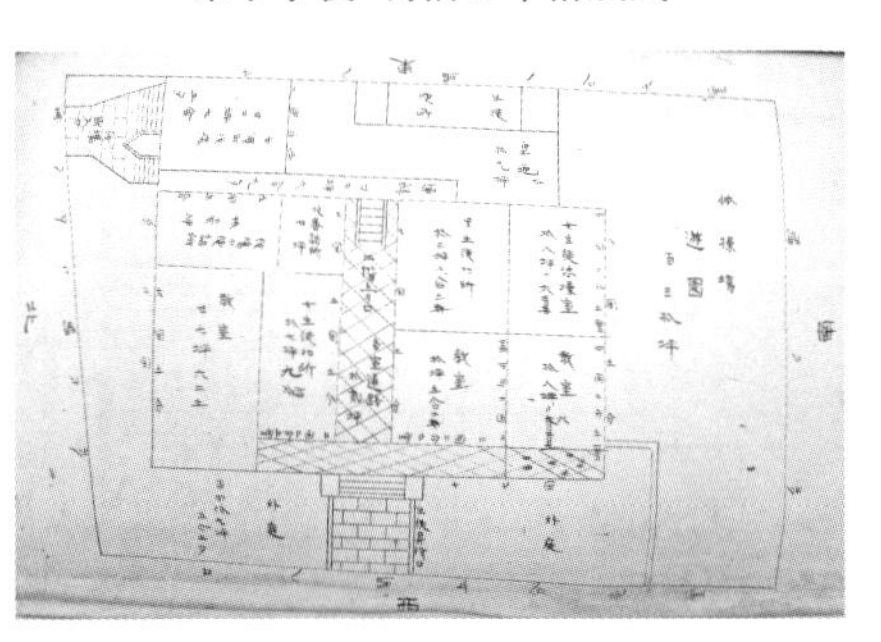
栄小学校 配置図兼1階平面図

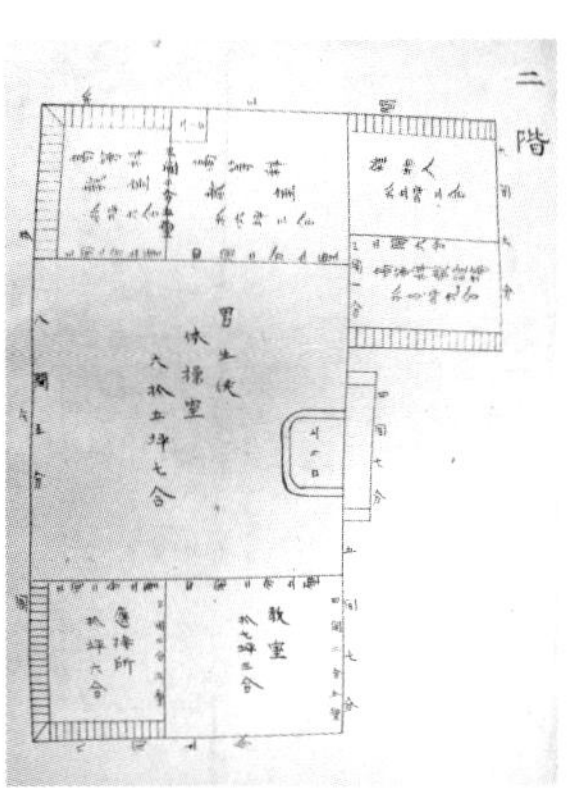

栄小学校 配置図兼2階平面図

表1－1　擬洋風校舎の一覧

行政区	番号	校名	竣工（明治）	階数	建築費（円）	建坪（坪）	史料	出典	備考
東大組	12	今橋	6．4	4		194		B・E	4階は望楼
	15	道修	6．4	4	2520	78	錦絵	B・E	4階は望楼
	18	堺東	7．2	3		200	模型写真	B・E	塔屋あり
	19	堺西	6．8	3			写真・絵	B・E	塔屋あり
西大組	8	阿波堀	5.11					A	
	23	栄	8．9	4	2万円	485		A・E	煉瓦造との説あり
南大組	3	万年	6.11			76		A・C	
	5	安堂	5.11		2476	65	絵	C・D	塔屋あり
	11	道仁	6．3				絵	C	塔屋あり
北大組	1	相生	6．2				写真	E	
	2	川崎	6.11	2				A	
	10	若松	6．2					A	会議所あり
	14・1	堂島西	5．8				絵	D	
	19	芦分	6．2	2				A	
	20	安治川	7．5					A	

備考：洋風意匠の傾向があきらかになった小学校校舎を取り上げている。
出典：A：大森久治『明治の小学校』泰流社、1973
　　　B：『東区史第二巻行政編』大阪市東区役所、1927
　　　C：『南区志』大阪市南区役所、1928
　　　D：『大阪新聞』
　　　E：各小学校所蔵の沿革史

路になっていたことがわかる。教室数は六あり、東側に突出した部分は西浜町役場となっていた。二階は中央部が「男生徒体操場」となり、廻りに教室が配されるものとなる。このように矩形の平面を示した。

ではなぜこのような「宏大にして且美麗を極め」た校舎が出現したのだろうか。前掲の『大阪日報』(27)には栄小学校の建設経緯について次のように記される。

　我渡辺の村たる、従来穢多と賤まれ世間交際も出来ざりしに、辱けなくも御一新より穢多の名称を廃せられ平民の仲間に加はり、大阪市中に編入せられ、一村千五百戸四千八百口の人民は歓喜の眉を開き、生前の大慶、死後の面目なりと一層奮発して、政府の御趣意を奉戴し、市中他の旧平民に魁けして、開化進歩の根本たる小学校を、二万円余りの私費を吝まずして、其建築は大阪第一等と呼れる煉瓦石造なり。又、大小便の代金は残らず学校費に充て、喰うべき餅も搗ずに、これまで丹精せし。（傍点は筆者による）

すなわち、栄小学校の位置した西浜町（旧渡辺村）の歴史的な背景が建設に大きく関わっていた。旧渡辺村は近世まで大阪三郷天満組附属地であり、安政年間に市街地化し、明治四年（一八七一）以降は西大組二二番という行政区画となる。

『朝野新聞』によれば、「宏大にして且美麗を極め、巍然として村中に屹立せり、大坂府広しといえど未だ此の如き壮大学校なしとぞ」[28]とあり、大阪の擬洋風小学校では群を抜いた存在であったようだ。この直後明治九年（一八七六）には開智小学校（松本市）や朝暘学校（鶴岡市）、明治一二年（一八七九）には龍翔小学校（三国湊）[29]と、明治一〇年前後の時期には全国各地に巨大な規模の小学校の建設が相次いだ。実はその先駆けが栄小学校であったと考えられる。表1－1に示した建設費のなかで、栄小学校の二万円という金額は突出している。このことからも建築的に圧巻する校舎が出現していたものと想像される。

明治三三年（一九〇〇）には建物が傾き危険となったため、別の建物を校舎として移転する。明治四一年（一九〇八）には新しい校舎が完成しており、明治八年竣工の校舎はこの直前には解体されていたようだ。

3　藤村紫郎の関与

大阪での擬洋風校舎の成立には、明治四年（一八七一）一一月から明治五年（一八七二）一二月の間、大阪府参事であった藤村紫郎[30]という役人が洋風校舎の建設を積極的に推進したことが関係していると考えられる。藤村は大阪府着任直前に京都府の少参事として、槇村正直京都府知事のもとで京都の小学校の設立に関係していた。大阪では東大組第一五区の小学校（口絵および左頁図参照）の新築の際に、指示を行っていたことが確認される[31]。大阪の小学校が一斉に改築される時期と藤村の大阪府在職の時期はほぼ一致する。このことからも藤村が擬洋風校舎の成立に深く関与していたことが推測できる。なお藤村が大阪を去った翌明治六年（一八七三）一〇月に大阪府は、擬洋風校舎についてについて次のような通達を出し、校舎意匠における外観の洋風一辺倒について、次のように戒めていた。

小学校ノ建設ハ追々成功ノ処、動スレハ霊飾ニ流レ、外貌ノ美麗ニノミ専ラ注意致候様（後略）[32]

表1－2　藤村紫郎の経歴

年譜	西暦	年齢	事項
弘化２年３月１日	1845.4.7		熊本市に熊本藩士黒瀬市右衛門・登千の次男として生まれる
安政５年	1857	12	熊本藩士菅野太平の養子となる
文久２年10月	1862	17	長岡護美に従い京に上り、尊王攘夷運動に入る
文久３年８月	1863	18	七卿落ちに同行
元治１年	1864	19	脱藩し長州軍に参加
慶応３年	1867	22	王政復古のクーデターに呼応し高野山に挙兵
明治１年閏４月	1868	23	明治新政府内局事務局権判事、戊辰戦争に出陣
明治１年11月	1868	23	兵部権小丞
明治３年	1870	25	京都府少参事就任
明治４年11月	1871	26	大阪府参事就任
明治６年１月20日	1873	28	山梨県県令就任
明治７年10月	1874	29	山梨県県令昇任
明治20年３月	1887	42	愛媛県知事就任
明治22年２月	1889	44	愛媛県知事退任・熊本農工銀行頭取就任
明治23年	1890	45	貴族院議員
明治29年	1896	51	男爵
明治42年１月５日	1909	63	熊本で死去

出典：有泉貞夫「藤村紫郎」『郷土に輝く人々』青少年のための山梨県民会議、昭和49年
石田潤一郎「藤村紫郎」『日本歴史人物辞典』朝日新聞社、1994
植松光宏『山梨の洋風建築』甲陽書房、昭和52年
藤森照信『都市建築』岩波書店、日本近代思想体系19、1990

藤村紫郎

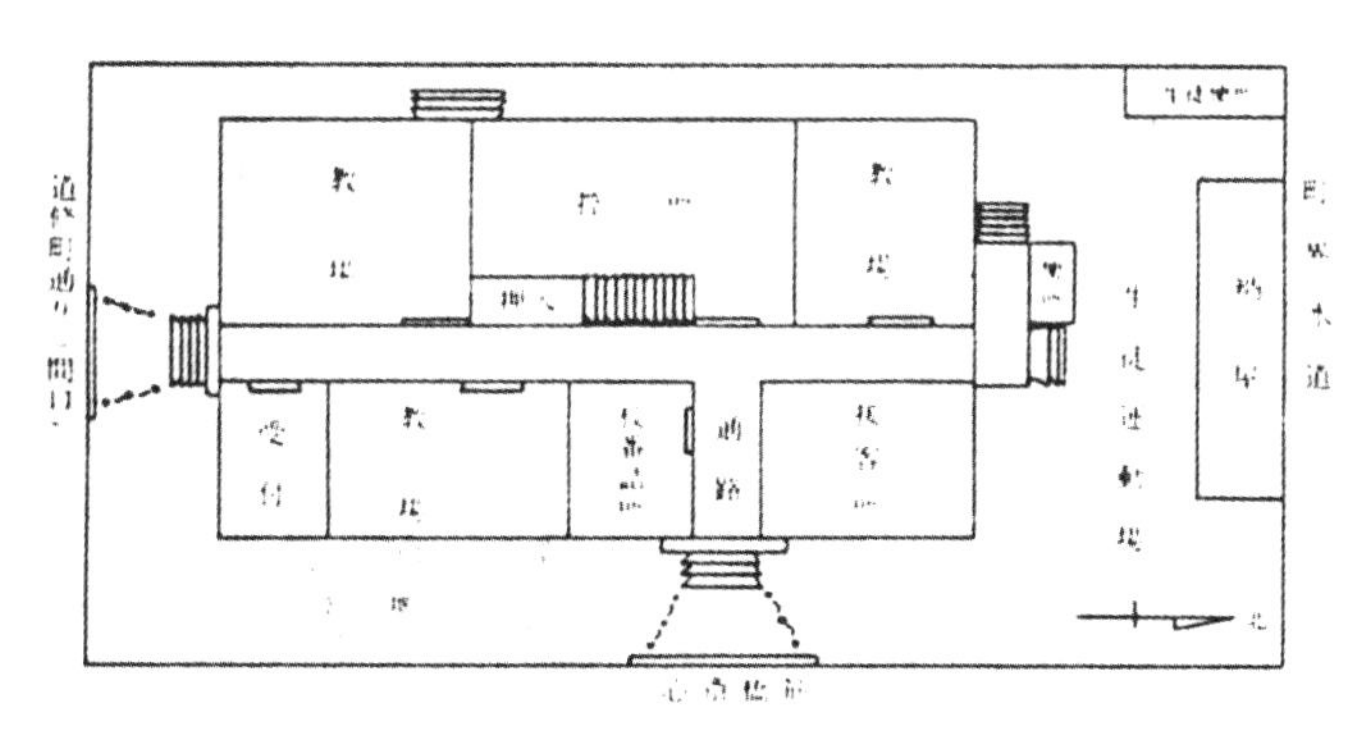

東大組第15区小学校 配置図兼１階平面図

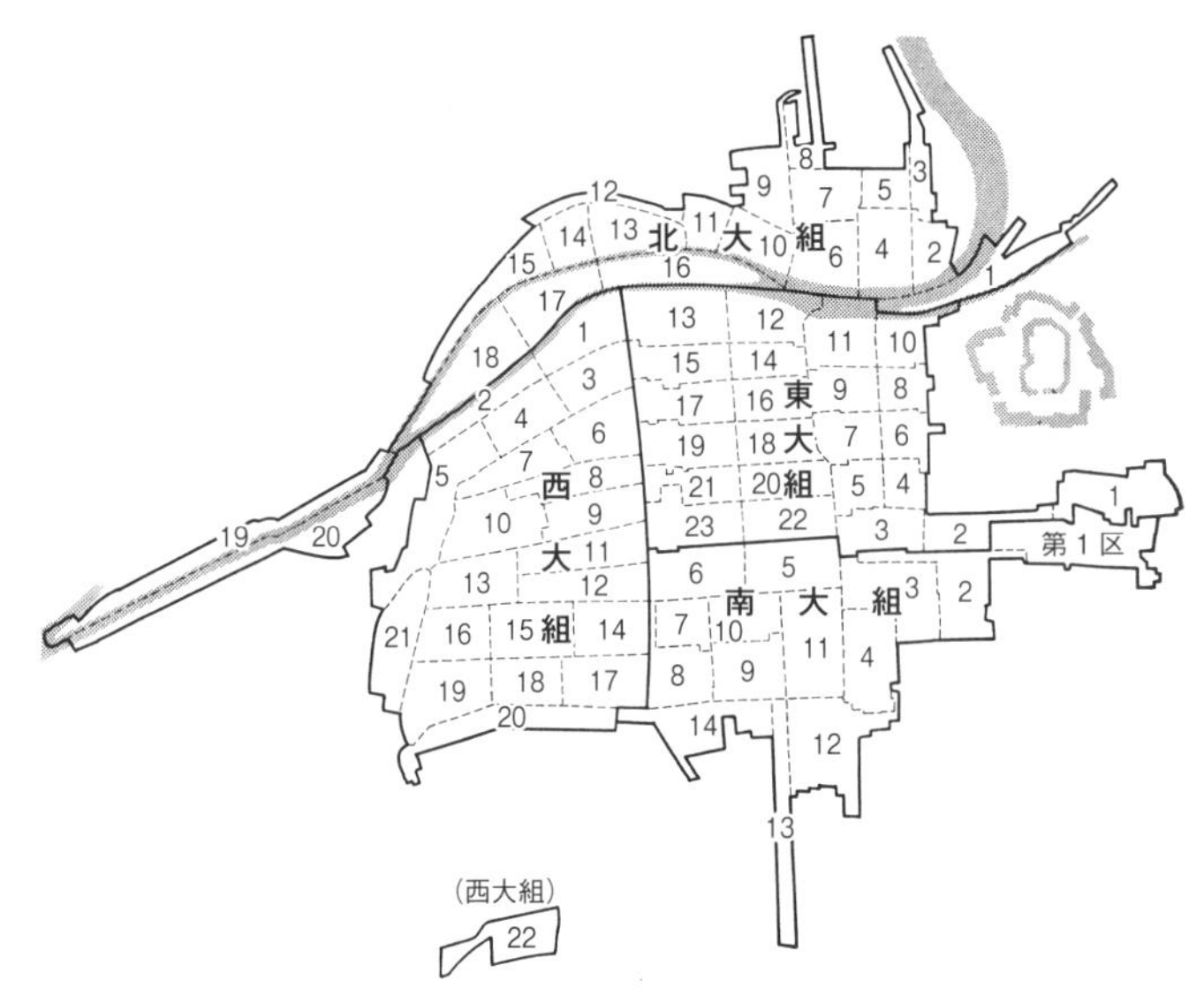

4大組の行政区画（明治5年）（『大阪市史第五巻』）

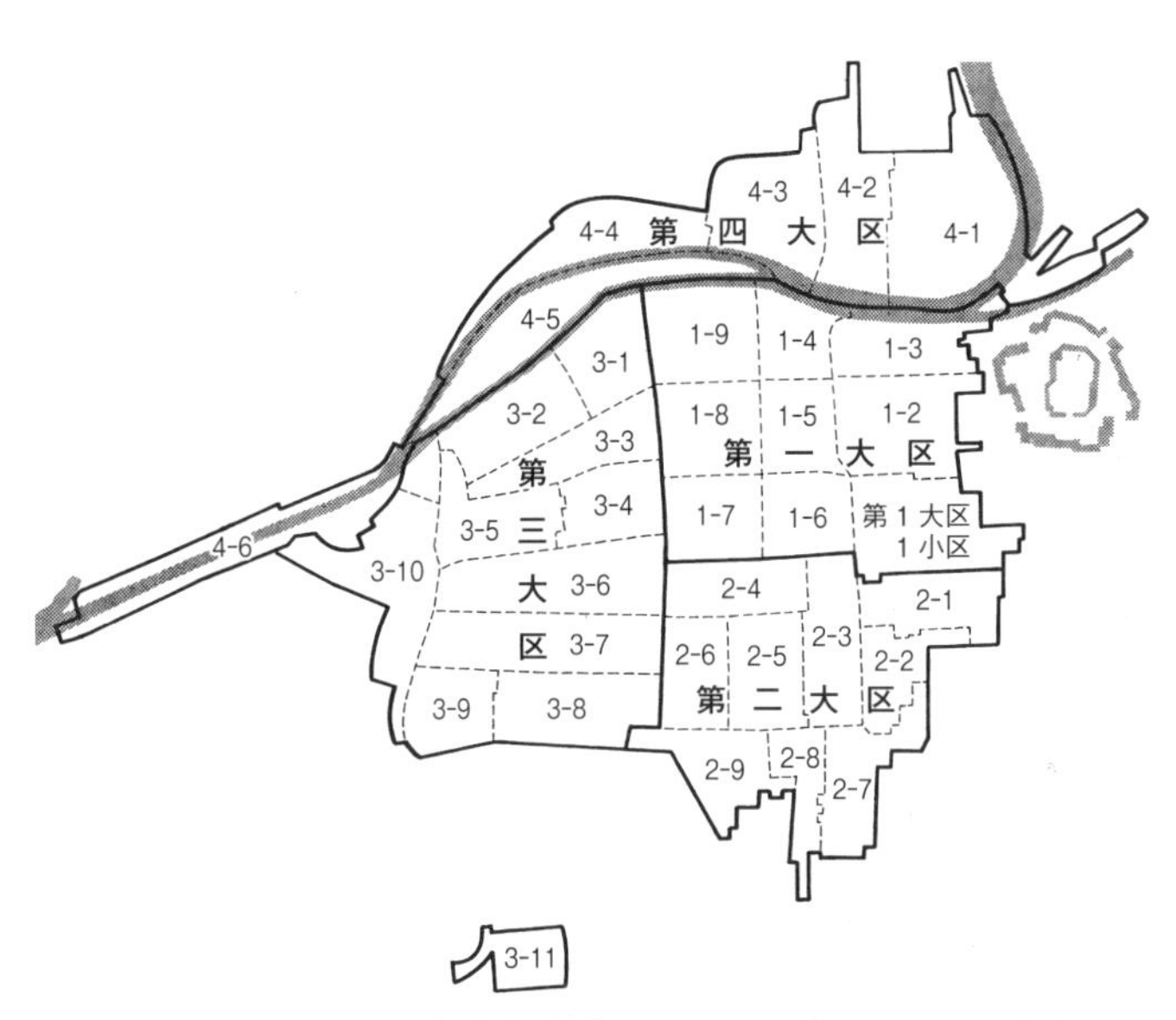

大阪4区の大区小区制（明治9年）（『大阪市史第五巻』）

大阪では明治八年（一八七五）に竣工する西大組第一三区小学校以降、擬洋風校舎の建設は現時点では確認されていない。

小　結

本節では次のことが結論として導きだせた。

大阪の小学校では擬洋風校舎が建てられていた。その校数は確定できないが、全小学校数八〇のうち新築が五〇校あり、一五校の洋風校舎が確認される。

大阪の擬洋風校舎において、わが国の擬洋風校舎を代表するスタイルのひとつである「藤村式」を成立させた藤村紫郎が関係していたことが判った。藤村が大阪府参事に着任した明治五年（一八七二）から、大阪では一斉に擬洋風校舎が着工されている。

大阪の小学校の設立は京都の小学校と同様な方法で行われていた。それは学区制度に基づき地域が主体で建設や運営が行われ、会議所を併置していた。

注

（1）明治二二年の大阪市成立時の市域を指す。北、南、天満の旧大阪三郷が該当する。
（2）倉沢剛『小学校の歴史Ⅲ　府県小学校の成立過程・前編』ジャパンライブラリービューロー、日本放送出版協会、一九七〇
（3）大森久治『明治の小学校』泰流社、一九七三
（4）前掲（3）に同じ
（5）『浪華小学校記念誌』浪華同窓会、一九七三
（6）前掲（2）によると「一区中ノ会議所トナリ」とある。
（7）前掲（2）に同じ

(8) 前掲(3)によると、巡講師が派遣され、「地区の大人たちの社会教育の場」という側面も持っていた。
(9) 明治五年五月には「京都学校記」を各区に配布していることからもうかがえる。
(10) 磯村英一『区の研究』市政人社、一九三六
(11) 浪花新建一二景の一つとして、錦絵に刷られて市販されていた。東大組第一五区小学校の校舎が描かれている。
(12) 東大組第一九区小学校で、『東区史第二巻行政編』大阪市東区役所、一九四〇年による。
(13) 山梨県や長野県を中心として、全国にわたって建築遺構として現存している。
(14) 『集英小学校創立百周年記念誌』のなかに掲載されている「七十余前の小学校時代の思い出」による。
(15) 青木正夫『建築計画学八 学校Ⅰ』丸善、一九七六
(16) 『近来年代記』(『大阪市史史料』第二輯、一九八〇)
(17) 藤森照信『都市建築』(岩波書店、一九九〇)によれば、「藤村式」とは昭和期になってから名づけられた。
(18) 辻ミチ子『町組と小学校』角川書店、一九七七
(19) 『文部省第三年報』(『大阪府教育百年史第一巻概説編』大阪府教育委員会、一九七三)
(20) 『桜宮小学校創立五〇周年記念誌』一九五七
(21) 大阪新聞(『新修大阪市史第五巻』一九九一)
(22) 『大阪市立金甌小学校一〇〇周年記念誌』一九七三
(23) 『栄小学校編年記1』大阪市立栄小学校、一九七三
(24) 外国人技師であり造幣寮首長をつとめた。大阪府庁増築を担った大阪府技師の葛野壮一郎によれば、「キンデルという人に作って貰った設計図によって、洋風建築の事など何も知らぬ役人が、何も知らぬ大工を使って無理ヤリに建て上げた結果、妙な変態型が出来上がって居る」(大正五年六月一日付の大阪毎日新聞「新旧調和に苦心、大阪府庁増築」)とある。建築史家の石田潤一郎によれば、ウォートルスの可能性もあるという。石田潤一郎『都道府県庁舎 その建築史的考察』思文閣出版 一九九三、による。
(25) 『栄校舎落成記念帖』栄小学校
(26) 前掲(23)の中にある
(27) 明治一二年二月一四日付
(28) 『新修大阪市史第五巻』大阪市、一九九一
(29) 川島智生「擬洋風建築の極・三国湊の龍翔小学校について」『文教施設』第三七号、文教施設協会、二〇一〇

（30）一八四五年熊本に生まれ、尊王攘夷運動に加わり維新後は地方行政官として明治三年の京都府を皮切りに大阪府、山梨県、愛媛県を歴任する。山梨県各地に藤村式と呼ばれる擬洋風の小学校校舎を誕生させている。
（31）『愛日小学校総誌』（一九九〇）のなかの「道修小学校沿革史」による。
（32）政府の通達を受けたもので、前掲（3）に詳しい。

二　明治後期の小学校建築の成立と特徴

今日、都市部においては鉄筋コンクリート造以前の小学校校舎の様態としては、明治初期の擬洋風が知られているにすぎず、明治中期以降大正期にかけての校舎の実態は解明されていない。そこではどのような意匠の校舎があったのかについては、建築が残っていないこともあって、その多くは不詳である。しかしながら今日の小学校校舎は明治三〇年代（一八九七～一九〇六）に定型化[1]した平面計画を広い意味では踏襲しているとされる。だとすれば、明治後期の校舎の計画的な側面のみならず、その意匠や形態をあきらかにすることは、現在につながる小学校校舎の成立過程を見ていく上でも重要な意味を持つと考えられる。ここでは大阪市で学区制の復活する明治二六年（一八九三）から、日露戦争勃発のために校舎の建設が激減する明治三七年（一九〇四）[2]までの間を主たる対象と設定している。従来、明治後期から大正期にかけての小学校校舎は、明治初期の擬洋風校舎と大正末期から昭和初期の鉄筋コンクリート造校舎の間にあってほとんど注目されてこなかったが、本研究ではこれらの間をつなぐ明治後期の小学校校舎について考察をおこなっていく。

本節では明治後期の校舎に和風意匠の傾向が表れていることをみる。和風意匠の出現の背景を探り平面計画との関連をみる。また校舎建設の集中する時期が、明治二六年（一八九三）の学区制度復活の直後に起きていることから、校舎建設の集中する現象と学区制度との関連性をみる。なおここでの和風意匠とは、木造で屋根は入母屋や千鳥破風・唐破風など、わが国の伝統様式に基づく意匠に限定して考えている。

1　それ以前の校舎の様態

第一章第一節でみてきたように、後に大阪市を構成する北、南、天満の旧大阪三郷では、受益者負担の原則のもと、各学区の財源によって小学校が建設されていたため、富裕学区を中心に三層四層の擬洋風校舎が競いあって誕生していた。このように明治初頭の大阪の各学区では、「区の学校」(3)として校舎を豪華なものにしていく傾向があって、その背景には小学校校舎を地域のシンボル的な存在として捉える傾向があったことが窺える。本節で論じる明治後期の小学校校舎においても同じような傾向がみられる。

また一方で、和風意匠の校舎も明治九年には竣工していたことが確認される。芦池小学校(4)（右写真参照）で入母屋造の屋根の玄関部が設けられているなど、和風の意匠が用いられている。詳しい史料に欠くため詳細は不明であるが、玄関廻りには前庭が用意されていたことが判る。時代は下るが、明治一七年（一八八四）には育英高等小学校が

芦池小学校

西六小学校

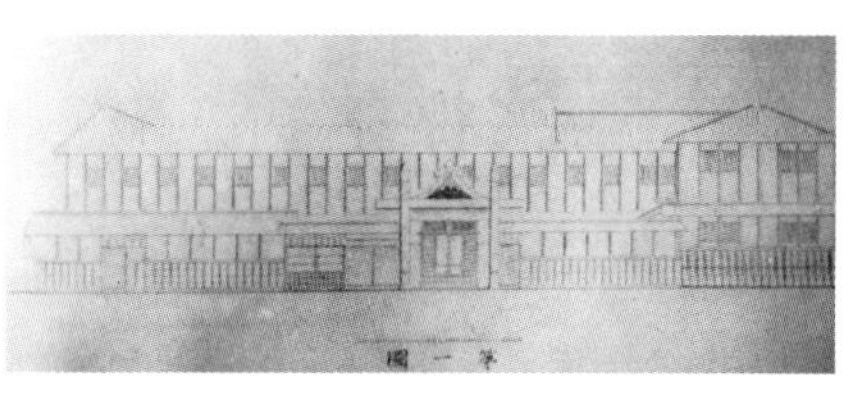

育英高等小学校 建築物縮図（立面図）

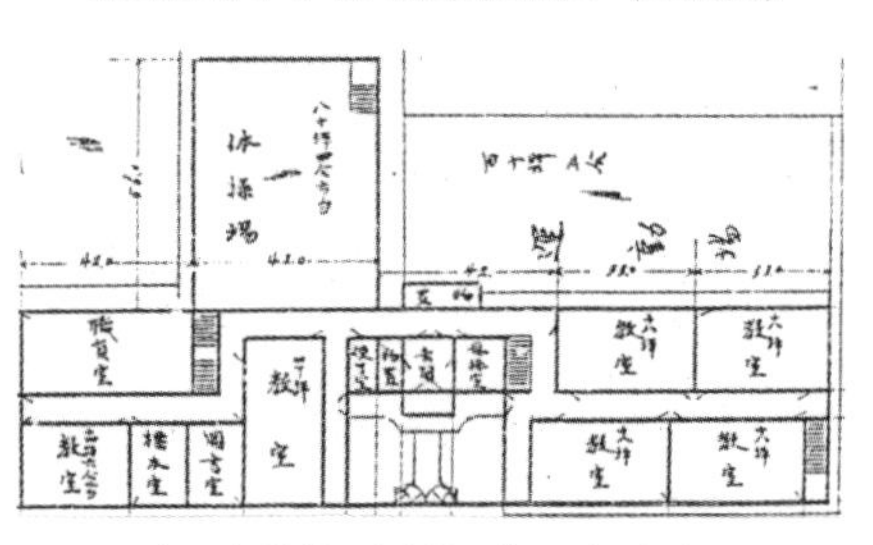

西六小学校 配置図兼１階平面図

和風意匠で現れている。「育英高等小学校建築物縮図」[5]（20頁図参照）によれば、門と玄関部の距離はほとんどないが、照り破風入母屋造の屋根を持つ式台のある玄関が設置されていることが見て取れる。

本節で対象とする明治後期の直前の状況をみてみると、明治二五年（一八九二）に竣工の西六小学校（20頁写真参照）[6]では、起り破風の入母屋造の屋根となった玄関部を中心に和風の意匠が表れていた。

ここでは玄関部と門の間に前庭が用意され、玄関部が凹んだコの字型の奥に位置する平面（20頁図参照）[7]を有している。このように擬洋風校舎に対して、明治六年（一八七三）[8]以降には、和風の意匠をもつ校舎もつくられていたことがわかる。このような史的背景のなかで明治後期の「御殿造」に象徴されるような和風校舎が出現していくことになると考えられる。

2　明治後期の校舎の出現

日吉小学校

（1）一斉の出現

大阪市において明治二〇年代後半から明治三〇年代前半にかけて、小学校の建設ブームが起っている。このことは大阪に限った現象ではなく、一般的に他の地方でも見ることができる事象となっていた。表1－3からも判別できるように明治二七年（一八九四）に竣工する日吉小学校[9]（上の写真参照）を皮切りに、明治三七年（一九〇四）までに一斉に二六校が建て替えられているのが確認される。なおここでの建て替えの多くは、擬洋風校舎をはじめとする明治初期に建てられた校舎の建て替えという側面を有していた。したがって本節で取り扱う対象としては、明治三〇年（一八九七）の第一次市域拡張[10]の以前から大阪市域を構成していた、三九の学区[11]からなる旧来だけのものに限っている。そのうちの過半の学区において小学校校舎の改築が確認される。

この時期に現れた校舎には共通した傾向が見られる。意匠的にはそれまでの校舎は擬洋風の傾向が強かったが、ここでは和風の傾向を持った校舎が数多く現れている。また統廃合が進んだため、一学校当りの規模が大きくなり平面計画も変化していた。このように明治初期の校舎とは、意匠や形態、平面ともにあきらかに異なる校舎が出現していた。

（2）出現の背景

校舎の建設が明治二七年（一八九四）から明治三七年（一九〇四）に一斉に集中する背景には、明治二六年から学区制の復活[12]がおこなわれたことが関係していると考えられる。市制特例を受けて明治二二年（一八八九）に大阪市が誕生すると、同時に各学区が統一されて、全大阪市域が同一の学区となり運営されていく。だが明治二五年（一八九二）には、大阪市の財政事情が悪化したことを理由に[13]、大阪市側からの要望[14]で再び学区制度が復活することになる。

その理由のひとつには水道敷設事業があったことが明らかであり、もうひとつには大阪市当局が今後数年間に市域にある、多くの小学校校舎の改築を行わねばならないという事態[15]を予測していた可能性も考えられる。そのような事情を背景に、大阪市側は小学校の経営を各学区に委ねる。その結果、学区側に小学校に関する様々な決定権が移行し、運営面以外に校舎の建設なども含めて主体は学区側に戻る。そのことを待ち構えていたかのように学区制度の復活直後から、各学区に改築への動きがおこる。一切の教育費用は学区の負担となるために、そこでは各学区の財政事情[16]に応じた建設事業が行われていく。よって建設の期間は明治二七年から明治三〇年代中期まで、約一〇年間に及んでいる。たとえば後に詳しく述べる愛日小学校のような高額な工費を要した建設事業は、大阪市当局に建設主体が移っていた明治二二年から二五年までの間では困難[17]であったと推測される。このように校舎の一斉の出現には学区制度の変化が深く関係していることが明らかになった。学区制度の復活が校舎建設事業を積極的に推進させ、その結果改築ブームを引き起こしていたことが見出せた。

もうひとつの背景に、明治二〇年代前半には文部省によって新しく校舎の建築基準が定められたということが考

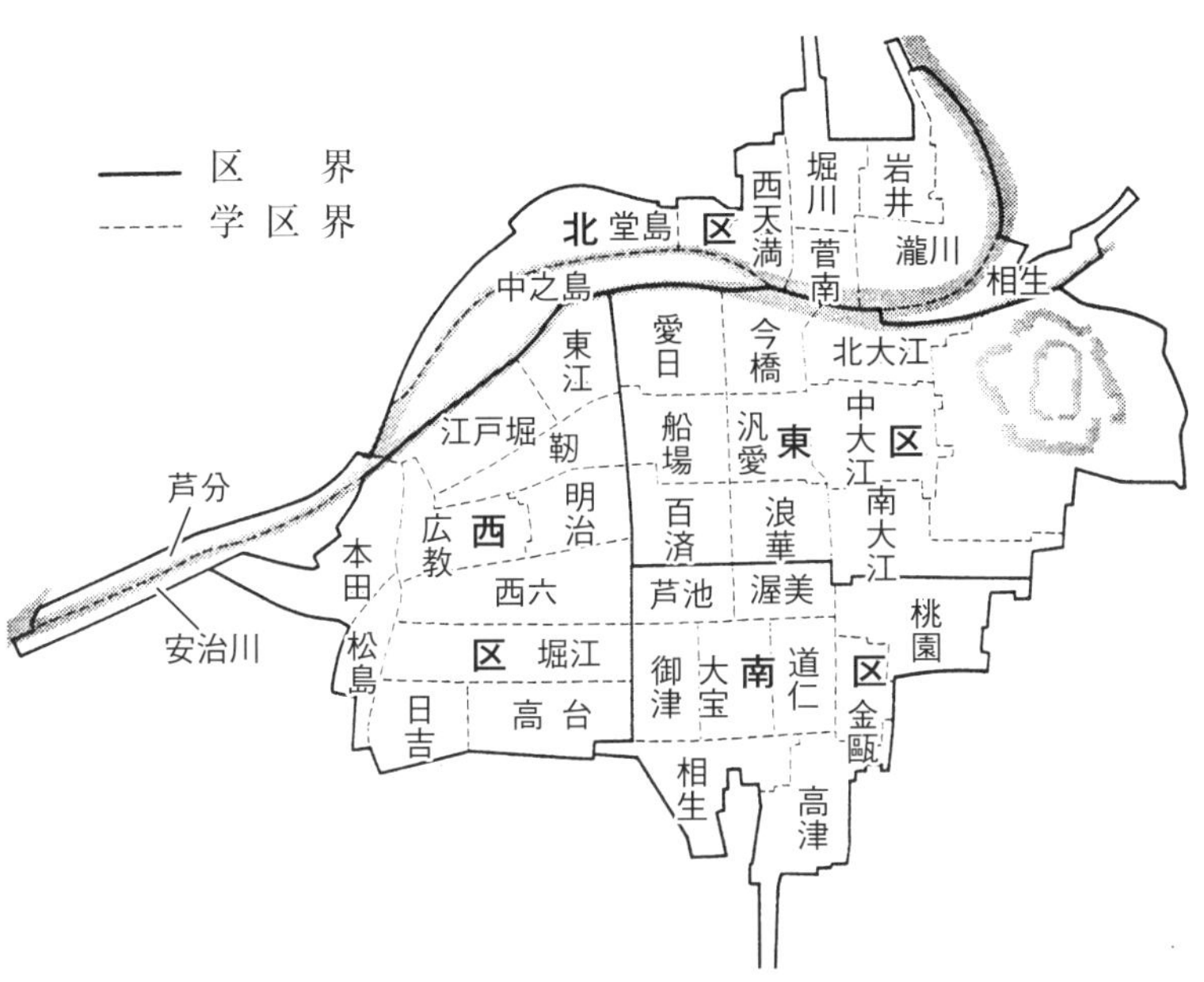

大阪市尋常小学校負担区域（明治26年）（『大阪市史第五巻』）

えられる。明治二三年（一八九〇）には小学校令や教育勅語の発令があり、明治二〇年代前半は教育制度が確立していく時期にあたった。そのことと並行して小学校建築の標準化が文部省主導の元に本格的に開始される。明治一〇年代半ばまでは各府県が小学校校舎の建築的内容などを定めてきたが、明治一五年（一八八二）の「文部省示諭」[18]以来、文部省は直接に小学校校舎の内容や意匠についての指針を打ち出す。その背景には明治一四年（一八八一）の文部省通達第三八号[19]に見られるように、小学校が設立当初持っていた地域のための施設という側面が排除され、初等教育の機能だけに限定化する方向があったからに他ならない。

さらに、明治二四年（一八九一）には「小学校設備準則」[20]が定められ、明治二八年（一八九五）には「学校建築図及設計大要」[21]が打ち出され、モデルプランが示される。このように明治一〇年代後半から明治二〇年代をとおして文部省は学校建築に対する統制をおこなっていく。その結果小学校校舎は明治一〇年（一八七七）前後までの擬洋風校舎と比べ、その内容を大きく変化させることになる。そのようなことから建て替えが必要となっていた側面も指摘できる。

それ以外の背景としては、学校規模の拡大も指摘することができる。そのために建て替えが促進されたことが考えられる。それは明治一七年（一八八四）[22]の学区の再編成により、小学校の統廃合がおこなわれた結果によるもので、再編された学区は明治初期の学区が二〜三区集まって形成されていた。合併した結果、旧来校舎の教室では収まらないという事態となって、大規模校舎が必要になったと考えられる。このことも一斉の建て替えに関連していたとみることができる。

また、明治二〇年代後半から三〇年代前半という時期は、明治五年（一八七二）から明治九年（一八七六）にかけて建てられた擬洋風を中心とする多くの校舎の建て替えの時期に当っていた。木造校舎は一般的に二〇年前後の耐用年数[23]しか有しなかったために、この時期はちょうど改築の時期に該当していた。さらに明治二〇年代には教育制度の整備により就学率の上昇[24]があり、旧来の校舎では教室数が不足するということも原因に挙げられる。

3　明治後期の校舎の建築的特徴

（1）平面計画

ここでは史料調査によって発見できた大阪市立の小学校の平面図集[25]を中心にみていく。この図面は編纂者や編纂の時期、編纂の理由は明らかではないが、収められた平面図はほぼ正確なものと見ることができる。なお、編纂の時期は増改築などの事実を照らし合わせてみると、ほぼ大正前期と確定できる。ここでは仮に「大阪市小学校平面図集」と呼んでおく。「大阪市小学校平面図集」からは、明治中期の校舎では明治初期の小学校に比べ、建坪の拡大とともに平面形状の多様化が見られる。そのことは前節でみてきた文部省の政策に矛盾したようにみえるが、大阪では学区制度が復活し、各学区が独自に建設事業をおこなっていたことで、より多様化の方向にあったと考えられる。

この図集を基に作成された表1－3からは、明治二六年（一八九三）以降、明治四〇年代までに大阪市域に存在し

表1－3　明治20～40年代に建てられた大阪市小学校校舎の一覧

小学校名	竣工年（明治）	平面型	玄関の類型		意匠	設計者	工費（百円）	建坪（延坪）	備考
			長屋門	車寄せ					
東区　竣工10校									
南大江	31．9	コ	○				262		
南大江女子	—	コ							
中大江	32.11	H		○	御殿風	中村竹松	362	(891)	
北大江	28．3	コ	○						
集英	30．7	H		○	御殿風			258	
汎愛	29.11	コ	○		御殿風（M44）		167	223	
浪華	41．3	コ	○				581	374	
久宝	29．1	L	○					283	
船場	35．3	H		○	洋風	鳥井菊助	1320		煉瓦造
愛日	29.11	H		○	御殿風	中村竹松	503		
西区　竣工11校									
東江	29．7	ロ	○				310	324	
江戸堀	42．6	コ		○					運動場が玄関部
靱	44．9	コ	○						
明治	41.10	ロ	○						
広教	28．3	H		○					
西六	25．7	H		○	和風				
堀江	28．1	E	○	○	長屋門と車寄せがある		357		運動場が玄関部
高台	T4	ロ	○						
日吉	27.12	ロ		○	和風				角部が玄関
松島	40.12	コ							
本田	30．6	コ	○						
南区　竣工11校									
金甌	29．4	—	○		和風		136	464	
桃園第一	28．5	コ	○				50	451	
桃園第二	40.11	コ	○				28		
渥美	35.10	—	○				125		
芦池	37．3	コ	○						
御津	33．5	L	○				323	281	
大宝	30．8	ロ	○				119		
道仁	28.12	ロ	○				78		
高津	28．5	コ	○				142		
日本橋	29．5	L	○				112		
精華	33．6	コ	○						
北区　竣工10校									
芦分	41．3	コ	○						
安治川	T3	L	○		和風				
堀川	32．6	E	○						
菅南	42．4	ロ	○						
西天満	39．7	—	○				152		
松枝	34.11	—							
瀧川	T2.3	L						696	
堂島	32．9	—				鳥井菊助			
中之島	41．2	コ	○		唐破風			441	
桜宮	41.11	コ	○				564	517	
計42校									

出典：「大阪市小学校平面図集」、『東區史第二巻行政編』、『南區志』、『大阪の公人』、『西区史第三巻』、『北区史』、各校沿革史
備考：明治30年の第一次市域拡張以前までに大阪市域を構成していた学区に限定している。
その理由としては、明治初期の校舎の建て替えという側面を重要視したことによる。なお高等小学校は除外してある。

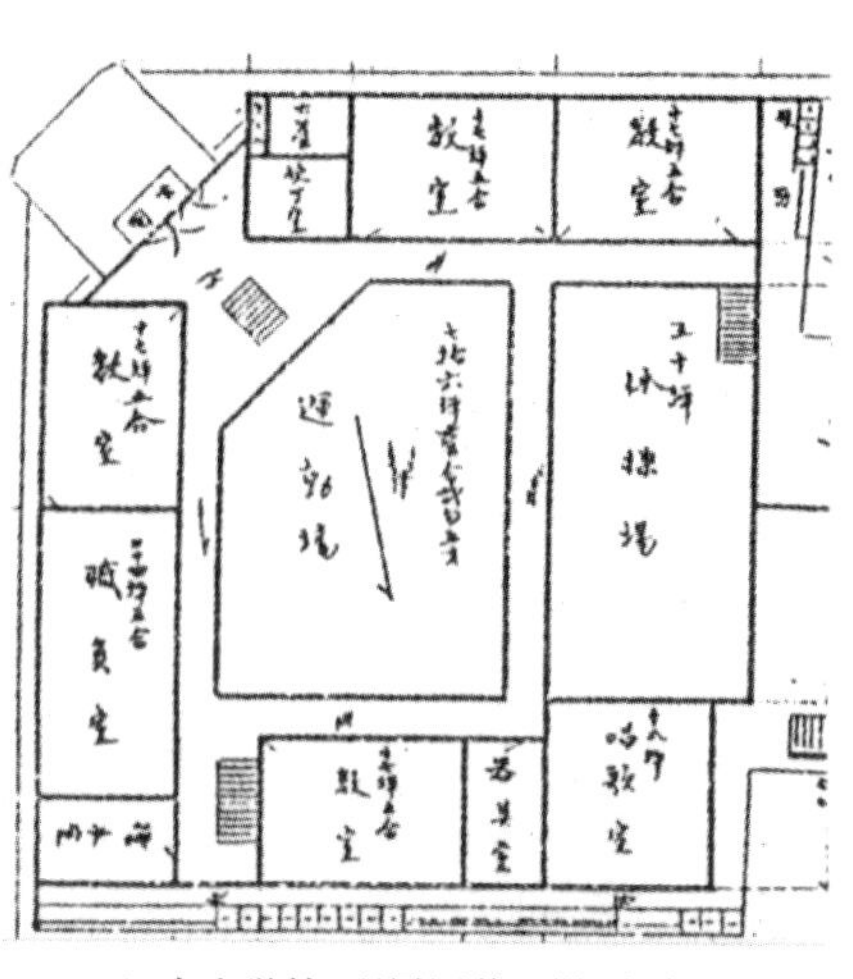

日吉小学校 配置図兼１階平面図

ていた全小学校校舎が一覧できる。それによると敷地の中での校舎の配置は、コの字型、H型、ロの字型、Lの字型などに分類することができる。なお大阪では小学校が制度として発足する以前の近世期に既に市街化を完成させていたため、小学校の敷地は人家に囲繞された中にあることが多かったことがわかる。

一番多く見られる平面類型には、コの字型、Lの字型がある。ただし、コの字型の凹んだ部分が玄関となる平面の類型は、玄関部の位置という点では、H型の類型と同様と考えられるためにH型のなかで詳しく述べる。その平面を具体的に見ていくと、校舎が敷地一杯に配置され、内庭である運動場を取り囲むことが多く、玄関部は道路に直接面した校舎の一部に填め込まれており、長屋門[26]に類似した建築形態を採ることが多かった。このような平面を持つ校舎は御津小学校（27頁図参照[27]）をはじめ、東江小学校（27頁図参照[28]）など多くの小学校で確認されている。

それらの小学校の敷地は狭隘なため、その平面は敷地の条件に制約された計画になる傾向が強く見られるが、玄関部の位置から配置計画を見ていくと、東江小学校（ロの字型平面をもつ）の様に実際にはシンメトリーになっていることが多く、この平面類型の多くの小学校においても明治一〇年代に府県レベルで出された小学校建築心得[29]などの校舎建築雛形図の影響を受けていたことが判る。これらコの字型やL型のプランは敷地が狭い小学校に多く用いられたと判る。またロの字型[30]はコの字型やL型と同様の類型にあったと考えられる。

一方、H型や凹んだ部分が玄関部となったコの字型の平面類型の校舎も現れている。愛日小学校（27頁図参照[31]）の平面を見ると、玄関部を軸にして明確に左右対称になっていることがわかる。両翼が突き出たH型のプランが形成されている。詳しくみると、玄関の奥に職員室が配され、左右に対になって二つの雨天体操場が配されている。職

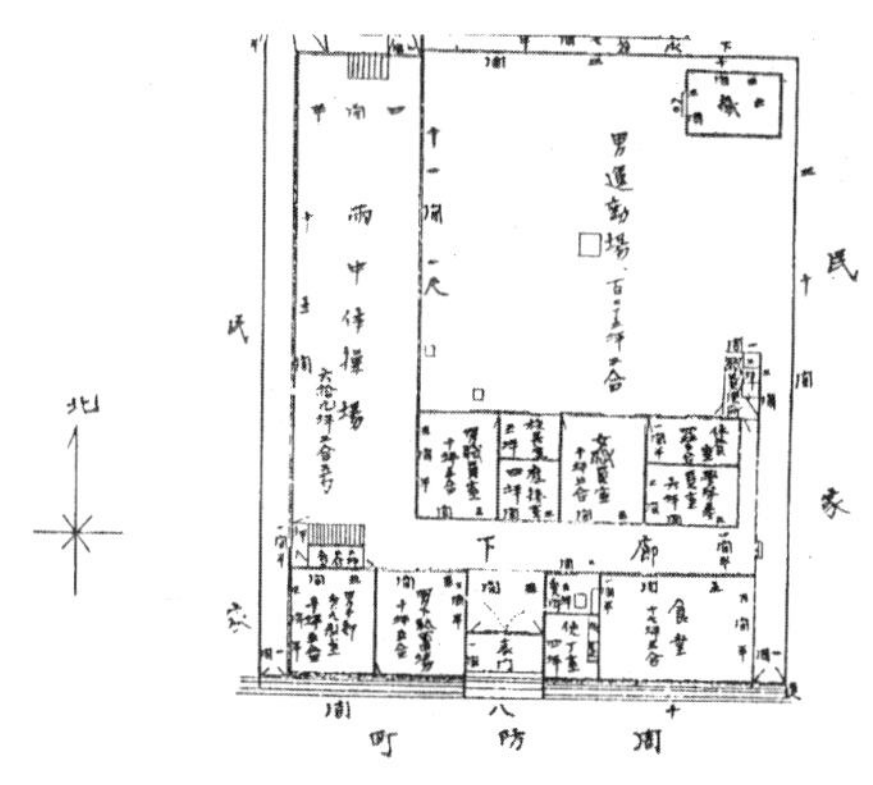

御津小学校 配置図兼１階平面図

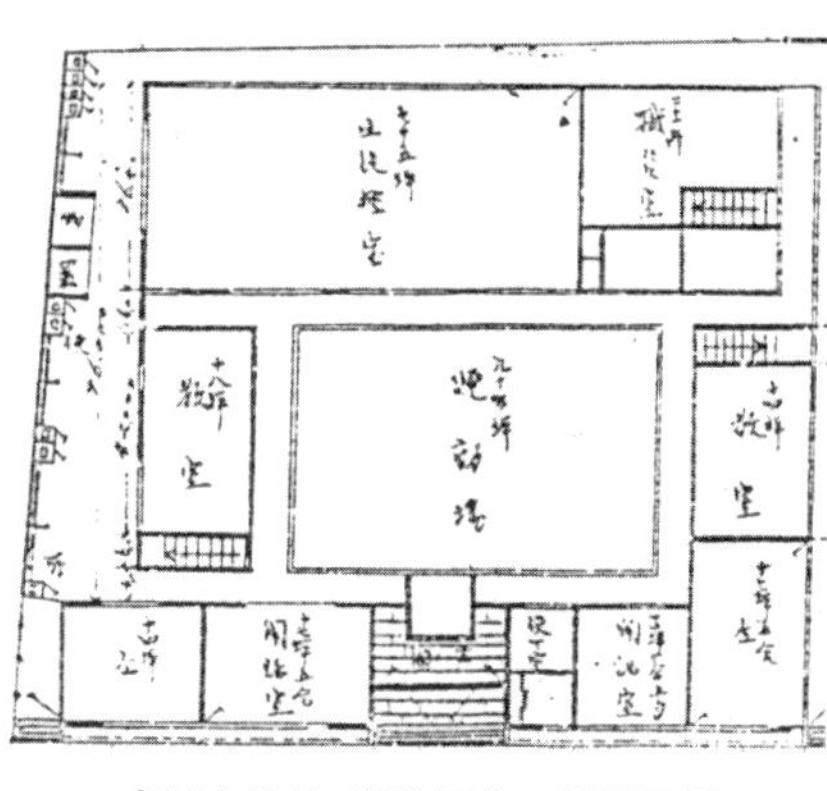

東江小学校 配置図兼１階平面図

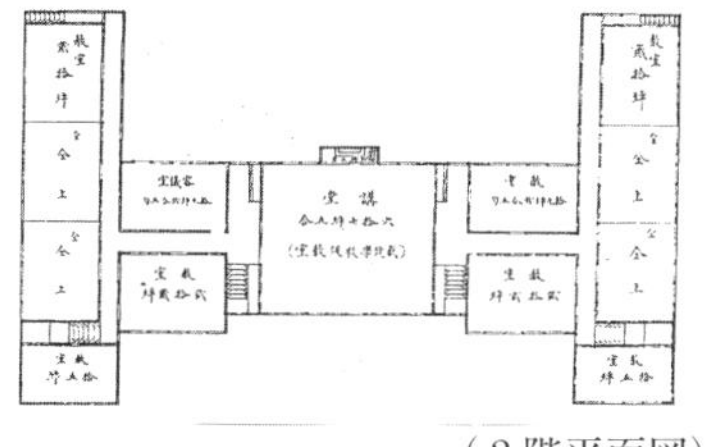

（２階平面図）

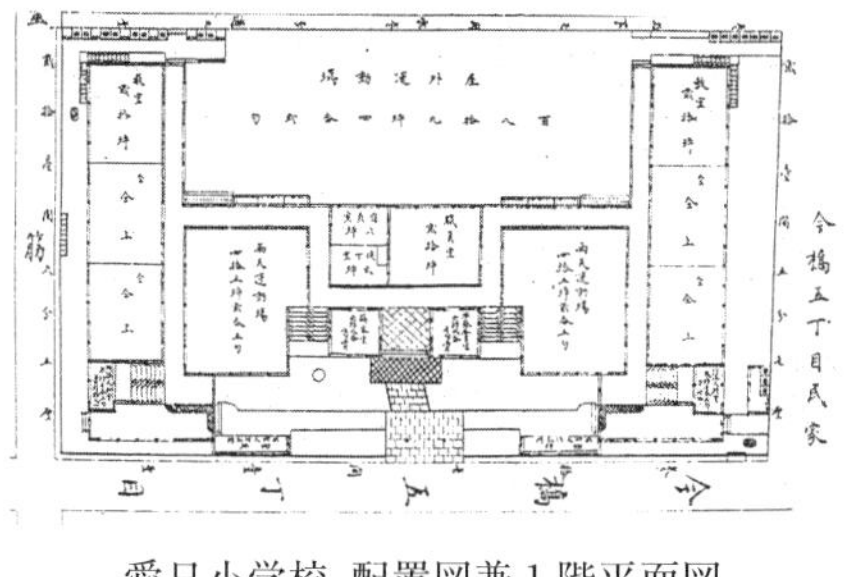

愛日小学校 配置図兼１階平面図

員室の上部の二階には講堂が設けられ、一階二階とも両翼の部分は教室となっている。集英小学校（28頁図参照）[32]では玄関部を中心にしてほぼ左右対称になったH型の平面が認められる。ここでも対になった左右対称の二つの雨天体操場が玄関部を挟んで配置されている。だが、職員室や講堂は中心軸からずれて配置されている。愛日小学校と比較すると、シンメトリーの平面は少し崩れている。中大江小学校（28頁図参照）[33]では、玄関部が中央に位置するコの字型に近いH型の平面が認められる。ここでは玄関部の奥が職員室となり、雨天体操場は一ケ所に固められて配されている。玄関部と職員室の上部二階が講堂になるなど愛日小学校と共通する計画も見られる。船場小学校[34]の平面（28頁図参照）は、明治二

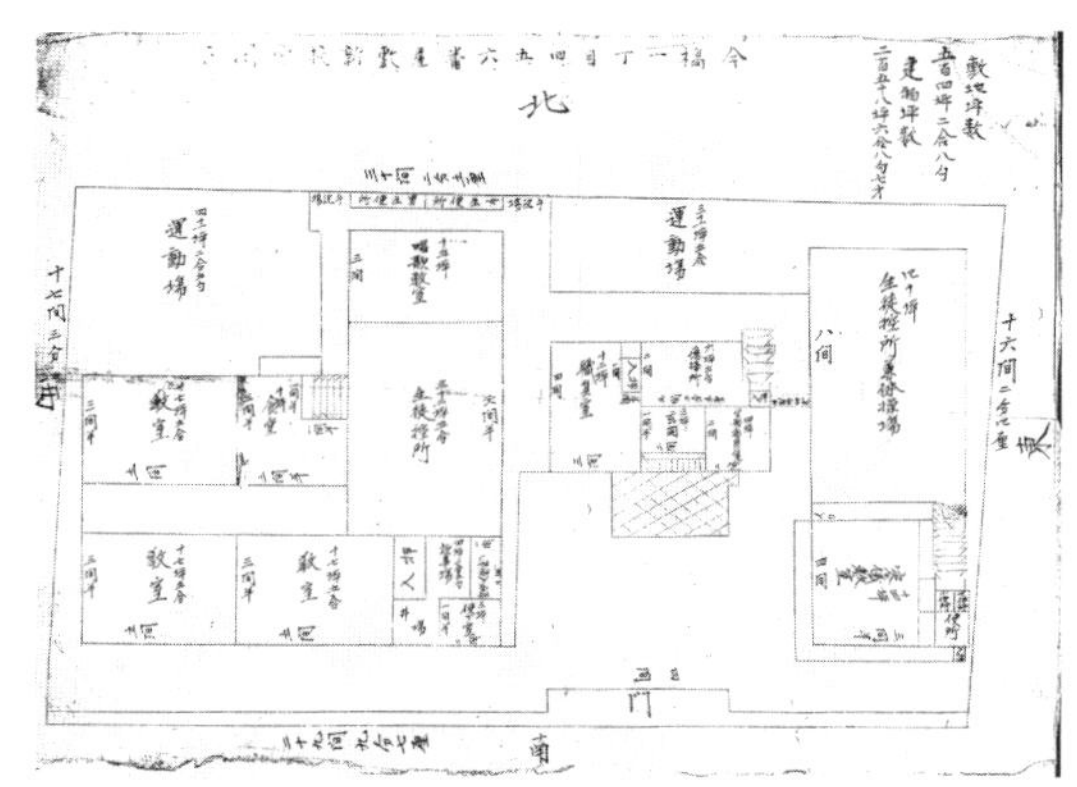

集英小学校 配置図兼１階平面図

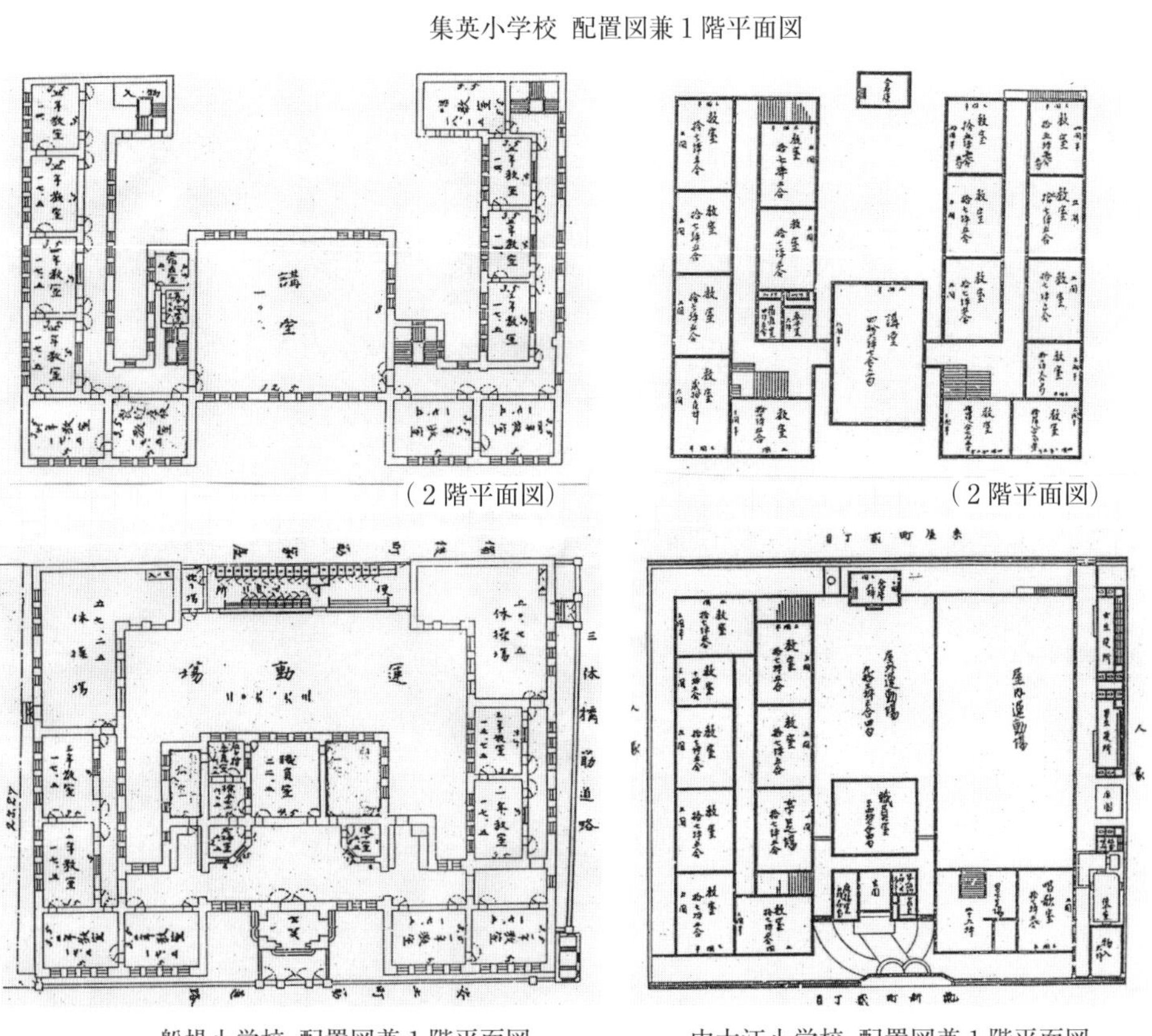

（２階平面図）

（２階平面図）

船場小学校 配置図兼１階平面図

中大江小学校 配置図兼１階平面図

八年（一八九五）文部省による『学校建築図説及設計大要』に提案されていた仮想設計案[35]の平面図によく似ており、その影響を受けた可能性が考えらえる。これらのH型の平面は玄関部が門より一定の距離を有した奥まった配置にあり、その間は前庭等のアプローチの空間となることが多かった。このことは後で詳しく述べるように、校舎正面の格式を表現する上で必要であったと考えられる。そのようにH型の平面はファサードをより強調させる効果を持っていたとみることができる。

以上みてきたように平面は二種類に分類できる。そのどちらの類型においても各府県や文部省が示したモデルプランの影響を受けていることが判明した。さらに玄関部の位置に着目すると、以上の二つの平面類型に対して次のような対応がなされていることがわかる。まずコの字型やL型は玄関部が道路に直面するタイプが対応する。次にH型や凹んだ部分が玄関部となったコの字型は道路との間に門が設けられ、その奥に車寄せの玄関部があるタイプが対応する。このように玄関部は一般的にファサード側にあることが多いため、玄関部の位置はファサードのあり方を大きく規定していると考えられる。玄関部の配置計画が校舎のファサードの意匠とどのように関係しているのか、次にみていく。

（2）校舎の意匠

（a）長屋門に類似した校舎　意匠として一番多く見られる類型は、先に見てきたコの字型やL型の平面類型に基づくものであり、校舎全体が道路に直面し、玄関部は道路に直面する建物のなかに填め込まれ、塀は設置されないことが多い。その結果、二階建の一階の一部を通路を兼ねた玄関とする、長屋門と類似した建築形態が現れている。ここではこのような形式のものを仮に長屋門に類似した校舎[36]と名付けておく。このような校舎は、当時の市街地に一般的に見られた町家をはじめとする建物と比べ、ファサード上のガラスの面積が多いことが特徴となっている（30頁写真参照）。

そのような建築形態が出現した背景については、次のように考えることができる。明治中期では大規模建築[37]に関

御津小学校

しても木造の在来工法で造られることが多く、小学校校舎についても一般の町家に使われる手法に基づいて建設されることが多かったと推測できる。そのためにそこでは一般の町家が有するものと共通する特徴を持つ建築形態が生じることになり、二階建の木造で、屋根は桟瓦葺、壁は真壁で板張り仕上げという形式が採られることになったと考えられる。また、ガラス面の多用は採光や通風を考えた結果であるが、その背因には文部省による学校衛生に対する政策[38]が影響を及ぼしていたことと思われる。

明治初期の擬洋風校舎では小学校校舎の意匠的な側面が、新政府の文明開花の政策を地域の隅々にまで視覚的に浸透させる役割[39]を果たしていたが、新政府の体制が確立する明治二〇年代後半にはそのような必要性はなくなっていたことが背景にある。また擬洋風校舎は塔屋の存在や軒の出が少ないことなど風雨により損傷を受けやすく、竣工後一〇数年間を経た明治二〇年代後半には耐久的に危険であるとされる校舎[40]が複数、現れていた。そのような擬洋風校舎の脆い建築的な実態が改築に影響を与えていたとみることができる。そのことも一因となって、在来の手法に則る建築が選ばれたと考えられる。

(b) 和風の校舎　明治中期には少なくとも九校の小学校に和風意匠の傾向があったことが、現時点で判明している（表1－3）。和風の特徴を示す校舎は建物の外観全体に和風の意匠を見せる「御殿学校」といわれる類型と、玄関回りなど部分的にのみ和風の意匠を表す類型の二つに分類できる[41]。

ここでいう「御殿学校」の名称は、明治中期から大正期にかけて各校沿革史[42]や市議会の議題[43]のなかにおいても使用されているように、大阪市では当時一般的なものになっていた。「御殿造」とも呼ばれ、総桧造りなど、坪当り高額な工費をかけることを特徴とする木造校舎を指していたようだ。「御殿学校」は小学校以外に幼稚園にも現れており、代表的なものに「御殿幼稚園」と呼ばれた愛珠幼稚園[44]があった。

ここでは詳しい写真が見出された集英小学校[45]（左の写真参照）を事例にとり、平面図と照らし合わせて、その実態を見ていく。玄関部を中心にほぼシンメトリーになった平面の構成を受けて、正面には照り破風になった入母屋造の屋根の玄関部が設けられ、両翼は入母屋造りになった屋根の校舎がほぼ左右対象に突出する。H型平面の凹んだ部分が前庭となり、その奥には玄関式台があり、さらには和室の客儀室[46]が玄関の横に設けられている。

これらの意匠や形態からは、武家屋敷がモデルとなっていたことが判る。とりわけ玄関廻りにその手法が引用されている。敷地と道路の間には塀が設けられており塀重門[47]が見られる。これなども武家屋敷を意味する典型的な意匠であると考えられる。当時の「御殿学校」の様相を記述したものに、『小学校の模範的設備』[48]があり、

作法室と称して、床の間附前栽附の日本造りの建物を有し、茶を立てる所とし並にお客を請ずる所などにし居る。実に立派な有様である。恰も富豪の別荘に臨んだかの如き思いがあった。

愛日小学校

集英小学校

と記されている。このように豪華な和風住宅と類似した一面も見られた。ここで記されている学校は和室であった客儀室と作法室の存在から、集英小学校であると推測できる。

最初に現れた「御殿学校」である愛日小学校については上の写真から次のことがわかる。玄関車寄せの屋根が照り破風入母屋造で、その真上の二階屋根に千鳥破風がのり、校舎の左右両翼が突き出しているという構成からは正面性と中心性が強調されていることがわかる。また二階分の壁面をそのまま建ち上げるのではなく、

中大江小学校

中之島小学校

東平野第一小学校

一階上部の庇を連続させて屋根にみせ、二階欄干に繋げることで、外観上二段構えの意匠としている。これなども近世の御殿や武家屋敷では使われなかった手法であり、道路に面したファサードにデザインが集中された結果であると考えられる。また、中大江小学校（右写真）[49]では左右両翼が入母屋造となり、中央部に照り破風の入母屋造の玄関部が設けられ、愛日小学校や集英小学校と類似した「御殿」型の意匠の要素が見られる。

また、さきの「大阪市小学校平面図集」からは、広教小学校などH型の平面を持つ小学校は六校が確認できるが外観を示す写真などが見出せない現時点では、意匠の傾向の把握は困難である。さらに船場小学校のようにH型平面（28頁図参照）を有するが、洋風の意匠でつくられている事例もあるため、平面からだけでは意匠の傾向は判別することはできないと考えられる。ただ、H型平面には左右対象を基調としているために、意匠の傾向には関わりなく、校舎のファサードの意匠を重要視することに相応しい平面構成であったと考えられる。

それに対して、玄関部廻りに限定されて和風の意匠が表れるものは、コの字型（玄関部は凹んだ場所ではない類型）

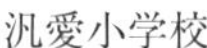
汎愛小学校

東江小学校

やL型の平面を採っていたものが多く、玄関部廻り以外は、長屋門に類似した校舎と同じ建築形態となっている。そこでは玄関部が道路に直面しているために、前庭の設置は実際に不可能であり、校舎の形態からも奥行をもった御殿風のファサードを表現できなかったと考えられる。

そのために意匠の表現としては、東平野第一小学校（右頁写真）[50]のように、玄関部の庇が照り破風入母屋造の屋根になることが多く、中之島小学校（右頁写真）[51]のように唐破風が付くケースもあった。また、起り破風入母屋造屋根の玄関部を設けた日吉小学校（21頁写真参照）のように、玄関部を校舎の角部に配置することによって、玄関廻りの限定された和風の意匠をより積極的に見せることもおこなわれていた。これなどは先に述べた、校舎の建物全体に和風を見せる「御殿」の類型に少し近づいた事例であると考えられる。

ここでは和風の意匠は玄関部の屋根に限定されて用いられていることが判った。このように和風意匠を記号として取り扱う手法からは、この時点において和風の意匠は社会的に認知されたものとして存在していたことが判る。ここでは平面計画がファサードの意匠の性格を規定し、和風意匠においても二つの類型を作り出していることが見出せた。

(c) 洋風の校舎　建築スタイルとしては長屋門に類するものか、御殿風の和風色が強かった明治後期の大阪の小学校校舎のなかで、明確に洋風意匠を示す校舎も出現していた。確認されるのは船場小学校と第一盈進高等小学校、曽根崎小学校の三校である。このうち現存するのは明治村に移築された第一盈進高等小学校の講堂であり、明治村では千早赤阪小学校（口絵参照）として知られる。

船場小学校　明治三五年（一九〇二）三月に完成した船場小学校からみる。その平面計画については前述したが、構造は煉瓦造が採択されており、管見の限りにおいてこの時期他の小学校では類例をみないものであった。昭和二〇年（一九四五）三月の空襲で焼失するまでの四三年間存在した。

史料的には外観写真があるだけで、内部の様子はわからないが、外壁は煉瓦造の表わし仕上げとなり、出隅部ならびに開口部廻りは白い花崗岩が配され、明治中期以降にわが国の洋風建築に多くみられたヴィクトリアン・ゴシックの影響を受けた意匠になっていた。屋根は桟瓦葺きとなる。街路より玄関前だけが後退することで前庭と玄関ポルティコが形成され、その二階はバルコニーとなり、バラストレード（化粧手摺り）が付く。玄関のアーキヴォールトは花崗岩で、キーストーン（要石）には「文」という文字が彫り込まれる。玄関部をより強調するために、この部分のみ三階建ての高さまで破風が立上がり、三連の換気用窓が穿たれていた。両翼部は街路に直面するタイプであり、一階の窓は楣式（まぐさ）、二階は半円アーチとなる。

設計者は鳥居菊助で工部大学校（現東京大学工学部）造家科を明治一五年（一八八二）に卒業した建築技術者で、当時は大阪府の建築技師を務めていた。すなわち御雇い建築家ジョサイア・コンドル[52]より高等教育を受けた建築家による本格的な建築であったと考えてよい。そのことは一三万二千円というきわめて高額な建設費にも表れていた。

鳥居菊助は船場小学校以前の明治三二年（一八九九）に堂島小学校を設計[53]しており、この校舎は木造二階建てであった。プランは運動場を真ん中に設ける内庭型のもので、明治三四年（一九〇一）に建設された愛珠幼稚園に似ている。共通して間口が狭く奥行きが長い敷地の形状から生まれたものと思われるが、この小学校では幼稚園を並置しており、一階の北側は保育室となっていた。堂島小学校の外観がわかる写真や図面が見いだせておらず、外観が洋風であったかどうかは判明しない。なお建築設計者として、鳥居菊助の下に伴綽、中村竹松が名を連ねていた。中村竹松は後述する愛珠幼稚園（明治三四年竣工）の設計者であった。

第一盈進高等小学校　赤阪小学校講堂は木造二階建ての洋風建築で、屋根は寄棟の桟瓦葺きで、一階は雨天体操場、二階を講堂とする。一階は下屋が付き、吹き放ちの柱廊となり、柱と柱の間に櫛形アーチ形の幕板が挟まる。幕板の中央は吊束となる。一階の外壁は柱が表わしになった真壁造で腰は板壁張りとなる。二階は下見板張りの外壁となり、縦長の窓上部には三角形ペディメントが付く。

明治中期から後期にかけて洋風の学校建築に多くみられた形態であり、遷蕎小学校[54]（明治四〇年）などとも共通する手法がうかがえる。内部をみると、一階の天井には棹縁天井の上に鉄骨の梁がわたされ、鋳鉄の柱が支える。二階には講壇上に奉安所が設けられる。

明治村に移築されたこの小学校の講堂の来歴については、これまで諸説があったが、筆者の研究によって次のことがあきらかになった。まずこれまで確定していたことを整理すると、次の三つの段階をたどる。

第一段階は第一盈進高等小学校時代で、明治四二年（一九〇九）七月三一日に起きた北の大火で焼失した第一盈進高等小学校が明治四四年（一九一一）一一月一三日に再建[55]される。大火では本校舎はすべて全焼していた。したがってその時に講堂も建設される。第二段階は堀川小学校時代で、第一盈進高等小学校の廃校[56]（大正一三年度）を受けて、そこに堀川小学校が大正一四年（一九二五）四月に移転し、その校地と校舎は堀川小学校が使用する。昭和四年（一九二九）から校舎全体の鉄筋コンクリート造への改築がおこなわれ、木造の講堂は不要となり、大阪府南河内郡千早赤阪村立赤阪小学校に売却される。第三段階は赤阪小学校時代で、堀川小学校にあった講堂をほぼそのまま再建し、昭和五年（一九三〇）六月より昭和四五年（一九七〇）七月までの四〇年間使用し、その後明治村に寄贈された。

明確でないことは第一盈進高等小学校の講堂が大火復興建築として新築されたのか、あるいは別の建物から移築されたものなのかという点である。明治村移築時の書類[57]によると、明治二二年（一八八九）に建設された大阪府立大阪尋常中学校（現府立北野高等学校）本館の建物が第一盈進高等小学校に移築されたとある。

その経緯は明治三五年（一九〇二）に府立尋常中学校が移転し、その空いた校舎に大阪府立堂島高等女学校[58]が移転する。明治四二年（一九〇九）七月三一日の北の大火で本館と雨天体操場以外は全焼し、翌明治四三年（一九一〇）に堂島高等女学校は梅田に移転する。焼け残った校舎を第一盈進高等小学校に移築したという。

この説を検討する。府立尋常中学校の新築時ならびに堂島高等女学校の写真[59]からは、本館が切妻屋根で正面に切妻破風のベランダが付く様態であることがわかる。『六稜百三十年』[60]の「堂島新校舎のその後」によれば、堂島高等女学校本館が大阪府豊能郡南豊島村の南豊島小学校に移築された事実が記される。明治四四年（一九一一）のことで、堂島高等女学校本館をそのままの形で移築[61]していた。ここからは本館の移築は第一盈進高等小学校にはおこない得ないことがわかる。

本館以外に焼け残ったのは雨天体操場であるが、府立尋常中学校時代の配置図[62]ならびに堂島高等女学校の写真[63]を照合すれば、平屋建の切妻屋根の建物と推測される。第一盈進高等小学校講堂は二階建てであり、このことからも移築という形態であったとは考えにくい。仮に移築であったとしても、部材として用いられたにすぎず、元の形に組立てられたものではない。敢えて移築の可能性があるものとしては下屋のアーチの幕板だろう。建設された明治二二年という時代を考えれば、擬洋風の面影を残した幕板はその時の産物とみることもできよう。

筆者は北の大火直後に建設された校舎を探ってみた。北の大火で焼失した学校は松ヶ枝・西天満・堂島・第二上福島・第一盈進高等小学校の五小学校があって、いずれもがその翌年か翌翌年に校舎を完成させていた。講堂棟について、松ヶ枝と第二上福島の二小学校で建設時期は確認できない。西天満小学校は着手に手間取り、大正一一年（一九二二）に完成させる。

堂島小学校[64]では講堂兼雨天体操場が大正三年（一九一五）には誕生していた。一階は屋内体操場、二階は講堂でともに一二〇坪であった。第一盈進高等小学校講堂の坪数は一〇四坪[65]であって、ほぼ大きさは近い。堂島小学校の建築スタイルは懸魚付きの千鳥破風がまるでドーマーウィンドォー（屋根窓）のように寄棟屋根に載り、外壁は真壁造で柱頭には舟肘木が載り、下屋が付くという意匠を示した。和風意匠となるが、洋風建築の手法が用いられていた。建坪や階ごとの構成などは第一盈進高等小学校の講堂と共通する。

一方北区に所在し北の大火で焼失を免れた曽根崎小学校[66]は明治四二年一二月に新校舎の上棟をおこない、翌明治四三年三月に竣工[67]する。その時に建設された建物の写真をみると、形状や意匠面で第一盈進高等小学校の講堂と共

移築前の赤阪小学校講堂

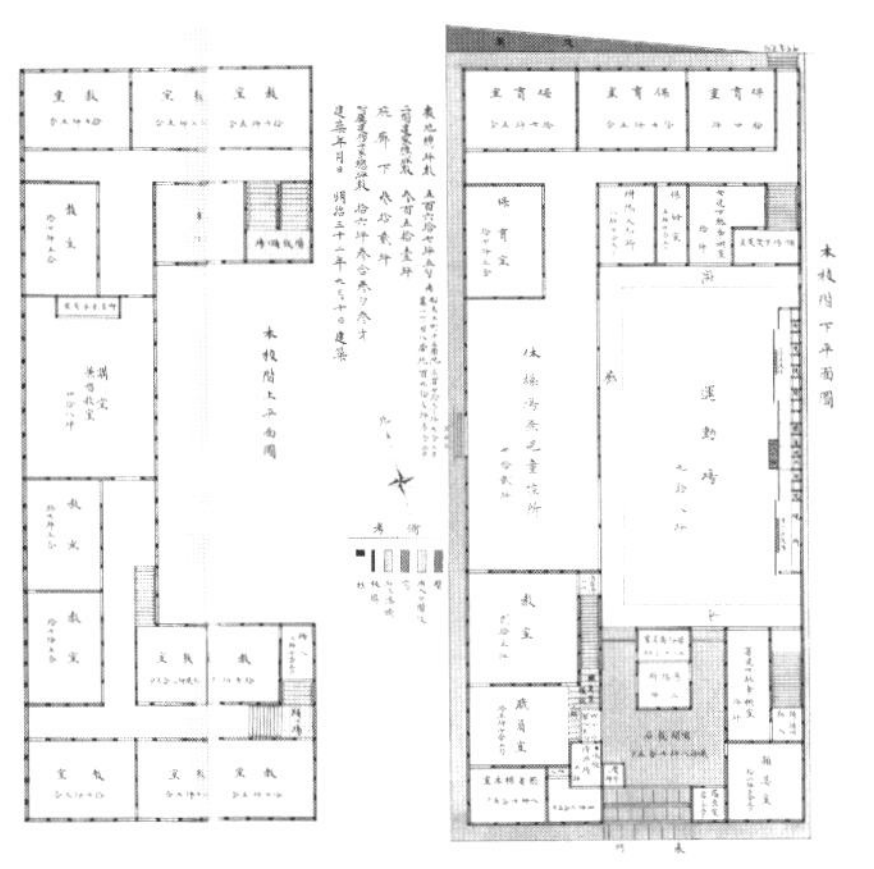

堂島小学校平面図

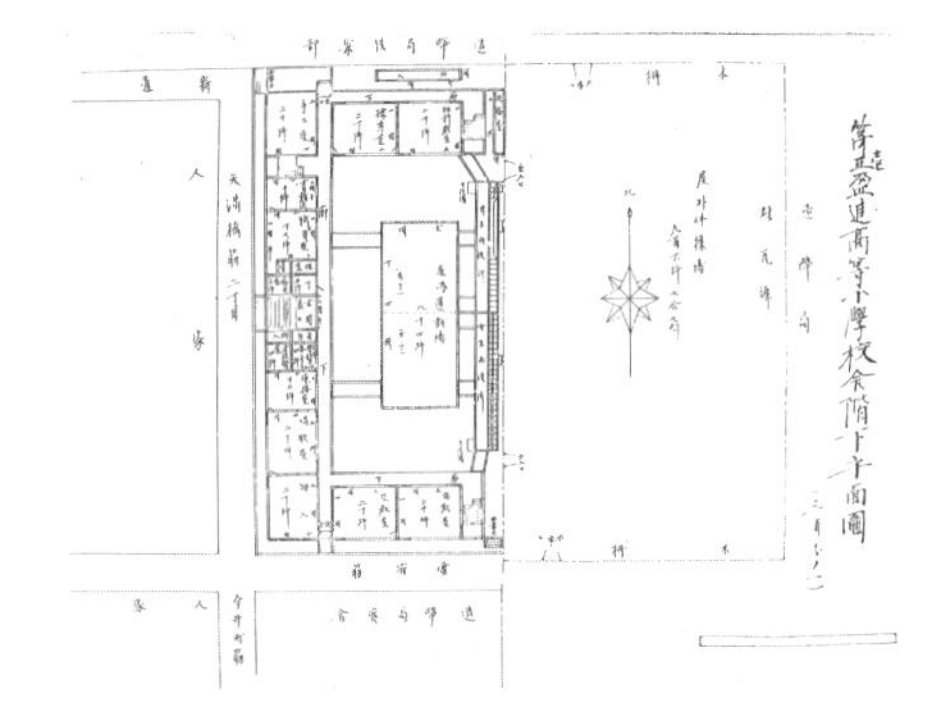

焼失前の第一盈進高等小学校平面図

曽根崎小学校 講堂

大正３年の堂島小学校 講堂

通点が多い。二階建てで一階は暗くてよくわからないが、教室ではないことは読み取れる。おそらくは屋内運動場なのだろう。屋根は寄棟で、二階の外壁は下見板張りとなり縦長の窓が付く。窓上にはペディメントらしきものがうかがえる。窓の数は八箇所であり、第一盈進高等小学校の講堂と同一となる。下屋の下は写真が不鮮明なために、様子は判別できない。建築費は教室棟も含めて計七万五四五一円がかかっていた

このような形態からは、第一盈進高等小学校の講堂は明治四二年の後半以降に建設された曽根崎小学校講堂と同様なものであったとみることもできる。つまりある種の標準設計で建設された可能性もある。筆者が導き出した結論としては、第一盈進高等小学校講堂は移築ではなく、限りなく新築の可能性が高い。設計については不詳だが、この時期には既に論じた花岡才五郎が大阪市土木課営繕係技手[69]になっており、何らかの関わりがあったものと考えられる。

4　建設経緯

この時期に集中的に建て替えられる校舎はどのような経緯で建設されていったのだろうか。そのような建て替えについての史料が発見できた、愛日小学校を事例に新築校舎の成立の過程を見ていく。

「愛日小学校沿革史」[70]によると、新築校舎に関する最初の記述としては、明治二六年（一八九三）一二月の「新築校舎ノ敷地ニ充ツ」から始められる。遡る同年四月一日から学区制は「旧ニ復シ」とあり、その年の暮には校舎の新築が計画されている。学区制の復活が新築の契機になっていたようだ。翌二七年（一八九四）四月学校長は「校舎新築ノ参考資料ヲ得ンガ為メ、学務委員ノ格ヲ以テ東海山陽地方各学校視察ノ途ニ上ル」とある。同年七月はじめての建築委員会が開催されている。同年一一月には新築校舎の敷地が買収される。明治二八年（一八九五）三月に「新築校舎図案定ル」とあり、前年の三月から一年間にわたり学校長と学区の区会議員など有力者によって構成される建築委員会は校舎の平面や立面についての検討を重ねたものと思われる。

基本設計はこの時点で完成していたとみられる。同年三月「新築設計ヲ大阪府技手中村竹松[71]に託ス」とある。当

時大阪市には営繕組織は設置されていなかった[72]。大阪市に関する設計業務は、大阪府に所属する建築技術者が担当していたようだ。同年四月には「久留文部技師[73]来阪依テ塩野委員長、中村府技手、高橋校長等、氏ヲ旅館ニ訪ネ図案ノ校閲、設計ノ指示ヲ受ク」とある。同四月に「区会ヲ開キ建築費ヲ可決ス」とある。同年一〇月新築工事の請負の入札をおこない、一一月に着工される。翌二九年（一八九六）一一月に竣工している。竣工直前の一〇月には久留の巡視があった。

以上の経緯から、設計には中村竹松という大阪府の技手が関与していたということが見出せた。なお中村の設計が確認されたものには他に中大江小学校（明治三二年竣工）[74]や堂島小学校（明治三二年竣工）がある。また東区連合町経営の愛珠幼稚園（明治三四年竣工）[75]も中村の設計によるものであり、愛日小学校設計と同様に久留の設計指導がなされていた。このように和風の傾向が強い「御殿」学校の設計に大阪府技手が深く関与していたことがここで明らかになった。

また、このような「御殿造」の意匠の提案は、史料に欠けるために、設計者の意図なのか、施主である学区側の意向なのかの判断は困難であるが、少なくとも学区側においても、このような伝統的手法を受け入れる体制は整っていたといえる。

さらに、文部省の建築部門の最高幹部である久留正道が設計監修をおこなっていることが確認される。ここからは学区の人々がいかに小学校の建築を重要なものとして認識していたかを窺いとることができる。

5　和風意匠の背景

和風意匠による校舎の出現背景には様々な理由が考えられる。まず和風意匠、とりわけここで対象とされる「御殿造」の意匠とはどのようなことを意味していたのかを考えてみる。先に記したように入母屋や千鳥破風、唐破風の屋根をもち、式台がある玄関といった意匠や形態からは、近世の御殿や武家屋敷の意匠や形態との類似性が指摘できる。明治中期の時点では御殿や武家屋敷のような建築デザインは、近世をとおして支配階級が独占してきた結果、ステイタスシンボル性を獲得していたと考えられる。つまり「御殿造」とは近世では庶民の建築には使用が禁じられていた意匠[76]であったことで、少なくとも「豪華さ」や「格式高さ」を表す建築[77]として、認識されていたといえる。明治になって意匠の上での制約はなくなり、建築に「豪華さ」や「格式高さ」を求める人々の間で「御殿造」がおこなわれていくことになる。すなわち、御殿や武家屋敷の意匠がひとつの理想像となって定着していたとみることができる。

ではなぜ「豪華さ」や「格式高さ」が、小学校校舎において必要とされたのだろうか。それは小学校という施設が教育施設にとどまらず、地域が主体で設立され運営される、学区の所有物[78]という性格を持っていたためであった。学区制に拠って小学校は地域の名望家[79]を中心にして運営されていた。名望家は学区の区会議員であるとともに商工業者であり、新興階級の一員と位置付られる。先に触れた御殿や武家屋敷などの建築を理想像としていたのは、「庶民や新興階級の人びと[80]」であったとされている。小学校とは初等教育施設という意味においては大衆的な性格を持っている。そのため、明治維新以降に意匠的な制約もなく、自由に建築が建てられるようになった時、「それまでは手にすることができなかった社会的な地位の象徴（ステイタスシンボル）ともなっていた要素[81]」、つまり、御殿や武家屋敷などを特徴づけている「御殿造」の和風意匠が、小学校の校舎に積極的に取り入れられていったと考えられる。また、学区間にあった競争原理も指摘できる。さきに記したように学区は財政的にも独立した存在であったことで、競い合ってより豪華な校舎をつくることになる。

なお、小学校開設時での擬洋風校舎のスタイルは、文明開花路線を進める大阪府による、半ば強制的な指示によって意匠の決定[82]がおこなわれていた側面もあったが、明治二六年（一八九三）以降の建設においては学区側で校舎の意匠も含めた建築内容の決定をしている。そのために自由に建築スタイルの選択ができた。そのような環境のなかで和風の意匠が採択される。そのように考えていくならば、確証は得られないが、先に見てきた御殿や武家屋敷、藩校など近世において支配階級の建築とされていたスタイルが、和風意匠の校舎のデザイン・ソースのひとつになっていたと考えることができる。

一方で、明治二〇年代の社会全体に醸成されつつあった伝統を継承しようとする動向が存在したことを指摘しておく必要があろう。明治一〇年代から、和風の意匠は復活しはじめる。極端な欧化主義の時代は終わっていた。明治二〇年代後半からは一般的に和風意匠による建築が数多く登場するようになる。大阪市における小学校の和風意匠の校舎の誕生は、そのような一般的な動向とどのような関係にあったのかは、現時点では史料的な制約もあって、必ずしも明瞭ではない。この点に関しては後究に期することにしたい。

さて、校舎建設事業が一段落した明治三八年での校舎の建築様態を示す一覧（表1－4）が大阪市学務課より刊行されていた。ここからは、建設が明治三〇年前後に集中していたことがわかるとともに、いかに増築を重ねていたかが読み取れる。

小　結

明治中期の校舎の建築的な特徴を考察した。その結果以下に示す知見を得た。

まず明治二〇年代後半に集中する改築の原因としては、第一に学区制度の復活、第二に文部省による校舎の建築基準の提示、第三に統廃合による学校規模の拡大、第四に擬洋風校舎の建て替えの時期にあったこと、第五に就学率の上昇による校舎の大規模化が考えられる。

そこで出現した校舎の平面の類型はコの字型、H型、ロの字型、L型が基本であり、それらの平面は府県の示したモデル案による影響があきらかになつた。

この時期に現れた校舎は意匠や形態の上で二つに分類される。一つは長屋門に類似した形態を取るもので一番多く見られる。もう一つは和風の意匠を積極的に取り入れたもので、「御殿学校」と呼ばれるものと、その一部の意匠を取り出して玄関部に付加的につけているものとがある。

ここで和風意匠が校舎に使われた理由は、校舎建設事業が学区側が主体でおこなわれることになったために、自由に校舎の意匠や形態が決定できるようになっていたことが原因している。そのような環境下で近世において「豪

表１－４　明治三十八年学校校舎一覧(1)

単位：坪

校名	校地坪数	校舎			校舎建改増築年月
		建坪数	教室坪数	屋内体操場坪数	
西区尋常					
東江	606.63	二階　302 平家　17.25	242.25	78	明治29年７月
江戸堀	789.25	二階　306.6 平家　11.5	236.33	47.32	明治17年５月 明治35年12月増
靱	416.3	二階　222.36 平家　100.94	245.5	81.68	明治17年11月
明治	600.96	二階　261.5 平　20.75	257.43	81.5	明治20年10月 明治29年３月増 明治33年７月増
広教	659.01	二階　356.98 平　20	288	42.5	明治28年３月
西六	本　608.69 分　177.92	二階 （本）　220.07 平　94.36 （分）　平135.4	（本）　252 （分）　77	（本）　63 （分）　42.1	（本）明治25年７月 （分）明治30年２月
堀江	481.83	二階　327.75	289.42	66.5	明治28年１月
高台	本　481.83 分　159.53	二階 （本）　241 平　20.5 （分）　110	（本）　259.75 （分）　50	（本）　50 （分）　47	明治６年
日吉	（本）　404.3 分	二階（本）　242.8 平　（分）　4.25	（本）　225 （分）	（本）　50 （分）	（本）明治27年12月 （分）
松島	540.56	二階　156.95 平　51.02	156.03	34.02	明治18年８月
本田	564.06	二階　331.81 平　34.08	318.37	60	明治30年６月
三軒家		二階　130.41 平　52.4	225.82	35	明治29年12月 明治23年６月増 明治33年12月増 明治35年９月増
天保	82	平家　30.5	20	無	明治９年 明治21年３月増
西区尋常高等					
九條第一	790	二階　607	501.9	51	明治29年２月
九條第二	1,278	二階　167.5 平　349.75	344	85	明治35年３月
木津川	485	二階　179 平　30.5	231.5	無	明治32年９月 明治33年９月増 明治34年５月増 明治36年５月増
市岡	773	平家　300	111.69	113.86	明治21年７月 明治38年７月増
春日出	900	平家　302.7	166.25	60	明治35年３月 明治38年７月増築認可
西九條	998.5	二階　121.5 平　306	315.75	142.5	明治35年１月 明治38年２月増築認可

表1－4　明治三十八年学校校舎一覧(2)

単位：坪

校名	校地坪数	校舎			校舎建改増築年月
		建坪数	教室坪数	屋内体操場坪数	
南区尋常					
桃園	1,184.76	二階　197.7 平　343.96	405.87	70	明治28年5月 明治29年5月増 明治32年9月改 明治34年8月増 明治35年7月増 明治36年8月改
金甌	436.65	二階　236 平　80	221.24	59.75	明治29年4月
渥美	436.15	二階　200 平　20	168	65.1	明治25年1月 明治35年10月増
芦池	511.33	二階　229.93 平　32	184.88	54	明治27年10月 明治37年3月増
御津	681.52	二階　360 平　14.25	276.5	130.75	明治33年6月
大宝	415.35	二階　224.75 平　41	210.5	41.75	明治25年9月
道仁	398.16	二階　217 平　14.55	191.68	48	明治28年12月
高津	559.89	二階　309 平　31	317	69	明治28年5月
日本橋	427.79	二階　208 平　35.25	193.5	64	明治29年5月
精華	794.39	二階　387.25 平　18.85	274.75	95.75	明治33年6月
難波第一	1,547	二階　478.37 平　93	458.5	46.75	明治19年3月 明治30年12月増 明治33年1月増 明治34年4月増 明治36年9月増
難波第二	1,161	平家　442	224	36	明治33年9月 明治38年4月増築認可
難波第三	719	二階　148 平　138	199.75	無38.25	明治27年4月 明治35年2月
木津第一	469	二階　82.68 平　161.9	284.88	無	明治14年5月 明治17年10月増 明治29年5月増 明治32年11月増
恵美第二	1,277	平家　140､5	87.5	無	明治37年3月
天王寺第一	1,169	二階　318	284.75	無	建築年月日不詳 明治30年3月改 明治37年12月増

表1－4　明治三十八年学校校舎一覧(3)

単位：坪

校名	校地坪数	校舎			校舎建改増築年月
		建坪数	教室坪数	屋内体操場坪数	
南区尋常高等					
木津第二	1.430	平家　488.62	245.5	無	明治36年12月
恵美第一	867.01	二階　57.5 平　230.75	240	30	明治27年 明治30年10月増
栄	376.13	二階　22.5 平　183.5	117	13	借家にて不明
天王寺第二	890.62	二階　349.51 平　37.71	231	55	明治36年9月
東区尋常					
南大江	666.66 附属地　20	二階　402 平　5.93	401	101.25	明治31年9月
中大江	777.53	二階　425.59 平　39.94	362.49	388.3	明治32年11月
北大江	545.54	二階　213.5 平　35.84	218.5	73	明治28年5月 明治34年12月増
集英	504.23 附属地　290.8	二階　246.71	191.5	40	明治30年7月
汎愛	486.26	二階　203 平　35.25	261	50	明治29年1月
浪華	427.11	二階　248.61 平　19.25	262.24	89.5	明治21年11月
久宝	495.35 附属地　94.9	二階　257.25 平　36.25	262.5	94.5	明治29年1月
船場	751.2	二階　398.5 平　28	268.25	94.7	明治36年5月 (明治35年3月が正しい)
愛日	803.92	二階　391.5 平　47.6	352.5	90.5	明治29年12月
玉造	562	二階　183.25 平　115.25	348.5	無	明治18年2月 明治21年9月増 明治28年1月増 明治32年9月増
東平野	311	平家　100	52.5		明治37年6月 建築認可 明治37年11月 増築認可
東区尋常高等					
玉造	1.220	二階　80 平　244	240.5	90	明治36年5月 明治38年6月 増築認可
東平野	806	二階　116 平　248	204	104	明治35年12月
清堀	680	二階　99.5 平　194 仮教　30.25	246 仮教室 22.5	22	明治29年9月 明治32年4月増 明治35年8月増 明治38年5月改

表１－４　明治三十八年学校校舎一覧(4)

単位：坪

校名	校地坪数	校舎			校舎建改増築年月
		建坪数	教室坪数	屋内体操場坪数	
北区尋常					
相生	407.55	二階　57.6 平　70.65	88.5	30	明治６年４月 明治21年11月増認
松枝	721.54	二階　208.25 平　157	245	92	明治34年11月
瀧川	412.9	二階　240.25 平　38.25	231.65	無	明治29年４月
菅南	208.6	二階　112.5 平　4.75	143.3	44	明治５年11月 明治17年３月増
堀川	1,071.13	二階　360.5 平　52.12	332	81	明治32年６月
西天満	574.25	二階　195.25 平　204	251.5	30	明治18年10月
堂島	567.04	二階　351 平　48.33	233.2	72	明治32年９月
中之島	960	二階　140 平　220.21	135	54	
芦分	218.85	二階、三階、平家、合わせて91.25	118.25	38	三階の分　明治６年２月 二階の分　明治30年11月
安治川	400.9	二階　224.35 平　17.75	184	43.5	明治27年9月 明治33年9月増
都島	380	（本）58.5 （仮）24	（本）50 （仮）12	（本）無 （仮）	（本）（仮）明治26年１月
野田	115.75	二階　21 平　43.2	40.5	20	明治13年５月 明治21年４月増
川崎	1,705	片　354.92	131.5	80	明治34年６月
第二北野	1,544.5	二階　40 平　404.5	227.5	80	明治35年６月
第二上福島	1,662	164	107.5	無	明治36年４月 明治38年５月増認
下福島	1,093.42	183.5	92	30	明治16年２月 明治21年５月槽 明治33年８月民家を買収 明治24年６月増 明治27年７月増
第二西野田	1,394	461.5	227.5	80	明治36年６月 明治37年２月増認
北区尋常高等					
第一北野	（本）332 （仮）118.72	（本）二階　149.88 平家　31.80 （仮）平家　119.3	（本）217.4 （仮）30	（本）無 （仮）無	明治19年９月 （本）明治26年９月増 明治27年９月増 （仮）明治33年６月
曽根崎	（本）610 （仮）341.93	（本）二階　233 平　173 （仮）二階　60 平　77.75	（本）340.68 （仮）140	（本）70 （仮）無	（本）明治28年７月 （仮）明治33年３月 明治38年８月増
第一上福島	939	平　419.5	200	100	明治28年８月
第一西野田	676	302.5	160	45	明治30年11月

『大阪市学事統計 明治38年』大阪市役所学務課 明治39年

華」で「格式高い」建築とされていた御殿や武家屋敷、藩校などの建築スタイルが、好んで使われたと考えられる。
また和風意匠が顕著にみられる「御殿学校」では、設計を大阪府技手、中村竹松が担当していたことが明らかになった。また文部省建築技師、久留正道が設計監修をおこなっていたことがわかった。このことからは学区が校舎にいかに力を注いでいたかが読み取れる。

注

（1）青木正夫『建築計画学八　学校Ⅰ』丸善株式会社、一九七六、一四九頁、菅野誠・佐藤譲『日本の学校建築』文教ニュース社、一九八三、四九頁に同じ。

（2）前掲（1）一五七頁、一九〇頁

（3）岡本良一「明治初年の大阪の世相」『明治大正図誌一一巻大阪』（筑摩書房、一九七八）のなかに『開化万才』という刷り物が紹介されており、そこでは「区々の学校見事な」という万歳楽の文句がある。このように、区の学校として成立していた。

（4）「芦池小学校沿革史」によれば、明治六年に竣工の校舎が和風であったとある。さらに明治九年竣工の校舎も和風と明記してある。ここであげた写真は明治八年に起工され明治九年に竣工した校舎である。『南区志』（南区役所、昭和三）によれば、明治六年の校舎は「広闊壮麗にして、通風、採光共によろしく、実に完全向かい無欠と称せられた。」とある。

（5）鬼洞文庫に所蔵されていたが、現在は関西大学図書館が所蔵している。図面によると玄関部には入母屋の屋根が見られ、門構えは冠木門になっている。これらの意匠は武家屋敷に用いられるものであることから、ここでは新案にあたって武家屋敷が意識されていた可能性が考えられる。プランは敷地一杯に校舎をコの字型にとり、玄関部は道路にほぼ直面している。図面集の構成は墨書きの平面図と立面図からなり、合計六枚ある。シカゴ博覧会への出品図として、明治二五年五月に作成されたとある。なお、南区竹屋町にあった高等小学校で、明治一七年一一月一五日に設立

（6）終戦と同時に廃校となったため詳しい史料は見出せなかった。参考文献として「西六小学校のあゆみ」『堀江小学校百年のあゆみ』（一九七二）がある。図の写真の出典はこの文献による。

（7）明治二三年の火災で焼失したため、明治二五年に新築される。「大阪市小学校平面図集」ではここに転載した図面よりも大きな校舎となっているが、職員室の前の中廊下が行き止まりになるなど、不自然なプランニングをみせている、このことは後

の増築によるものと考えられるためにここではその部分を削除して載せている。なお『堀江小学校百年のあゆみ』は昭和四七年の刊行

（8）明治初期の大阪における擬洋風校舎を積極的に推進した、大阪府参事の藤村紫朗は明治五年一二月に山梨県に転出する。このことと和風の校舎の誕生との関連は史料に恵まれないために詳しくはわからないが、何らかの関係があったとみることが妥当であろう。

（9）現時点で確認されうる学区制復活後に最初に建設がなされた小学校校舎で西区に位置した。その校舎は道路の交差点に面して和風の意匠がみられる玄関部が設けられていた。『日吉六十年誌』大阪市日吉強化委員会、昭和九年、が詳しい。

（10）第一次市域拡張時に天王寺村や難波村などが合併される。これらの村では人口の急増のために小学校が新設される。ここではこれらの村の多くの小学校は明治初期の校舎の建て替えという側面を持たなかったことにより、関連性が少ないということで除外してある。

（11）『新修大阪市史第五巻』大阪市、一九九一、一二二頁

（12）前掲（11）二一二〜二二三頁、七二九〜七三一頁

（13）明治二二年の大阪市制施行とともに学区制度の統一があり、大阪市予算のなかで教育費の比重は約二分の一を占めており、大阪市の財政を圧迫する最大の要因となっていた。

（14）東京、京都とともに市制特例が施行されていた大阪では、知事が市長を兼ねており、知事は市会での反対決議にもかかわらず、学区制度の復活を断行する。

（15）明治二三年に市会に提出された「小学校・幼稚園使用土地家屋購入ノ件」（議案第一三号）によると、「現校舎の大半は破損が甚だしく一時的な修繕では済まないものが多いこと」とあり十分に予測されたと考えられる。

（16）表1－3からも、工費に相当ばらつきが生じていることが読み取れる。

（17）学区制度の元でおこなわれたような多くの寄付が集まる状況は生まれていなかった。そのためこの間に新築された校舎は、西六小学校一校が確認されるだけで、その他は修理がなされたものが数校あるにとどまっている。

（18）文部省による学校建築に対する標準化への最初の取り組みと考えられる。菅野誠・佐藤譲『日本の学校建築　資料編』（文教ニュース社、一九八三）に詳しい。

（19）この背景には当時、自由民権運動が全国に起こり、小学校がその拠点となる傾向が強かったからであると考えられている。喜多明人『学校施設の歴史と法制』（エイデル研究所、一九八六）一二一頁に詳しい。

（20）文部省による学校建築の基準の成立過程に現れた準則で、以降明治三七年の「学校建築設計要項」までの間に次々に公示さ

れる設備規則類の初期のものである。前掲（18）『日本の学校建築　資料編』に詳しい。ただ、本稿で対象とする大阪市の小学校にどのように適用されていったのかは史料に恵まれないため、詳しくはわからない。

（21）文部省によって刊行された学校建築に関する指導書で、久留正道が執筆したといわれている。日本の学校建築の定型化を決定づけた図面集といわれ、実際にモデルプランが提示されていた。前掲（18）『日本の学校建築　資料編』に詳しい。

（22）小学校を運営する上での経済上の理由が大きいとされるが、大阪市では明治九年に小区は統廃合され八〇から三五に減っており、大区小区制という地方制度の再編が明治一七年の学区の再編の先駆けをなしていたと考えられる。前掲（11）六九一頁参照

（23）木造校舎の寿命は一般に短かいものとして捉えられていた。その理由の一つに当時都市部では火災が頻発したことが関連していると思われる。肥沼健次『鉄筋混凝土　校舎と設備』洪洋社、昭和二年、によると「一五年や二〇年でまた建替え得る木造校舎と違い」とあることからも、明治大正期における木造校舎の寿命は二〇年前後であったと考えられる。大正期に鉄筋コンクリート造に改築する際に、大阪市会では、鉄筋コンクリート造校舎が永久建築であるという表現がしばしば見受けられる。このことはいかにそれまでの木造校舎が短い寿命であったかを物語っていると考えられる。

（24）明治一九年の小学校令により小学校教育は義務教育となっていた。明治二六年の東区の就学率をみると、九〇％を超えている。西区でも明治二八年には九〇％に達している。このように東西南北の四区では郡部に比べて極めて高い就学率に達していた。前掲（11）七四七頁に詳しい。

（25）大阪市教育センター所蔵。明治三〇年の時点で大阪市城にあった、合計九五校の尋常小学校の図面が確認でき、その他に高等小学校や幼稚園などの図面もある。ただいずれもが一階、二階の平面図に限られる。作成された時期は不詳であるが、第二盈進高等小学校の新築の図面表題にある大正三年一一月という竣工の時期からは、この図面集の編纂が大正三年以降におこなわれたと推察できる。汎愛小学校の雨天体操場の増築が竣工するのが大正三年であり、その図面もこのなかに入っており、編纂の時期が大正三年以降であるということを裏づける、なお大正一〇年一〇月に竣工する愛日小学校の講堂の図面は含まれていないことから、遅くとも編纂は大正一〇年までにおこなわれたと考えられる。なお図面の体裁はＢ４の大きさの和紙に墨入れをした図面で、紐綴じになっている。また建築面積などが記されていることもある。

（26）彰国社版建築大辞典によれば「近世の大名・旗本・家老などの屋敷に見られる門形式の一で、多くは一階建であるが二階建てもある。また民家における門形式の一でもあり、近世では村役人または苗字帯刀を許された家の門形式として公許されていた。」とあり、管見ではこれと類似した形態が見出せる。

（27）「大阪市小学校平面図集」では明治四二年に増築された西清水町の校舎も載せられているが、当初のものではないために削

除した。詳しくは『南区志』（昭和三、大阪市南区役所）を参考

(28)「大阪市小学校平面図集」では江戸堀下通に面した校舎も載っているが、これは後の増築によるものなので削除して転載した。詳しくは『東江誌』（昭和一〇）を参考。

(29) 存在が確認される「愛媛県小学校建築心得」（明治一五）に見ることができる。前掲(18)『日本の学校建築　資料編』に詳しい。

(30) 前掲(25)の「大阪市小学校平面図集」のなかで、「愛媛県小学校建築心得」に図で表されている回字形校舎とよく似たプランのものが第一上福島小学校など複数にわたって確認された。

(31)「大阪市小学校平面図集」では、屋外運動場の向う側にさらに運動場がみられるが、将来の増築を見越しての土地の取得であるため、ここでは削除して転載した。詳しくは『愛日小学校総誌』（平成二）を参考

(32)「大阪市小学校平面図集」では、明治四二年に増築される北校舎も載せられているが、当初のものではないためここでは削除した。詳しくは『集英校閉校記念誌』（平成二）を参考

(33) 中大江校は明治三二年に竣工して以来、鉄筋コンクリート造校舎に改築されるまで増築されなかったため、「大阪市小学校平面図集」をそのまま転載している。なお増築されなかった理由には、中大江東校が明治四五年に新たに作られたことによると考えられる。詳しくは『東区史』（第二巻行政編、昭和一五年、大阪市東区役所）を参考

(34) 煉瓦造の本格的な洋風校舎。設計は大阪府技師　鳥居菊助（工部大学校造家科を明治一五年卒業）による。設計者名は「船場小学校沿革史」の中で筆者が見出し、特定することができた。なお鳥居は堂島小学校も設計をおこなっていたことが確認される。

(35) 仮想設計案の尋常中学校図であり、この図面は実際に大分尋常中学校して明治二七年に竣工していた。H型プランの中央部が玄関となり、その上に講堂を設けるなど似ている。

(36) 近藤豊は「消え失せた明治建築（六）」『史跡と美術』第五八一号、昭和六三年のなかで京都市の小学校の校門についての分類をおこなっており、門として独立しておらず建物が道路に直面しその一部が玄関になっているものを長屋門に類似するタイプと位置づけている。この形態は大阪市の小学校校舎においても見られ、筆者は便宜上、長屋門に類似した校舎と呼ぶ。

(37) 初田亨は『近代和風建築』（鹿島出版会、一九八八）で「明治時代には目立った派手な意匠がなく、和風であることを特に意識しなかったのではないかと思わせる簡素な役所の建物などもみられたが」と記述している。私見では長屋門スタイルの校舎もそのような建築であったと考えている。明治四二年に竣工する大阪市南区役所庁舎は長屋門のスタイルを採用している。区役所という性格上小学校と比較すれば、数少なく特別な意匠が付与されると予想できるが、ここでは長屋門スタイル

の小学校と同様に長屋門の形態となっている。

(38) 文部省衛生取調嘱託の三島通良による学校衛生改善の影響が窺える。前掲(1)の『建築計画学八 学校I』一五〇頁にも詳しい。

(39) 前掲(1)一一〇頁で青木正夫は「一般大衆の耳目を驚かし威圧するという権力主義の道具立的役割を果たすためのものであった」と述べている。

(40) 『栄小学校編年記』(大阪市栄小学校、一九七三)のなかの「栄小学校沿革誌」によると、「明治三〇年二月雨風ノタメ破損屡ナルヲ以テ第三第四層ヲ撤去シ大修繕ヲ加フ」とある。そのような記述は「汎愛小学校沿革史」においてもみられ、擬洋風校舎は各校ともに同じような状況にあったと考えられる。

(41) このように和風意匠の表現が全体と部分との二つに分類できることを、西沢泰彦は『近代和風建築』(鹿島出版会、一九八八)一四六頁のなかで指摘する。

(42) 愛日小学校や集英小学校の沿革史には「御殿学校」との記述がみられる。

(43) 大正末期に学区制度廃止の議論がおこなわれた時に、不平等の象徴として「御殿」学校や「御殿」造りの名称が議会で登場することになる。ここでは大正一五年一〇月二七日の市会での沼田議員の発言をみる。「木造建トシテ我ガ大阪市ノ模範建築物、学制統一問題ヲ起シタ唯一ノ原因デアル御殿造リノ学校、即チ現在ノ鉄筋混凝土ヨリハ遙カニ数倍ノ金ヲカケナケレバ出来ナイ云フ堂々タル建築物ヲ破壊シテ…」とあるように高額な工費をかけて造られていたことが理解できる。

(44) 現在も幼稚園として使用されており、竣工当時の仕様書には「建物ハ日本風平屋造リトス」とある。「御殿学校」の面影をみることができる唯一の建築と考えられる。初田亨、大川三雄、藤谷陽悦『近代和風建築』(建築知識、一九九二)では、愛珠幼稚園は「武家屋敷を思わせる堂々たる玄関構え」と記されている。

(45) 鉄筋コンクリート造に改築する前に撮影された写真帖から、詳しく校舎の様相が看取できる。

(46) 和室の客間もことであり、このような空間の存在から、学区の建築物としての格式性が求められていたことがわかる。

(47) 愛珠幼稚園の門構えにも塀重門が用いられており、武家屋敷を意味する記号であったと考えられる。

(48) 『小学校の模範的設備』小学教育研究会、大正六、九頁

(49) 『東区史第二巻行政編』(大阪市東区役所、昭和一五)四七九頁や「中大江小学校沿革史」に詳しい。写真の出典は上記による。

(50) 現在の生魂小学校であり明治三五年に竣工する。この学区は明治三〇年に大阪市に編入されている。図の写真は大正八年の卒業記念帖による。参考文献としては『いくたま一〇〇のあゆみ』(生魂小学校、一九七五)がある。

(51) 昭和一九年に廃校になっているために詳しい史料は見出せなかった。参考文献としては赤塚康雄『消えたわが母校』(拓殖書房、一九九五)があり、図の写真の出典はこの文献による。
(52) イギリス出身の建築家で、工部大学校造家科の教授を明治一〇年(一八七七)より明治一七年(一八八四)までつとめ、辰野金吾らの日本人建築家を育て上げた。明治二一年(一八八八)に建築事務所を開設し、鹿鳴館などの洋館を設計した。一八五二年生まれ、大正九年(一九二〇)に死去
(53) 「大阪市堂嶋尋常小学校沿革誌」大阪市北区役所　明治三六
(54) 国の重要文化財であり、江川三郎八が設計した。
(55) 『北区財産区誌』大阪市北区役所、昭和一四
(56) 前掲(4)と同じ
(57) 大阪市教育研究所の大森久治氏による調査報告で、博物館明治村の主任学芸員の中野裕子氏による提供。大森久治氏は『明治の小学校』泰流社、一九七三、の著者である。
(58) 現大阪府立大手前高等学校
(59) 『六稜百三十年』北野高等学校、二〇〇三
(60) 『大手前百年史』金蘭会、一九八七
(61) 北野高校が創立一三〇年を記念して刊行した校史のことで、二〇〇三年発行
(62) 昭和二二年(一九四七)に豊中市立豊島小学校と改称
(63) 『新修豊中市史』第九巻、一九九八
(64) 『府立大阪尋常中学校一覧』大阪府尋常中学校、明治二七年、のなかの配置図
(65) 『堂島校園沿革総史』大阪市立堂島小学校、昭和六一
(66) 前掲(4)と同じ
(67) 一九八九年に大阪市立北小学校に統合、二〇〇七年に扇町小学校に統廃合
(68) 『曽根崎』大阪市立曽根崎小学校、一九七四
(69) 明治四一年(一九〇八)に大阪市の技手になる。
(70) 大阪市立開平小学校所蔵
(71) 大阪府総務部人事課によると、在職していたことは確認されるが、在職期間や関係した仕事の内容は不明であるとの回答であった。中村竹松の経歴は工手学校の卒業者名簿などを照らし合わせてみたが、見出せなかった。

(72) 明治二八年当時の大阪市は特別都市であり、大阪市が独自の行政組織を成立させるのは明治三一年の市制特例の撤廃以降のことであり、この時期では区役所のなかの庶務課の下に土木係が設置されるに過ぎなかった。
(73) 文部省に所属する建築技師であった久留正道が関係していた。
(74) 「中大江小学校沿革史」による。
(75) 林野全孝「愛珠幼稚園舎の建築」『愛珠幼稚園百年史』(一九八〇)に詳しい。
(76) 水野信太郎「豪華さへの指向」『近代和風建築』(鹿島出版会、一九八八)三七頁
(77) 初田亨は『近代和風建築』(鹿島出版会、一九八八)一九頁のなかで、「それ以前の建築観に『良い建築』とは何かという点についての社会的に共通した値観が存在していたらしいことを示している」と述べている。
(78) 一一学区で一区を構成するため、各学区には区会が設置されており、教育費は学区が負担していたために、小学校の運営や建設は学区によって、おこなわれていた。その結果小学校を直接運営をする区会議員をはじめ区の人々は小学校に対して「自分たちの学区のもの」という認識が強くあったことが想像できる。
(79) 区会議員は学区内の有力者によって構成されていた。その多くは名望家と呼ばれる地域の資産家や商工業者からなっていた。このことは山中永之佑『近代市制と都市名望家』(大阪大学出版会、一九五五)参照
(80) 前掲(59)一九頁
(81) 前掲(59)一八頁
(82) 山梨県を中心に命じ初期に藤村式と呼ばれる擬洋風建築を普及させた藤村紫朗は明治四年から六年にかけて大阪府参事を勤め、大阪の小学校に擬洋風校舎を成立させることに大きな役割を果たす。

第二章　大正期の民間建築家による小学校建築と学区制との関連

一　大正期の小学校建築の成立と民間建築家との関連

はじめに

大正後期から昭和初期にかけては鉄筋コンクリート造の小学校校舎の出現により、小学校建築のデザインが大きく変化していく。鉄筋コンクリート造の採用により建築デザインの選択肢が拡がり、その結果、多様な意匠をもつ小学校建築が展開されていく。鉄筋コンクリート造小学校校舎は大都市を中心に多くの都市で大正後期に成立が見られるが[1]、大正期に一〇校を超える鉄筋コンクリート造校舎を実現させていたのは東京市、大阪市、神戸市の三都市であった[2]。東京市、神戸市では早い時期から市当局の営繕組織による設計が行われていたために、そこで実現された校舎は規格化された設計内容に則っているものが多く見られる。

一方、大阪市では市の営繕組織の設計でなく、民間建築家によって設計される事例が多く確認される。大阪市では学区制度の廃止[3]という制度上の変革もあって、大正後期に大阪市中央部[4]のほとんどの小学校が一挙に鉄筋コンクリート造に改築されている。大正期にわが国で最も多くの鉄筋コンクリート造校舎の成立を見ていた大阪市では、そのほとんどの校舎の設計を民間建築家[5]が担っていた。本節ではそのことに着目して、民間建築家の登用という事象が校舎の建築的な側面といかに関わっていたのかを明らかにする。またこれまで知られることのなかった、多くの民間建築家の発掘を行い、その実態を解明する。対象とする鉄筋コンクリート造小学校建築は、昭和二年（一九二七）三月末日の学区制廃止までに竣工したものとするが、廃止前に民間建築家によって設計が終了しており、昭和二年（一九二七）四月以降に竣工[6]したものも含めて考察をおこなっていく。

1　民間建築家の登用

表2－1は民間建築家による鉄筋コンクリート造小学校を一覧にしたものである。ここからは学区制度のもとで八〇[7]校の小学校が鉄筋コンクリート造校舎を有し、そのうち六〇[8]校が民間建築家の設計によって完成していたということが判明する。このように数多くの鉄筋コンクリート造小学校校舎が民間建築家によって設計されていた。

（1）鉄筋コンクリート造以前における状況

大阪市の小学校校舎における、民間建築家による設計の開始の時期を詳しく見てみると、鉄筋コンクリート造化以前の木造校舎においても、民間建築事務所による設計が行われていたことが分かる。明治四〇年（一九〇七）代から大正期にかけては、次のような二つの方法で設計がおこなわれていたものと考えられる。第一は区役所の建築技手の設計によるものであり、第二は民間建築家の設計によるものである。

第一については、明治後期には区役所に所属する技手の設計によって、校舎建設がなされていたことは複数の事例[9]にわたって確認できる。各学区によって経営されていた小学校校舎の建設事業に関しては、各学区の内部には営繕組織が設けられていなかったので、設計は各学区から構成される行政区の内部の営繕組織で行われていたようだ。そのため東西南北の各区役所には、営繕業務が主である建築の技手が一～二名配属[10]されていた。

第二については、三橋四郎建築事務所[11]による中大江小学校（大正五年・一九一六）[12]や、伴建築事務所[13]による西天満小学校（明治四二年・一九〇九）などが確認される。このように民間建築事務所によって設計がなされるケースが明治後期からおこなわれていた。ここからは各学区が主体となって直接、民間建築事務所に設計依頼がなされていたと考えられ、このような校舎建設事業の手法は後の鉄筋コンクリート造校舎設計の際に踏襲されていくと考えられる。

（2）背因としての学区制度

民間建築家の登用を可能とした最大の要因に学区制度[14]がある。本章第三節で詳しく述べるように、明治期大正期を通して昭和二年（一九二七）三月まで、大阪市では学区制が敷かれていた。大阪市は四つの行政区から成立していたが、さらにそれを細分化する形で、市域全体には六五の連合町がありそれぞれが経済的に独立した『学区』を形成し、原則として一学区に一校の小学校を経営していた。そのために校舎の建設事業の主体は各学区にあり、学区の意向で民間建築家の選択が行われていたとみられる。

その手順としては、まず学区の区会議員のなかから学務委員を中心に建設委員[15]が組織されて学校長も加わり原案が作成され、少しまとまった段階で建築家が決定され、そこで依頼がおこなわれたと考えることができる。そのような設計依頼の経緯を芦池小学校を事例[16]にみていくと、改築の決定がなされるとただちに学務委員はすでに鉄筋コンクリート造校舎を実現させていた神戸市内の小学校を見学する。そのことを基に「全議員の協議会を開き、持寄りたる計画図に就て討議を進め」、そして学務委員は「学校に集会して計画図の作成に没頭し」、その後[17]「本校の実施設計は工学士増田清氏に嘱託せられ」、計画図案が確定されていくという経過を辿っている。他の学校においても同様の過程をみることができる。このように建築家に設計依頼する以前に、平面計画の多くの部分が決定されていたと考えられる。

そこでの建築家に求められた役割は、

一　鉄筋コンクリートという新しい構造に対する技術的対応[18]

二　特別教室や室内プール、エレベーター、水洗便所などの設備面での対応[19]

三　ファサードのデザインなど意匠面での対応

の三つからなっていた。

また明治初期の小学校誕生以来、大阪市では擬洋風、御殿風[20]と校舎を、学区の「顔」と捉えて贅を尽くす傾向が強かったが、そのことは鉄筋コンクリート造校舎においても同様の傾向がみられた。鉄筋コンクリート造校舎は半永久的な耐久力[21]を持つ建築と考えられていたために、豪華なものにする傾向が強く表れていたものと思われる。

よる小学校一覧

建築家名 小学校名	行政区	竣工年月（ ）は設計年	工事費（千円）	建築面積（m²）	延床面積（m²）	階数（ ）は地下	平面の型	坪単価（円）	意匠的な特徴	その他の特徴	施工者	RC造校舎の割合 全面RC	一部RC
池田實 3校													
西六	西	T15		1,093	3,281	3	I						○
東江（2期）	西	S2.8	148	1,039	2,504	3		195		講堂		○	
恵美第一	浪速	S3.7				3	L						
田村啓三 3校													
明治	西	T15.5		2,556	6,779	3					清水組		
本田（1期）	西	T15.10		894	3,075	3		219			大林組		○
本田（2期）		S4.4	231	874	3,485	3		192					
清堀	東	S3.7	148	822	2,544	3					朝永国二郎		
和田貞次郎 2校													
上福島第一＊	此花	T13											
下福島＊	此花	S3.10									菊水組		
熊沢栄太郎 2校													
江戸堀	西	T13.12	374	1,320	4,382	3		210					
靱（1期）	西	T14.3									池田組		
横浜勉 1校													
愛日（1期）	東	T15.11	64	152	627	3(1)		336	装飾、玄関上にベランダあり				○
阿部美樹志 1校													
大宝	南	T13.9	598	2,310	8,692	3(1)	コ	165			清水組	○	
石本喜久治 1校													
桃園第一	南	T13.11	270	1,049	3,174	3(1)	L	185	三角アーチの窓、第3回分離派作品展出展		木村組	○	
安井武雄 1校													
汎愛	東	T15.5	562	1,604	7,484	4(1)	コ	247	玄関廻りに東洋趣味の装飾	屋上プール、屋上に茶室	松村組	○	
平井勇馬 1校													
南大江	東	T15.2	192	536	2,183	4(1)	—	230		屋上に開放教室	清水組		○
久保彌一郎 1校													
中大江（1期）	東	T13.7	65	204	795	4	—	269			松村組		○
前田旭之助 1校													
中大江（2期）	東	S3.5	241	1,102	3,844	3(1)	L	207			大林組		○
島田良香 1校													
天王寺第九	天王寺	S2.10	300		4,649	3(1)	L				鴻池組		
永井榮之亟 1校													
船場	東	T12.2	590	372	1,414	3	コ	417	柱型には白タイル	室内プール・天文台	大林組		○
池田栄次 1校													
広教	西	S4.1	252		4,039	3					松村組		
合計　60校（建設が2期にあたるものは重複を省いてある）													

出典：ここでのデータは主に「竣工記念写真帖」の類によったが、各小学校所蔵の「学校沿革史」や『東區史』昭和15年、『南區志』昭和3年、『学校建築図集』昭和5年日本建築協会、『建築と社会』第13巻昭和5年2月号、『セメント界彙報』第84号などを参考とした。

備考：＊のついた上福島第一、下福島の2校は、「故正員橋本勉の略歴及び作品」では橋本の作品になっているが、和田貞治郎の経歴書では、和田が設計及び監督した建築として記載されている。遺族の話によれば、下福島小学校に関しては、和田建築事務所の名が入った実施図面が一式もあったという。このことから橋本建築事務所が仕事の依頼を受けたものを、和田事務所が担当していたと考えられる。対外的には『建築と社会』昭和5年2月号の掲載に見られるように橋本建築事務所の名前になっている。

表 2−1　民間建築家に

建築家名 / 小学校名	行政区	竣工年月 ( )は設計年	工事費 (千円)	建築面積 (m^2)	延床面積 (m^2)	階数 ( )は地下	平面の型	坪単価 (円)	意匠的な特徴	その他の特徴	施工者	RC造校舎の割合	
												全面RC	一部RC
増田清 16校													
育英女子高等	南	(T10)	511	2,465	5,620	3	ロ	163	型柱頭に装飾	電気暖房	鴻池組	○	
豊崎第五	北	(T10)											
渥美	南	T13.2		2,102	7,151	4	コ	185			松村組	○	
難波新川	浪速	T12.7	60	610	1,950	3		183					○
敷津（1期）	浪速	T12.10		317	973	3		203				○	
芦池	南	T13.3		1,135	3,666	3(1)	I	179			銭高組		
難波芦原	浪速	(T12)							アーチ状の廊下	1階が吹き放ち廊下			○
今宮第三（萩之茶屋）	西成	(T12)		521		3	—		アーチが連続して大庇	1階が講堂兼雨天体操場			○
天王寺第一（天王寺）	天王寺	T13.12	99			3							
恵美第二	浪速	(T13)											
恵美第三	浪速	(T13)											
東平野第一（1期）	天王寺	T15.8	109	190	538	2(1)	L				松村組		○
金甌（1期）	南	S2.8	139	719	2,138	3(1)	L	215	玄関にねじり柱		久保田組		○
金甌（2期）	南	S4	198	1,172	3,511	3(1)		186	講堂にアーチ状の梁	3階が講堂	久保田組		○
天王寺第五（五条）	天王寺	S2.12	125	190	602	3(1)	—	208	パラペットにスパニッシュ瓦、アーチ				○
難波稲荷	浪速	S3											
精華	南	S4.11	598	2,531	10,230	4(1)	コ	193	アーチの開口部	3階が講堂	松村組	○	
橋本勉 14校													
上福島第二	此花	T15				3							
上福島第一＊	此花	T13											○
菅南	北	T13.2				3	コ						
桜宮	北	T14.7				3							
済美第二	北	T12											
済美第六	北	T15.1											
下福島＊	此花	S3.10	396	1,592	4,778	3	コ	273			大林組	○	
西天満	北	T14.4		2,857		3(1)	コ						○
天王寺第二（大江）	天王寺	S2			2,857								○
難波立葉	浪速	S4				3							
曽根崎	北	S3.2				3				1階は雨天体操場兼講堂			
東平野第一（2期）	天王寺	S3.5	101	673	1,812	3	—	184			井上組		○
中之島	北	S3.9		1,234	4,138	3							
堀川	北	S4.11	411	1,914	6,408	4(1)	コ	212			浅沼組		○
国枝博 7校													
堂島	北	S4.6	450	1,914	5,890	3		252			浅沼組		
瀧川	北	S4.7											
大国	浪速	S3.3											○
敷津（2期）	浪速	S3.3	36	224		3				1階は吹き放ち廊下	中島組		○
靭　（2期）	西	S4.4	257		4,019	3		211					
天王寺第三（逢坂）	天王寺												
栄第一	浪速	S3.4	316	1,927	5,233	3(1)	コ	199	中央に塔屋がある	女学校を併置	木本組	○	
宗兵蔵 5校													
久宝	東	T12.11	650	1,465	6,923	4(1)	コ	258		大講堂	大林組	○	
森之宮	東	T13.5											
浪華（1期）	東	T14.8	263	735	3,251	3(1)	L(コ)	242			清水組		○
浪華（2期）		S7.8											○
北大江	東	S3.1			5,495								
集英	東	S2.12	568	1,518	6,293	3(1)	コ	298		室内プール、エレベーター	大林組	○	
花岡才五郎 5校													
道仁（1期）	南	S2.3	194	677	2,303	3(1)	L	277	柱のみ白タイル貼り		松村組		○
桃園第二	南	S2.6	106				コ		折線アーチ	1階屋内体操場、3階講堂	松村組		○
御津	南	S3.4	391	1,468	6,088	4(1)	L	212	アーチの開口	1階屋内体操場、3階講堂	松村組		○
愛日（2期）	東	S4.1	308	1,264	4,148	3(1)	コ	245	装飾あり	中庭にプール	岡本組		○
高津	南	S4.11	220	1,179	3,537	3	—	205	折線アーチ	1階屋内体操場、3階講堂	岡本組		

（3）登用の意味

このような民間建築家の登用という事象は、反面、行政の営繕組織が鉄筋コンクリート造小学校校舎に対する設計体制を準備していなかったことを示している。大阪市営繕課にとって学区の小学校校舎とは計画すべき対象にならなかったようだ。大阪市営繕課は市直営の事業に関する建設業務を担当する組織とされていたために[22]、形式的には行政区の下部を構成しながら、現実には独自の財政をおこなっていた学区のもとでの小学校はその管轄外にあったと考えられる。

一方大阪市側の動向を見ると、小学校設備調査委員会[23]を大正九年（一九二〇）より設置し、関東大震災震災直後の大正一二年には、それは臨時小学校設備委員会[24]に組織拡充され、大正一三年には次のような標準の大要が決められる。

「小学校建築並設備標準案[25]」

◆規模　一小学校の総学級数は二十八学級（尋常科二十四　高等科四）を標準とし、一学級の児童数は大体四十人乃至五十人とす。

◆校地の位置　工場、劇場、遊郭、交通頻繁なる軌道又は街路低湿地等に近接せざる所で、原則としては小公園と接近せしめ或は事情により校地の一部を校外に選定するもよい。その校地の面積は校舎建坪の五倍以上で、形状は可成長方形又は正方形とする。

◆屋内運動場の面積　児童一人当り一坪以上とし、その形状は正方形に近い長方形とする。若し数箇所に分離の際はその割合を相当増す。

◆校舎の位置　校地の北部又は西部として、その方向に成るべく桁行を東西とする配置は肋骨式を最善とし、西北に偏した曲形を次とする。又凹形にする場合は東方域は南方に建物を配置する。校舎の階数は三階建を標準として、四階建もよいが何れも地下室を設ける。

◆教室　普通教室の大きさは長さ五間、幅四・五間とし、特別教室の面積は理科教室（普通教室の一・五倍）手工教室は（二倍）唱歌教室（一・五倍）裁縫教室（一・五倍）家事教室（二倍）作法室（十畳）地歴教室（一・五倍）とする。

◆屋内体操場　これは各校に必ず設置する様、その大きさは児童十人当りに一坪の割合で出算したものに、二重坪を加える。その構造の大要は周囲を開放し、床は弾力性に富む木材張とする。

◆講堂　講堂も各校に必ず設置せねばならぬ、其の大きさは屋内体操場に準ずる。

◆其他　奉安室、校長室、職員室を初め応接、使丁、宿直、図書、医務、休養、整容、児童食堂、開放教室、学校中心、社会教育施設に要する諸室を設ける。

階段幅は廊下幅に準じ、廊下巾は最小一・二五間、最大一・五間とする。便所は男女を区別して、其の数は大便所五十人毎に一ケ所　小便所は二十人毎に一ケ所と定めて各階に設ける。

◆付帯工事としては、先づ採光に注意し、植樹に対しても相当考量を払い、換気、暖房設備は各室に必要で、暖房設備には本市が電燈の市営をなす関係上主として電熱を利用する、給水設備としては各洗面場手洗場は勿論各階の便所は総て洗浄式に改め、電気工事は各室及廊下には電燈を設備し可成半間接照明法に擦る。尚家事、理科、裁縫等特別教室及講堂には電力の設備をなす外避雷設備も必要である。

防火装置は各階二百坪毎に一ケ所宛設け置く。

その他には校舎の建築は質実荘重な様式を旨とし、構造材料等詳細な事項に就いては下の如き希望を表明している。

（一）　校舎の構造は主体は鉄筋「コンクリート」造とし、一部煉瓦及木材を使用する。石材の使用は可成入口蹴放石等に限る。

（二）　界壁は可成鉄筋「コンクリート」造とする。

（三）　普通教室の天井高は梁下十尺を最低限度とし、十一尺を普通とする。

（四）陸屋根の場合に於ける最上階各室の天井には適当なる防熱工事を施す。
（五）床腰羽目には木材を使用し其の他の仕上を漆喰塗をする。
（六）外側廻り入口及窓等は鉄製とする。
（七）外部の仕上げはセメント、モルタル又は人造石洗出し塗仕上げとする。

そこでは「構造は主体を鉄筋混凝土造とすること」[26]が原則となっている。このように大阪市当局は鉄筋コンクリート造への改築を考えていたことがうかがえる。

また、小学校建築上の規格の統一は、大阪市当局の永年の計画[27]であったようだ。大阪市の営繕組織は標準設計の校舎の建設を志向していたが、さきに述べたように校舎の建設は各学区に任せられていたこともあり、標準設計は大阪市当局が直接財政援助をする、人口急増の周囲部[28]の一部の学区の木造校舎[29]に限られ、富裕学区を中心にして建設が計画されていた鉄筋コンクリート造校舎については関与できなかったものと思われる。このことは、昭和二年（一九二七）の学区制度廃止と同時に営繕課が組織拡充を計って建築課となり、その中に小学校校舎を専属に設計する組織である校舎係[30]が設置されたことからもうかがい知れる。学区制廃止時まで小学校の建築は、営繕課も含めて大阪市当局側が直接には関与する必要がないものと考えられていた。

表2－1から一九名[31]の民間建築家が鉄筋コンクリート造校舎の設計に関係していたことが分かる。先に述べたように学区制度を採っていたことが、このように多くの民間建築家の登用を可能としていた。

また、各学区が校舎建設の主体であったということは次のことからも伺える。表2－1の鉄筋コンクリート造校舎の割合の欄からは、多くの小学校で一期工事と二期工事に分けられて鉄筋コンクリート造校舎建設が行われていたことが分かる。そこでの設計者名を見ると、二期工事では一期工事とは異なる設計者に変更したケースも、東平野第一小学校や中大江小学校など複数の事例にわたって見受けられる。つまり、一期工事によって完成する校舎が学区側にとって、満足のいくものではなかったために、二期工事では設計者の変更が行われ、別の建築家に設計が任せられることになったと考えられる。その背景には大阪市を中心に活動する民間建築事務所が、数多く存在していたという実態があった。大正一五年（一九二六）の時点で、計三四の民間建築事務所の数が確認される。[32]大阪市の小学校では、設計の担い手にも事欠かなかったということも、民間建築家の登用が広く行われた背景に存在したと考えられる。

2　民間建築家による校舎の建築的特徴

（1）建築内容

全面改築もしくは全面にわたって新築をした小学校では、鉄筋コンクリート造校舎のなかに普通教室以外に、多くの特別な施設を設けることに特徴があった。そこでは特別教室を含めて、どれだけ多くの付加的な施設を設置できるかということが各学校間で競われていたと考えられる。[33]

詳しく見れば、講堂と雨天体操場は別々に設置されることが多く、[34]特別教室[35]は基本的には理科・裁縫・唱歌・手工・図画・家事の各室からなり、[36]それに加えて富裕学区を中心にして室内プール・茶室・児童食堂・図書館・児童集会所・日光浴室などがそれぞれ専用のスペースをとって設けられるケースがみられた。このように多様な機能が小学校校舎の中に取り入れられることが、この時期の特徴と考えられる。その背景には学区制のもとでは、小学校校舎は単なる義務教育施設にとどまらず、中等教育に準ずる商業学校や家政科の女学校を併設していた。また社会教育[37]や地域の活動[38]など、多目的な対応もおこなう、地域の複合施設的な側面を有していたことも関連している。これらのことは校舎の設備の充実性に寄与していたと思われる。

建築内容を表す一つの指標として、建築費が考えられる。表２－１からは鉄筋コンクリート造校舎の建築費と、建築費の坪単価が一覧できる。ここからは実現された鉄筋コンクリート造校舎の建築費が、従来の木造校舎の建築費と比較して全般に高額になっていることが分かる。

一般に鉄筋コンクリート構造は木造のおよそ二倍の建設費が必要とされたが、それだけでは表２－１にあるよう

集英小学校室内プール

な建設費にはならない。つまり鉄筋コンクリート造校舎に組み込まれた、室内プールやエレベーターのような、新しい施設[39]の設備費が、建設費の大きな割合を占めていると考えられる。室内プールの設置されていた船場小学校や集英小学校では坪単価がほぼ三〇〇円を超える。大阪市の他の鉄筋コンクリート造校舎の坪単価が概ね二〇〇円前後であることに比べるとこの二校では坪単価は高くなっている。このように普通教室に比べて、特別な設備の必要な、新しい施設などが多くなると、坪単価は高くなる傾向をみせる。

また、鉄筋コンクリート造は永久建築物[40]であるとの見方が主流であったことで、設備を中心に建築内容は容易に更新できないと考えられた結果、最新で最高の水準の設備が備わることになる。このように、坪単価の差異の大きな原因は、特別教室も含めた新しい施設の設備内容の違いにあったと判断できる。

そのように校舎の建築内容には、設備を中心に学区の経済力が如実に反映されていた。そのため、各学区間にレベル差が見られることになる。そこでは「大阪は消極的で画一的な指導を行っていないので、区によってかなりの相違が生じている」[41]というような状況にあったようだ。ここでいう「区」とは、行政区でなく学区のことを指す。詳細は本章第三節で論じる。一般に富裕学区の小学校では幅広く、特別教室も含めた新しい施設の設置が見られたが、貧困学区では各教科に渡っての特別教室の設置は難しく、新しい施設などは設けられることが少なかったといえる。

（2）建築意匠

(a) 敷地との関係　大阪市の小学校の建築意匠を見ていく上で、最初に指摘しなければならないことに、敷地の狭小[42]ということがある。このことは校舎の高層化や配置の計画を左右する要因となり、校舎のファサードのデザイン[43]と大きく関連している。大阪市での鉄筋コンクリート造校舎では南面をあけたコの字型やL型の平面がとられ、配置の方法としては道路と玄関部や校舎などの建物の間に、車寄せや前庭を配置することなく、道路に校舎が直面して設けられることが多かった[44]ようだ。このため校舎の道路側が正面[45]を形成していたと考えられる。

大正期の鉄筋コンクリート造校舎の配置計画は一般[46]的に大阪市のように道路に直面するケースは少なく、車寄せや前庭などを介在させて、玄関部は設置されることが多かったようだ。また運動場が前庭と兼ねられ、運動場側に玄関部が設置されるケース[47]も多く見られる。ところが、大阪市の鉄筋コンクリート造校舎の多くは、道路にファサードを直面させている。その結果、道路に直面するという点でオフィスビルディング[48]に似た建築形態が生まれていた。その背景には大阪市の小学校では鉄筋コンクリート造に改築前の木造校舎[49]の時代から、敷地が狭いという制約のために、道路側に寄せた校舎の配置を採らざるを得ず、ファサードは校庭側でなく道路側にあったものと考えられる。そのために鉄筋コンクリート造に改築されても、そのような配置計画は継承されたとみることができる。

大正一二年（一九二三）までに完成していた船場小学校、久宝小学校、育英女子高等小学校を見学した記録[50]によれ

玄関部の意匠
（船場・大宝・久宝）

ば、

先与えられた第一印象は外観の頗ぶる堂々たることである。（中略）毅然たる校舎が道路に直面して高く中空に聳立している。

とある。鉄筋コンクリート造校舎の階数が他の都市においては、三階建て[51]であったのに対して、大阪市の小学校では四階建てが実現していた。表2－1のようにその数は八校に及んでいたことがわかる。四階建という高層化もオフィスビルディングのような外観を生んだ一因であると考えられる。次にそのファサードを詳しく見ていくこととする。

(b) ファサード　大阪市の学区による小学校では、さまざまな外観意匠の校舎が造られていた。それらは、大きく、次の二つの類型に分類できる。まず、最初の類型とは、柱型の外部への表出、柱頭の幾何学装飾、パラペットの強調、均等な窓割り、装飾の玄関廻りへの限定などの特徴が見られ、わが国大正期の鉄筋コンクリート造のオフィスビルディング[52]と共通するファサードの構成をみせる。

後で詳しく述べるが、鉄筋コンクリート造による小学校校舎のスタイルは、その設計がはじまる大正一〇年（一九二一）前後には未だ、試行錯誤の状態にあったために、すでに鉄筋コンクリート造によって建てられていたオフィスビルディングがそこで、何らかの参考になったと考えられる。その結果小学校校舎のファサードがオフィスビルディングの外観に似た意匠に繋がっていくと考えられる。船場小学校（大正一二年・一九二三）をはじめ、久宝小学校（大正一二年）、御津小学校（昭和二年・一九二七）、集英小学校（昭和二年）などがこの類型を代表するもので、この類型をさらに簡素化したものに桜宮小学校（大正一四年・一九二五）をはじめとする橋本勉の設計による一連[53]の小学校がある。

それに対して、あきらかにファサードを重要視する校舎の類型がある。それは65頁の写真の桃園第一小学校（大正一三年[54]）に代表的に見ることができる。ここでは柱型やパラペットが壁面から消去されることによって、平滑な

桃園第一小学校

久宝小学校

外壁が表現されている。また一般に見せ場である、玄関廻りはシンプルな壁面となり、装飾的な意匠は見られない。ここからは、ファサードの上でモダンデザインの建築(55)の影響を受けた最初の小学校建築と考えられる。

一方、66頁写真の汎愛小学校（大正一五年）では、設計者である安井武雄特有の東洋趣味(56)の装飾が玄関部廻りに表れている。また66頁写真の愛日小学校（大正一五年）では道路に面した外壁が、装飾のあるベランダ(57)で飾られている。このように、ここでは装飾性という観点からみれば、装飾の両極化が見られる。

以上、見てきた二つの類型のファサードについて設計を担った建築家という観点から見ると、第一の類型のものは、宗兵蔵、橋本勉、国枝博、花岡才五郎に主に担われる。大正一三年（一九二四）の時点で、宗は六一歳、花岡は四八歳、橋本と国枝は共に四五歳で、年齢的には様式建築の折衷主義(58)の影響を受けていたと考えることができる。また、ここでの建築家はオフィスビルディングなどの商業建築を設計することが多かったために、設計された小学校のファサードデザインがオフィスビルディングのデザインに類似していったという考えも成り立つだろう。

それに対して、第二の類型を代表する増田清は三六歳、石本喜久治は三〇歳といたって若く、安井武雄は四〇歳で、例外的に横浜勉が四四歳であった。つまり第一の類型と比べて年齢的にも若く、モダンデザインの建築の受容を行うことが可能な年齢であったと考えられる。そのために、そこでのデザインには幅広いものが現れることにつながった。

また、竣工の時期も重要な意味を持っている。つまり同一の建築家の設計であっても竣工年が大正期から昭和一桁台に入ると、デザインの内容に変容が現れる。第一の類型の橋本勉は大正期では柱と梁から構成される工場建築に近い簡素な鉄筋コンクリート造校舎・桜宮小学校（67頁の写真）を作りだしていたが、昭和四年（一九二九）には67頁の写真の堀川小学校に見られるようなファサードをより重視した建築を完成させている[59]。すなわち、従来のイメージから脱却して、ファサードに装飾性を加味する傾向が現れて来ていたことが読みとれる。

増田清が大正一〇年（一九二一）[60]に設計した育英女子高等小学校（大正一一年）や敷津小学校（大正一一年）は、第一

汎愛小学校

愛日小学校

堀川小学校

桜宮小学校

栄小学校

天王寺第五小学校

の類型の範中にあると考えられるが、金甌小学校（昭和二年）では後で詳しく述べるように、新しい試みが見られ、第二の類型を示していると考えられる。さらに増田は、天王寺第五小学校（昭和二年）・上記の写真では開口部にアーチを用いたり、パラペットにスパニッシュ瓦を葺くなど、意匠上新しい試みを行っている。

また、国枝博の設計した小学校校舎の多くは第一の類型に位置する。そのなかで意匠的には第一の類型に含まれる栄小学校（上記の写真・昭和三年）では、中央部を塔屋的に扱い左右に翼部をシンメトリーに配置(61)するなど、ファサードを意識的に取り扱っている点においては第二の類型に近いと考えられる。

このように大正一二年（一九二三）から昭和四年（一九二九）までの七年間という短い期間に、校舎のデザインが大きく変化する過程を、橋本勉や増田清、国枝博の設計した小学校建築に端的に見ることができた。

一方、学区の経済力はファサードのデザインにどのように反映されたのだろうか。そのことは建設費との関係からファサードデザインの質や仕上材料[62]に主に表れている。だが、学区間にみられるファサードの表現の違いは、建設費よりも、どのような建築家が設計を担当したのかということの方が大きく左右したものと考えられる。

以上見てきたように、大阪市においては大正後期から昭和初期の鉄筋コンクリート造小学校校舎には、多様なデザインが表れていた、ということが分かる。このことは小学校建築という存在が、今日に至るまで概ね、画一的であると思われている[63]なかで、注目に値する。つまりこの時期に出現する鉄筋コンクリート造校舎には、わが国の昭和戦前期まででは明治初期の擬洋風[64]と並び、積極的に新しいデザインが導入されたと考えることができる。

3　民間建築家の特徴

設計者が特定できた小学校数は六八校である（表2－1）。また合計一九名の民間建築家が設計を行っていたことが確認される。そのうち複数の小学校設計に関係していた建築家は九名が判明し、そのうち増田清、橋本勉、国枝博、宗兵蔵、花岡才五郎の五人の建築家によって四七校が作られている。これらの建築家の経歴は表2－2にあきらかにした。

（1）建築家の関わり方

表2－2（74〜78頁）の経歴書からは、個々の建築家によって小学校建築に対する関わり方に違いがあるが、大きく2つの類型に分けて考えることができる。まず第一の類型としては大阪市での鉄筋コンクリート造小学校の設計以前に、鉄筋コンクリート造による学校建築を手掛けていた実績が、設計依頼に繋がったと考えられる建築家である。大臣官房建築課大阪出張所長を兼務して学校建築に関係していた橋本勉や、府立大阪医科大学や生野中学を鉄筋コンクリート造で完成させていた大阪府技師でもあった増田清、大阪市営繕課長として大阪市の初期の鉄筋コンクリート造建築に関係していた花岡才五郎、神戸市の最初期の鉄筋コンクリート造小学校建築に関係していた元朝鮮総督府技師の国枝博、中央大学を手掛けていた鉄筋コンクリート構造の大家の阿部美樹志などが該当する。大阪

市の小学校の多くは、この類型の建築家によって作られていたことが判明した。

第二の類型としては、小学校建築は手掛けたことのない民間建築家が挙げられる。大阪の民間建築事務所の中で老舗であった宗兵蔵建築事務所をはじめ、熊沢栄太郎、横浜勉、前田旭之助、さらには事務所設立間もない時期の安井武雄などが該当する。また、竹中工務店在職中の石本喜久治や大林組在職中の平井勇馬[65]などのように事務所を開設していない、施工会社在職中の建築技術者が本業のなかではなく、私的な仕事[66]として設計を行うケースもこの類型に含まれると考えられる。第一の類型に対して、ここでの類型は在野の民間建築事務所と位置付けられるだろう。

ここからは大阪市の学区の小学校を設計した多くの建築家が、官公庁の建築家であった経歴を持つということが判明する。またここで活躍した多くの建築家の事務所設立の時期が、大正八年（一九一九）から大正一五年（一九二六）の間に集中していることが分かる。これは鉄筋コンクリート造小学校の改築が集中した時期と重なり合う。すなわち事務所開設に際し、鉄筋コンクリート造校舎の設計の依頼をも視野に入れて、独立をおこなうケースもあったと考えられる。鉄筋コンクリート造小学校の設計が終了する昭和二年（一九二七）以降には急速に仕事を失い、昭和一〇年（一九三五）前後には概ね事務所が閉鎖されている。ここからは鉄筋コンクリート造小学校の設計料[67]が大正後期期から昭和初期の民間建築事務所の経営を支える重要な柱であったことが推察できる。

また表2－2からは、ひとりの建築家の設計した小学校が特定の行政区に偏って集中していることが読み取れる。つまり建築家とそれぞれの行政区との関わりを以下のように推察できる。増田清は南区・浪速区・天王寺区と、橋本勉は北区と、宗兵蔵は東区と、国枝博は北区・浪速区と、それぞれ関係が深かったものと考えられる。そのことは次のような史料からその一端をうかがい知ることができる。『芦池連合沿革誌』[68]によれば、鉄筋コンクリート造に改築の際に南区の学務係長[69]が「改築の必要と鉄筋混凝土の特長を陳べ、各学区に於ける計画の趨勢を説明」とある。このことから行政区は積極的に鉄筋コンクリート造への改築を推進していたことが分かる。その中心になっていたのは行政区の学務係で、各学区が建築家を選択する際に行政区の学務係が関係していた可能性も考えられる。

（2）建築家の考えた設計理念

当時の鉄筋コンクリート造小学校建築は一般的にどのように捉えられていたのだろうか。大阪市で一番最初に鉄筋コンクリート造校舎を完成させた船場小学校の建設に関して、次のような記述が残されている。

当時日本全国に於て鉄筋コンクリート造の校舎は横浜市の寿小学校、神戸市の雲中小学校の二校ありしのみにて、而もその校舎たるや粗末なるものにて何等の装飾なく、全く倉庫と異ならざる状態であった。故に是等は何等参考とするに足らず、全く独自の立場から数十年後を見越して設計し、鉄筋コンクリート造三階建ての校舎を増築した。[70]

とある。鉄筋コンクリート造とは倉庫や工場の建築のイメージが強くあったようだ。このためここではそのようなイメージを払拭するために、白タイルを外部の柱型に貼ったりするなど、当時のオフィスビルディングのファサードの引用が見られる。

船場小学校に続いて、船場一帯の富裕学区には高額な工費をかけた鉄筋コンクリート造小学校が次々に竣工する。その代表的なものであった久宝小学校や集英小学校などを設計していた宗兵蔵は、

近頃知識階級に於て学校建築に當り競て鉄筋『コンクリート』造なる立派なる建築を遂行するは贅沢の極なりと評するものあるは遺憾なり。[71]

と述べている。ここからは学区制廃止前後に次々と出現する鉄筋コンクリート造小学校校舎に対しては、必ずしも評価的な見方ばかりではなかったことが読み取れる。

この背景には学校建築は簡素なものでよい、とする明治一〇年（一八七七）代以来の文部省の施策が続いていたことが考えられる。そのことを青木正夫は「学校建築の坪当り単価を低い単価で決定づけ、以後それを常識としてしまったことである」[72]と述べている。

さらに宗兵蔵建築事務所所員であった大倉三郎は、

一部の建築家は絶えず学校建築に就いて予算の不足を歎じて学校建築といえば、極めて低級なものの一つであるかの様に思っている建築家も少なくない[73]。

と述べている。そのように学校建築に特有の「他の種類の建築物と比べ、坪当り単価の安いのが常識[74]」のなかで、民間建築家による鉄筋コンクリート造小学校の多くは、学校の建築的な側面でのレベル向上をはかり、これまでの校舎建築の持っていた負のイメージの払拭をおこなったと捉えることができる。

また、鉄筋コンクリート構造についての技術者でもあった増田清は、鉄筋コンクリート造建築に相応しい様式[75]の追求に関心を持っていたことが『建築知識[76]』からうかがえる。その表れの一つに、講堂の内部の構成が挙げられる。口絵に見られるようにアーチ状になった梁がスラブから立ち上がる。この手法は金甌小学校の他には芦池小学校や

船場小学校

愛日小学校立面図

金甌小学校

精華小学校でも見られる。そのように構造的な要素を意匠として表現する試みが、小学校建築においておこわれていた。柱と梁からなる既成の構造形式に対して、そこではアーチ状に、柱と梁が一体化した構造が提示されており、小学校建築が鉄筋コンクリート造に相応しい様式が試行される、実験場になっていたと見ることもできる。

このような設計者の理念のもとで、小学校校舎は次のように変遷していったと考えられる。最初は倉庫や工場建築のような校舎であったが、富裕学区を中心にしてオフィスビルディングの類型の校舎が出現し、さらには鉄筋コンクリート構造に相応しいと考えられた意匠や形態が表現された校舎の誕生へと変容を遂げる。以上をまとめれば、三つの変遷に分けられる。さらに注目すべき点は、そのような変遷が短期間に、ひとりの建築家のなかにおいて、なされていったということである。

（3）行政側のとらえた建設事業

このような鉄筋コンクリート造校舎の建築ラッシュについて、当時どのように行政側ではとらえられていたのか。積極的に推進していた南区側では次のように考えられていた[77]ことが判明している。以下に記す。

この数年間に頗る多数の学校の増改築を見た。しかもその様式は、旧体を一変し、大阪市の美観を副ふると共に、教育の進展に多大の効果を挙げたものと思う。要約するに、（1）世界大戦に依る、経済界の高潮に依り、区財政に余力を生じたる事、（2）人口の都市密集は、学校舎を狭隘ならしめたる事、（3）教育の発達は、二部教授の撤廃は勿論、特別教室の設備を要求せし事、（4）義務教育年限延長を高唱せられ、教室の不足を予期せる事、（5）中等学校入学難緩和の為、単独高等小学校を中等学校に変更し、尋常校に高等科併置を勧誘せし事、（6）改築費に充つべき市交付金（起債）の償還年限が、従来三ケ年なりしを十ケ年に、延長せられたる事、（7）関東大震災の影響を享け、耐震耐火校舎築造を痛感せし事、（8）学区廃止の早晩来るべきを予想し、改築年次を組上げたる事等にて、原因動機の如何は別として、多数の学校が設備の改善し得たのは、教育上洵に慶しいことである。

ここからは、未曽有の好景気と交付金の返済年限延長という財政面、児童数急増や特別教室充実、義務教育年限延長の予定という教育面、災害対応、学区制廃止と、多くの要因が重なりあっていたことがみえてくる。「大阪市の美観」ということからは鉄筋コンクリート造の校舎が、従来の木造校舎に比べて、いかに立派にみえたかだけではなく、都市景観にも大きく変化を与えつつあったという認識が生まれていたことが確認される。

小結

本節では大正期の大阪市の小学校における鉄筋コンクリート造校舎の成立過程を、民間建築家との関係という観点から考察した。その結果、以下に示す知見を得た。

まず学区制度のもとで建設された八〇校の鉄筋コンクリート造小学校のうち、六〇校に関しては建築家を特定することができた。このように大正期の大阪において、民間建築家の登用がおこない得たのは、学区制度が存在していたことによる。鉄筋コンクリート造小学校の設計に関係した民間建築家は、元官公庁の建築家と、当初から在野の民間建築事務所の二つに分類できる。

ここでつくられた校舎のファサード上の意匠の類型として、オフィスビルディングに似た外観を有する類型と、ファサードを重要視する類型の二つに分類できる。ここで対象とする時間において、鉄筋コンクリート造校舎は民間建築家の設計理念の変容を受け、次のように変化する。最初期は倉庫や工場建築のような類型、次にオフィスビルディングの類型に、さらには鉄筋コンクリート構造に相応しい意匠や形態が表現された類型というように、以上まとめれば三つの変遷に分けられる。

表2－2　民間建築家の経歴（1）

増田清

経歴		主な作品	
M21. 9. 9	福島県に生まれる	T10	大阪府立医科大学病院
T 2. 7	東京帝国大学建築学科卒業	12	大阪府立生野中学校
	安藤組大阪支店勤務	13	明浄高等女学校
6.10	大阪府土木課建築技師（府立大阪医大建築事務所）		三木楽器店
8	府立大阪医大建築事務所長	15	東京女子医学専門学校
13. 3	大阪府技師依頼免官		日本大学医学部・工学部
13. 4	増田清建築事務所を大阪に開設		竜谷大学
14. 6	広島市役所土木課建築事務嘱託	S 3	奈良電気鉄道社屋
S 3. 3	広島市役所土木課建築事務嘱託解職		広島市役所
10. 9	安藤組技師長	5	大阪南陽演舞場
16. 2	軍建協力会常務理事	6	広島県農工銀行
17. 3	海軍施設協力会常務理事		帝国女子医学専門学校
34	増田建築事務所再開		山中ビル
52. 2. 9	逝去		

備考：
＊月刊誌『建築知識』を主催発行し、鉄筋コンクリート造の普及を啓蒙。昭和２年10月から発刊。
＊大正11年の「建築と社会」に『鉄筋コンクリート其の日その日』を掲載。
＊佐野利器に耐震設計の指導を受け、佐野利器の斡旋で大阪府技師になる。
＊大和郡山、広島、呉などの都市においても、大正12年以来 RC 造小学校や中学校を手掛けている。
＊著作に『大空にとどくまで 摩天楼のロマンス』日刊土木建築新聞部、昭和17年。

出典：「履歴書」増田坦所蔵
『建築知識』第一巻第一号　　『建築知識』第二巻第二号

橋本勉

経歴		主な作品	
M12. 9. 4	岡山市に生まれる	T 9	大阪外国語学校
39. 7	東京帝国大学建築学科卒業	9	神戸高等工業学校
39	樺太民政署事業部	10	大阪高等学校
40. 6	帝国鉄道廳技手	11	東京高等学校
42. 1	茂建築事務所（大阪）		造幣局の一連の施設
T 3	野村橋本建築事務所（大阪）を共同経営		大阪鉄工所の一連の工場
8. 9	大臣官房建築課大阪出張所長（兼務）	15	大阪電燈の一連の発電所
15. 4	橋本建築事務所を大阪に開設		大日本紡績の一連の工場
S 2. 1	橋本建築事務所東京事務所を開設	S 3	大日本紡績本社
14.10. 4	逝去		

＊紡績工場や発電所、変電所などの産業建築が多い
＊東京市の小学校も複数手掛けている（横綱小学校）
＊学校建築は大正12年まではRC 造でなく、木造でつくられている
＊文部大臣官房建築課大阪出張所長を兼務し、大阪・神戸の直轄学校新營工事を設計監督する（T12年１月まで）

出典：「故正員橋本勉君略歴及作品」『日本建築士』第26巻第４号、昭和15年４月

表２－２　民間建築家の経歴（２）

国枝博

経歴		主な作品	
M12. 6.20	岐阜県大垣市に生まれる	T 3	朝鮮総督府庁舎
38. 7	東京帝国大学建築学科卒業	9	兵庫県庁舎増築
40. 8. 3	韓国統監府技師	9	神戸市庁舎増築
45. 4	欧米各国出張	9	神戸市荒田小学校増築
T 7. 9. 3	高等官三等	11	岸和田市役所庁舎
7. 9.11	依頼免本官	12	大阪市電気鉄道部本館
8	国枝工務所開設	S 4	大阪農工銀行改築
S18. 8. 6	逝去		横浜相模屋デパートメント
		7	大分県農工銀行
		14	滋賀県庁舎

＊役所などの庁舎建築が多い
＊銀行や保険会社、百貨店などの商業建築も多く手掛けられている
＊我が国最初のRC小学校の一つである神戸市荒田小学校を設計している

出典：「故正員五位国枝博君略歴及作品」『日本建築士』第33巻第４号、昭和18年10月、11月、12月

宗兵蔵

経歴		主な作品	
G 1. 3.29	東京に生まれる	M27	帝国奈良博物館
M23. 7	東京帝国大学建築学科卒業	31	淀橋浄水場
24. 2	宮内庁	45	柴島浄水場
28. 6	東京市技師	T 2	藤田組社屋
31. 7	海軍省技師	4	大阪回生病院
37. 9	欧米各国出張	5	大阪難波橋
39. 3	横須賀海軍経理部建築課長	6	東京海上火災大阪支店
39. 6	高等官三等依願免本官	8	内田信也邸
39. 7	藤田組入社（大阪）	9	日本海上保険神戸支店
41.11	大阪市水道拡張工事事務嘱託	10	北浜ビルディング
T 2. 2	大阪市電気鉄道部事務嘱託	11	南区役所
2	宗建築設計事務所開設	12	甲南高等学校（現甲南大学）
14	日本建築協会副会頭	S 3	灘中学校（現灘高校）
S19. 1.30	逝去	5	生駒時計店
		6	関西商工学校

＊南区役所を手掛けたことが、東区の小学校を設計する契機になったとの指摘もある。

出典：坂本勝比古『商都のデザイン 日本の建築 明治大正昭和５』三省堂、1980年

花岡才五郎

経歴		主な作品	
M 9	山口県下関市に生まれる	S 6	大阪市立東高等女学校
35. 7	工手学校建築科卒業		
	東京砲兵工廠 勤務		
	山陽鉄道 勤務		
41	大阪市土木課営繕係技手		
T 6	大阪市土木課営繕係主任技師		
9	大阪市営繕課長		
12	花岡建築事務所開設		
S 6. 8	逝去		

＊市役所在職中の仕事に関しては特定できていない

出典：中川倫『新大阪大観』新大阪大観刊行所、大正12年

表2－2　民間建築家の経歴（3）

池田實

経歴		主な作品	
M37．7	東京帝国大学建築学科卒業	S 5.6	生魂神社
37	大阪府技師	7	平岡神社
T 9	大阪府警察部建築課長	12	住吉神社
13	池田實建築事務所開設		公楽座
	大阪都市計画委員		キネマパレス
	関西工学校理事		菊正宗道屯堀酒場
S 4	京都帝国大学講師		
25．4.24	逝去		

出典：近代建築画譜刊行会『近代建築画譜』昭和11年

熊澤栄太郎

経歴		主な作品	
M12.12	徳川幕府の作事に従事する熊沢家に第十三代目として生まれる		服部時計店大阪支店
M30．8	工手学校建築科卒業		長周銀行本店
33．7	横須賀海軍鎮守府に奉職		田辺商店製薬部加島工場
39.10	三井物産上海支店建設事務所		阿倍野日本キリスト教会
41．6	朝鮮総督府に奉職		吉川パンション
T 6．7	久原鉄工所に勤務		山口ダンスホール
7．5	渡辺建築事務所に勤務		日立製作所笠戸工場
9．8	大阪建築所を設立		徳山自動車株式会社
12．3	熊沢建築事務所を設立		
S13.10.25	逝去		

＊RC 造の小学校ばかりでなく、木造校舎の小学校を設計

出典：「故正員熊沢栄太郎君の略歴及作品」『日本建築士』第25巻第5号、昭和14年11月、「自筆経歴書」

和田貞治郎

経歴		主な作品	
M20	京都府丹後に生まれる		谷口房蔵別邸
45	大阪市立工業学校建築科卒業		精道小学校
T 4	辰野片岡建築事務所入社	T12	本庄小学校
11	大阪合同紡績建築課主任	13	山手小学校
12	和田建築事務所開設	S 8	千里第一小学校
S14	東和組設立	8	金井重要金属の一連の工場
28．1．7	逝去		月桂冠本邸

＊芦屋市を中心にして、阪神間から大阪市及びその周辺町村にかけて RC 造11校、木造9校の小学校を設計している
＊京都府では木造小学校が多く手掛けられている
＊工場建築、主に紡績工場と鉄工所を手掛けている

出典：『経歴書』東和組所蔵

表2－2　民間建築家の経歴（4）

阿部美樹志

経歴		主な作品	
M16	岩手県一関市に生まれる	T 5	三井3号館（構造設計）
38	札幌農学校土木学科卒業	6	横浜生糸検査所（構造設計）
40	帝国鉄道庁技手	11	中央大学図書館
44	イリノイ大学留学	13	浅野セメント川崎・東京工場
T 9	阿部事務所を開設	14	明治製糖川崎工場
12	横浜高等工業講師	15	富山県東岩瀬小学校
S 4	浅野混凝土専修学校長	S 2	一関市役所庁舎
21	戦災復興院総裁	8	東京宝塚劇場
22	貴族院議員建設院長官	11	神戸阪急会館
40	逝去	11	一関市小学校講堂

＊構造計算が中心であるが意匠も手掛けている
＊地方都市での小学校建築も多い
＊『鉄筋混凝土工学理論編』、『鉄筋混凝土の施工に就いて』などの鉄筋コンクリート造に関する著作がある
＊高架鉄道橋や駅舎など鉄道施設関係も多い
＊工場などの産業施設も多い

出典：江藤静児『鉄筋混凝土にかけた生涯』日刊建設通信新聞社、1993年

石本喜久治

経歴		主な作品	
M27．2.15	神戸市に生まれる	T10	山口銀行東京支店
T 9	分離派建築会結成	S 2	東京朝日新聞社屋
7	東京帝国大学建築科卒業	3	白木屋百貨店
8	竹中工務店入社	5	東郷青児邸
11	欧米視察	11	松橋邸
S 1	京都帝国大学建築科講師		日本居留民団中学校
2	片岡石本建築事務所開設	16	上海第七日本国民学校
6	石本建築事務所を開設（東京）	27	池田銀行本店
10	石本川合建築事務所	30	大阪市育江小学校
12	北京、上海にも事務所開設	31	大阪市塩草小学校
20	新日本住宅設立		
38	逝去		

＊分離派作品展に桃園第一小学校を「或る小学校」という表題で出展する。

出典：白川直行「近代日本、建築家の足跡9　石本喜久治」『建築文化』第528号、1990年10月号
　　『50年の軌跡』石本建築事務所、1977年

安井武雄

経歴		主な作品	
M17	千葉県佐倉に生まれる	M44	大連税関長官舎
43．3	東京帝国大学建築学科卒業	T13	野村銀行本店
43．4	南満鉄に入社		大阪倶楽部
T 8	片岡建築事務所	15	野村銀行京都支店
9	渡米	S 2	帝人岩国工場
13	安井建築事務所開設		高麗橋野村ビル
14	早稲田大講師	5	日本橋野村ビル
15	東京事務所を開設	8	大阪ガスビルディング
S 8	京都帝大講師	8	山口吉郎兵衛邸
11	日本建築協会副会長	13	京都淀競馬場
30	逝去	27	大和紡績本社

出典：山口廣『自由様式への道 建築家安井武雄伝』南洋堂、1984年

表２－２　民間建築家の経歴（５）

横浜勉			
経歴		主な作品	
M13.10.15	岩手県盛岡市に生まれる	M43	第九十銀行本店
39．7	東京帝国大学建築学科卒業	44	秋田監獄
39．8．2	東京市技師（M41.8.19に依頼免官）		甲府監獄
41．9.12	司法技師（T11.6.7に休職）	T 5	大阪控訴院及び裁判所
T11	横浜松下建築事務所を設立	9	東京区裁判所
12	横浜勉建築事務所を設立	11	日本火災海上保険大阪支店
S 8	大阪橋本組に入社		
11	鹿島組に入社		
16	台湾支店長（S20に帰国し S22に退職）		
35.12.23	逝去		
出典：近江栄、堀勇良『日本のモダニズム』三省堂、1980年及び『経歴書』鹿島建設所蔵			
島田良香			
経歴		主な作品	
M41	関西商工学校建築科卒業 片岡建築事務所入所 島田建築事務所開設	S 4	関西大学天六学舎
生年死去年月など詳しい経歴は不詳			
平井勇馬			
経歴		主な作品	
M21．4．7	滋賀県大津市に生まれる	T10	福井県庁舎
42．2.12	東京工手学校建築科卒業	13	大阪基督教青年会館
	日本赤十字臨時建設事務所	14	日本勧業銀行大阪支店
45．7．1	東京高等工業学校建築専科卒業	15	済美第三小学校（大阪市）
	京都市役所	S 2	大阪市築港上家
T10．5	大林組入社	3	京都御苑饗宴所
S 9．2	新京出張所長	10	満州中央銀行
13．6	奉天支店次長	12	東京海上新京ビル
14．8	上海出張所		
18．4.12	逝去		
＊大林での仕事は設計部でなく、工事部に所属していたため、現場での工事主任であった			
出典：大林組総務部人事課の履歴書による。			

注

（1）地方都市にまでは同時期に成立が見られるが、行政の営繕組織によって組織的に計画されたものは少なく、単発的な成立に終わってしまうことが多かった。
（2）この数字は多くの事例があったかどうかを見る指標の一つに過ぎない。
（3）昭和二年（一九二七）三月三一日をもって廃止された。
（4）明治二二年（一八八九）に大阪市が発足する時点での大阪市を指し、現在の中央区（旧東区、旧南区）、西区、北区の一部を指す。
（5）経済的に独立して設計行為を行っていた建築事務所のことで、官公庁の営繕組織や施行会社の設計部、民間企業の営繕部とは一線を画する。
（6）昭和七年に竣工する浪華小学校の第二期工事にまで及んでいる。
（7）現時点で判明している、鉄筋コンクリート造の校舎を有していた小学校数であり、全学区数が六五ということを考え併せると、一つの学区に複数の小学校を経営していた学区も複数存在していたので、このような数字になったと考えられる。
（8）現時点で建築家名が特定できた小学校数である。今後も竣工写真帖などの資料が発見されれば、増える可能性がある。ただ大阪市の小学校は戦争前後に統廃合が行われており、さらに校舎の建て替えがほぼ終了してしまった後であるということを考え併せれば、すべての校舎についての設計者名を特定できる可能性は薄いと思われる。
（9）曾根崎小や松枝小の校舎の設計を北区役所の技手が担当していた。当時の工事の書類から判明する。
（10）昭和二年（一九二七）以前の「大阪市職員録」を見れば、各行政区の中の学事係か、土木係に技手が配属されていることがわかる。
（11）三橋建築事務所大阪事務所が設置され、大阪府立農学校なども手掛けられていた。
（12）中大江小の沿革史を調査したが、大正五年（一九一六）前後には該当する工事は行われておらず、中大江東小の間違いではないかと思われる。中大江東小では大正五年（一九一六）に増築校舎が竣工している。
（13）明治四二年の西天満小の増築を担当している。『西天満校増築一件書類』（大阪市北区役所第二課土木係、一九〇九）に詳しい。
（14）昭和二年（一九二七）三月まで存在していた地域と密着した教育制度で、大阪市では政治とも関連していた。
（15）学区のもとでの小学校建設事業の中心をなす組織で、鉄筋コンクリート造への改築計画や建築家の決定もここで行われることが多かった。

(16)「芦池校改築ノ経路報告」『昭和二年新築記念・芦池尋常小学校』による。他に『蘆池連合沿革誌』（大阪市南区役所、一九二七）に詳しい。
(17) 栄第一小学校などでも同じような経緯で設計依頼がなされている。
(18) 増田清や阿部美樹志などの構造技術者という側面が強い建築家を中心にして、設計依頼がなされていることからも判断できる。
(19) 青木正夫『建築計画学八　学校Ⅰ』（丸善株式会社、一九七六）一八二頁、に詳しい。
(20) 明治二〇年代後半に富裕学区を中心にして成立する、和風を強調した校舎で玄関部に式台を設け、御殿風のデザインを特徴とする。
(21) 半永久的に鉄筋コンクリート造校舎が持つと考えられたことも、鉄筋コンクリート造校舎の幅広い普及に繋がっていくとみることができる。
(22) 大阪市が直営で経営する有隣小学校だけが大阪市営繕課によって設計されていた。大正一五年にＲＣ造校舎を竣工させている。
(23)『南区志』大阪市南区長堀橋筋一丁目外九一ケ町区、一九二八年一二月、一二九〜一三〇頁
(24) 前掲（23）一二九頁
(25)『都人』第二星第八光、大正一三年八月
(26) 前掲（23）一二九頁
(27)「鉄筋コンクリートの校舎」『セメント界彙報』第一一五号、一九二五年五月
(28) 明治三〇年に大阪市に編入された地域
(29) 大正八年より市費でおこなわれていた。貧困学区が対象とされていた。
(30) 学区制廃止に伴い、小学校の建設事業が、各学区の手より大阪市建築課に移るため、昭和二年より、設置される。主任には富士岡重一があたる。
(31) 現時点で判明した民間建築家の数で、設計者が特定できていない小学校が二六校あることから、増える可能性が高い。
(32)『日本建築協会会員名簿』日本建築協会、一九二六年一一月による。
(33) 学区間の競争原理が木造校舎の時代にあった。
(34) 大阪市の中央部では、一階に雨天体操場が上階に講堂が設置されることが多かった。周囲部では一階に雨天体操場と講堂が共用で設置されていた。
(35) 前掲（19）一七七頁に詳しい。

(36) 作法室とも称され、大阪や京都の小学校で多く見られた。東京市の復興小学校では設計の段階では用意されていたが、建築での最高責任者であった佐野利器が設置をみとめなかったので設けられなかった。
(37) 家政科や商工科が設置されることが多かった。
(38) 町内会や青年団などの活動の場となっていた。
(39) 従来の木造校舎にはなかった、水洗便所やスチーム暖房など、現在の設備とあまり変わらないものの設置に加えて、富裕学区を中心にして室内プールやシャワー室、天体観測所など多方面にわたる設備が用意されていた。
(40) 肥沼健次『鉄筋混凝土校舎と設備』洪洋社、一九二七年五月によれば「五十年や百年は愚か数百年の保存率を持って居る」とある。当時の鉄筋コンクリートに対する言説をみると、このような見方が強くあった。
(41) 前掲 (19) 一七七頁
(42) 大阪市や京都市のようにすでに市街地が形成されていた都市では、敷地の拡張が難しかったので、外の都市に較べると狭い敷地しか持てなかった。
(43) 冨士岡重一「大阪市小学校校舎の実情と其計画の大要」『建築と社会』第一三巻二号（日本建築協会、一九三〇年二月）を参考
(44) 久宝小・汎愛小・船場小（増築校舎）など大阪中央部の多くの小学校では校舎を道路に直面させていた。「大阪市立集英小学校新築回顧」『学校建築図集』（日本建築協会、一九三〇）によれば、「従来の学校は殆ど校舎が道路際に沿うて建てられた」とあることからもその様相を知ることができる。
(45) 玄関部側がある方を一般的には正面とするため、通常、玄関部は道路に直面していることから、道路側が正面と考えられる。
(46) 前掲 (19) に詳しい。
(47) 明治四二年の文部省普通学務局『小学校建築図案及学校園』に示された七つの模範案のうち、二つの案が運動場に面して玄関部が設置してある。このことからも分かるように運動場側に玄関部が設置され、ファサードを形成していた類型も、一方で存在していた。
(48) 市街地で道路に直面して建てられたことが、配置上の特徴であると考えられる。
(49) 大阪市の各小学校の記念帖などには、木造時代の校舎の写真が載っておりここから、その様相は知ることができる。筆者は第一章で詳しく論じている。
(50) 前掲 (40) 一五九頁による。
(51) 大阪市と並んで多くの鉄筋コンクリート造校舎を実現させていた、東京市や横浜市、京都市では四階建の校舎は存在して

いなかった。大阪市以外では、傾斜地に建つ神戸市の山手小学校が四階建を実現させていた他にはなかったものと考えられる。大阪市でも建設事業が大阪市当局の手に移行した昭和二年以降は見られない。なお文部省は昭和九年（一九三四）に「学校建築物ノ営繕並ニ保全ニ関スル件」（訓令第一六号）で、鉄筋コンクリート造校舎は三階建を超えてはならないとした。

(52) 鉄筋コンクリート造の事務所建築を指す。そこでのファサードの特徴としては、一階を基壇と考え、石積やアーチの開口が表現され、二〜五階の基準階では柱型を見せ、窓は縦長で、柱頭にはセセッション風の装飾が付き、パラペットの下にコーニスを廻しデンティルを見せるような、様式建築の折衷主義に基づくデザインとなっていることが多く、細部では広義の意味でのセセッションが現れている。三井物産横浜支店（M四四）にはじまる、鉄筋コンクリート造の三〜五階の事務所建築が、この時期の校舎のスタイルに近いと考えられる。三菱の丸之内の一連のオフィスビル（T五〜一〇）や、大阪では三井二号館（T九）や毎日新聞社（T一一）などに、共通するファサードの意匠や構成を見ることができる。

(53) 西天満小や菅南小など北区を中心に見られる。大正期は簡素な校舎が多かった。

(54) 石本喜久治の設計によるもので、『分離派建築会第三　一九二四』（岩波書店、一九二四）に「ある学校」として掲載されていた。

(55) 二〇世紀初頭の近代建築運動に現れた建築を指すが、ここでは建築史家ゼビィのいう第一世代と第二世代の両方の建築を含めて考えている。

(56) インカ・マヤ風の意匠が見られ、同時期に竣工した野村銀行京都支店のファサードに表現された装飾との類似性を指摘することができる。

(57) このことを評論家の海野弘は『モダンシティ大阪』創元社一九八七年の中で次のように記している。「愛日小学校はよく見るとなかなかに楽しい建築である。玄関の上の半円形の破風飾り、バルコニーの装飾、屋上のギザギザなど、細部に工夫がこらしてある。」

(58) わが国でいう、広義の意味でのセセッション風のデザインまでは含まれると考えている。

(59) アーチ開口部の多用やファサードの付柱の柱頭をエジプト風にするなどアール・デコの影響が見られる。

(60) 増田清経歴書による。増田担氏所蔵

(61) 『栄第一尋常高等小学校新築落成記念帖』（昭和三年）、によれば、「様式ノ堂々タル」とある。

(62) 富裕学区では、玄関部以外にもベースメントや柱型までを御影石張としたりして装飾的な意匠の設計がなされていたが、予算に乏しい学区では玄関廻以外ではモルタル仕上げの外壁であった。

(63) 前掲（19）一一九頁による。

(64) 前掲（19）一一七～一一九頁による。
(65) 大林組の工事主任としてT一五年に済美第三小学校を担当している。大林組人事部所蔵の平井勇馬経歴書による。
(66) 平井の経歴からは、施工社としての側面しか見えてこない。だが設計担当していたことが、竣工記念帖に明記されており、その間は大林組に在職中であることも確認されており、また施工が清水組という事実を考え併せ、筆者は平井が私的な仕事として設計をおこなっていたと考えた。石本の場合も竹中工務店在職中であり、施工は大林組であることを考えると、やはり私的な仕事としての設計であったと考えられる。
(67) 工事費は明記されることが多かったが、設計料に関しては必ずしも投じの記録の中で明らかにされているとは言い難い。ここでは詳しく予算が記された「大宝尋常小学校建築費所要見込調」（大正一三年一月）をもとに、大宝小学校の新築予算を見てみると、本工事五五万三一二一円に対し、設計製図費として一万四五〇〇円、工事監督料として九〇〇〇円となっている。この工事、監督料は設計事務所側の現場監理料と考えられることが多く、設計製図費と工事監督料を併せると合計二万三五〇〇円となる。これは工費全体の四、二五％となり現在から考えてみてもけっして低い率とは言えないだろう。なお設計製図費の工費全体に占める割合は二、六％である。また「栄第一尋常高等小学校新築落成記念写真帖」（昭和三年七月）によれば、建築費及び付帯工事費として三一万六三四一円、設計料及工事監督料は七千円とあり、率は二、二二％である。
(68) 大阪市南区役所発行（一九二七）
(69) 後に浪速区長となる木村稔で、大阪市小学校設備調査委員でもあった。
(70) 『東区史　第二巻　行政編』大阪市東区法円坂町外百五十七箇町区会、一九四〇年一〇月、五〇七頁
(71) 宗兵蔵「巻頭言」『建築と社会』第一三巻二号　日本建築協会、一九三〇年二月
(72) 前掲（19）一一九頁
(73) 大倉三郎「学校建築偶感」『建築と社会』第一三巻二号　日本建築協会、一九三〇年二月
(74) 前掲（19）一一九頁
(75) 後藤慶二が「鉄筋コンクリートに於ける建築様式の動機」のなかで述べているエラスティックアーチと、増田清が講堂の構造に試みていたアーチ状の梁との間に関連があったかどうかは判らないが、『建築知識』第一巻第一号の中に「鉄筋コンクリートの様式」という翻訳の小論が掲載されていることからも、増田清は関心を持っていたと思われる。
(76) 増田清が主催していた建築月刊誌で、昭和二年（一九二七）一一月から発刊されている。いつもで発刊されていたのかは不明である。発行所は建築知識社であり、大阪市東区瓦町山口ビル七階の増田建築事務所内に置かれていた。
(77) 前掲（23）に同じ

二　代表的な建築家と校舎

1　増田 清

1-1　鉄筋コンクリート造の専門家

増田清はそれまでの民間建築家と異なり、鉄筋コンクリート造に特化した建築家であって、大阪のみならずわが国の鉄筋コンクリート造による学校建築のパイオニア的な役割を果たした。そのことは大正一四年（一九二五）六月に作成された自筆経歴書[1]の巻頭に記された「御願」と称された一文の中の次の一節に象徴される。「従来主として鉄筋『コンクリート』建築工事の設計・監督・計算及鑑定の業務に従事」とある。ただし構造計算のみをなりわいとする建築技術者ではなく、鉄筋コンクリート造の構造特性の探求から新しい意匠や造形の可能性を追求した建築家であった。

手がけた建築類型としては学校建築が過半を占め、とりわけ小学校が多く、その他には病院などがある。増田清は民間建築家としては大阪では最多の一六校の鉄筋コンクリート造小学校校舎を完成させていた[2]。現在は一校も現存しないが、二〇一二年まで難波駅前に現存した精華小学校は増田清の代表作のひとつであった。大阪以外に広島市などでも小学校を完成させている。また私的な建築系雑誌『建築知識』[3]を主催し、鉄筋コンクリート造の普及につとめていた。

増田 清

増田清とはどういった建築家だったのか。一八八八年（明治二一）九月福島県伊達郡桑折町に生まれ、青森県立第一中学校（明治三九年卒業）、第一高等学校（明治四二年卒業）、東京帝国大学建築学科を大正二年（一九一三）に卒業している。在学中より、構造学者・佐野利器に影響を受けたとの遺族による証言がある[4]。卒業後安藤組大阪支店に勤務するものの、翌大正三年（一九一四）、佐野利器に呼び戻され、佐野の指導の下で内務大臣官邸の設計に従事する。

大正六年（一九一七）一〇月から大阪府土木課の建築技師となる。(5) 大正七年（一九一八）には課長に次ぐポストである臨時建築課建築技師となる。大阪府立医科大学（後に大阪帝国大学医学部）の校舎および附属病院の設計のための建築事務所に配属され、一九一九年（大正八）には大阪医科大学建築事務所長に就任する。この建物は阪大医学部ならびに附属病院が千里に移転した後も一九九五年頃まで残っていた。その解体時に筆者は中央棟最上階の講堂の現地調査を実施した。そこでも「剛接アーチ」(6)の柱と梁をみせたが、曲率は相当に扁平の度合いの強いアーチであった記憶がある。

府立医大が完成した後の大正一三年（一九二四）三月に大阪府技師を依頼免官、同年四月に大阪市東区瓦町二丁目五五番地の山口ビルディングで増田建築事務所を開設する。三五歳の時であった。七年近い歳月を要した大プロジェクトが終わり、また大阪府時代に余業の設計依頼が相次ぎ、今後も設計の需要が見込めると考え、みずからの建築事務所を開設したものと推測される。

大阪府立医科大学

手掛けた建築は小学校をはじめとする学校建築と病院建築に二分される。この時期の代表作に一九二八年（昭和三）の広島市庁舎(7)をはじめ、大正一五年（一九二六）の東京女子医学専門学校（現、東京女子医大）などがあった。東京女子医大の仕事は引き続き昭和五年（一九三〇）の病院一号館、昭和一一年（一九三六）の病院二号館と続くことになる。

増田清の建築家としての出発点に大阪府立医大・付属病院の設計があったことが、学校と病院という、ふたつの建築類型の専門家と見なされることにつながっていく。その建設場所は大阪を中心に奈良、京都、兵庫県内の関西地方だけにとどまらず、東京や広島、旧満州の奉天(8)など相当広範囲にわたった。大阪を拠点としながらも関西の建築家としてだけでなく、全国を舞台に活動をおこなっていた建築家

奉天の病院の螺旋階段とスロープの写真

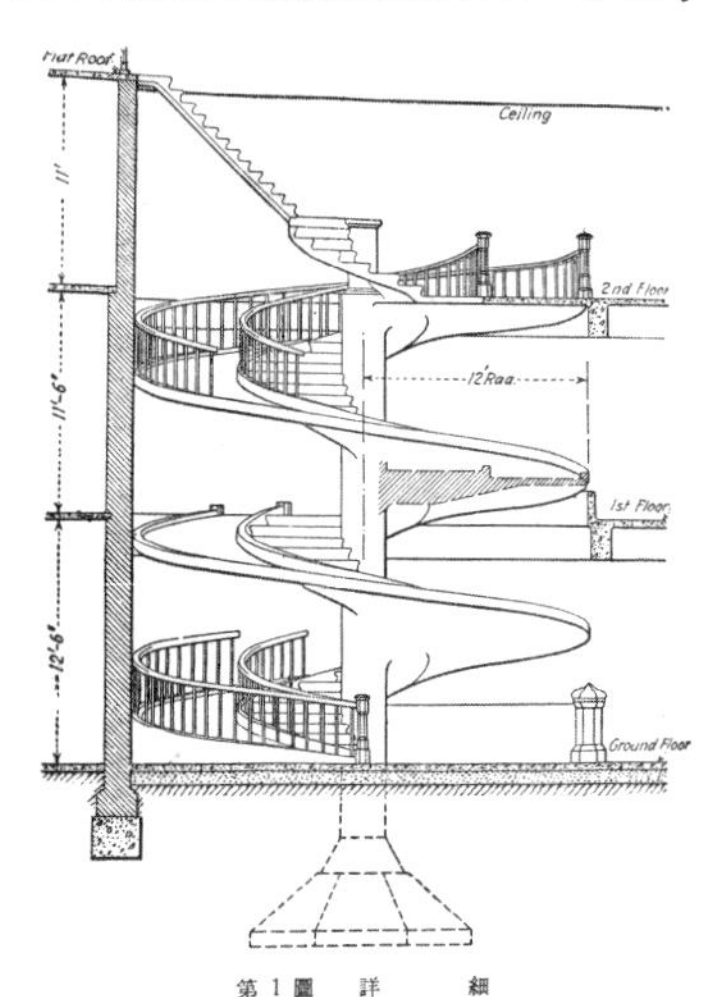

奉天の病院の螺旋階段とスロープ・断面図兼立面図

だったといってよい。

昭和五年（一九三〇）頃からは仕事が激減している。大阪市の学区制度廃止に伴って駆け込み的におこなわれた小学校の鉄筋コンクリート造化はこの頃には終了しており、小学校の鉄筋コンクリート造校舎設計に特化していた増田建築事務所は事務所経営を支えた飯の種を失ってしまうことになる。

その一方でこの頃東京女子医大の病院建設事業などを含め東京での仕事[9]が増え、毎週のように上京していたようだ。また昔つとめた安藤組から仕事の誘いがあり、大阪に建築事務所を残したまま、昭和七年（一八三二）に東京の安藤組取締役技師長[10]に就任していた。昭和一〇年（一九三五）、四七歳の時に大阪での建築事務所経営を見切り、家族ともに上京し事務所は閉じられた。大阪での建築事務所経営は一一年間で、大阪時代は一八年間だったが、建築家として油の乗り切った時期にあたり、主だった作品はこの時期に集中して設計された。昭和一八年（一九四三）安藤建設を退職している。昭和三四年（一九五九）東京で建築事務所を再開する。昭和五二年（一九七七）東京で死去した。八八歳であった。

1−2　設計の体制

前述の自筆経歴書からは建築事務所を開設する大正一三年（一九二四）前後の数年間は学校建築設計依頼のラッシュであったことがわかる。大正一〇年（一九二一）には育英女子高等小学校・豊崎第五小学校・渥美小学校の三校、

大正一一年（一九二二）には難波新川小学校（112頁写真参照）・敷津小学校・芦池小学校・明浄高等女学校の四校、大正一二年（一九二三）には難波芦原小学校・今宮第三小学校・相愛高等女学校・呉市五番町小学校の四校、大正一三年（一九二四）には郡山小学校（奈良県郡山町）・天王寺第一小学校（113頁写真参照）・恵美第二小学校・恵美第三小学校・呉市立中学校・奈良県立郡山中学校・東京女子医学専門学校・日本大学医学部と工学部の九校、大正一四年（一九二五）には帝国女子医学専門学校・広島市立本川小学校・龍谷大学・東平野第一小学校の四校、とある。

以上この五年間に計二二校を設計していた。その半数の一一校は大阪医科大学建築事務所長の時期に本務の合間の余業による設計であった。余業にしてはあまりにその数が多すぎる。しかも鉄筋コンクリート造ゆえに現場監理も必要となる。この頃の設計はどのようにしておこなわれていたのだろうか。実は余業の設計に関しては杉本正と土居原亀之助という二人の協力者がいたようだ。増田清が設計事務所を開設する直前に小学校建築の特集を組んだ『セメント界彙報』[11]第八拾四号（大正一三年一月）、によると、増田清の経歴書にある設計建物のうち、敷津小学校、難波新川小学校、芦池小学校、渥美小学校の四校は杉本正、育英女子高等小学校は土居原亀之助が設計とあり、増田清の名前は一切出てこない。

すなわちここからは次のように考えることができる。増田清は大正一三年四月までは大阪府に勤務しており、大阪府造営物以外の設計はあくまでも余業であった。したがって正式な文書にはむろんのこと、建築系の雑誌に名前が掲載されることも避けなければならない。そこで杉本正や土居原亀之助に名義人になってもらったという見方である。実際に設計実務や現場監理を依頼していた可能性もある。杉本正も土居原亀之助も増田清より年齢は下で、増田清の設計業務の下働きをしていたとも考えられる。両者はともに建築の高等教育を受けており、鉄筋コンクリート造の構造計算をすることができたものと思われる。次にこの二人の経歴をみる。

杉本正は明治三〇年（一八九七）生まれで、東京高等工業学校（現東京工業大学）建築科を大正七年（一九一八）に卒業し、この時期は大阪にいたようだ。昭和一六年（一〇一七）の時点で旧満州の大連の高岡組支配人を務めた。戦後は東京に戻っており、昭和三五年（一九六〇）には松田平田建築事務所に勤め、昭和四四年（一九六九）には亡くなっている。

土居原亀之助は東京帝国大学建築学科を大正五年（一九一六）に卒業した建築家で、大正一〇年（一九二一）の時点では銀座建築用品店大阪支店に勤務していた。大正一五年（一九二六）の時点では建築設計監督とあり、大阪市南区長堀橋筋が住所になっており、電話も有していた。昭和一三年の時点では京都市烏丸御池で土居原建築事務所を自営していた。

では増田建築事務所を開設した以降はどのような設計体制がとられたのか。筆者は遺族への聞取り調査[12]で瀬川博という増田建築事務所の番頭格をつとめた建築技術者の存在を見出している。雑誌『建築知識』の編輯兼発行人であり、大阪府時代からの部下であって、増田建築事務所開設の際に、増田清と一緒に大阪府を辞めて増田建築事務所に入所していた。

瀬川博の経歴をみると、香川県高松市に明治二八年（一八九五）生まれ、大阪にあった関西商工学校[13]建築科を大正五年（一九一六）に卒業し、大正六年に大阪府土木課の建築工事監督吏員となっていた。大正七年には建築技手に、大正八年には府立医科大学建築事務所に所属し、上司が増田清であった。瀬川博の娘・瀬川幸子氏[14]によると、大正一一年に設計の難波新川小学校や昭和四年に竣工の精華小学校などの図面は瀬川博が中心で作成したという。すなわち大阪府に在籍しつつ、増田清の余業の設計を手伝っていたことがわかる。

大正一二年の時点で大阪医科大学建築事務所の技術者陣容[15]をみると、所長増田清の下に一二人の建築技手や助手がおり、これらの吏員の何人かが瀬川博のように増田清の余業の設計を手伝ったものとみられる。瀬川博は増田建築事務所に最後まで残った所員であり、その後増田清の斡旋で安藤組に入社し、戦後は大阪支店長をつとめ、昭和四五年（一九七〇）に七五歳で死去した。

増田建築事務所に在籍した建築技術者として確認されるのは前内文二郎[16]や仁木敏治であり、そのほか五～六人のスタッフがいたという。

1－3　増田清設計の学校建築の特徴

なぜ増田清は鉄筋コンクリート造の学校建築に関わるようになったのか。増田清は府立医科大学建築事務所時代の大正九年（一九二〇）に旧制大阪府立生野中学校[17]（現・生野高等学校）を設計していた。増田清が学校建築に関わった最初のものである。大阪府営繕課では大正後期から昭和戦前期にかけて、旧制中学校や高等女学校、職工学校などの中等教育施設で三〇校近い数の鉄筋コンクリート造校舎[18]を完成させていたが、その嚆矢が生野中学校であった。増田清に設計依頼がなされた理由は、この時期大阪府営繕課には鉄筋コンクリート造を設計できる建築技術者[19]がほとんどいなかったことによる。この頃営繕課長は建築技術者ではない事務畑の佐野利平であり、増田清以外には松永次松[20]と中西甚作[21]の二人がいるだけであり、鉄筋コンクリート造建築に長けた増田清に設計の仕事が回ってきたようだ。ただし余業ではなく、部署は異なるがその業務の一環だったと思われる。このことがきっかけとなって翌年に育英女子高等小学校の依頼がなされたものと考えられる。

旧制生野中学校外観

旧制大阪府立生野中学校は大正一〇年（一九二一）三月に完成する。モデルがないために府立病院をまねて設計[22]したという。新設校であったので思い切った設計ができたものと考えられる。わが国の学校建築として最も早い時期の鉄筋コンクリート造校舎のひとつであり、中等教育施設としては最古のものとみられる。

その校舎をみると、耐震を最重視し壁面を多くした関東大震災以降の鉄筋コンクリート造とは異なり、壁面は垂直の柱型と水平のスパンドレル[23]（上下に重なる開口部の間の壁）からなる骨格だけの構成で、袖壁やマリオン（方立）はなく、ガラスの開口面積が大きくとられていた。最上階上部には大きく軒が張出し、屋上階はバラストレードをみせる。また柱間隔が長く、柱と梁によるラーメン構造をそのまま表現した形状となっていた。講堂は扁平のアーチ形をなし、同時期に設計した大阪府立医大中央棟最上階の講堂と共通する。講堂棟の一階は雨天体操場で、

広島市立本川小学校

二階の講堂につながるスロープが設置されていた。

　増田清設計の小学校の変遷をファサードのデザインからみる。育英女子高等小学校の外観からは生野中学校の延長線上にあったことがわかる。難波新川小学校（112頁写真参照）からは外観の柱割が変わり、より壁面を重視する。そのことはスパンドレルに楕円の装飾やパラペット廻りに装飾が連なるなどよりデコラティブな傾向がうかがえる最初の建物であった。

　その次の段階では天王寺第五小学校を嚆矢として、外壁面を凹凸に取り扱うことでファサードを構成する手法が現われる。精華、本川（広島市）、難波稲荷の各小学校で確認される。とりわけ天王寺第五小学校はスパニッシュスタイルが出現していた。増田清設計の小学校で多用されたアーチは渥美小学校で最初に用いられ、その後、東平野第一小学校（113頁写真参照）などほとんどの小学校で用いられることになる。

　細部の装飾では日本の文様である「立涌文」[24]に楕円が付くという帯状の装飾が配されていた。この意匠はユーゲントシュティールのデザインと共通する一面があって、増田清は好んで用いていたようだ。おそらくはウィーンのオットー・ワグナー門下の建築家たち[25]の試みた意匠の影響を受けた可能性があるだろう。育英女子高等小学校の講堂ではじまり、金甌小学校児童昇降口廻りならびに精華小学校の講堂背面出入口廻りに用いられていた。

　増田清が全力を込めて設計した講堂の内部空間についてみる。ここでは鉄筋コンクリート造ならでは実験的な試みがなされていた。それは二つあり、ひとつは最上階の講堂で、柱と梁が一体化した「剛接アーチ」の空間をみせる。もうひとつは一階の雨天体操場の構造で、その空間内は無柱となる。

　前者は増田清ならではのものであり、芦池・金甌・精華の三校で確認される。芦池は交差ヴォールトで、金甌は段状のスラブをアーチ梁が受け、精華は屋根スラブと一体化したアーチ梁となる。このような最上階を講堂とする配置手法は大正後期から昭和一桁代の神戸市の小学校で多くみられたものである。講堂と雨天体操場を分けて設けることができる建設費や校地に余裕のある学校に多く現われた。

後者は鉄骨鉄筋コンクリート造で構築され、柱と梁の接合部には大きなハンチが設けられていた。

1-4　増田清の建築理念

増田清はコンクリート造の可能性の追求と同時に、コンクリートによる新しい「様式」の創出を考えていた。そのため増田清の建築理念は今後の鉄筋コンクリート造をどうするかということに始終しており、数多く設計した学校という教育施設に対する見解は見出せていない。

増田清の建築理念は、増田清自身が主幹をつとめた建築雑誌『建築知識』の内容から読み取れる。その創刊号[26]をみると、オンダードング[27]という著者による「鉄筋コンクリートの様式」という論文が巻頭に挙げられており、黎明期にあった鉄筋コンクリート造のことが次のように論述される。

凡て石、煉瓦、木又は鋼鉄の箇々の片をモルタル、リベット、釘、ボールト等で固めるという事である。鉄筋コンクリートでは一つの堅固なる団塊として建物を造り出す所が独特なのである。一度、砂と砂利と鋼鉄とをセメントで固めた以上はコンクリートには継目と稍すべきものは存在しないのである。鉄筋コンクリートでは柱と梁壁とヴォールト、竪と横との部材は只一体になる。夫故、この新様式の合理的の型は地上（床面）から直ちに、飛び出すヴォールトであって下部に於ては壁となり、頂部に於ては天井の働きをするのである。しかるに基部から頂部に向って漸々に曲線状をなすものは放物線である。放物線は基部に於ては殆垂直であり、上部に至るに従い漸く曲り方が甚しく、頂部に至って半円状に近くなる。放物線状のアーチは常に合理的なる解法であるのみならず、又美的である。幾百というコンクリートの橋がこの形をかりて力学的の優雅さを表した。放物線状のアーチは又最も経済的である。ある興えられた荷重に対してこの形は最小限度の材料を要するに過ぎない（傍点は筆者による）。

この論文は、ひとつは鉄筋コンクリート造が堅固な一体化（モノリシック構造）、もうひとつは放物線こそがコンクリート造のスタイル、という二点に要約される。増田清はこのような見方に強く影響を受けていたからこそ、創刊されたばかりの雑誌の巻頭にこの論文を掲載したのだろう。なお創刊号にはジョン・アーラースによる「コンクリートの新時代」という論文も掲載されていた。[28]

増田清は鉄筋コンクリート造に対して、「時代の確乎たる表現であり、又極めて単純な頭脳にも理解し得て、永く眠りを貪って居た思想に、急激な生命を興へた所の一つの言語」[29]と評した。いかにこの時期、新しく生まれた鉄筋コンクリート構造に期待がなされていたかが伝わってくる。

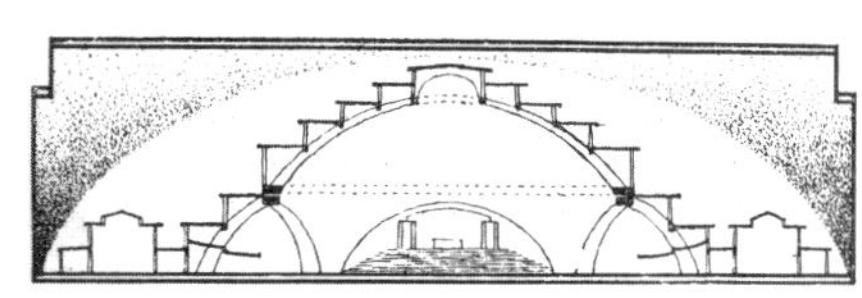
『建築知識』創刊号の巻頭口絵

ドイツ・ブレスラウの市場

色彩展覧会の運動

1－5　雑誌『建築知識』

建築雑誌『建築知識』については次のことが判明している。一九二七年（昭和二）一一月より刊行される。発行元は建築知識社といい、住所は大阪市東区瓦町二丁目の山口ビル七階の七一二号となっていた。この住所は増田清建築事務所の所在地と合致する。すなわち増田清建築事務所のなかで製作されていたことがわかる。編集兼発行人は奈良市油阪町の瀬川博とある。瀬川博については既にみたが増田建築事務所の最古手の技術者だった。史料的な制約もあってその全貌は定かではないが、第一巻第一号から、第三巻第一号までの計一三冊は刊行されていたことは確認される。詳しくみると、昭和二年には二回、昭和三年には一〇回、昭和四年には一回だった。確認される最後の号は昭和四年一月に刊行された第一三号だった。この時期、増田清建築事務所は大きな仕事を数多くこなしており、経済的にも個人雑誌を刊行する余裕があったものと考えられる。

雑誌の内容は論文と作品紹介からなり、前者は増田清自身によるコンクリート技術に対する啓蒙的な内容と、外国の技術者による鉄筋コンクリートに対する論文からなり、後者は主にフランスやアメリカの建築家の鉄筋コンクリート建築が紹介されていた。前者について詳しくみると、構造計算法や施工といった技術的な内容にとどまらず、鉄筋コンクリート造というものの意匠やスタイルについて論じていたことが読み取れる。またその雑誌内容の過半は翻訳であった。ページ数は号によって異なるが、約五〇ページの小冊子だった。表紙にはドイツ表現派の建築家として知られるメンデルゾーンなどの影響を受けたスケッチが一種のコラージュとして描かれる。広告は日本トラスコン鋼材株式会社や在阪の請負会社のものなど、増田清建築事務所と業務上関連するものが載っていた。

なぜこのような鉄筋コンクリート技術に対する啓蒙書が発刊されたのだろうか。その理由を増田清は創刊時の挨拶文に次のように記した。近年若い建築技術者による、「鉄筋コンクリートや鉄骨は何から研究したらいいのですか」あるいは「鉄筋コンクリートや鉄骨の工事には新しい方法はありませんか」という、素朴な質問が多い。このことに答えるところに、この雑誌の出発点がある。

実際に関東大震災以降、鉄筋コンクリート造のめざましい進展があって、それまでは大学や高等工業学校でのみ

創刊の辞

主幹 工學士 増田 清

毎日三度の食事をしない人はない。食べないと御腹が空くからである。御腹が空くと苦しいからである

しかるに日に三度御飯を食べる人が事によると年に一度も本を手にとらぬ人があるのは何故だらう。頭は空でも差し當つて苦しくないからであらう。頭の空なのは飯を食べるのに邪魔にならぬからでもあらう。しかし食事をした丈では人間は大して向上はせぬ、腹が一杯になれば眠くなる位か止まりである。夫故に心ある人は常に新しい學問をして、いつも頭に滋養分をこらなければならぬ。

唯殘念な事には新しい學問はいつも蟹の様な文字と緣がある、あれは全く苦手だ。學校に居る間は兎も角出るとどうしても疎遠になる。去る者日々に疎しである、それで私は思ふ、早く新知識を供給したらば誰でも便益をうけるだらう。廣く世界の新發展を知るのにはこれに限ると信じた。一般の雜誌とは自ら色彩が異る。講談雜誌を讀む程の暇と金とのある人ならば本誌をよまれる事によつて常に活々とした新知識に接して、あいつ近頃馬鹿に學者になつたなどいはれる事は請合である。たゞ空腹のたしにはならぬ。また知識丈で優れた建築家は出來ぬが腹の出來た人間としての修養は到底この雜誌には及ばない。讀者諸賢もそのおつもりで御覽を願いたい。

『建築知識』創刊号　創刊の辞

雑誌『建築知識』表紙

扱っていた鉄筋コンクリートの設計法は工業学校など中等教育機関でも取り扱われるようになり、急速に一般化していく。そのような過程にあって鉄筋コンクリートの基礎知識が広く求められたことが時代的な背景としてあった。

増田清は構造家でありながらも、コンクリート造特有の造形的な表現を追い求め、装飾にも感心があったことは『建築知識』のなかの評論類から明らかである。実際にセセッションやユーゲントシュティール、ドイツ表現派などに影響を受けた装飾が付加される建築も確認される。増田清は大正一五年におこなわれた第三回大阪市美術展覧会に「H市のH小学校」を出展していた。これは昭和三年（一九二八）に竣工した広島市立本川尋常高等小学校(30)のことを示している。このように美術的なまなざしも持ち合わせた建築家であったことも指摘しておく必要がある。

増田清は『建築知識』の創刊に際して、創刊の辞を記しており、そこに思いの丈を次のように記していた。

それで私は思う。早く新知識を供給したらば誰でも便益をうけるだろう。早く世界の新発展を知るのにはこれに限ると信じた。一般の雑誌とは自ら色彩が異なる。講談雑誌を読む程の暇と金とのある人ならば本誌をよまれる事によって常に活々とした新知識に接して、あいつ近頃馬鹿に学者になったなどいわれる事は請合である。ただ空腹のたしにはならぬ。また知識丈で優れた建築家は出来ぬが腹の出来た人間としての修養は到底この雑誌には及ばない。読者諸賢もそのおつもりで御覧を願いたい。

1－6　増田清設計の代表的な小学校

1－6－1　育英女子高等小学校

（i）建設経緯

育英女子高等小学校は学区による経営ではなく、大区である南区が経営し、建設事業は南区がおこなっていた。教育内容も尋常小学校や尋常高等小学校ではなく、高等科だけの小学校である。そのような意味で本来は対象外となる。だが大阪市内では船場小学校（大正一二年二月に竣工）とならび早い時期に鉄筋コンクリート造校舎を実現させており、南区内では最初の完成であった。そしてその後の大阪市の小学校建築に影響を与えたことを考え、ここでは取り上げる。

建設経緯ならびに建築内容をみる。前述の自筆経歴書によれば、大正一〇年に設計とあり、建設費は二八万円となっていた。『南区志』[31]によれば、大正九年（一九二〇）に完成し大阪市内で最初の鉄筋コンクリート造小学校校舎とあるが、『南区志』の育英学区の箇所には「大正十二年十二月此所に移転」[32]とあることから、大正九年に「完成」ではなく、誤記であり、この年が正しければ設計依頼の前の建設計画が始まった時期と考えられる。ただ船場小学校が一部だけの建設であったのに対して、全館が一挙に鉄筋コンクリート造で建設されたものとしては最初のものであり、久宝小学校（大正一二年一一月に竣工）とほぼ同時期であった。

建設事業費は敷地拡張のための土地購入費二三万四二〇六円、建設費二七万七五八九円、計五一万一七九五円を要した。建坪は七七六坪、延坪は一七〇三坪、坪単価は一六三円であった。施工は鴻池組が担った。

その建設理由は第一次世界大戦による好景気で区財政に余力があったことにくわえて、「学校の設備が発育上に及ぼす効果」が考慮され、鉄筋コンクリート造が採用された。

改築にあたっては鉄筋コンクリート造か従来の木造にするかで議論が起き、当時南区の区会議長の上田忠三郎が鉄筋コンクリート造の導入を熱心に尽力し、採択に至ったようだ。鉄筋コンクリート造反対派は「（一）混凝土は水分を多量に含むが故に、冷気甚だしき事、（二）木造の家庭に住居する児童に、脅威を感ぜしむる事、（三）容易に室の変更等、模様替を為し得ない事、（四）建築費の高価なる事」[33]を挙げたが、それに対して（一）は「冷気を防ぐべく、暖房装置を用い」、（二）は「児童の脅威を中和すべく、床敷腰張等に木材を用ゆる等、可成日本様式を加味」、（三）は「間取変更に対しては、仕切壁等内部組織を木摺壁」、（四）は「工費は可成木造建築と余り変わらない程度」、と対応策が練られ、「設計者工学士増田清氏に嘱するに、節約新工夫を以てする等非常なる苦心を重ねた。かくて工事費延坪当り、百四十円（木造二階建ては延坪百五十円位）で請負はしむる事が出来た」とある。また神戸市で既に完成していた小学校[34]を見学するなどもおこなわれていた。

その後をみると、竣工して一四年後の昭和一二年（一九三七）に廃校となり、校舎は新設された大阪市立南高等女学校に引継がれた。昭和二三年（一九四八）南高等学校に改組され、昭和六一年（一九八六）校舎改築のために解体された。

（ii）建築内容

史料的制約のために、各階のプランについては判明しないが、二階建てと三階建ての棟からなる。ブロックプランは完全に閉じたロの字型であった。この敷地には高低差があり北側が高くなる地形のため、西棟と東棟は二階建てだが、南棟は三階建てとなる。北棟は講堂が設けられ、三階建てとなっていた。

建築スタイルをみると、柱型とスパンドレルから構成されるもので、ガラス窓の面積が広く、前述の生野中学校と共通する。装飾的な要素は柱頭飾りとしてメダリオンが付く他に、縦に四分割されたスパンドレルが板状に取り扱われ、それぞれ鋲風の小さな突起物で留められた意匠となる。玄関廻りは楣上部にペディメントが付き、それを支える柱型状の額縁に幾何学的な装飾が施される。二本の列柱を並べた玄関車寄せの生野中学校と比較すると、平板ながらもより装飾性に富んだものになっていた。このような玄関構えの取り扱いは難波新川小学校や敷津小学校でも現われており、そのような意味でプロトタイプであったとみられる。講堂内部は扁平アーチ断面の生野中学校とは異なり、鈍角の三角形断面となる。講壇の奉安所廻りのエディキュラには玄関廻りと同様の三角形ペディメントが掲げられ、その両横には日本の文様である「立涌文」に楕円が付くという帯状の装飾が配されていた。その意匠は増田清が大正一一年に設計した京都に現存する顕道会館[35]（現西本願寺・京都教区教務所）でも用いられていた。

竣工直後にはこの校舎は次のように評された[36]。

本校舎は独り其の構造の宏壮たるのみならず、其内部の設備に至りては鉄筋混凝土建物にも未だ類例なき電気暖房装置を用い、理科、家事、割烹、洗濯の諸室等凡て最新の科学を応用したるが如き本校の特色とする所である。之れ即ち西賑町に於ける現在の校舎であって、実に大阪市小学校中に於ける最も進歩せる設備を有する鉄筋校舎の嚆矢として範を示したもの[37]。

1－6－2　金甌小学校

（i）建設経緯

南区内にあるがいわゆる繁華な島之内ではなく、上町とよばれる丘陵地の西側に位置したのが金甌小学校である。上町台地の尾根を形成する東側から西側の平坦地の途中に敷地は位置する。

鉄筋コンクリート造校舎の建設計画は大正一三年（一九二四）四月に「近き将来に校舎の大増改築の計画」が立てられ開始される。同月には六万一五〇〇円で土地買収がおこなわれ、大正一四年には二期に分けて建設することが決まる。一期工事は大正一五年（一九二六）八月に起工した北棟で、昭和二年（一九二七）七月に竣工する。建坪二一八坪、延坪六四八坪で、建築費は一三万九三五三円であった。二期工事は昭和三年（一九二八）二月に起工した西棟で、昭和四年（一九二九）一一月に竣工する。延坪一〇六四坪、建築費は一九万八七四六円であった。施工は一期、二期ともに久保田組が担った。

昭和二〇年、校舎は焼失を逃れたが、金甌学区は空襲の被害が激しく、人口は激減していた。そのために昭和二一年（一九四六）には休校となり、天王寺商業高等学校の校舎に転用される。昭和三三年（一九五八）、金甌小学校として再開復校される。平成二年（一九九〇）解体され、跡地には中央小学校が建つ。

（ii）建築内容

大阪の小学校では珍しく、敷地に高低差があるロケーションにあって、その地形を活かした校舎配置になっている。L字型のブロックプランをみせ、北棟と西棟の二棟が北西部でつながる。西棟は講堂が最上階に設けられたもので、一階二階は中廊下式の教室配置を示す。北棟は一階が室内運動場、二階三階が中廊下式の教室配置となる。二棟ともに中廊下式の教室配置になるのは珍しい。玄関は西棟の一階に設置されるが、北棟の児童用の出入口は敷地の傾斜ゆえに二階の南端に設けられた。

敷地に関して大阪市の小学校特有の囲い込むというプランニングが用いられていた。ここでは南側道路に面し、道路から校庭を隠すかのように塀と一体化した鉄筋コンクリート造の平屋建ての建物があって、階上は遊歩道のような「露台」となる。このような手法は芦池小学校でも隣の町屋との境界線側に設置されていたが、別の建築家設計の愛日小学校や西六小学校でも確認される。すなわち大阪の小学校では密集した市街地に位置するために、道ゆく人や荷車、自動車、市電などからの騒音や視線があり、それは教育上好ましくないということでこのような閉じた校庭になることが多かった。

外観の建築スタイルをみる。外壁面が二階の開口上部でアーチ形に穿たれ、深い軒のような形状を示す。このアーチは迫り元なしに宙に浮いた形状で三連つらなる。窓面は奥まった位置にあり、その凹み長さ分だけ柱型ならびにアーチ上部のスパンドレルが突出する。柱型の厚みを強調する点では天王寺第五小学校の一階部分のアーチの取り扱いと共通するが、ここでは側面を除く北棟と西棟の全体にこのデザインが施されており、小アーチが連続して連なる様は小刻みながらも他に類例をみないような力強い律動感を与えていた。

ファサード全体の構成にくわえ、この小学校は開口部廻りを中心として左官彫刻による装飾が施されており、増田清設計の小学校の中でも最もデコラティブなものであった。装飾意匠は開口部の形状によって二つに分けられ、一つは楣式（まぐさ）で西棟の玄関、西棟の校庭への出入口ならびに階段塔屋の窓廻り、北棟一階の室内運動場への出入口に用いられ、もうひとつはアーチ形で北棟二階の東門、西棟に脇の南門にみられる。

前者はねじり棒の柱型、菱文様のアーキトレーブ（楣（まぐさ））、小楕円が鏤められた柱頭部の構成を基本とし、校庭出入口ならびに階段塔屋の窓廻りは意匠を変え、アーキトレーブだけが曲輪繋ぎ意匠となる。後者はアーキヴォールトの部分ならびに脇の短柱の柱型には立湧門とその間に楕円が嵌められ意匠となるが、東門の付け柱はねじり棒の形となっていた。前者は格式が求められる場所であり、そのため威厳を示す意匠となり、後者は児童が使うということで柔らかさが演出され、曲線を用いたやさしい意匠となる。このように用途ごとに意匠が使い分けられていた点も特徴のひとつといえる。

(iii) ヴォールト空間の講堂

この小学校の建築を語る上で最も特徴的なものが、講堂の形態である。筆者は一九八七年に最初にこの講堂に足を踏み入れた時の感動を今も忘れることができない。幾重もの段状になった高窓から溢れる陽光と、柱と梁が一体となった宙を浮くアーチ梁の存在にはただ驚かされた。アーチ梁という鉄筋コンクリート造特有の構造的な美しさが、セットバックする三層の屋根スラブによって強調され、どこにもないような空間が出現していた。同様の形状の講堂は芦池小学校や精華小学校でもみられたが、この講堂はまさにその到達点にあるといえる。すなわち増田清の建築理念が最も反映されたものとみることができる。

解体時に設計図などの資料が保管されなかったため、増田建築事務所作成の設計図は見出せていないが、復興直後に作成された「講堂ステージ改造図面」[38]からは、講堂の断面関連の寸法が判明する。

講堂の大きさからみると、間口（梁間方向）は壁の芯々で一九m二一cm、最高天井高さは八m六八cmとなる。基本的には中廊下式の教室六室の上に載っており、それまでの増田清設計の講堂（梁間方向一七m四〇㎜桁行方向二七m〇〇㎜）と大差はないが、やや梁間方向は広い数値を示す。おそらくは教室の奥行き（梁間方向）ならびに廊下の幅員が広くなっていることを反映したものと思われる。講堂の下階の教室は坪数二四坪の特別教室からなり、普通教室の一・二倍の坪数があった。そのため桁行方向もトータルで三〇m前後あったものと推測される。すなわち高さを一とすれば、間口は約二倍、奥行きは約三倍、という比例を示し、しかも上に行くほど壁面はセットバックする。

梁間方向の断面は左右対称で段状に二段のセットバックがあり、頂部が緩い曲面の天井スラブとなる。アーチ梁は頂部の曲率が緩くなる放物線の形をとるが、頂部を除けば正円に近い曲率をみせる。増田清はすでにみてきたように放物線の形こそが、鉄筋コンクリート造のあるべき形態と考えており、ここでもそのような手法で設計がなされていた。アーチ梁の間隔は約五mピッチで入れられ、一層目の桁からはじまって、二層目の桁、そして屋上スラブ真下の五本の桁を受ける構造になっていた。

意匠的に興味深いのはアーチ梁の柱脚部分、いわゆる迫持台であり、コンクリートで固められているにもかかわらず、その形状は鉄骨造による形を模していた。また戦争では被災しなかったため、内部のシャンデリアも取り毀しまでそのままの状態で使用されていた。

1－6－3　渥美小学校

南船場に位置する学校で、いわゆる富豪地区に属していたが、「市内第一の設備の不完全なる校舎として聞へ」[39]、そのため明治後期より改築の準備がはじまっていた。明治後期より大正中期にかけて五回にわたって隣地を買収し、校地の拡張をおこない、要した金額は計二三万三六二九円に及んだ。

着工は大正一一年（一九二二）七月で、大正一三年（一九二四）六月に竣工した。施工は松村組であった。建築規模[40]は建坪が六三七坪、延坪は二一六七坪であり、坪単価は一八五円とあることから、約四〇万円となる。実際には設備費などが加算され、総額五四万二千余円となる。この工費は船場・久宝・大宝・汎愛・集英・精華などの豪華な校舎と同様な金額であり、いかに豪華な校舎が実現していたかがうかがえる。そのため「遠近より教育関係者の参観する者、絶へ間なき有様」となり、学校衛生の世界的権威であるアメリカ・マサチューセッツ理工科大学教授のＦ・Ｃ・クラーク博士が視察来校したことが沿革史[42]には記される。

空襲で校下の全戸が焼失し、鉄筋コンクリート造校舎の内部にも火が入り、骨組みだけとなる。昭和二四年（一九四九）から改修し大阪市立南中学校分校として昭和五七年（一九八二）まで使用され、解体された。現在跡地は大阪市立南高等学校の運動場となる。戦災で焼失したため、史料はほとんど残っていない。

建築特徴をみると、ブロックプランは南側を運動場としたコの字型で、一ブロックの南半分を占めた。講堂棟は東側にあり二階建てとなり、校舎棟は西側と北側を占めた。西側校舎の南側壁面の窓の割り付け方からは、内部にスロープが設置されていたものと推察される。講堂棟の最上階の開口上部は小さな半円アーチとなって連続し、彫りの深い外観を演出する。この手法はその後金甌小学校でも用いられることになる。

中央部の運動場南側は道路となるが、道際に塀を兼ねた長い平屋建の建物があって、その中央が児童用の出入口となる。これは南側中央部を入口とした集英小学校の配置に影響を与えたとみられる。この平屋建建物には半円アーチの開口部が連なり、四連のガラリ窓が左右にあり、中央部は児童の出入口が三つ並ぶ。増田清がアーチを用いた最初の建物であり、以降ファサードにアーチの使用が急増する。すなわち渥美小学校の設計をとおして、増田清は自己のスタイルを確立しつつあったとみることができる。講堂に関しては写真や図面などに欠くため不明である。

1-6-4　芦池小学校

(i)　建設経緯

芦池小学校は繁華な南船場にあって、関東大震災の前の大正一二年（一九二三）七月に起工し、大正一三年（一九二四）三月に竣工した。建坪は三四四坪、延坪は一一一一坪、坪単価は一七九円、工費一九万八八六九円となるが、隣地の買収費に二〇万円近くかかり、その他に設備費などが加算され、総額四四万九千円であった。施工は銭高組であった。

建設経緯は前節でも触れたが、『新築紀念』(43)のなかの朝山守校長による「芦池校改築ノ経路報告」に詳しい。ここではその内容をより具体的にみる。事の発端は大正一〇年（一九二一）二月に芦池幼稚園の新築移転と義務教育を八年間に延長する世論の高唱を受けた高等小学校並置の議論が起ったことにあり、翌大正一一年に一月に学務委員会が開催され、「堅牢ニシテ尚耐久力アル」校舎の新築が提案される。ところがこの時期には大阪市内には鉄筋コンクリート造校舎は出現しておらず、同年二月二日に神戸市の野崎・山手・神戸の三小学校に朝山校長を含む三人の学務委員は視察に出向き、建設を決意する。

視察の後、連合区の区会議員を訪ね意見をうかがい、さらに多くの議員を訪ね、同意を得る。その後再度五人の議員を連れて神戸の山手小学校を見学している。同月二一日議会が開かれ、大区である南区より木村学事係長が加わり、鉄筋コンクリート造に改築する必要性を説明し、満場一致で改築が議決された。同月二六日の会議で改築に際し建築資金二五万円を借り入れることが決定される。

五月一五日には増田清が作成した間取図を議員たちが協議し、来校した増田清と打合せがおこなわれた。つまりこれ以前の三月頃には増田清に設計依頼がなされていたようだ。翌一六日には学務委員らは育英女子高等小学校を「全般に渉り詳細に視察」している。六月一二日協議会が学校で開かれ、増田清が作成した校舎設計図が承認され、七月二九日に南区役所で区会が開催され、改築費二六万余円が可決された。以降半年の間に実施設計がおこなわれる。増田清はこの時期は建築事務所を開設前で余業として設計業務をおこなっていたことで、設計期間が長引いたのかも知れない。その図面をもとに翌大正一二年三月二九日に入札がなされ、最低価格一九万六九〇〇円の銭高組に請負者が決まる。同年七月六日に起工し、翌大正一三年（一九二四）三月に竣工する。

ここからは学務委員が中心になって建設計画を立てられていたことがわかる。関係諸官庁としては南区の区長と学事係長に早い時期から相談していた。設計者の増田清についてはどのようなつながりで依頼したのかは定かではないが、南区の学事係の推薦があったのではないかと推測される。なおこの改築事業のために、学務委員会は一九回、設備主査委員会は三六回、正副議長会は二三回、区会ならびに議員協議会は三六回開催された。芦池学区の学区区会議員が中心になって、この建設事業は成し遂げられたのである。

(ii) 建築内容

校舎は南北軸のI型となり、西側を運動場とする。北側ならびに西側は一般の町屋と接するが、そこには塀と一体化した鉄筋コンクリート造の観覧席（スタンド）が中二階の高さで廻る。運動場での競技を観覧する場所であって、遊歩道のように手摺りが付く。

この校舎は講堂と屋内運動場を内包したもので、中廊下式の教室配置を示すが、増田清が設計した天王寺第一小学校や難波稲荷小学校でのプランニングと異なり、桁行方向の長さが約二倍あり、二つ繋いだ大きさであった。部屋配置をみると、一階は職員室・屋内運動場・理科室・手工室・応接室などが、二階は普通教室が一〇室・唱歌室・図画室、三階は講堂のほか普通教室が六室、地階は下駄傘置場や電気室など、屋上階は運動場でシャワー室設置、という室配置であった。

(iii) 建築スタイルと講堂

外観上の特徴は北側の棟の講堂上部と、一階の運動場に面した壁面にある。講堂上部をみると、屋上の上部にセットバックした建物が講堂上部であり、側面には櫛形アーチの開口部が三つ連なる。それは講堂上部の高窓であり、外壁のアーチとアーチの間に注目すれば、バットレスのような斜めの梁で支えられていることに気付く。その梁は屋根スラブまで下がり、その下には三階の柱型があり、つながるという形をとる。一方一階は櫛形アーチの開口が三つ連なりとなり、その内側が屋内運動場となる。

外壁全体は柱型が表出されるタイプで、一教室の長辺方向に五つの小柱が入り、垂直性を強調する。最上階上部には軒が大きく張り出す一方で、階段室には軒は廻らない。スパンドレルには幾何学的な装飾が付く。

内部の特徴は講堂の形状にあって、断面は扁平アーチ形状のヴォールトとなりながらも、採光用の高窓である三つの扁平アーチが側面側の両端上部で直交し、主たるヴォールトを削りとるような形態が現われていた。一種の交差ヴォールトであり、その変形と位置付けられる。興味深いのは柱と一体化したアーチ梁の存在で、主たるヴォールトを支えるのと同時に側面側のヴォールトの迫り元でもあって、力の流れを表現するかのように、リブ状の自由曲線にも見える造形になっていた。

1－6－5　精華小学校

（i）建設経緯

大阪の中心地、難波の戎橋商店街に正面玄関のみを設け、道路に面した東側の運動場以外の面は商店に囲繞された立地のなかに、精華小学校は二〇一三年に解体されるまでの八四年間建っていた。鉄筋コンクリート造校舎建設の計画は大正八年（一九一九）より準備が始められたものの、現在の敷地が教育の場としてふさわしくないとされ、「小学幼年生並に幼稚園は現在の校地に改築して、之れに収容し、上学年生は二、三十分程度の範囲内に於て、通学し得べき郊外地に移す」[44]という計画が進行し、具体的な移転先も決まり実地視察もおこなわれていた。だが区会議員の選挙があり、新議員の多くは現在地での改築を望み、「立体的四階建築」[45]として現在地に建設されることになる。

この時期の精華学区議長は育英女子高等小学校の鉄筋コンクリート造改築の推進者であった上田忠三郎であり、その時の経験を活かし、上田を中心に区会議員並に学務委員が集い、改築事業は担われていった。設計者が増田清になったのもおそらくはその時の関係だろう。着工は昭和二年（一九二七）三月で、まさに学区制廃止直前の駆け込み的な建設であり、昭和四年（一九二九）一一月に完成した。四階建てで地階が設けられ、工費は五九万七七七〇円を要した。建築面積五七五坪、延床面積二、五一六坪という広大な規模を誇った。(46) 戦前期までの大阪市の小学校建築としては最大規模の校舎のひとつであった。

空襲で被災はしなかったものの校下は全焼し、昭和二一年から二二年まで休校となり、昭和二三年から復校する。平成七年（一九九五）に統廃合の結果廃校となり、その後は生涯学習ルームや精華小劇場となり利活用されていた。二〇一三年晩秋から解体が始まり、二〇一四年早春には消滅した。

（ii）建築内容

ブロックプランは変形のコの字型となり、東側を運動場とする。敷地が矩形にならなかったのは地価が高く買収が困難であったことを理由とする。運動場を広く取るために、校舎はいずれも隣地境界線に寄せて建てられていた。校舎は北・西・南の三棟からなるが、一体化したものである。

玄関が設置された西側の商店街の町屋の背面に直接面した部分にはコンクリートの擁壁が設けられ、内側には校舎との間に低木を植えた緩衝地が設けられていた。街路に直面することの多い大阪の小学校では珍しいことで、このことは密集した市街地ゆえの防火を考えてのことだと思われる。

北棟からみると、一階は雨天体操場、二階三階が中廊下式の教室配置をとり特別教室と普通教室、四階が講堂、地階は下足室などとなる。西棟は片廊下式教室配置で一階が玄関・職員室・応接室・教室、地階は特別教室、二階三階は普通教室、四階は普通教室だが、そのうち三室は女学校専用教室となる。南棟は中廊下式の教室配置をとり、一階が幼稚園の保育室と遊戯室、地階は食堂と厨房、二階三階が普通教室、四階が女学校の特別教室と女学校職員室となる。すなわち南棟は女学校と幼稚園のスペースが過半を占めた。

設備面をみると、二〇人乗り用のエレベーターが二基設けられる。また中央棟の一階の廊下には木の床の中央部にガラスブロックが敷き詰められ、その下にある食堂への採光が考えられていた。

(iii) 建築スタイル

外観の特徴は四階建てという高層建築特有の圧迫感を感じさせないように、ファサード構成に工夫がなされている点にあった。一層目がアーチの開口部を連続させる一階部分、二層目は二階・三階、三層目は窓の形を変える最上階の四階（北棟のみ）と、ヨーロッパ歴史様式に基づく三層構成になる。外壁面の凹凸の様子をみると、柱型が外壁に表出せず、フラットな壁面となる。開口部の形状は縦長とともに、要所には半円アーチならびに櫛形扁平アーチになる。一方で庇や窓台、パラペットなどによって水平線が強調されるものの、軒は張り出していない。

北棟をみると、東端部は階段状に角が落とされ、この形状は東側の町屋への斜線制限が生み出したものと思われる。この端部の内側は階段室になっており、段状の造形を示すことで力強さが表現されており、この時期流行したドイツ表現派の影響もみてとれる。北棟四階に講堂があり、柱と梁が一体となった「剛接アーチ」による空間が広がる。断面形は扁平アーチとなる。この北棟校舎だけは鉄骨鉄筋コンクリート造となっていた。

西棟のファサードは一階だけを上層階から少し外側を突出させ、壁柱のなかにアーチ型の開口をあけ、連続させるスタイルをとるが、この手法は昭和三年（一九二八）七月竣工の広島市立本川小学校（90頁写真参照）でも用いられていた[47]。

また西棟では教室の梁は桁行方向に二本入れられていた。通常梁は梁間方向に入れるのが一般的だが、ここでは逆となる。それは西棟が片廊下式教室配置のため、桁行方向の壁面が少なく、この梁でもって桁行方向の力を支えるという構造上の工夫を反映したものとみられる。構造家でもあった増田清ならではのものと考えることができる。

装飾意匠としては精華小学校の講堂背面の道路側からの出入口廻りの額縁には立湧文の装飾が左官彫刻で表現されていた。

1-6-6　天王寺第五小学校

(i) 建設経緯

天王寺学区の第五番目の小学校として大正二年（一九一三）に開校した天王寺第五小学校は昭和二年（一九二七）一二月に鉄筋コンクリート造校舎を完成させる。建坪一九〇坪、延坪六〇二坪、工費は一二万五二三二円を要した。木造校舎は室戸台風で倒壊し、昭和一一年（一九三六）一二月に鉄筋コンクリート造の改築校舎（口絵参照）ができる。戦災は空襲では屋上が破壊されただけで、大きな被災はなかった。一九九〇年から一九九二年にかけて校舎は改築される。校名は昭和一四年（一九三九）に五条小学校と改称されていた。

(ii) 建築内容とスタイル

プランとしては一階が講堂兼雨天体操場、応接室となり、二階は唱歌室、理科室、普通教室三室、三階は普通教室六室、からなった。つまり中廊下型の教室配置をとる。講堂兼雨天体操場を内包したコンパクトな校舎であり、増田清設計の小学校でも規模が小さい改築ではこのタイプで建設されることが多い。

スタイルをみると、柱型は外壁に表出しないが、二階の窓が外壁ごと桁行方向一列分外側に突き出した出窓の形をとる。突き出した長さは柱型の梁間方向の長さを利用したもので、外壁面を柱型の外側に設けることでつくりだされたものであった。その部分は唱歌室と理科室という二つの特別教室の窓際部分を構成する。出窓下の一階部分では突き出した二階を支えるかのように、壁柱が立つ。壁柱間は半円アーチ形に穿たれ、講堂兼雨天体操場の出入口となっていた。このようにここでは外壁面を凹凸に取り扱うという操作がなされていた。浅い凹凸をより効果的にみせるために、パラペットや二階屋根の胴蛇腹が瓦葺きとなる。

『増築紀念写真帖』(48)の「新校舎工事概要」によると、「緑色スパニッシュ瓦葺」とある。大阪の小学校でスパニッシュの意匠をみせるものは珍しく、そのような意味でこのファサードは平板的な取り扱いながらもデザイン上の新機軸をみせたものであった。また最上階の縦長の開口上部は小アーチとなり連続し、一階の大アーチと連動してファサードを飾る。このようなアーチの多用も増田清の校舎の特徴といえる。

1-6-7　難波稲荷小学校

難波第六小学校として明治四一年（一九〇八）に開校し、昭和三年（一九二八）に鉄筋コンクリート造校舎を完成させていた。大正一〇年（一九二一）には難波稲荷小学校に改称している。空襲で被災し、木造校舎は焼失し、鉄筋コンクリート造校舎も内部に火が入った。

増田建築事務所作成の設計図[49]によれば、一階平面図・二階平面図・正面図・側面図・縦断面図・横断面・配筋図・正面道路側外部一部分詳細図の、八点の図面があって、いずれもが各図面の表題欄には大正一五年（一九二六）三月と記される

平面図からは一階が屋内運動場、二階三階が中廊下式の教室配置となり、各階六教室となる。くわえて各階には不整形の形でもう一室が配されており、敷地の形状を反映したものであった。寸法をみると、屋内運動場は桁行方向が二七m、梁間方向が一七・四〇㎜となり、教室は梁間方向が七・三m、桁行方向が九mで、中廊下の幅員は二・八mであった。

正面図からは一階部分だけが外壁面より突出していることがわかる。その部分にはアーチ形の開口部が穿たれ、突出した長さ分が深い軒を演出する。その部分のディティールを正面道路側外部一部分詳細図と照合してみると、鉄筋コンクリート造の駆体桁部分に段差が設けられ、その箇所はモルタルが塗られる際により厚く塗られることで、大きく張り出しているかのように見せる操作がおこなわれていた。

断面図からは道路斜線制限の図が描かれており、高さ決定の際の拠り所になっていたことが読み取れる。配筋図からは一階が無柱構造にもかかわらず、鉄骨は使わずに鉄筋だけで構築されていることがわかる。応力が集中する一階梁のハンチ部分には密に帯筋が配される。注意を惹くのは一階の柱上部から三階の壁面上部まで放物線形に主筋が配筋されている点で、一階の梁を上から引っ張るという意味があった。構造の専門家増田清が得意とした鉄筋コンクリート造の構造的な特性を巧みに読み込んだ手法と捉えることができる。

正面道路側外部一部分詳細図には一階アーチ開口部の下部にある左官彫刻が描かれ、その図柄は輪が切れ、角が

付いた円形が繰り返されるもので、足の付いた巴にもみえる。このような意匠は正統な西洋歴史様式にはなく、どちらかといえばユーゲントシュティールや日本、東洋の意匠などに触発されて独自にデザインされたものとみることができる。同様なものとして、精華小学校の講堂内部の背面の壁でも試みられており、そこでは「ぜんまい」の形が意匠化されたものになっていた。

注

（1）増田清の御子息増田担氏所蔵
（2）保存問題で社会的なニュースとなる。
（3）昭和二年（一九二七）一〇月より月刊誌として発刊。昭和四年（一九二九）までは発刊されていた。
（4）現、安藤建設
（5）『大阪府職員録大正6年』大阪府知事官房、による。
（6）柱と梁が一体になった構造で、鉄骨もしくは鉄筋を芯としてコンクリートで固めたもの。
（7）石丸紀興「建築家増田清の経歴と広島における建築活動について」『日本建築学会計画系論文集』第五二五号、一九九九
（8）病院を手がけていた。出典は「螺旋形の通路　病院での珍しい構造」『建築知識』第二巻第七号、一九二八
（9）鈴木真歩ほか「増田清と東京女子医科大学（1）―設計の経緯とその活動内での位置付け―」『日本建築学会大会学術講演梗概集』二〇〇三
（10）安藤建設の内部資料
（11）当時大阪で刊行されていた雑誌で、日本ポートランドセメント同業会が編纂
（12）筆者は一九九四年に遺族への聞取り調査を実施しており、増田事務所に長くつとめ番頭格であった瀬川博の娘・瀬川幸子氏から、父瀬川博の経歴を聞くなかで当時の増田建築事務所の様子をうかがった
（13）明治三五年に開校するが、昭和二三年の学制改革で関西大倉高等学校となる。建築教育としては関西で最も古い時期より開始した。
（14）聞取り時は高石市東羽衣三丁目に居住されていた。

(15)『大阪府職員録大正12年』大阪府知事官房
(16)大阪市立工業学校建築科を大正二年に卒業
(17)この校舎は旧制生野中学校が学制改革で新制生野高等学校になった後も、昭和四一年の移転時まで使用された。
(18)川島智生「それぞれの忘れ形見―大正末から昭和戦前期にかけて大阪府営繕課に在籍した青年建築家たちの軌跡―」『研究文集』大阪府立産業教育研究会、一九九三
(19)大正期の大阪府営繕組織の技術者の変遷をみると、大正二年から七年まで葛野壮一郎（東大・明治三八年卒）が筆頭技師をつとめ、大正七年には臨時建築課が誕生し初代課長に矢島一雄（東大・明治三五年卒）が就任するが、翌大正一〇年には佐野利平が事務畑ながらも営繕課長、大正一一年には中村琢治郎が営繕課長と、毎年のように課長は替り、増田清はこの間をとおしてずっと課長の次の地位にあった。
(20)経歴などは不明。昭和三年に完成する山口県立山口図書館の設計者であり、この頃は山口県土木課営繕係の技術者であったようだ。
(21)大正五年に東京帝国大学建築学科を卒業した。
(22)『生野高校60年史』生野高等学校、一九八〇
(23)ここでは外壁で上下に重なる二つの窓もしくは開口部の間の壁を示す。スパンドレルはその他に長尺の金属板という意味もある。
(24)二本の曲線を用い雲気、水蒸気が涌き立ちのぼっていく様子をあらわしていて、有職文様のひとつで、屏風や宝物、能の装束などに使用される。
(25)ヨジェ・プレチニックなど
(26)昭和二年一一月刊行
(27)フランスの建築技術者
(28)現時点で、どのような技術者だったのかは不詳
(29)「佛国に於ける鉄筋コンクリートの会堂」『建築知識』建築知識社、一九二八
(30)本川小学校は昭和六二年に建替えられたが、被爆校舎の一部の地階と外壁を残し、平和資料館として昭和六三年に開館した。
(31)『南区志』昭和三年（一九二八）に大阪市南区長堀橋筋一丁目外九十一ヵ町区が編集発行、一三〇頁
(32)前掲（31）二〇四頁

(33) 前掲（31）に同じ
(34) 大正九年一一月から一二月にかけて須佐、雲中、荒田の三小学校が完成していた。
(35) 川島智生「顕道会館（現西本願寺・京都教区教務所）について」NHK文化教室講座解説原稿、二〇一四
(36) 前掲（31）に同じ
(37) 前掲（31）に同じ
(38) 前掲（31）に同じ
(39) 昭和三五年（一九六〇）七月に大晴工務店が作成。三〇分の一の縮尺
(40) 『セメント界彙報』第八拾四号、による。
(41) 「自筆経歴書」によれば、三四万円とある。
(42) 「渥美尋常小学校沿革誌」
(43) 大阪市芦池尋常小学校が昭和二年に刊行
(44) 前掲（31）に同じ
(45) 前掲（31）に同じ
(46) 『改築落成記念』大阪市精華尋常小学校、一九三〇、による。『大阪市学事要覧』昭和一〇年版、の数値とは異なる。
(47) 本川小学校平和資料館として一部が現存。本川小学校では原爆で内部は焼失するがコンクリートの駆体はかろうじて残り、昭和六三年（一九八八）の改築までは使われていた。太田川に面し、原爆ドームの対岸にあった。
(48) 天王寺第五小学校より昭和三年二月に発刊
(49) 複写を筆者所蔵

敷津小学校 正面

難波新川小学校 鳥瞰図

難波芦原小学校 講堂内部

難波芦原小学校

萩之茶屋（今宮第三）小学校

天王寺第一小学校

天王寺第一小学校 全景

育英女子小学校

東平野第一小学校 築山

育英女子高等小学校 講堂

育英女子高等小学校 俯瞰図

金甌小学校 講堂棟南西側

金甌小学校 完成予想図

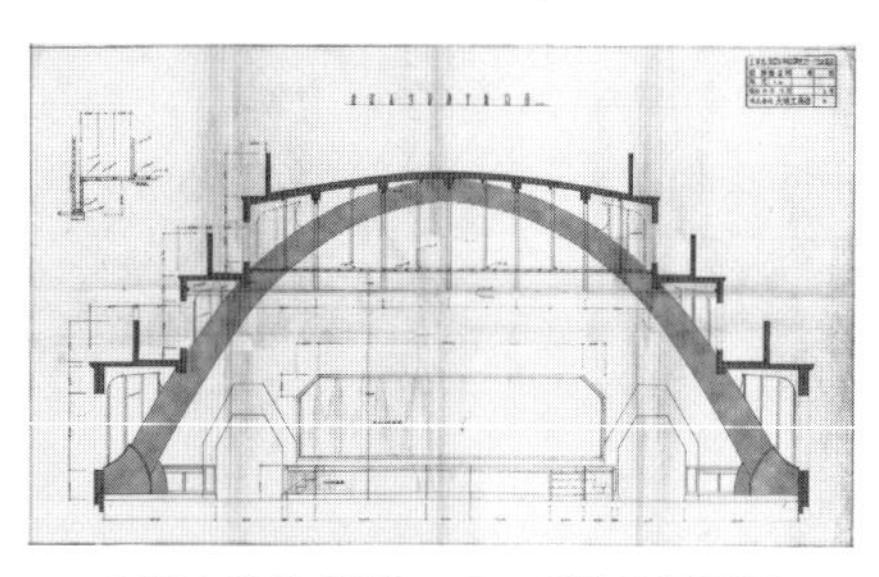

金甌小学校 講堂ステージ改造断面図

金甌小学校 講堂　戦後

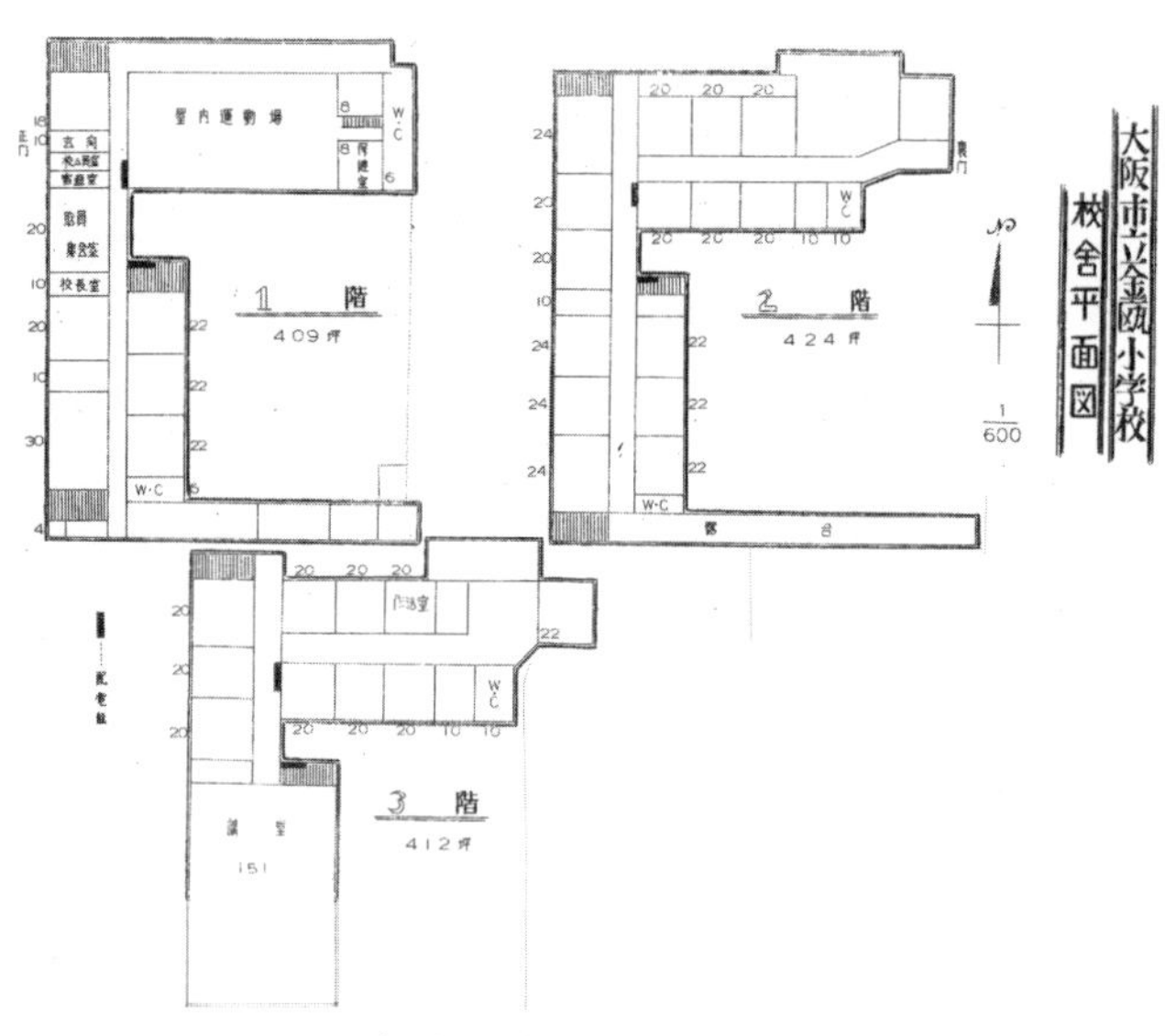

金甌小学校平面図 修正後

金甌小学校 空より

金甌小学校 校庭側

渥美小学校 西校舎

渥美小学校 南側全景

渥美小学校 講堂棟

芦池小学校 鳥瞰図 2

芦池小学校 鳥瞰図 1

芦池小学校

芦池小学校　南面

芦池小学校見下ろし

芦池小学校『新築記念』表紙

芦池小学校・講堂内部

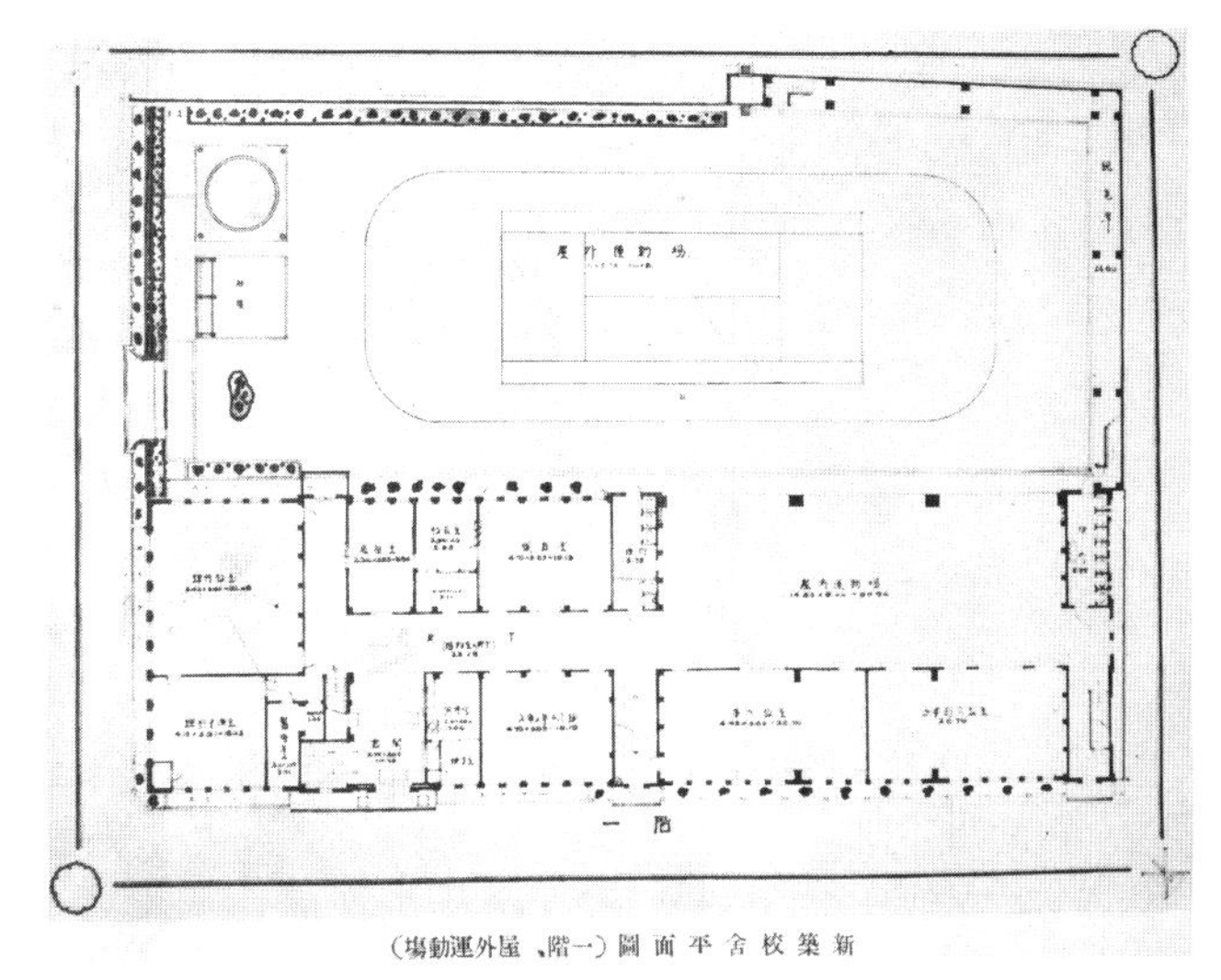
(場動運外屋、階一)圖面平舎校築新

芦池小学校 配置図兼1階平面図

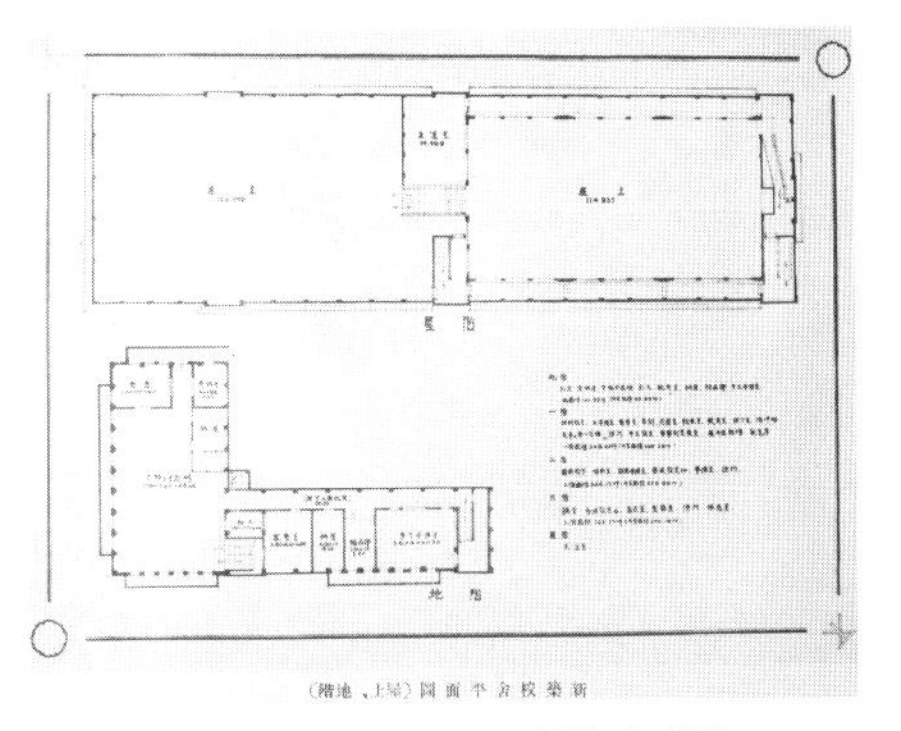
(階地、上屋)圖面平舎校築新

芦池小学校 屋上・地階平面図

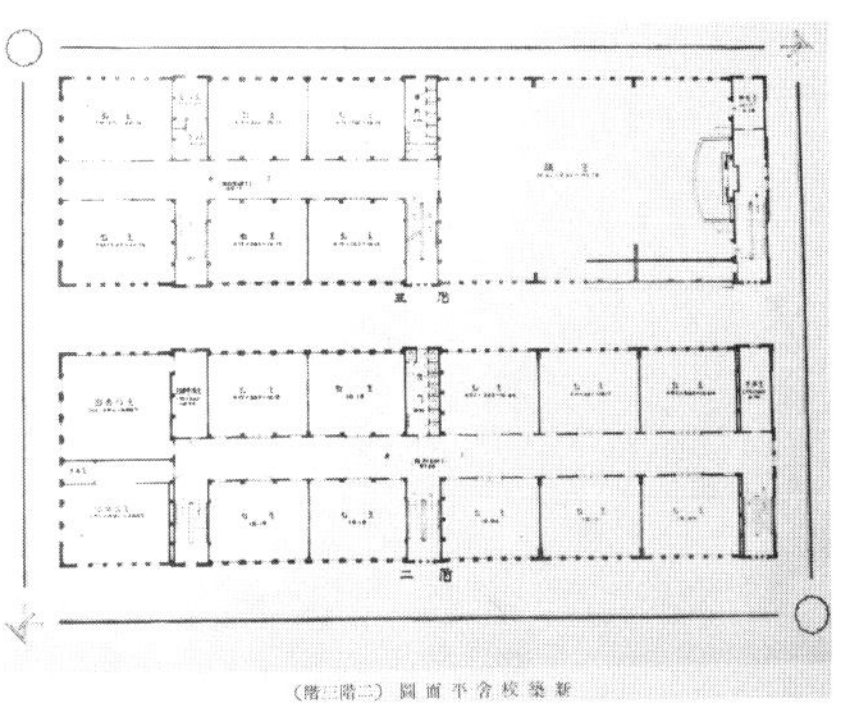
(階三階二)圖面平舎校築新

芦池小学校 2階・3階平面図

精華小学校 西側完成予想図

精華小学校全景

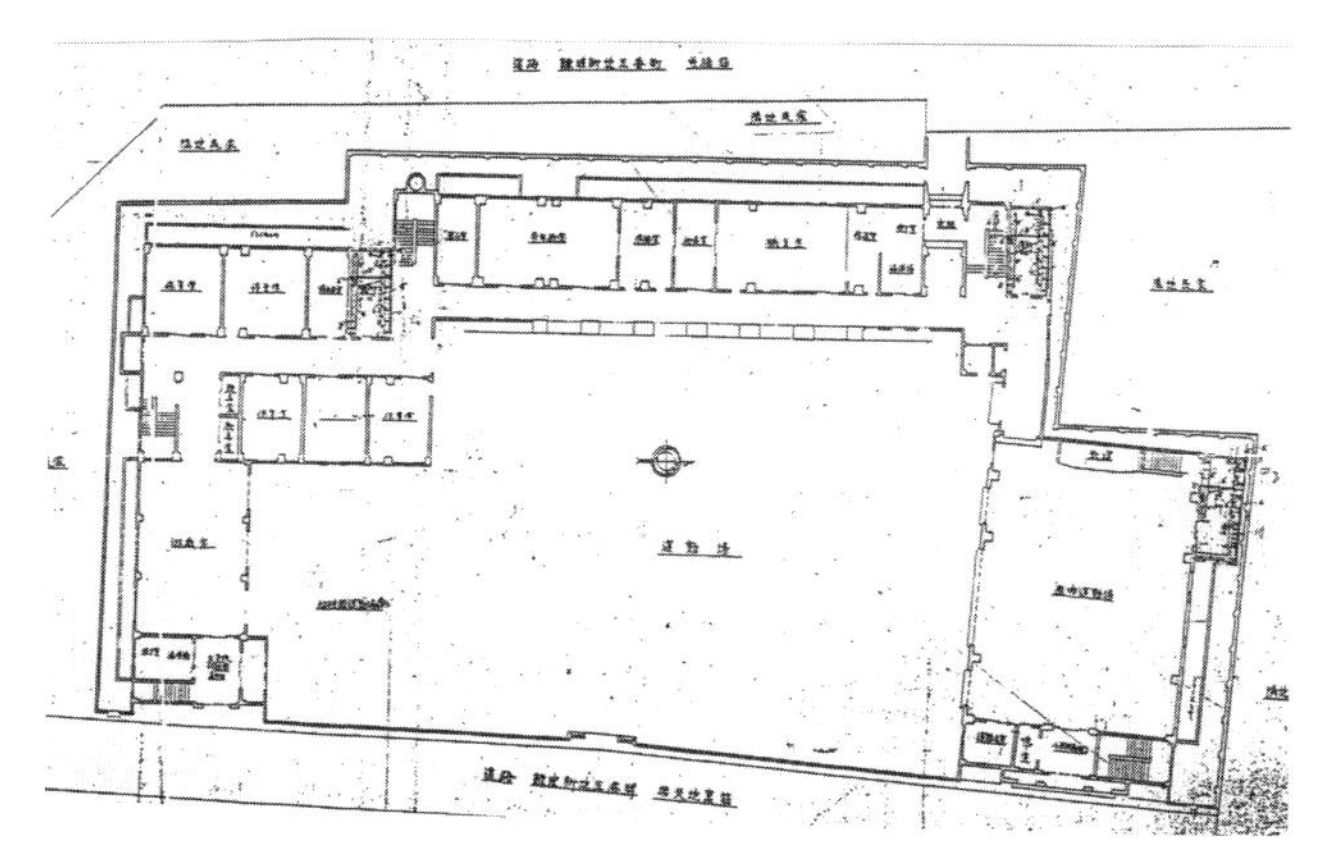

精華小学校 配置図兼１階平面図

精華小学校 西面

精華小学校 運動場側

精華小学校 雨天体操場

精華小学校 講堂（筆者撮影）

精華小学校 音楽室（筆者撮影）

精華小学校 教室の梁の方向（筆者撮影）

精華小学校 全景（筆者撮影）

精華小学校 地階の食堂（筆者撮影）

精華小学校 講堂の東階段（筆者撮影）

精華小学校 講堂の彫刻（ぜんまい模様）
（筆者撮影）

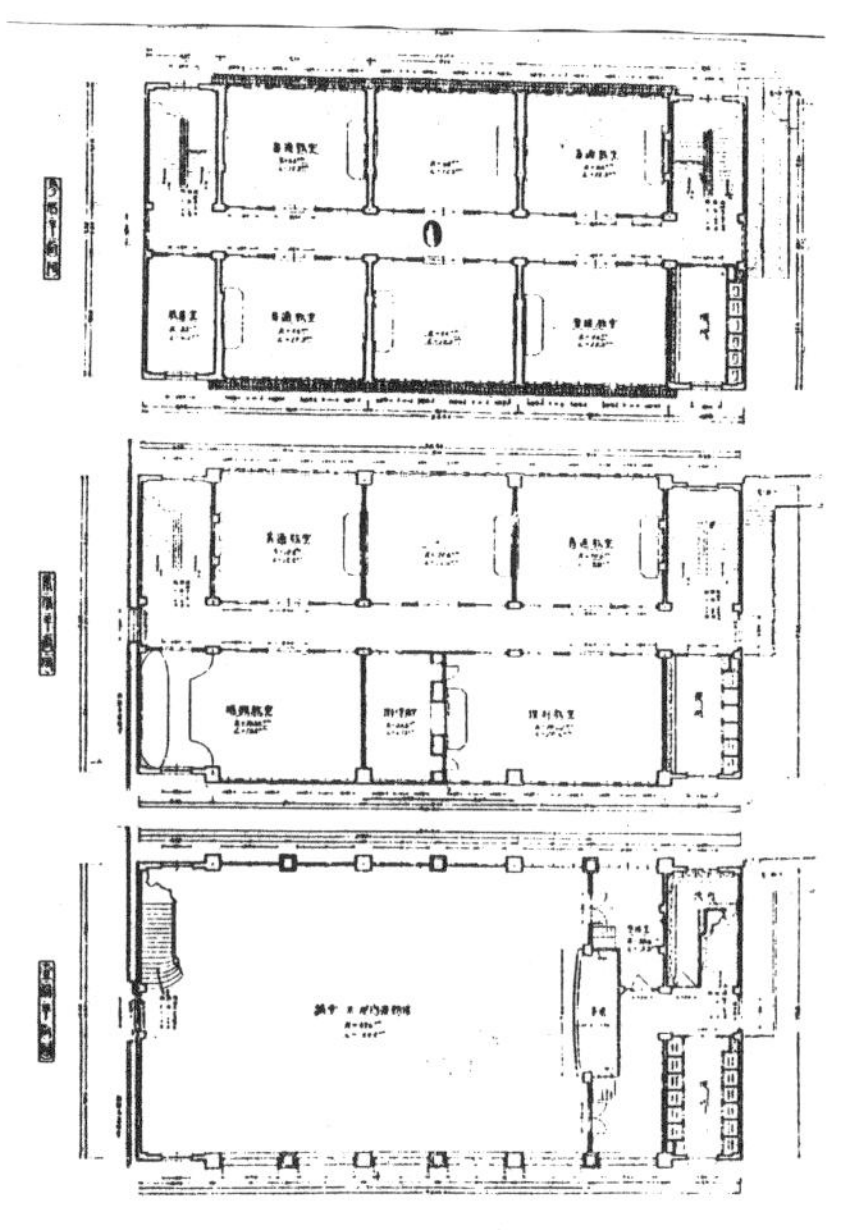

天王寺第五小学校 各階平面図

天王寺第五小学校

天王寺第五小学校 講堂兼雨天体操場

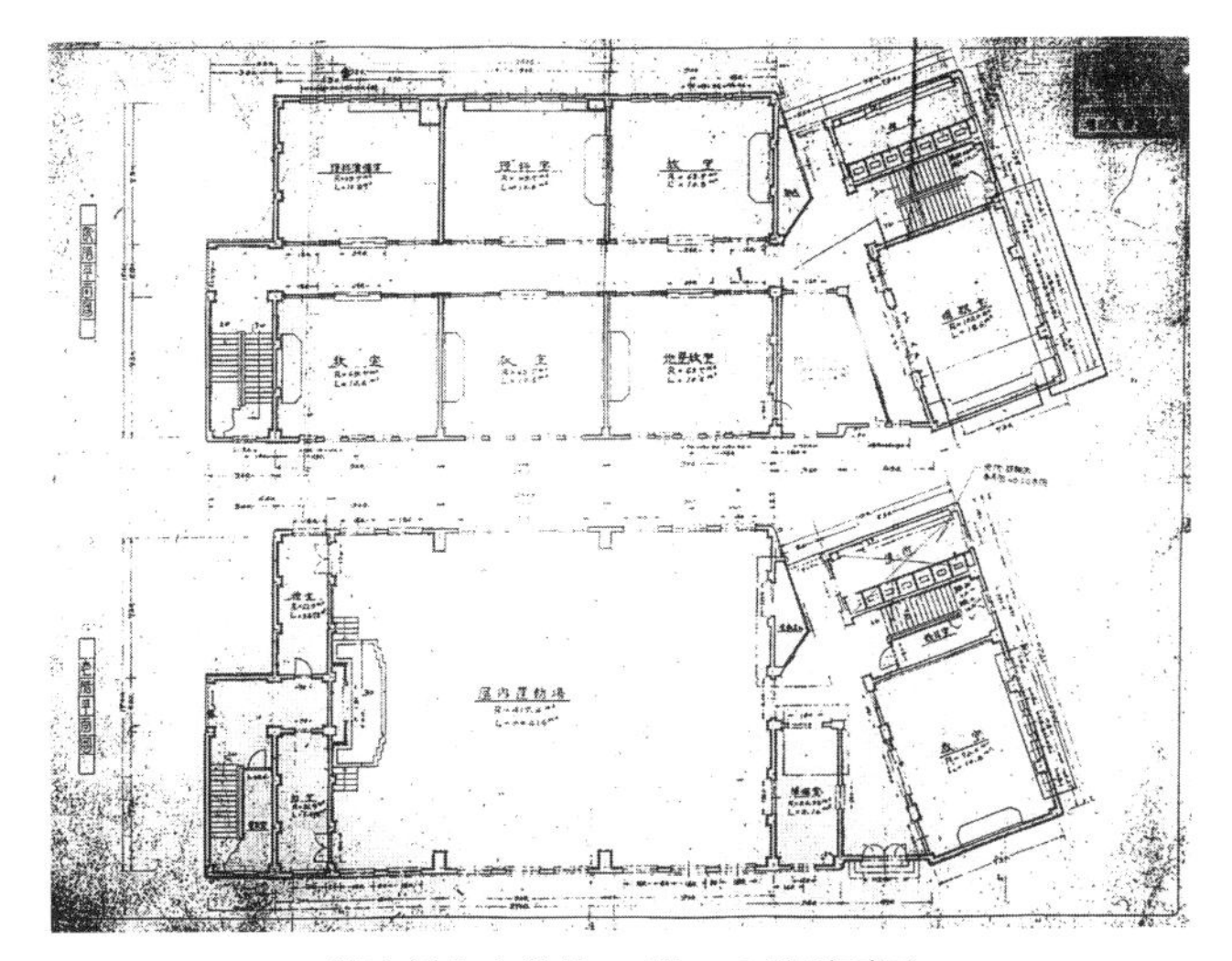

難波稲荷小学校　1階・2階平面図

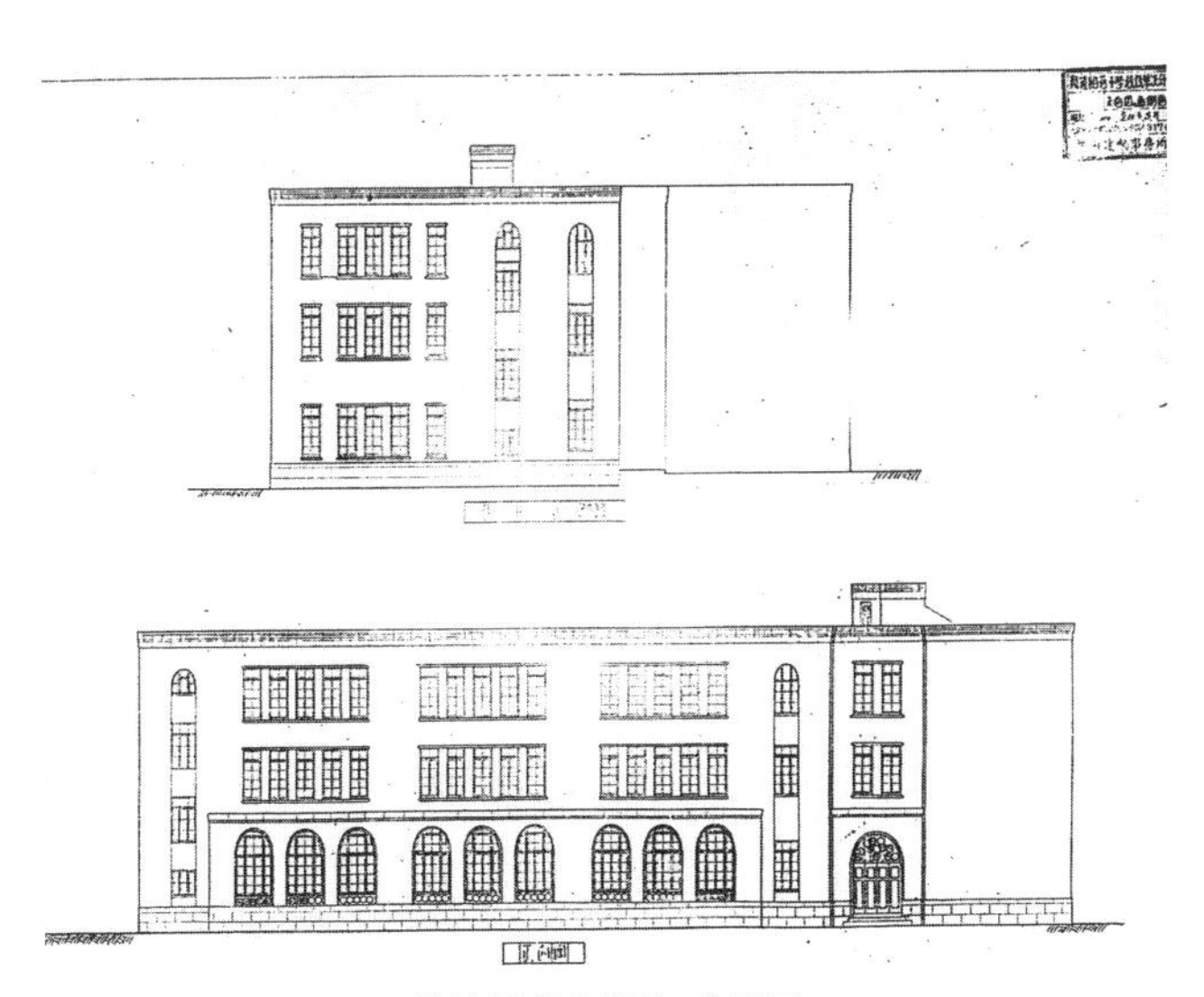

難波稲荷小学校 立面図

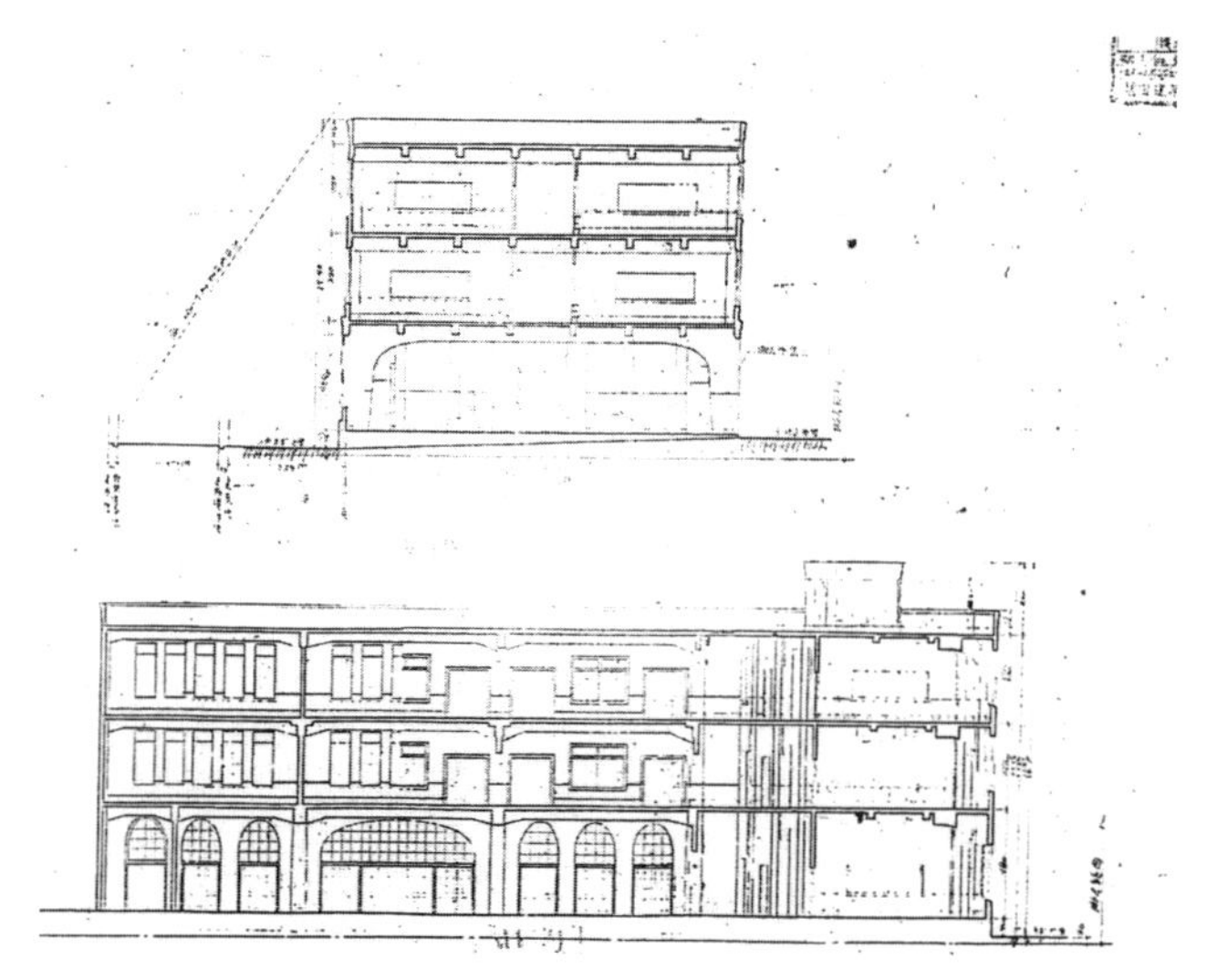

難波稲荷小学校 断面図

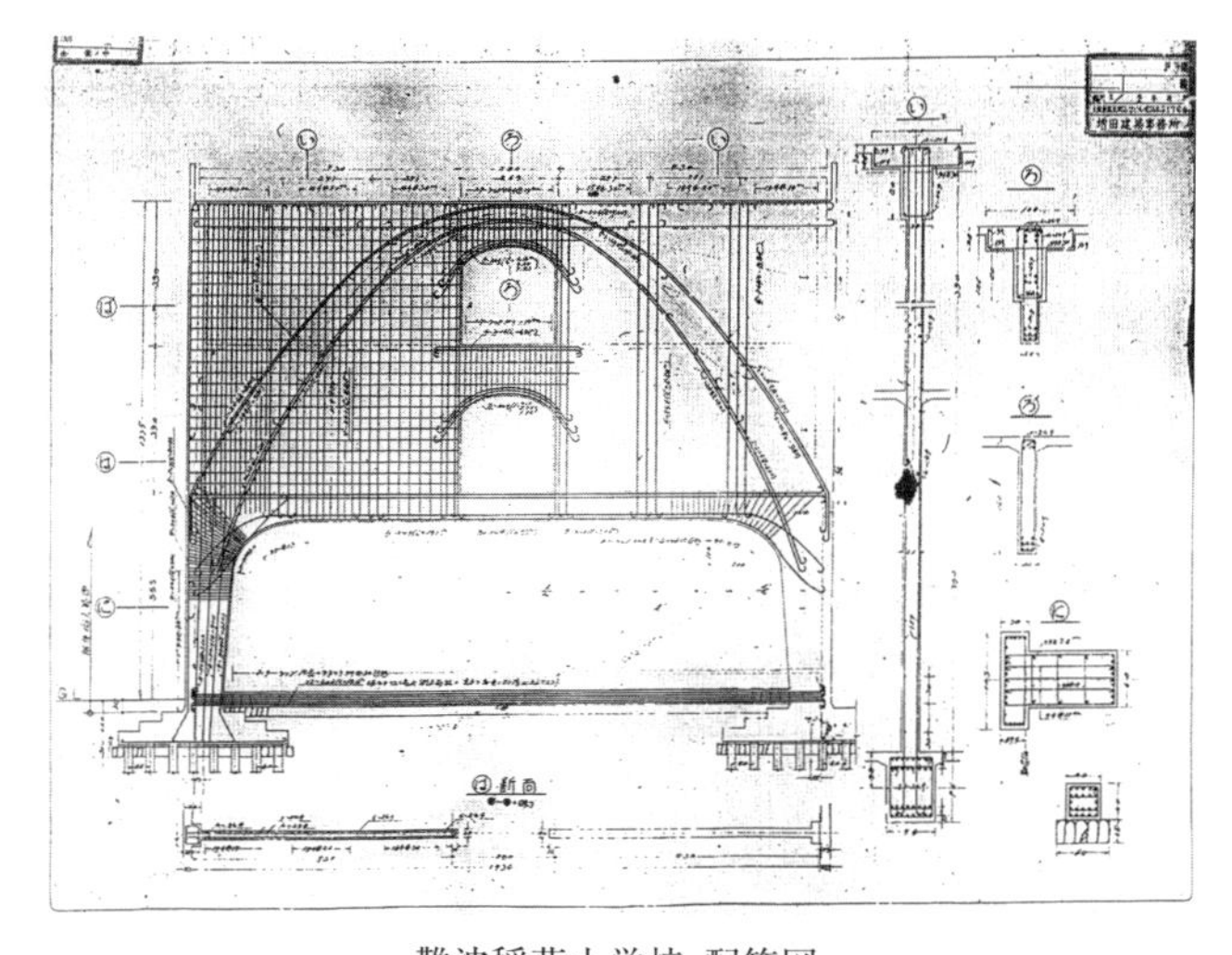

難波稲荷小学校 配筋図

難波稲荷小学校

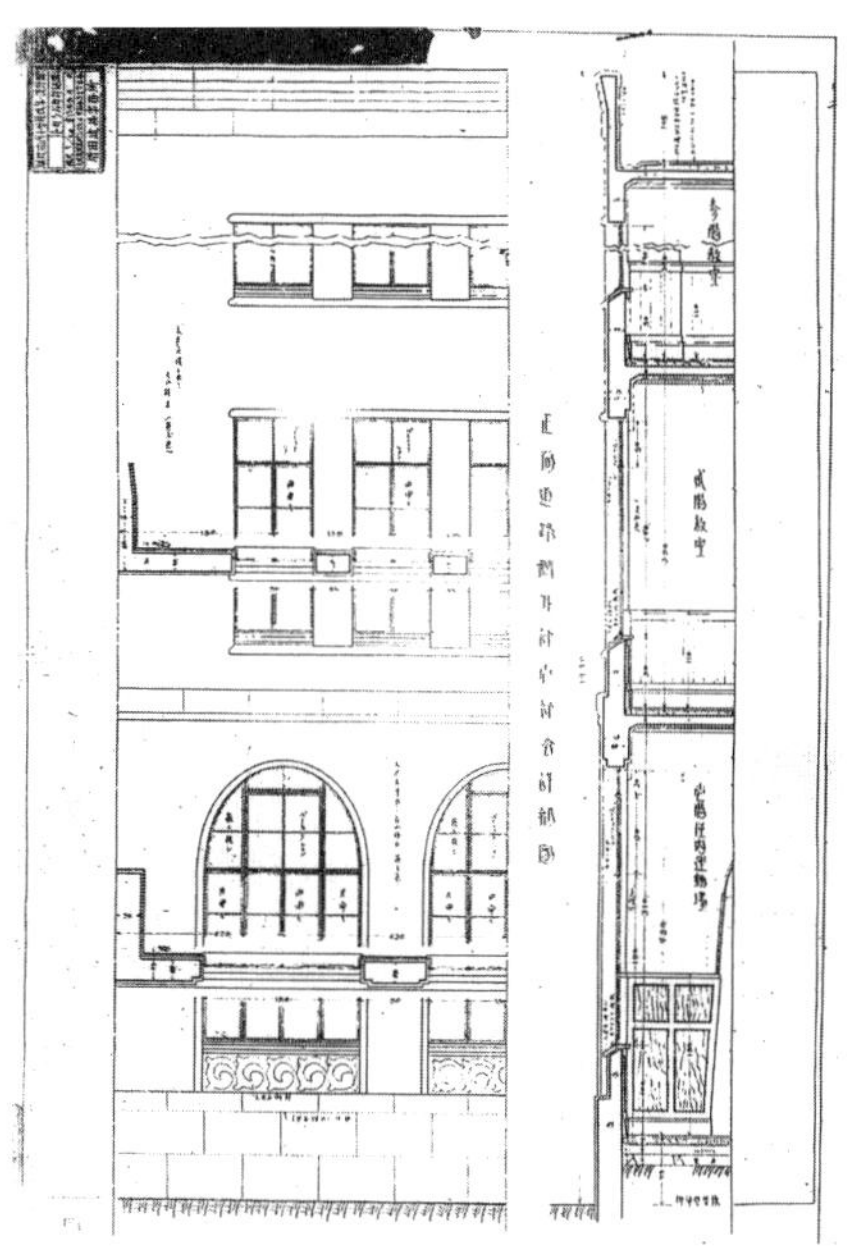

難波稲荷小学校 立面詳細図・矩形図

2　橋本 勉

2-1　橋本勉建築事務所と学校建築

橋本勉建築事務所は工場建築、とりわけ紡績工場を得意とした建築事務所で知られたが、その一方で学校建築を数多く手がけており、木造校舎を含めば大阪市の小学校建築を一八校設計していた民間建築事務所であった。その経歴と作品は「故正員 橋本勉君略歴及作品」（以下「橋本略歴及作品」と称す）[1]に詳しい。

「橋本略歴及作品」にはビルディング・事務所、銀行・商店、会館・旅館・住宅、病院、学校、火力水力発電所並びに変電所、紡績工場、諸工業工場及附属事務所、の八つの建築類型に分けて手がけた建築名称が記されるが、数は紡績工場が圧倒的に多く、諸工業工場及附属事務所、学校と続く。時間軸で設計年をみれば、学校以外の建築類型は大正後期から昭和一桁代前半までは極端に数が少ない。一方で「学校」だけは大正一一年（一九二二）から昭和二年（一九二七）の六年間に設計が集中しており、大阪市の学区制度廃止に伴う建設ラッシュを反映していたと考えられる。

橋本勉の履歴をみる。前述の「橋本略歴及作品」によれば、明治一二年（一八七九）に岡山市に生まれ、岡山県立尋常中学校を経て、第一高等学校を明治三六年（一九〇三）に卒業する。同年東京帝国大工科大建築学科に入学し、明治三九年（一九〇六）に卒業する。同年樺太民政署事業部に勤務し、明治四〇年（一九〇七）帝国鉄道庁技手となり、明治四二年（一九〇九）一月までつとめる。一方で『近代建築画譜』[2]の中にある「建築主要関係業者紹介欄一覧」の橋本勉建築事務所の紹介欄によれば、明治三九年から明治四二年までは陸軍省嘱託及び逓信省技手勤務（東京）とある。より詳しい史料が見出せていない現時点ではその詳細は不明である。

明治四二年一月より橋本勉は大阪の茂庄五郎[3]建築事務所に勤務する。茂庄五郎が亡くなった翌大正三年（一九一四）に野村一郎[4]とともに茂野村建築事

橋本 勉

務所を共同経営するが、大正一五年（一九二六）四月野村一郎と分かれ、大阪で橋本勉建築事務所を開いた。翌昭和二年（一九二七）一月には東京に出張所を開く。昭和一四年（一九三九）一〇月に亡くなるまで約三〇年間大阪を拠点として活動をおこなった民間建築家であった。

なぜ小学校の設計をおこなうようになったのだろうか。橋本勉は大阪で野村橋本建築事務所を開いていたが、大正八年（一九一九）九月に文部大臣官房建築課大阪出張所長を兼務する[5]。ちょうどこの時期関西に三つの新設官立学校が開校することになり、その設計を担うことになる。「大阪、神戸直轄学校新営工事を設計監督[6]」とあり、大阪外国語学校[7]、神戸高等工業学校[8]、旧制大阪高等学校[9]の設計を手がけた。このうち大阪外国語学校と大阪高等学校の二校は鉄筋コンクリート構造であり、関東大震災以前に完成していた鉄筋コンクリート造建造物であった。

これらの設計は大正九年（一九二〇）から大正一〇年（一九二一）にかけておこなわれており、ここからは大阪市の学区制小学校が本格的な改築事業に取りかかる前に、橋本勉は大阪で学校建築を得意とする民間建築家として認識されており、このような実績が大阪の小学校設計依頼に繋がったものと判断できる。

旧制大阪高等学校

大阪市との最初の仕事は大正一〇年（一九二一）の北区実科女学校[10]の校舎増築であって、木造校舎であった。その後橋本勉は北区内の学区の小学校を数多く設計するようになる。一八校中一五校が北区内に位置していた。その背景には北区の学務係と何らかの関わりがあったものと推測される。

文部省関連の仕事としては、東京や札幌でも設計をおこなっており、大正一一年（一九二二）に旧制東京高等学校[11]、大正一四年（一九二五）に文部省体育研究所[12]と北海道帝国大学工学部実験室[13]を完成させている。その他に私立学校としては大正一五年（一九二六）に建設の東京の東洋音楽学校[14]がある。いずれも鉄筋コンクリート造による建物であった。

「橋本略歴及作品」によれば、小学校については大阪市だけではなく、東京市の震災復興小学校の設計をおこなっていたことも判明する。大正一一年設計の本所区の本所高等小学校（大正一四年竣工）[15]と大正一二年設計の神田区の小川小学校（昭和三年竣工）である。

大阪市の小学校以前の、文部大臣官房建築課大阪出張所長時代の学校建築の意匠をみると、大阪外国語学校では出隅部を隅石仕上げとして強調するファサードとし、大阪高等学校では玄関開口部は短柱が支える半円アーチとなる。東京高等学校は窓廻りがセセッション風となる。付け柱は柱頭がゴシックの取り扱いとなる。共通して凹凸の少ないグラフィカルな印象を受けるファサードとなっていた。一方木骨造の神戸高等工業学校は出隅部を玄関とし、正面に切妻破風をみせ、左右に小塔を置いた形状で、細部にはセセッション風の装飾も配された。文部省体育研究所は大阪外国語大学と共通して、出隅部を隅石仕上げとして強調するファサードであった。

2-2　設計した小学校一覧と建築特徴

(i)　設計一覧

「橋本略歴及作品」に記載された小学校を竣工順にみれば、次のようになる。大正一〇年（一九二一）に第二上福島小学校増築（木造）、大正一一年に第二西野田小学校増築（木造）・第一上福島小学校改築・菅南小学校改築、大正一二年に第二上福島小学校（138頁写真参照）改築、大正一三年に第一西野田小学校増築（木造）・第三西野田小学校増築（木造）・桜宮小学校増築・都島小学校仮校舎新築（木造）・済美第二（後に天満小学校と改称）小学校改築・済美第六小学校（後に菅北小学校と改称）増築・下福島小学校増築・第二西野田小学校改築（木造）、大正一四年に西天満小学校増築、大正一五年（一九二六）に済美第二小学校改築・桜宮小学校講堂新築・天王寺第二小学校（後に大江小学校と改称）改築・菅南小学校改築・難波立葉小学校改築・曾根崎小学校改築・東平野第一小学校（後に生魂小学校と改称）改築・中之島小学校改築、昭和二年（一九二七）西天満小学校改築・堀川小学校改築、となる。

ここからは仮校舎も含めると、計一八校の校舎を手がけていたことがわかる。ただ第一西野田・第二西野田・第三西野田の三校は木造校舎であるので、鉄筋コンクリート造校舎の数は一四校となる。なお菅南小学校[16]については大正一一年と大正一五年にともに改築とあるが、一期工事と二期工事を示している。また大正一三年と大正一五年の二度にわたって改築が確認できる済美第二小学校[17]も同様な内容を示したものと思われる。一方第二上福島小学校のように年度をかえて木造と鉄筋コンクリート造の校舎を建設しているケースもある。

一四校のうち全体を一挙に鉄筋コンクリート造に改築した小学校は下福島小学校・堀川小学校の二校にとどまる。この二校は学校建築特集が組まれた雑誌『建築と社会』昭和五年二月号に写真が掲載された。

(ii) 建築特徴

橋本勉の設計した校舎のブロックプランをみると、コの字型のものとL字型のものに分けられる。全面的改築の場合はコの字型のような理想的な配置がおこなえるが、多くが一部改築ゆえにL型配置が最も多い。その際のL型とは基本的に北棟と西棟から構成される傾向にあった。

建築スタイルは外壁面での柱型や開口部の形状で二つのタイプに分けられる。第一は柱型が一階から三階の庇下まで表わしで立ち上がり、庇が最上階の開口上部の位置で建物全体に廻り、さらに柱型は屋上階にまで達し、手摺りのバラストレードを支える形態をとるものである。装飾的な要素はバラストレードと庇下の柱頭部ならびに持ち送りに付く幾何学的な飾りだけにとどまり、柱とスパンドレル（上下階で窓と窓の間の壁）からなる禁欲的な外観を示す。いわば柱型を強調するタイプである。

該当するものとしては菅南小学校（一期は大正一三年二月完成、二期は昭和三年五月完成）、第一上福島小学校（大正一三年完成）、桜宮小学校（大正一四年七月完成）、済美第六小学校（大正一四年一二月完成）、済美第二小学校（大正一四年完成[18]）、西天満小学校（一期は大正十五年六月完成、二期は昭和三年五月完成）、第二上福島小学校（一期は大正一五年完成、北校舎）、の七校がある。このなかで最初に誕生した校舎は菅南小学校であり、橋本勉設計による大阪市の小学校のプロトタイプとみることができる。菅南小学校の設計ならびに着工は関東大震災以前におこなわれており、以降の耐震壁をあわせ持ったラーメン構造ではなかったことが、一見骨組みだけにみえるスタイルにつながった可能性もある。

菅南小学校以降の大正期に完成した六校は外観上菅南小学校と同様の設計手法でつくられていたものと思われる。

このタイプの延長線上にあるのが、天王寺第二小学校（昭和三年完成）、難波立葉小学校（昭和四年完成）の二校である。天王寺第二小学校ではパラペットは手摺りの形態ではなく、孔が穿たれた程度のもので、難波立葉小学校ではパラペットに開口部は見当たらない。

第二のタイプは柱型が強調されるものとは対極である壁面を飾るもので、開口上部に引き込みアーチの形を用いるものが多い。外壁にメダリオンなどが装飾として嵌められている事例も堀川小学校や東平野第一小学校で確認される[19]、下福島小学校では欄間彫刻が、曽根崎ではスパンドレルに彫刻が付く。柱型の存在は荷重を受ける構造的な存在から、壁を飾る意匠的な存在に変化しつつあった。昭和三年に完成した曾根崎小学校と東平野第一小学校の両校では柱型は三階開口上部で断ち切られ、堀川小学校では二階開口上部で断ち切られる。下福島小学校は柱型の出面とパラペットの出面が同一なり、外壁は平滑な印象となる。

(iii) 設計の体制・和田貞治郎との関係

橋本勉が設計を担った下福島小学校ならびに第一上福島小学校について、建築家和田貞治郎[20]が設計をおこなったという史料[21]が見出せている。和田貞治郎は大阪で建築事務所を開設していた民間建築家で、建築事務所設立以前には大阪合同紡績建築課長を務め、工場施設の設計を担っていた。和田貞治郎は紡績工場を設計していたなかで、紡績工場設計の第一人者であった橋本勉と何らかのつながりが生まれていたものと考えられる。すなわち小学校建築の設計依頼が激増していた橋本勉建築事務所では設計業務をこなすことが難しく、一部の小学校の設計を鉄筋コンクリート造小学校設計の経験[22]のあった和田建築事務所にゆだねていた可能性がある。したがって、公式には橋本勉建築事務所設計とあるが、実際には和田建築事務所が実務を担当し、そのために和田建築事務所に設計図が残されることになったようだ。ちなみに同様のケースはすでにみた増田建築事務所においても生じており、設計の下請けがおこなわれていたことがわかる。

和田貞治郎の経歴ならびに建築作品を以下に示す。明治二〇年（一八八七）に京都府丹後に生まれ、明治四五年（一九一二）に大阪市立工業学校建築科を卒業し、辰野片岡建築事務所に入り、大正四年（一九一五）からは大阪合同紡績会社建築課長をつとめ、大正一二年（一九二三）九月に和田建築事務所を開設した。大阪市の小学校としては下福島小学校・第一上福島小学校以外に、梅香・住吉・天王寺・東平野第三・高松の五校を手がけていた。五校はいずれも木造校舎であり、大正末期に設計されていた。和田建築事務所は芦屋にも拠点があり、精道村（芦屋市となる前の自治体名称）や本庄村（神戸市東灘区）の鉄筋コンクリート造小学校校舎を四校手がけていた[23]。学校以外は工場と住宅を得意として、金井重要金属の工場[24]や月桂冠の大倉本宅[25]などの作品があり、代表作は大正一二年（一九二三）に建設された谷口房蔵別邸[26]（現愛らんどハウス）である。

2－3　代表的な小学校

2－3－1　堀川小学校（139～140頁写真参照）

堀川学区の堀川小学校では鉄筋コンクリート造校舎を昭和四年（一九二九）一〇月、昭和五年一二月の二回に分けて建設した。工費は一期が三二万三八九五円、二期が八万七四一一円で、計四一万一千三百余円であった。建坪は五六一坪（一・九一四㎡）、延坪は一・九三九坪（六・四〇八㎡）となり、一部四階建ての校舎となった。橋本勉が設計した小学校のなかでは最も大規模なもので、高額な建設費を要したものであった。

建設の経緯は『堀川教育』第七号（落成記念号）[27]に詳しいが、この建設事業は大正一四年（一九二五）に従来の南森町の校地校舎を、大工町にあった第一盈進高等小学校[28]（口絵参照）の校地校舎と交換したことから始まった。同年堀川小学校は従来の尋常科に高等科を併設し、堀川尋常高等小学校に改称している。大正一〇年代の大阪では高等小学校の廃校の一方で、尋常小学校は鉄筋コンクリート造に改築を契機に高等科が併設されることが多かったようだ。第一盈進高等小学校は前年の大正一三年（一九二四）に廃校が決定しており、堀川小学校側のたっての希望である校地移転が可能になった。その理由は南森町の校舎は市電が敷設された道路に直面するために騒音被害が激しく、建替えたとしても良好な環境ではなかったようだ。建設事業に際して、隣接地を買収し、一方で元々ここにあった既存の校舎を売却する。この場所にあった講堂兼雨天体操場は昭和四年（一九二九）に大阪府南河内郡千早赤阪村の赤阪小学校が購入し、移築された。この建物は同校で昭和四五年（一九七〇）まで使用され、現在は明治村に移築されている。(29)

完成した建物をみると、ブロックプランはコの字型で、中央棟（西側に講堂棟、東側が教室棟）、西棟が管理棟兼教室棟、東棟は幼稚園と特別教室からなる。講堂棟は一階が講堂兼雨天体操場となり、二階三階は中廊下式の教室配置で、二階は理科室、三階は図画室が配された。地階は結髪室と青年訓練所の事務所、シャワー室などとなる。東側の教室棟は一階が保育室や遊戯室などの幼稚園施設、二階三階が普通教室、四階が児童文庫と書庫となる。西棟は一階が職員室や手工室のほかに商工専修学校の専属の職員室が入り、二階三階は片廊下式の教室配置となる。東棟の一階に幼稚園の玄関が設けられ、二階は唱歌室と普通教室、三階は裁縫室と普通教室となる。このように幼稚園と一体化して校舎が建設されていた。また大正期に開学した堀川女子実務学校や堀川商工専修学校などの学校が小学校に併置されていた。

外観をみると、これまでの橋本勉設計の校舎とは大きく異なり、柱型は講堂棟を除いては表出せず、引き込みアーチによりむしろ凹んだ印象を示す。一方開口上部にはアーチ形が多用されたファサードが現われていた。

前者からみると、講堂棟のみ八角形を二等分とした断面のピラスター（付柱）が二階と三階の間のスパンドレルの真ん中の高さまで立上がり、その柱頭には飾りが付き、あきらかに外観を飾ることが意識されていた。外壁面は二つのレベルからなり、一つは柱型の出面と同一面になったパラペットの位置、もう一つは引き込みアーチならびにスパンドレル部分の位置となる。

後者をみると、四階建ての棟以外では最上階の開口部に引き込みアーチがみられる。また講堂棟と四階建ての棟では一階の開口上部の欄間窓がアーチ形となり、繰り型のアーキヴォールトをみせ、アーチの存在を強調する。講堂棟では円の頂部にメダリオンが嵌まる。西棟の側面（北側と南側）は四連の引き込みアーチで外壁が装飾されている。同様な意匠は東棟の南側側面にも現われていた。この手法は曽根崎小学校（昭和三年完成）の側壁にも用いられたものと同じであった。

ではこの校舎は当時どのように捉えられていたのだろうか。前述の『堀川教育』第七号には「新校園案内」があり、新しい校舎について次のような記載がある。

今二千に近い児童が安全に喜びに満ちて毎日課業を楽しんでいる。校舎様式は鉄筋コンクリートの三階建（一部は四階、地階共五階）天満の空に巍然として聳え立った様は北大阪の一偉観である。校舎は特に飾りたてはないが、すっきりした気持ちのよい建築で、美観をそこなわず然かも、実際教育上に都合よく出来た点は、今後の小学校建築の標準になるものと言われている。

南側の国道一号線からは運動場ごしに大規模な校舎が臨める位置にあり、筆者は解体前に一度調査で訪れている。昭和六三年（一九八八）に解体された。

2-3-2　下福島小学校

下福島学区の下福島小学校は昭和三年一〇月に完成する。大林組が施工する。工費は三九万六千円[30]で、敷地買収費が二七万円で、設備費などを合わせると合計で八〇万円の大事業となる。船場や島之内の富裕な学区と同額の建設事業がなぜ可能だったのか。下福島小学校は改築前は安治川沿岸にあり、そこでは住友伸銅所から輩出される煙害がひどく、同社は大正初めより年額二万円の公害見舞金を下福島小学校に払っており、それを原資に改築[31]されることになったようだ。同時に校地が大阪中央市場敷地に指定され、移転が決定しており、立ち退きならびに再建の費用が大阪市側から出ることになったことが高額な工費の学校建設につながったものと考えられる。建坪は一・五九二坪で、延坪は四・七七八坪であった。

改築が区会で決議され、下福島学区の名望家であった田中次太郎が中心になって校舎改築事業が進められる。四階建てでエレベーター付き、講堂と雨天体操場は兼用ではなく独立したもので、さらに屋上プールの設置と、大阪市の小学校では最も豪華さを誇った久宝小学校や汎愛小学校のような校舎が目指されていた。だが着工前に学区制度が廃止されたことで、大阪市教育部から設計内容に訂正が命ぜられ、エレベーターをなくし、階数を三階に変えるなどの変更がなされ着工に至る。

建築的な特徴をみる。コの字型で南側を開放するブロックプランを有し、一階は吹き放ちの歩廊となる。外観は柱型が外壁面に表出するタイプだが、柱型の出面とパラペットの出面が同一面となる。大正期の橋本勉設計の建物と異なり、また柱の脇の袖壁は一切なく、すぐにガラス窓となる。柱の出隅部は面取りされ、柱の出は浅く、それまでの橋本勉設計の建物にみられた、角張った硬さは消え、グラフィカルな印象となる。このような平滑で薄い柱型は欄間窓の部分に左官彫刻でつくられた楕円の彫刻と相まって、ファサード全体を柔らかいデザインをみせる。

昭和一七年（一九四二）三月に廃校となり、この校舎は新設の大阪市立下福島高等女学校に用いられることになる。建築的に贅沢すぎた校舎ゆえに中等教育施設に転用された。空襲で下福島学区はほぼ全焼するが、校舎は一部が焼失しただけで、昭和二二年（一九四七）からは下福島中学校の校舎として使用された。昭和五六年（一九八一）阪神高速道路神戸線の高架橋建設に伴い、西棟の校舎が位置的に高架橋と接触することを理由に取毀された。楕円の彫刻は取り外されて下福島中学校に保管されている。

2―3―3　西天満小学校

西天満学区の西天満小学校は二回に分けて鉄筋コンクリート造校舎を完成させる。一期は大正十四年（一九二五）七月に着手し、大正十五年（一九二六）六月落成する。二期は昭和二年七月に着手し、昭和三年（一九二八）五月に完成する。一期工事の工費は一三万九八〇〇円であった。

改築の理由は高等科や商工専修学校の設置に伴い校舎の拡張が必要になったこととされるが、西天満小学校は明治四二年（一九〇九）七月三一日に起きた北の大火で校舎全部を類焼していた。新校舎が全部完成したのは大正三年

（一九一四）であり、その一〇年後に高額な工費を要する鉄筋コンクリート造への改築事業が開始される。この短いスパンの建設からは校舎の老朽化ではなく、あきらかに政治的な要因が改築の背景にあったことが想像される。つまり学区制度廃止を予想しておこなわれた改築であったのだろう。ただその直前の大正一一年（一九二二）に講堂兼雨天体操場が完成しており、この建物は昭和五〇年（一九七五）まで使用されていた。

ブロックプランはL字型で、竣工数年後の航空写真をみると、町家や長屋に囲繞されたていたことがわかる。スタイルは菅南小学校以来の簡素な骨組みをみせるものであったが、廊下の梁はアーチ形が採用されていた。装飾的な要素としては、ハートの形に浮彫された菱形の柱頭飾りや梁のハンチ下の彫刻などがあり、空襲で焼失しなかったことで、シャンデリアなどの照明器具もそのまま用いられていた。

筆者は一九八八年真夏に現地調査をおこなったが、建物の中に入った時に、六〇年以上経過した古い鉄筋コンクリート造建造物特有のひんやりとした空気を今も覚えている。大阪の小学校では比較的遅い時期まで残っていたが、平成一五年（二〇〇三）年に改築された。

2－3－4　桜宮小学校

桜宮学区の桜宮小学校では鉄筋コンクリート造校舎[32]は大正一四年（一九二五）七月、昭和二年（一九二七）五月、昭和一二年（一九三七）二月、昭和一四年（一九三九）三月、と四回に分けて建設された。橋本勉が設計したのは一回目と二回目であって、前者は三階建てで一二教室、後者は講堂棟で一階が雨天体操場、二階が講堂となる。

三階建校舎のスタイルとしては、柱型が強調され、柱頭には幾何学模様の装飾が付く。その柱は屋上を貫き、バラストレードを支える柱につながる。屋上運動場の手摺りという機能がある訳だが、建物頂部を飾り全体の輪郭を整える意味もある。

講堂棟については正確には鉄筋コンクリート構造ではなく、主体は鉄骨造であり、鉄骨柱の間は木造柱で建て込まれ、木摺下地にリブラスが貼られ、人造石塗りで外壁がつくられた。内部講堂の意匠図からは舞台額縁廻りや天井、あるいは階段手摺りの装飾など、セセッション風でまとめられていたことがわかる。興味深いことに、銅板の庇に打ち出し模様で、「桜」の花弁が描かれていた。校名の桜が校舎の細部装飾に引用されていた。

「桜宮小学校講堂及屋内体操場建築工事入札一件書類」[33]には「設計嘱託の件」という書類がある。そこには橋本勉宛に、設計期間四〇日、設計料金九〇〇円也、設備費概算書　六五、八三〇円、という条件が挙げられていた。さらに具体的には木鉄混成スレート葺二階建・講堂及屋内体操場一三六坪　単位金額四五〇円、計金額六一、二〇〇円とある。ここからは設計料はわずか一・四％にすぎないことがわかる。

2－3－5　東平野第一小学校

東平野学区の東平野第一小学校では鉄筋コンクリート造校舎は一期工事が大正一五年（一九二六）九月完成で増田清設計による西棟、二期工事は昭和三年（一九二八）五月完成で橋本勉設計の東棟であった。なぜ設計者に変更があったのかは定かではない。西棟は職員室や特別教室からなる本館であり、二階建てで地階付きであった。東棟は一階が講堂兼雨天体操場、二階と三階が中廊下式の教室となる。

スタイルをみると、大正期までの橋本勉設計の校舎で必ず設けられていた最上階開口上部の軒はない。また角張った柱型ではなく、繰り型が付いた柱型であり、屋上階スラブの位置でアールの形で外壁面に融合する。最上階の窓上は引き込みアーチとし、二つ連なる。パラペットは引き込みアーチの上部分に開口が取られる。一階の開口部の欄間窓の形は折線アーチとなり、中央部にメダリオンが嵌まる。このようにこれまでにないような意匠のファサードが出現していた。堀川小学校で展開された意匠の萌芽がここにみてとれる。

平成三年に解体される。

2－3－6　曽根崎小学校

曽根崎学区の曽根崎小学校では鉄筋コンクリート造校舎は大正一三年（一九二四）、昭和三年（一九二八）、昭和六年

（一九三一）、昭和一二年（一九三七）と四回に分けて建設された。橋本勉が設計したのは昭和三年五月に完成した南棟であって、講堂と一二教室からなった。一階が講堂兼雨天体操場、二階と三階が中廊下式の教室となる。
建築スタイルは柱型をパラペットの笠木まで延ばさずに、手前で断ち切れる形をとる。桁行方向では最上階の窓上を引き込みアーチとし、各階のスパンドレルには彫刻が付く。梁間方向では二階から塔屋まで引き込みアーチが延びて、三連連なる。このようにこれまでの橋本勉のスタイルにはない意匠が現われていた。昭和六三年に解体された。

注

（1）『日本建築士』第二六巻四号、一九四〇
（2）近代建築画譜刊行会、一九三六
（3）一八六三年長崎に生まれ、明治二四年（一八九一）東京帝国大学造家学科専科卒業、明治二八年（一八九五）、建築事務所を大阪で開き、大正二年（一九一三）亡くなる。工場建築を得意とした。
（4）国枝博とともに朝鮮総督府の建物の設計をおこなった。明治二八年（一八九五）に東大造家学科を卒業し、台湾総督府技師となる。大正一年（一九一二）台湾より戻り、大阪の茂庄五郎建築事務所に勤務する。茂とは東大で同級生であった。大正三年（一九一四）より茂野村建築事務所を共同経営するが、この頃朝鮮総督府の技師となり、国枝博が内地に戻った後、朝鮮総督府を完成させる。朝鮮総督府完成後、大阪に戻り大正一五年（一九二六）野村一郎建築事務所を開く。
（5）大正七年から出張所長を務めた田中豊太郎は大正八年六月に北海道帝大の建築事務所長となり、空席になっていた。
（6）『近代建築画譜』近代建築画譜刊行会、一九三六
（7）大正九年（一九二〇）九月より校舎の建設がはじまり、翌大正一〇年（一九二一）一二月に完成し、大正一一年（一九二二）から開校する。最初から官立学校としてスタートした。戦後は大阪外国語大学となり、箕面に移転する一九七九年まで校舎として使用されていた。現在は大阪大学外国語学部となる。
（8）本館は大正一一年（一九二二）四月に木造で完成。空襲により土木科の校舎（昭和四年建設の鉄筋コンクリート造）を除き

全焼する。現在の神戸大学工学部の前身である。

（9）大正一一年（一九二二）三月に完成。大阪市阿倍野区王子町にあった。工費は五〇万円、建坪四六三坪、延坪一三八九坪であった。講堂も別棟で建設されていた。昭和三五年（一九六〇）に解体。大阪大学の前身のひとつである。

（10）大正五年（一九一六）に泉布観に開校した女学校で、大阪市北区の区会が大正天皇即位記念事業として設立した。大正一一年（一九二二）に教育内容を高等女学校令に準拠する改正をおこない、そのため校舎の整備が必要となり、増築がおこなわれる。その設計を橋本勉は担当した。昭和二年（一九二七）には北区の区有財産より、大阪市直営の学校に移管し、昭和九年（一九三四）に桜宮高等女学校に改称し、昭和二三年（一九四八）より大阪市立桜宮高等学校となる。

（11）官立七年制の旧制高等学校で、東京府豊多摩郡中野町にあった。昭和二五年（一九五〇）に廃止される。東大教養部の前身である。

（12）文部省直轄の体育に関する研究所で、鉄筋コンクリート造二階建て本館（延坪六三三坪）を中心に、様々な運動関連施設を有した。工費は三三万八五六〇円で、東京市渋谷区代々木西原町に大正一四年（一九二五）に建設され、昭和一六年（一九四一）まで存在した。廃止後は東京高等体育学校に引継がれる。熊野晃三「国立体育研究所の設立意義とその役割について：吉田章信の活動を中心として」『純心女子短期大学紀要』（二五号、一九八九）に詳しい。

（13）池上重康「北海道帝国大学（一九一八年～一九四七年）の営繕工事請負について」『北海道大学大学文書館年報』（二〇一四）によれば、起工は一九二二年九月一五日、上棟は一九二三年六月一四日で、文部省建築課の発注であった。施工は旭土木合資会社で、工費は三二万円であった。北海道帝国大学で最初の鉄筋コンクリート造建築であった。

（14）東京音楽大学の前身で、明治四〇年（一九〇七）鈴木米次郎によって設立された。大正一三年（一九二四）に雑司ヶ谷に移転する際に校舎を鉄筋コンクリート造で建設する。

（15）「橋本略歴及作品」によれば、東京市本所区横網高等小学校とあるが、このような校名の学校はなく、本所高等小学校の誤記と思われる。

（16）阪野慶一郎『菅南小史』菅南地域社会福祉協議会、一九八三

（17）昭和一六年（一九四一）に天満国民学校と改称。空襲で木造校舎は全焼し、鉄筋コンクリート造校舎にも火が入る。昭和二一年（一九四六）に菅北小学校に統合される。

（18）大正一三年（一九二四）に二〇万五千円の借入れをおこない、翌大正一四年（一九二五）に完成。

（19）盲アーチともいう。

（20）川島智生「大正・昭和戦前期の大都市近郊町村における鉄筋コンクリート造小学校建築と民間建築家との関連─兵庫県旧

武庫郡の町村を事例に―」『日本建築学会計画系論文報告集』第五一七号、一九九九
(21) 和田貞治郎の経歴書による。
(22) 大正一三年（一九二四）に芦屋の精道小学校を設計していた。
(23) 精道第一小学校（大正一三年）・山手小学校（昭和八年）・本庄小学校（昭和一二年）・岩園小学校（昭和一二年）・魚崎小学校二期工事（昭和八年）
(24) 尼崎市に現存する。
(25) 京都市伏見区に現存する。
(26) ユーゲントシュティールの影響を受けた煉瓦造二階建ての洋館であり、大正一一年に着工し、大正一二年に完成した。和館が並置される。大阪府指定有形文化財となる。谷口房蔵は大阪合同紡績株式会社社長を務めた実業家で、この建物が建つ吉見の里出身者であった。
(27) 堀川小学校内にあった堀川教育会が刊行していたもので、七号は昭和七年一二月に発行されている。
(28) 北区が経営した。
(29) 明治三〇年（一八九七）頃の建設という。
(30)『行幸記念光栄録』行幸記念光栄録編纂所、一九二九
(31) 赤塚康雄『消えたわが母校・なにわの学校物語』柘植書房、一九九五
(32) 川島智生「桜宮小学校校舎の建築について」『語り部　その7・8』大阪市桜宮小学校同窓会、一九九六
(33) 大阪市公文書館所蔵

済美第六小学校

菅南尋常小学校（大正13年2月竣工）

菅南小学校（北棟）

第二上福島小学校

第二上福島小学校

天王寺第二小学校（大江小学校）

済美第二小学校（天満小学校）

中之島小学校

難波立葉小学校

堀川小学校 鳥瞰図

堀川小学校

堀川小学校 完成予想図

堀川小学校 講堂内部

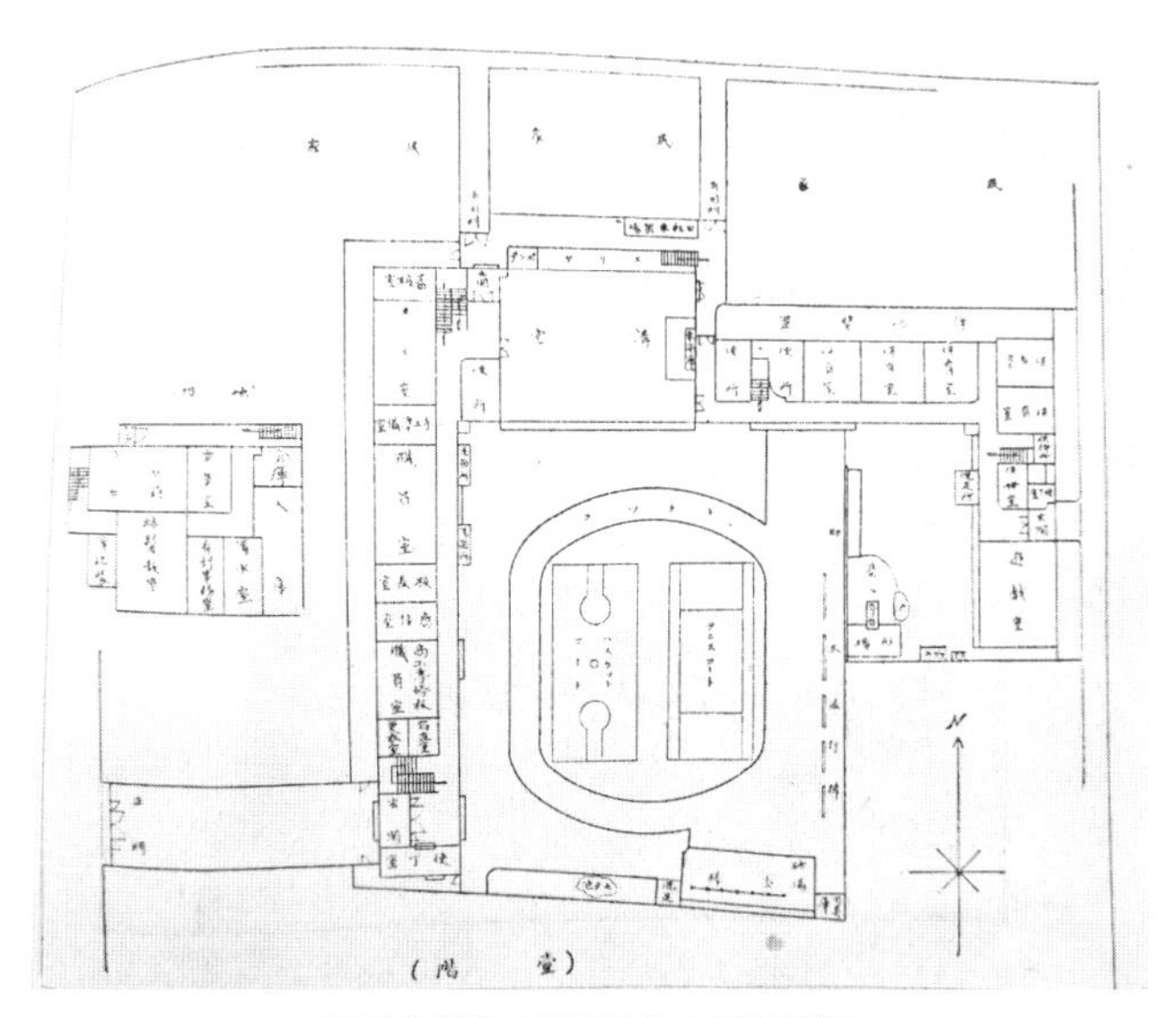

堀川小学校 配置図兼１階平面図

堀川小学校 児童文庫

堀川小学校 唱歌教室

下福島小学校 見下ろし

下福島小学校

下福島小学校 講堂内部奉安庫

西天満小学校 航空写真

西天満小学校

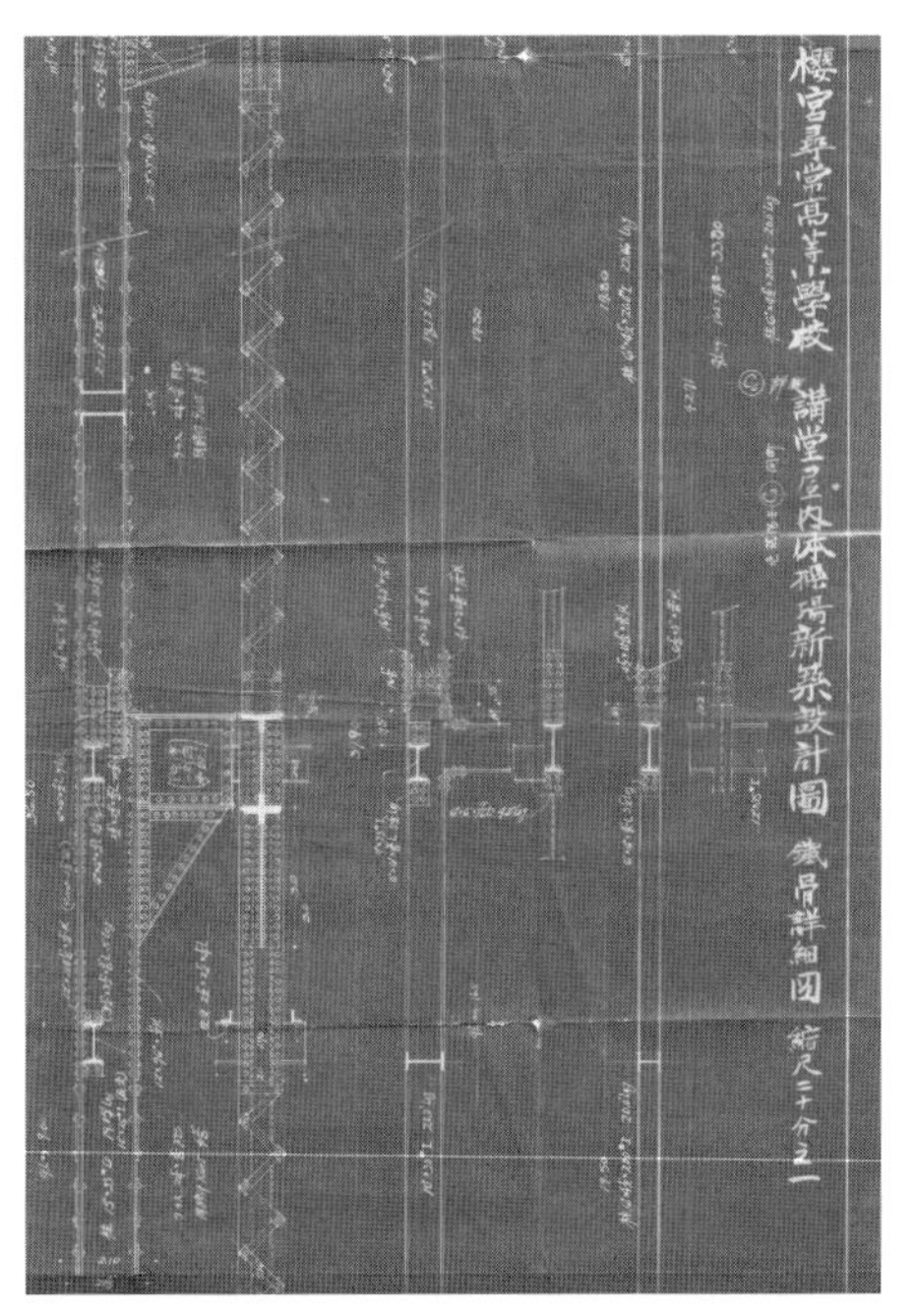

桜宮小学校 講堂及び屋内体操場詳細図

桜宮小学校（右が大正14年・左が昭和２年）

東平野第一小学校

曽根崎小学校 壁面装飾

曽根崎小学校

3　国枝 博

3-1　国枝工務所の経営を支えた学校建築

朝鮮総督府技師をつとめ、朝鮮総督府庁舎[1]の設計を担った国枝博は大正八年（一九一九）、四〇歳の時に大阪で国枝工務所を開く。滋賀県庁舎[2]をはじめ、各府県の農工銀行[3]、日本動産火災保険会社各支店[4]の設計で知られるが、「故正員正五位国枝博君略歴及作品」（以下「国枝略歴及作品」と称す）[5]によれば、大阪市の小学校校舎を八校手がけていた。

大正一二年（一九二三）に市岡小学校、昭和一年に堂島小学校・瀧川小学校・大国小学校・敷島小学校・天王寺第三小学校・野田小学校、昭和六年以降の栄小学校、と記される。ただし大正一二年の市岡小学校は第一から第六まで計六校あり、どの学校を示すものかは不明である。その建築内容は増築工事であり、校舎は木造であったようだ[6]。また敷島小学校という校名の小学校は戦前期大阪市には存在しない。おそらくは敷津小学校との誤記だと思われる。野田小学校という校名の小学校は同様に存在せず、類似する校名としては西野田小学校が挙げられるが、同校は第一から第五まで五校あり、昭和一〇年五月一日の時点で、鉄筋コンクリート造校舎は一校も持ち合わせていないことから鉄筋コンクリート造校舎としては該当しない。「国枝略歴及作品」に記された建築作品の年は設計年あるいは竣工年のどちらを指すのかは不明だが、栄小学校は昭和三年（一九二八）に竣工しており、事実と合致していないもので、作品名称も含めて正確ではないものと判断せざるを得ない。

国枝 博

「国枝略歴及作品」には記載されないが、建築系雑誌『建築と社会』昭和五年二月号[7]には国枝工務所設計とある二校が写真入で紹介される。本田小学校と靭小学校で、共に西区に位置した。だが本田小学校の『創立六十年記念誌』[8]によれば、一期工事も二期工事も共に田村建築事務所と記される[9]。完成後六年後に発行された記念誌にこのように明記されたことを考えれば、『建築と社会』に記載される設計者名は誤記の可能性が高い。一方で靭小学校は『増改築落成記念帖』[10]によれば、二期工事は国枝工務所設計であることが確

荒田小学校

認される。したがって各学校史と照合してみて、確証がとれるものは堂島小学校、瀧川小学校、大国小学校、天王寺第三小学校、靱小学校、栄小学校の六校となる。このうち現存する校舎は一校もない。

国枝建築工務所ではなぜ小学校校舎を手がけるようになったのだろうか。ちょうどこの時期、学区制度廃止に伴って各学区では鉄筋コンクリート造校舎を駆け込み的に建設しており、多くの需要があった。国枝博は大阪市の小学校設計以前の大正九年（一九二〇）に神戸市の鉄筋コンクリート造小学校校舎である荒田小学校（同年一二月に完成）を設計しており[11]、このような実績が関係する。この時期神戸市土木課営繕係には鉄筋コンクリート造の設計をおこなえる技術者はおらず、神戸市在住の関西建築界長老の河合浩蔵[12]や兵庫県営繕課長の置塩章[13]がわが国最初の鉄筋コンクリート造小学校校舎であった神戸市立須佐小学校（大正九年一一月完成）や雲中小学校（大正九年一二月完成）の構造計算をはじめとする技術指導をおこなっていた。国枝博はこの時期兵庫県庁舎や神戸市役所の増築設計を担っており、そのような関わりのなかで神戸市所管の小学校の設計を手がけるようになったようだ。

国枝博が大阪で建築事務所を開いた理由は定かではないが、実兄の国枝謹[14]が大阪に在住し、大阪農工銀行の取締役支配人をはじめ関西土地株式会社[15]の監査役を務めており、そういった関係で設計依頼が見込めると考え、来阪したようだ。国枝博は大美野田園住宅[16]に自分で家を設計し住んだが、同じ大美野田園住宅に国枝謹も住んでおり、兄との関係で居住することになったとみられる。ちなみに関西土地株式会社は大美野田園住宅の開発をおこなっていた。

経歴をみると、明治一二年（一八七九）に岐阜県[17]に生まれ、明治三八年（一九〇五）に東大建築学科を卒業した。明治四〇年（一九〇七）に韓国総督府技師となり、明治四三年（一九一〇）には韓国併合により朝鮮総督技師となり、明治四五年（一九一二）に欧米各国に出張を命じられ、大正七年（一九一八）九月一一日に辞職している。一一年間朝鮮にいて、翌大正八年以来大阪を拠点に建築活動をおこない、昭和一八年（一九四三）に六四歳で死去した。建築事務所を開いていた期間は二四年間に及ぶ。

国枝工務所にはどのような建築技術者がいたのだろうか。筆者は大阪市に在職した建築家の遺族調査のなかで、国枝建築工務所に在籍した二人の建築技術者（今津二郎と佐藤三朗）の履歴を見る機会があった[18]。そこからはどのような経歴を有し、どのような建物を担当していたのかが判明する。

今津二郎は明治三六年（一九〇三）生まれで、大正一二年（一九二三）に大阪市都島工業学校建築科を卒業後、早稲田大学第一高等学院理工科に入学し、大正一四年（一九二五）に兵庫県内の亀井建築工務店に入り、昭和四年（一九二九）から国枝建築工務所大阪本店に入り、昭和七年（一九三二）まで勤めていた。担当建物は不明である。

佐藤三朗は明治三八年（一九〇五）生まれ、大正九年（一九二〇）より浪速設計事務所に、大正一四年（一九二五）に小笠原建築事務所に入所し、大正一五年（一九二六）より国枝建築工務所に入り、昭和七年（一九三二）まで設計に従事する。大阪農工銀行、滋賀県農工銀行、大分県農工銀行の設計ならびに現場監督を担った。学歴としては大正一二年（一九二三）関西商工学校建築科を卒業し、大正一五年（一九二六）関西工学専修学校建築科卒業する。いずれも夜間制の学校であった。

共に国枝工務所に入所以前に、別の建築事務所に勤務し、中等教育程度の学歴を有した。大正後期から昭和一桁代ではこのような技術者が設計の実務を担っていたようだ。

3-2　国枝工務所設計の代表的な小学校

3-2-1　栄小学校

（i）建設経緯

浪速区栄学区の栄小学校は昭和元年（一九二六）一二月二七日に着工し、昭和三年（一九二八）四月に竣工する。明治三〇年（一八九七）に大阪市に編入された市域では全体が鉄筋コンクリート造になった数少ない小学校である。栄学区は近世にはすでに市街地を形成しており、明治二二年（一八八九）の大阪市誕生時には本来は大阪市域になることが予測されたにもかかわらず、大阪市域にならなかった経緯がある。

建設経緯は『新築落成記念写真帖』[19]（栄第一尋常高等小学校）のなかの「建築ニ就テ」に次のように記される。栄小学校についての以下の引用はすべて「建築ニ就テ」による。

当時本聯合区ハ学区ノ併合ニヨリ、俄カニ児童数ノ増加ヲナシ、第二小学校ノ新築ヲ見タルモ早晩増改築ノ機運ニ迫リツ、アリシヲ以テ、災害直前具ニ実際ニ就キ、之レガ調査研究ニ着手シ、其ノ得タル資料ニヨリ、茲ニ新築ノ計画ヲ樹立セントセリ。

とある。児童数の激増と「災害直前」つまり関東大震災のような大災害に大阪が見舞われることを予測したことを主因とする。

しかしながら本連合区は「本市百余ノ学区負担力最モ貧弱」ゆえに、「建築経済上、最モ必要ナル「プラン」ノ作成ト校地ノ買収ニ全力ヲ傾倒シ、幸ニモ校地ハ現在ノ土地一坪四十五円トイフ廉価ヲ以テ、買収スルコトヲ得、高価ナル旧校舎敷地ヲ売却シテ、尚ホ余リアルヲ認メ、断然移転改築ノ議」が決まった。それにあわせて「幼稚園ヲ寄附シタル篤志家竹田由松氏ヨリ家政女学校建設費トシテ現金五万弐千円ト敷地百四十余坪ノ寄附申出」があったことが計画を加速させた。

新しい校舎には耐震耐火の鉄筋コンクリート造が採択される。その理由は「近世建築術ノ進歩ハ、結構雄麗ニシテ、而モ耐震、耐火、永久的ナルモノヲ最モ経済的ニ建設スルニアリ。コノ傾向ハ鉄筋「コンクリート」建築物ヲシテ重要視セシムルニ至レリ。然ルニ鉄筋「コンクリート」ハ、僅カ三十有余年前ノ発見ニシテ、近世的建築ト云フベク、随ツテ建築様式ニ幾多研究ノ余地ト、其ノ成績ノ如何ハ未知数ニ属スルモノアリト雖モ、大正十二年本邦未曾有ノ関東大震災ハ、コノ間ニ各種建築物中、特ニ経済的ナル鉄筋「コンクリート」ノ耐震耐火性ナルヲ如実ニ示スモノアリ」とある。

建物のプランやスタイル、設備内容を決定するために大阪だけではなく、東京や京都の小学校まで視察していた。「設計ニ対シテハ市立工業、汎愛、久宝、育英女子、新川、芦原等ノ各小学、大阪割烹学校、ランパス女学校、東京深川、京都本能ノ小学校舎ヲ視察シ、建築様式、色彩ノ調節、設備ノ特徴等ヲ参考トシ、二ヶ年余ニ亘リ、研究ノ結果、華ヲ去リ、実ヲ採リ、鞏固ヲ主トシ、而モ輪奐ノ壮麗ニ留意」し、完成する。

設計は元朝鮮總督府技師の国枝博がおこなったとある。「元朝鮮總督府技師」と名前の前に元の肩書きが明記されることからは、いかにこの肩書きの評価が高いものであったかがうかがえる。

設計の要は次のように記された。

各室ト廊下ノ腰張ハ大部分羽目板張ヲ節約シ、「モルタル」塗トシ、各室ノ床張ハ、米松ヲ採用スル等、苟モ建築物保存ニ何等ノ影響ヲ有セザル箇所ハ出来得ル限リ費ヲ節シ、主要部分ハ少数ナルヲ以テ特ニ良材ヲ用フル等、経済的ニ意ヲ用フ。従ツテ工費坪当リ百四十八円余、建築總額参拾余萬円ヲ以テ最新ノ設備ヲ施シタル本校舎ノ落成スルニ至ル。

すなわち内部の仕上げに工夫を凝らすことで、建設費三十一万円というきわめて低いコストでありながらも「輪奐ノ壮麗」な校舎が実現されていた。坪当り一四八円という単価は鉄筋コンクリート造校舎としてはきわめて低廉なものであって、本章第三節の表2－4　小学校別の坪単価一覧表に示したように、半年前の昭和二年一〇月に竣工した集英小学校の約半分の単価であった。

このことは「恐ラクハ全国同種建造物中、様式ノ堂々タルト耐震耐火永久的建築物トシテ最モ経済的ニ成功シタルモノト称スルモ、敢テ過言ニ非ラザルモノト信ズ」という一節に表れ出ている。外観が「様式ノ堂々タル」は国枝博が得意とした様式建築のなせる術であった。

（ii）建築特徴

この建物のブロックプランをみると、その形状はコの字型を示したが、東側の先端に接続して二階建ての女学校の校舎があった。北側に中央棟が四層の塔を聳えさせ、その東西に翼部を配した。そこには特別教室が配置された。西側の棟は二階・三階を講堂が、その下の一階は屋内体操場となり、中央棟ならびに東棟は普通教室が占めた。普通教室は二二室あり、特別教室は五室だった。前者の面積は二〇坪、後者の面積は二七・五坪だった。東側の棟の一階には女学校の作法室や茶室が配され、中央部の最上階の四階塔屋に奉安室が設けられた。

南側に面して廊下を設け、教室を北側に設置する手法は南西日本に多いものだった。グランドの廻りは廻廊式の廊下となり、運動場と一体化しての使用が想定されていた。講堂は二層吹抜の大空間で二階席が用意され、舞台はプロセニアムアーチで縁取られ、あきらかに地域の公会堂も兼ねられるようなが目指されていた。

外観は装飾的な要素はないものの、中央部は高く塔状形をなし、左右に翼部が付くシンメトリーになる。すなわち西洋歴史様式に基づいた古典的なスタイルだった。細部をみれば、柱型が外壁面に表出するタイプで、その外壁面はパラペットと同一面となる。また一階と二階、二階と三階の、それぞれのスパンドレル面は柱型面より一段内側に凹んだ構成となる。すなわち全体の印象は柱型を強調したゴシック的な要素も指摘できる。また基壇をみると、組積造を模した石積風の目地が配されるなど、古典的な印象が強い。大正一五年（一九二六）に完成した大阪市立工業学校[20]の校舎に似る。

ファサードの手堅い古典的な意匠とは異なって、校庭側は櫛形アーチ状になったハンチ（梁の端部）が連なるなど柔らかみが加味されたデザインになっていた。また接続した女学校の校舎との差異は、外壁の仕上げにあり、小学校の外壁は花崗岩・寒水石・蛇紋石の石粒に対して、女学校外壁では立山赤色石の石粒と変えられていた。同時期に同一の設計者の手によるものでありながら、このような配慮がなされていたことからは、学区の人たちの熱意がうかがえよう。

そのことをより象徴するものが、校舎の内部に嵌められていたステンドグラスである。その設置場所は二階の会議室の廊下側の開口部であり、この会議室は学区会議員などの名望家が集った場所であった。その図柄は船が浮かぶ海岸の情景であり、この地が昔港としても賑わった様子が描かれていた。

其ノ構図ハ本連合区ハ古来大江ノ岸　渡辺ニ住居シテ座摩神社ニ奉仕シ、所謂摂津渡辺党ナリシ歴史ヲ有スルヲ以テ、当時ノ渡辺即チ現在ノ大阪港ノ前身ヲ想意シタルモノニシテ、以テ温故ノ意ヲ表ハシ

ステンドグラスの大きさは長さが一八尺、高さが八尺という大きなものだった。大正から昭和戦前期に建設された小学校校舎にステンドグラスが設けられたケースは御津小学校や集英小学校など一部にすぎず、いかに栄学区の人たちがこの小学校校舎に熱意を入れていたのかが読み取れる。残念なことに空襲の際に熱風でステンドグラスの鉛の枠が溶け出し、崩れてしまったという。

(iii) 残された経緯

栄小学校は昭和五〇年（一九七五）に移転し、校舎は昭和五九年（一九八四）に解体されて、その場所に昭和六〇年（一九八五）に大阪人権博物館[21]が開設された。栄第一小学校の校舎は昭和三年（一九二八）から昭和五〇年（一九七五）までの四八年間、現役の小学校として存在した。栄小学校移転後も敷地跡地計画が決まらないなかで、校舎の建物は昭和五九年までそのままに残されていた。

この小学校の位置した旧西濱町界隈は戦前までは皮革産業を中心にした職住一体の町として賑わっており、栄第一小学校の南側には市電も敷設されていた。だが昭和二〇年（一九四五）三月一三日の空襲ですっかり焼き尽くされ、戦後は都市計画によって大通りが何本もつくられ、大きく景観が変貌し戦前の繁華な様子を偲ばせるものは何も残らなかった。

そのなかでたったひとつ残った歴史的建造物が、栄第一小学校の校舎だった。その校舎も取毀される予定であった。その建物に着目し、残された校舎の建物を改修して使用する「大阪人権歴史資料館」計画が立てられる。この地域は戦前には全国水平社の本部が設置されるなど、部落解放運動の一大拠点であり、そのような文脈を考えれば、

当然望まれた施設だったのだろう。

だが戦災で火焔を浴びたこともあり、実際にはそのまま改修して利活用することは出来ずに、似せて新築されることになる。オリジナルのデザインをそのまま復元したものではないが、建築部材として、本物は玄関廻りにあった二本の縦溝の入った御影石のピラスター（付柱）と車寄せ廻りの飾石がそのまま用いられている。一方で相違点を記すと、現在のリバティ大阪の建物は二階建だが、栄小学校は三階建である。また栄小学校ではあった両端の翼部はなく、柱割の間隔も異なる。だが中央部玄関廻りや柱型を表出する手法など、旧校舎の外観意匠の特徴を巧みに模倣したものになっている。しかも一番目立つ玄関廻りには上述したように栄小学校に用いられていた本物の石材が再使用されていた。このような操作は効をなし、北側ファサード全体のイメージが継承されることになる。

ではなぜ、栄小学校の校舎が注目されたのだろうか。人権博物館の設立趣意書によれば、栄小学校の校舎が地域の有志たちによる寄附金をもとに建設された「歴史的遺産」と位置づけられていた。すなわちこの校舎は国家や大阪市の金ではなく、学区で集められ工面された金でもって建設されたという経緯があり、そのために地域によってつくられたという意識が強く醸成されていた。当時は学区立小学校であったことを示すもので、第一の理由である。加えて半世紀も同一の場所に建ち続け、誰もが分け隔てなく通えた小学校だったから、共通するまなざしの中にあり、都市の記憶となっていたことが指摘される。第二の理由である。第三の理由に建築的な価値がはじめて出て来る。規格化されたどこにでもあるような校舎ではなく、欧米の歴史様式に基づく立面構成を示す格式の高いスタイルゆえに、「モニュメント」として評価されたと思われる。

ちなみに栄小学校には明治八年（一八七五）に建設された大阪第一と称された擬洋風の校舎があった。この校舎は八角形五階建ての三国湊の龍翔小学校のモデルになった。[22]

3－2－2　堂島小学校

（i）建設経緯

堂島小学校は昭和四年（一九二九）六月に堂島浜通二丁目に鉄筋コンクリート造で建設される。元大阪市役所が建っていた場所への移転新築であった。地鎮祭は昭和二年（一九二七）三月二八日であり、工事着手は翌昭和三年（一九二八）二月一日、敷地一七五四坪、建坪五八〇坪、延坪一七八五坪で、工費は四五万円、請負は浅沼組であった。建設経緯は「体育奨励の気運次第に昂まるに従い 現在の運動場にては狭隘を感ずるのみならず 体育設備不充分の為運動場拡張の議起るに至った。依って市当局に交渉を初めたが 現地は三方道路を繞らす為 拡張困難なる上 東には近く電車道を控えて喧噪の嫌あり。且地下が高価なる為堂島浜通二丁目十二番地の一（元市役の町跡の一部）に移転改造することとなった」[23]とある。体育教育に着目されたのは浪華小学校と同様であり、この時期盛んになってくる。

新校地は大阪駅に隣接した入堀から堂島川に通ずる梅田運河の西側にあり、そこに架けられた青柳橋は校地の前にあった。隣接して電話局や電信局のビルが建つ場所にあった。空襲では鉄筋コンクリート造校舎は類焼をまぬがれたものの、校区は焼野が原になっており、住民は激減し、子どもは少なくなり昭和二一年（一九四六）に廃校となる。校舎は扇町高校に転用され、昭和三二年（一九五七）まで現存した。戦後の復興に伴い、昭和三四年（一九五九）に校地を西側の学区中央部にかえて、堂島小学校は復校することになる。現在跡地にはＮＴＴテレパーク堂島第一ビルが建つ。

（ii）建築内容とスタイル

ブロックプランは南側を運動場としたＥの字型で、正確にいえば東棟と中央棟は南側でもつながったものとなる。北棟・東棟・中央棟・西棟の四つの建物からなる。正式な玄関は青柳橋を渡った正面にあった東棟に設けられ、北棟にも左右に玄関があった。東側は児童用で、西側は幼稚園用であった。東棟の一階は職員室などの管理部門の室が、二階三階はそれぞれ教室が四室ずつ配された。北棟の一階は教室が三室、二階三階はそれぞれ教室が四室配された。中央棟は一階が屋内体操場、二階は講堂で、三階は吹抜けとなった。西棟の一階は保育室五室と屋内遊戯場からなり、二階は唱歌室、理科室、地歴室、標本室、三階は図画室、裁縫室、手工室、作法室、標本室からなった。すなわち特別教室は西棟の二階三階に集中されていた。屋上には日光浴室と天体観測所が設けられ、地階には家事割烹室と食堂が備えられていた。講堂が入る中央棟は建物高さが接続する東棟より低いが、その間は大階段が設けられ、屋上がひと続きの庭園になっていた。

建築スタイルは柱型が表出するタイプで、柱型の凸面はパラペット立上がり上部の笠木の凸面と同面となり一体化する形をとる。また最上階の縦長窓の上部は換気用の開口部が設置されており、まるで内側に空間があるかのようにみえるが、屋上庭園があるだけである。このように垂直性を強調するファサードとなる。中央棟一階（屋内体操場）の校庭側の扉上の欄間は櫛形アーチとなり、天王寺第三校の雨天体操場と共通する。

3-2-3　靫小学校

（ⅰ）建設経緯

靫小学校の鉄筋コンクリート造校舎は大正一三年（一九二四）から昭和四年（一九二九）までの二期[24]に分けて建設された。一期工事は大正一三年五月に起工して大正一四年（一九二五）三月に完成し、二期工事は昭和二年四月に起工し昭和四年四月に竣工した。二期の設計が国枝博である。施工は神戸の請負会社中島組[25]が担った。一期は熊沢栄太郎が率いた大阪建築所が設計を担い、施工は清水組[26]であった。

一期は延坪三三七坪、工費は一二万一四七〇円で、二期は一一四五坪で工費二四万九四二六円となる。二期では講堂の設備費として三万円が、帝国在郷軍人会靫分会ならびに靫青年団より寄附され、また煖房と体育設備費として靫教育会より一万八千円寄附があり、それらを加えるとおよそ三〇万円の工費となった。すなわち二期工事は建築規模や工費では一期工事の三倍となる。一般的に一期と二期の設計者が異なる場合、二期の設計者は一期工事の建築スタイルに準じて意匠を決めることが多かったが、靫小学校では一期の建築内容が二期の建築に与えた影響は不明である。

設計者に関して注目すべきは二期工事のなかで建設された講堂の設計を大阪市建築課校舎係主任技師の冨士岡重一[27]が手がけていたことである。二期工事もまた一期工事と同様に学区制度の枠組みのなかで計画されたものであり、大阪市建築課は一切関わりがなかったが、国枝博と冨士岡重一はともに朝鮮総督府営繕課工務所[28]に在籍し、大正五年（一九一六）から大正七年までの三年間は二人の在籍時期が重なっており、所長を務めた国枝博が辞した後は、冨士岡重一が継ぐことになる。上司と部下の関係にあたり、付合いがあったものと判断できる。そのために大阪市建築課に赴任間もない時期の冨士岡重一が講堂の内部意匠を設計することにつながったものと考えられる。

（ii）建築内容とスタイル

ブロックプランはコの字型をなし、中央部の北棟を中心に、東棟と西棟が接続する。北棟は職員室、六つの普通教室、特別教室として読書室、標本室、唱歌室、作法室が設けられた。東棟の一階は体育館と手工室、二階は講堂と靱家政女学校の教室で、講堂は三階まで吹抜けのホールとなり、屋上には日光浴室が設置されていた。西棟は教室六室、特別教室として理科室と家事室が設けられる。北棟と東棟が二期工事によるもので、西棟は一期工事による。

東棟の二階と三階は靱家政女学校の教室と職員室が設けられ、玄関は小学校の玄関とは別に東棟の東側に設置されていた。靱家政女学校の教室数は四室で、他に作法室と生花教室が設けられていた。東棟南側には別棟として二階建ての靱幼稚園が併設されていた。つまり同一の建物ながらも出入口を別とすることで、空間の棲み分けがなされていた。「中通の正門は小学校・商業実習学校用で、下通の東門は幼稚園・家政女学校に使用し」とは竣工時の『増改築落成記念帖[29]』のなかの記載である。

同記念帖によれば、二期工事の着眼点は次のようなものであった。

「専ら堅牢を旨とし反響及び危険の防止光線換気保温清涼等衛生上に留意して教授訓練養護管理等の教育的設備を完全にして兼て社会教化の利用に便す」。すなわち小学校校舎は単に児童教育の施設ではなく、連合区という地域社会の拠点として捉えられており、幼稚園だけではなく家政女学校や商業実習学校が設けられていた。

スタイルをみると、太い柱型が外壁面に表出する意匠で、一階足元からパラペット立上がりまでの建物の高さ分を貫いており、力強さと垂直感を演出している。柱型の間隔は短く、一教室の長辺方向を三分割する。柱型の間はガラス窓となる。

細部をみれば幾何学的な装飾が施されてあり、広義の意味でのセセッションの影響を受けたものとみられる。特徴的な箇所を次にみる。玄関構えには両側の付柱の正面と側面に付いた段状の幾何学装飾があり、このデザインと共通するものが校長室にあった奉安庫である。三階柱頭部に付けられた鋲を打ったかのような幾何学的な装飾、三階欄間窓の上部の歯飾り装飾、三階柱型の側面部の水平ライン、三階腰部のモールディングなどが挙げられる。

講堂は三階部まで吹き抜けで凹字型の中二階が設けられ、小学校講堂とは思えない空間となる。意匠としては演壇奥の奉安所廻りのデザインがこれまで多かった歴史様式の装飾で飾るエディキュラの手法ではなく、シンプルな幾何学的な段状の形態となり、遠近法を強調する。

(iii) 廃校と転用

昭和一七年（一九四二）三月に靭小学校は廃校となり、この校舎を利用して大阪市立靭商業学校ができる。昭和一七年は靭工業学校に改組され、昭和二〇年の空襲では火が内部に入り延焼したが、戦後修理して扇町商業高校校舎となる。昭和三三年（一九五八）より大阪市立自然史博物館になっており、一九六〇年代後半の小学生だった時に母に連れていってもらった記憶がある。歴史様式に則ったプロポーションや吹き抜けの空間は子ども心にも非常に立派な建物という印象を与えた。昭和四九年（一九七四）に解体され、現在跡地は靭パークサイドコーポという高層マンションが建つ。

3-2-4　瀧川小学校

北区瀧川学区の瀧川小学校は昭和四年（一九二九）七月に完成した。全延面積七・二七二㎡中、鉄筋コンクリート造の延床面積二・一三二㎡である。スタイルは柱型が外壁に突出するもので、パラペットの笠木下にまで立上がっていた。三階の腰壁上部ならびに、三階と屋上の間の見切り部にモールディングが廻る点が特徴で、とりわけ腰壁下のモールディングは段状となる。玄関廻りには靫小学校と同様に幾何学的な装飾が付く。空襲で校舎の窓ガラスは殆どが破壊されたが、木造も含め校舎は焼失を逃れ、戦後鉄筋コンクリート造校舎は市立桜宮高等学校に転用されるが、昭和三二年（一九五七）に小学校に返却され、校舎として使用され、昭和六二年（一九八七）に改築された。現在の玄関廻りには建替え前の校舎の玄関の幾何学的な意匠をイメージしたデザインの装飾が付く。

3－2－5　大国小学校

浪速区木津学区の大国小学校は昭和三年（一九二八）五月に竣工した。全延面積四・〇九二㎡中、鉄筋コンクリート造の延床面積一・八七五㎡である。スタイルは柱型が外壁に突出するもので、パラペットの出面と同一にあわせられている。パラペットの立上がりは高く、水平に連続する。玄関廻りは柱の出隅部が段状に縁取りされた意匠を示す。建築内容は中央部の二階三階に普通教室が三室ずつ、両端は特別教室が六室配置された。徳部教室は理科・唱歌・裁縫兼作法などが設けられた。

建設経緯は大正一五年（一九二六）九月に木津学区会の決議によって、建設が決定され地質検査が実施された。翌昭和二年（一九二七）に地鎮祭がなされ、昭和三年（一九二八）に完成する。同時期に雨天体操場の建設がおこなわれており、この建物は木造平屋建であったがおそらくはこちらの設計も国枝博によるものと考えることができる。戦災では鉄筋コンクリート造校舎を残して焼失する。この校舎は昭和五九年（一九八四）の改築時まで現存した。

3－2－6　敷津小学校

浪速区木津学区の敷津小学校は戦前期、二度にわたって鉄筋コンクリート造校舎が建設された。一回目は大正一二年（一九二三）一〇月に竣工し、工費は七万円で設計は増田清であった。二回目は昭和三年（一九二八）五月に竣工した三階建て校舎で、国枝博の設計によるものであった。一回目に建設された校舎と二回目に完成した校舎の判別はできないが、両者をあわせると、延床面積三・三二〇㎡中、鉄筋コンクリート造の延床面積は一・六三六㎡である。略平面図からは一階が玄関や職員室、会議室といった管理部門、二階と三階はともに教室数が五室であったことがわかる。

スタイルは柱型が外壁に突出するもので、一階から三階まで通してつながり、垂直性を強調するが、三階窓上部とパラペット下部の間に水平に見切り材が入り、ファサードを分節する。窓の割り付けや玄関部の取り扱いなど、敷津小学校の校庭側の外観と大国小学校の校庭側の外観は共通点がある。

戦災では鉄筋コンクリート造校舎を残して焼失する。校下は一戸も残らず焼失し、大国小学校に統合されるが、昭和二八年（一九五三）に再開される。この校舎は昭和五六年（一九八一）の改築時まで現存した。

3-2-7　天王寺第三小学校

天王寺学区の天王寺第三小学校は昭和二年（一九二七）頃に鉄筋コンクリート造三階建で建設される。昭和一四年（一九三九）に逢坂小学校と校名を改称する。昭和一八年（一九四三）には行政区域の変更で、天王寺区から浪速区に変わる、戦災で木造校舎が二棟焼失したが、この校舎は火が入ったもの大きく焼けることはなく、戦後使用されたが、校下は全焼し日東小学校に統合される。昭和二一年からは浅香山電機工業学校[30]に転用され、昭和二四年から新制日本橋中学校となる。昭和五一年（一九七六）解体され、目下この場所には逢下会館が建つ。

全延面積三・〇一〇㎡中、鉄筋コンクリート造の延床面積一・八二一㎡である。一階は雨天体操場、二階と三階は中廊下型教室配置をとり、各階は六教室ずつ配されていた。

スタイルとしては国枝博の建築としては珍しく、アーチが用いられていた。一階の欄間窓は櫛形アーチとなり、六スパン分連なる。また櫛形アーチ上部と二階腰壁の下部の間は引き込みアーチとなり、五連の連なりがみられる。

注

（1）デ・ラランデが基本設計をおこなったが、京城で倒れ、大正三年（一九一四）死去。
（2）石田潤一郎・池野保『滋賀県庁舎本館：庁舎の佐藤功一×装飾の國枝博』に詳しい。サンライズ出版、二〇一四
（3）大阪農工銀行は辰野片岡建築事務所が大正六年（一九一七）に建設したものを昭和四年（一九二九）に国枝博が改修設計したもので、平成二四年（二〇一二）に曳家されタワーマンションの低層部として現存する。
（4）昭和六年（一九三一）に建設された東京支店は日動画廊が入ったビルとして有名であった。昭和一三年（一九三八）に建設された神戸支店は現在ナカシンビルとして現存
（5）『日本建築士』第三三巻四号、一九四三
（6）大正一二年の時点で市岡小学校は第一から第六までの六校あって、この増築がどの校舎を指すのかは定かではないが、昭和一〇年（一九三五）五月の時点で、この六校には鉄筋コンクリート造校舎は実現されていないことを考えれば、国枝博が設計をおこなった校舎とは木造校舎であったと判断できる。昭和一三年（一九三八）に鉄筋コンクリート造になった第六小学校以外は空襲で焼失しており、史料的制約もあり、どのような建築であったのかは詳しくはわからない。
（7）学校建築特集
（8）本田小学校六十年記念として昭和一〇年に発行
（9）東大土木学科を卒業した田村啓三が主催した建築事務所で、大阪市土木課営繕係主任技師をつとめた千賀正人や大阪市営繕課技手をつとめた井上謙吉などの建築技術者がいた。大阪市では清堀小学校（昭和三年）、阪神間では鳴尾小学校（昭和五年）を手がけていた。
（10）大阪市靫尋常小学校、一九二九
（11）「故正員正五位国枝博君略歴及作品」
（12）明治三八年（一九〇五）より神戸市で建築事務所を主催していた。関西建築界の長老のひとりであり、元司法省建築技師。
（13）大正九年（一九二〇）二月より都市計画神戸地方委員会技師、同年兵庫県内務部営繕課長となる。
（14）明治七年岐阜県生まれで、慶応大卒業後勧銀行員を経て大阪農工銀行取締役となる。
（15）大正一二年より関西を中心に宅地開発をおこなった会社で、大美野田園都市を開発した。
（16）昭和六年（一九三一）に関西土地会社によって開発される。現在の堺市東区登美ヶ丘である。
（17）筆者は一九九四年に国枝博の妹・山根よう子氏に聞取り調査を実施し、岐阜県出身であることを確認している。また国枝

一子（国枝謹の息子義治の妻）による国枝家の家族史『秋のゆうべ』（一九八七）にも詳述される。国枝博が亡くなった時の会報（『建築と社会』第二六輯九号、一九四四）では岐阜県生まれとある。ちなみに「国枝略歴及作品」によれば、明治一二年（一八七九）大阪府南河内郡大草村に生まれるとあるが、生前の住所が大阪府南河内郡大草村であり、出身地と現住所が誤記されている。

(18) 大阪市建築課技師であった佐古律郎の所蔵したもので、一九九二年に筆者は閲覧を許された。佐古は大阪市退職後に波江建築事務所、次いで津田敏雄建築事務所に幹部所員として勤める。津田建築事務所の所員募集の際に応募した履歴書だと思われる。津田は明治四二年に東大建築学科を卒業後、愛知県・大阪府技師を歴任し、建築事務所を大阪で自営する。

(19) 昭和三年（一九二八）発行

(20) 後に大阪市立都島工業学校と改称する。

(21) 公益財団法人大阪人権博物館が運営する。「リバティおおさか」として知られる。

(22) 明治一二年（一八七九）にエッセルの基本設計にもとづいて建設、大正三年（一九一四）に解体。

(23) 『堂島校園沿革史』大阪市堂島小学校、一九八六

(24) 『増改築落成記念帖』大阪市靱尋常小学校、一九二九

(25) 中島辰造の経営で、神戸を代表とする請負会社であった。

(26) 清水建設のことで、靱小学校竣工にあたっての「工事竣功報告書」があり、そこからは工事主任として、松本宇吉郎・加藤誠二の名前が読み取れる。

(27) 第三章で詳述している。

(28) 西澤康彦『東アジアの日本人建築家』柏書房、二〇一一

(29) 大阪市靱尋常小学校が昭和四年（一九二九）に発行

(30) 現在清風高校

栄小学校 家政女学校側の外観

栄小学校 会議室とステンドグラス

栄小学校 玄関廻

栄小学校 鳥瞰図

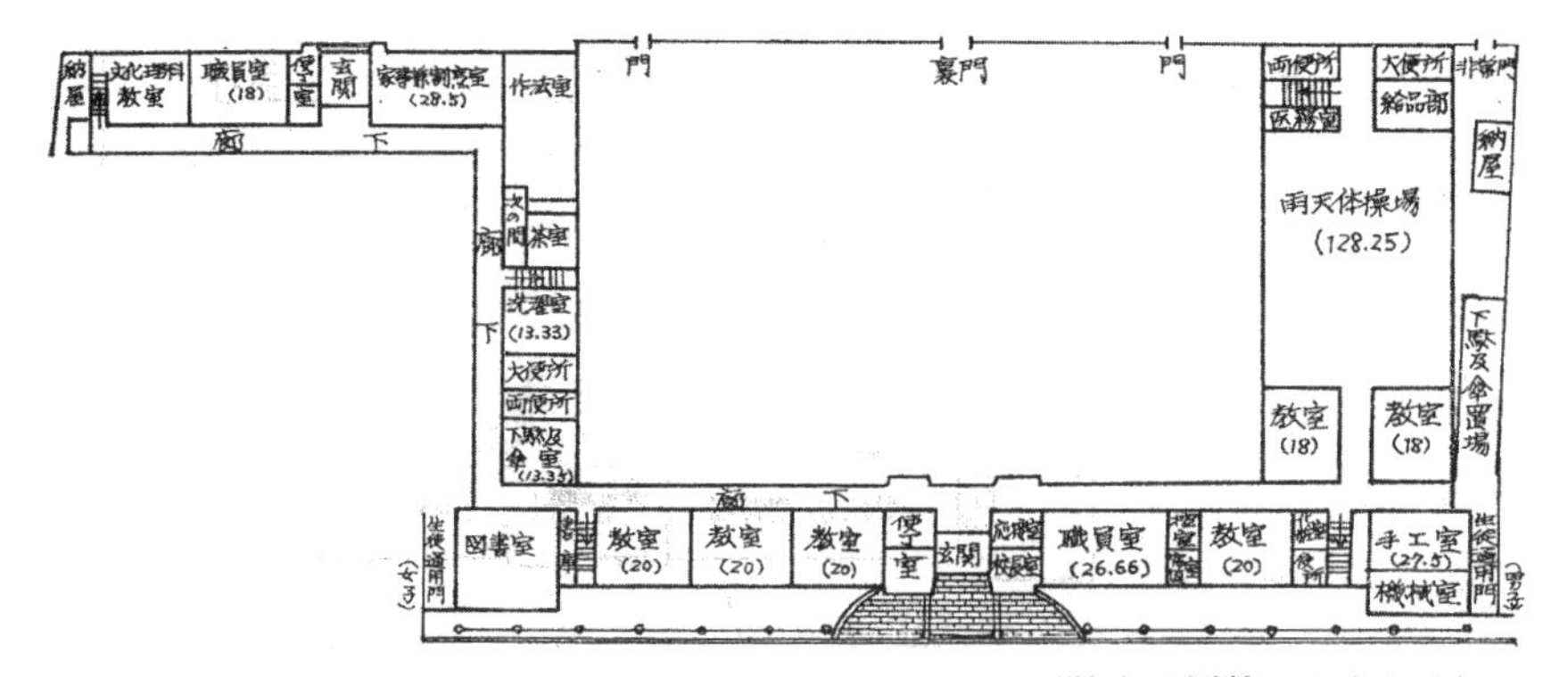

（数字は坪数をあらわす）

栄小学校 配置図兼1階平面図

栄小学校 校庭側

堂島小学校 正面

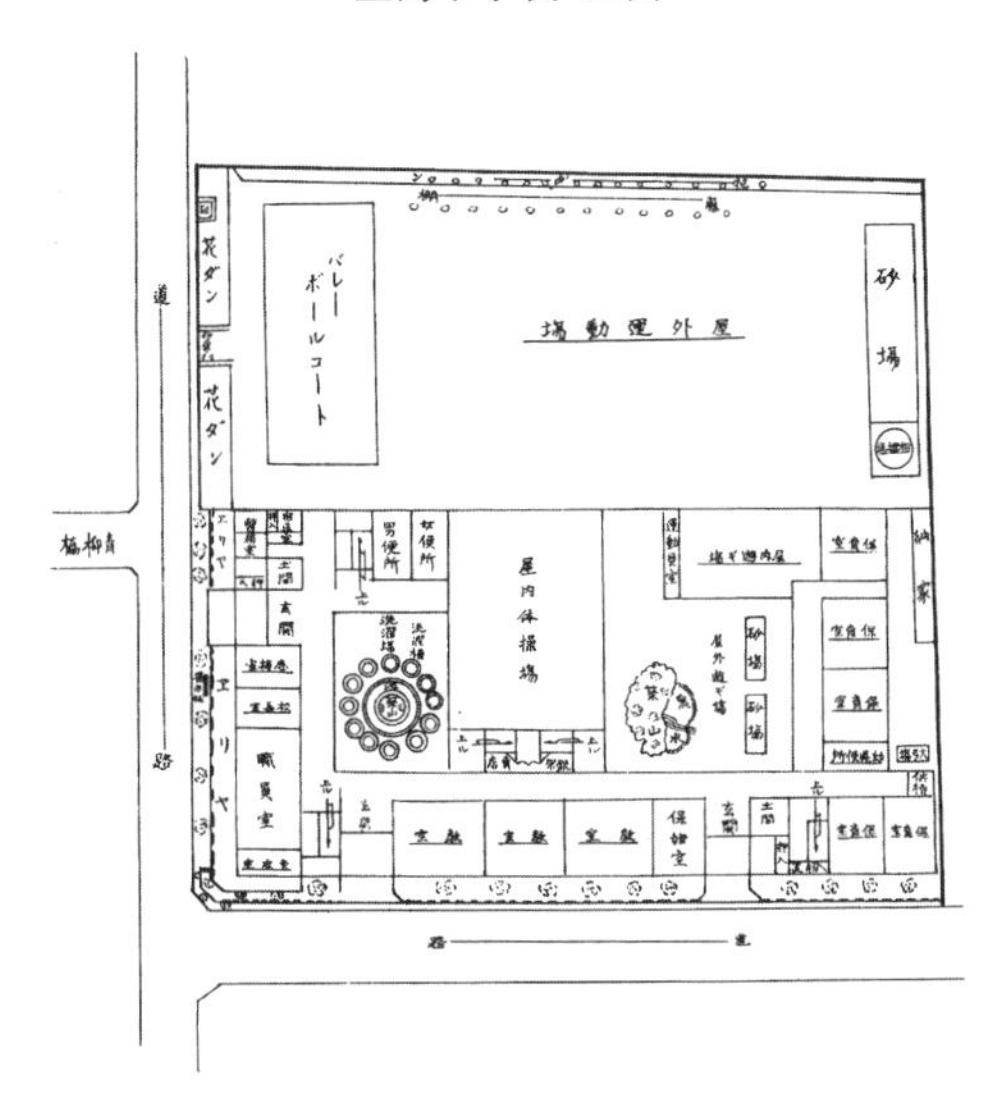

堂島小学校 配置図兼 1 階平面図

堂島小学校 全景

堂島小学校 校庭側

靫小学校

靫小学校 校庭側

靫小学校 講堂

靫小学校 講堂見下ろし

瀧川小学校 校庭側

敷津小学校

大国小学校

本田（ほんでん）小学校
（設計は田村建築事務所の可能性が大）

天王寺第三小学校

4　宗 兵蔵

4-1　宗建築事務所の経営を支えた学校建築

小学校校舎に豪華な建築内容を盛り込み、公館やオフィスビルヂングのような外観の校舎を最初につくりだした建築家が宗兵蔵であった。建築作品としては奈良帝室博物館をはじめ、藤田組本店や北浜ビルヂングなどの設計を手がけ、現存するものとしては大阪市柴島浄水場や大川にかかる難波橋、堺筋の生駒時計店、堂島川縁の莫大小（メリヤス）会館など数点がある。宗兵蔵については坂本勝比古[1]・石田潤一郎[2]両博士による研究があり、経歴や作品についての位置付けがなされる。だが一方で、宗兵蔵には学校建築家としての顔があり、この点に関してはこれまで解明されておらず、ここではそのことをあきらかにする。

宗兵蔵は五〇歳になった大正二年（一九一三）に自身の建築事務所を大阪に開設し、以来、閉鎖する昭和六年（一九三一）までの一八年間、設計活動をおこなった。手がけた建築類型としては事務所ビルが中心であったが、次いで学校建築が多く、その数は九校あった。そのうち小学校は久宝小学校、森之宮小学校、浪華小学校、北大江小学校、集英小学校の五校であり、いずれもが大阪市東区内の公立小学校であった。小学校以外としては旧制甲南高等学校[3]（大正一二年三月竣工）や旧制灘中学校[4]（昭和三年竣工）、関西商工学校[5]（昭和六年竣工）、大阪女子商業学校[6]（昭和六年竣工）があり、灘中学校と大阪女子商業学校は現存する。

宗 兵蔵

宗兵蔵の述懐[7]によれば、学校建築の依頼が舞い込む大正一〇年（一九二一）頃までは「仕事は頗る閑散なもので建築事務所として経営が出来るかと思った位」とある。実際に一年間に一つや二つであった仕事が、旧制甲南高等学校や久宝小学校が竣工する大正一二年（一九二三）以来急増しており、旧制灘中学校が完成する昭和三年（一九二八）までの五～六年間は小学校の設計で繁忙を極め、その仕事をこなすために昭和二年（一九二七）の時点でスタッフは二〇人余りいた。すなわち、学校建築の設計が建築事務所の経営をいかに支えていたかが理解できる。昭和二年（一九二七）の学区制度の廃止に伴った駆け込み的な建設ラッシュは昭和五年（一九三〇）にはほぼ終わり、新たな小学校建築の設計依頼は期待できないこともあって、昭和六年（一九三一）に建築事務所は閉じられる。宗兵蔵が六八歳の時で、それから一三年間生きて、昭和一九年（一九四四）に八一歳で静岡市で死去した。

宗兵蔵は元治元年（一八六四）江戸で生まれ、帝国大学工科大学造家学科を明治二三年（一八九〇）に卒業し、宮内省、東京市、海軍技師を経て、明治三九年（一九〇六）に大阪の藤田組の本社屋設計のために来阪し、完成後に独立した。つまり明治後期の大阪に吸い寄せられるようにやってきて、大阪に根を下ろし、関西建築界に寄与した民間建築家と位置付けられる。人となりは所員だった大倉三郎(8)によると、「所長の宗兵蔵先生は、人ぞ知る明治建築界の元老、誰かが先生を評して、清軀鶴の如し、と至言を吐いたが、正に典型的な英国式紳士で、アーキテクトと呼ぶにもっとも適しい人格であった(9)」という。

4－2　宗建築事務所設計の学校建築の特徴

大阪で最初の豪華な小学校であった久宝小学校（大正一二年）を嚆矢として、森之宮小学校（大正一三年）、浪華小学校（一期は大正一四年、二期は昭和七年）、北大江小学校（一期は大正一五年、二期は昭和三年）、集英小学校（昭和二）年と、完成させている。史料に欠ける森ノ宮小学校を除いた四校のプランやスタイルは確認されるが、わずか四年という短期間にファサードの意匠が大きく変容していた。このことは鉄筋コンクリート造校舎が誕生したものの、真にふさわしいスタイルを求めてこの時期は試行錯誤の段階であったことを示している。

個々の小学校のスタイルをみると、久宝小学校のような早い時期に完成した校舎ほど古典的意匠の傾向がうかがえる。久宝小学校とスタイルが似通ったものに、宗建築事務所が設計した南区庁舎（大正一一年）や万年社（大正一五年）があった。浪華小学校では一階の開口上部にアーチ形が採用され、北大江小学校では最上階である三階の開口上部がすべてにわたって半円アーチ形となり、玄関廻りには交差アーチが出現する。このようなアーチ形は昭和一

関西商工学校

桁代に学校建築に頻繁に現われる造形言語であり、増田清や橋本勉らが設計した校舎でもよく用いられている。集英小学校にはアーチ形は使用されていないが、装飾が玄関廻りに多用されていた。

このような学校ごとの意匠の違いは設計担当者の違いを反映していたようだ。宗建築事務所にはこの時期、本多二郎（東大・大正七年卒）、大倉三郎（京大・大正一二年卒）、脇永一雄（京大・昭和二年卒）、須川廉太郎の四人の建築技術者の在籍が判明している。本多は大正七年〜大正一五年の八年間在職し、久宝小学校や浪華小学校を担い、大倉は大正一二年〜昭和二年の四年間在職し、北大江小学校や集英小学校、旧制灘中学校を担い、脇永は昭和二年〜昭和六年までの四年間在職し、旧制灘中学校や関西商工学校を担った。須川廉太郎は大阪女子商業学校を担当した。

宗建築事務所の設計の進め方について、大倉三郎によると、「先生が平面図を画かれ、それにスプリングコンパスで、いとも無雑作にオーダーの断面を記入される。それが下ってきて、立面や詳細を作るのが、私達の仕事となる」[10]とある。平面図は宗兵蔵みずからが作成していたことがわかる。脇永一雄によると、「平面は自分で書き、立面はわれわれにまかされたが、A案、B案二案をもっていくと古い様式建築の方を採られた」[11]とある。大正一二年に六〇歳になっていた宗兵蔵にとっては、この時期に勃興してきていたモダンデザインにはなじめなかったようだ。大倉三郎による述懐を続けると、「先生の設計方針は断然、様式主義、いわば当時、近世復興式といわれた形式を主とするものであった」[12]とある。だが大倉三郎は大学を出たての若い建築技術者であったから、最新の意匠や自分の好きな意匠を採り入れたかったのだろう。そのことを次のように吐露していた。「ロマネスク風などを——当時個人的趣味として——取り入れることも、しばしば先生のお許しを得た。これははじめは、先生の意に反したものであったが、後には次第に、敢て喜んでいただいたことを、ほのかに記憶している」[13]とある。このように設計担当者の好みがファサードの意匠選択には強く関係していた。おそらくは北大江小学校での

南区役所

アーチの多用の背景にはこのようなことがあったものと思われる。

小学校以外の学校建築はどのようなファサードを示したのだろうか。旧制甲南高等学校は左右に翼部を設け、中央部の本館は塔屋や車寄せが付いた形態を示し、古典的な意匠を伴ったスタイルであり、阪神大震災までは残っていた。旧制灘中学校や関西商工学校では共に三角アーチを連続してファサードにみせる。とりわけ旧制灘中学校の窓廻りは開口上部の三角アーチ形の庇と一体化した持ち送り状の窓飾りがあり、キュビズム建築の影響が見て取れる。一方で中央部壁面はロンバルジアベルトが設けられるなど歴史様式の残滓も見られる。関西商工学校では階段室外観は一階から塔屋までを通して額縁のような取り扱いがなされ、段状に内側にいくほど凹む意匠が施されていた。一方関西商工学校と同年に完成した大阪女子商業学校では、一階は半円アーチの開口部が連なるなど歴史様式を残した折衷的な外観を示し、浪華小学校での意匠を簡素化したものが現われていた。

4－3　宗建築事務所設計の代表的な小学校

4－3－1　久宝小学校

(i)　建設経緯

大正一二年（一九二三）一一月に竣工の久宝小学校は大阪市内では全体が一挙に鉄筋コンクリート造になった最初の校舎であった。校舎の規模をみると、建坪は四四四坪、延坪は二・〇九八坪となる。この大きさがその後の大阪の中心部での小学校の建築規模の標準になっていく。

建設への布石として大正一〇年（一九二一）八月に隣接地が購入され、校地が拡張される。それは鉄筋コンクリート造校舎への改築に備えたもので、この直後から設計が開始され、大正一一年（一九二二）前半には基本設計は終えられていたのだろう。同年六月にこの建設事業は区会で満場一致で議決され、翌月の大阪市会で交付金の下付が決まる。そして大正一二年（一九二三）一月に着工する。この建設事業には六五万円の工費を要し、戦前期までの校舎としては大阪では最も高額な費用がかかった。そのことは「其当時之だけの工事を一期になし遂げた学区はなかったのであり、工費に於ても六十五万余円と云う大金を一小学校に投じた」[14]と述懐されていた。

この工費は全額大阪市からの借入金、すなわち交付金に頼ったために、区費（学区費）が上がり、区民（学区）の負担が増え、府税家屋税一円に付き、五円四五銭の割合になっていた。おそらくはこのことに対して学区内で不満が出ていたようだ。そのために建設事業の必要性を詳細に記した「至急 久宝尋常高等小学校改築に就て 東区七連合区の諸氏に告く」（以下「至急改築」と記す）という文書[15]が区長ならびに区会議員一四人の連名で、東学区内の住民に配布されることになった。工事さなかの大正一二年（一九二三）六月のことで、「世間此の内容を詳らかにせず、徒に流行を追ふて華麗華美の校舎を建設するものとなす」（「学校設備概況並に年度調」[16]）とし、改めて鉄筋コンクリート造による改築の必要性を述べていた。

改築理由は、現校舎が明治二九年（一八九六）に建設された築二〇数年が経過した木造二階建であり、雨漏りや白蟻被害なども含めて老朽化が著しく、教室数の不足が口実とされた。児童数増加により特別教室をつぶし普通教室への転用など校舎の狭隘に帰する問題が顕在化し、高等小学科の今後の併置などを理由として、校舎全体の改築が必要とされた。

ではなぜ鉄筋コンクリート造になったのか。二つの理由が考えられる。

第一は小学校が所在した東区北久宝寺町では土地の値はきわめて高額であり、新たに敷地の拡張は困難であった。そのため同一の敷地で立体化が図れる鉄筋コンクリート造が採択された。すなわち特別教室も含めて多くの教室数の確保が求められていた。そのことは前述の「至急改築」によると、「今之等の設備を完成するに当り従来の如く二階建とするときは到底現在校地の面積が許しませず、さりとて更に校地を拡張することは経済上より考えましても避けなければなりませぬ依て、やむなく之を三階建とし其一部を四階とし又地下室をも利用することとしたのであります。元来三階以上の校舎は木造にては火防上甚だ不安であり又到底其筋の許可を得ること出来ませぬので不燃質たる鉄筋コンクリートの構造を採用することとした」とある。

第二は船場界隈で、鉄筋コンクリート造の小学校校舎が誕生していたことが背景にある。ある意味で学区間の競争原理が生じ、次々に建設の準備が始まっていた。近隣では七ブロック北側の船場小学校が鉄筋コンクリート造で大正一二年二月に竣工しており、南側に三ブロック下がると芦池小学校が大正一三年（一九二四）の完成を目指して工事中であった。

（ii）建築内容

全館改築された久宝小学校は、「大正十二年度関東大震災のあった年で其当時之だけ全部に亘って纏った小学校はなかった」[17]と記されるように、「設備の完整せること当時我が国随一の称」の画期的な校舎を示し、そのために「日々参観者が絶えなかった」[18]という。このような豪華な建築内容は汎愛や集英の各校につながっていく。

「久宝小学校改築に就て」[19]の一文を続けると、「設備の点に於いても恐らく先鞭を付けて居ったものであります。又講堂に至っては大阪市内中随一と云ってもはばからない位で、寧ろ学校のではなく立派な講演場として賞揚されたのであって、音響防止設備に就いても一点の非難の余地を興へなかった位であります。勿論各教室並に特別教室内部設備に就ては至れり尽せりで、まことに充実した物の一つに数へ上げられた建物」とある。

より具体的に見ていくと「此の改築を機とし唱歌、手工図画、理科、裁縫、作法、家事、洗濯等の特別教室の外講堂、屋内体操場、職員室、使丁室、医務室、教具室、其他必要なる諸室を設備する」（「至急改築」）とある。

ブロックプランはコの字型で、平面図からは次のような諸室からなっていたことがわかる。一階には普通教室三、特別教室二（唱歌・手工）、雨天体操場、二階は普通教室一一、特別教室二（理科・図画）、三階は普通教室八、特別教室一（裁縫）、講堂、四階は予備室三、特別教室一（作法室）、集会場、講堂上部二階席、屋上運動場、地階は特別教室二（割烹・洗濯）、煖房汽罐室、予備室、倉庫などからなった。地階を含めると総五層になっており、エレベーターが二台設置され、一・三・四階には貴賓室が設けられていた。先行した船場小学校以上に多岐にわたった特別室が設けられていた点が特徴である。

さらにこの時期小学校校舎は地域の社会活動の拠点であって、そのために多くの特別教室や予備室が設けられることにつながった。前掲の「至急改築」によれば、「従来校舎は屡々各種の会合に利用し来ましたが校舎狭隘の為兎角不便勝でありました故に改築後は四階に設備する集会場其他の諸室をして教育会、在郷軍人会、青年団等は申までもなく戸主会、婦人会、講演会、商工業組合に関する表彰式、各種競技会等苟くも学校に差支なき限り区内公私団体の使用を許し地下室の一部も他日総合区公衆の用途に開放すべく計画」とある。

教室の大きさは二三尺（六・九七m）×二七尺（八・一八m）となり、その後の基準と比較すればやや小さい。内庭に面した一階の廊下は開放型となる。

(iii) 建築スタイル

道路との関係をみれば、ブロックの北半分が校地となるため、ここでも三方の道路に沿ってコの字型の校舎の配置となる。道路と校舎の間にはドライエリアが三方ともに設けられ、その分だけ道路境界線からセットバックした形となっていた。

外観はオフィスビルディングに似た形態を示し、従来の小学校建築が有した、玄関を強調したファサードではない。建物全体が堂々とした風格のあるものになっており、とても小学校校舎とは思えないようなファサードが現出していた。全体のプロポーションは古典的な三層構成に則ったもので、基壇一階部は太い水平目地を見せ、二階三階四階が主階をなし、水平目地が入った柱型が一三・五尺（四・一m）ピッチに並ぶ。その柱型の頂部には楕円形のメダリオンが付く。アテック階（屋根裏）はパラペットの立上がり部分が該当する。仕上げはいずれもが花崗岩を模した擬石塗仕上げとなる。

本物の花崗岩が用いられている箇所が一箇所だけある。玄関廻りであり、そこでは北米産の花崗岩が使用され、真ん中の額石だけが岡山県産の花崗岩萬成石であった。この校舎には玄関車寄せはおろか玄関構えもなく、ただ外壁の一部がアルコーブのように凹むに過ぎない。ただその楣部分の石に学校名が彫られていることで、ようやく玄関であることがわかる。それほどに玄関が自己主張していないデザインである。

設計者は折衷主義の建築を得意とした宗兵蔵であり、施工は大林組の手による。

（iv）廃校

建物が完成した後、久宝高等女学校や久宝商業青年学校が併設される。昭和一九年（一九四四）に四ブロック西にあった浪華小学校を併合する。昭和二〇年（一九四五）三月の大阪大空襲により、講堂と一〇教室を残して全焼した。同年四月より焼失を逃れた講堂と二階三階を軍用レンズ製造していた千代田光学に貸す。翌昭和二一年に久宝小学校は廃校となり、校舎は解体まで千代田光学の工場として使用された。昭和四二年（一九六七）に校舎は解体され、現在は市営駐車場船場パーキングとなる。

4-3-2　浪華小学校

（i）成立と廃校

浪華小学校では大正一四年（一九二五）一〇月に一期工事として鉄筋コンクリート造校舎を完成させる。二期は昭和七年（一九三二）八月に完成している。設計は共に宗建築事務所が担い、施工は清水組（現清水建設）による。一期工事の建坪は二四五坪、延坪は九八五坪で、工費は二六万三〇〇〇円を要した。二期工事の延坪は一・八五六坪で、講堂もこの工事で建設された。講堂は上階で下階は屋内体操場であった。

建設された校舎は一六年間小学校として使用されただけで、昭和一九年（一九四四）に新設された浪華女子商業学校に転用された。浪華商業学校は真田山・森之宮・平野・都島・阪東の五高等家政学校を統合してつくられた。その後昭和二五年（一九五〇）からは大阪市立東商業高等学校校舎となり、昭和五七年（一九八二）まで使用されていた。現在はライフ堺筋本町店が建つ。

(ii) 建築内容とスタイル

ブロックプランはコの字型となり、教室の大きさは間口三〇・〇尺（九・〇九m）、奥行き二四・五尺（七・四二m）、面積は六七㎡となる。柱の間隔は一五尺（四・五五m）ピッチで入れられ、二階三階ではさらにその間が三等分され、方立状の小柱が二本立つ。一方二期工事でつくられた部分は基本的には一期工事の建築スタイルを踏襲するものの、細部での扱いは異なり、一期での方立状の小柱は一本となる。また玄関や下足置場の開口部には丸窓が用いられるなど、モダンデザインの影響も見て取れる。

建築スタイルは三層構成となる。基壇は一階部で、そこでは開口上部が半円アーチとなり連続する。アーチにはキーストーン（要石）の造形が施される。主階は二階三階で、柱頭飾りには楕円のメダリオンが付くが、その周りに小さな玉が貼り付けられた造形意匠を示し、二年前に竣工した久宝小学校と共通する。アチック階では柱頭部が三角形状で突出し、その間のパラペット部はバラスレードとなる。

三層の見切り部にはモールディングが付き、主階とアチック階の見切り部のエンタブラチュアには歯飾り装飾が付く。外壁面は地階から屋上階まで全体を通し、花崗岩を模した擬石仕上げとなり、水平目地が入る。アーチの形を取り入れた初期の校舎であり、ファサードとしての完成度が高い建物といえる。このような校舎のスタイルについて、竣工時の記念冊子[20]にはでは次のように記載がなされた。

新校舎は鉄筋コンクリート最新式のもので、耐震・耐火・専ら堅牢を旨としたことは勿論、一面建築美の発揮に留意してあります。何等美感を伴はざる倉庫工場の如き、或いは徒らに野卑なる小細工を施せるが如きは只に建築美を損ずるのみならず、日々児童に興ふる無言の感化は看過し難きものがあると思います。

さらに引用を続けると、「荘厳整備なる建築物の吾人に興ふる無言の感化は、かなり偉大なるものがあることを信じます。殊に純真なる幼童を教育する場所として、是れが齎す好影響は、延いては愛校心として力強く胸奥に印象せられることでありましょう」とある。このような理念をもとに、壮麗な校舎が誕生することになったとみることができる。

4－3－3　北大江小学校

（i）成立と廃校

北大江小学校は建設費に充当させる交付金の関係で一期工事と二期工事に分けて建設され、一期は大正一五年（一九二六）一二月に、二期は昭和三年（一九二八）三月に完成した。改築の理由は三つあり、一つ目は既存の校舎が明治二八年（一八九五）の老朽した建物であり、改築計画が区会で議題に上がった大正一〇年（一九二一）の時点で築二四年が経過し、「年所を経ること久しく所々腐朽に傾き根太は落ち瓦は飛ぶ」[21]という点、二点目は義務教育年限延長に伴う高等科の併置により、教室数が足りなくなる点、三点目は他校と比べて特別教室が充実していない点、であった。

建設の経緯は大正一一年（一九二二）には設備調査委員会が設けられ、敷地の検討がおこなわれ、大正一三年（一九二四）には敷地を拡張し鉄筋コンクリート造三階建てにすることが決定された。前年の大正一二年（一九二三）に起きた関東大震災による被災を鑑み、「大都市の建造物殊に公共の営造物は不燃耐震の構造でなければならぬということになり木造の設計は捨てて鉄筋構造によって建造することになった」[22]ようだ。ここからはそれまでの設計案が木造であったことがわかる。関東大震災が鉄筋コンクリート造を採択させたのである。

この校舎は昭和二二年（一九四七）に新制中学校の大阪市立東第一中学校に転用される。昭和二四年（一九四九）には東中学校と改称され、以来昭和六三年（一九八八）に閉校するまで小学校時代の校舎は使用されていた。すなわち小学校としては二一年間であったが、中学校としては四一年間使用され、解体された。平成四年（一九九二）に跡地に大阪市立中央高等学校が開校される。筆者は閉校前の昭和六三年に調査をおこなった。

（ii）建築内容とスタイル

ブロックプランとしてはL字型となり、北側に片廊下式の教室配置の北棟を配し、西側に中廊下式教室からなる西棟を設ける。西棟の一階は講堂兼雨天体操場と職員室などの管理スペースとなるが、講堂ではより高い天井高さを必要とするため、二階のレベルに差が設けられ、そのために二階の中廊下の途中に階段が設けられ、高い階高に対応する。

普通教室は二〇室、特別教室として二階に理科・唱歌室兼小講堂・商業の三室が、三階に裁縫・図画・作法の三室、地階に手工・図書・洗濯・家事の四室、計一〇室からなった。平面図によれば、一階から三階までの廊下はアスファルト敷とある。

スタイルとしての特徴は最上階の開口上部がすべてにわたってアーチになっており、とりわけ玄関上部では交差アーチとなるなど、ロマネスクの影響を受けたものとなっていた。このようなアーチの曲線は屋上パラペット部分に手摺りとなって用いられ、そこだけパラペットの立ち上がりが開口部の幅で削りだされており、手摺り子に置換されていた。設計者側にアーチの醸しだす形態にこだわりがあったのかが読み取れる。またアーチ曲線がはじまる高さで水平の帯が外壁全体にわたり取り巻くことで、ファサードが引き締められていた。運動場側には二階にベランダが付く。このように視覚的にもより学校らしさの演出が見て取れる。

4－3－4　集英小学校

（i）成立経緯

昭和二年（一九二七）一二月に建設された集英小学校は最後まで現役の小学校校舎として残った学校である。平成二年（一九九〇）に愛日小学校と統合し、開平小学校となり、翌平成三年（一九九一）に建替えられ、現在の校舎となる。六四年間現役の小学校校舎として北船場の最北部に存在した。

集英小学校の建設経緯をみると、船場地区の六校のなかで最後に建設されている。まず学区内の紳商で「建築眼の肥えた」学務委員らが調査研究をおこない、プランを立てる。次に学校側でこのプランに基づき、教員に該当の分担区域を定め、注文に当たらせる。そのために教員らは「市内及び京都、神戸等既設の小学校、中学校等を見学し、其の長所を応用して新機軸を造り出す意気と熱心さとで其の衝に当られ」[23]、その結果「設備の方面に於ては各々の意を凝らし」た立案が生まれた。同時に学区側では学校長坂本豊策をアメリカへ校舎建設のために視察出張させている。

設計者である宗建築事務所は教員らの立案と校長の視察による成果を取り入れ、設計をおこなうことになる。宗建築事務所の設計担当者は大倉三郎であり、竣工を記念して刊行された『新築落成記念』[24]では宗兵蔵の隣に並んで写っている。大正一五年（一九二六）七月より着工する。一挙に全館の改築を目指したもので、工費は五六万八三九六円であり、その内四二万円は寄附であった。施工は大林組の手による。建坪は四六〇坪となる。

（ii）建築スタイルと内容

ブロックプランはコの字型で、中央を運動場とし、コの字の空いた面を南面に設け、採光を重視したプランとなる。そのことは前述の「大阪市立集英小学校新築回顧」[25]（以下「新築回顧」）には次のように記された。

従来の学校は殆んど校舎が道路際に沿って建てられたのであるが、此小学校は同じ工字形でも前面道路に接せず、表を低い堀囲いとなし、樹木をあしらい、門の正面には『フワウンテン』を設け、其上部には金鶏勲章の金鶏を象るなど大分変って居ります。

従来の道路に対しては閉ざされた内庭型のプランではなく、内庭が開放されて道路より直接つながるプランになっていた。すなわち道路側から学校内部がより可視化された空間が誕生していた。このプランを採用することによって、正面にあるフワウンテンを中心にして、左右の翼部の校舎が遠近法によって、より広大なものに見えるという視覚的な効果が念頭にあったのだろう。というのは実際にアイストップの場所にある東西軸の校舎のパラペットは中央部が立上がり、視覚的な効果が意識されていた。なお「フワウンテン」とは泉の意味であり、玄関アプローチの目隠しの衝立の役割をなしたものであった。

大阪の小学校にはこれまでになかった、このようなプランによる校舎配置は当時の人たちにはどのように映ったのだろうか。「新築回顧」によると「新築当時は場所柄の関係でも有ましょうがよく『ホテル』と間違う人が随分あった位で、門前より内部を望む時は一寸学校とは見えなかった様であります」とある。つまりこの時期、学校とは校舎によって囲い込まれたものという認識があったことがわかる。

建物をみていくと、外観は断面が凸になった柱型が表出するタイプで、一〇尺（三・〇三m）ピッチに柱が並ぶ。同一の設計者の設計した久宝小学校、浪華小学校のような古典的な風格はファサードからは希薄となる。

一方で内部は格式高い空間になっていた。筆者が一九八七年頃に最初に訪れた時、天井がきわめて高い空間であったという記憶がある。高い天井は直天井になっていたことも関係するが、階高が大正期から昭和一桁代前半の校舎では高く設定されていたことも大きく、とりわけ講堂での印象は強い。講堂はまた戦後の無装飾の学校空間にはない華麗な意匠に彩られており、石膏による格天井があり、その天井からはシャンデリアがぶらさがる。欄間窓はステンドグラスとなる。扉の形はひとがたを象ったガラス面となる。そのクライマックスは壇上のエディキュラであり、漆黒に塗られ、菱形の装飾が鏤められていた。講堂へのアプローチはスロープが用いられていた。

プランを見ると、一階には普通教室二、特別教室一（理科）、屋内運動場兼室内プール、二階は普通教室九、特別教室三（唱歌・図画・地歴）、三階は普通教室三、特別教室三（裁縫・算術・作法）、講堂、他に技芸女学校教室、地階は特別教室三（手工・割烹・洗濯）、児童食堂、室内プール、煖房汽罐室、予備室、倉庫などからなった。

（iii）装飾

美術評論家の海野弘[26]は集英小学校について次のように記す。「いたるところに楽しい装飾があり、これをつくった建築家の子どもたちへの温かさが感じられるかのようだ。唐草の帯があり、上が階段状になった門を入ると、鷹が羽を広げている噴水がある。建物の入口の上にはいろいろな絵タイルがはめこまれ、壁にはダイヤ形や花十字などの文様が刻まれている」[27]。集英小学校は装飾を施す最後の時代の小学校であった。改築前の木造校舎は和風スタイルであり、明治二〇年代後半から三〇年代にかけて建設されており、高等教育を受けた建築家は関わることはなかった。建築家が関わるようになるのは大正後期の鉄筋コンクリート造の時代であり、昭和一〇年（一九三五）以降は装飾が排除された標準設計の校舎になることを考えれば、このような装飾が用いられたのはわずか数年間だけであったといえる。そのこともあって、あまり知られることがなかったものと考えられる。

海野弘の言を続けると、「これをつくったのは宗兵蔵である。当時、室内プールを備えた最新式の学校であった。今橋地区では、東端にこの学校、西端に愛日小学校と、両側に一九二〇年代につくられたモダンな小学校がのこっている」とある。この原稿が書かれたのは一九八六年秋から一九八七年冬にかけての期間で、筆者の研究の端緒には海野弘の魅力的なこの連載文があった。

注

（1）『日本の建築［明治大正昭和］五　商都のデザイン』三省堂、一九八〇
（2）『関西の近代建築』中央公論美術出版、一九九六
（3）戦後は甲南大学一号館となる。阪神大震災で被災した。柱と梁・床スラブは鉄筋コンクリート造で、壁は煉瓦造であった。
（4）現在の灘中・灘高
（5）関西大倉高校の母胎
（6）大阪女子高等学校を経て、現在あべの翔学高等学校
（7）「宗兵蔵氏の作品と懐舊談」『新建築』第三巻第三号、一九二七
（8）明治三三年（一九〇〇）京都市に生まれ、昭和五八年（一九八三）に死去。京都帝国大学営繕課、台湾総督府技師、台湾大学教授、大阪工業大学教授、京都工芸繊維大学教授・学長、西日本工業大学学長を歴任した。主な建築作品に萬年社京都支社、伊藤邸、生駒時計店、京都大学法学部経済学部本館、熊本大学ＹＭＣＡ花陵会館などがある。
（9）「伊藤邸」『建築と社会』第三九巻一号、一九五八
（10）（9）と同じ
（11）（1）と同じ
（12）（9）と同じ

(13)（9）と同じ
(14)「久宝小学校改築に就て」『学校建築図集』日本建築協会、一九三〇
(15)集英小学校所蔵
(16)集英小学校所蔵
(17)（14）と同じ
(18)『大林組五十周年記念帖』大林組、一九四一
(19)（14）と同じ
(20)『浪華尋常高等小学校増築落成記念』浪華尋常高等小学校、一九二五
(21)『北大江沿革誌続編』北大江小学校、一九二八
(22)（21）と同じ
(23)「大阪市立集英小学校新築回顧」『学校建築図集』日本建築協会、一九三〇
(24)昭和二年一二月刊行
(25)（23）と同じ
(26)アール・ヌーボーやアール・デコの再評価をおこなった評論家
(27)『モダンシティふたたび—１９２０年代の大阪へ—』創元社、一九八七

浪華小学校 完成予想図

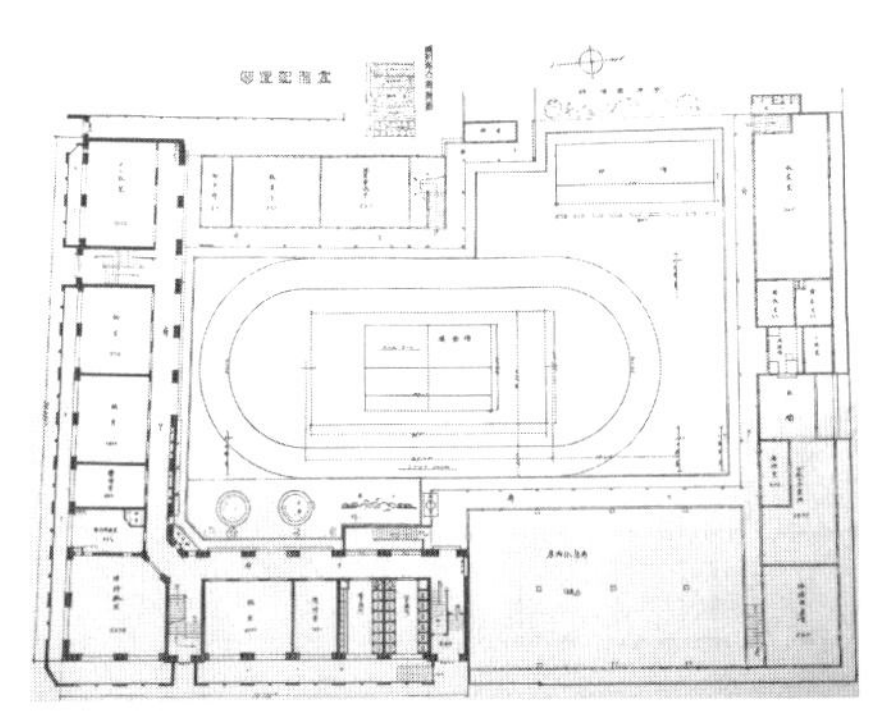

浪華小学校 配置図兼１階平面図

浪華小学校
（清水建設所蔵）

浪華小学校 シャワールーム（更衣洗身室）
（清水建設所蔵）

浪華小学校 校庭側
（清水建設所蔵）

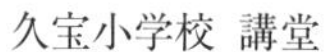

久宝小学校 講堂

久宝小学校 校庭側

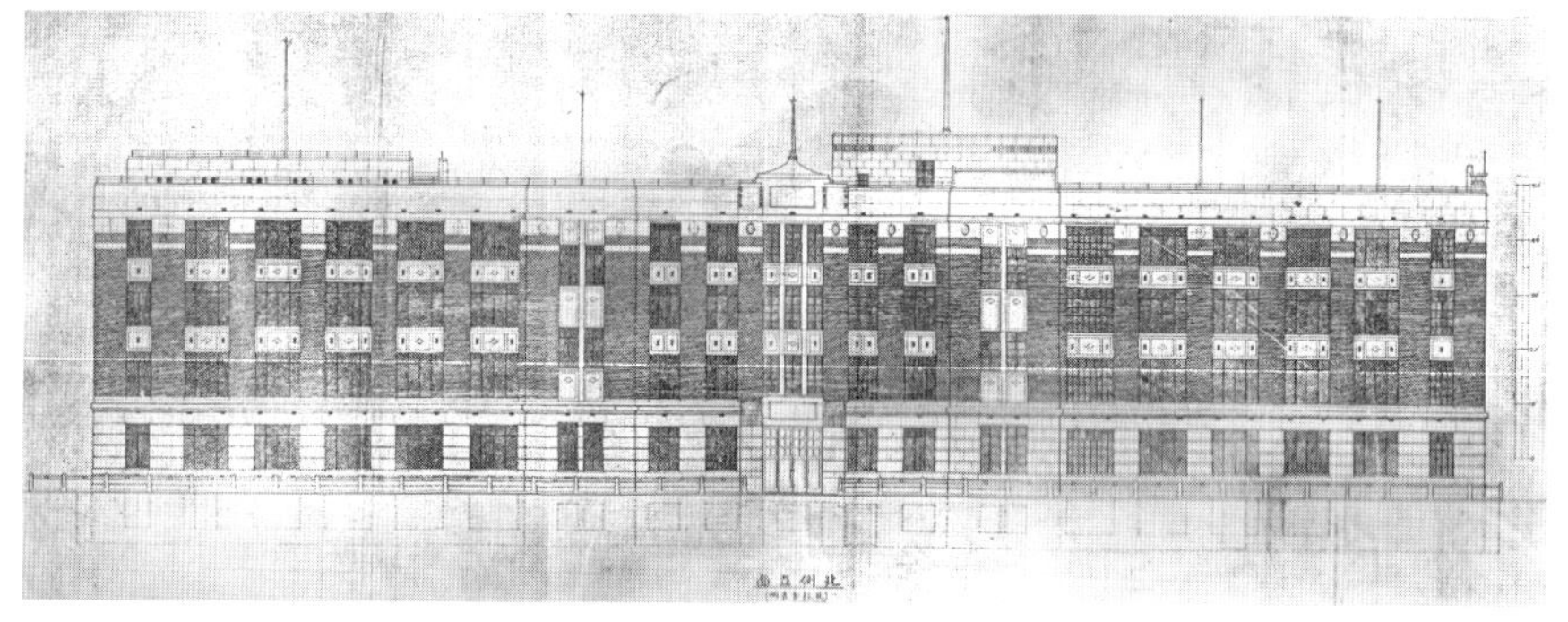

久宝小学校 立面図

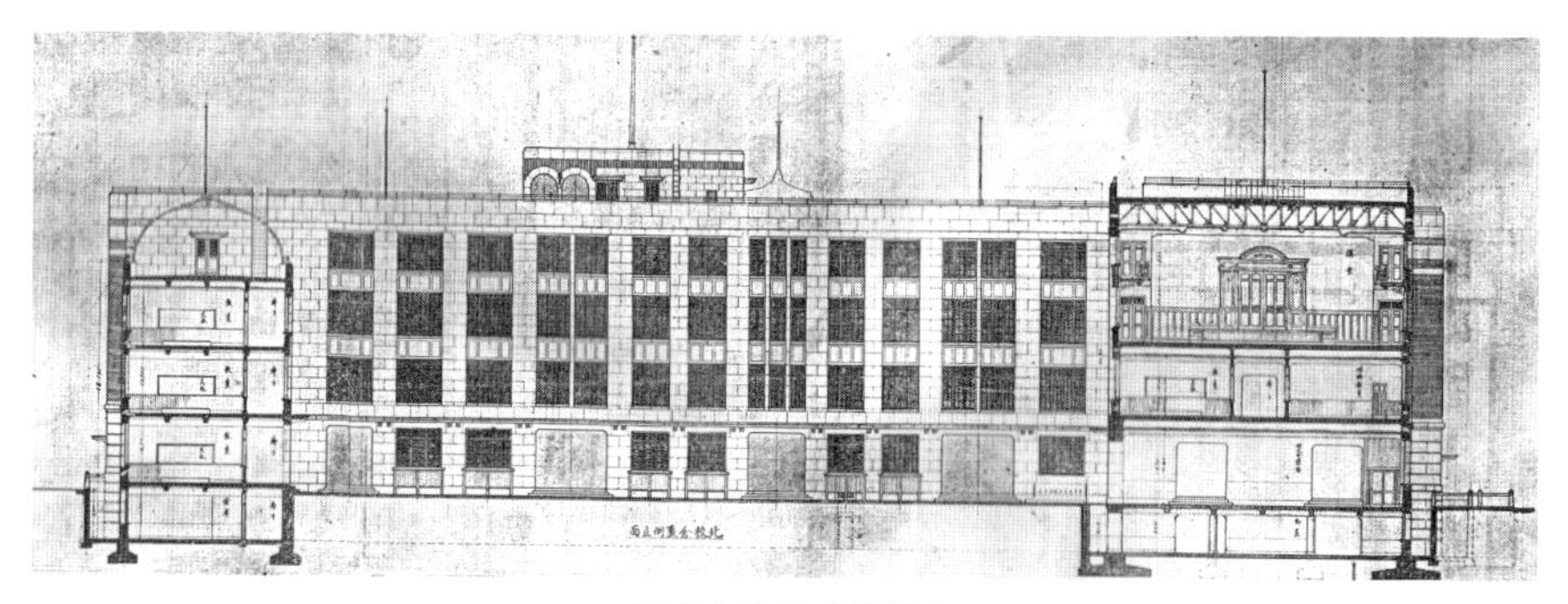

久宝小学校 断面図

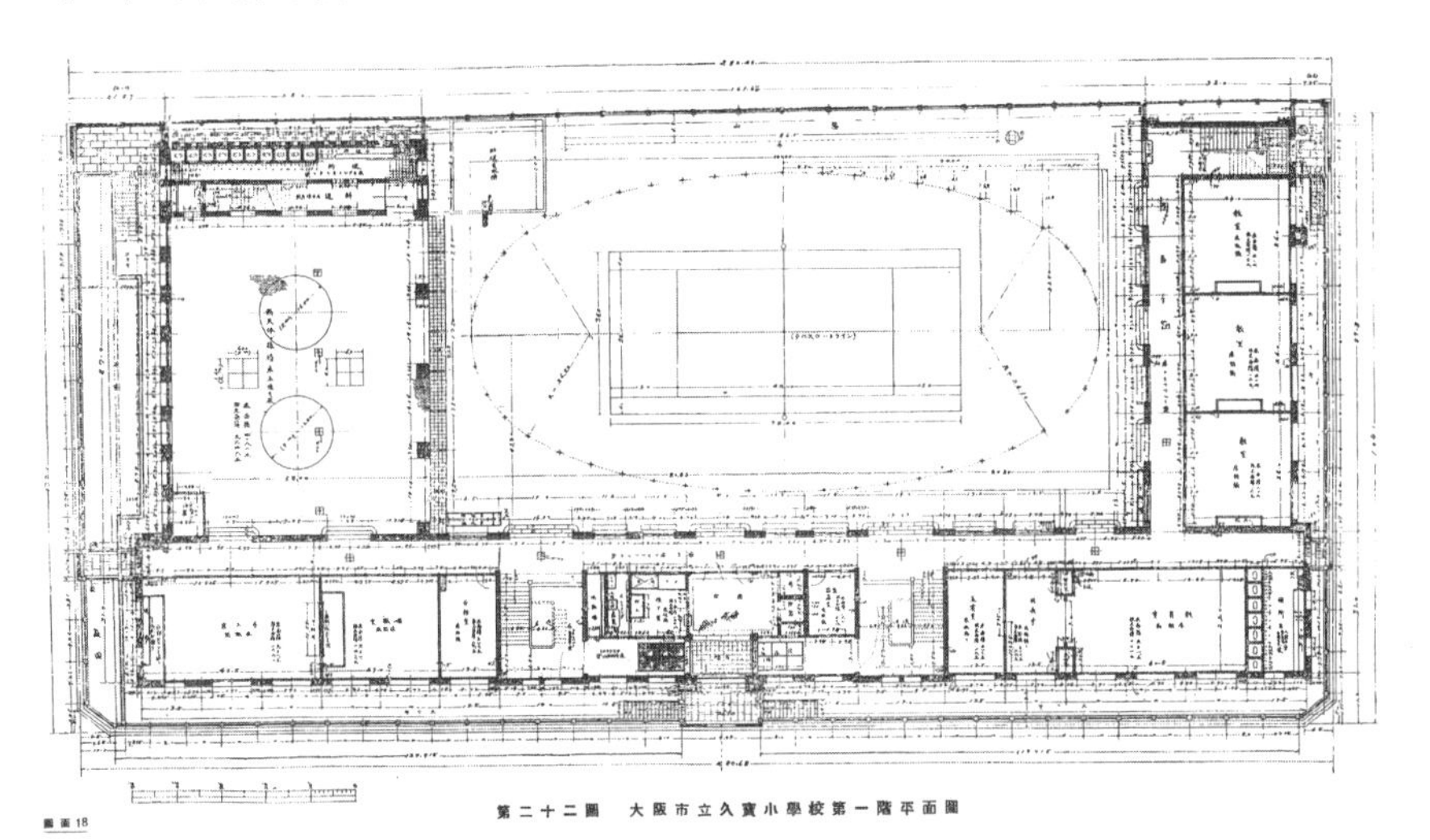

久宝小学校 配置図兼1階平面図

集英小学校 見下ろし

集英小学校

集英小学校 講堂

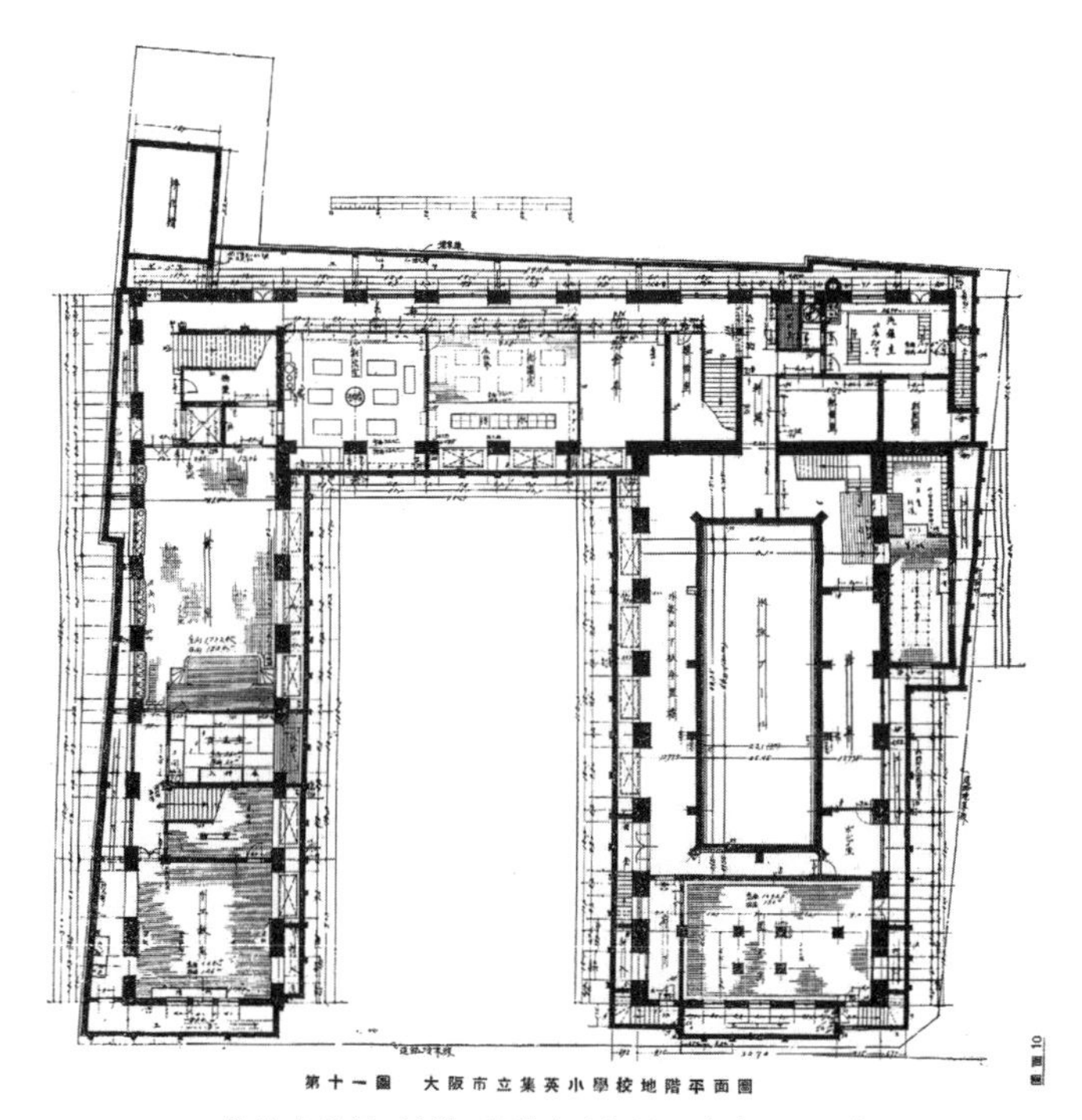

集英小学校 地階平面図（右側が室内プール）

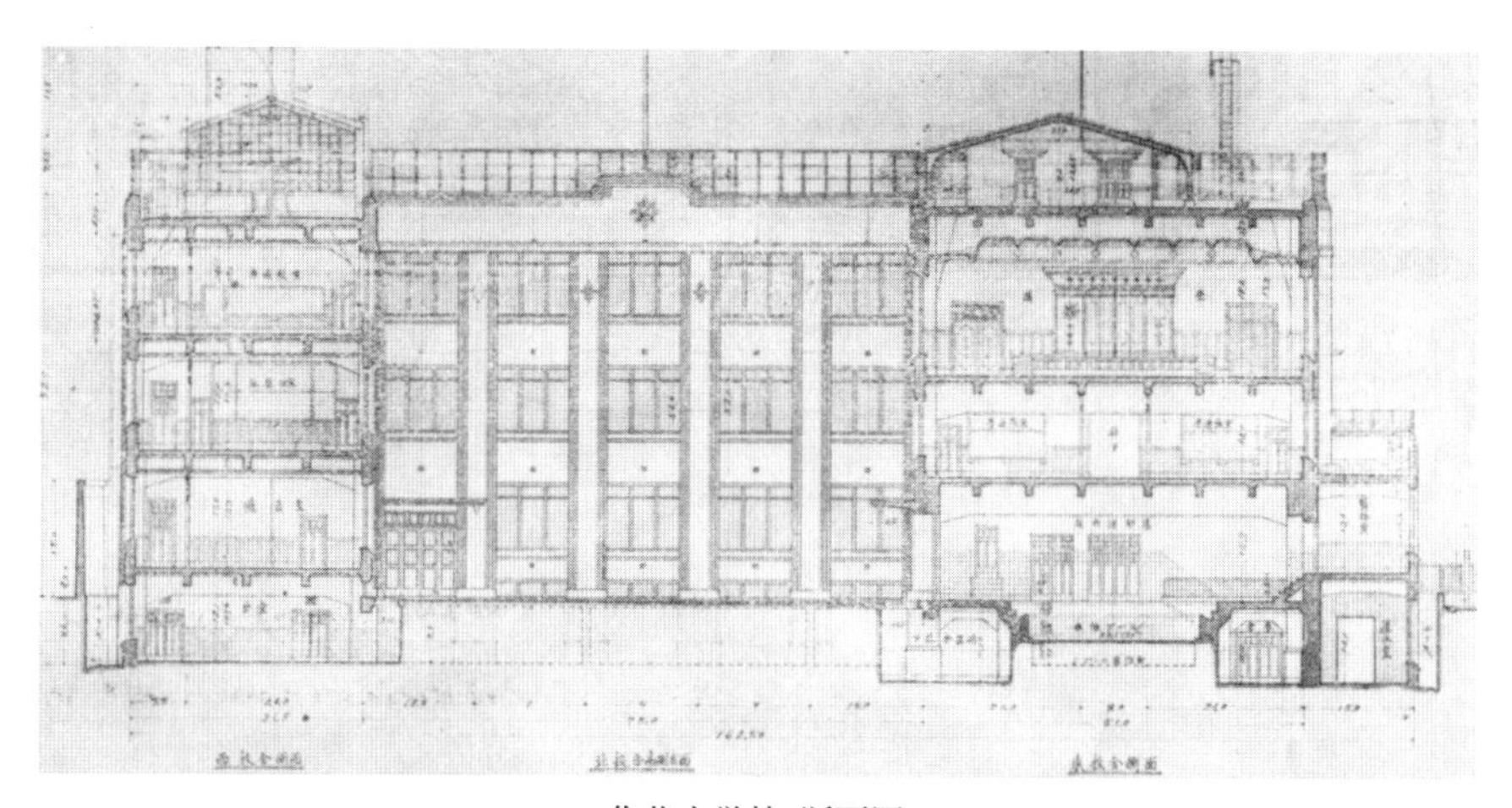

集英小学校 断面図

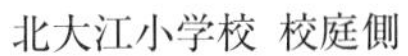

北大江小学校 校庭側

北大江小学校 玄関側

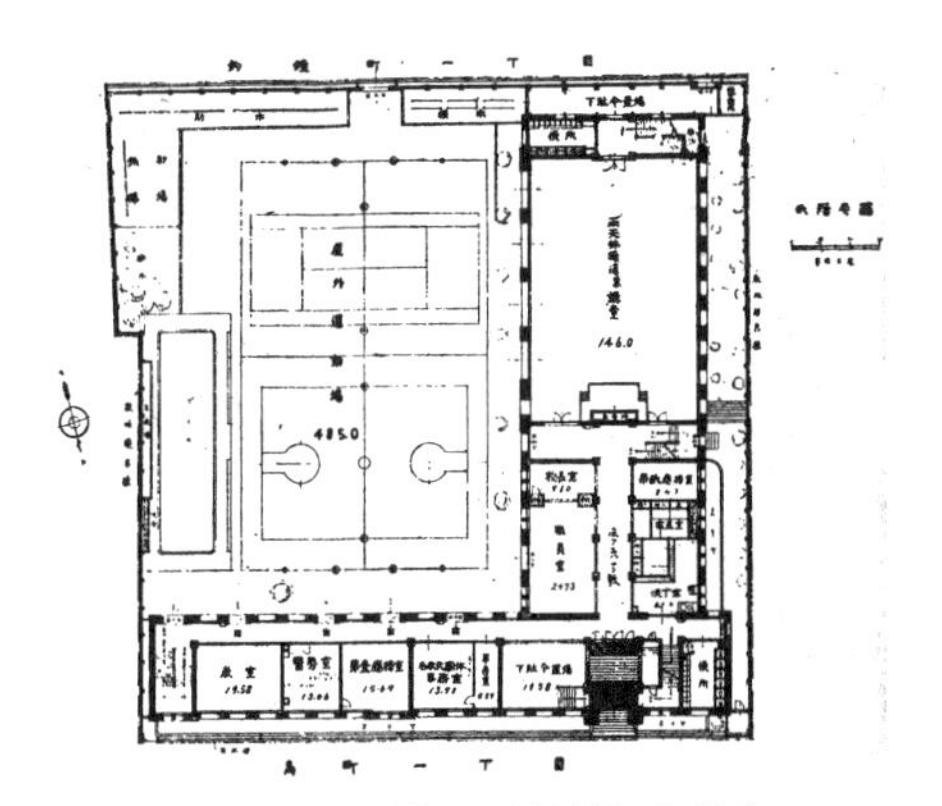

北大江小学校 配置図兼平面図

5　花岡才五郎

5-1　花岡建築事務所

花岡才五郎は大阪市営繕課長を務めた後、大正一二年（一九二三）より大阪で民間建築事務所を開き、学区制度廃止直前の鉄筋コンクリート造小学校校舎の設計を担った。建築学会や建築協会といった世界で活動することが少なかったために、ほとんど知られることのなかった建築家であったが、営繕課長という要職を捨て、一民間建築家になったことからは、この時期鉄筋コンクリート造小学校建設事業は相当に旨みのある仕事であって、民間建築事務所の経営を支える大きなウェイトを占めた。

花岡才五郎の経歴[1]をみると、山口県下関に明治九年（一八七六）五月に生まれ、上京し工手学校造家学科を明治三五年（一九〇二）七月に卒業し、東京砲兵工廠に勤める。その後山陽鉄道会社の建築技師となる。明治四一年（一九〇八）大阪市土木課営繕係技手となり、大正六年（一九一七）営繕係の主任技師に、大正九年（一九二〇）には営繕課長に就任する。大阪市側の立場から、「中央公会堂、公園、市庁舎の建造の為に粉骨した功労者」[2]であった。大正一二年（一九二三）、四七歳の時に退職し、花岡建築事務所を開設する。大阪市には一五年間在籍し、建築設計部門では最高責任者に登り詰めた建築家であった。昭和六年（一九三一）八月に五五歳で死去するまでに、大阪市営繕課時代に培った人脈で、道仁小学校、桃園第二小学校、御津小学校、高津小学校、愛日小学校、大阪市東高等女学校など[3]の学校を主に手がけていた。

花岡才五郎

花岡才五郎が設計した小学校五校を分析すると、愛日小学校を除く四校はいずれもが一期工事のみを担当しており、一方で愛日小学校だけは二期工事の担当であった。また設計した校舎の内容をみると、愛日小学校以外の小学校では講堂を最上階に設置するタイプのであった。建築スタイルの特徴は柱型を表わしにして、柱頭部にはゴシック風の意匠を施す点にあった。

5－2　代表的な小学校

5－2－1　御津小学校

（i）建設経緯

御津小学校の鉄筋コンクリート造校舎は二回に分けて建設された。一期工事は昭和三年（一九二八）三月に竣工し、北棟と西棟の北側部分、すなわち四階建てのL字型をなす部分である。延坪は一四二二坪、建築費は三一万五〇〇〇円を要し、花岡才五郎の設計であった。二期工事は昭和六年（一九三一）四月に落成し、西棟の南半分、すなわち三階建てまでの部分であった。延坪は四二三坪、建築費は七万六〇三六円を要し、大阪市建築課の設計であった。一期工事と二期工事の関係をみると、一期は二期の約三・四倍の建築面積、建設費に至っては約四倍要していることから、花岡才五郎がある程度設計図を作成しており、それにもとづいて実施設計をおこなった可能性が考えられる。花岡才五郎は昭和六年（一九三一）八月に亡くなっていた。後を引継いだものとも考えられる。

建設経緯[4]をみると、まさに学区制度廃止が決定される四ヶ月前に鉄筋コンクリート造への改築が、学区会で決定されていた。大正一五年六月七日、改築の件が決議されるとある。それから短い期間で設計案がまとめられ、同年一一月一七日には大阪府知事より校舎改築が認可されていた。この日程からは五ヶ月間で基本設計が完成したことになるが、実際にはそれ以前にある程度の設計案が出来ていたのだろう。着工は翌昭和二年一月であり、二ヶ月間で入札し工事業者を決めていたことがわかる。きわめて迅速な動きであり、なにがなんでも昭和二年三月三一日までに着工しなければならなかったという緊迫感が読み取れる。時限立法のように期間が限定されていたからだが、現在では想像できないような建設事業の進捗ぶりであったといえる。

なぜこのようなことが可能になったのか。ひとつの要因として考えられることは改築時の校長・亀島晟の存在が大きい。亀島晟は大正一〇年（一九二一）から昭和八年（一九三三）

大阪市立高等東女学校

までの一二年間校長を務めた教育者で大阪府女子師範学校教諭から校長に招聘されている。この時期中央部の富裕な小学校では奈良高等女子師範学校教員を務めた上島直之が船場小学校の校長になるなど、高等教育機関や中等教育機関で教鞭を執っていた教員が、初等教育機関の小学校校長に招聘されることが頻繁におこなわれており、そのひとつと捉えることができる。最高責任者が優秀でしかも若い年齢であれば、それまでにないような画期的な建築プランや意匠の実現につながったものと考えられる。

亀島校長の業績[5]は次の四つに整理できる。第一は校舎の改築事業であり、第二は郊外学舎[6]の建設であった。亀島校長は公立学校で日本最初の校外学舎を開設し、健康増進を目的として諏訪ノ森の海岸べりの松林のなか校外学舎を設置した。第三は自由画運動の山本鼎や自由教育の小原邦芳を招き、児童中心の教育をおこなった。第四は教材研究で、『綴方準備の新研究』[7]を改築事業前の大正一〇年に刊行していた。「和洋折衷の大きな二階建、表門と裏門、児童は一千二百余人、普通教室の他に特別教室」とは、そのなかの一節で改築前の校舎の建築様態が記されていた。

昭和一九年（一九四四）三月に御津国民学校は廃校となり、この校舎は新たに誕生した御津女子商業学校に転用される。戦後昭和二三年（一九四八）から昭和六〇年（一九八五）まで大阪市立南中学校の校舎として使用されたが、移転したことで空き家となる。校舎は一九八九年秋に解体され、一九九三年に現在のビッグステップビルとなる。

（ii）建築特徴

ブロックプランをみると、L字型の配置で、北棟と西棟からなる。建坪は四四五坪、延坪は一、八四五坪で、地下一階地上四階の五層の建築であった。建築費は三九万一〇三六円であった。北棟が花岡才五郎の設計、西棟が大阪市建築課の設計とあるが、正確には二期工事が完成後に落成式がおこなわれ、『改築落成記念』[8]が刊行された。そこには簡略化された平面図が記される。以下平面図から竣工時の様子をみる。

地階は児童下足傘及び外套置場・手工教室・食堂・ボイラー室などからなり、食堂は教室二室分の広さがあった。一階の北側に表玄関があり、そこから入ると、応接室・会議室・図書閲覧室が並び、廊下を挟んで校庭側に職員室や校長室があった。南端の屋内運動場は九〇尺×三九尺の広さを有した。二階は北棟が中廊下式の教室配置を示し、理科室と普通教室からなる。西棟の南端には校庭に突き出した櫛形の平面をみせる唱歌室が設けられていた。西棟の廊下幅は一般的な廊下幅の約一・五倍あって、その幅員を使って窓際は陳列室となっていた。三階は北棟が二階と同様に中廊下式教室配置を示し、図画室と地歴教室、普通教室からなる。また西棟側には普通教室の約一・五倍広い「学年教室」が設置されていた。四階は講堂・作法室（畳敷）・裁縫室の他に和室が付く。講堂の広さは八一尺×五三・四尺となる。地階は手工教室・食堂・下駄傘置場・電気室・煖房室などとなる。

北棟四階の上部は北側の建物に採光が可能なように北側斜線制限でセットバックする。同様な手法は西棟北側の三階校庭側のテラスや西棟南側の三階校庭側のテラスでもみることができる。こちらは狭い校庭に圧迫感を与えないようになされた配慮からであった。意匠面からみると、北棟四階の上部は柱が斜めになって、ゴシック風のフライングバットレスにもみえる。設計者は異なるが、西棟南側の三階校庭側のテラスでも大きな斜め柱が設けられ、力強さが強調されていた。戦前期までの小学校建築でこのような形態を示したものは他に類例をみない。

ファサード全体の構成をみると、北棟ならびに西棟北側では一階開口上部は先端が尖ったゴシックアーチ形となり、北棟では四階開口上部のパラペットの下端まで柱型が立上がり、柱頭部は三角形となる。昭和四年（一九二九）に完成する愛日小学校の柱飾りにおいても同様な意匠が表出しており、ゴシック風の飾りは花岡才五郎の好んだもの(9)のだったのだろう。講堂の講壇上の中央部には御真影を飾るエディキュラが設けられていたが、その意匠もまたゴシック風に先が尖ったものになる。講堂の欄間窓にはステンドグラスが嵌められたが、そのデザインも校章を真ん中にしてゴシックアーチの形となった。

柱型の間、四階開口上部には帯状装飾が廻り、アチック階が飾られていた。一方西棟北側の外壁には柱型は表出せず、フラットになる。花岡才五郎の設計ではないが、西棟南側の開口部には放物線（パラボラアーチ）形が用いられていた。大阪の小学校でドイツ表現派の影響を受けた意匠の建物はほとんどなかったが、ここでは唯一表現派風の意匠をみせる。

筆者が調査したのは現役校舎として使用されていた最後の年、一九八五年のことで、南側のアールデコ的なファサードのなかにもドイツ表現派風の力強い造形が表れ出ていたことにとても驚かされた記憶がある。

5―2―2　道仁小学校

道仁小学校の鉄筋コンクリート造化は一期と二期の二回の工事を経て完成する。北側に一期の建物が、西側に二期の建物が配され、完成後はL字型のブロックプランを形成した。南側と東側が運動場となる。

一期は大正一五年（一九二六）三月に起工し、昭和二年（一九二七）三月に完成する。設計は花岡才五郎で、施工は松村組であった。建設費は一九万四千円、敷地買収費一一万九〇〇〇円の計三一万三〇〇〇円の大事業であった。建坪は二〇五坪、延坪は六九八坪となる。

二期工事は昭和九年（一九三四）六月に起工し、昭和一〇年（一九三五）三月に完成する。学区制度が廃止されたためにこの計画は頓挫し、旧学区側が八万円の寄付をおこなうことを条件に建設事業は再開した。すなわち当時の校長いわく「自給自足案で市に迫り」[10]建設にこぎつけたものであった。設計は大阪市建築課が担い、担当者は日本インターナショナル建築会の中心メンバーのひとり本多正道であった。本多正道については第三章で詳述する。建設費は一五万円を要した。建坪は二二〇坪、延坪は六六〇坪となる。L字型の校舎で、柱の間隔は一期工事の倍以上広がる。西南角の階段室の出隅は曲面となり、壁面は二階から屋上階までガラス貼りとなり、モダンデザインが試みられていた。

一期の建物の建築特徴をみる。プランは中廊下式の教室配置で、一階は職員室・会議室・普通教室が、二階は教室と理科室、三階は講堂、地階は児童集会室・下駄傘置場などからなる。スタイルは柱型が外壁に表出するタイプで、きわめて短いスパンで配され、屋上のパラペット上部の笠木の下端まで立ち上がる。道路側の柱型は白いタイル貼りとなる。タイルを用いる手法は船場小学校や大宝小学校と共通する。玄関にはポルティコが設けられた。

昭和二〇年（一九四五）の空襲では校下はほぼ全滅するものの、校舎は被害から免れた。この校舎は大阪商科大学に転用され、道仁小学校は大宝小学校に統合される。独立校として復活するのは昭和二九年（一九五四）で、以来昭和六二年（一九八七）までこの地に存続した。同年大宝小学校・芦池小学校と統合し、南小学校となる。

5－2－3　桃園第二小学校

桃園第二小学校は桃園学区の小学校であり、鉄筋コンクリート造化は三期に分けておこなわれた。一回目は大正一五年（一九二六）九月に起工し、昭和二年（一九二七）六月に完成した。二回目は昭和五年（一九三〇）二月に着工し、同年九月に竣工し、三回目は昭和七年（一九三二）二月に着手、一〇月に竣工した。花岡才五郎は一期の講堂棟を担当した。

鉄筋コンクリート造への経緯をみる。大正一三年（一九二四）一一月に同じ学区内の桃園第一小学校で鉄筋コンクリート造の「宏壮なる新校舎」が完成しており、それを知った桃園第二小学校の校区の有志より、鉄筋コンクリート造に改築する要望が出て、鉄筋コンクリート造化が図られることになった。大正一三年一二月四日に開会した学区会で、「桃園第二小学校は講堂の設備なく且教室の配置不完全であって、特別教室の不足を告ぐる状態なるを以て、之が設備の完全を期すべく鉄筋混凝土造の二階建とし、速かに改築工事をなすべしと建議」[11]が発せられ、大正一五年始めに「第一小学校舎と懸隔なき鉄筋の校舎を増改築することとなった。同年九月十五日其の工を起すに到った」とある。

当初の予定は財政の都合上二階建の鉄筋混凝土造として知事の認可を受け、其の基礎工事に着手したのである。勿論将来に於て財政に余裕を生じたるときは尚一階建増し（三階建に）をなし得らるるよう基礎工事を始め、建築方法を採ることとして工事を進めたが、中途にして学区統一も愈々近き将来に実現するの状勢になったので、若し其の暁に於ては、到底所期の目的たる三階の増築は行はるべくもないので、他の諸経費を節約し又火災共済基金の割戻金其の他財政の按配等に依って資源を捻出し、三階建に変更した。

つまり二階建てが三階建てに設計変更した訳だが、こうやって建坪一五四坪、建築費は一〇万六六九五円の講堂なった。

棟が完成することになった。部屋の内訳は一階が雨天体操場、二階が中廊下式の教室配置で六教室、三階が講堂となる。

外観としては柱型が表出する外壁をみせ、柱は一階から二階まで延びて、二階開口部上の頭繋ぎの桁までつながる。三階部は柱型が途中でゴシック風の柱頭飾りとなり、壁と合体する。開口部の形状をみると、一階がアーチ、二階が台形に近い折線アーチ、三階は矩形と、階ごとに形態を変える力強いファサード構成を示す。

この小学校の校地は南北に長い短冊型であり、一番北側に講堂棟が一期工事で完成し、二期は玄関のある南棟とL型でつながる南西の校舎であり、三期が講堂棟とL字型でつながる北西の校舎であった。一期は三階建て、二期は二階建てで南西の校舎の下はすべて地階があり、三期は三階建てで一部地階が付いた。二期と三期は大阪市建築課の設計で、玄関ファサード廻りならびに屋上塔屋には丸窓やアーチなど広義の意味合いでのにぎやかなアールデコ風の意匠が施されていた。

昭和一四年（一九三九）に桃園第二小学校は桃谷小学校に改称している。戦災の被害は校区、校舎ともになく、学校はすぐに再開された。平成三年（一九九一）、桃園、東平、金甌の三校と統合し、中央小学校となる。校舎は一九九七年に解体された。学校があった跡地は現在、空堀桃谷公園になる。一九九五年に現地調査をおこなった筆者の印象としては、二期工事と三期工事の取り合い部分の校庭側の外観に思い切った造形意匠が施されていた記憶がある。

5-2-4　高津小学校

高津学区には高津小学校と日本橋小学校があり、高津小学校の鉄筋コンクリート造校舎は昭和四年（一九二九）一〇月に建設された。日本橋小学校は昭和一三年（一九三八）までは木造校舎しか有していなかったが、この年に鉄筋コンクリート造校舎を完成させる。

南区の小学校は明治四五年（一九一二）の南区大火により類焼していることが多く、高津小学校もこの時に類焼していた。その復興校舎は大正二年（一九一三）に完成しており、それから一六年しか経過していないのにもかかわらず、新たに鉄筋コンクリート造校舎が建設されたのは一見不自然と思われる。学区制度廃止が大きな契機となったことに疑う余地はない。新校舎建設事業は大正一五年（一九二六）頃から準備がなされ、敷地を拡張したりして準備が整い、新校地に移転新築されることになる。

昭和四年（一九二九）に完成した校舎の建築概要は、建坪は三五七坪、延坪は一〇七二坪、工費は二二万一〇〇円で、施工は岡本組であった。プランについての詳細は明らかではないが、外観写真からは一階が雨天体操場、二階は中廊下式の教室配置、三階は講堂であったことが読み取れる。

外観としては柱型が表出する外壁をみせ、二年前の桃園第二小学校講堂ときわめて酷似したスタイルになっており、同一の図面を使った可能性が高い。

戦災で校下は焼失し、鉄筋コンクリート造校舎にも火が入った。焼け残った校舎は被災した人たちの仮設の住宅(12)となり、当然学校としては使用できず、高津小学校は休校に至るが、昭和二七年（一九五二）に復校する。その後昭和四五年（一九七〇）現在の校地に移転した。戦前の鉄筋コンクリート造校舎が建っていた場所は現在国立文楽劇場がある場所である。

注

(1)『大阪新人大観』升谷安治、一九二五
(2) 前掲1と同じ
(3) 当初東区が経営した女学校であったが、大阪市に移管する。第一期工事は昭和三年（一九二八）に完成し、昭和六年（一九三一）二期工事が完成
(4)「学校沿革」『昭和八年三月卒業記念帖』御津尋常小学校、一九三三
(5) 赤塚康雄『消えたわが母校　なにわの学校物語』柘植書房、一九九五
(6) 亀島晟・石原正明『日本に於ける常設林間学校之実際』新教社、一九二三
(7) 著者は御津小学校教員の油田佐吉

(8) 昭和六年（一九三一）に御津小学校内の亀島晟が発行していた。
(9) 建築物の壁面に立体的に造形された祭壇状の部分
(10) 『創立100周年記念誌』道仁小学校、一九七三
(11) 『南区志』大阪市南区役所、一九二八
(12) 『創立120周年記念誌』高津小学校、一九九二

御津小学校 正面玄関側

御津小学校 校庭側

御津小学校 完成予想図

御津小学校 完成予想図 校庭側

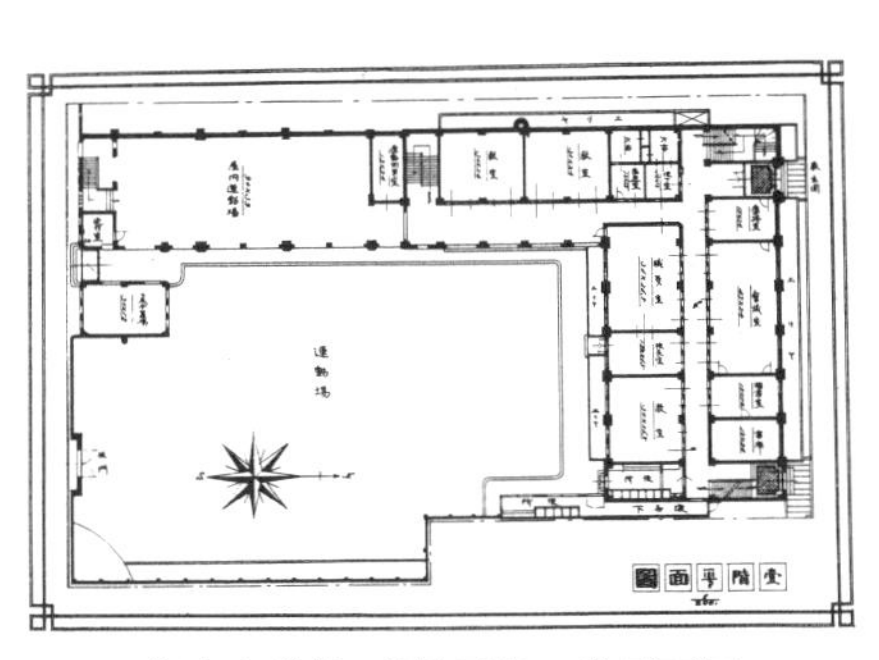

御津小学校 配置図兼1階平面図

御津小学校　2期増築部分

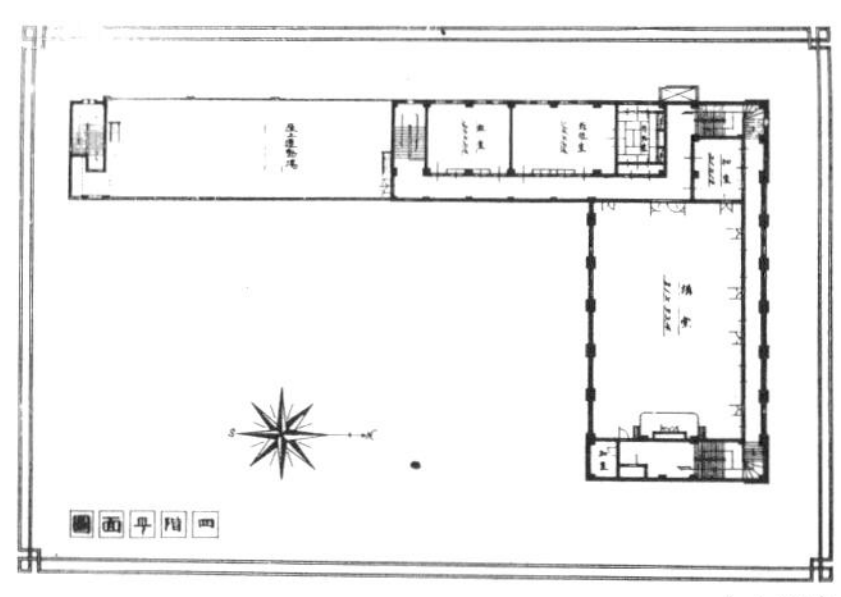

（4階）

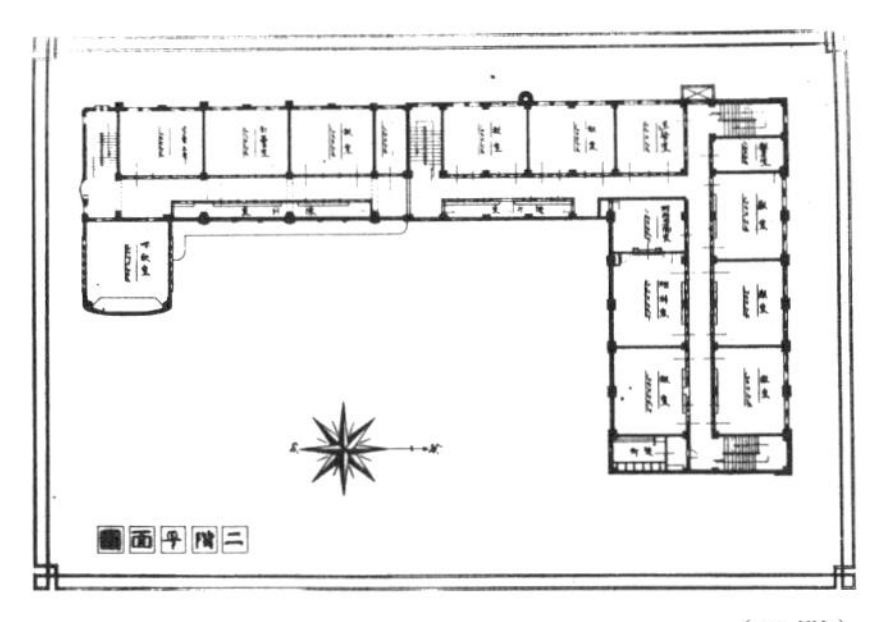

（2階）

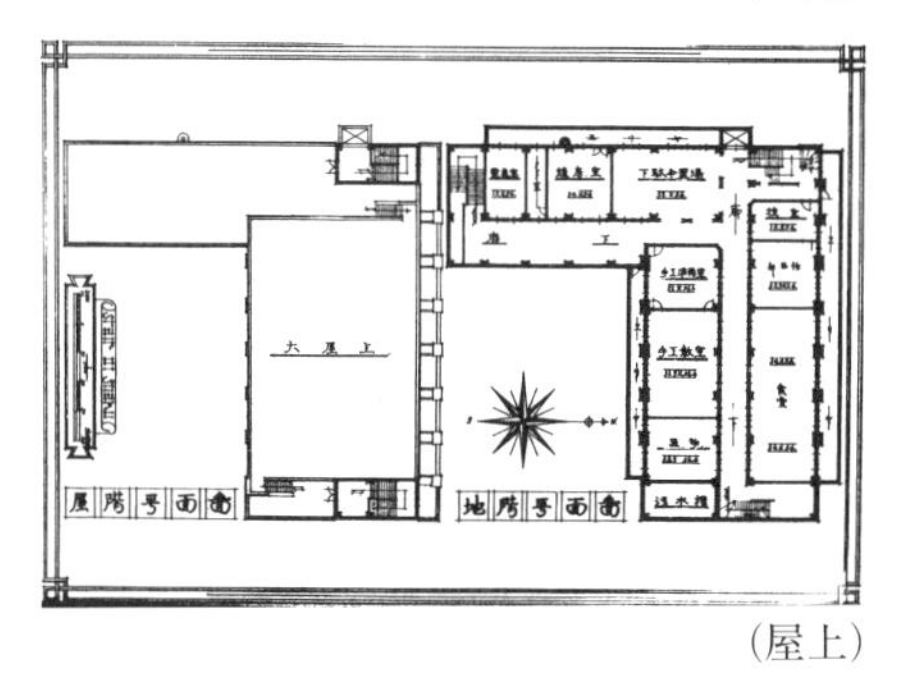

（屋上）

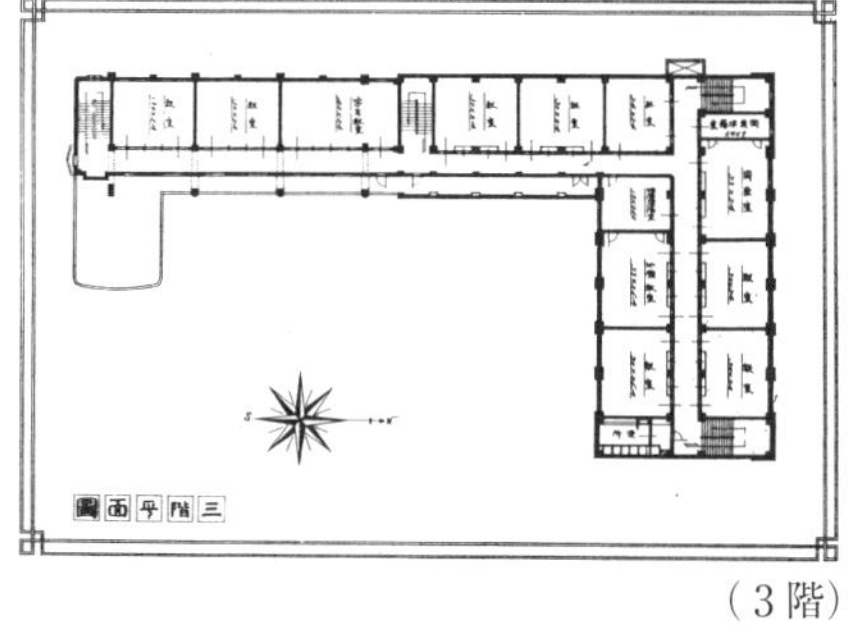

（3階）

御津小学校　4階・屋上平面図

御津小学校　2階・3階平面図

御津小学校 講堂・卒業式

御津小学校「改築紀念写真」表紙

御津小学校のステンドグラス

道仁小学校 鳥瞰図

道仁小学校

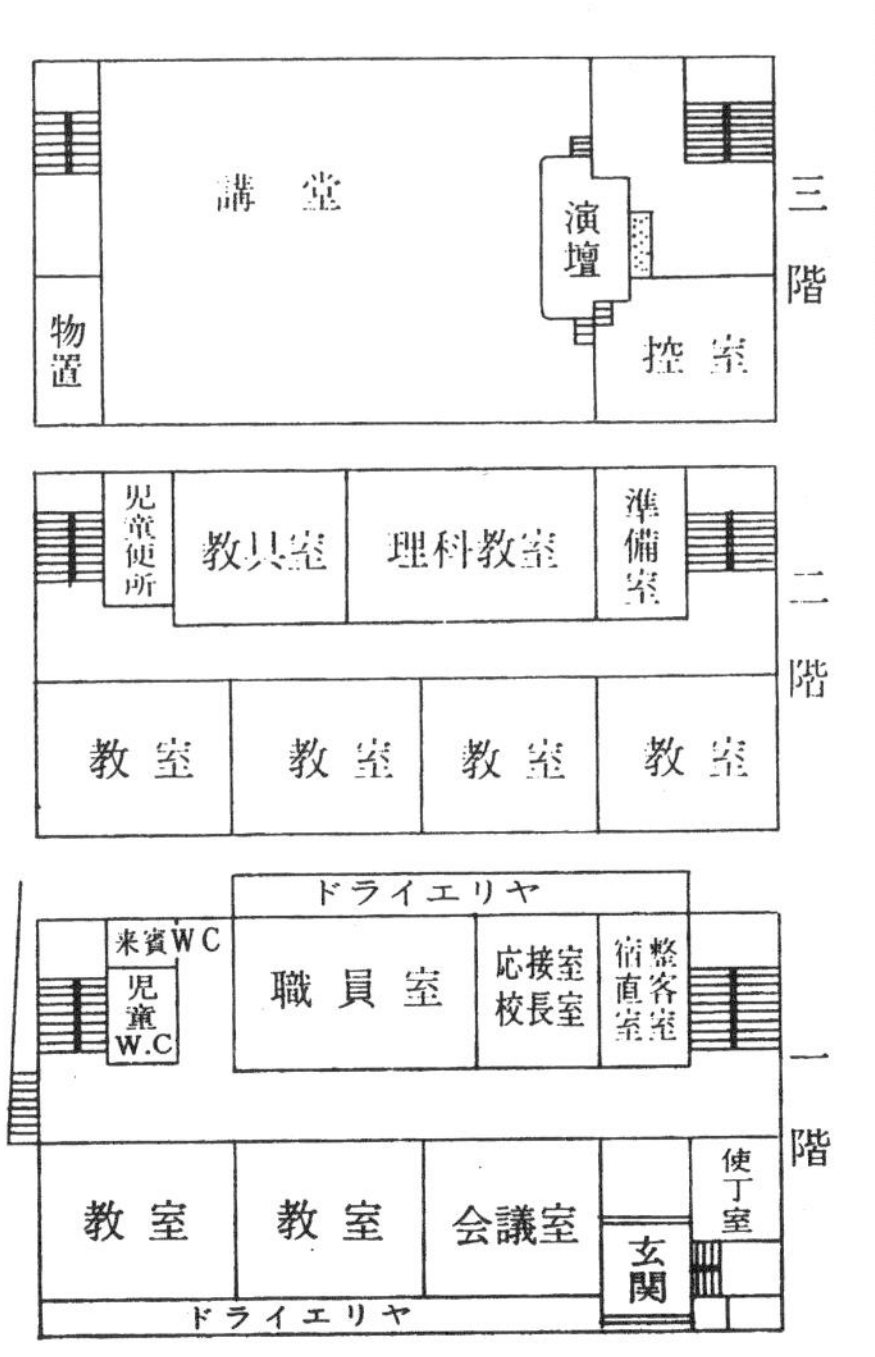

道仁小学校　各階平面図

道仁小学校　外観完成予想図

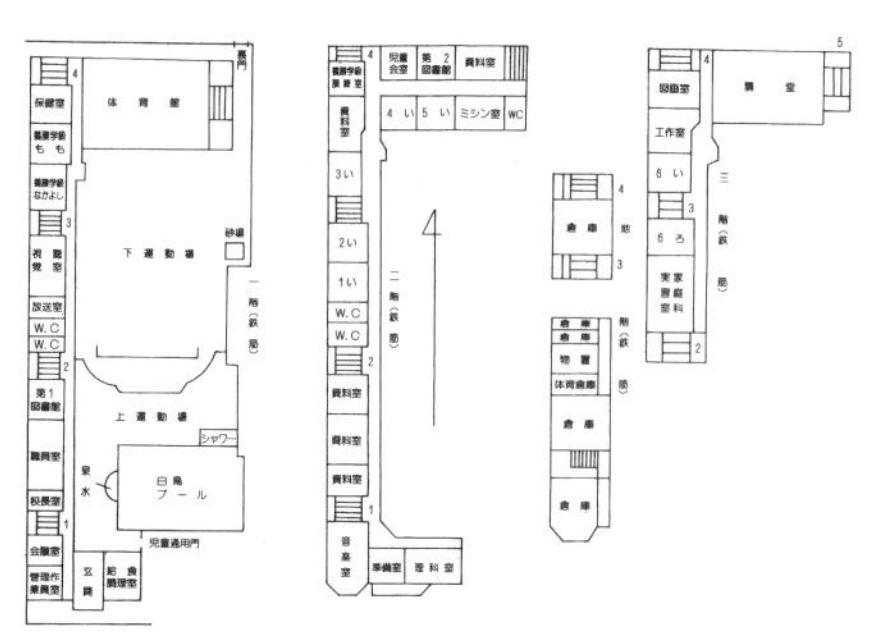

桃園第二小学校 校舎配置図兼各階平面図

桃園第二小学校

桃園第二小学校　3期

桃園第二小学校 内部（筆者撮影）

高津小学校 講堂内部

高津小学校 講堂

6　池田 實

6-1　池田建築事務所

大阪難波に池田建築事務所を主催していた池田實は学区制度廃止直前に西六小学校、東江小学校、恵美第一小学校の設計をおこなっていた。

池田實の経歴[1]をみると、福島県福島市に明治一一年（一八七七）に生まれ、明治三七年（一九〇四）に東京帝国大学工科大学建築学科を卒業し、同年来阪し大阪府警察部保安課技師となる。以来昭和二五年（一九五〇）に死去するまで四六年間大阪を拠点に建築活動をおこなった。大正九年（一九二〇）には大阪府警察部建築課長に就任し、大正一三年（一九二四）依頼免官し、建築事務所を開設する。四六歳の時であった。大阪府警察部に二〇年間在職し、その間明治四二年（一九〇九）の大阪府建築取締規則の制定をはじめ、大正八年（一九一九）の市街地建築物法の公布など、建築物の法的な規制つくりに尽力した。

一方で関西建築協会の設立（大正六年）をはじめ、建築専門雑誌『都人』[2]の刊行（大正一二年）、建築相談所（大正一四年）を開設するなど、建築を主軸として社会への啓蒙活動に深く関わっていた。『都人』ではみずからの建築理念を語り、作品を紹介し、創刊の辞として次のように記した。

> 人生の基礎を為すものは実に建築であって、都市の本體を為すものも又寔に建築である。要するに建築は実生活と離るべからざる関係を具有する科学的技術であると同時に総合的芸術であって人と都との霊的結合連鎖の金楔である。[3]

池田 實

池田實の小学校建築に対する理念は見出せていないが、池田實が主催した『都人』第三星第四光（大正一四年四月）には「教育上の一考察としての学校建築」という一文が掲載されており、当時大阪で次々と誕生していた鉄筋コンクリート造の壮麗な小学校に対して、賛歌ではなく、冷ややかに捉えたきわめて稀な論考であった。著者は西郁陳一という人物で、おそらくはペンネームだったようだ。特定はできないが、池田實と親しい人物だった可能性がある。ここで注意すべきは池田實がこのような視点が重要だと考え、掲載を許可したということである。この主旨は私的な雑誌ゆえに池田實の意見の代弁とも捉えることもできる。

まず「大多数の新しい学校は、申し合せた様に児童昇降口と書かれた、その建物の側面或は端の方の小さな出入口でないと出入りが、出来ない事になっている」とし、児童昇降口ではなく、正面玄関を子どもたちに使わせる必要があることを主張する。その理由が建築の醸成する力こそが、精神的な教育につながるというもので、引用を続けると、

どんな貧弱な学校でも表玄関となると相当注意されているものである。その構造と言い、体裁及形式と言い、充分その学校としての威厳を払っている。何等係り合いのない、一般公衆ですら、校門となると一寸襟を

都人

創刊之辭

都は建築の集團であつて、人は社會の成員である。現代に於ける文化的社會の構成分子たる人は、行に於ては公德に、智に於ては科學にその基調を整へると同時に又、情に於ては趣味にその向上を求め、研鑽、修養、默想、試練を積み、以てその精神的生活をして、深遠な意義と、最高の權威と、雄大な理想と、豐富なる情緒とに充實せしめ、その物質的生活をして、最大な安寧と、至上の幸福と、完美な健康と、潑溂たる能動とに飽滿せしむべきである。

又現代に於ける理想的國家の構成要素たる都は、用途に於ては地域に、實體に於ては構造にその根柢を固むると共に又、品位に於ては美觀にその精華を萃め、計畫、改善、施設、伸展を累ね、以てその外觀的形態をして、秩序整然として衛生に、保安に、交通に、經濟に至便たらしめ、その內容的機能をして、遺漏なく工に、商に、居に、眠に發揮增進せしむべきである。

而して人生の基礎を爲すものは實に建築であつて、都市の本體を爲すものも亦寔に建築である。要するに建築は實生活と離るべからざる關係を具有する科學的技術であると同時に綜合的藝術であつて人と都との靈的結合連鎖の金楔である。職として建築に關與する同人は、刻下に於ける時代思潮の趨勢に鑑みて玆に一社を創立し、その機關誌を發行することゝしたのは、主として自然及人生に對する趣味性の涵養よりして建築に關する思想の普及向上に努め、その改良進步を圖り、尋て都市の健全なる改善發展に資し、以て都市人をして聖代に於ける文化生活の恩惠に浴せしむることを期し、延て人生、社會、國家のため聊か奉仕貢献する所あらむとする微衷の遂に抑壓し得ざるものあるに出でたので、又「都人」と命名した所以である。

都人社々長　池田靈峯

『都人』創刊之辞

正し度うなる。況んや、その校門を潜り学びの道にいそしむ児童や生徒に於いてをやである。何かそこに緊張した精神の漂うものである。これは我々素人考ではあるが、登校に際しての最初のこの一寸した緊張気分は、毎朝校長さんの訓話や一分間の黙想よりも有効ではないかと思うのである。我が儘な家庭と放縦な登校道よりの自由な心得を引き締めるものはあの見窄らしい児童昇降口でない事を一言する。

実際に池田實は関西工学専修学校[4]や京都帝国大学の講師に就任するなどの教育活動もおこなっており、浪速高等学校予備校や大阪高等予備校の校長を歴任していた。

設計についてはキネマパレスや新世界公楽座など劇場や映画館が多く、長く「建築警察」[5]を担ってきた時の関係から設計依頼につながったものと考えられる。また生魂・平岡・住吉といった大阪を代表する神社の修復設計にも関わっていた。学校については大正一五年（一九二六）に木造洋館の梅花女子専門学校（大正一五年）[6]を担った。他に菊正宗道頓堀酒場（昭和一三年）[7]という鉄筋コンクリート造の飲食ビルの設計が判明している。ただ大阪府に在任中は営繕課に所属ではなかったため、大阪府造営物の設計にはあまり関わっていない。

昭和一五年（一九四〇）に日本建材協会会長となり、同年事務所名を池田佐久間建築事務所に改組する。昭和二五年（一九五〇）、七三歳で死去した。

池田建築事務所にはどのようなスタッフがいたのだろうか。国枝博のところでみた佐古律郎所蔵史料[8]には履歴書が含まれており、池田實建築事務所に在籍した所員の履歴が判明する。岩井元義である。戦後大阪工業大学短期大学部建築学科教授をつとめた人物である。岩井元義は明治四三年（一九一〇）大阪生まれで、難波元町小学校、難波高等小学校を卒業し、大阪府立今宮職工学校夜間部建築科を昭和二年（一九二七）[9]に卒業する。卒業後関西工学校予科に編入し、昭和四年（一九二九）に同校建築科を卒業している。関西工学校とは池田實が講師を務めた関西工学専修学校が昭和三年（一九二八）に改称した学校であった。昭和四年に関西高等工学校建築科に入学し、昭和七年（一九三二）に卒業する。関西高等工学校はわが国最初の夜間授業による実業専門学校であった。入学と同時に難波新

梅花女子専門学校 本館

地にあった池田實建築事務所に入所し、昭和一三年（一九三八）の時点までの七年間の勤務が確認される。途中昭和八年から一一年までは藤木工務店に勤務していた。筆者は大阪工業大学在学中に岩井元義による一般構造の授業を受けており、実務に即したわかりやすい講義であったことを覚えている。

6－2　代表的な小学校

6－2－1　西六小学校

（i）建設経緯

西六小学校の鉄筋コンクリート造校舎は昭和三年（一九二八）三月に完成する。既存の木造校舎と並置されて建設された。鉄筋コンクリート造の面積が三二八一㎡に対して木造は二二一四㎡であった。空襲で木造校舎は全焼し、鉄筋コンクリート造校舎も内部に火が入り、校下もほとんどが焼失したため、昭和二一年に廃校となった。

空襲で焼失する様子を三月一三日当日宿直していた教員松尾義夫は「空襲状況報告書」[10]のなかで次のように記した。「木造校舎は、うず高き火の塊となり、数本立ち残る柱が煙の中に真紅の輝きを見せるのみ。新館二・三階の窓より悪霊の舌とも見ゆる焔をはくを望見す。敵機の仕業とはいえ、わずか数時にして、かくもはかなく変わるものか、唯夢の如し」とある。戦後は運動場と木造校舎が建っていた場所は新なにわ筋の道路敷となり、かろうじて残った鉄筋コンクリート造校舎は日本交通の社屋に転用されていた。筆者は一九八五年に外観の調査をおこない、その後解体された。

（ii）建築特徴

ブロックプランはコの字型であり、鉄筋コンクリート造校舎は西棟だけであり、北棟と東棟は木造二階建であった。東棟は大正四年（一九一五）に建設された木造二階建てで、一階は理科室・手工室家事室、二階は地歴室・地歴標本室・普通教室となる。北棟は一階が玄関や職員室などの管理部門、二階は普通教室からなる。
西棟の一階は雨天体操場のほかに普通教室四室・図書閲覧室・文庫室・新聞閲覧室からなり、二階は普通教室一〇室・図書室・鑑賞室、三階は講堂のほかに普通教室二室・唱歌室・作法室・裁縫室からなった。ここでの鉄筋コンクリート造校舎は一階の雨天体操場の上の二階に中廊下型の教室、三階に講堂がそのまま載るタイプではなく、位置関係が桁行方向にずれている。そのために構造補強が求められ、雨天体操場の真ん中に四本の柱が設けられることにつながったのだろう。

西棟の建築スタイルをみると、最上階開口上部の引き込みアーチが連続して連なる点に特徴があり、アーチの迫元は柱型となって一階まで降る手法が取られている。壁面はアーチ形で大きく穿たれるものの、平滑な印象を受けるのは柱型の出面がパラペットの出面と同一面となっているからだろう。またアーチの上部パラペット立上がり部に櫛形アーチで開口が穿たれる。この手法は同年に完成した恵美第一小学校と共通する。屋上塔屋の屋根はヴォールト形となる。

鉄筋コンクリート造校舎建設にあたって、完成予想図が二葉描かれており、一葉は全景を示すもので、そこからは昭和三年（一九二八）頃の西六小学校の様態が一望できる。各棟の建築についてはすでにみたが、注目すべきは東棟の南端から市電道路に面して設けられた便所と物置からなる細長い建物である。コンクリート風の柱型と梁型が外壁面に表れ出た建築スタイルをみせ、一見鉄筋コンクリート造にみえるが、実は木骨モルタル塗の構造であった。[11]平滑ながらも立面構成はデザインがなされたものであり、大工棟梁だけによるものではなかったものと考えられる。このような二層の高さで長大に延びる壁面の形態からは、木骨鉄網コンクリート造の可能性もあるだろう。この時期は大阪では鉄筋コンクリート造建築は出現していない。

三章で詳述する冨士岡重一[12]は明治末から大正初期にかけて東京市立小学校の設計を三橋四郎建築事務所で手がけていたが、この時期大阪でも二棟の建物に関わっており、ひとつが石原時計店で、もうひとつが東大江小学校とある。ただし東大江小学校という名称の小学校は存在せず、おそらくは大江東小学校の誤記と考えられる。ところが大江東小学校の建設履歴を調べても、木骨鉄網コンクリート造だと確認される校舎は出てこない。西六小学校であるとの確証はないが、設計年が近いなど何らかの関係があった可能性も否定できない。

6-2-2　東江小学校

（i）建設経緯

西区内では最初の鉄筋コンクリート造校舎を完成させた東江小学校は二回に分けて改築されていた。一回目は大正一一年（一九二二）一二月に起工し、翌大正一二年（一九二三）一一月に竣工している。関東大震災以前に着工した数少ない校舎のひとつで、設計者は不詳である。建坪は三〇七坪、延坪は九九八坪で、建設費は付帯工事を含めると、二六万八〇五〇円であった。

二期工事は学区制廃止の後の昭和二年（一九二七）八月に起工し、昭和三年（一九二八）五月に完成した。建坪は三一五坪、延坪は七五九坪で、建設費は付帯工事を含めると、一四万八〇八一円であった。設計者は以下の二つの理由により、池田實と考えられる。

第一は池田實が主催していた『都人』第六星第八光[13]（昭和三年八月）に「西区東江尋常高等小学校増築校舎及講堂」として写真が紹介されていた。『都人』では第四星第九光（大正一五年九月）で池田實設計の「私立梅花女子専門学校本館」が口絵に写真入で紹介されており、ここから東江小学校の設計に関わっていたことが推測される。なお写真のキャプションには施工が「新組」とだけ記載があり、別の建築事務所が設計をしていれば当然名前が記載されていたものと考えられる。

第二は講堂のスタイルである。東江小学校と同じ昭和三年に完成した西六小学校の外観は引き込みアーチが連続し、パラペットに開口部を設けるが、ここでは三角形の引き込みアーチが連続し、パラペットは同様に櫛形アーチの形に開口される。すなわちアーチ形が三角形に置き換わっているものの、外観を飾る手法は共通しており、池田實が設計に関わったものと判断できる。

昭和一七年（一九四二）四月東江国民学校と鞆国民学校は合併し、東江国民学校となる。校舎は元の東江小学校校舎が使用される。翌昭和一八年（一九四三）に西船場国民学校と改称する。空襲では火が中に入り、一階二階は全焼に近く、三階だけがかろうじて助かった。昭和二一年には江戸堀、広教、明治、西六の六校を統合する。昭和二〇年代は内部を焼失した鉄筋コンクリート造校舎を復旧し、校舎として使用された。昭和五〇年代まで残っていた。

（ii）建築特徴

一期工事のブロックプランはコの字型とある。[14] 現時点では完成予想図と戦災で被災した直後の写真[15]しか見いだせておらず、両者を照合した結果、この予想図のとおりに建設されていたことは明らかになったが、詳細な史料類が未発見なために細部ならびに配置の状態は不明である。

建築内容としては普通教室が一六室、特別教室は地歴・手工・理科・裁縫・唱歌の各室が設けられた。建築スタイルは柱型が強調されたもので、スパンドレルには幾何学的な取り扱いの装飾が施されていた。特徴はパラペットの形状にあり、外側に向かって三角形となる断面形状を取る。また最上階の軒下、欄間窓廻りの柱型には白いラインで水平線が嵌まり、柱頭飾りを構成していた。

二期工事は校舎棟と講堂棟がL字型に接合したブロックプランを示す建物で、校舎棟には普通教室五室、特別教室が図画室・作法室、が設けられた。校庭側では一階は吹き放ちアーチの廊下で運動場に直面した。意匠はパラペットの下端から軒が見きりとして連続して廻るもので、壁面は柱型をみせるが、スパンドレルとの出面差は少なく、全般に平滑な印象となる。

講堂棟は一階が屋内運動場、二階が講堂で、屋上が運動場になっていたものと推測される。スタイルは前述したように三角形の引き込みアーチを連続させるスタイルで、短いスパンで柱が入り、しかも柱の断面は見かけ上相当に太いものになっており、力強い造形意匠が表現されていた。

6−2−3　恵美第一小学校

恵美第一小学校の鉄筋コンクリート造校舎は学区制度廃止の直前である昭和二年（一九二七）三月に建設に着手し、昭和三年（一九二八）七月に完成した。まさに駆け込み的な建設事業であり、講堂と西校舎が出来る。その建坪は五七三坪となる。この校舎は昭和六一年（一九七六）に全面的に建替えられる。

校舎のスタイルは正面部中心を玄関らしく、最上階の開口部廻りを三連の引き込みアーチとする。ファサード全体についてはパラペットの立上がりを重視したもので、そこにはアーチの形に孔が穿たれ、開口部の頂部を引き締める。柱型の出は浅く、ファサード全体にやや平滑な印象を与える。

背面の写真からは浅い出の柱型は共通するものの、パラペット廻りは正面とは異なる。特徴的なデザインは屋上に上がる階段塔屋が建物ごとキャンティレバーで張り出している点にあり、支える外壁から突出したスラブの接合面は曲面となる。地上からの視線を意識したデザインであり、大阪市では他に類例のない形状であった。

注

（1）『近代建築画譜』近代建築画譜刊行会、一九三六

（2）池田實の私的な出版社都人社から刊行される。大正一二年（一九二三）から昭和六年（一九三一）までほぼ毎月発行されていた。昭和七年（一九三二）まで刊行は確認される。都人社は池田建築事務所の中にあった。

（3）『都人』第一星第一光　大正一二年五月五日、による。

（4）大阪工業大学の前身

（5）戦前の建築物取締事務は市街地建築物法により、各府県警察部の建築課が担当していた。

（6）現在の梅花女子大学の前身で、大阪府豊能郡中村（現在の豊中市）に移転新築したが、昭和二〇年（一九四五）漏電による火災で焼失する。移転は梅花女子高等女学校も同時におこなわれた。

（7）川島智生「菊正宗道頓堀酒場」『醸界春秋』第五六号、醸界通信社、二〇〇〇

(8) 川島智生所蔵
(9) 大阪府立今宮工科高等学校定時制課程
(10) 伊勢戸佐一郎・大西進・三島祐一『西六いまむかし』西六連合振興町会、一九八六
(11) 空襲で跡形もなく焼失している。
(12) 昭和二年（一九二七）に大阪市建築課技師となる。
(13) 六星八光とあり、池田實は発行年を「星」、発行月を「光」と表記していた。
(14) 『100年の歩み』大阪市立西船場小学校、一九七二
(15) 13と同じ

西六小学校（筆者撮影）

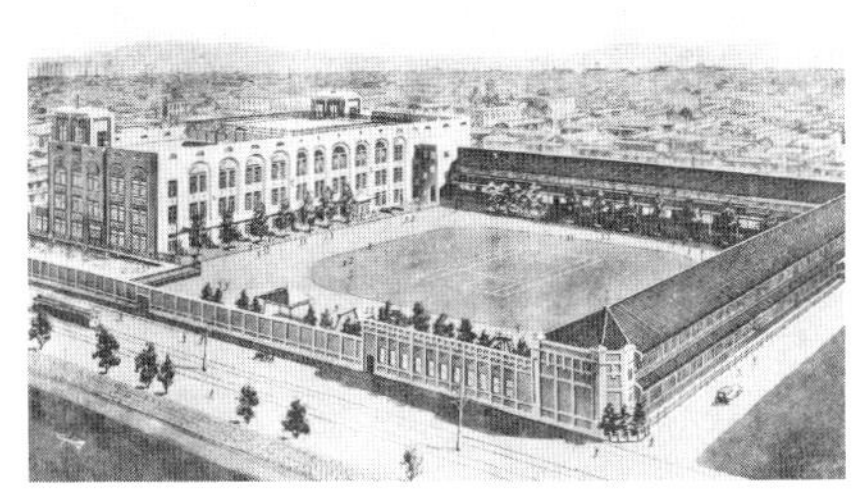

西六小学校 鳥瞰図

校舎平面図　1階

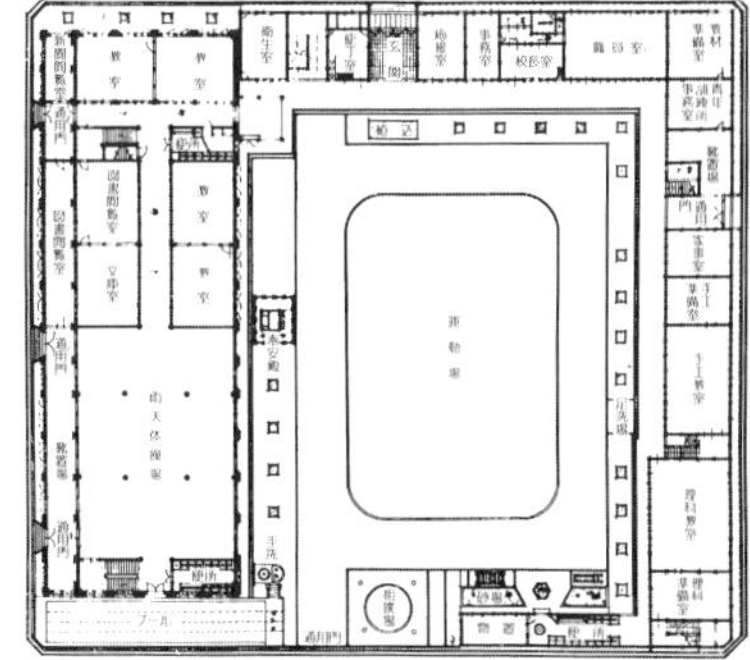

西六小学校 配置図兼1階平面図1

西六小学校 大正４年のコンクリート壁の校舎

西六小学校 校庭側

東江小学校　１期工事完成予想図

東江小学校　２期工事（右が講堂）

恵美第一小学校 背面

恵美第一小学校

7　熊澤栄太郎

7－1　熊澤栄太郎の経歴と建築

熊澤栄太郎[1]は大正後期より昭和戦前期に大阪で建築活動をおこなった民間建築家で、大阪建築所を大正九年（一九二〇）八月に塩屋智隆、伊藤文四郎と三人で設立する。熊澤家は徳川幕府の作事に担い、東京に一三代続いた家柄であった。熊澤栄太郎は明治一二年（一八七九）一二月に東京で生まれ、明治三〇年（一八九七）八月に工手学校建築科を卒業し、同年翌九月より明治三三年（一九〇〇）まで東大で造家学科教授の中村達太郎・石井敬吉の指導を受け建築学の研究を続け、同時に東大キャンパスの校舎の設計や建設に従事する。

その後海軍横須賀鎮守府を経て、明治四一年（一九〇八）より韓国度支部建築所技術者となる。明治四三年（一九一〇）の韓国併合により、度支部建築所は朝鮮総督府総務局営繕課に改組されるが、引き続き大正六年（一九一七）まで朝鮮総督府につとめる。すなわち建築部門の最高責任者であった国枝博[2]（137頁参照）とは同じ官庁の営繕組織にいたことでつながりがあったものと推測される。熊澤栄太郎が一期工事を手がけた靫小学校の二期工事を国枝博が担った背景にはこのような関係が考えられる。

熊澤栄太郎

大正六年より久原鉄工所に勤務し山口県下松町の笠戸造船場を拠点に工場などの設計をおこなった翌大正七年（一九一八）五月に大阪の渡邊節建築事務所に入る。渡邊節は明治四一年より韓国度支部建築所技師となり、明治四五年（一九一二）までの四年間勤めており、熊澤栄太郎の在職期間と時期が重なる。渡邊節が建築事務所を開設したのは大正五年（一九一六）ことで、大正七年（一九一八）頃より仕事が急増していた。村野藤吾が入所したのも大正七年であり、所員の増員が必要になったのだろう。この時期の渡邊建築事務所は三井物産宇野造船所工場をはじめ、吉備造船所、妙寺製紙などの工場建築を数多く手がけており、そのような経験があり、しかも朝鮮総督府時代に知合っていた熊澤栄太郎は願ってもない技術者であったものと想像される。

ここでは海洋気象台や東洋リノリウム会社などを担当していた[3]。大正九年（一〇二〇）六月までの二年間勤務し、大阪建築所を開設する。

設立メンバーの伊藤文四郎[4]は熊澤栄太郎の工手学校の後輩であり、大正三年（一九一四）カリフォルニア大学を卒業し来阪していた。一方塩屋智隆の経歴は不明である。伊藤文四郎と鹽屋智隆は大正一二年（一九二三）三月に大阪建築所を辞め、以降熊澤栄太郎を中心に大阪建築所は建築活動をおこなう。昭和一三年（一九三八）一〇月に熊澤は五九歳で死去した後、大阪建築所は息子の熊澤六朗が跡を継いで土佐堀で設計活動をおこなっていた。

大阪建築所の手がけた建築類型は事務所や銀行、学校、工場、教会、住宅と多岐にわたったが、建設された場所としては大阪と山口県下に多い。代表作は服部時計店大阪支店[5]や長周銀行本店で、長周銀行小郡支店（大正一五年）[6]は現存する。学校建築に関しては江戸堀・靱・踞尾（つくお）[7]・川北の四小学校が確認され、大阪市内のものとしては江戸堀・靱・川北の三校あり、江戸堀小学校と靱小学校は鉄筋コンクリート造で、川北小学校は木造校舎だった。踞尾小学校は大阪府泉北郡踞尾村（現在堺市津久野）にあって、大阪市域ではない。

靱小学校は一期工事は大正一三年五月に起工し、大正一四年（一九二五）三月に完成している。コの字型プランのなかでの西棟を対象とした工事であり、延坪三三七坪、工費は一二万一四七〇円であった。一階は理科室・家事教室も二階三階は普通教室が三室ずつ配置され、施工は清水組[8]であった。川北小学校は大正一〇年（一九二一）一一月に校舎を新築移転しており、この時の校舎は昭和九年（一九三四）の室戸台風で倒壊していた。

7-2　江戸堀小学校

(i)　建設経緯

西区の江戸堀学区は大正九年（一九二〇）より高等科や実業補習学校を江戸堀小学校に併置するために、増改築工事が始まる。一期は建坪二六一坪、木造二階建ての校舎で、大正一〇年（一九二一）五月に完成する。工費は敷地買収費も含めると、八万八二〇〇円かかった。設計者は不明で、施工は池田栄三郎が担った。

二期は建坪一三五四坪の鉄筋コンクリート三階建ての「洋館」校舎であり、大正一二年（一九二三）七月に着工し、大正一三年一二月に完成した。設計は大阪建築所で、施工は当時大阪曾根崎新地で請負業を開いていた池田勘蔵であった。工費は三七万四六一九円、くわえて土地買収費五万七六五二円の計四三万二二七一円を要した。

なぜ鉄筋コンクリート造になったのかは定かではないが、大正一二年七月に着工していることからは関東大震災（大正一二年九月一日）の被災を理由とするものではないことがわかる。一期工事と二期工事が異なる構造となる改築事業は他に類例をみず、なぜこのようになったのかは詳しくはわからない。考えうることは隣の東江小学校が大正一一年（一九二二）一二月に鉄筋コンクリート造校舎の着工をおこなっており、また船場小学校が大正一二年三月に鉄筋コンクリート造校舎を完成させるなど、近隣の小学校校舎の改築事業の影響があったものと想像される。

（ii）建築特徴

鉄筋コンクリート造校舎はL字型に配置され、校庭の南東部を空け、敷地の北側と西側に建つ。校地の南と東には道路に面して木造校舎があり、一期工事による建物であったと思われる。部屋配置をみると、道路に面した北棟の一階に職員室などがあり、西棟には屋内運動場があり、その南側に幼稚園の遊戯室と保育室がある。二階は普通教室一〇室と図画室、唱歌室からなる。三階は西棟に講堂があり、普通教室七室と地歴教室からなる。地階には児童文庫が設置されていた。プランニングとしては北棟が片廊下式教室配置、西棟は一階が屋内運動場、二階が中廊下式の教室、三階が講堂となる。西棟のこのような複合校舎は大阪市内の小学校に特有なもので、久宝小学校に最初に出現していた。また校庭側の一階はアーケードとなり、櫛形アーチの開口部が連なる。

建築スタイルは玄関部を中心に左右対称のファサード構成を示し、外壁面に柱型が表出する。柱型は一階から屋上階までつながり、垂直性を強調する。装飾的な要素は玄関廻りと三階柱頭、屋上階の柱の立上がりにみられる。玄関にはアーチ状の庇ならびにアーキヴォールトが付き、その頂部屋上にはバロック風にうねったパラペットが大きく立上がり、中心性を強調する。柱頭ならびに柱の立上がり部には幾何学的な意匠の飾りが施され、また大きく張り出した軒を支える持ち送りが軒下に設けられる。

外観の様子は『新建築図集　一巻』（華匠会）(9)のなかの「学校」（番号15）として描かれていた。銅版画のような筆さばきを表出するこの絵を完成予想図とみることもできるが、このようなプレート集に収められていたことからは、大正後期には模範的な学校建築と捉えられていたことが読み取れる。このプレート集にはもう一葉学校があって、アメリカの学校の写真（番号16）である。

(iii) 廃校と転用

昭和二〇年（一九四五）の空襲で木造校舎は全焼し、鉄筋コンクリート造校舎も半焼した。校下の建物は九五％焼失し、人口は激減する。昭和二一年に西船場小学校に統合され、校舎はその後大倉商業学校になる。昭和二四年（一九四九）以降は大阪市立花乃井中学校の校舎に転用され、昭和五八年（一九八三）の改築まで使用されていた。

注

(1) 「故正員熊澤栄太郎君の略歴及作品」『日本建築士』第二五巻五号、一九三九、『工手学校―日本近代建築を支えた建築家の系譜―工学院大学』彰国社、二〇一二

(2) 設計係長をつとめる。山口廣『6都市の精華　日本の建築［明治大正昭和］』（三省堂、一九七九）の「韓国政務機構一覧」による。出典は『施政二十五年史』朝鮮総督府、一九三五

(3) 自筆の経歴書による。孫の熊澤和信氏所蔵

(4) 明治一五年（一八八二）長野県駒ヶ根市東伊那に生まれ、昭和一六年（一九四一）東京市杉並区で伊藤文四郎建築研究所を主催。東京帝国大学図書館、帝国ホテル、日本郵船本社の設計に参画する。駒ヶ根市郷土館、高遠閣の設計者として知られる。

(5) 大正一二年（一九二三）に竣工した四階建ての洋館で、塔が出隅部に立上がる。施工は清水建設で、大阪市東区博労町にあった。現存しない。

(6) 現在山口銀行小郡支店大正町出張所。木骨造

(7) 昭和九年（一九三四）完成。建替えられている。鉄筋コンクリート造二階建てで、堺の藤木組が施工

(8) 清水建設のことで、靱小学校竣工にあたっての「工事竣功報告書」があり、そこからは工事主任として、松本宇吉郎・加藤誠二の名前が読み取れる。

(9) 発行者、発行年は記されておらず、図面と写真からなるプレート集で四〇枚が確認される。

江戸堀小学校 校庭側

江戸堀小学校

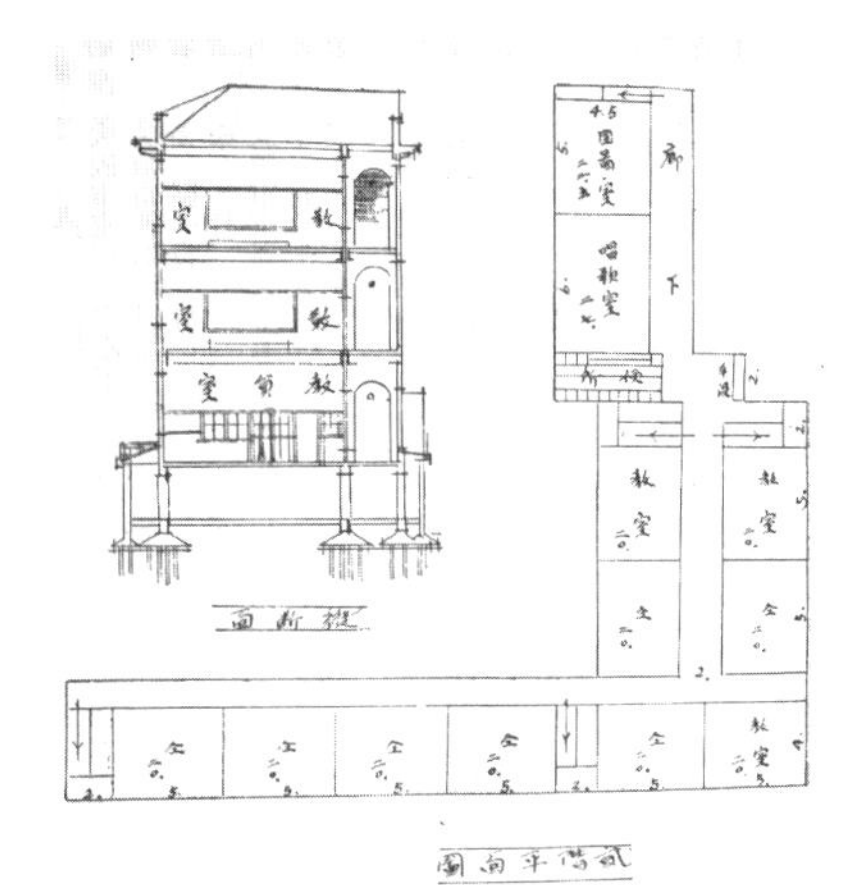

江戸堀小学校 2階平面図・断面図

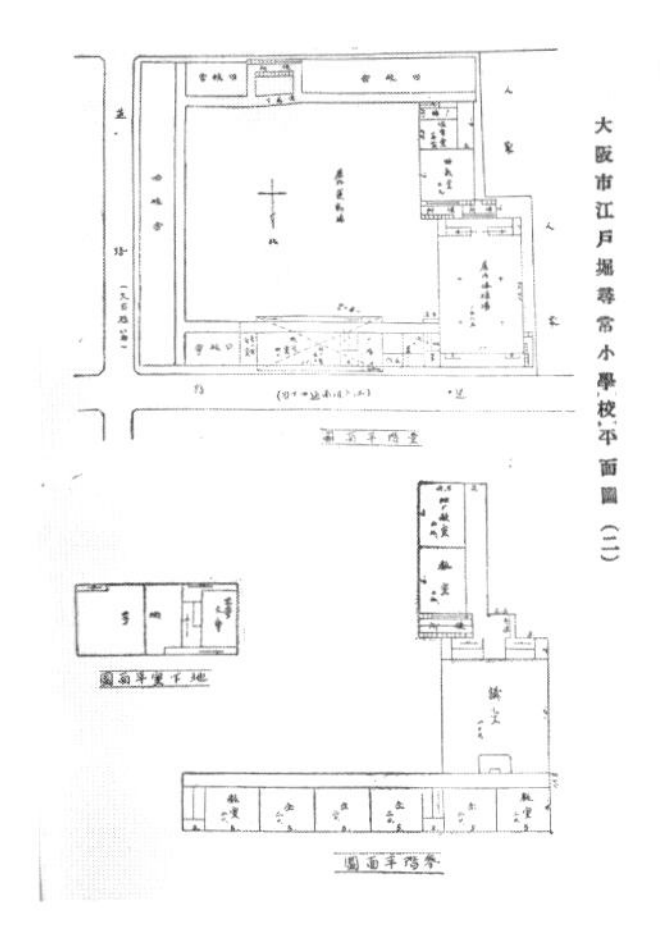

江戸堀小学校 配置図兼1階・3階平面図

江戸堀小学校 玄関廻り

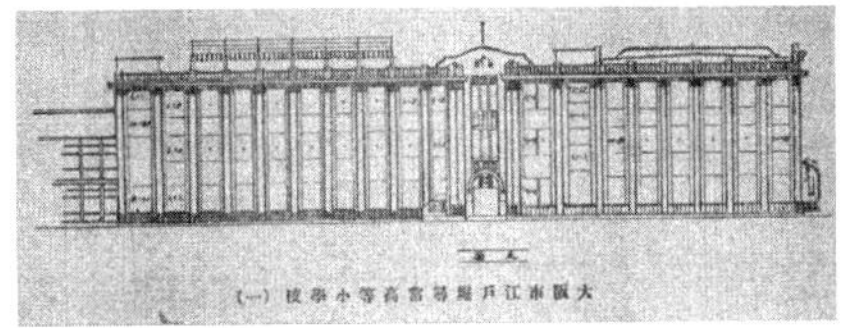

江戸堀小学校 立面図

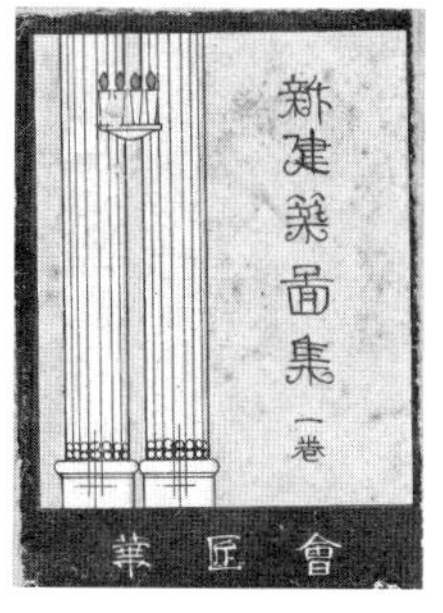

新建築図集第1巻表紙

江戸堀小学校

服部時計店大阪支店

アメリカの学校

大正十年八月八日創立

大阪市北區堂島濱通
四丁目三番地

大阪建築所

電話（長）土佐堀一一二三七番

所主　従五位　壙屋智隆

パチエロアー、オフ、サイエンス
カリホルニヤ州政廰公認建築士

建築士　伊藤文四郎

建築士　熊澤榮太郎

業務要綱

和洋諸建築ノ設計竝工事實施ノ監督

官公署、銀行、會社、商店、事務所、集會所、旅館、倶樂部、教會堂、劇場、浴場、市場、冷藏庫、學校、病院、圖書館、工場、住宅、倉庫其他各種建造物

建築敷地ノ測量

建築法規上官公署ニ對スル申請其他ノ手續

建築請負業者又ハ材料供給業者等ヨリ見積書ノ徴取

竝請負契約ノ手續

建築物ニ關スル鑑定竝評價

其他建築ニ關スル諸般ノ相談事項

〔附記〕　御用ノ節ハ御一報次第所員參上可致候　建築設計等ニ付官公署ノ御用命ニ對シテハ御制規ニ適ヒ候様特別ニ注意按排ノ上調進可致候

工事竣工報告書

8　阿部美樹志

8－1　阿部建築事務所

わが国の鉄筋コンクリート造建造物の第一人者が大阪の小学校を手がけていたことはあまり知られていない。阿部美樹志は当初土木エンジニアであり、鉄道高架橋の専門家としてスタートするが、大正九年（一九二〇）に東京に土木ならびに建築を専門とする事務所を開設し、以降は建築家としての仕事を数多くおこなった。[1]

経歴をみると、明治一六年（一八八三）五月に岩手県一関町（現一関市）に生まれ、明治三八年（一九〇五）に札幌農学校土木工学科を首席で卒業し、逓信省外局の鉄道作業局に就職する。三年後の明治四四年（一九一一）には農商務省の海外実業練習生の選抜試験に合格し、アメリカイリノイ州立大学に留学する。当時同大学にはコンクリート工学の世界的権威のアーサー・タルボット教授がおり、その門下生となり、大正三年（一九一四）にはｐｈドクターの学位を取得する。その年ドイツのハノーファー工科大学に転学するが、第一次世界大戦勃発により帰国し、鉄道院東京改良事務所に復帰する。大正五年（一九一六）鉄道院技師に就任し高等官七等の職位を得る。同年『鉄筋混凝土工学』を出版する。[2]

大正九年（一九二〇）に依頼免本官、独立し阿部建築事務所を設立する。三七歳の時であった。同年京都帝国大学より「鉄筋コンクリート緊定框構の理論およびその実験的研究」で工学博士の学位を得る。大正一二年（一九二三）には横浜高等工業学校講師の嘱託、北海道帝国大学工学部創設委員となり、土木学科教授に内定していたが、事情が生じ辞退している。昭和四年（一九二九）浅野混凝土専修学校校長をつとめる。昭和二一年（一九四六）戦災復興院二代目総裁に就任する。昭和二三年（一九四八）には貴族院議員建設院総務長官、昭和三五年（一九六〇）首都圏不燃公社会長、昭和四〇年（一九六五）に八二歳で死去する。[3]

阿部美樹志

阿部美樹志は建築家というよりも構造技術者であり、建築学を正式には学

阿部美樹志邸

中央大学 本館

一関小学校 講堂

習していない。では設計の際にプランや意匠はどうしていたのだろうか。実は友田薫[4]という建築デザインを得意とする技術者が大正一三年に阿部事務所に入所し、以来チーフデザイナーとして阿部事務所の建築作品を手がけていた。友田薫は工手学校建築科を卒業した建築技術者で、昭和一一年（一九三六）まで在籍し、同年友田薫建築事務所[5]を東京に開設する。友田薫が入所以来、阿部建築事務所の作風に大きな変化が生じ、それまではゴシック風はあるものの古典的な意匠が主であったが、以降はアールデコなどの影響を受けたスタイルに変わっていく。大阪梅田の阪急百貨店[6]や神戸阪急会館[7]が代表作である。

阿部美樹志が最初に設計した建物は三井三号館（大正五年）や横浜生糸検査所（大正六年）であったが、いずれも構造設計のみの担当であった。プランや意匠も含め設計をおこなった最初の建築は大正一一年（一九二二）に完成の中央大学図書館であり、その後駿河台キャンパスを大正一五年に完成させていた。その校舎は外観がゴシックスタイルで纏められ、プランは中廊下式教室配置、片廊下式教室配置、講堂を内包し、全体はコの字型となる。プランに関しては阿部美樹志が二年前に設計していた大宝小学校と共通する。学校建築としては、大正一五年に富山県の東岩瀬小学校を、昭和一一年には岩手県の一関小学校講堂を手がけていた。いずれも鉄筋コンクリート造であり、一関小学校講堂内部にはアーチ梁を意匠としてみせる特徴的な空間が出現していた。

8-2　大宝小学校

(i)　建設経緯

大宝小学校は島之内の中心に位置し、西側に二ブロック（街区）先は心斎橋通りであり、大丸百貨店があった。大正後期から昭和初期の船場や島之内では、一ブロック全体を占める建物はなかったが、それに準じ過半の敷地を占めた唯一の建築類型が小学校であった。近世初頭に完成した密集市街地のなかで、どのように校地を拡大させていったのか。そこには学区側の熱心な努力[8]が積み重ねられ、ようやく実現したものであった。その事業は鉄筋コンクリート造校舎建設の直前の数年間に集中して実行されていた。

大宝小学校の改築計画は大正八年（一九一九）より開始され、同年一万一八五八円を要し土地買収がおこわれ、校地の拡張がはじまった。引き続き土地買収は続けられ、大正一〇年（一九二一）には総額一六万四九三七円をかけて一〇箇所の土地、計三二六坪の隣地を購入する。この時期は第一次世界大戦による未曾有の好景気の余韻があったことも関連する。

改築計画の起因には二つの理由があり、ひとつは校舎の老朽化で、明治四五年（一九一二）に増築した校舎を除いては建替えの必要を生じていた。もうひとつは義務教育の修業年数延長を鑑みて、それが実施されると大幅な教室数の不足が予測され、そのことに備えたものであった。実際に大正九年の時点で普通教室数は二三であったが、改築後は普通教室が三二室に理科・手工・裁縫・唱歌の四つの特別教室が予定[9]されていた。校地を拡張しても二階建て規模の木造校舎では教室数の大幅な増加は期待できなかった。そこで鉄筋コンクリート造という建物の立体化が可能な新しい構造に期待が寄せられたようだ。地階を入れると四層から五層の建物となり、屋上も運動場として使用できるという、土地の有効活用という観点では願ってもないものであった。

改築事業の過程をみると、大正九年（一九二〇）に「現校舎新築について改築行程其の他要領」[10]という略平面図が作成されており、鉄筋コンクリート造三階建て地階付きのプランが出来上がっていた。実際に建設された校舎と比べ異なる点は、講堂と屋内体操場が実施案の西棟とは逆の東棟に設置、実施案では西棟は中廊下式だが片廊下式教室配置、実施案では東棟に幼稚園舎が内包されるが、南側に二階建ての幼稚園棟などが挙げられるが、コの字型のブロックプランや出隅に特別教室を配し、しかも平面的に突出させる手法を用いるなどは共通していた。また建築費については実際にかかった金額とほぼ同額のものが予定されており、借入れに関して詳細な返済計画が立てられていた。つまり実施案につながる内容がこの時点でほぼ出来上がっていた。

この時期大阪では鉄筋コンクリート造校舎は一校も実現しておらず、参考となる校舎は神戸で大正九年一一月から一二月に完成した須佐・雲中・荒田の各小学校があるだけであった。だが神戸の小学校はいずれもが規模が小さく、参考になったとは考えにくい。だとすれば、このプランはどのようにして作成されたのか。史料的な制約もあって詳しくはわからない。

大正一〇（一九二一）年一〇月一四日には「新築委員会案」[11]が出来上がる。ここで現われたプランは実施案とほぼ同じ内容であって、異なる点は運動場に突きだした階段室がまだ現われていないだけとなる。実際に各部屋の配置や坪数、大きさなどにくわえて、照明器具の種類などについても細かく記されており、この案をもとに実際の設計がおこなわれたものと判断できる。この案は大宝尋常小学校拡張設備委員会で作成したものであり、学区会議員の岩本栄三郎[12]が委員長をつとめていた。

この頃には区会議員並びに学務委員は「建築様式の範を求むべく」[13]各地の鉄筋コンクリート造校舎の視察に出向いていたようだ。「新築委員会案」はそのような研究の結果生まれたものであり、その計画案は鉄筋コンクリート造建造物の専門家で工学博士の阿部美樹志に託され、実施設計に至る。すなわち基本的なプランは学区側でつくられたものであった。だからこそ、地域の要望をそのまま反映することができたといえる。

大正一一年（一九二二）中に設計はおこなわれ、大正一二年（一九二三）四月に着工し、翌大正一三年（一九二四）九月に落成する。施工は清水組であり、工費は五九万七八二八円を要した。資金の捻出は大阪市より一〇年間の借入れで四二万円、学区所有財産の千年町旧校舎の敷地と建物の売却一一万円、ほかに積立金などを以て充当させていた。建築規模は東棟が建坪二三三坪、北棟が建坪二三九坪、西棟が建坪二二八坪、延坪二六三四坪であった。

戦災で大宝小学校の校下はほぼ全焼失したが、鉄筋コンクリート造の校舎は罹災を免れ、戦後校下復興の拠点となる。昭和二一年からは精華・道仁・渥美・芦池・高津の五校は大宝小学校に統廃合された。戦後は都心の過疎化に伴い児童数が激減し、昭和六二年（一九八七）に大宝・道仁・芦池の三校が統合し、南小学校となる。この時に校舎は改築された。

（ii）建築特徴

ブロックプランはコの字型で南側を運動場とする。一ブロックのなかで校地が占める割合は過半を占め、位置は東北側に寄る。玄関は北側の道に面し、通用口すなわち児童の出入口は南側の道路から通ずる。校地の南側は通路を除けば町屋によって囲繞され、道路には面していなかった。

プランからみれば、一階では北棟に中央に玄関が配され、室としては職員室や会議室兼食堂などの管理スペースとなる。東棟は中廊下式教室配置で、大宝幼稚園の園舎に充てられる。西棟は屋内運動場となる。昭和三八年（一九六三）にそこにプールが設置される。二階は東棟・西棟ともに中廊下式の教室を示す。北棟は片廊下式教室となる。三階は東棟が中廊下式教室に、西棟は講堂に、北棟は片廊下式教室となる。

各階出隅に特別教室が配され、手工・理科・図画・地歴・裁縫・作法・唱歌の各教室からなる。その位置は両面ともに普通教室の外壁面より一間（約一・八ｍ）の長さで突出する。

普通教室の大きさは間口五間（約九・一ｍ）、奥行き四間（約七・三ｍ）であり、一教室に二本の柱型が入る。すなわち柱スパンは三ｍピッチになる。それに対して特別教室[14]の大きさは六間（約一〇・九ｍ）×六・五間（約一一・八ｍ）や五間（約九・一ｍ）×六・五間（約一一・八ｍ）となる。

運動場側では北棟から二階建の階段室が玄関車寄せのように突出する。形状としては朝礼台を巨大な建築物に置き換えた形となり、その三階にはベランダが設けられ、パラペット部には時計が嵌め込まれていた。このような構築物は戦前期までの大阪の小学校では珍しいもので、一般的には農村部の木造校舎に多いものであった。大宝小学校では通用門が運動場の南側にあり、そこからの視線を考えて設置されたのかも知れない。

屋内運動場は増田清設計の芦池小学校でも同様な扱いであったが、外界と仕切る建具がなく、歩廊の延長線にあるかのような形状を示した。

(iii) 建築スタイル

建築スタイルをみると、一階は石造を模した人造石塗りとなり、水平目地が入り、基壇を表わす。二階三階は主階となり、そこでは柱型が表わしとなり外壁面に表出する。一方でスパンドレルやマリオンはモルタル仕上げとなり、薄茶色のタイルが張られた柱型を引立てる。三階開口部上と屋上階の間には大きく張り出した軒が廻り、その下の軒蛇腹には円形の帯状装飾に付く。

建物は道路にほぼ直面するタイプだが、大正一二年に完成した船場小学校や久宝小学校と違い、建物の平面形状に凹凸を付けることで、より立体的にみえるように工夫されたものとなる。それは出隅の角部屋の教室を道路側に突出させ、翼部のように取り扱うもので、中央部は出隅の外面より一間（約一・八m）内側に引いて配置されており、その長さでもって玄関構えが形作られていた。このような平面を操作することで、平板なファサードを立体的にみせる手法は運動場側にも用いられており、前述したように廊下を挟んで設けられた玄関の運動場側の階段室が挙げられる。

運動場側の意匠をみると、こちらの柱型はモルタル仕上げでありタイル張りにはならないが、三階開口上部の柱頭部ならびに二階の柱礎で、セセッション風にタイルが縦張りの一列であしらわれていた。柱型の最頂部の意匠はゴシック風の三角形の形状となる。この意匠は花岡才五郎設計の御津小学校の外観意匠に影響を与えた可能性がある。阿部美樹志は中央大学校舎の意匠をゴシック風にまとめており、学校建築はゴシック風にすべきであると考えていたのかもしれない。

注

（1）小野田滋「阿部美樹志とわが国における黎明期の鉄道高架橋」『土木史研究』第二一号土木学会、二〇〇一
（2）江藤静児『鉄筋混凝土にかけた生涯』日刊建設通信新聞社、一九九三
（3）現在、浅野工学専門学校
（4）「故正員友田薫君略歴及作品」『日本建築士』第三巻第一号、一九四三
（5）『工手学校―日本の近代建築を支えた建築家の系譜―工学院大学』彰国社、二〇一二
（6）竹中工務店の設計施工とあるが、全体の計画ならびに構造設計は阿部美樹志、一階のコンコースのアーチ梁の細部意匠は伊東忠太による。
（7）高架駅と映画館などの商業施設が複合した建物で、一九九五年の阪神淡路大震災で被災し解体
（8）『南区志』大阪市南区役所、昭和三年
（9）「現校舎新築について　改築行程其の他要領　大正九年」大阪市立南小学校蔵
（10）前掲（8）と同じ
（11）大阪市立南小学校蔵
（12）大阪東区北浜一丁目株式仲買店を経営していた。
（13）前掲（8）と同じ
（14）厳密には廊下が入り込むために一・五間（約二・七m）×一・五間（約二・七m）の面積が欠ける。

大宝小学校 鳥瞰図

大宝小学校 完成予想図

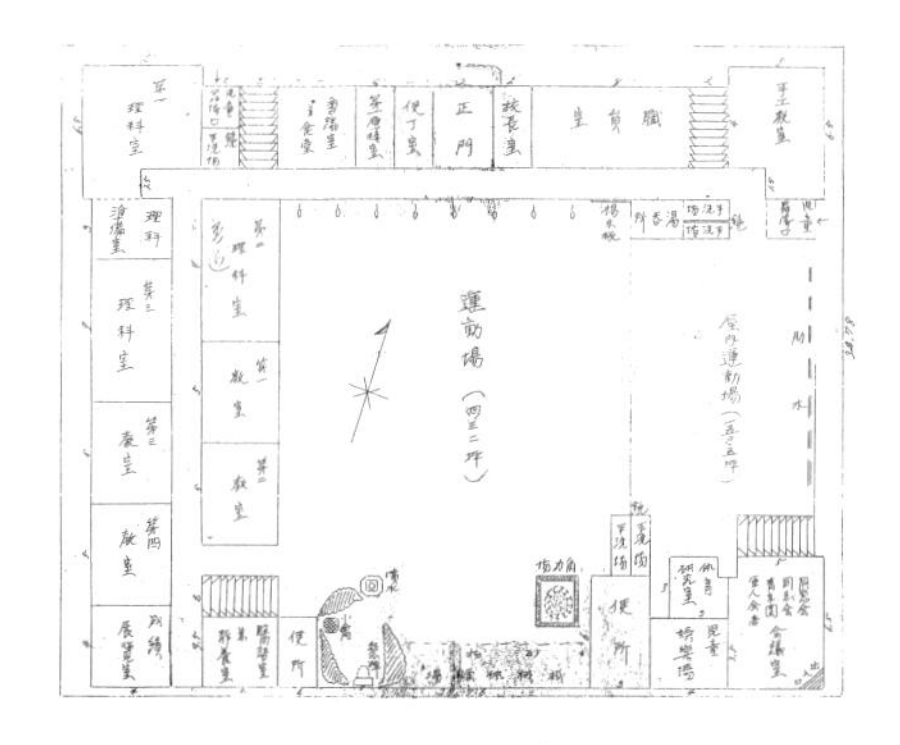

大宝小学校 配置図兼1階平面図

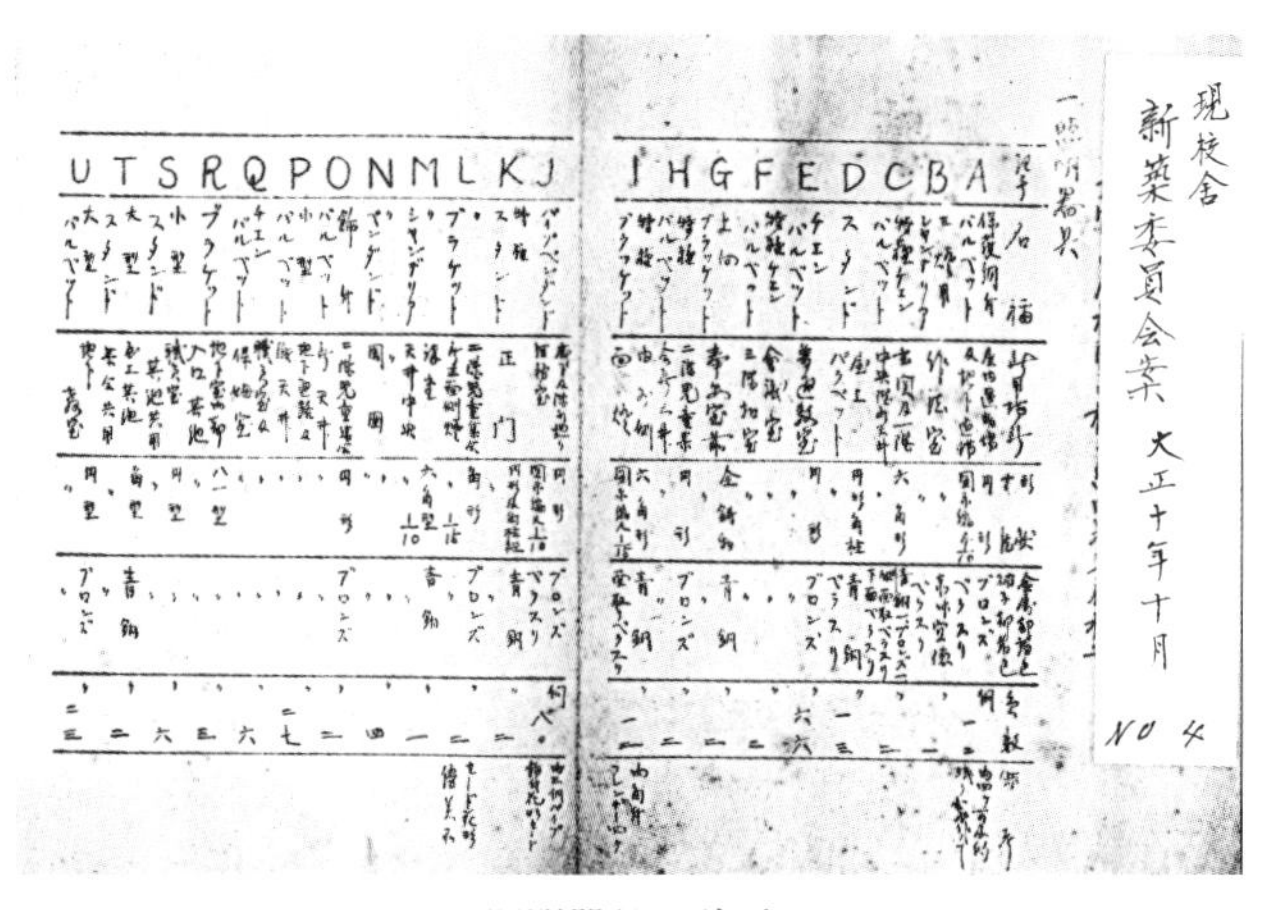

照明器具の計画

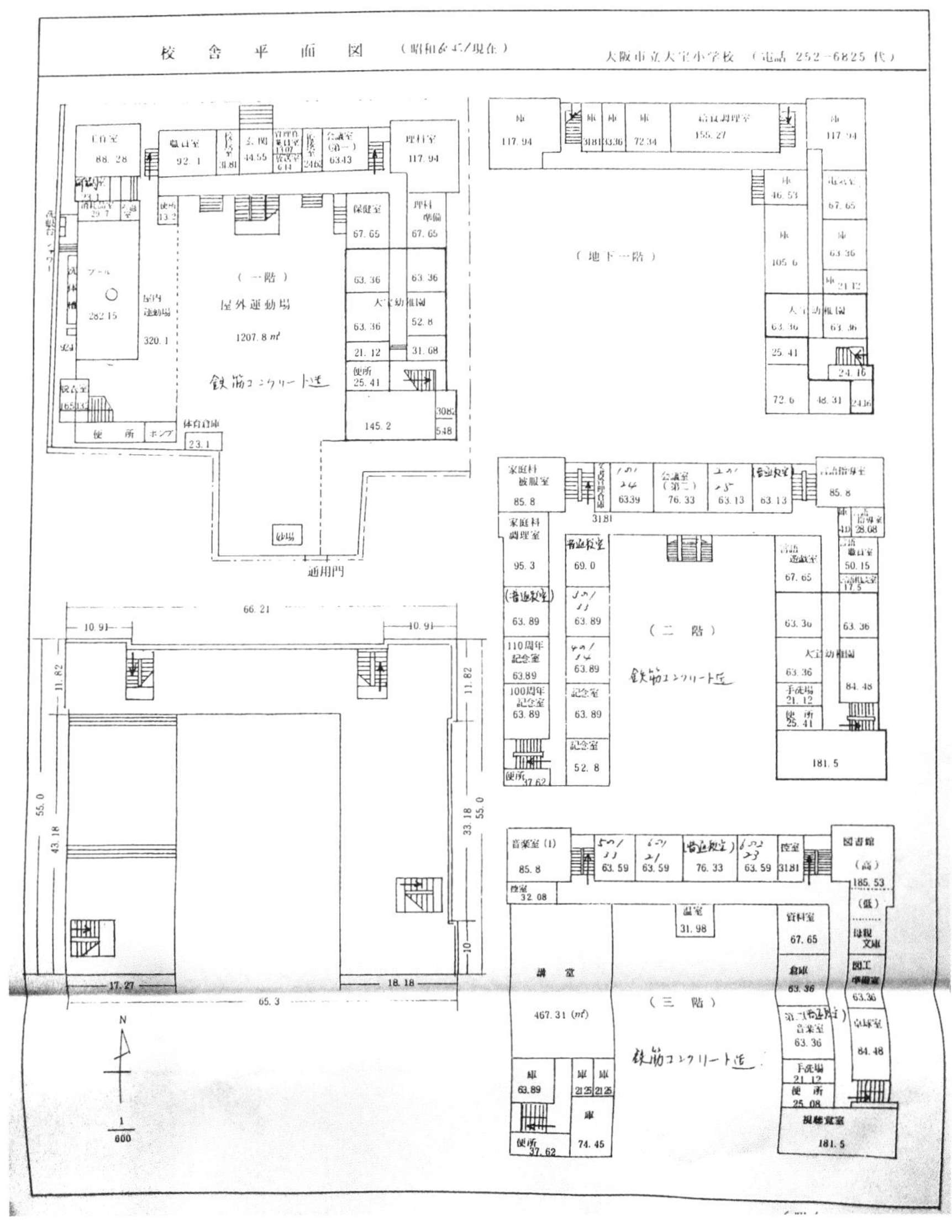

大宝小学校 各階平面図

大宝小学校 内庭側

大宝小学校 玄関廻り

大宝小学校 児童集会場

大宝小学校 講堂

大宝小学校 作法室

大宝小学校 会議室

9　石本喜久治

石本喜久治

日本の近代建築運動の嚆矢、分離派建築会(1)の中心メンバーだった石本喜久治は故郷大阪の小学校を設計していた。大正一三年（一九二四）一一月に竣工する桃園第一小学校である。石本喜久治が二九歳の時であり、その年に出版された分離派建築会の作品集(2)のなかに、桃園第一小学校は「ある学校」という表題で紹介されていた。石本喜久治はこの作品集にはComposition・デパートメントストア・支店銀行・ある学校、の四作品を出展しており、「ある学校」は立面図と平面図が掲載されていた。一般的に建築展覧会(3)に出展されるものの多くは計画案であって、実現されないままに終わることが多いが、「ある学校」は実現事例である。

「ある学校」が桃園第一小学校の本館である事実は、一九八〇年代後半に筆者が実施した小学校建築調査のなかで見出された。大阪市内に残る戦前期までに建設された小学校校舎を廻るなかで、上記の作品集に現れた建物と外観が酷似する小学校を偶然にみつけた。早速学校側に御願いし、沿革に関する書類閲覧を願い、石本喜久治の設計を確認した。また『南区志』(4)にも設計者として石本喜久治の名前が記載されていた。石本喜久治設計の学校建築が実現され、空襲の被害も逃れ、町屋長屋が多く残る大阪谷町の空堀商店街の近くの界隈に残っていたことに驚かされた。

石本喜久治の設計した小学校が存在していたことはほとんど知られていない。設計は石本建築事務所を開く前の大正一〇年（一九二一）のことで、この頃石本喜久治は神戸にあった竹中工務店設計部に勤めていた。つまり桃園第一小学校設計は余業としての仕事であった。余業という性格上、具体的な校名を挙げて作品とすることには抵抗感があり、匿名にしたと考えることもできる(5)。設計後に石本喜久治は大正一一年五月から大正一二年五月まで一年間渡欧している。帰国し竹中工務店に復帰するや東京朝日新聞社屋の設計者に選ばれ、続いて白木屋百貨店の設計のために昭和二年（一九二七）には独立する。このような二つのビッグプロジェクトの影に桃園第一小学校は隠れてしまっていたのだろう。

石本の経歴をみると[6]、明治二七年（一八九四）二月に神戸で生まれる。加藤テーラーという仕立屋の倅であったが子沢山のため、幼少期に親戚筋の石本喜三郎の養子となる。石本喜三郎は大阪の「南」で石本湯という風呂屋を開業しており、石本喜久治はその跡取りを期待されたのだろう。地元の大阪市立高津小学校で学んでいる。現在国立文楽劇場がある場所にこの小学校はこの頃はあった。その後大阪府立今宮中学校を卒業後、東京高等工業学校電気科に入学するが中退した。次に旅順工科大学予科機械科にはいるもののこちらも中退している。その後第三高等学校を大正六年（一九一七）に卒業し、東京帝国大学建築学科に入る。

大正九年に帝大卒業後竹中工務店設計部に入る。当時本店は神戸にあったが、生まれた町神戸にも育った町大阪にも住まずに、京都から神戸まで通っていたようだ。石本喜久治は京都先斗町の大地主の娘と帝大在学中に結婚しており、その関係で京都市東山区の祇園下瓦町鷲尾町に住むことになった[7]。

昭和二年（一九二七）独立して、東京で片岡石本建築事務所を共同経営する。昭和六年には片岡安が引退により、石本建築事務所になる。戦前期石本建築事務所は一種のスター建築事務所であり、夭折詩人として著名な立原道造をはじめ、戦後の建築界に大きな影響力をもった後の京大教授西山卯三、都市計画コンサルティングの草分けのRIA建築綜合研究所の創設者山口文象など蒼々たるメンバーが若き日に在籍した。戦後石本建築事務所はわが国最初の法人組織の設計事務所となる。石本喜久治は生涯現役で建築事務所を経営し、昭和三八年（一九六三）に六九歳で死去した。死後も石本建築事務所は続き、現在はわが国有数の組織事務所として存続する。

石本喜久治の建築理念を考える際に注目すべきは、大正九年に分離派建築会を結成していたことがある。同年第一回分離派建築会展覧会を開き、『分離派建築会宣言と作品　千九百二十』[8]が発行される。翌大正一〇年には石本喜久治の作品は載らなかったが、『分離派建築会の作品第二刊　千九百廿一』[9]が発行された。大正一一年には渡欧し、欧米各地を廻っている。マグデブルクではブルーノ・タウトと会っている[10]。大正一二年には帰国し、大正一三年には洋行の記録『建築譜』[11]を著し、『分離派建築会の作品　第三刊　千九百廿四年』[12]が発刊される。昭和二年頃には分離派建築会を脱会していた。その年、日本インターナショナル建築会に入会する。分離派建築会は翌昭和三年を最後に活動をやめている。

石本喜久治の作品は白木屋百貨店以降、モダンデザインの傾向が強くなり、スタイルの上では時代を画するような作品は現れない。学校建築をみると、昭和一二年（一九三七）に昭和第一商業学校（現昭和第一高等学校）増築[13]、戦中には上海の日本居留民団の中学校・高等女学校・小学校を手がけていた。

今はもうない桃園小学校から一㎞ほど南に下がった寺町の一画に銀山寺[14]がある。ここには石本喜久治が設計した石本家墓碑あり、石本喜久治の育ての養父母ら一族が眠っている。卒業設計で示した「涙凝れり」（ある一族の納骨堂）という巨大な納骨堂とは規模に大きな違いがあるが、楕円の形の使用など表現派風の意匠が用いられ、分離派の建築家として出発した石本喜久治のデザインの片鱗をみることができる。

桃園第一小学校

（i）建設経緯

桃園学区では大正一三年（一九二四）一一月という大阪でも早い時期に鉄筋コンクリート造校舎を竣工させていた。桃園学区にふたつあった小学校のひとつ、桃園第一小学校である。

建設経緯をみる。児童数の激増で大正一一年春に増改築の必要が生じた際に、はじめて鉄筋コンクリート造の校舎が計画される[15]とある。その前の増築は大正八年のことで木造校舎であった。この三年の間に校舎建設事情に大きな変化があり、船場や育英女子高等の両小学校では鉄筋コンクリート造校舎が着工直前であり、久宝、大宝、東江の各小学校においても設計が進行中であった。すなわち大阪市内中央部の各小学校において鉄筋コンクリート造校舎改築の計画が燎原の火のように広がっていた。桃園第一小学校の経緯は次のように述懐される。

旧館が出来た時の八木校長の苦心の程を申上げたい。当時の大阪の学校は各経費の負担区を定めて施設や経常費を出した。しかし富裕区は早く鉄筋校舎になっていた。ここもそうした建築の必要があったが経費の関係で、出来なかった。大正八、九年頃八木校長が神戸地方の鉄筋コンクリートの建物を見に全議員十数名を引率されて私もその中の一人にお伴をした。当時問い合せた費用は鉄筋校舎坪当り二百円でした。帰って設計したが経費は我々出すが施設の方は区役所がする。旧館の建物で最も八木校長が苦心されたのは講堂の音響が散逸しないように天井が三角形を続けて作られたことです。この区域は特別富裕区でなかったが金甌小学校よりは一足先でした。(16)

ここからは建設に先だって神戸の小学校に見学に行っていたことがわかる。つまり設計が依頼される以前の時点で、学区側では校長を中心に計画を進めていた。建設事業を中心に担った八木庄太郎は第二代校長であり、大正五年(一九一六)より昭和三年(一九二八)の一二年間の長きにわたって校長を務めた。(17)設計は前年に東大を卒業したばかりの石本喜久治に委ねられ、大正一〇年(一九二一)に終えられていた。設計依頼の経緯は定かではないが、石本喜久治が育った高津学区と桃園学区は同じ南区であり、子どもの時に遊び回った界隈に位置する。だとすれば地縁の可能性もある。この当時石本喜久治については次のように評されていた。

この鉄筋混凝土造の校舎の建築様式は、所謂分離派に属した当時の最新様式で、期界の権威者たる在京都の工学士石本喜久治氏の設計になる。(18)

完成した校舎は三階建てで、建坪三一八坪、延坪九六六坪、工費は一八万一三〇〇円であった。工事は木村組が担った。

(ii) 建築特徴

建築的特徴をみる。ブロックプランは一文字で講堂を三階に設置するタイプである。一階は玄関、職員室、会議室などの管理部門の室と特別教室からなるが、特別教室は正面に突きだした両翼部に設置される。二階は両端以外の室にくわえて中央玄関上に室が張り出しており、この三室が特別教室となる。向い側には廊下を挟んで校庭に面して四室の普通教室が並ぶ。三階は講堂となり、六教室分の大きさとなる。一階二階はともに中廊下式教室配置となる。このように廊下側は普通教室と特別教室は同一面となるが、奥行きが長い分だけ特別教室は外側に突出していた。

外観をみると、外壁には柱型は突出しておらず、フラットな仕上げとなる。ファサード全体では左右対称を示し、三階の中央部は両端の翼部より一層分高く立上がる。その開口上部だけを三角形アーチとし、中央に七連、左右に五連が連なる。中央部の両端には講堂の屋上に上がるための階段塔屋が立上がる。

最大の特徴は講堂の外壁面を基準として、中央部玄関廻りとその二階の部分、両端部の一階二階の部分、の計三つの箇所が体積や容積を感じさせるマッス（塊）として、道路側に突出していた点にある。それぞれ七つの縦長窓からなるシンプルな箱状突出部の出の深さは一間（約一・八m）あり、高さは二層分の階高で、幅は教室間口分の長さだけあった。

このような、外壁面に箱状の凹凸をつくる手法は石本喜久治の唱えた「建築還元論」[19]の実現でもあった。「建築還元論」の中には「われわれは一つの容積と形態とを備えた立方体を得ます。ここに初めて建築は存在することが出来ます」という一節があり、このような理念が反映[20]されたものとみることができる。なお分離派一回目の展覧会には突きだしたベランダが囲われてマッスとなって外観を形作る職工長屋[21]が出展されており、形態としては共通面がある。

桃園第一小学校校内には昭和一三年（一九三八）に鉄筋コンクリート造の校舎と屋内体操場が建設される。設計は大阪市臨時校園建設所によるもので、日本インターナショナル建築会の伊藤正文が設計の責任者であった。石本喜久治が鉄筋コンクリート造本館を設計した際に同時に建設された木造校舎の建替えであった。北棟・南棟・屋内運動場の三つの建物からなったが、それらの設計が石本喜久治によるものかどうかは定かではない。

桃園第一小学校は昭和一四年（一九三九）に桃園小学校に改称され、戦災では被災を免れた。校下も幸いにして空襲を受けずに、戦前期までの居住空間が残っている。空堀商店街の北側に該当し、現在は桃園公園となっている。
平成三年（一九九一）に中央小学校に統廃合され、校舎は一九九六年夏に解体された。筆者は小学校としての現役時代に現地調査を実施している。内部空間もまたモダンデザインの影響を受け、かつて石本喜久治が得意とした放物線やアーチなどによる流れ出すようなデザインではなく、すべてが幾何学的な形に置換されていた。そのことは開口上部の三角形アーチに以外にも、階段親柱や講堂入口の欄間、照明器具にも現れており、階段親柱では上部に左官彫刻で三角形が刻まれ、欄間では三角形と菱形を組み合わせた意匠、照明器具は階段踊場の天井に三角錐の形態となる。このような石本喜久治の細部形状の三角形へのこだわりは大正一二年（一九二三）設計の大阪野村銀行祇園出張所[22]のファサードにも現れ出ていた。一階扉の三角形アーチ、その欄間は三角形を複雑に絡ませた意匠、一階二階の窓には三角形が三つ縦に並ぶ形の枠がみえる。また屋上への塔屋屋根の螻蛄羽（けらば）（切妻屋根の妻の部分）には淡い青緑色のタイルが傾斜に直交して貼られていた。

注

（1）ウィーン分離派のモーブメントに触発されて大正九年（一九二〇）に結成された建築同人で、日本で最初の近代建築運動。作風はドイツ表現派の影響が色濃い。
（2）分離派建築会・関西分離派建築会『分離派建築会の作品　第三刊　千九百廿四年』岩波書店、大正一三。何回目の作品展なのかは確定できない。
（3）百貨店は見当らず、「市街地建築物法への抗議案として」が載る。
（4）『南区志』大阪市南区長堀橋筋一丁目外九十一ヵ町区、一九二八
（5）分離派建築会の研究者で、HP「分離派建築博物館」主催者の菊地潤氏による御教示。渡欧期については一九二二年が『仲田定之助日記（一九二二－一九二三）抄』（寺門臨太郎、山本佐恵、江口みなみ、二〇一六年、美術批評家著作全集第一八巻、仲田定之助所収、ゆまに書房）、一九二三年が『未公刊資料―仲田定之助のベルリン日記（上、下）』（寺門臨太郎、現代芸術

研究Ⅱ　一九九八年、Ⅲ　一九九九年、筑波大学芸術学系五十殿研究室）による。
（6）石本建築事務所のＨＰの「石本喜久治の生涯」に詳しい。その他に『石本建築事務所50年のあゆみ』一九七七、白川直行「近代日本、建築家の足跡9　石本喜久治」『建築文化』五二八号、一九九〇
（7）『建築学会会員住所姓名録』建築学会、大正一五
（8）岩波書店から発行
（9）岩波書店から発行
（10）菊地潤氏の御教示。一九二二年一一月二日にマグデブルクに赴き、タウトと面会とある。前掲（5）の『仲田定之助日記』による。
（11）石本喜久治著の『建築譜』藝苑社、大正一三
（12）前掲（2）と同じ
（13）現存
（14）開山は京都黒谷紫雲山金戒光明寺第二四世三蓮社縁譽上人休岸大和尚で、浄土宗の寺院
（15）前掲（4）と同じ
（16）「座談会桃園の今昔を語る」『桃園学報八十周年記念号』桃園小学校新聞部、一九五三
（17）岡田孝男「石本喜久治作品年譜」『新建築』第五巻第四号、昭和四年一月号
（18）前掲（4）と同じ
（19）分離派建築会『分離派建築会宣言と作品　千九百二十』岩波書店、大正九
（20）前掲（5）と同じ
（21）矢田茂の作品
（22）前掲（2）と同じ

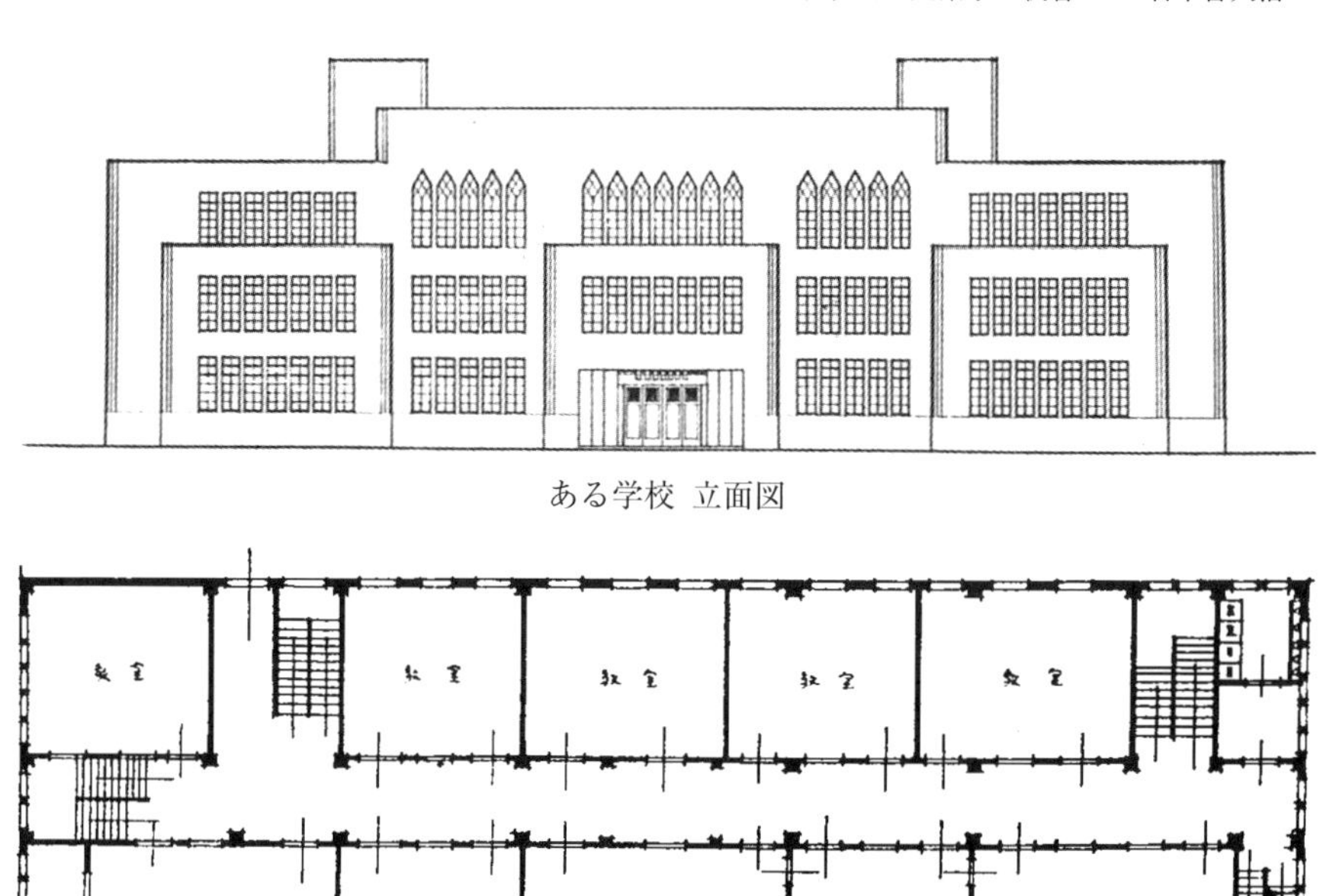

ある学校 立面図

ある学校 2階平面図

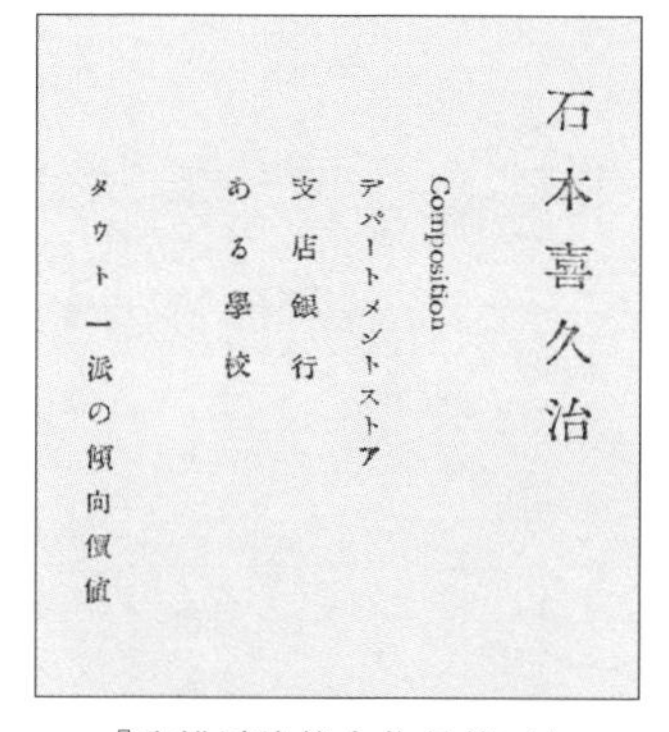

石本喜久治

Composition

デパートメントストア

支店銀行

ある學校

タウト一派の傾向價値

『分離派建築会作品第三』

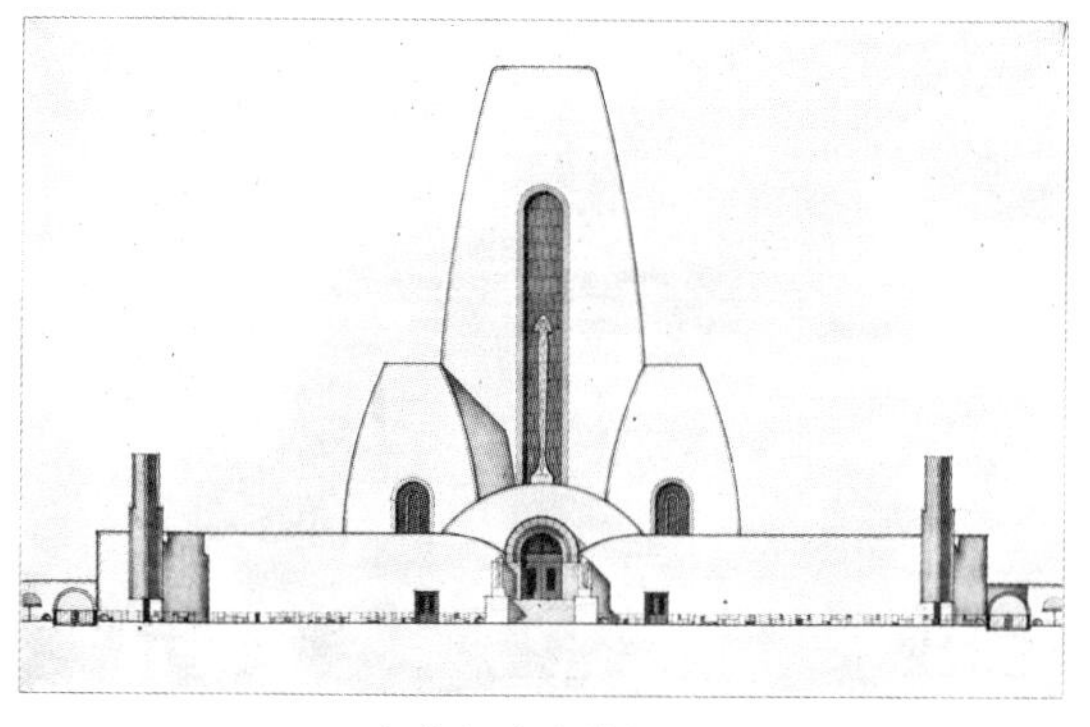

卒業設計 涙凝れり

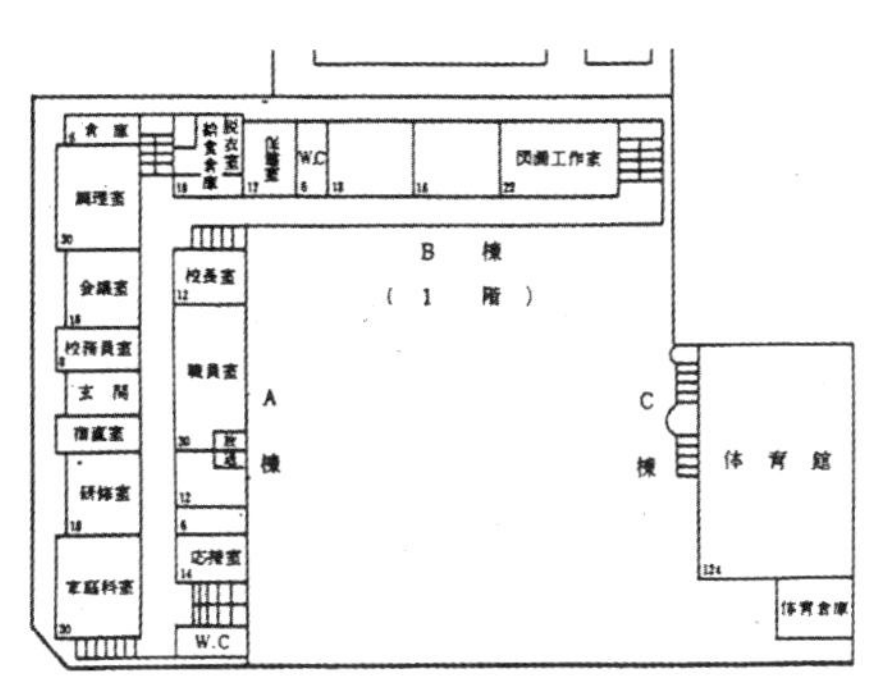

桃園小学校　1階平面図兼配置図

桃園第一小学校鳥瞰図（大正13年）

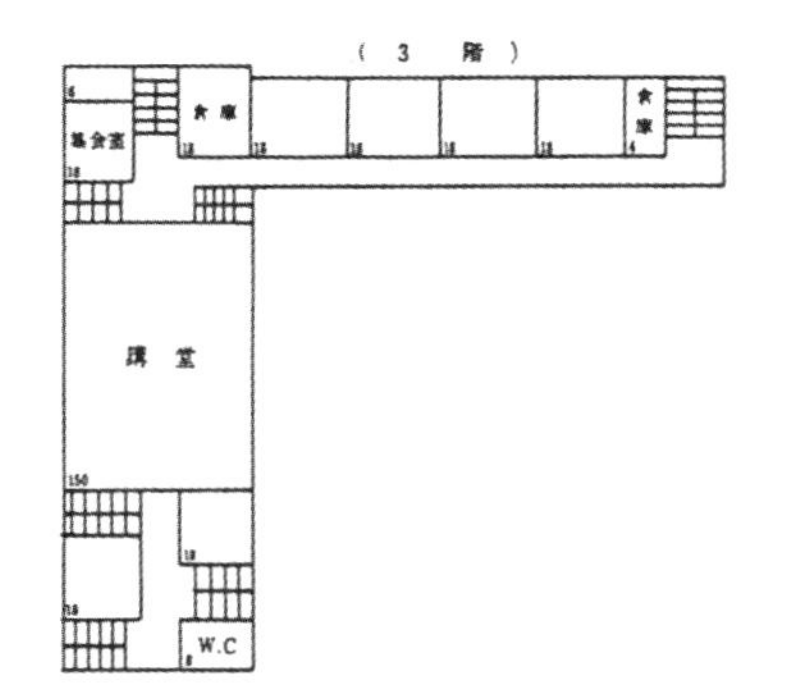

桃園小学校　3階平面図

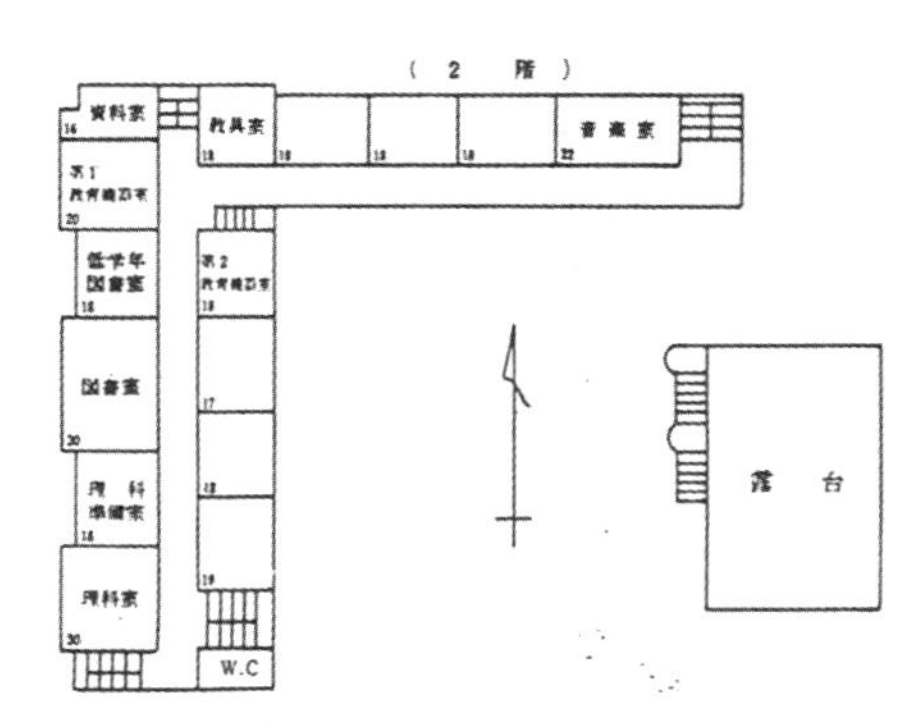

桃園小学校　2階平面図

桃園小学校 昭和戦前期（石本建築事務所所蔵）

桃園小学校 屋上（筆者撮影）

大阪野村銀行祇園出張所

桃園小学校 正面（筆者撮影）

桃園小学校 講堂入口廻り（筆者撮影）

桃園小学校 玄関廻り（筆者撮影）

桃園第一小学校 鳥瞰図（昭和13年）

10　安井武雄

10－1　安井武雄の経歴と建築作品

（i）幻の汎愛小学校

昭和戦前期の大阪を代表する建築家安井武雄は大阪の中心部で小学校の設計をおこなっていた。大正一五年（一九二六）五月に竣工する汎愛小学校である。この小学校は昭和一七年（一九四二）三月に廃校となり、校舎は大阪市立汎愛中学校に転用された[1]ために、現役の小学校として使用された期間はわずかに一六年であった。戦後は昭和三七年の解体時まで汎愛高等学校校舎として使用されたが、本来小学校用に設計されていたため、高等学校の施設としては狭隘であり、豪華な設備が十分に活用[2]されなかったようだ。

竣工時は日本一豪華な小学校校舎として、国内はもとより、アメリカをはじめ中国、シャムなど世界各地からの教育関係者の視察[3]が絶えず、今後の小学校校舎の理想形として大きく注目されていた。汎愛高校の移転後校地はトーメン株式会社に売却され、本社屋建設のために解体される。その建物も取壊され、現在その跡地はシティタワー大阪となる。

半世紀以上も前に消滅した汎愛小学校の校舎をリアルタイムで知る人は少ない。汎愛小学校は筆者が実見できなかった校舎のひとつで、船場地区ではほかに船場・久宝・浪華の各小学校の実物には出会えていない。ここでは汎愛小学校の建築史的な意義を論じたい。

安井武雄

（ii）安井武雄の経歴

最初に設計者の安井武雄の経歴ならびに作品を辿り、そのなかで汎愛小学校との関係をみる。安井武雄については山口廣博士による詳細な研究[4]がある。その経歴をみると、明治一七年（一八八四）に千葉県佐倉に生まれている。第一高等学校を経て、明治四〇年（一九〇七）東京帝国大学建築学科に入学する。同級生では病院建築を専門とする高松政雄と親しく、明治四三年

（一九一〇）に卒業するが、卒業設計は和風住宅であった。卒業後南満州鉄道に入り、大正八年（一九一九）までの九年間、大連で建築活動をおこなった。その時の作品は大連税関長官邸がある。

大正八年より東大同級生の波江悌夫[5]の誘いで、大阪の片岡建築事務所に入る。翌大正九年（一九二〇）一〇月から、アメリカの病院建築の視察のために半年間渡米している。帰国したのは翌大正一〇年（一九二一）五月であり、大阪毎日新聞社屋の現場を担う。この頃満鉄時代に知遇を得た野村合名会社役員の推薦で、大阪野村銀行堂島支店の設計をおこなっている。大正一一年には片岡建築事務所に在籍しつつ、大阪野村銀行本店の設計をおこなう。安井武雄を指名しての設計依頼であった。またこの年火事で焼失した大阪倶楽部の改築を担うことになり、安井武雄は臨時建築事務所を中心となって組織し主催する。

大正一三年（一九二四）四月、安井建築事務所を開設する。四〇歳の時であった。独立のきっかけは大阪野村銀行ならびに野村證券の創業者野村徳七[6]からの信任[7]を得、今後の設計依頼が期待できると考えられたからだろう。ちなみにこの頃野村財閥は大阪では住友財閥に次ぐ位置にあった。この年大阪野村銀行本店（大正一三年）が竣工する。この当時川村種三郎[8]や進藤朝一[9]ほか四人の所員がいた。汎愛小学校に関しては川村種三郎が図面を引き、進藤朝一は現場監督を担った。

大正一四年（一九二五）には阿部美樹志が主催する阿部事務所の顧問となる。大正一五年（一九二六）には東京事務所を開設する。この年五月に汎愛小学校、六月に野村銀行京都支店、また野村證券本社の一期工事が完了する。昭和二年（一九二七）には高麗橋野村ビルヂングが完成している。昭和八年（一九三三）には大阪ガスビルヂング、山口吉郎兵衛邸（現滴翠美術館）、昭和一三年（一九三八）には淀の競馬場、と続く。

戦後は野村建設工業の社長を務め、安井建築設計事務所を昭和二六年に再建し、軌道に乗せ、昭和三〇年（一九五五）に七一歳で死去した。安井武雄死去後、娘婿佐野正一が安井建築設計事務所を引継ぎ、今日に至る。

（iii）汎愛小学校の設計者選定

なぜ独立したばかりの安井武雄が設計者に選定されたのだろうか。手掛かりとなる史料に『小学校設備書　大正

12年~大正14年』[10]があり、そこには「汎愛校改築工事設計者選定ニ関スル件」という文書が入っている。そのなかには片岡安、宗兵蔵、渡辺節、田村啓三、阿部美樹志の五人の建築家名が記され、それぞれの設計料と監督料が記載されていた。つまり汎愛小学校の設計に対して、少なくとも五人の建築家が応募していたことがわかる。片岡安は設計料二分（〇・〇二）監督料三分（〇・〇三）の計五分（〇・〇五）とある。工事費一に対しての、建築事務所側の費用の割合を示したものである。宗兵蔵は設計料一分（〇・〇一）監督料五厘（〇・〇〇五）の計一分五厘（〇・〇一五）、渡辺節は設計料二分（〇・〇二）監督料一分（〇・〇一）の計三分（〇・〇三）、田村啓三は宗兵蔵と同じく設計料一分（〇・〇一）監督料五厘（〇・〇〇五）の計一分五厘（〇・〇一五）、阿部美樹志は設計料一分五厘（〇・〇一五）監督料〇の計一分五厘（〇・〇一五）となる。片岡安の設計料ならびに監督料が一番高い割合で、宗兵蔵・田村啓三・阿部美樹志の三人の料率が最も低く、約三倍の開きが生じていた。

だがここで選ばれたのは、この文書に名前のなかった安井武雄であった。その事情は詳らかではないが、もし片岡安が選定されていたとすれば、片岡事務所出身者で独立間もない安井武雄に委ねた可能性もある。それとは別に、設計者を選ぶ主体の汎愛学区区会に大きな発言力を持つ人物からの推薦があったと筆者は考える。前述したように事務所開設間もない時期の作品をみると、ほとんどが野村関連の仕事である。安井武雄に白矢の矢が立ったのは汎愛学区の区会に強い発言力のあった野村徳七の推薦があったものと考えられる。

野村徳七と汎愛学区の関係をみる。汎愛小学校の立地した場所は堺筋に面した東側のブロック（街区）であり、そのブロックのなかの東側に汎愛小学校は位置した。同じブロックの西側には汎愛小学校と隣接して野村證券の社屋が建つことになる。汎愛小学校は大正一三年（一九二四）までに新校舎建設のために校地の整備[11]をおこなっており、堺筋に面した四二三坪の校地を売却し、代わりに南隣接の五一四坪の土地を購入する。それまでの校舎は電車道に面し、騒音がひどく、校舎として不都合が生じていた。そのために改築を契機に校地の一部が変更され、同じブロックながら堺筋から一本奥まった街路側に校舎は移転した。

売却を計画した校地は野村財閥に買い取られ、そこに安井武雄設計の野村證券本社が建設される。ここから想像がつくことは改築を計画していた汎愛学区に対して、買い取り主側の野村徳七が安井武雄を設計者として推薦したという可能性である。[12]汎愛学区での野村徳七の位置付けをみると、学区制度廃止後の昭和一〇年一一月の時点で汎愛教育懇話会の顧問になっていた。つまり学区区会議員ではなかったが、名望家として確たる地位を築いていた。

10-2　汎愛小学校

(i)　成立経緯

建設への流れを整理すると、大正八年（一九一九）新築の建議が区会で成立し、校長飯田吉太郎は改築計画を「恒久的構造」で立てようと試みる。おそらくは隣接の船場小学校の煉瓦造が念頭にあったものと考えられる。しかしながら「真の耐震・耐火」の構造は未だ存在せず、参考とすべき案がなかったようだ。大正一〇年（一九二一）五月になって隣地を買収し、校長飯田は欧米に教育施設の視察を目的に一年間洋行する。飯田吉太郎校長は大正一一年（一九二二）に帰国し直ちに欧米の最新の建築設備を取り入れた「プランを立て」る。この後堺筋に面していた校地を売却し、校地用に南側の隣接地が購入される。それにもとづいて設計が開始され、大正一三年（一九二四）中に設計の成案が完成し、大正一四年（一九二五）一月に着工する。

飯田吉太郎

この建設事業には五六万二三四三円の工費を要し、別途内部設備費は一四万九二四一円で、計七一万一五八〇円であった。内部設備費を加えれば久宝小学校以上の工費を要しており、ここでの設備費は学区内の篤志家の寄付によった。建坪は四八六坪、延坪は二二六八坪であり、久宝小学校よりやや大きい規模であった。

(ii)　建築内容

ブロックプランはコの字型となり、三年前に完成していた久宝小学校の平面計画と共通する。久宝小学校と比較すれば、建築内容がより豪華なものになっていた。

各階別の教室配置をみると、一階には普通教室三、図書館、雨天体操場、二階は普通教室五、特別教室三（理科二・唱歌）、屋上プール、三階は普通教室六、特別教室一（図画）、講堂、四階は家政女学校用教室四、特別教室二（作法・裁縫）、五階は屋上の一部に設置された部分にすぎないが、特別保護児童教室と呼称された開放教室と屋上作法室があった。地階は特別教室四（手工・割烹・洗濯・家庭作法）、児童食堂などからなった。

すなわち地階を含めると五層、一部六層になっており、戦前期までに建設されたわが国の鉄筋コンクリート造小学校校舎としては、最も高層な建築であった。ちなみに設計図[13]からは一階から四階まで各階ともに一二・五尺（三・七九ｍ）の階高であり、四階のパラペット天端まで、五五・五尺（一六・八二ｍ）の高さとなった。そのためにエレベーターが設置されていた。また畳敷の和室の作法室とは別に、洋室の家庭作法室が設けられており、ここでは「文化的新婚の家庭をそのまま構え[14]」とあり、椅子式の生活に慣れさせる部屋であった。図書館は街路に面して専用の玄関を有し、一〇〇人収容の閲覧室を設け、学区内に居住する一般人の閲覧ができるようになっていた。図書館上の屋上プールは夏期以外は梁木を渡した運動場となる。このように先行した久宝小学校以上に多様な特別の部屋が設けられていたことが、「日本一豪華な小学校」と称せられた理由と考えられる。

また四階はすべて家政学校の校舎になっていた。屋上の作法室は家政女学校専用のもので、庭も設けられていた。この時期の小学校は家政科や実業の学校が小学校校舎に設けられることも多かった。深読みすれば、このような充実した施設配置がなされていたことで、上級の学校に転用されたとみることができる。

(iii) 建築スタイル

「大大阪の中心、船場のまんなかに、白木屋、山口銀行、野村銀行等の大厦高楼と軒を並べてそそりたつ四階の大建築、それが小学校の建物とはどうしても思われぬ[15]」とは、竣工後間もない時期にこの小学校を訪ねた記事である。それほどに汎愛小学校の外観は記者に強烈な印象を与えたようだ。四階建ての校舎は久宝小学校が嚆矢であるが、船場小学校や久宝小学校などが古典的なファサードを示していたのに対して、汎愛小学校はモダンデザインに収斂する前のスタイル、すなわちプレモダニズムのデザインになっていた点が特徴といえる。一般的にはセセッションやドイツ表現派などが該当するが、ここでは設計者安井武雄がこの時期に好んで用いた広義の意味での東洋趣味が用いられており、安井が設計した大阪倶楽部（一九二四年）や高麗橋野村ビル（一九二七年）などと共通する要素がある。

このような安井武雄の東洋趣味のデザインについて、昭和を代表する建築家村野藤吾[16]は次のように評していた。

東洋風のものは安井さんの専売みたいな時代があった。しかし私は安井さんの東洋風な傾向は安井さんが満州におられたことにもあるがあれは安井さんの趣味的な傾向、余技のようなものだと思う。尤も東洋風というても支那、印度、朝鮮、スパニッシュという風に一連の東洋風な傾向に対する好みともいえるものであったが、その手法は実に手慣れたものである[17]。

ファサードを見ていくと、立体的に強調した玄関車寄せはなく、ビルディングと化した校舎の出入口が玄関となる。玄関らしさは額縁廻りの何とも名状しがたい意匠の彫刻により、はじめて判別される。具体的に見れば、両側の柱頭飾りは二階上部まで延びて、その二階の折線アーチと一体化し、エディキュラを構成する。その意匠は大正一五年（一九二六）に京都に完成させていた野村銀行京都支店[18]の玄関廻りの装飾と共通する。このようなデザインは一階の図書閲覧室への道路からの直接の出入口にも見られる。第一の特徴である。

第二の特徴は壁面構成にあり、三階以上の所でセットバックしており、それより上階と下階でファサードを変化させていた点にある。すなわち上階と下階では、窓の形が異なり、三階の窓の形は折線アーチとなり、モダンデザインの影響を受けたものであったのに対して、四階の窓の形は半円アーチとなる。これらを分けるボーダーの見切りの箇所には瓦葺きの笠木が連なり、壁面を水平に分割する。セットバックした理由は校舎の前面道路の幅員が東側が二二・八尺（六・九一m）、北側が二八・八尺（八・七三m）と狭く、斜線制限が生じていたことによる。

なお折線アーチは汎愛小学校と同年に一期工事を完成させる野村證券の一階柱廊への入口の形と同形となる。またボーダーの瓦葺きの笠木は昭和二年（一九二七）完成の高麗橋野村ビルへとつながっていく。つまり安井武雄が同時期に設計していたほかの建物と共通する意匠が試みられていた。

(iv) 設計者安井武雄のスケッチ

汎愛小学校に関する安井武雄の手によるものと判断されるスケッチは六点残されている。一枚目は「普通教室の標準」と記されたもので、特徴は二点あり、一つは腰壁の仕上げをコルクセメントとすること、二つ目は引戸の仕様でその上下に無双窓[19]が設けられていたことにある。

二枚目は「JAPANESE ROOM」と記された部屋の違棚の造作で、おそらくは作法室だったと思われる。そこには透彫が描かれてあり、その横には「飛鳥」という書き込みがあり、飛鳥時代の意匠を意識していた可能性もある。ただし作法室の内部は『汎愛小学校新築記念』によれば、木津宗詮[20]の設計とあることから、この安井案が実現したかどうかはわからない。

三枚目は講堂檀上の奉安所を縁取るエディキュラ上部の装飾が描かれる。中央部のリングから放射線状に線が突き出た意匠となる。カラーページの講堂の写真にあるように、実際にこのスケッチのとおりに完成している。

四枚目は屋外運動場に実現した奉安殿で、寄棟屋根の銅板葺きで、千鳥破風の屋根構えとなる。五枚目は実現に至らなかった奉安殿で、千木や鰹木はなかったが、神明造りを模したものであった。六枚目は奉安殿の断面で、鉄筋コンクリート造ゆえに湿気対策がとられていたことを図で示していた。この意匠と酷似したものが高麗橋野村ビル一階の玄関ホール天井の照明器具の装飾である。

(v) 校長飯田吉太郎の理念

前述したが汎愛学区では建設にあたり、校長飯田吉太郎を洋行させていた。飯田校長は明治三二年（一八九九）に校長として着任し、昭和二年（一九二七）までの実に二八年間を校長としてつとめあげた。この間大正一〇年から大正一一年までの約一年間、欧米に教育施設視察の出張に出ていた。一介の小学校校長が欧米に一年間も視察するとは、現在ではとても考えられない。その見聞を生かし、優れた建築設備を有した鉄筋コンクリート造校舎が建設されることにつながった。その内容について、飯田吉太郎の著作『小学校の理想設備』[21]（一九二八年）に詳しく記され

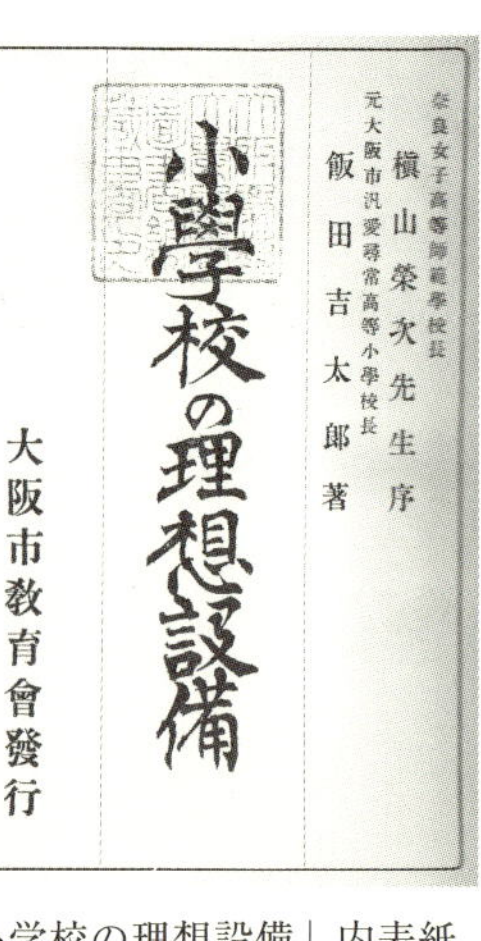

「小学校の理想設備」内表紙

ている。そのなかで校舎の建築について触れられた一節を次に紹介する。当時の教育者が持ち合わせていた理念が表れている。

児童はこの環境から識らず々の間に、不断の感化を受けざる時とてはなく、習慣づけられない日とてはないのである。由来コンクリート建築そのものが、すでに非美術的に傾き易く、殊に学校建築となると、建築費の低廉を余儀なくされる為に恰もそれが倉庫の様な観を呈するものになってしまっているのも少なくない。たまたま相当経費をかけたものであっても、それはただ外面をタイルで張るとか、とぎだし人造石張にするとかいったようなことであって、建築の全部に亙っての総合完成の美というものに至っては、殆ど想到されて居ないように思われる。

飯田吉太郎が著した『小学校の理想設備』の目次を次に挙げる。

設備上の四大方針　教育の場所として　養育の場所として　活動の場所として　立体的考慮　聖影奉安殿　講堂　職員室附教具室　普通教室　作法教室　体育並に衛星設備　体育室　屋外運動場　水泳室　濯水室　衛星室　児童食堂　特別保護教室　図書教室　手工教室　唱歌教室　裁縫教室　理科教室　割烹教室　洗濯教室　給品部　下駄傘室　図書館　校外学園　附録　汎愛小学校校地及び校舎

ここから読み取れることは、建築家の役割は求められた各教室を校舎内に収めることと、外観並びに内観を整えることが求められていた。そのことは奉安殿と講堂のプランとデザインに象徴される。

(ⅵ) 卒業生藤田邦昭の述懐

都市計画家として知られる藤田邦昭[22]は昭和八年から昭和一四年までの六年間を、児童として汎愛小学校で学び、そのことを次のように述懐していた[23]。

理科教室には全児童が実験用机を、絵画教室は北面透明ガラス採光天井、唱歌（音楽）教室はステージ付防音教室、もちろんグランドピアノ備付、講堂は吹抜けの二層二階せり出し席付、控室（楽屋）、舞台裏通路があった。和風作法教室は屋上の一部に本格的日本庭園と木造瓦葺本格お茶席建物が設けられていた。屋上プールは一五メートル六コース、深さは一・二メートル～三メートルで飛込み可能、シャワールーム付、体育館には埋込引出式の鉄棒、平行棒、つり輪の設備があり、壁面は高一〇メートルのロク木が並んでいた。校長室、応接室、（兼洋風作法教室）、児童用食堂（当時給食制度は全国に未だなく弁当暖め装置があった）があり、地下一―地上五階に大型エレベーター、全館全教室スチーム暖房があった。さすがに使いこなせない部分があり、エレベーターは校長が一人で使っており、屋上の茶室は家政学部専用となっていた。ただし手工教室、図書教室、理科教室、唱歌教室では専門担当職員によって中等学校レベルの教育が行われ、午後五時以降は周辺商店の丁稚・小僧さん（当時の呼び名＝従業員）に開放され、これも地元費用負担で青年学校が毎日（月～土）午後五時～午後八時開設され、小学校教員が担当、各地方から船場地区に就職した青年の兵役入隊までの期間、教養等教育にあたっていた。また定期的に女子（女中さん）を対象にこれもまた地元商店等が費用を負担し、女中慰安会が学校で開催された。ケチで教育不熱心なのが大阪人といわれているが、昭和初期から戦災を受けるまでの間の船場の教育、地元商人等の生活の内容はこのようであった。

ここからは小学生を対象とした教育施設にとどまらず、社会人を対象とした教育施設、また学区という地域のセンターとしての役割があったことがわかる。

(vii)　観察記

竣工した年に雑誌『大大阪』[24]では「学校を訪ねて」という企画がはじまり、その第一回目として汎愛小学校が取り上げられていた。大阪都市協会の記者が実際に小学校を訪ね、各教室を廻った観察記であり、一四の空間体験が記される。九〇年以上の歳月が経ち生活環境が激変した現在では想像がつかない視点がうかがえ、新しい小学校の建築空間が生き生きと記述されている。少し長くなるが、全文引用する。

> 堺筋を淡路町東へ一寸這入った左が正門、右が生徒通用門生徒通用門をくぐって、ダラダラ傾斜を辷り込むと、登校児童の傘、防止、外套などを外す、先づ車寄せといった地下室。
>
> ここを皮切りに暑い太陽の照りつける地上を御免蒙り、暫く冷気横溢の地下行脚が始まる。まづ、洗濯室という聞きなれぬ部屋に這入ると、いきなり、霧のような冷たい水が降りかかる。天井にある如露様の網目から吹き出すのだ。ここは終日の運動で汚れた生徒の身体を洗うところなのだという。
>
> 続いて他の学校では見られぬ大きな児童の食堂へ入ってゆく。食べるということは人間生活の第一要件で保健上の訓練食事作法に於て最も厳粛なるべきはずであるとの主張からその食堂は、教室とは亦別個の雰囲気に満ちている。一寸見には中々贅沢な設備で一例をあげると、夏はお弁当が臭らぬように弁当棚にアイスボックを備え、冬はスチームを通して何時でもホコホコ温いのが食べられる装置になってる。食事が済むと必ず含嗽水で口を嗽がせるために、ドリンキング・ファウンテンが幾十か食堂周囲の含嗽場に設備されてある。
>
> 理科教室なども頗る念入りに出来上がったもので、大学教授の研究室も及ぼぬほどだ。就中、機材等に至っては六甲山腹に校外学舎を持っているから、自然界を教室にしているといってもいいくらい理想的で、従ってこちらの方は主として物理化学の学習に便宜よく整い、その机はすべて実験上に差し支えないよう耐熱、耐寒、耐酸の塗料で艶をかけ、脚に添う瓦斯管、水道管及び電気の配線がとりまく、光学の実験や幻燈、活動写真等暗室の実験の場合には各机に二つの照明をとりつけて暗闇でも机の上がハッキリ見える。また従来の暗室装置は換気が不充分で人いきれのために眩暈や嘔吐を催すことがあるので教室の壁を穿ち、外気が鎧戸を自由に流れ入れ代りに汚れた空気は旋風器で吸気管へ吸収され時々刻々室外へ排出されて行く。
>
> 一方、準備室には課外に理科を研究したい児童のためにすべてを開放し、参考図書類までギッシリ何一つ不

足なく、危険な薬品や劇薬類は周囲をコンクリートで固め、内側に鉛板を張り、万全を期している。また理科教室に付随して、屋上運動場の一隅に観測台を設け、四吋の望遠鏡で日、月、星の世界を覗き、雨風の観測には、風信機、風力計、雨量計、晴雨計などが備わる。それに地中の温度まで計るというので、地下一メートル、から五メートルまでの鉄管を埋めて寒暖計を垂れている。

念入りの点で、特に情育、意育の連結関係を考察したという図画及び手工教室も決して理科教室に譲らぬ、図画教室は第一にトップライトを装置したこと、第二に暗室と電燈の設備は電気照明で陰影教授と夜間写生の要領を会得せしめること、第三にトップライトに緑色の幕を覆い、光線に依って色の物体の変化を考察させること、第四に壁の色合いに淡緑青色を使って室内の調和と児童に快感を与えること、気候と寒暖との関係を考慮したこと等で半面をガラス張りのアーチにしたり、絵の具の使いに都合よく机を伸縮自在に考案した点も画室らしい。

手工教室は子供の生活に必要なものを作る程度に設備したというが、そこに並べた旋盤機、裁断機、穿孔機、研石など高価な参考品は鍛冶屋、指物屋何でも開業出来そうな構えである。殊に児童に材料を分配するまでの先生の仕事場を覗くと、大きな粘土の山を真中に、鏝あり、へらあり、鍬あり、それが児童の手で何らかの形になって先生の手に集まると、電気釜で焼く。周囲の棚には上薬を塗って、一寸小綺麗に出来上がったのもある。材料置場にはこの外、木、竹などをドッサリ仕入れ、釜錐、鉋、斧、等まで大工の七ツ道具が整然と揃う。

タコマから日本の小学校を視察に来た女の先生が「これで漸くお土産話が出来ました」と感心したという割烹室を観る燃料はすべてガス、ガスの危険はすべて石綿板を張って寸分の隙もない。冷蔵庫、廻転式塵箱、戸棚などの配置はよく博覧会で観るところの触れるも惜しいような文化台所だ。

洗濯教室は染色から仕上げ、整理保存まで理科との関係を充分考え併せ、水槽、盥洗濯場、仕上台、染色台等が部屋の周囲を、まんなかに人造石の大小の水槽が二筋に並び一つ、水道栓が取りつけてある。相変わらずアイロン掛け用の電気スイッチ、染色や糊煮用のガスなど文化的に用意は周到、洗濯済の汚れは逆に屋上に吸い上げられる。

割烹室に続いて立派な洋室が現われる。瀟洒な安楽椅子や洋服タンス、化粧鏡台、寝台、食卓など、それに緑色のカーテンを通して軟らかい光が満ちて、これまさに文化的新婚の家庭をそのままの構え。

従来の作法の実習は多く旧式な日本礼式に偏する傾向があったがこれからの婦人はどうしても洋式の作法を知っていなければ恥を掻くことがあるという先きの心配までしているのである。これもブルジョア区域の娘さんなればこそ、場末なら想像もされない斯うした時代を予想しての準備も出来るというもの、もとより泰西の風潮に支配されるといいながらも深窓より漸く足一歩を踏出したばかりの船場辺りのことであるから純日本式の作法室は二つも設けられ、一つの家政女学校専用の方の如きは四階屋上に立派な庭園を巡らせ、紫折戸から飛石を伝って裏木戸をくぐると直ぐ茶の間、続いて六畳程の座敷になり、縁側から庭越しに市街のビルディングを眼下に見ようという頗る凝ったものである。

唱歌室は場所柄、騒音の巷とて、音響の調節に苦心を払っているとこは想像以上である。すなわち、音の反響を防ぐために壁を荒く塗りその腰はリノリウムを用い、特に天井を低く板張りとして梁の角を取り背面ステージもその後の壁をリノリウーム張り、側面と上面への角を取ったのは何れも反響の相殺、分散、若しくは拡声送音などに工風せられたものである。また外部から来る騒音や隣の教室の妨げにならぬよう周囲の壁や柱、床下に全部朧礬液(ママ)に浸した籾殻の屑をつくり、出入口の扉は硝子板張りとともに二重張りにしたり、発音の練習上口の動き工合が判るようにステージに大きな二つの鏡を架けてある。

それから、講堂の如きも一点の非難なきまで注意し、周囲の壁のコルク張りでこんな低い音声までうまく吸収し、また反響し易い高い声は荒塗りで調節するばかりでなく、講演者がその構造から受ける圧迫を除くために、特に中二階の高さ両面及び前面の広さ講演者の目の高さなどを考え、聴衆に向っては常に厳粛、且つ冷静なる態度を持せしめ、講演者に対する注意を持続させるために愡しい装飾を避け、照明装置なども天井との強い反射を考えて自ら荘重な気分を持たせるように工合している。

設備で他の追随を許さぬものは少なからずあるがなかにも特別保護児童教室はわが国の小学校では未だ例がないほど珍しい。この一番発達したニューヨークでも左様であるが、周囲の圧迫や刺激をなくしてなるべく自然に近いよう自由に開放主義を採り興味のうちに学問上の知識を得ることを第一条件とするので教室は四階の頂上、輝しい陽の光に満ち、風は吹き通し、花壇から新鮮な草花が薫る。階段の下を利用して、三角形の雛小屋も出来かかっている、すべて「汎愛」ならざるはない。

二階北寄りの特に光線の差が少い一室を選んで医務室が設けてある。内科、歯科、耳鼻咽喉科、眼科の四部を置きそれぞれ知名の専門医が単なる応急の手当てに止まらず進んで児童の生理的欠陥若しくは素質より及ぼす心理上の影響や一般の知能関係者に深入して直接教育に医学的考察上の効果を挙げ様というのである。

図書館もただ申訳的な児童文庫から進んで、将来は附近青年店員達は元より一般のために商業経済の部門まで作ろうと書書棚にうんと余裕をとり、閲覧席は普通、少年、婦人と区別し定員は約百名。図書館の性質上静かであることを第一条件として、閲覧用の椅子の脚にはゴムをつけて立居、出入りの時の雑音を防ぐようにしている。

運動場は屋外運動場が一つ、屋上運動場が二つ、屋上プールが一つ体操教室が一つと色々ある。屋外運動場は一方を堺筋、野村証券銀行の裏塀に三方を校舎に取り囲まれた五百五十坪余りの広さで一面に木煉瓦を敷きつめなかに砂場、水呑場、足洗場を設け、色んな運動機械は体操教室の方にある。それよりもここで最も児童の注意を集めさせるのは正面に設けられた白木造りの奉安殿で右近の橘左近の桜に続いて苔蒸した庭を展け、一種の崇厳さを放つ、児童は毎朝の始業前朝礼を行って尊皇愛国の情を濃くする。ここは学校の中心なのである。

注

（1）赤塚康雄『消えたわが母校―なにわの学校物語―』柘植書房、一九九五

（2）藤田邦昭「大阪市立汎愛小学校のこと—それは昭和初期世界のトップレベルの内容、施設を持っていた—」『大阪春秋』第七一号、一九九三
（3）『大阪市汎愛尋常小学校記録』汎愛小学校、昭和一〇年
（4）山口廣『自由様式への道—建築家安井武雄伝』南洋堂出版、一九八四
（5）大正一四年（一九二五）四月より大阪市営繕課長になる。営繕課には大正一三年（一九二四）五月に片岡建築事務所より移っている。
（6）野村證券を核とする野村グループの創業者
（7）川村種三郎の手記「安井先生の追憶」、前掲（4）の山口廣『自由様式への道—建築家安井武雄伝』
（8）大正九年、京都高等工芸学校図案科卒業、戦後安井建築設計事務所代表取締役となる。
（9）兵庫県立工業学校を大正六年に卒業
（10）大阪市公文書館所蔵
（11）『新築紀念』大阪市汎愛尋常高等小学校　大正一五年
（12）前掲（11）と同じ
（13）安井建築設計事務所所蔵
（14）「学校を訪ねて（1）」『大大阪』第二巻第九号、大阪都市協会、大正一五年
（15）前掲（14）と同じ
（16）明治二四年（一八九一）唐津に生まれ、昭和五九年（一九八四）に死去したわが国を代表する建築家で、早稲田大学を大正七年（一九一八）に卒業し、大阪の渡辺節建築事務所に入所し、昭和四年（一九二九）村野建築事務所を大阪に開設し、死の前日まで設計をおこなった。
（17）村野藤吾「安井先生」『建築と社会』第三六輯第八号、一九五五
（18）現存しない。
（19）内側と外側に同じ形の連子の引戸を入れ、動かすことで開口と光を調整する。
（20）三代木津宗詮（一八六二－一九三九）茶室設計の専門家で大正昭和戦前期に大阪を拠点として活動した。
（21）大阪市教育会、一九二八
（22）昭和二年（一九二七）に大阪船場に生まれ、二〇〇一年に死去した。昭和四四年（一九六九）に都市問題経営研究所を設立した都市計画家。筆者は一九九四年に面談し、聞きとり調査をおこなっている。
（23）前掲（2）に同じ
（24）前掲（14）と同じ

汎愛小学校 完成予想図 北東側

汎愛小学校と野村関連会社

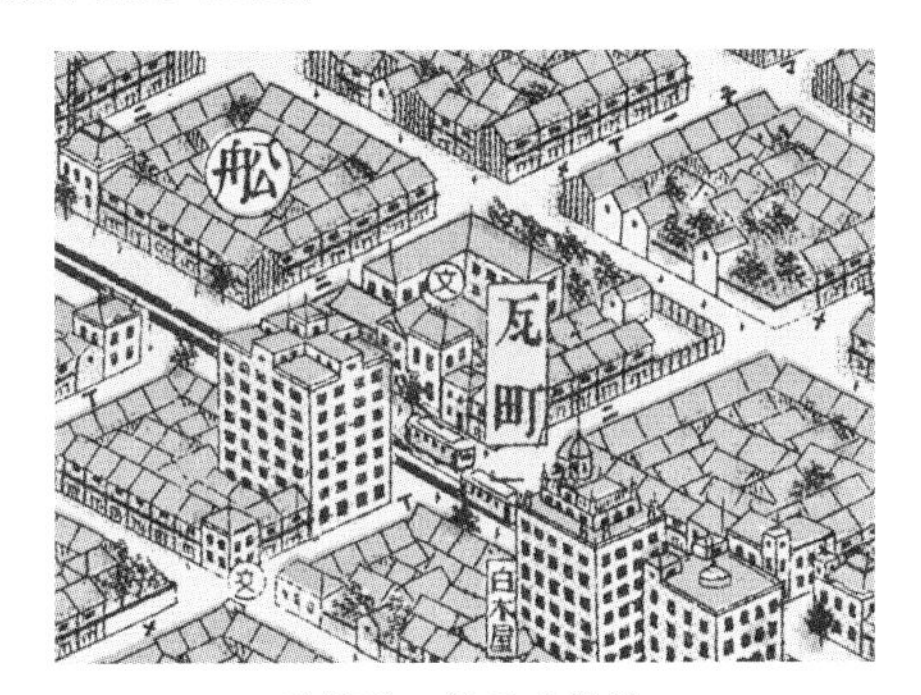

改築前の汎愛小学校

汎愛小学校 鳥瞰図 南西側

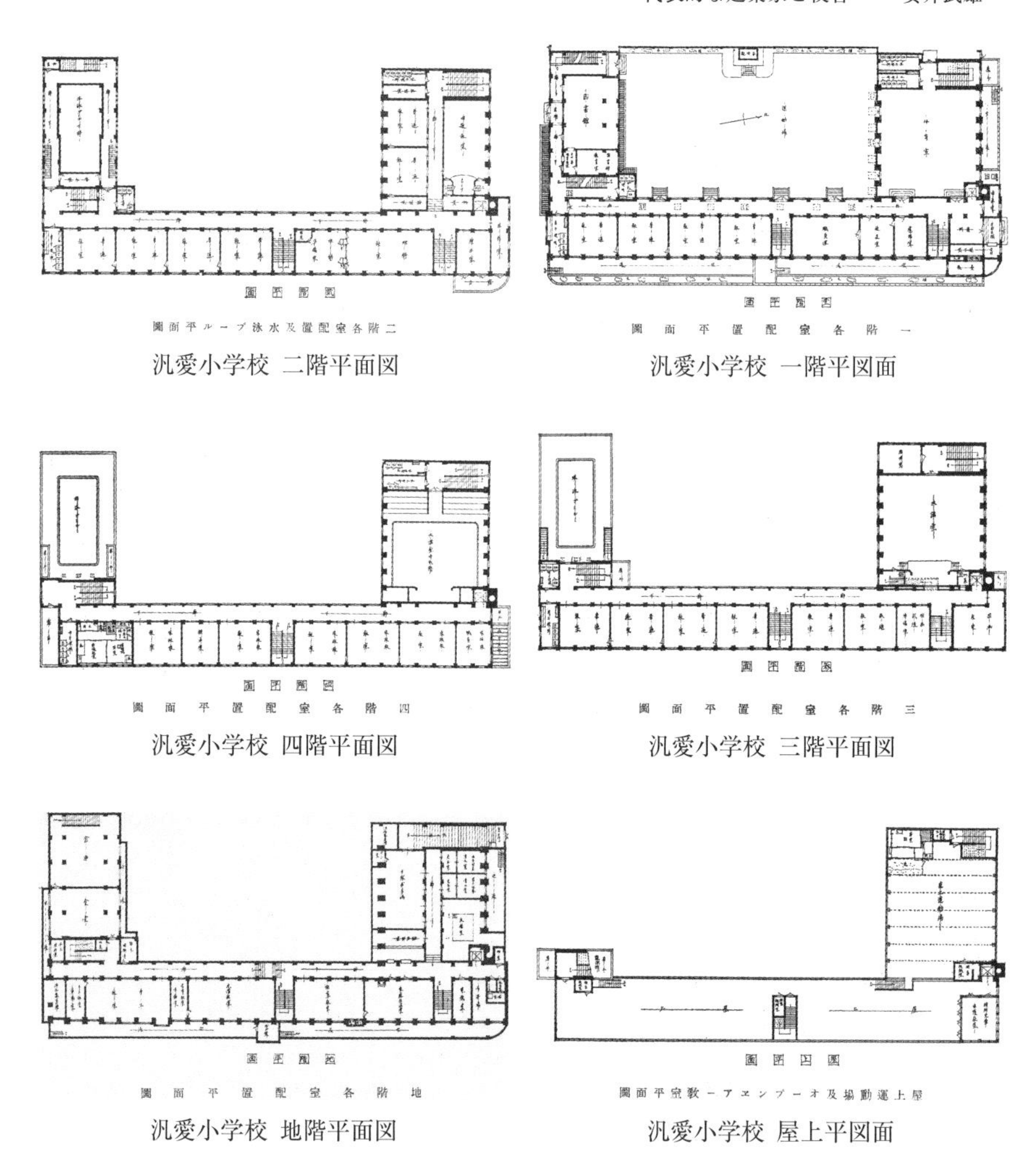

汎愛小学校 二階平面図

汎愛小学校 一階平図面

汎愛小学校 四階平面図

汎愛小学校 三階平面図

汎愛小学校 地階平面図

汎愛小学校 屋上平図面

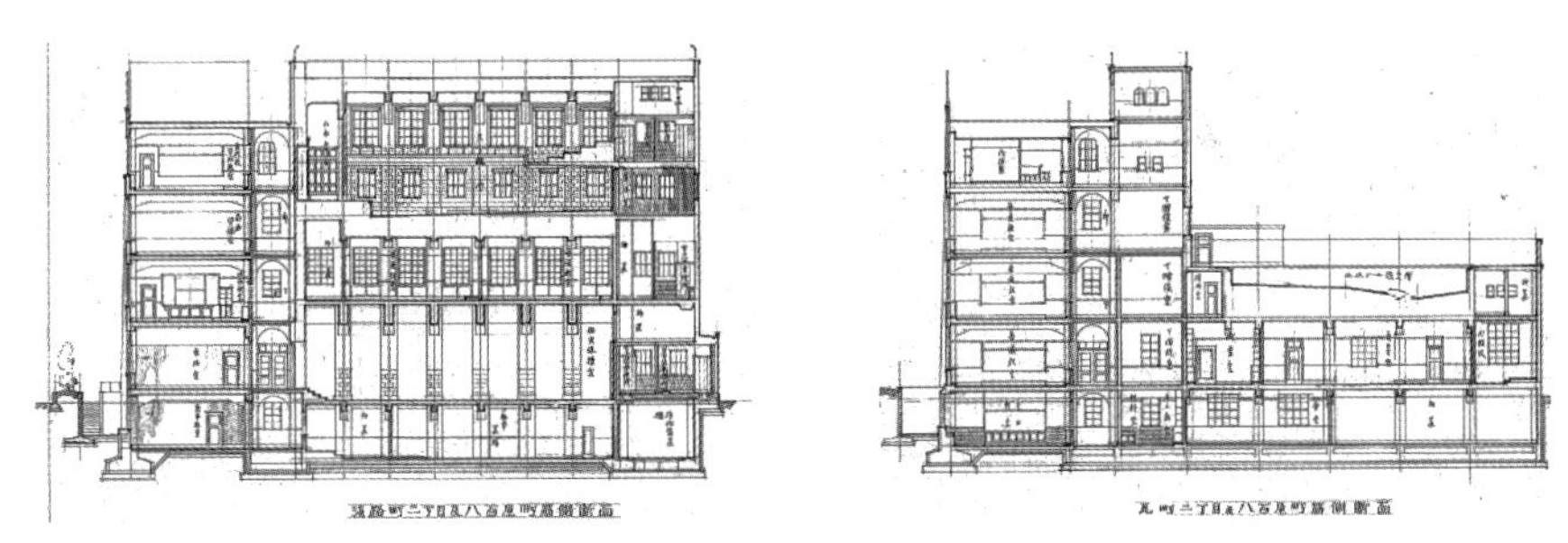

汎愛小学校 設計図 断面図
（安井建築設計事務所所蔵）

汎愛小学校 設計図 立面図
（安井建築設計事務所所蔵）

汎愛小学校 玄関廻り

汎愛小学校 玄関廻り・正面図
（安井建築設計事務所所蔵）

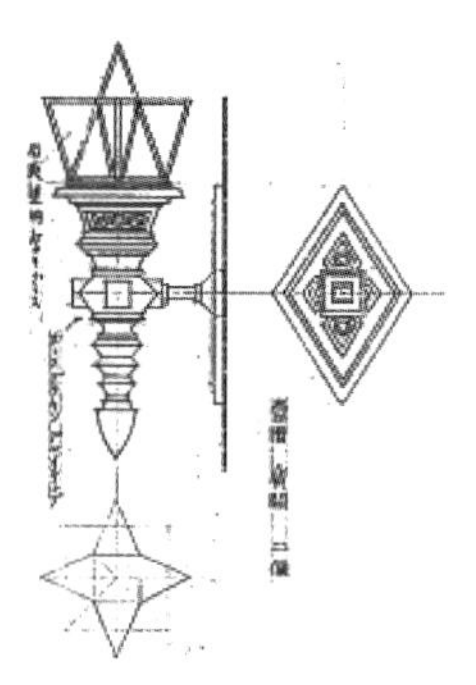

汎愛小学校 電灯 設計図
（安井建築設計事務所所蔵）

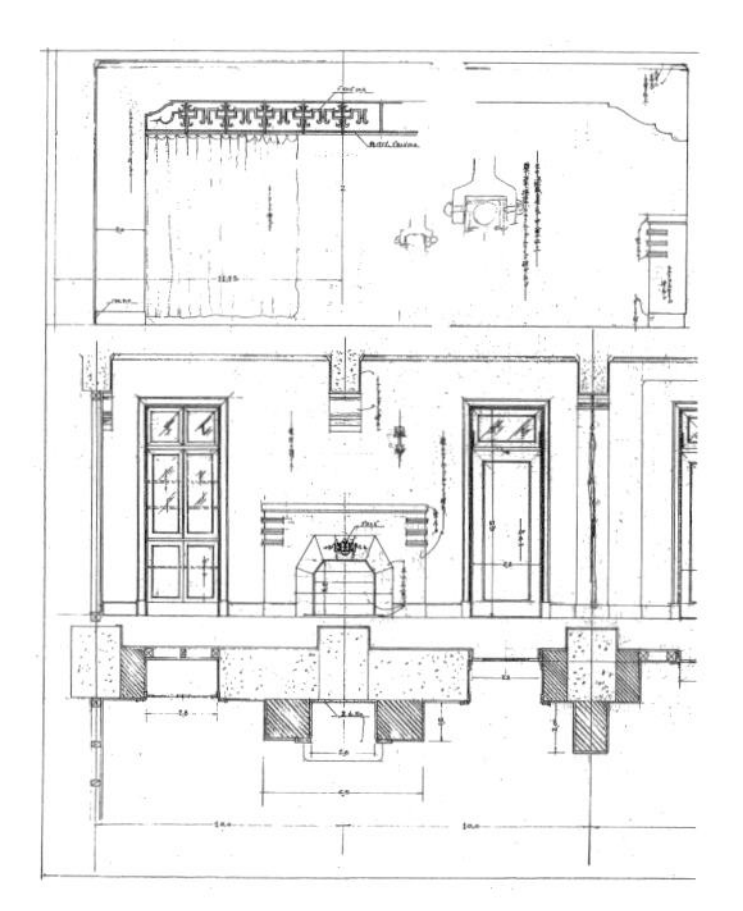

汎愛小学校 設計図 家事教室
（安井建築設計事務所所蔵）

講堂のエディキュラ上部の装飾 安井武雄のスケッチ（安井建築設計事務所所蔵）

汎愛小学校 講堂

高麗橋野村ビル 玄関ホール照明器具
（筆者撮影）

高麗橋野村ビル 玄関ホール

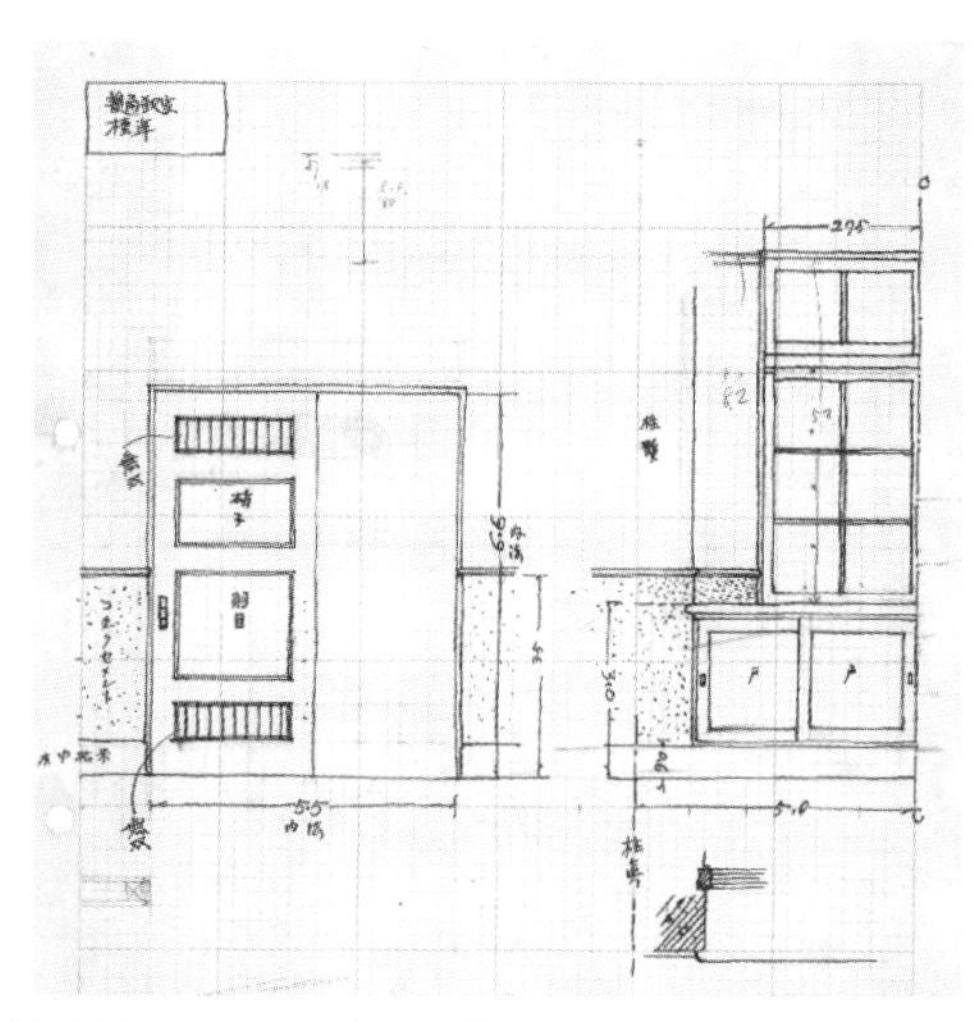

汎愛小学校 教室の展開図 安井武雄のスケッチ（安井建築設計事務所所蔵）

汎愛小学校 普通教室背面

汎愛小学校 普通教室正面

汎愛小学校 机他

汎愛小学校 廊下

汎愛小学校 音楽教室

汎愛小学校 図画教室

汎愛小学校 灌水室

汎愛小学校 屋上プール

汎愛小学校 児童食堂

汎愛小学校 体育室

汎愛小学校 講堂内部背面

汎愛小学校 手工教室

汎愛小学校 屋上作法室

屋上で遊ぶ子どもたち
背面はオープンエアー教室

汎愛小学校 南側

汎愛小学校 客儀室

大阪市立汎愛小学校 窓の詳細

汎愛小学校 運動場

汎愛小学校 工事関係者

汎愛小学校 奉安殿

汎愛小学校エレベーター

汎愛小学校『新築紀念』（大正15年５月）表紙

汎愛小学校 校外学舎

高麗橋野村ビルディング

野村銀行京都支店

野村ビルディング

野村證券

11　横浜 勉

11－1　横浜勉の経歴と建築作品

愛日小学校の設計者・横浜勉は明治から昭和戦前期にかけて建築活動をおこなった建築家であったが、その経歴と作品はあまり知られていない。

経歴をみると(1)、横浜勉は明治一三年（一八八〇）一〇月に盛岡市に生まれ、旧制盛岡中学校を経て、旧制第二高等学校を明治三六年（一九〇三）に卒業し、東京帝国大学工科大学建築学科を明治三九年（一九〇六）に卒業する。卒業後東京市技師となる。その時の上司は三橋四郎(2)で営繕課長を務めており、横浜勉は大きな影響を受けたようだ(3)。この時期に余業として第九十銀行（明治四三年）(4)を設計している。この建物は横浜勉の設計した唯一の現存するものであり、ロマネスク・リヴァイヴァルを基調とするがユーゲントシュティールの影響を受けている。

明治四一年（一九〇八）司法技師となり、大正一一年（一九二二）までの一四年間在籍していた。大正半ばには英国に出張している。司法省時代の仕事としては、秋田監獄（明治四五年）を手始めに、甲府監獄（明治四五年）、豊多摩監獄（大正四年・後藤慶二と合作）、大阪控訴院（大正五年・山下啓次郎と合作）、大阪監獄（大正九年）(5)などがある。この間余業の仕事として、大正六年（一九一七）に完成する盛岡中学校の設計をおこなっていた(6)。同校の卒業生ということで設計をゆだねられたものと考えられる。左右に翼部が付いた木造二階建ての洋風建築であった。ここで学校建築設計の経験を得ている。

大正一一年（一九二二）に松下新作(7)と横浜松下建築事務所を大阪で開く。四二歳になっていた。横浜勉は大阪控訴院現場の頃より大阪に居住していたようだ。横浜勉は日本建築協会の理事を務め、大正一一年に大阪箕面で開催された住宅改造博覧会の開催に尽力した。そして博覧会に出品された「大林組B」(8)というスパニッシュスタイルの住宅を買い取り、そこに住んだ。設計をなりわいとする建築家が他人のつくった住宅を購入することは珍しく、横

横浜 勉

浜勉がいかにこの洋風住宅を気に入っていたかが読み取れる。翌大正一二年（一九二三）に事務所名を横浜建築事務所と改称する。だが仕事の依頼は少なかったようだ[9]。この間の仕事としては、日本海上保険会社（大阪・大正一一年）、愛日小学校（大正一五年）、森岡興業（東京・昭和五年）などが判明するにすぎない。

昭和五年（一九三〇）からは日本エレベーター設立事務所に勤務し、昭和八年（一九三三）大阪橋本組に入る。昭和一一年（一九三六）に鹿島組（現鹿島建設）に技術顧問として入社する。昭和一四年（一九三九）には岩手県宮古市の宮古出張所長を務め、ラサ工業の工事を担当する。翌昭和一五年（一九四〇）には台湾に渡り昭和一六年（一九四一）からは台湾支店長となり、昭和二〇年（一九四五）に帰国し昭和二二年（一九四七）に退職した。その後二年間は顧問として在職した。戦後は東京で暮らし、昭和三五年（一九六〇）一二月に東京都世田谷区下馬町で死去する。八〇歳であった。

旧制盛岡中学校

小学校に関係する橋本勉の建築理念として確認されたものに、小公園の設置があり、「今日の一学区毎に一つ位づつを置くこととし、それを小学校の隣接地に持て行く[10]」と記す。小公園とセットになった東京の復興小学校がイメージされていたものと思われるが、それ以上詳しい言及はなかった。

11-2　愛日小学校

（i）建設経緯

船場地区の北側に位置した愛日小学校の鉄筋コンクリート造改築事業は二回に分けて実施され、一期工事は大正一五年（一九二六）三月に起工し、同年一一月に竣工している。建設された建物は三階建て地下一階の四層で、平面的には一教室分と階段室であった。校地の北西端に設けられた。設計は横浜勉で、施工は清水組、建坪四五・九八坪、延坪一九〇坪、建設費は六万三九一五円であった。

横浜勉が設計をおこなった証拠は次の二点にある。一点目は「愛日尋常高等小学校校舎其他増築工事設計図」[11]に横浜勉建築事務所の事務所印が捺印されていたことで、この図面は計二一枚からなり、制作年月の大正一四年一二月と記される。二点目は清水組（現清水建設）の「工事竣功報告書」[12]である。その設計者欄に横浜設計事務所と記載がある。

一方二期工事は学区制度が廃止になった後の昭和二年（一九二七）七月に着工され、昭和四年（一九二九）一月に竣工している。設計は花岡才五郎で、施工は岡本組、建坪三八三坪、延坪一二五七・三坪、建設費は三四万四五二六円であった。北棟の残り部分と南棟、西棟の建物であった。

一期工事は北西端のわずか建坪四五・九八坪だけが実現したものであったが、愛日小学校では最初の鉄筋コンクリート造建造物であり、この時に実現したファサードのスタイルはそのまま二期工事の北棟のファサードで踏襲されることになる。後で詳しくみるが、児童昇降口廻りの意匠は対になってはじめて完成するものであり、中央部ならびに東側は二期工事にまわされることになったが、横浜勉は西端部だけを設計したのではなく、北棟全体の設計をおこなっていた可能性がある。

一方花岡才五郎の設計した小学校では愛日小学校の北棟の北面を除いてはいずれもが柱型を表出するスタイルとなり、しかも柱頭部にはゴシック的な意匠を好んで使用するなど、北棟の意匠とはまったくそぐわない。北棟の南面・東面、南棟の北面・南面・東面の最上階上部にはゴシック風の装飾が柱型の柱頭部に付いており、これなどは花岡才五郎の趣向が反映されたものとみられる。

北棟と南棟のデザインは微妙に異なり、一番大きな違いは北棟のパラペットにはギザギザの形で開口が取られたが、南棟にはそのような意匠は一切なく金網に代わっていた。また北棟にはエレベーターが一基設置されていたが、南棟にはなかった。このように一見形は似通っていたが、細部には違いが見出せる。

また鳥瞰図からは屋上で北棟と西棟の間に段差が生じており、階段が設けられていることに気が付く。つまり北棟の階高と南棟・西棟の階高の違いを反映したものである。このようなこともあらかじめ北棟の設計案が出来ていたことを示すものと考えられる。

この二回の改築によってコの字型の校舎が形成された。南側には講堂兼雨天体操場が木造のままに取り残されていたが、この建物は大正一〇年（一九二一）に建設されたばかりの建物であり、築年数が新しいため改築の対象にはならなかった。すなわち船場地区の他校のような全面改築に至らなかった背景には、新築に近いこの講堂があったからだろう。

この改築事業時の校長は大浦倉之助[13]で、大正五年（一九一六）から昭和八年（一九三三）までの一七年間、学校長を務める。学区制度に基づいて運営されている時は人事や給与額までもが学区側に委ねられていたために、在職期間はこのような長期にわたることが多かった。大浦校長の前任者の二代校長の高橋季三郎は明治二〇年（一八八七）から大正五年（一九一六）の二九年間務め、この期間中に御殿校舎（明治二九年）が建設されていた。大浦校長は校長在任中の大正一三年（一九二四）に大阪市学務委員、大正一五年（一九二六）には欧米に教育施設の視察出張をしていた。洋行については近隣の船場小学校、汎愛小学校、集英小学校でも大正後期にはおこなわれており、同様の事例であった。

(ii) 建築特徴

ブロックプランは二階三階のレベルではコの字型となるが、一階のレベルではロの字型となる。西南側には同一の敷地内から移設された講堂があり、南側は運動場となる。すなわち南北方向では一ブロック全体の長さを占めるが、東西方向では東側に住宅や店舗があり、一ブロック全体の約半分の長さとなる。

北棟は職員室や特別教室、集会室、裁縫女学校教室、南棟と西棟は主に普通教室からなり、東棟は一階が廊下と便所で二階が露台となる。おそらくは中庭への採光のために東側を低層にして空けたものだと考えられるが、二階の腰壁程度の高さの塀で敷地全体を囲うことがこの時期の大阪の中央部の小学校では一般的であり、東棟もそのひとつの表れであったのだろう。運動場の南側は道路になり、校庭への出入口を除いては塀が設けられるが、東棟と同様の高さを示す。塀の一階は運動用具入れ用の物置で、二階はスタンドとなり塀と一体化した鉄筋コンクリート造の構築物であった。

校舎と道路との関係をみると、校舎の外壁が道路に直面するタイプであり、道路とはドライエリア（空堀）で隔てられる。道路からは北棟の北面・西面、西棟の西面しかみえない

外観のスタイルをみると、柱型が表出しない平滑な壁面となる。大阪の小学校では柱型は昭和一桁代後半以降のモダンデザインの時代になっても表出することが多く、このようなファサードは珍しい。平滑な壁面をみせるものは大正一三年（一九二四）に竣工する桃園第一小学校があるだけである。

北棟の壁面構成は三層にわかれ、一層目の基壇は石貼り、一階の腰壁からパラペットの下部までが主階、ギザギザ模様に開口となったパラペット部がアチック階という風にみることもできる。装飾的な要素は中央部の玄関廻りと、左右に配された児童昇降口廻りにのみ施されている。玄関上部はアーチ形の破風となり、アーキヴォールトには花弁が放射状に刻まれる。迫り元には四分の一球の形状の持ち送りが付く。玄関廻りだけはパラペットの下部までストーンブロックが貼られ[14]、二階三階の開口部の額縁にはテラコッタ装飾が廻る。児童昇降口上部には小さな飾りのテラスが付き、二階の開口部廻りは三角形で縁取られる。

船場地区の小学校の多くは古典的な粧いのビルヂングの様相を呈したが、一転して愛日小学校ではこのようにやさしい情感がたたえられた外観になっていた。すなわち子どもの視点に立ってファサードがデザインされた最初の鉄筋コンクリート造校舎と捉えることもできよう。設計者の横浜勉は建築事務所設立以前の東京市や司法省時代にユーゲントシュティールの影響を受けた建築の設計をおこなっており、その時の経験が、ここでのやさしい意匠につながった可能性もある。この外観について、美術評論家の海野弘は次のように記す。

愛日小学校は、よく見るとなかなかに楽しい建築である。玄関の上の半円形の破風飾り、バルコニーの装飾、屋上のギザギザなど、細部に工夫がこらしてある。[15]

構造的なことを最後にみる。前述の「愛日尋常高等小学校校舎其他増築工事設計図」を読み取ると、次のことが判明する。桁行方向の柱の間隔は三・〇m、梁間方向は三・一五m〜三・二mとなる。高さ関係をみると、道路地盤面よりパラペットの笠木上端までは一四・九五mとなる。地階のスラブ上端までは道路地盤面より二・三五mとなる。階高は一階が四・四m、二階三階が四・〇m、地階が三・〇m、パラペット立ち上がりが一・四m、となる。ここからは柱や梁の間隔が三・〇mピッチというきわめて短いスパンで入っていたことがわかる。すなわち関東大震災直後であって、耐震性能が重視され頑強な構造が目指されたことを反映している。

(iii) 戦後

昭和一七年（一九四二）に船場国民学校を統合し、昭和二一年（一九四六）に久宝国民学校と統合した。昭和一八年（一九四三）四月一九日の大阪第一回空襲の際には焼夷弾を落とされたものの、被害はなかった。その後戦災には遭わず中央部の小学校では校舎の被害がなかった数少ない小学校であった。

平成二年（一九九〇）には閉校し、集英小学校と合併し、現在は集英小学校跡に開校された開平小学校となる。校舎の方はその後教育委員会の倉庫として暫定利用が図られ、平成一七年（二〇〇五）に解体された。その跡地は民間に売却され、事務所ビル・淀屋橋ｏｄｏｎａが建てられている。

最初に現地調査をおこなったのは一九八七年夏のことで、その時はよくぞ、こんな大阪第一の都心に小学校が現役で機能しているなと思った記憶がある。北側の玄関からホール越しに水が張られたプールがみえた。内庭が屋外プールになっており、まさに夏に暑い大阪の小学校を象徴するような光景だった。子どもたちはプール遊びに興じ、歓声をあげる。

最後に訪れたのは二〇〇五年夏の解体時[16]であり、屋上や地下室も含めて内部をくまなく探った。机や椅子が運び出され、からっぽになった校舎内ではこれまで隠れていた装飾類を目撃することになった。天井のセンターレリーフやタイル、壁面の星の形の飾りものなど明らかに横浜勉のデザインが現われていた。

注

(1) 鹿島建設所蔵の社員カード、堀勇良「同時代としての［近代］」『日本の建築明治大正昭和10　日本のモダニズム』三省堂、一九八一年、『日本建築協会80年史』日本建築協会、一九九九

(2) 明治四一年（一九〇八）東京に三橋建築事務所を開設し、各地の領事館をはじめ、東京市の小学校建築を数多く設計した。また木骨鉄網コンクリート工法を考案した。日本人建築家として最初にユーゲントシュティールのデザインを採用していた。

(3) 三橋四郎の著した『商店住宅建築図説』には第九十銀行の立面と酷似する「商店正面之図」が掲載されており、三橋四郎の影響下で設計されたことがうかがえる。前掲1の堀勇良「同時代としての［近代］」に詳しい。

(4) 現在のもりおか啄木・賢治青春館

(5) 大正九年一一月二五日発行の『建築学会会員住所姓名録』建築学会、によると、横浜勉は司法技師として堺市にあった大阪監獄建築場が勤務先になっている。

(6) 現在の岩手県立盛岡第一高等学校

(7) 松下は前年の大正一〇年（一九二一）まで東京で建築事務所を自営していた。

(8) 西山夘三ほか「大林組出品住宅　洋風住宅に住まいて　伊瀬芳吉×須賀栄一」『大正「住宅改造博覧会」の夢　箕面・桜ケ丘をめぐって』ＩＮＡＸブックレット、一九八八、のなかで横浜勉から戦後住宅を譲り受けた伊瀬芳吉は「この家に愛着があるので、大阪に出てきたときにはぜひ泊めて欲しい」と横浜勉が売却の際に注文を付けたと記している。

(9) 横浜勉「歳末漫話十題」『建築と社会』（日本建築協会、一九二七）によると、巻頭に「何分商売が閑なので」とある。

(10) 前掲（9）と同じ

(11) 一九八七年八月、愛日小学校の現地調査の際に、筆者は校長室奥の収蔵庫のなかで茶封筒に入って保管されている図面を発見し、横浜勉の設計であることが判明した。

(12) 清水建設所蔵

(13) 一九一〇年前後の時期、雑誌『教材研究』に多くの論考を記していた。

(14) 立山石の粒が入ったもの。清水組の工事竣功報告書による。

(15) 海野弘『モダンシティふたたび　１９２０年代の大阪へ』創元社、一九八七

(16) 解体調査の同行者の建築家・丹田悦雄（一九三八－二〇一六）によれば、一九六〇年代の日建設計勤務時代に、通りから玄関広間越しに内庭のプールの様子が垣間見えていて、こんな素晴らしい小学校の空間はまたとないと思ったという。

愛日小学校 俯瞰図

愛日小学校 北棟内庭側壁面装飾（筆者撮影）

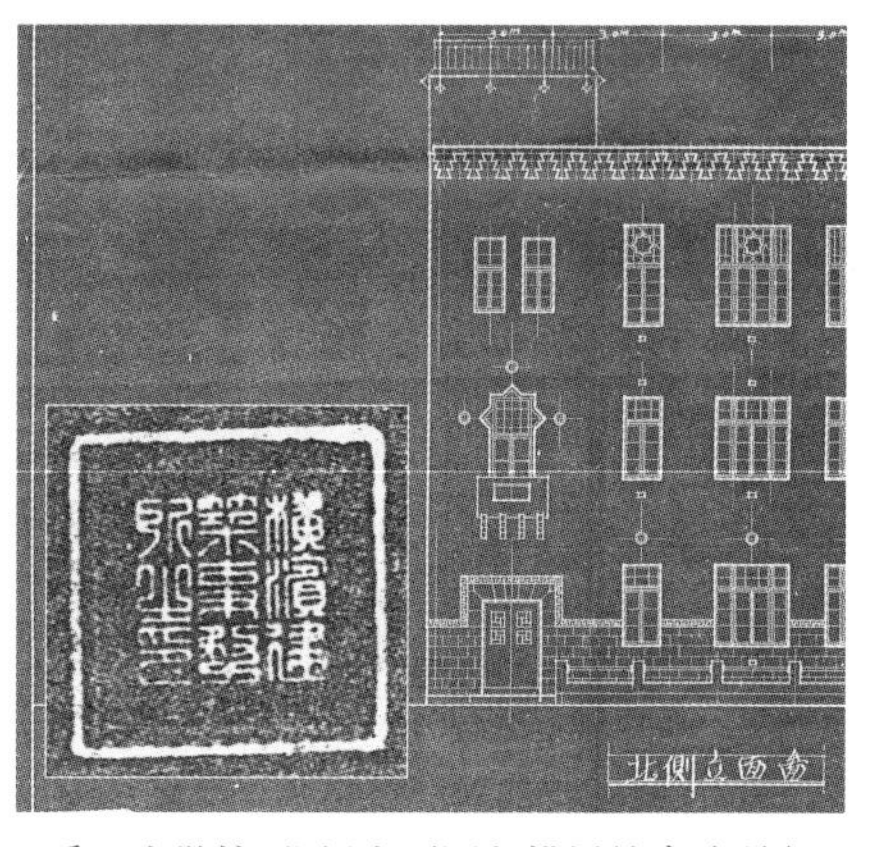

愛日小学校 北側立面図と横浜勉事務所印

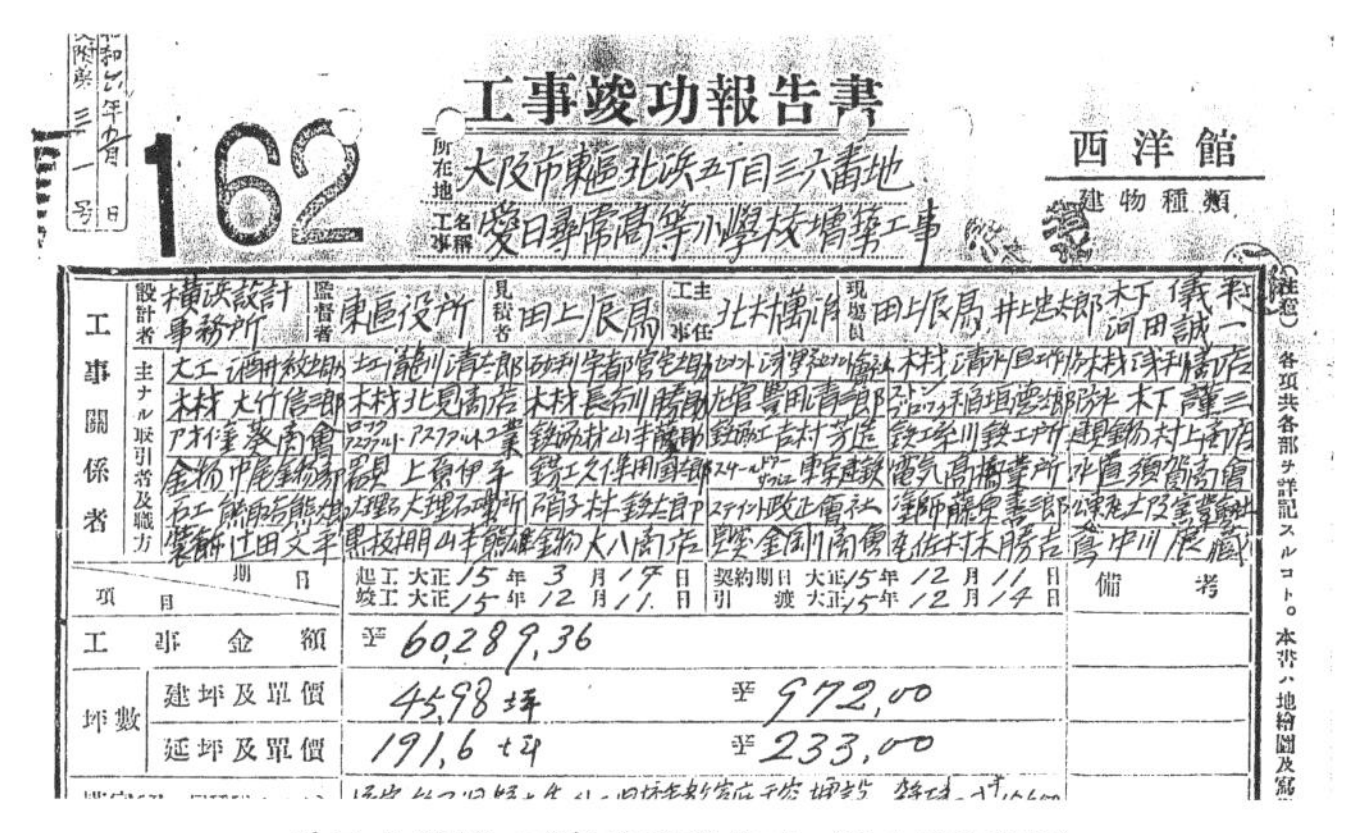

162

工事竣功報告書

西洋館
建物種類

所在地　大阪市東區北浜五丁目三六番地
工事名称　愛日尋常高等小學校増築工事

工事關係者	
設計者	横浜設計事務所
監督者	東區役所
見積者	田上辰馬
工事主任	北村慎治
現場員	田上辰馬　井上忠太郎　木下儀一　河田誠一
主ナル取引者及職方	大工　木材　大竹信三郎　アオイ塗装商會　金物　中尾金物部　石工　装飾　辻田文平　木材　北見商店　アスファルト　上原伊平　大理石　大理石工業所　黒板　木材　長谷川勝助　鉄筋材　鉄工　硝子　林鉄太郎　金物　大八商店　左官　豊田清三郎　鉄筋工　吉村芳造　スチールドアー　東京建鉄　ステイン　政正會社　金剛商會　木材　稲垣徳三郎　鉄工　電気　高橋工業所　塗師　藤原喜三郎　左　佐村林勝吉　木下謙三　村上商店　水道　須賀商會　中川辰蔵

項目	期日	
	起工　大正15年3月17日 竣工　大正15年12月11日	契約期日　大正15年12月11日 引渡　大正15年12月14日
工事金額	￥60289,36	
坪數　建坪及單價	45,98坪	￥972,00
坪數　延坪及單價	191,6坪	￥233,00

備考

（注意）各項共各部ヲ詳記スルコト。本書ハ地繪圖及寫…

愛日小学校 工事竣功報告書（清水建設所蔵）

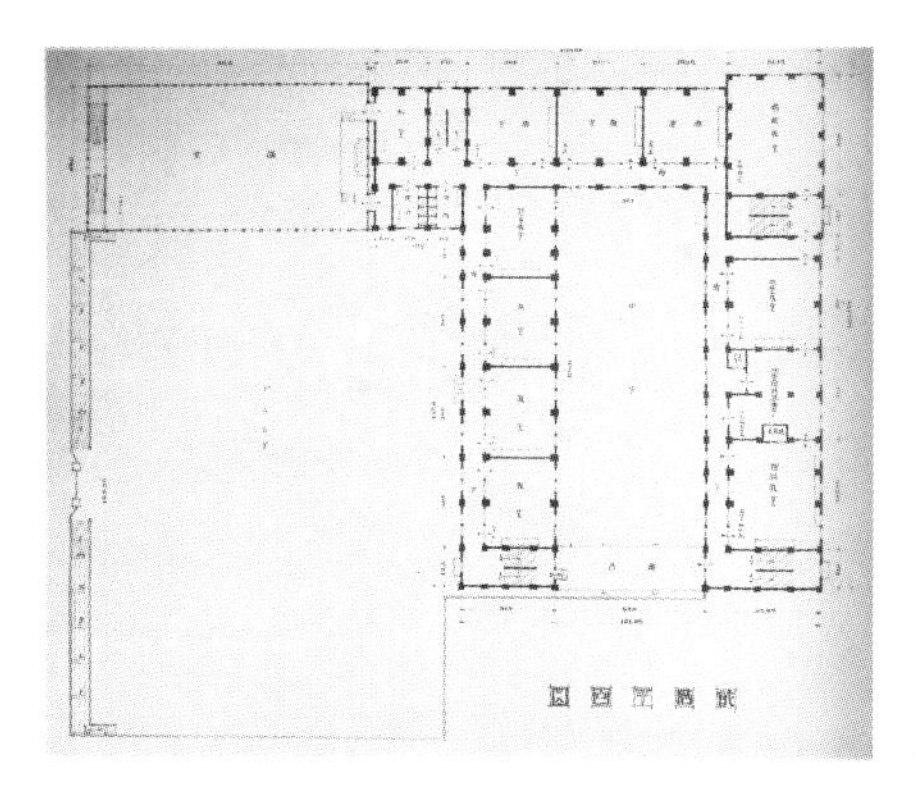

愛日小学校　2階平面図

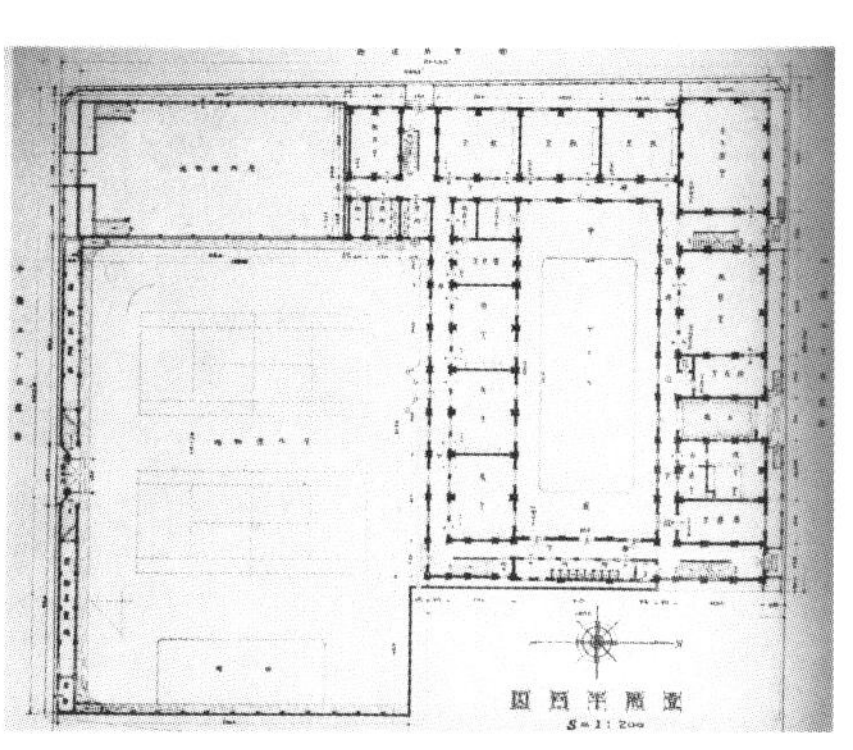

愛日小学校 配置図兼1階平面図

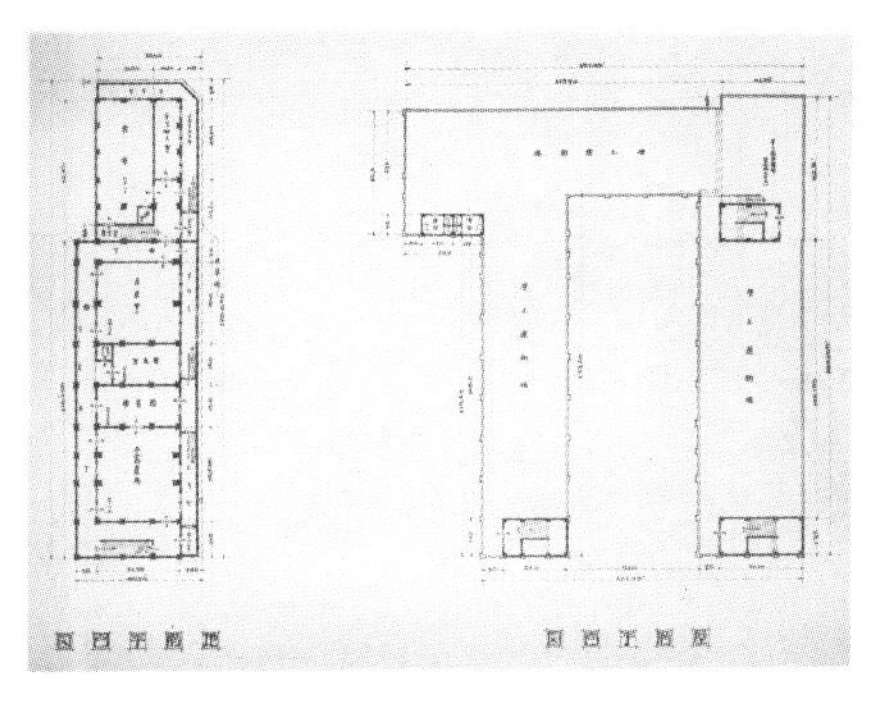

愛日小学校 屋上・地階平面図

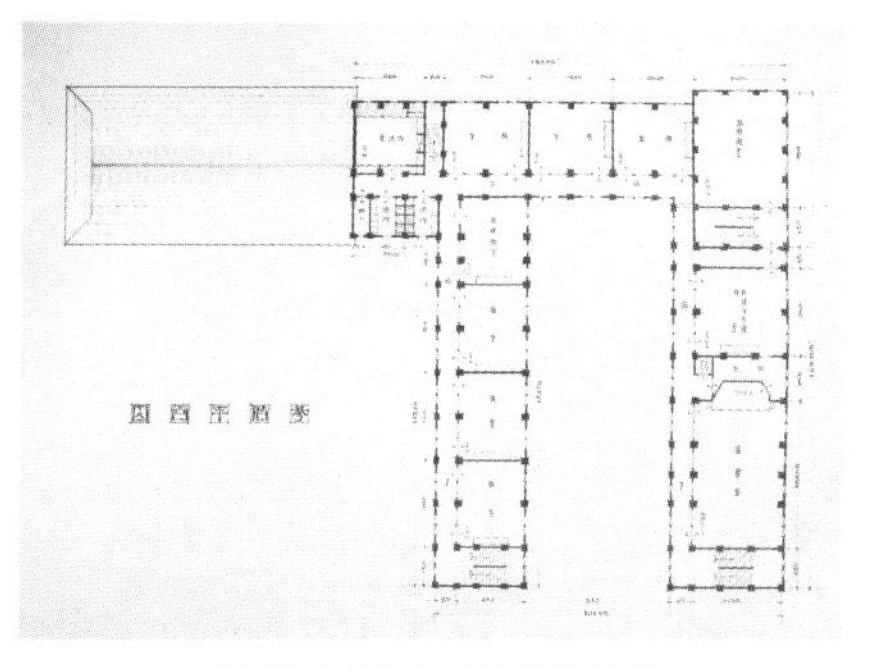

愛日小学校　3階平面図

愛日小学校 唱歌室・理科室

愛日小学校 運動場

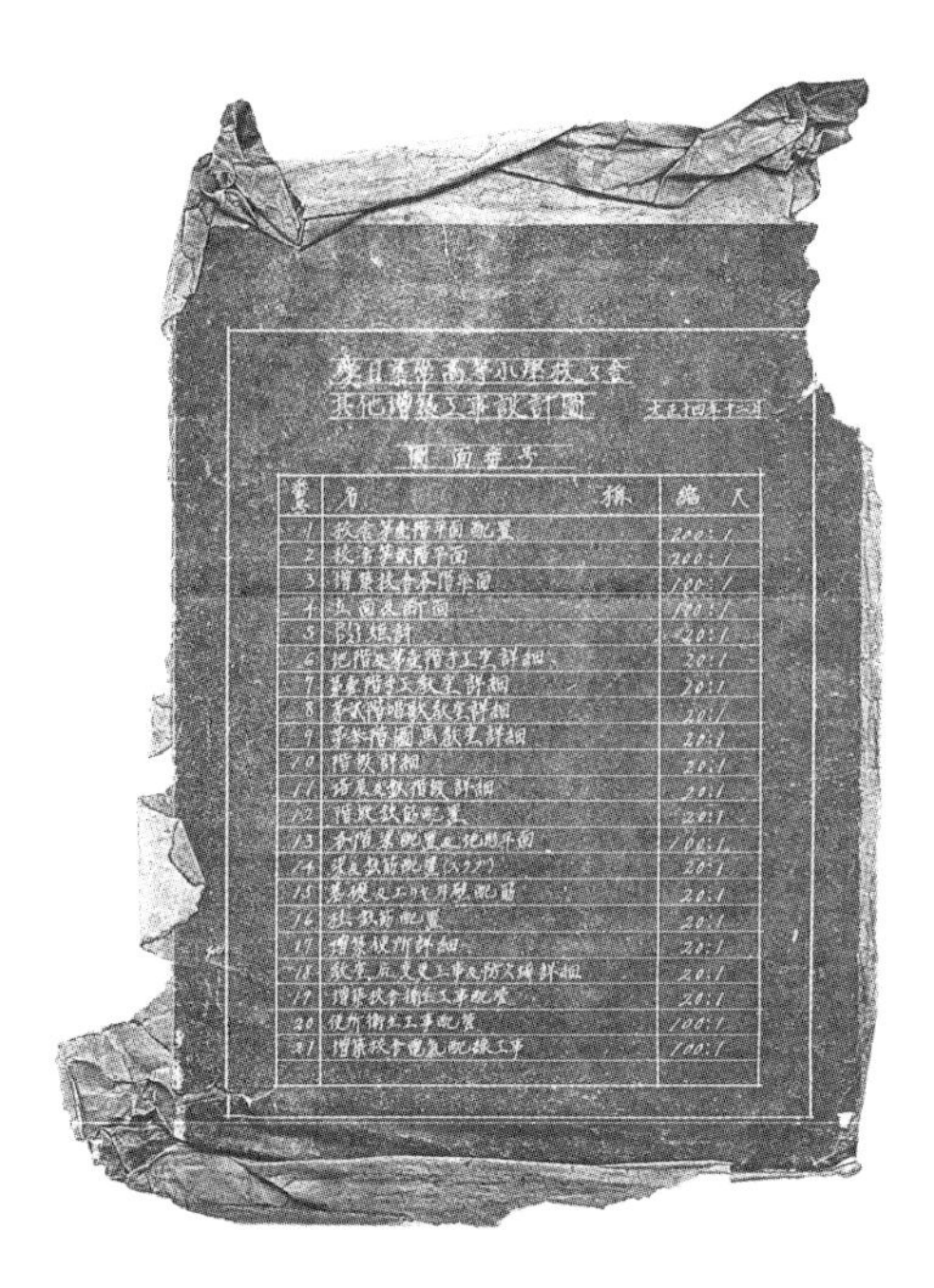
愛日尋常高等小學校々舎
其他増築工事設計圖　大正十四年十二月

圖面番号

番号	名称	縮尺
1	校舎第壹階平面配置	200:1
2	校舎第貮階平面	200:1
3	増築校舎各階平面	100:1
4	立面及断面	100:1
5	[illegible]	20:1
6	地階及第壹階手工室詳細	20:1
7	第壹階手工教室詳細	20:1
8	第貮階唱歌教室詳細	20:1
9	第参階図画教室詳細	20:1
10	階段詳細	20:1
11	塔屋及階段詳細	20:1
12	階段鉄筋配置	20:1
13	各階梁配置及地階平面	100:1
14	梁及鉄筋配置(スラブ)	20:1
15	[illegible]	20:1
16	柱鉄筋配置	20:1
17	増築便所詳細	20:1
18	教室床更生工事及防火壁詳細	20:1
19	増築校舎衛生工事配管	20:1
20	便所衛生工事配管	100:1
21	増築校舎電気配線工事	100:1

愛日小学校 図面表紙

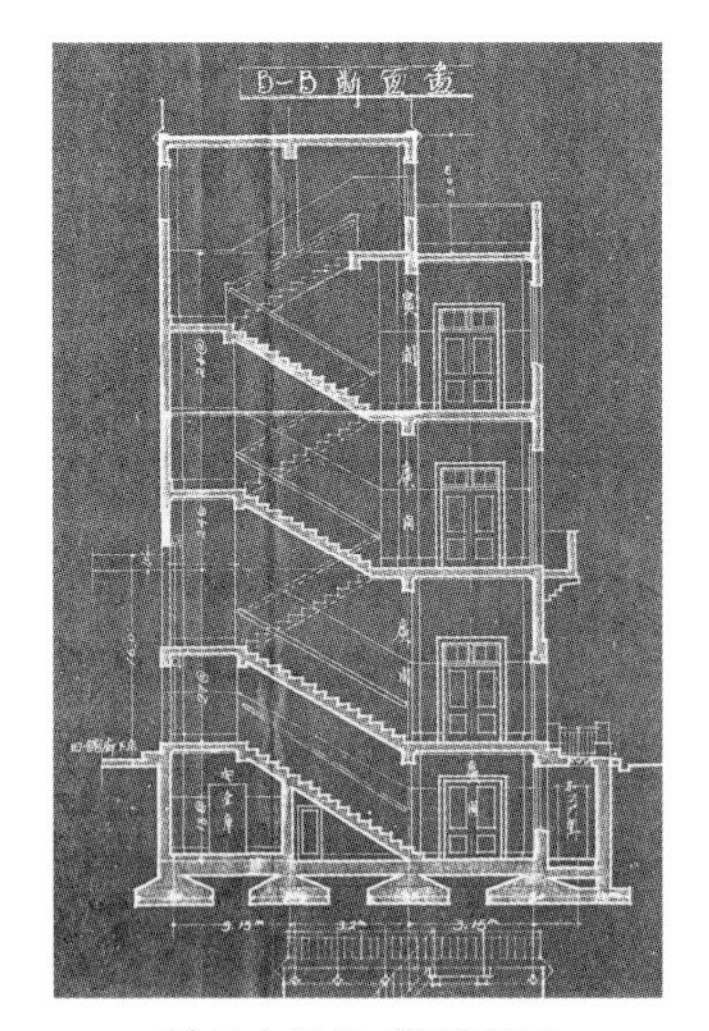

愛日小学校 縦断面図

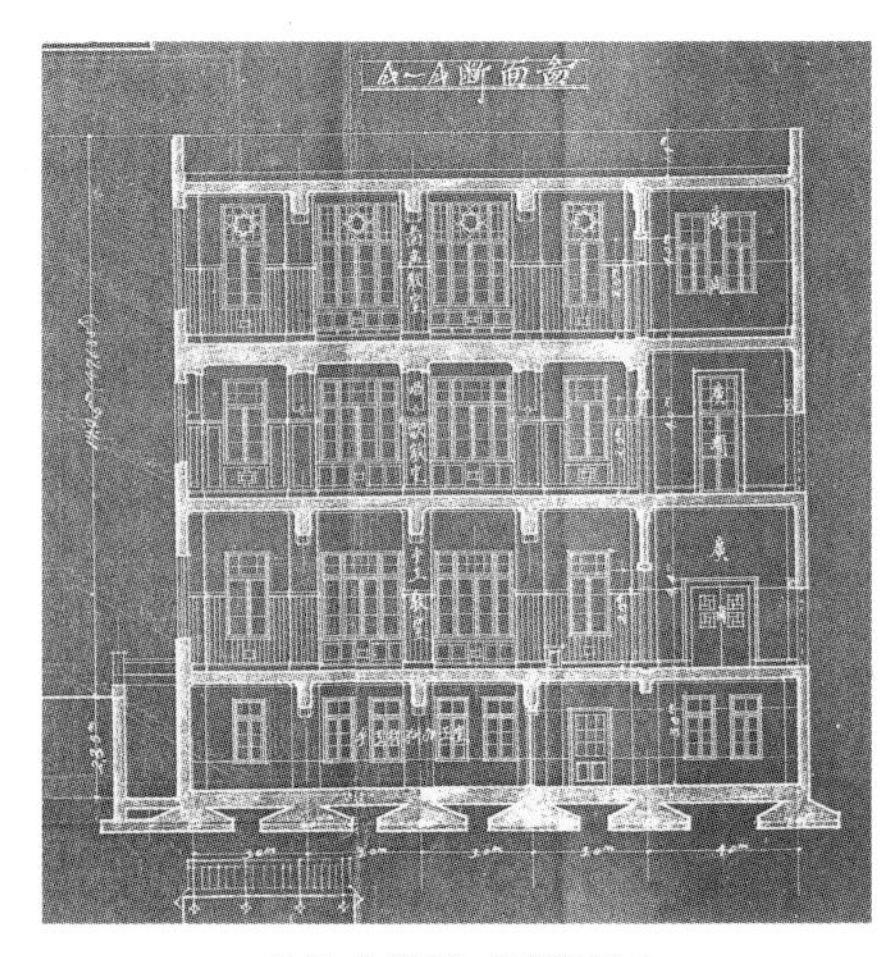

愛日小学校 横断面図

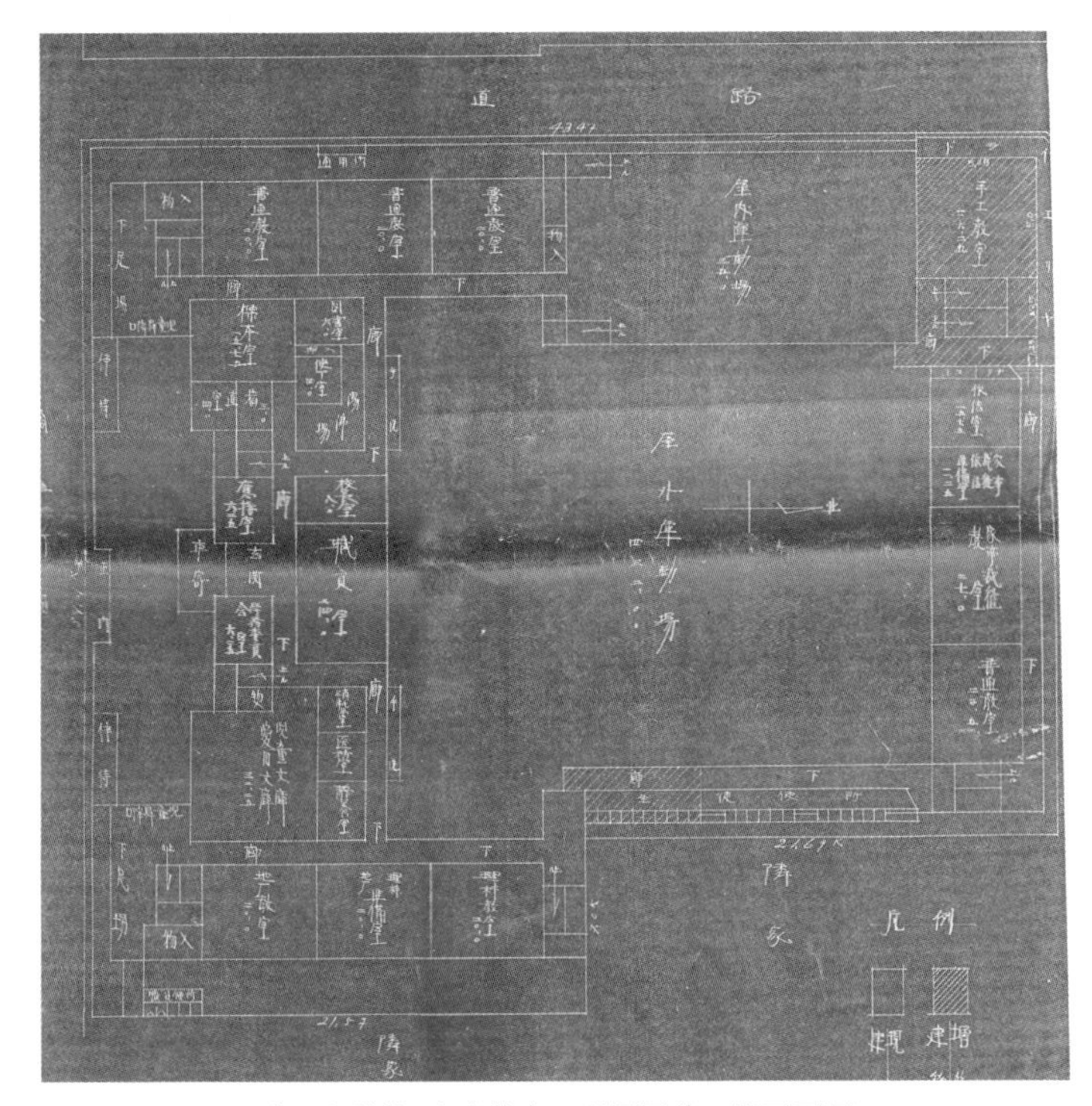

愛日小学校 木造校舎の配置図兼１階平面図

愛日小学校 エレベーター（筆者撮影）

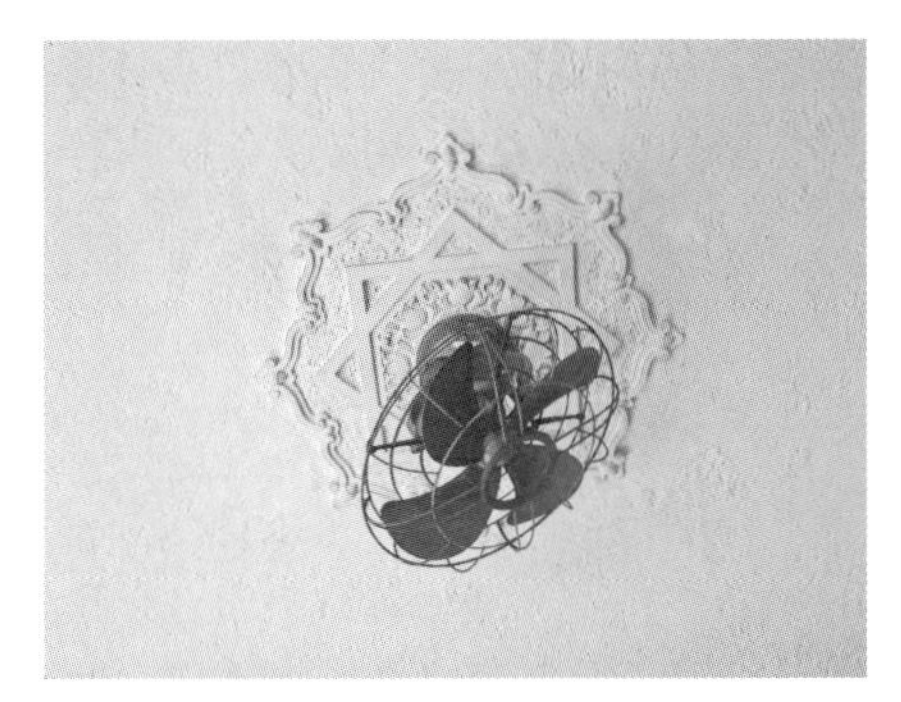
愛日小学校 天井のセンターレリーフ（筆者撮影）

愛日小学校 内庭（筆者撮影）

愛日小学校 梁ハンチの装飾（筆者撮影）

愛日小学校 天井の装飾（筆者撮影）

愛日小学校 教室内（筆者撮影）

外壁の装飾（筆者撮影）

12　永井榮之亟

12－1　永井榮之亟

学区制度廃止前に建設された小学校八〇校中、二〇校の設計者は不詳である。大阪市は他都市と比較して戦前期までに建設された校舎がほとんど残っておらず、統廃合が昭和一七年（一九四二）より実施され、昭和二〇年（一九四五）の空襲では鉄筋コンクリート造校舎も過半の学校で内部に火が入り骨格を残して焼失していた。また大阪市に委譲前の学区制度のもとで成立した校舎の史料は大阪市側に引継がれることは少なかった。それらのことが重なり、史料はきわめて乏しいといわざるを得ない状況にある。

ここで検証する永井榮之亟とは船場小学校を設計したとされる建築家であるが、この名前が本名であったのかどうかは不明である。当時の建築学会、日本建築協会の名簿、建築学科を有した各学校の卒業者名簿を調べてみても、この名前は見出すことはできない。つまりここから浮かぶことはこの名前はペンネームではなかったかということだ。当時鉄筋コンクリート造建造物の設計ができる建築技術者は少なく、大阪だと大阪府庁か大阪市役所の営繕課もしくは大阪市立工業学校建築科教員、大手請負会社の設計部の技術者など限られており、それらの組織に所属する建築技術者が余業でおこなった可能性がある。

永井榮之亟が船場小学校の設計者という記載は『セメント界彙報』[1]第八拾四号（大正一三年一月）にある。この号は「大阪神戸市鉄筋混凝土建築小学校設計概要」の特集が組まれており、設計者として永井榮之亟の名が記され、永井の住所は大阪府西成郡鷺洲町字海老江二百十一番地とある。施工は大林組と記される。

船場小学校の設計内容としてはスロープ、室内プールや天文台の設置などがあり、それに応えるためにこれまでにない技術が求められたものと思われる。すなわちこのような設計業務に手慣れた技術者の術と思われる。このことからも高等教育を受けた建築家の可能性が考えられる。

12－2　船場小学校

（i）　建設経緯

大阪で最初の鉄筋コンクリート造校舎は大正一二年（一九二三）二月に竣工した船場小学校である。ただ久宝小学校や汎愛小学校のように全体の改築ではなく、増築であった。既存の煉瓦造の校舎はそのままにして、新たに西北側隣接地に土地を購入してそこに建設された。

要した費用は実に高額なもので、九〇万円を超え、その内訳は建築工事費四七万円、設備費一二万円、備品六万円、敷地購入費二五万円となり、その建坪は校舎が三七二坪、屋内体操場が一二四坪、廊下一六坪、合わせると五一三坪、総延坪は一五七〇坪であった。

なぜ鉄筋コンクリート造が採択されたのか。大正七年（一〇一八）一二月に区会で校地拡張することが決議されていた[2]。このことは校舎の増築を見据えての布石であったが、この時点では鉄筋コンクリート造は考えられていなかったはずである。この頃まだ日本では鉄筋コンクリート造学校建築は出現していない。鉄筋コンクリート造採択が決定したのは大正一〇年（一九二一）一〇月のことで、三階建で坪数は三六〇・〇七坪とある。同時に鉄筋コンクリート造の屋内体操場一一六・二五坪が提案されていた。背景には大正九年（一九二九）に神戸で三校、横浜で一校の鉄筋コンクリート造小学校校舎が竣工したことが関係する。この時点で基本計画は出来ていたものと考えられる。

大正一一年（一九二二）三月地鎮祭があり、同年八月三一日上棟式がおこなわれ、翌大正一二年（一九二三）三月落成式が挙げられた。

（ii）　鉄筋コンクリート造誕生以前の校舎

船場小学校では一章でみてきたように、総煉瓦造の校舎を明治三六年（一九〇三）に完成させていた。戦後の解体時まではこの校舎は存在したようだ。さて大正初期には煉瓦造校舎と並んで、白い洋風校舎が南西の角に出現していた[3]。明治四三年（一九一〇）七月に落成した船場幼稚園舎兼船場小学校校舎であって、設計者は伴綽であった。伴緯の経歴や作品は一切不明であるが、出隅部の四角錐状の屋根や屋根窓の設置からは、設計に習熟した建築家であったことがうかがえる。

幼稚園舎を兼ねたこの校舎は二階建てで、外壁はモルタル塗仕上げながら水平目地が入り、組積造を模した外観となる。方立状の小柱の柱頭部はゴシック風な処理が施される。出隅部のパラペット部分には引き込みアーチの装飾がみえる。このような意匠からは歴史様式の影響下のスタイルであったことがわかる。屋根は瓦で葺かれていた。この時期東京市の小学校においては三橋四郎設計の鉄網コンクリート仕上げの木骨洋館校舎[4]が次々と出現していたが、大阪においてもこのような建物と類似した建築が出現していたことは興味深い。

なおこの校舎は大正八年（一九一九）に刊行された『大阪市営事業概観』[5]に大阪を代表する尋常小学校として紹介されている。尋常小学校としては唯一校だけの掲載であり、模範的な校舎と考えられていたのだろう。この建物は大正一一年（一九二二）三月に鉄筋コンクリート造小学校校舎が着工するにあたり、解体されている。わずか一二年間存在しただけの建物であった。

（iii）建築内容と校長上島直之

上島直之

新築された校舎は三階建地階付きで、北側の一階と二階には幼稚園舎が入る。室配置をみると、一階は特別教室三室（理科・算術・手工）・併設された幼稚園の保育室、二階は特別教室二室（地歴・図画）・普通教室四室・併設の園児集会所・幼児談話室、三階は舞台とベランダが付いた大集会所・特別教室二室（作法・裁縫）・普通教室四室、地階は特別教室二室（家事割烹・家事洗濯）・下足傘置場・ボイラー室などが設けられ、これまでの小学校にはないような多くの特別教室が用意されていた点に特徴がある。

このことについて、大正一二年（一九二三）四月二八日に船場小学校を東京から視察に訪れた肥沼健次[6]は「船場校は設備濃厚の評あるも特別教室を多くし、各教科と設備との関係に付いて相当に考慮せる学校[7]」と記す。

大正一一年（一九二二）三月に着工する時点で鉄筋コンクリート造校舎を先行して複数校完成させていた神戸市の小学校[8]にはこれほど充実した特別教室を揃えた学校はなく、東京市では林町小学校[9]が東京市では最初の鉄筋コンクリート造校舎を同年三月に完成させていたが、わずか九九坪の校舎と二四坪の屋内体操場にすぎず、参考にはならなかった。

ではなにをモデルとしてこのような室配置となったのだろうか。確証はとれないが尋常小学校より上級の旧制中等学校や高等女学校ですでに実現していた特別教室が参考にされた可能性が高い。大正後期には小学校高等科の義務教育化が予測され、船場地区の六校（船場・久宝・愛日・集英・汎愛・浪華）では大正一二年（一九二三）に一斉に高等科が設置されている。つまり高等科の設置に伴い、特別教室などを完備することが目指されていた。また実業補習学校や女学校が各小学校に併置されていたことも関連する。

建設にあたって「教育上の設備は全部校長の意見」[10]を取り入れておこなわれたとある。当時校長を務めた上島直之[11]は船場小学校校長に就任する前は奈良女子高等師範学校教諭を五年間つとめ、中等教育に熟知した教育者であり、そのような経験が特別教室の設計の際に活かされたものと判断できる。上島直之は船場小学校には大正七年（一九一八）に昭和五年（一九三〇）までの一二年間在職した。

当時は学区制度が運用されており、学区が直接に校長を雇い入れる体制となっていた。その結果現在では想像ができないが、高等教育機関の職を辞し、小学校の専任校長を務めるといったことがあった。実際は高額な給与の上に洋行が就任の条件に約束されていたようで、大正一二年（一九二三）三月に鉄筋コンクリート造校舎が竣工し、一段落した同年一一月二六日より翌大正一三年一一月一八日までの約一年間、欧米に出張し、学事視察をおこなっていた。その成果は『最新欧米教育の実際』[12]という著書に記される。イギリス、ドイツ、アメリカの学校を廻ったようで、本の内容は教育行政、小学校各科の内容及び教授法、実業補習教育及び保育、の三点からなる。教育施設については、ランチルームやエレベーターに言及があった。

先の肥沼健次の観察記から、当時の船場小学校の建築内容[13]を拾ってみる。まず玄関及び昇降口は「大阪は概ね地下室を利用され、移動式の下駄箱が列んで」とある。廊下及び階段は「昇降の最も頻繁な部分を斜面路として木煉瓦が敷いて」とある。普通教室では窓が「船場校の如く外側を鉄骨ペンキ塗の観音開きとし、廊下窓側を木骨ニス塗竪廻転式の戸四枚を設けたる」とある。特別教室は「縁側付きで明り障子を建込み、（中略）二十四畳の大広間一間」とある。家事実習場は「地下室に洗濯室と割烹室とが設けて」ある。屋上については温室・測候所・花園にくわえ、「屋上更に一段高く設け、市内の眺望」のための展望台が設置されていた。衛生設備は「大阪船場校はスチームを使用し、放熱器は各教室何れも二ヶ所宛備えてある。中には天井に取り付けたのもあった。汽缶室は地下室に設けて」とある。講堂は「九十三坪余の講堂以外に、ベランダ付四十坪半の大集会場を有している。正面には常設館風の舞台を設け、場内には二百人の内外分の布張椅子及筆記台付一人用椅子が常設されて」とある。特別室は「船場校は一般応接室の外、所謂貴賓室なるものを有し楕円形テーブル、革張安楽椅子、大理石装飾の大鏡、美的な衝立兼帽子掛、戸棚等を整え、卓上電話までも備付け敷物には絨毯が使用」とある。

このような特別教室を完備する手法はその後、学校建築を建設する際に雛形になったようで、『東区史第二巻行政編』[14]には次のように記される。

> 此の時迄学校建築は割合に粗末であったが、此の学校の建築を契機として一斉に学校建築の標準を高め、其の後続々建築せられたるものは之に倣い大阪市は勿論、遠く東京市否全国の小学校建築は向上した。殊に理科室の設備は大阪市小学校理科室の規準となり東京亦之に準じ、現在に於ても大阪東京両市は大体之によっている。

引用を続ければ、「屋上を運動場とすると共に一部に天文台、気象台を設置し、又屋上庭園を設ける等特別施設」が設けられていた。室内水泳プールは煉瓦造校舎との間の一階に設置された。上屋は鉄骨造であり、屋根は天光を採り入れるためにガラス張りとなる。また「階段を廃して斜面道」とあるように、地階から屋上までスロープが設置されており、五層分の移動を安全とする目的があった。スロープの床は滑り止めのために木煉瓦敷となっていた。船場小学校のスロープはわが国の小学校校舎のなかでは最も早い時期の採用といえるだろう。

（iv）建築スタイル

道路との関係をみれば、既存の煉瓦造校舎が前庭を有し、道路から少し離されて建設されていたのに対して、新校舎は道路境界線に沿ってぎりぎりにドライエリヤ越しに外壁が設けられており、それまでの一般的な校舎のイメージではなく、オフィスビルディングに似た形態と示す。全体的には三方の道路に沿ってコの字の形をなした。

船場地区の街区一ブロックは基本的に四〇間（約七八m）四方の正方形からなった。船場地区の小学校の校地は四〇間四方の約半分から四分の三ほどの面積を占め、長方形の敷地をなすことが多かった。市街地ゆえにこの敷地を目一杯有効に使うことが求められ、内側により広い運動場を設けるために、校舎は道路境界線際に寄ることになる。それは鉄筋コンクリート造以前の木造校舎においても同様であった。

建築スタイルとして屋根は陸屋根で、壁面は柱型が突出するタイプとなり、柱型廻りは白いタイルが貼られる。初期の鉄筋コンクリート造では駆体を包む素材に白タイルが用いられることは多く、わが国最初の鉄筋コンクリート造建築として知られる三井物産横浜ビル一号館（一九一一年）では外壁が白タイル貼りとなっていた。おそらくはそのような影響を受けたものと考えられる。ただその後白タイル貼りは急速にすたれ、色モルタル塗や擬石塗にとって代わられる。このような白タイル貼りは大阪市の小学校では他に道仁小学校（昭和二年）で確認されるにすぎない。なおタイル貼りとなったのは道路側に面したファサードのだけで、内庭側では擬石塗仕上げになっていた。

全体のプロポーションは古典的なもので、基壇は御影石積み、屋上階にはバラスレードが付き、軒下にはコンクリートの歯飾りが細かく入れられた。

一方内庭側の外壁の仕上げはモルタル塗仕上げで、水平目地が入る。また後の大阪市の小学校の特徴となる一階部分をアーケードとして、運動場と一体化して使用される手法がここでは誕生していた。

（v）廃校

以上みてきたように豪華な設備を有した校舎であったが、昭和一七年（一九四二）三月に統廃合され、愛日小学校に合併された。児童数が激減していた訳ではなく、七二三人の児童の在籍が確認される。大阪市教育部による強制的な廃校であった[15]。すなわちこの校舎はこの時に新設された大阪市立船場高等女学校に代わる。その理由は入試難緩和のために大阪市立の旧制中学校や高等女学校、商業学校が昭和一七年（一九四二）に新設され、その校舎として大阪市中心部の小学校校舎が狙われたためであった。中心部の校舎は設備が完備し、壮麗な鉄筋コンクリート造建築であり、中等教育施設にはふさわしい建物と考えられたことによる。

旧学区の人たちが苦心して造り上げた校舎がいきなり取り上げられ、転用されるということで、地元からは猛反対が起きる。このような計画を立てた大阪市教育部の企てに対して、地元の陳情を受けた大阪選出の国会議員らは文部大臣に詰め寄り、大阪市の計画案の廃棄を迫ったが、「大東亜共栄圏建設の人材養成」という錦の旗が揚げられた以上は大阪市議会でも反対はできず、大阪市教育部の計画案は実施されることになる。船場小学校は新築後一九年で消滅した。

昭和二〇年（一九四五）の空襲で煉瓦造校舎は焼失している。一方鉄筋コンクリート造は焼け残り、船場高等女学校として使用されるが、昭和二三年（一九四八）より船場高等女学校が改組した新制船場高等学校校舎となる。昭和二五年からは盲学校の校舎となるが、昭和三八年（一九六三）に土地の売却と駐車場建設のために、校舎の建物は解体される。現在校地の北は敷島紡績本社ビルとなり、南側はヴィアーレ大阪になる。この建物は四三年間存在した。

注

（1）日本ポートランドセメント同業会編纂で、大阪で刊行されていた。
（2）拡張の対象となった土地は実業家山口玄洞の所有であったが、大正一一年（一九二二）には小学校側に移転登記される。
（3）「船場小学校沿革史」開平小学校所蔵。大阪府技手のひとり

（4）三章の表4の冨士岡重一の経歴に記した。
（5）大阪市役所から刊行され、写真で大阪市営事業による建造物や施設類が紹介される。
（6）番町小学校の鉄筋校舎（大正一三年竣工）の建設に尽力した同小学校主席訓導、昭和一二（一九三七）には小日向台町小学校校長に就任
（7）肥沼健次『鉄筋混凝土校舎と設備』洪洋社、一九二七
（8）川島智生「大正・昭和戦前期の神戸市における鉄筋コンクリート造小学校建築の成立とその特徴について」『日本建築学会計画計論文報告集』第五一四号、一九九八
（9）藤岡洋保「東京市立小学校における初期の鉄筋コンクリート造校舎について」『日本建築学会大会学術講演梗概集』一九七九
（10）『東区史　第二巻行政編』大阪市東区、一九四〇
（11）明治一九年（一八八六）三重県に生まれ、明治四三年（一八一〇）東京高等師範学校卒業後、熊本市視学、大正二年（一九一三）奈良女子高等師範教諭を経て船場小学校校長、昭和二年（一九二七）に高等官七等の待遇となる。昭和三年（一九二八）には大阪市学務委員、昭和六年（一九三一）大阪市に入り大阪市役所視学秘書課長、大阪市臨時校園建設所所長を経て、東区区長を務める。
（12）東洋図書、一九二五
（13）前掲（7）と同じ
（14）前掲（10）と同じ
（15）赤塚康雄『消えたわが母校　なにわの学校物語』柘植書房、一九九五

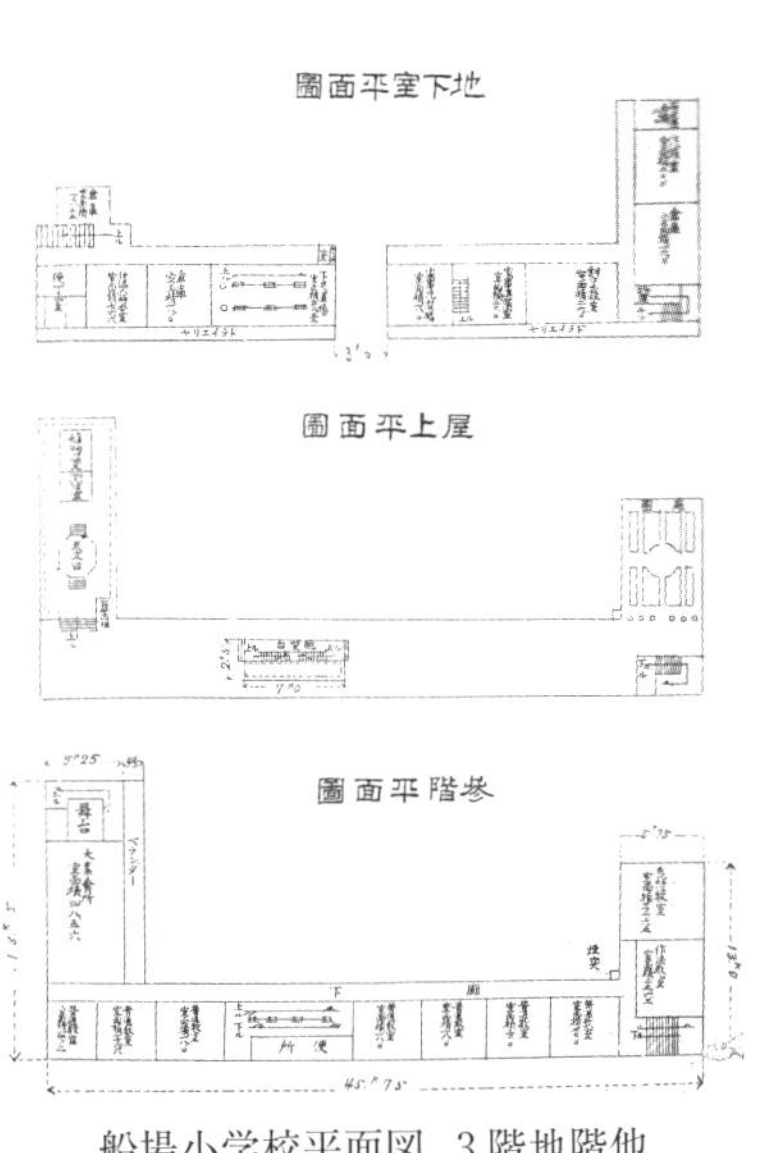

船場小学校平面図　3階地階他

船場小学校 俯瞰図

船場小学校（明治43年）

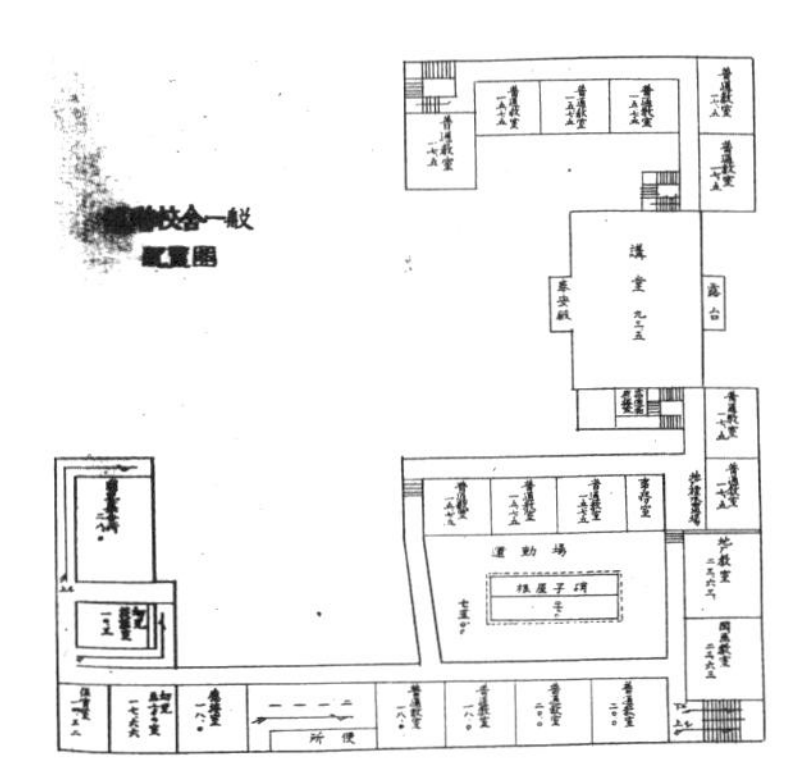

船場小学校平面図　2階

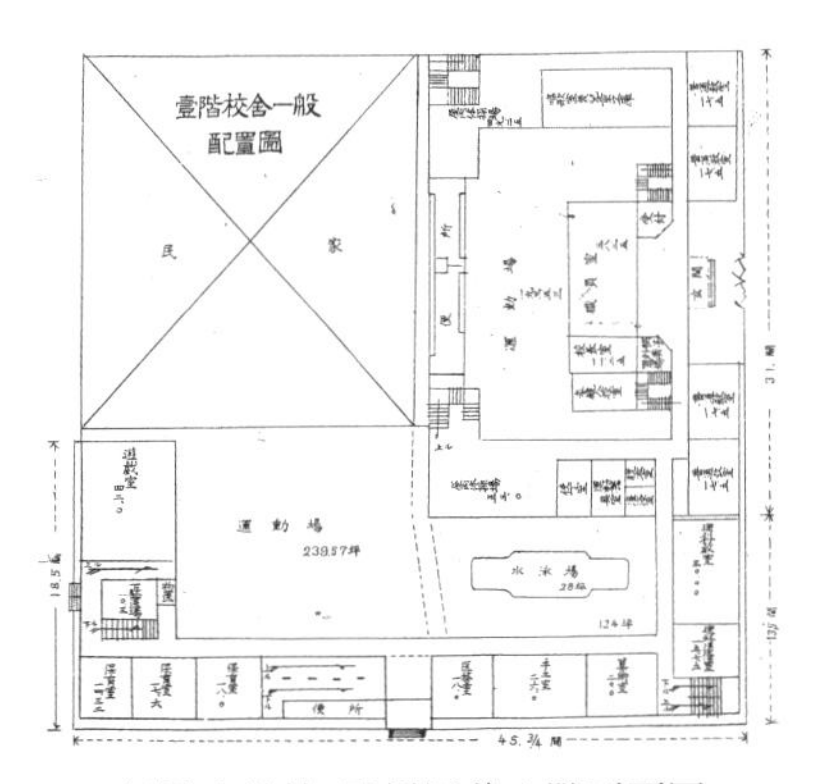

船場小学校 配置図兼1階平面図

船場小学校 1階プール

船場小学校 内庭側

船場小学校 大集会所

船場小学校 スロープ

船場小学校 幼稚園側

船場小学校 応接室

13　大阪市直営小学校

13－1　直営小学校と大阪市営繕課

豪華で壮麗な鉄筋コンクリート造校舎が学区制度廃止直前に各学区の小学校で次々と出現する一方で、低所得者層が多く居住した地域を対象として社会事業の一環としての小学校三校が誕生していた。有隣小学校・勤労学校・徳風小学校であり、大阪市が直接経営をおこなっていた。そのために校舎の建物は大阪市営繕課が設計を担うことになる。勤労学校は二〇一七年二月一日現在において、戦前期までに建設された大阪市の小学校校舎で現存する二校のうちの一校である。もう一校は北天満（済美第四）小学校である。[1] 徳風小学校については史料的な制約があり、ここでは取り扱わない。

（i）大阪市営繕課の誕生

大阪市営繕課の歴史をみると、それまでの土木課営繕係から大正八年（一九一九）に独立し、すでに論じた花岡才五郎（明治三五年工手学校卒）が初代の営繕課長に就任する。営繕課設置の背景には大正八年にはじまる市営住宅建設事業や大正一〇年竣工の市民館の建設があったと考えられる。

大正一二年九月に起きた関東大震災以降は、都市の公共施設の鉄筋コンクリート造化が重要課題になっていた。そのため鉄筋コンクリート造の建築技術に詳しい高等教育を受けた技術者が営繕課に求められ、片岡建築事務所[2]にいた波江悌夫[3]と伊藤正文の二人が大正一三年（一九二四）に入ることになる。そして波江悌夫は課長に、伊藤正文は技師となる。伊藤正文については第四章で詳述する。

この頃どのような技術者が営繕課に在籍していたのかをみると、大正一四年の段階[4]で課長は波江悌夫、主任技師が井上謙吉（明治三九年関西商工学校卒）、技師は大野直平（明治四一年名古屋高等工業学校卒）と伊藤正文（大正六年早稲田大卒）の二名であり、その下に二〇人の技手がいた。関西商工学校[5]の卒業生が一番多く、前述の佐古律朗（明治四一年卒）[7] 以下八名となる。その他に大阪市立工業学校[6]の卒業生が一名いた。高等教育を受けた技手は大阪市立工芸学校設計者の矢木英夫（大正九年京都高等工芸学校卒）と後に日本インターナショナル建築会を結成する中西六郎（大正一一年早稲田卒）の二名であった。それ以外の八人についての出身学校は不明である。

（ii）大阪市営繕課の東洋趣味

伊藤正文が営繕課に入った大正一三年（一九二四）七月から、営繕課が改組して建築課となる昭和二年（一九二七）三月までの三年間に、伊藤正文が設計に関わったものとしては市民病院や産業奨励館、美術館、中央職業紹介所、今宮改良住宅、長柄共同宿舎[8]、九条共同宿舎、心華婦人会館、有隣小学校などが確認される。

これらの建物のなかには外観にスパニッシュやインドイスラム風の影響を受けた意匠のものが現れていた。このような東洋風の意匠の採用はこれまでの大阪市営繕課の設計にはない。大正一五年一二月に伊藤正文は、今後の大阪市の建築の傾向として、「一種の『おちつき』と『荘重味』に富んだ東洋趣味の表現が盛んになっていく[9]」と語っている。このようなことを照合すれば、設計に伊藤正文が深く関わったものとみられる。

伊藤正文は大正一一年八月から大正一三年五月の間に、安井武雄の下で大阪倶楽部 の設計を主担しており、その影響があったものと考えられる。

13－2　代表的な小学校

13－2－1　有隣小学校

（i）建設経緯

有隣小学校は貧困によって就学できない子どもたちを見かねた難波警察署長天野時三郎が発案し、新田帯革製造所経営者で篤志家であった新田長次郎[10]によって設立された。私立の夜間小学校であり、明治四四年（一九一一）に浪速区木津北島町に開校する。その校舎は三軒の長屋からはじまり、翌年木津第一（敷津）・難波第二（立葉）の両小学校の古い木造校舎を移築し拡幅する。大阪では数少ない私立小学校[11]であったが、大正一一年（一九二二）に大阪市直営の公立小学校に移管される。経営主体である学区を持たない小学校であったために、市直営の小学校となる。その背景には大阪市の社会事業政策の進展があり、大正九年（一九二〇）に市役所に社会部が設置され、初代部長を天野時三郎が務めた。

移管後の大正一五年（一九二六）同じ浪速区内の栄町に新築移転される。その目的は「有隣尋常小学校は元篤志家の経営せる細民教育施設なりしを大阪市に継承したるものにして、勤労学校と同一の趣旨に依り移転新築して内容の改善を行う予定」[10]とあり、起工は大正一四年九月であり、翌年二月に竣工した。大林組の施工であった。鉄筋コンクリート造三階建で、建坪は一〇四坪、延坪は四〇二坪で、建築費は六万七千円であった。附属の木造家は九四坪あった。着工前の大正一四年五月に刊行された『大阪市大観』[13]には完成予想図が描かれてあり、後に詳述する東洋風の意匠が鏤められ、ほぼ予想図のとおりに完成していたが、階段塔屋の形だけが変更になっていた。予想図では切妻破風となるが、実際には破風をみせないものに変更されていた。

（ii）建築特徴

プランはL字型の平面をなし、西側に鉄筋コンクリート造三階建の本館が、北側に木造平屋建の附属家があり、南東側が運動場となる。本館は一階が講堂兼唱歌室兼民衆教育室（四〇坪）・職員室・応接室・医務室、二階が普通教室二室・理科室・陳列室、三階が普通教室三室・裁縫作法室からなった。普通教室は五室、特別教室も三室備わっており、小規模ながら小学校施設の基本は整っていた。附属家は作業室（三二坪）を主としたものとなる。

外観をみると、外壁面には柱型は表出しておらず平滑となる。三階の窓台下に水切り用のモールディングが廻り、ファサード全体を水平に分割する。最上階のパラペットの笠木は瓦葺きとなり連続する。二階三階の窓の形は矩形だが、一階の窓上部だけは半円アーチ形となる。外壁での唯一の壁面装飾が階段室の二階開口部上のペディメントであり、玄関屋根と共通し渦巻き装飾となる。この意匠は伊藤正文が美術学校[14]（大正一一年）の立面図で玄関廻りに用いていたものと酷似している。伊藤正文の設計への関与を伝える徴といえる。

建物の出入口は二箇所あって、いずれも瓦葺きの屋根となった玄関ポルティコが付き、二本の柱の柱頭部は段状の形態になる。校舎玄関部はスクロールの破風飾りが屋根上に付き、講堂玄関部は寄棟となる。このように講堂は校舎とは別に直接街路に面して玄関を設けており、地域のための社会教化施設を兼ねて設計されていたことが読み取れる。

　このような意匠について、竣工時の工事概要[15]には「東洋風を加味したる近世式」とある。この時期の大阪市の社会事業施設にはこのような東洋風の意匠が出現していた。有隣小学校と同年同月に竣工した長柄共同宿泊所（現およど寮西棟）[16]の開口部にもインドイスラム風の意匠が表れており、スタイルに関しては共通の考えであったことが読み取れる。

　さてこの校舎はこれまでみてきたような長大な建造物ではなく、高さと間口、奥行きのバランスからみて、町村役場や小規模な公会堂を思わせる大きさのものであった。

　昭和二年（一九二七）には「小学校ニ類スル各種学校」の勤労学校に改組され、昭和一六年（一九四一）に高等科だけの南栄国民学校となり、空襲で木造部分は焼失する。戦後は栄小学校に統合され、その後校舎は解体された。

13－2－2　市立勤労学校

（i）建設経緯

大阪市立勤労学校は豊崎勤労学校と呼ばれ、皇太子御成婚を記念して建設され、大正一五年（一九二六）五月に竣工した。有隣小学校とは異なり、最初から大阪市の社会事業政策の一環で開設された小学校に類似する学校であり、大阪市の直営学校であった。その完成は有隣小学校の三ヶ月後であった。本館は鉄筋コンクリート造で、建坪九四坪、延坪二八二坪、建築費六万円であり、木造の附属屋は建坪一五〇坪、建築費一万八千円であった。有隣小学校と比較すれば、作業室は広く、勤労学校という性格をより強く反映していた。

　建設が計画された当初学校の住所は大阪市域ではなく西成郡豊崎町であって、大正一四年四月に編入され東淀川区豊崎町となる。すなわち編入と同時に起工がなされており、大阪市側はこの地域のことを憂い、対策を練っていたかが読み取れる。そのことは『大大阪』[17]の記者の次のような一節からもうかがいとれる。

何でも市教育部の鈴木視学が実査したところによると同じ細民地帯でも南よりも北の方に刧て廃学児童が多い、これは南の俗称釜ケ崎、日本橋三四丁目方面の八十軒長屋、桃木裏、燗的裏などは大阪に於ける歴史的細民地帯として比較的公私の尽力が行われ、徳風、愛染、有隣の三小学校や田園学園等があって、学校へも行けない不幸な子供を収容して教育するのみならず警察側がこれに特別の力を加えている、然るに北部のこのあたりは最近市の膨張に伴って生れた新開地のこととて、歴史も極めて浅く、社会から顧られることが少いために、南部に比べ量に於て甚だしからぬ貧民地帯なるに拘らず廃学児童の数は却って甚しい状態となっている。

新興の「貧民地帯」ゆえに篤志家の支援もなく、大阪市が直接救済事業に乗り出したことがわかる。その設立趣旨は次のように記される。(18)

大阪市は就学に困難なる事情にある児童に対し教育施設の改善と拡張を行うべき計画を立てられ市会の決議を経て御成婚記念事業の一として本市北部の密集地帯に設立せられしもの即ち是れなり為に本校は敢て小学校の規範に則らず特に運用自在なる小学校類似のものとして学用品被服を給與するのみならず生活の程度によりては食事及生活費の一部をも補給して就学を一層容易ならしめ普通教育を施すと共に重きを職業指導に置き……（後略）

この建物は現在は「おおよど寮」東棟となる。隣り合う「おおよど寮」西棟は前述の大阪市長柄宿泊所の建物をそのまま利用している。この建物も同年の大正一五年二月に竣工している。

（ii）建築特徴

ではどのような校舎が実現していたのだろうか。現在も建物は現存しており、外観は竣工時の面影が偲べる。鉄筋コンクリート造三階建てで、正面玄関中央部が高く立上がり塔屋となる。その外形は折線アーチを形成し、内側もまた折線アーチの引き込みアーチとなるなど、ドイツのユーゲントシュティールの影響がうかがえる。階段塔屋の屋根は現在青色のS字型瓦で葺かれる。玄関車寄せは緩い勾配の破風を見せ、やはり瓦で葺かれる。足元はピンクがかった御影石積みとなる。床下や各階部屋の下部にある換気孔には凝った意匠の面格子が嵌まる。外壁は柱型が外側に突出するタイプで、縦線を強調する。

勤労学校も有隣小学校と同様に御成婚記念の施設として、『大阪市大観』に完成予想図が載る。その図からはパラペットが外側に下がり、そこが瓦葺きとなるが、竣工時の写真をみると実際には瓦は葺かれなかったようで、現在はコンクリートの軒が浅く廻る。

竣工時のプランは見出せていないが、『大阪市大観』に載る完成予想図のなかに小さく配置図兼一階平面図が記されてあり、以下にその内容を記す。玄関の横には階段があり、南側に応接室・便所・宿直室・予備室が、北側に庶務室・校長室・職員室、そして階段がある。二階三階は教室だったようだ。筆者は二〇一六年に現地調査をおこなったが、内部は改造が激しく、当初の面影はほとんどないが、階段室や中廊下式の教室配置などの平面上の部屋割は完成予想図のなかの形状を踏襲していたことが確認された。

この学校の特徴である職業教育は、敷地の西端にある木造による工場棟でおこなわれていた。鉄筋コンクリート造のこの建物と工場棟との間には炊事室・浴室があった。すなわち階段の位置も含めて現在のプランとほぼ合致している。有隣小学校と同様に、本館棟は鉄筋コンクリート造三階建てで、工場や手工室などの作業空間は木造平屋建の附属屋と分かれていた。この木造部分は現存しない。ここからは有隣小学校と共通する手法で、勤労学校が設計されていたことがわかる。

二校の違いは有隣小学校では講堂が一階に設けられていたが、ここでは本館のなかに設置はなく、南側に隣接する心華婦人会館の講堂を使用するようになっていた。つまり勤労学校と心華婦人会館は一体利用されることを前提に計画されていた。

(iii) 心華婦人会館

現在は豊崎東会館となる心華婦人会館とは鉄筋コンクリート造三階建ての建物である。大正一三年（一九二四）に廃校となった心華尋常小学校の経営母体の心華婦人会が所有した財産のすべてを大阪市に条件を付けて寄附した代償に建設された。女性の職業指導や地位向上を目的とした講習会や会合をおこなうことを目的に建設された。心華尋常小学校[19]は明治四二年（一九〇九）に曹洞宗の篤志家たちで組織された心華婦人会が北区北野茶屋町に設立した夜間制の私立小学校であった。

心華婦人会館完成は豊崎勤労学校にやや遅れるものの同年の大正一五年（一九二六）に竣工する。当初のプランをみると、一階は児童保育室と裁縫室、二階はホールで、三階は吹き抜けで一部がギャラリーであった。外観からはとてもこのようなホールが内蔵されているとは想像がつかない。

外観のスタイルは縦線を強調する壁面の取り扱いや窓台のおさまりなど、豊崎勤労学校と意匠をあわせてある。玄関上部三階の開口廻りの柱型は共通してゴシック風の柱頭飾りが取り付く。ただ細部の意匠は豊崎勤労学校に比較すればより簡素化されたものとなる。

雑誌『大大阪』の記者は竣工直後に訪れた様子を次のように記した。

この辺りには似もつかぬ瀟洒たる三階建の洋館が二つ並んで聳え建つ。右が勤労学校、左が心華婦人会館である。[20]

注

（1）近年中に解体が予定されている。

（2）片岡安が大正一一年（一九二二）に大阪に開設した建築事務所。明治三八年（一九〇五）開設の辰野片岡建築事務所を前身とする。

（3）片岡建築事務所にいたが、大正一三年（一九二四）より大阪市営繕課に入り、課長を務める。

（4）『大阪市職員録』大阪市、大正一四年

（5）関西大倉高校の母胎で、大阪最初の夜間実業学校として一九〇二年（明治三五）に開校した。建築教育に関しては大阪の私立学校として最も早い時期にスタートした。工科（土木、建築、機械、電工、紡織）と商科に分かれ、修業年限は予科一年、本科一年となる。
（6）現大阪市立都島工業高等学校
（7）現大阪市立工芸高等学校で、大正一三年（一九二四）に竣工
（8）現存。およど寮
（9）「それは何を意味するか（所謂東洋趣味への意匠上の疑義）」『建築世界』第二一巻第五号、昭和二年
（10）大阪の浪速区を拠点に活躍した実業家で、新田帯革製造所、新田ベニヤ製造所の経営者であった。松山高等商業学校（現松山大学）の設立者
（11）明治期の東京市では私立小学校の割合が高かった。
（12）『大阪市大観』大阪市、大正一四年
（13）前掲（12）と同じ
（14）私立の大阪美術学校でこの立面図の建物はできていない。玄関廻りには安井武雄が大阪野村銀行京都支店で実現させた意匠に似た装飾が付き、二階の窓上のペディメントには有隣小学校と酷似した装飾が付く。
（15）「長柄共同宿泊所及び有隣小学校工事概要」『建築と社会』第九輯第七号、大正一五年
（16）現存する。
（17）「学校を訪ねて（二）市立豊崎勤労小学校を観る」『大大阪』第二巻第一〇号、大正一五年
（18）『大大阪画報』大大阪画報社、昭和三年
（19）赤塚康雄『続消えたわが母校　なにわの学校物語』柘植書房新社、二〇〇〇
（20）前掲（17）と同じ

大阪美術学校

長柄共同宿泊所（大正15年）

有隣小学校 完成予想図

有隣小学校

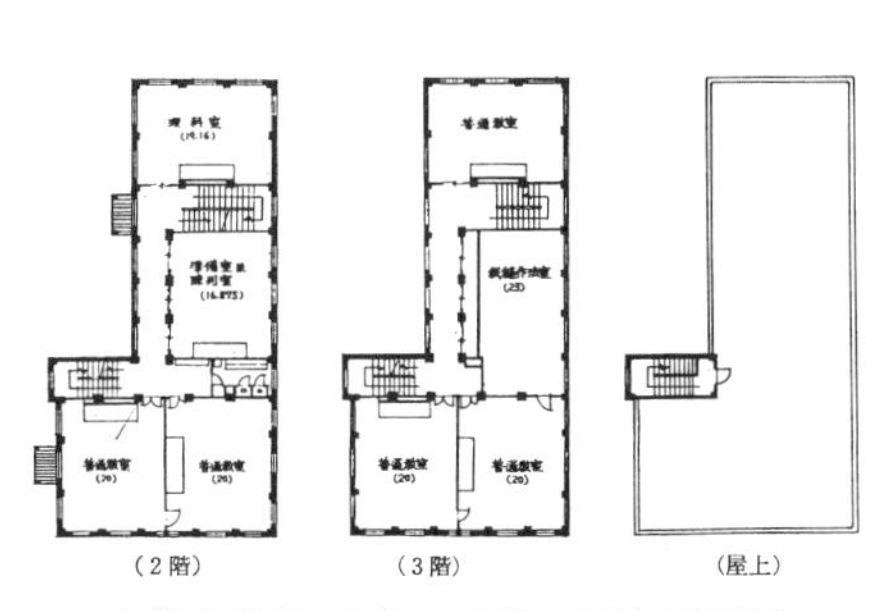

有隣小学校　2階・3階・屋上平面図

図　3　　有隣尋常小学校新築校舎平面図　　（大正15.2.23.竣工）

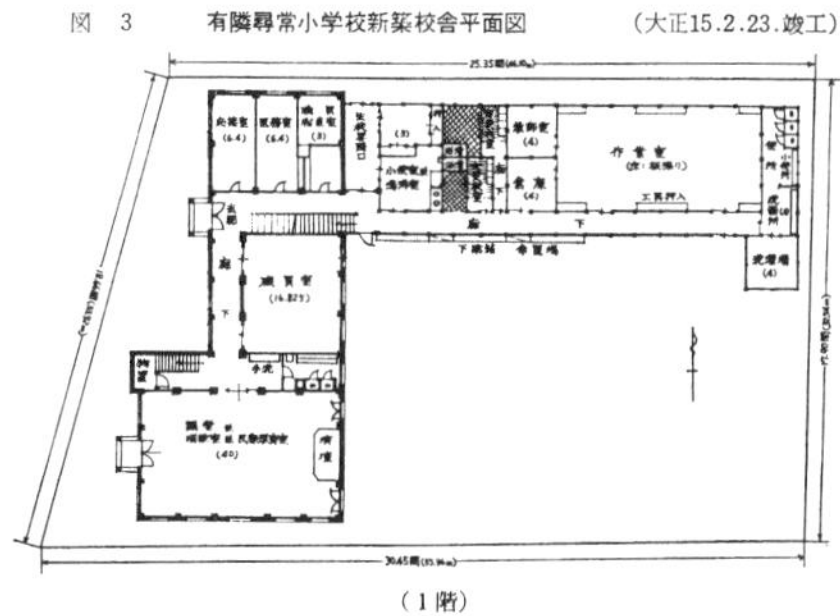

有隣小学校 配置図兼1階平面図

勤労学校 完成予想図

豊崎勤労小学校

現在の心華会館と勤労学校
（筆者撮影）

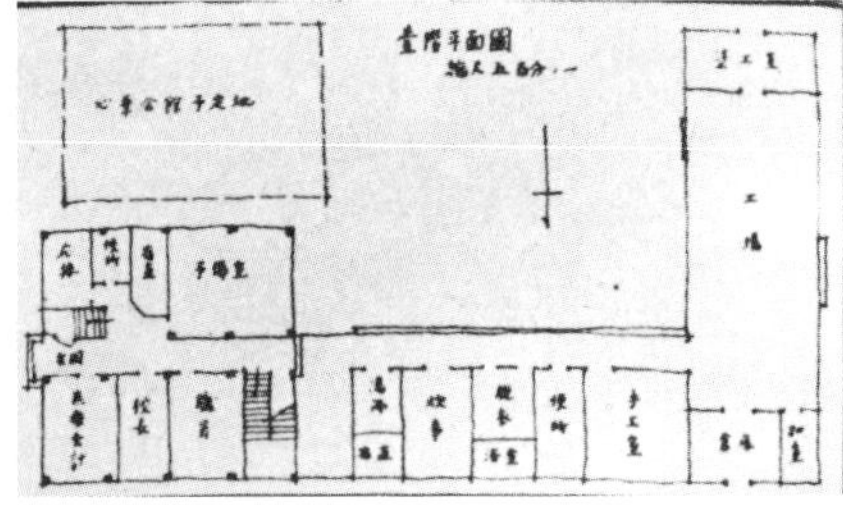

勤労学校 配置図兼１階平面図

心華会館講堂
（筆者撮影）

三　大正期の小学校建築の成立と学区制度との関連

はじめに

わが国における鉄筋コンクリート造の建築は、大正期に成立することは知られている。鉄筋コンクリート構造による建築が、もっとも広く一般化する事例として大正期の小学校建築が挙げられる。

ところで、小学校建築は現在では行政当局によって建設される、規格化された校舎であるとされているが、その見方が成立するのは、おおむね昭和期に入ってからであり、大正期までは試行錯誤のなかで、多様な建築的内容を有する校舎を展開していた。それを可能とした背景には学区制という自治的な地域制度が考えられる。つまり小学校の学区は、行政制度の一番末端として位置付けられていたため、地域の制度と深く関係していた。

本節では大正期の大阪市での鉄筋コンクリート造小学校校舎の成立過程のなかで、鉄筋コンクリート造への改築が、大正末期の数年間に集中した現象に着目して、昭和二年（一九二七）の学区制度廃止という制度上の変化との関連から鉄筋コンクリート造校舎の成立を明らかにする。

1　鉄筋コンクリート造への改築ラッシュ

（i）大正末期に集中する改築

大阪市の小学校として、鉄筋コンクリート造であることが確認できる最初のものに、大正一二年（一九二三）三月竣工の船場小学校の増築校舎がある。以後次々に、中央部の東西南北の四区[1]を中心に鉄筋コンクリート造への改築が進められる。その事業は昭和二年（一九二七）三月の学区制廃止までにほぼ終了していた。表2－3は竣工年度別に校名をまとめたものである。学区廃止時までに起工した小学校校舎は[2]、一部鉄筋コンクリート造のものを含めると、その数は七〇校を越える。この数は同時期の東京市の校数と比べてもはるかに多かった。

表2－3　竣工年度別鉄筋コンクリート造小学校一覧

竣工年	校数	小学校名
大正12	6	船場、久宝、中大江東、東江、敷津、難波新川
13	13	江戸堀、高台、中大江、森之宮、芦池、渥美、桃園第一、大宝、菅南、豊崎第五*、第一上福島、天王寺第一（天王寺）、天王寺第三（逢坂）
14	13	日吉、靭、浪華、東雲、難波芦原、恵美第二（浪速津）、恵美第三（戎）、松枝、済美第二（天満）、済美第六（菅北）、桜宮、萩之茶屋*、海老江西*
15	11	明治、本田、南大江、汎愛、愛日、東平野第一（生魂）、第二上福島、西六、西天満、西九条、梅香
昭和2	13	堀江、道仁、桃園第二、金甌、集英、真田山、難波元町、難波稲荷、天王寺第五（五条）、天王寺第六（桃丘）、天王寺第九（日東）、済美第三（北野）、中之島、中津第一
3	17	堀川、北大江、南大江女子、玉造、清堀、東平野第二（東平）、御津、難波河原、恵美第一、栄第一、済美第一（梅田東）、済美第四（北天満）、下福島、鷺州第一、天王寺第二（大江）、曽根崎、大国
4	7	精華、堂島、高津、広教、瀧川、難波立葉、済美第三（北野）
合計80校が学区制度のなかで竣工している。		

備考：各小学校所蔵の学校沿革史より作成した。資料により竣工年度が複数にわたる場合は、様々な与件により、正しいと思われた年度に入れてある。また１期工事と２期工事がある場合は１期工事の竣工年度に入れてある。大正15年竣工の有隣小学校は大阪市の直営小学校であったために、ここでは除外した。育英女子高等小学校も尋常小学校に該当しないために除いてある。また＊の小学校は、着工時大阪市に編入されていなかった地域のものであるが、ここでは含めた。

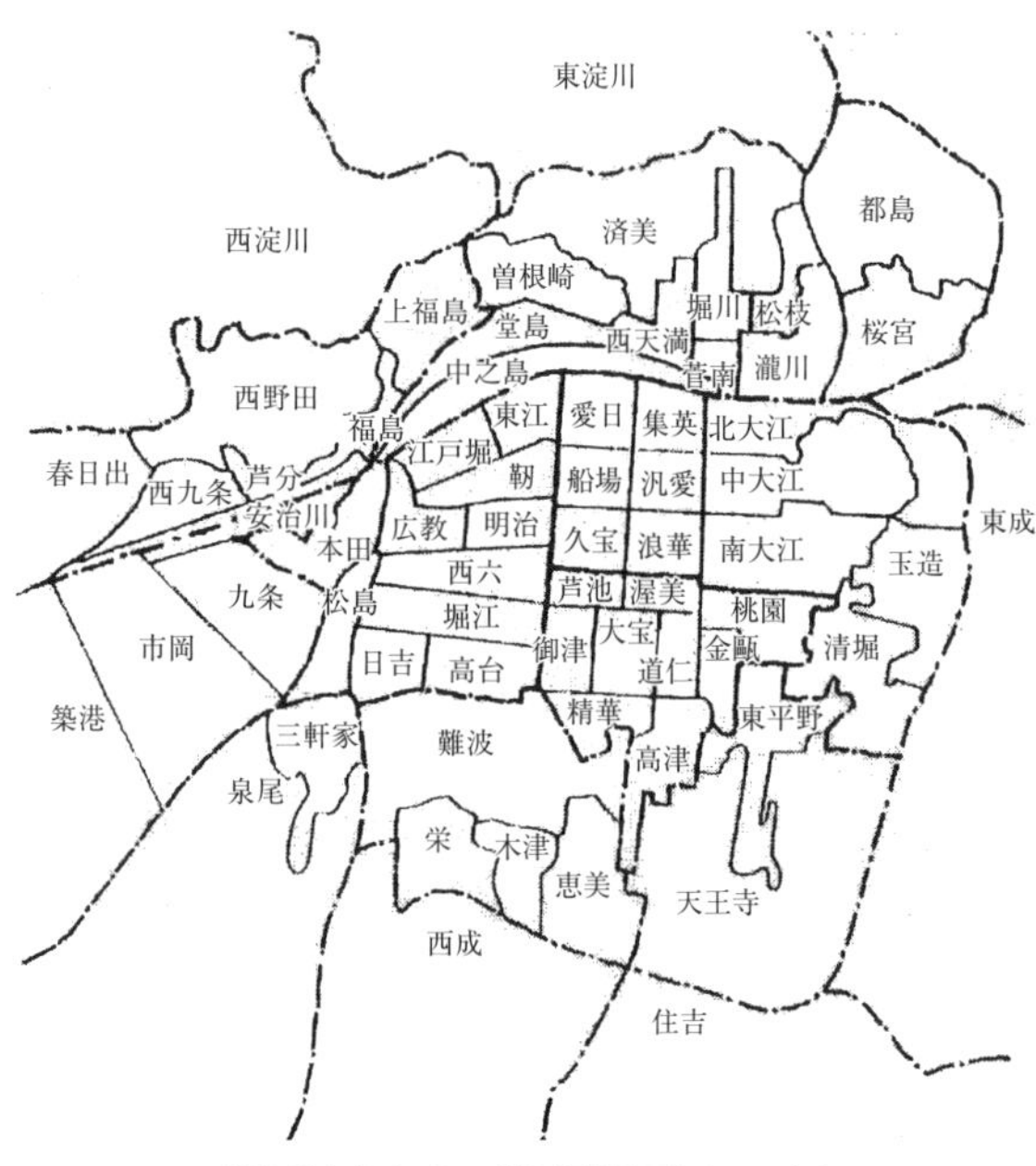

学区制廃止時の学区配置図（1927年）

表2－3と前頁の学区の配置図を照らし合わせると、大正一四年（一九二五）に編入される市域[3]を除いたほとんどの学区では、鉄筋コンクリート造への改築がおこなわれていることが確認できる。さらに301頁の竣工校数の推移のグラフからは、昭和二年（一九二七）に起工した校舎が竣工を終えた昭和四年（一九二九）以降[4]は竣工数が急減していることが判明する。つまり昭和二年（一九二七）をピークにして、この前後の数年間に建設が集中していたことがわかる。

一般に公立の小学校校舎は、予算の関係から計画的に建設がなされることが多い。そのなかで特定の年度に偏った鉄筋コンクリート造校舎への建設ラッシュともいえる状況はどういうことから生じたのだろうか。通常考えられる、校舎の老朽化や教室の不足による改築であれば、順をおって段階的になされることになる。だが、短期間にほとんどすべての小学校が改築を開始するということは、通常の意味における改築ではなく、災害などによる一斉の復興[5]と同様の状況にあったと考えられる。つまり、ここでの鉄筋コンクリート造への改築には、作為的な様相が見受けられる。

ここで展開された改築事業は、大阪市当局の手によるものではなく、各学区ごとにおこなわれている。このことは今日から考えると想像できないことであるが、学区制という地域が主体であった教育制度のもとでおこなわれたのである。大正末期の数年間に一斉に改築がおこなわれた大阪市での現象は、他の都市では見られなかったことで、一早く鉄筋コンクリート造化を計っていた神戸市や、あるいは関東大震災の後、復興小学校[6]によって鉄筋コンクリート造化を進めた東京市や横浜市に比べてみても、一定の期間への集中度は極めて著しい。このことは単に学区制度からだけでは明らかにはできない。ここでは改築を支えた財政的な側面からの考察を試みる。

（ⅱ）鉄筋コンクリート造校舎の建築内容

この時期に実現された校舎は、東京市などにみられるような規格化された建築ではなく、プランもデザインも多様なものであった。また高額な工費を費やし、当時の最も進んだ様々な設備を有する小学校も多くあった。このことは、この時期に大阪市に現れた鉄筋コンクリート造小学校校舎にみられる一般的な特徴をなしている。[7]

実現された鉄筋コンクリート造校舎は、その実現の割合によって、全面改築ないしは新築など全校舎にわたって鉄筋コンクリート造化がなされているケースと、一部改築ないしは増築のケースとに分けることができる。そのような差異が生じていたのは、各学区によって建設資金に違いがあったことによる。後に詳しく述べるようにこの時期の小学校は各学区によって、運営維持されており、大阪市当局からはいわば独立した存在となっていた。つまり学区制をとっていたために、校舎の建設事業は各学区に委ねられていた。そのため学区の経済力が校舎の建築に反映され、そのことが鉄筋コンクリート造への改築にあたって、学区ごとに違った、多様な建築的内容の校舎の誕生に繋がっていったと考えられる。

2　鉄筋コンクリート造成立の財政的側面

（ⅰ）学区制度のなかでの成立

鉄筋コンクリート造校舎の建設費は、一般に木造校舎と比較して高額であったと考えられる。その建設資金はどうしていたのだろうか。現行では、市立小学校であれば市当局が主体で、校舎の建設事業はおこなわれることになっている。そのため各学校間での建設費の差異は一般に生じない。ところがそのようなシステムが完成したのは、大阪市に関しては昭和二年（一九二七）の学区制廃止以降であり、それまでは各学校が独自の財源[8]で、建設事業をおこなっていた。つまり大阪市当局によるものではなく、各小学校側で用意されていた。

大正期の大阪市の公立小学校は、大阪市内に六五あった各連合区[9]が経営するものであり、校舎の建設も学区によっておこなわれていた。すなわち各学区単位の、学区が経営する私立の学校に近い様相を呈していたと考えられる。その様子は、

小学校は各区に連合負担区ありて之を経営し、市は之を監督する有状なれば、寧ろ之を区立と云うを可とすべ

表2－4　小学校別の坪単価一覧

小学校名	竣工年	坪単価（千円）	延坪数（坪）
大阪市			
船場	T12. 2	417	1414
中大江	T13. 9	269	241
久宝	T12.11	258	2098
江戸堀	T13.12	209	1328
東江	T12.11	230	998
敷津	T12.10	203	295
大宝	T13. 9	165	2619
桃園第一	T13. 6	185	962
芦池	T13. 3	179	1111
渥美	T13. 6	185	2167
難波新川	T12. 7	183	591
育英女子高等		163	1703
日吉	T14. 2	259	1970
汎愛	T15. 5	248	2268
集英	S 2.10	298	1907
栄第一	S 3. 5	163	1934
愛日	S 4. 1	246	1257
金甌	S 4. 5	314	1069
精華	S 4.11	244	2447
堂島	S 4.11	258	1740

小学校名	竣工年	坪単価（千円）	延坪数（坪）
神戸市			
明親	T12.3	153	612
東京市			
猿江	T12. 5	290	1034
鞘絵	T13.11	288	1314
番町	T13. 5	240	1988
本所高等	T14. 3	270	1742

出典：大阪市、神戸市の小学校に関しては主として『セメント界彙報』日本ポートランドセメント同業会、第84号、大正13年2月、による。また竣工が大正14年以降のものは、表9－2のなかに示した建設費を校舎延坪数で割って坪単価を算出した。東京市の小学校に関しては肥沼健次『鉄筋混凝土校舎と設備』洪洋社、昭和2年、『東京市教育施設復興図集』東京市役所、昭和7年、による。

し[10]という状況であった。そのために各学区が独自の裁量[11]で、鉄筋コンクリート造へ改築を進めていくこととなる。

(ii) 建設費が意味するもの

大阪市における鉄筋コンクリート造校舎の改築費は神戸市をはじめとする、鉄筋コンクリート造校舎の展開をはかっていた他の市[12]と比較すると高額なものが多く見られる。表2－5からは、久宝小学校の六五万円を最高にして、大宝小学校の五九万円、精華小学校の五九万円、船場小学校の五七万円、汎愛小学校の五六万円、渥美小学校の五四万円、日吉小学校の五一万円など、中央部の多くの小学校では、五〇万円以上の工費をかけていたことが分かる。

そこでは単位面積当りの工費はどのくらいを要していたのだろうか。表2－4には、各学校の坪当り[13]の工費が示されている。ここからは船場小学校は別として概ね上限を二六〇円とし、下限を一五〇円としていることが読み取れる。このように一般には二〇〇円[14]前後とされていた坪単価にも、上下に振幅があり、標準以上に坪単価をかける校舎では設備を中心とする建築的内容に充当されていた。このように坪単価に表れたばらつきは、建設主体であった各学区の多様な意向の反映と見ることができる。

また、船場や島之内などの富裕学区[15]では高額な建設費をかけて全面改築を行うことが多く、明治三〇年（一八九七）に大阪市に編入された中間部[16]の学区では、一部改築や増築を行っていることが多かったと判明する。

では多くの小学校で、なぜこれほどまでに高額な建設費が投入されたのだろうか。鉄筋コンクリート造は永久建築[17]であるということで、最新の設備が設けられ、そのために高額な建設費になるという側面もあったが、主な要因としては各学区間で競い合って豪華な小学校校舎を建設するという、学区制度特有の競争原理があったと考えられる。そのことは『財産合理化大阪市学区問題』[18]において述べられた、次の一文からも窺いとることができる。

学区制の長所として区民の愛校心の結果各学区が競争的に施設し、それが為に設備が充実することを挙げ、大阪市の小学校設備が日本一と云はるるは、全く学区制の賜である。

ところで、前述したように昭和二年（一九二七）の学区制廃止の直前の数年間は、学区間で競うようにして、鉄筋コンクリート造校舎がつくられていく。これは明治二〇年代後半（一八九二〜一八九六）に集中した小学校校舎建設[19]から、およそ三〇年の歳月が経過したため、ちょうど建て替えの時期にあったとみることもできる。しかしそれだけではない。後に詳しく見るように、この時期の鉄筋コンクリート造校舎の建設の背景には、学区制度廃止による事情が隠されている。大阪市小学校の校舎建設のラッシュは学区制度廃止と深く関わっているのである。

3　建設費と交付金の関係

（i）大阪市からの交付金

学区制度のもとでは、校舎の改築や増築などの建設資金は、学区を運営維持する連合区によって負担されたことは前章で明らかにした。ところで一度に高額な資金が必要となる校舎建設事業は、学区におけるもっとも大きな事業であったと考えられる。その建設費は実際はどうしていたのだろうか。

学区制度という観点からは、学区を経営する連合区によって建設費が用意された[20]と考えられるが、すべての建設費を学区内で賄いきれたわけではなかった。鉄筋コンクリート造校舎の建設費は極めて高額であり、学区の年間の予算[21]からは突出していた。そのため、学区内の収入や寄付だけで賄いきれず、建設費の多くの部分は実は大阪市からの借入である交付金によって賄われていたのである。

そのことは大阪市議会での借入金に関する議案[22]から判明する。借入金に関する議案によれば、各学区ごとに大阪市から校舎改築費として、交付金の借入がなされていることがわかる。借入の時期をみると、鉄筋コンクリート造改築とほぼ対応していると考えられる。それらを一覧にしたものが表2－5である。後に詳しく見るように実際にここでの借入金が、鉄筋コンクリート造改築に使われていたことは明らかであり、この表からもそれを窺い知ることができる。

このことにより、大阪市の大正期の鉄筋コンクリート造校舎の成立は、大阪市からの交付金という、財政的な支援による要因が多かったと、判断することができる。つまり従来では、学区内の名望家[23]による寄付などをはじめとし、多くの建設費が学区内で用意されたと、考えられてきたが、実際には大阪市からの借入金に拠るところが多かった、といえる。

（ii）交付金の二種類の使われ方

では、その交付金はどのように使われていったのか。対称的な使用法をみせる、事例をみることによって、そこでの性格を明らかにし、鉄筋コンクリート造改築に果たした役割を位置づけていく。

まず、大阪市で最初に鉄筋コンクリート造校舎を実現させた船場小学校の建設経緯[24]を、資金面からみていくと大正一一年（一九二二）四月に二〇万円を、一〇カ年以内に償還するということで借入がなされている。その目的は船

表2－5　借入金年度別一覧（1）

大正11年度

小学校名	行政区	RC校舎竣工年月（大正）	借入金（千円）	工事費（千円）	延床面積（坪）	RC校舎建設費が借入金によるもの	借入金の工事費に占める割合（%）
船場	東	12.3	200	576	1,342	●	34.6
汎愛	東		110			※2	
渥美	南	13.6	480	542		●	88.8
市岡第六	西		180			※1	
桃園第一	南	13.6	230	270	954	●	85.5
栄第二	南		27			※1	
清堀	東		10			※2	
敷津	南	12.10	40	76	317	●	52.3
第一上福島	北	13	76			●	
松島	西		60			※1	
中大江東	東	12.9	50			●	
築港南	西		40			※1	
明治	西		6			※3	
菅南	北	13	79			●	
芦池	南	13.3	260	449		●	57.9
浪華	東	14.8	160	263	985	●	60.8
南大江	東	15.2	136			●	
東江	西	12.11	130	261	998	●	48.4

合計　18校
総借入金額　2,274,000円
成立は11校

大正12年度

小学校名	行政区	RC校舎竣工年月（大正）	借入金（千円）	工事費（千円）	延床面積（坪）	RC校舎建設費が借入金によるもの	借入金の工事費に占める割合（%）
大宝	南	13.9	460	598	2,634	●	76.9
汎愛	東		99			※2	
江戸堀	西	13.12	330	375		●	88.1
東雲	東		35			※2	
久宝	東	12.11	620	650	2,098	●	95.4
金甌	南		35			※2	
南大江	東	15.2	281	137		●	49.0
浪華	東	14.8	286	263	985	●	100を超す
中大江	東	13.9	189			●	
中大江東	東	12.9				●	
森之宮	東	13.5	24			●	
菅南	北	13	14			●	
高臺	西	13.12	170	209	748	●	81.0
日吉	西	14.2	220	510	1,970	●	43.1
桜宮	北		53			※3	
三軒家第三	西		32			※1	
泉尾町外21ケ町	西		23			※3	
靭	西	14.3	40			●	

合計　18校
総借入金額　2,911,000円
成立は12校

表2－5　借入金年度別一覧（2）

大正13年度

小学校名	行政区	RC校舎竣工年月（大正）	借入金（千円）	工事費（千円）	延床面積（坪）	RC校舎建設費が借入金によるもの	借入金の工事費に占める割合（%）
第一西野田	北		218			※1	
第三西野田	北					※1	
第二上福島	北	15.3	98			●	
市岡町外18ケ町	西		300			※3	
泉尾町外21ケ町	西		220			※3	
松枝	北		48			●	
桜宮	北	14.7	130			●	
都島	北		70			※3	
明治	西	15.5	170			●	
東雲	東	14.9	146	92	487	●	100を超す
汎愛	東	15.5	550	562	2,268	●	97.9
北大江	東	S3.3	329	389		●	84.3
北大江	東	S3.3	329	389		●	84.3
生魂	南	15.8	222	109	538	●	100を超す
春日出町外11町	北		90			※3	
天満	北	14	205			●	
菅北	北	14				●	
市岡町外33町	西		130			※3	

合計　20校
総借入金額　2,926,000円
成立は10校

大正14年度

小学校名	行政区	RC校舎竣工年月（大正）	借入金（千円）	工事費（千円）	延床面積（坪）	RC校舎建設費が借入金によるもの	借入金の工事費に占める割合（%）
市岡第一	西		150			※3	
本田	西	15.10	100			●	
西天満	北	14.4	110			●	
道仁	南	S2.3	183	210		●	
芦池	南	13.3	120			●	
西九条	西	15	88			●	
集英	東	S2.10	190	568	1,907	●	33.5
南大江女子	東	S3.10	255			●	
真田山	東	S3.5	221		1,645	●	
難波元町	南	S2	230			●	
栄第一	南	S3.5	290	316	1,934	●	
敷津	南		23			2●	

合計　12校
総借入金額　1,960,000円
成立は11校

表2－5　借入金年度別一覧（3）

大正15年度（1）

小学校名	行政区	RC校舎竣工年月（大正）	借入金（千円）	工事費（千円）	延床面積（坪）	RC校舎建設費が借入金によるもの	借入金の工事費に占める割合（%）
金歐	南	S2.6	90	139		●	64.7
瀧川	北	S4	140			●	
泉尾第一	大正		245			※1	
泉尾第三						※1	
鶴町						※1	
北恩加島						※1	
南恩加島						※1	
松枝	北		80			2●	
廣教	西	S4	50			●	
明治	西	15	15			※3	
市岡第四	港		345			※1	
市岡第六						※1	
南臺						※1	
石田						※1	
田中						※1	
八幡屋						※1	
西六	西	S3	230			●	
堀江	西	S2.10	200	218		●	91.7
日吉	西		60			2●	
桃園第二	南	S2	90			●	
大江	天王寺	S2	600			●	
逢坂		13				●	
聖和						※1	
五条		S2				●	
桃丘		S2				●	
河堀						※1	
桃陽						※1	
北野	北		373			●	
船場	東		28			※3	
中津第一他11校	北		460			※3	
天王寺外18校	天		970			●5	
玉造	東	S3	200			●	
萩之茶屋	西成	14	255			●	
松之宮						※3	

大正15年度（2）

小学校名	行政区	RC校舎竣工年月（大正）	借入金（千円）	工事費（千円）	延床面積（坪）	RC校舎建設費が借入金によるもの	借入金の工事費に占める割合（%）
御津	南	S3	240				
靭	西	14	190				
恵美第一	浪速	S3.7	160				
鷺洲第一外12校	福島	S3	798				
高津	南	S4	140				
北大江	北	S3	120				
中大江東	東		30				
生野外12校	東		954				
菅南	北	13	67	101	378	2●	66.3
東江	西		150	158	558	2●	94.9
精華	南	4.11	330	598	2,447	●	55.2
第一上福島	此花		185	79	395	2●	100超す
敷津	浪速	S3.3	181	67	198	2●	
大国		S2		130	520	●	
難波立葉		S3	340	177	715	●	
難波河原		S3		165	662	●	
生魂	天王寺	S3.5	210	110	549	2●	
東平				126	552	※3	
上本町						※1	
曽根崎	北	S2	202	221	551	●	91.4
春日出	此花		283			※1	
島屋						※1	
桜島						※1	
梅香		15				●	
第五西野田			34			※1	
中之島	北	S2	125			●	
築港南	港		60			※1	
善源寺町外24町	北		276			※3	
市岡第一	港		47			※1	

合計　114校
総借入金額　9,553,000円
成立は38校（重複の７校を含む）

表2－5　借入金年度別一覧（4）

昭和2年度（1）

小学校名	行政区	RC校舎竣工年月（大正）	借入金（千円）	工事費（千円）	延床面積（坪）	RC校舎建設費が借入金によるもの	借入金の工事費に占める割合（%）
玉出第一	西成		212			※3	
第二上福島	此花		236			2●	
本田	西		320			2●	
高津	南	S4	240			2●	
日本橋						※3	
清堀	南	S3.7	365			●	
中大江	東	S3.6	345			2●	
愛日	東	S4.1	578	309	1,257	●	
梅田東	北	S3.3	140			●	
北天満	北	S3.10	186			●	
佐藤町外28町	北		94			※3	
瀧川	北	S4	100			●	

昭和2年度（2）

小学校名	行政区	RC校舎竣工年月（大正）	借入金（千円）	工事費（千円）	延床面積（坪）	RC校舎建設費が借入金によるもの	借入金の工事費に占める割合（%）
堀川	北	S3	359			●	
西天満	北		156			2●	
安治川	港		210			※1	
明治	西		308			●	
九条第一	港		335			※3	
九条第四	港					※3	
広教	西	S4	122			●	
金甌	南		181			2●	
中津第三	東淀		192			※1	
東淀川	川		166			※1	
西成	西成		215			※1	

合計　25校
総借入金額合計　5,463,000円
成立は16校（重複の7校を含む）

T11～S2までの総合計　207校
T11～S2までの総借入金額　25,072,000円
成立するのは　98校（重複する19校を除くと79校）

備考：『大阪市会史』での議案から作成した。順は議案の番号が若い順に従った。なお同一校が、複数の年度にわたり、交付金をうける場合も見られたため、大正11年から昭和2年までの総合計校数では、重複した年度は省いて、1と考えて計算した。また大正14年の第二次市域拡張によって編入された地域では、一つの学区に複数の小学校が含まれていたため、その中でRC造が確認された数量を●の左に記している。

凡例：●は成立することが確認できたもの
2●はすでにRC校舎を有していて、2期工事のRC校舎を実現するため、さらに借入をおこしたもの
※は成立することが確認できなかったものを表す。その種別は
※1は木造による改築が判明
※2は敷地取得費
※3は内容が確定できなかったもの、と設定している。

場小学校設備費に当てるためであり、当該小学校設置負担区区費を償還の財源としていた。船場小学校増築校舎の建設費は約五六万円であり、借り入れられた二〇万円はこのなかに充当されたと考えられる。残りの三六万円は学区のなかで用意されたとみられる。

次に、船場小学校に続いて、大正一二年（一九二三）一一月に鉄筋コンクリート造校舎を実現させていく久宝小学校では、船場小学校でみられたような一部増築ではなく、全面改築であったために六五万円という高額な建設費を要している。ここでの交付金は六二万円にも及び、建設費のほぼ全額を占めるのである。[25]

以上みてきた二校の事例は、大阪市による交付金と小学校改築の建設費用との関係において、典型をなす二つの事例とみなすことができる。この関係は建設費に占める借入金の割合によって、二つに分類して考えることができる。第一のものは一部借り入れを起こす事例で、借入金の建設費に占める割合は低く、船場小学校では三五％に過ぎない。これに対して第二のものは、建設費のほぼ全額が借入であり、久宝小学校では九五％に及ぶ。表２－５からは、その割合が各小学校によってばらつきが生じていることが読み取れる。ここからは借入金は各学区の事情によって決定されていたことが分かる。

（iii）交付金のもつ意味の変化

次に表２－５からは、予想に反して富裕学区が高額な交付金を借りていた事実が明確になる。一般に財政の豊かな富裕学区では借入は少ないと考えられるが、ここではそうではなく、財政的に恵まれない貧困学区で、むしろ借入が少ないといった現象が窺える。このことを考えてみると、大阪市から借入をおこすことは、当然、利子を含めて元金を返却しなければならない。とすると、富裕学区のような財政基盤の確立した学区では、大きな担保能力が期待できたということもあって、より多くの借入をおこなうことができた。それに対して、本来はより多くの借入の必要な貧困学区では、財政基盤の弱さゆえに、高額な借入をおこすことができなかった結果であると考えられる。[26]

これらの現象より、交付金の有していた本来の意味、すなわち貧困学区を経済的に支援する目的で設けられてきたという性格が、大正一一年（一九二二）以降[27]を境に変質していったことが読み取れるのだ。そのことは市議会でもしばしば問題となる。たとえば大正一二年六月の市会では、借入金による、鉄筋コンクリート造への改築が問題になる。財政的な貧困区を対象にした「二部授業撤廃ノ目的ヲ以ッテ交付」すべき交付金が、「富裕区ノ校舎建設費」として使われ、「競争シテ新築学校ノ完美ヲ期スル傾向」のなかで「鉄筋混凝土ノ堂々タル学校」が出現したとする、意見[28]も現れていた。

左の借入総額の推移のグラフからわかるように、交付金の借り出された総額は、大正一五年（一九二六）にピークを迎えている。ここに大阪市が交付金を大量に貸し出す、真意が表れている。それは翌昭和二年（一九二七）の学区制度廃止という、単に教育制度の改革にとどまらずに、地域の政治や経済も含めた行政改革というべき制度改革と、深く関連しているのだ。そのことは次の項で詳しくみていく。

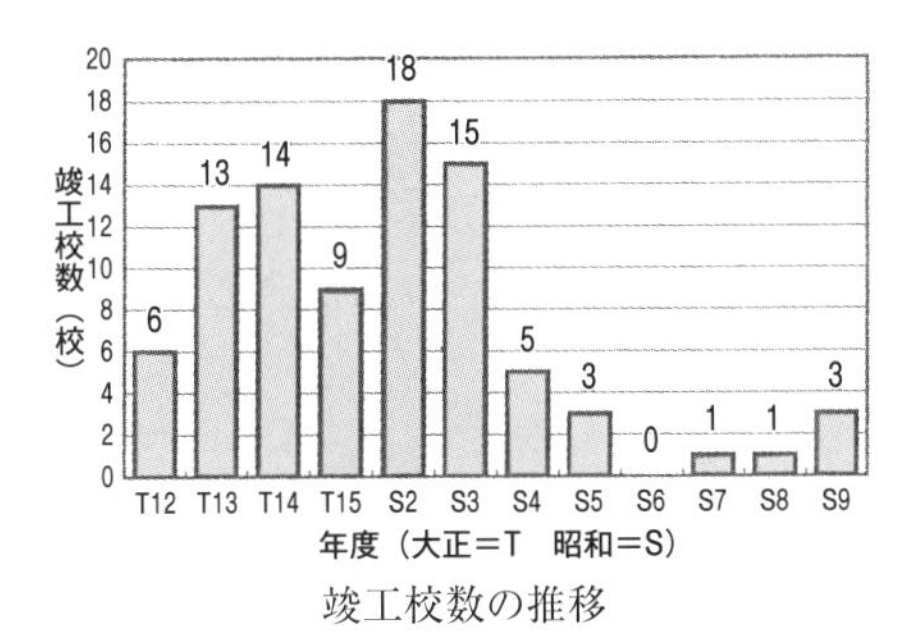

竣工校数の推移

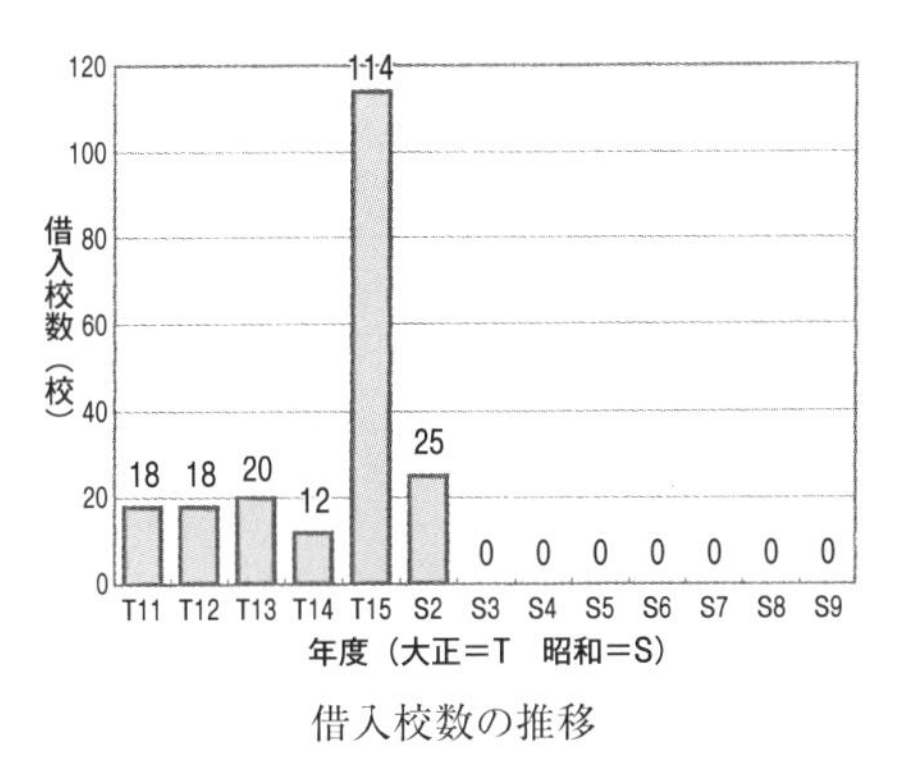

借入校数の推移

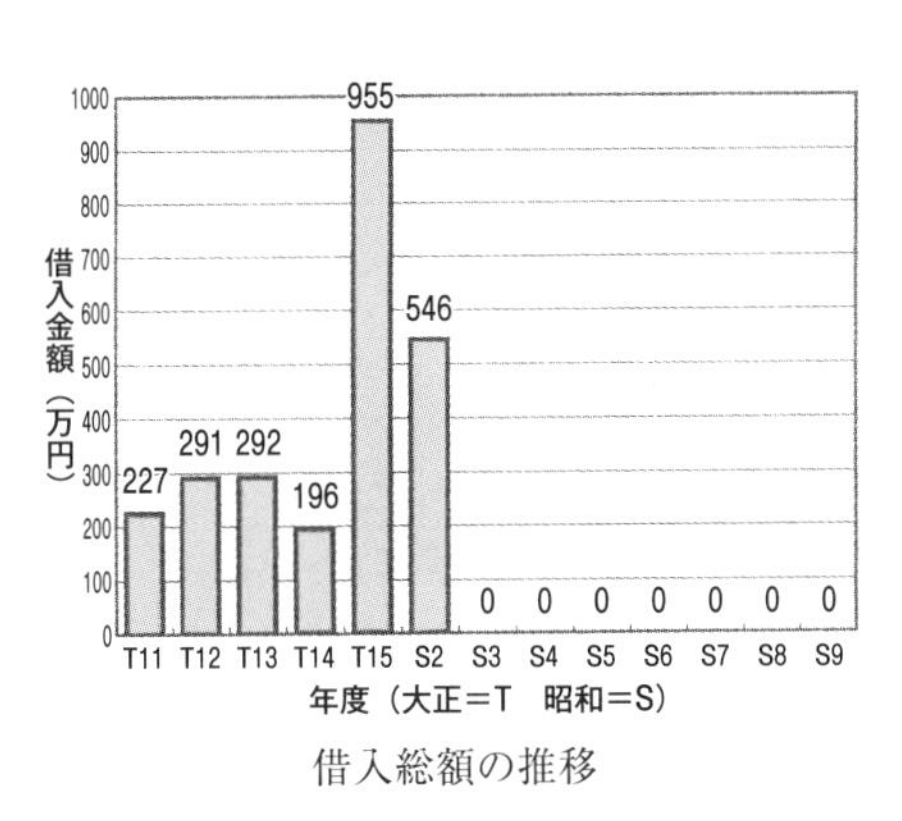

借入総額の推移

4　学区制度廃止との関係

(i) 学区制度廃止

次々と鉄筋コンクリート造校舎の建設が進められる大正末期、学区制廃止[29]という、大きな問題が巻き起こっていた。学区制度の有する経済的な独立性によって、有利な位置にあった中央部は、強固に学区制廃止に反対[30]していた。

そのような状況のもとで、いかにして学区制は廃止されるのか、その前史として、明治四四年（一九一一）[31]、大正七年（一九一八）[32]の市会での学区制廃止の議決がある。だが、実施には至らず、大正一三年（一九二四）七月の市会で再登場する。その際、市助役から、学区統一の際には学区の償還金などが市に引き継がれることが表明される。このことから、大正一三年の七月の時点で、大阪市当局のなかで一定の方向付けがなされていたものと考えられる。前年の大正一二年（一九二三）一二月には学区制廃止を前提条件[33]とした、接続町村編入の決定もあった。

前頁の借入総額の推移のグラフからは、学区制廃止へ至る時間的な経過が、鉄筋コンクリート造への改築の時期と重なりあうことが判明する。ここからは、これらの間に、ある関係が存在したことが推測できる。ではその関係とは、一体どういうものだったのか。次に明らかにしていく。

(ii) 学区制廃止を見越しての改築

学区制廃止は避けることができないという見方が強まる大正一三年には、「豫メ立派ナル学校ヲ建築シ之カ費用ハ市ニ引継カシメントノ説」[34]が市会で取り上げられている。前頁の借入総額の推移のグラフからもうかがえるように、その時点で多くの学区で改築が準備され、既に鉄筋コンクリート造校舎が出現していた。その背景には学区統一がおこなわれれば、全市が均一に標準化された内容の学校施設[35]にならなければならない、ということが、明確に予測されたからである。そのことを見通して、各学区ではほぼ一斉に改築が計画される。そこでは、各学区側で雇った建築家[36]に設計させて、鉄筋コンクリート造校舎を学区制廃止時までに完成させる、ということがおこなわれる。その表れが建築ラッシュに他ならない。

大阪では各学区を運営する連合区が、ほぼ財産区と一致した。明治初期の小学校設立[37]以来、小学校校舎と敷地は学区の財産であり、学区廃止となれば、大阪市に引き継がれるために財産権利を失う。とりわけ地価が高い、中央部の富裕学区では損失が大きいと考えられた。そこで学区の財産を無償で引き渡す前に、その財産の有効な利用が目論まれる。学区で独自に財源が使える対象に、各学区内の小学校校舎の建築[38]があった。鉄筋コンクリート造が一般化してくる、大正後半という時代的な背景も関係した。そこで学区の財源[39]を担保に大阪市からの借入れた交付金で、鉄筋コンクリート造への改築がおこなわれた、と考えられる。そのために土地の高額な中央部ほど、校舎が豪華になるという傾向が見られるのである。とりわけ富裕学区が多かった、旧東区では、

近年市中央部ニ於ケル学校改築ノ内容ヲ調査スルニ来ルヘキ学制統一ヲ予想シ（中略）特ニ富裕区タル東区ノ如キ何レモ鉄筋混凝土造トスル形勢ニシテ[40]

という状況にあった。

学区制廃止を見越した改築は、大正一二年（一九二三）の時点では中央部が多かったが、大正一五年（一九二六）以降ではいわゆる中間部にも多く現われるようになる。

（iii）学区制廃止のための交付金

なぜ、大阪市当局は巨額な単位で交付金を貸し与えたのか。301頁の借入総額の推移のグラフからもわかるように、大阪市は、交付金を幅広く、かつ巨額な単位で貸しつける。そのことは富裕学区の多い中央部でとりわけ顕著にみられる

大阪市が貸し出す交付金によって、校舎の鉄筋コンクリート造化は財政面からも促進される。そこで展開される校舎の建築的な内容に、財政的な支援は反映され、他都市には見られないほど、豪華な小学校建築が高額な建設費を背景に次々と、実現することとなる。だが一方、交付金の返却のために、家屋税付加税が一挙に数倍に上昇する

複雑な状況が生じていた。そのことは市会での次の意見からも知ることができる。

木南助役ハ学制統一ノ機運ヲ助長スル為メ負担区ノ負担ヲ二、三倍及四倍ニ増加スルヲ得策トス(41)

さらには学区制廃止が決定された、大正一五年（一九二六）一〇月の市会では、「学制統一賛成ノ条件トシテ交付金ヲ受ル内約ヲ得タル学校アリトノ説(42)」という意見も現れていた。このことに関しては、極めて内容が政治的であるために、具体的な事例を示した資料は見出すことはできなかったが、次にあげる学区制廃止時の対応より、推測することができる。

「尋常小学校学区廃止の諮問(43)」が大阪府知事より、各学区にあてて大正一五年（一九二六）九月に出される。それは学区廃止にあたり、各学区の意見を求めるというものであり、結果は表2－6からも読み取れるように、六五の学区中、反対一七、賛成四八であった。一般的にみれば中央部の富裕学区は当然反対にまわると考えられた。だが、実際には富裕学区の多くもまた、賛成にまわる。なぜ、このような不自然な動向が生じたのか。ここに政治的な絡繰りが隠されていると考えられるのだ。ここからは市議会で論じられた「内約」や「取引」があったことが推察できる。その事例を中央部の東区でみてみると、一一の学区中、反対は船場や汎愛など三つの学区に過ぎず、残りの八つの学区は賛成であった。富裕学区として、当然反対とみられた集英や久宝が賛成するなど、富裕学区が多い東区においても賛否両論が生じていた。なぜ、そのような事態が生じていたのだろうか。

大正一五年四月一日の時点での、各学区の財政状態(44)をみてみると、鉄筋コンクリート造化を計っていた学区の多くは、一様に一〇万円以上の負債を抱えていたということがわかる。事例をあげれば、久宝小学校の四六万円の負債に対して、船場小学校では負債は一二万円に過ぎず、大正二〇年（一九三一）には償還が終了の予定であった。また汎愛小学校でも旧校地を売却した結果、負債は一〇万円に減っていた。つまり、各学区によって負債額にばらつきが生じていた。当然、負債額の少ない学区は反対に回ったと考えられる。

表2－6　学区制度廃止の賛否一覧

行政区	学区番号	学区名	賛否	借入総額（千円）	負債金額（千円）
西	1	東江	—	280	43
	2	江戸堀	—	330	278
	3	靭	—	230	25
	4	明治	—	484	172
	5	広教	—	172	50
	6	西六	—	230	230
	7	堀江	—	200	200
	8	高台	—	170	137
	9	日吉	—	280	60
	10	松島	—	60	27
	11	本田	—	400	100
港	12	九条	○	222	—
	13	三軒家	○	32	89
此花	14	西九条	○	88	84
港	15	市岡	○	1,022	447
	16	泉尾	○	488	373
此花	17	春日出	○	373	90
港	18	築港	○	445	—
南	19	桃園	○	230	169
	20	金甌	○	306	29
	21	渥美	○	480	270
	22	芦池	○	380	375
	23	御津	×	240	—
	24	大宝	×	460	350
	25	道仁	×	273	234
	26	高津	○	240	—
	27	精華	×	330	90
浪速	28	難波	○	570	168
	29	木津	○	244	23
	30	栄	○	317	4
	31	恵美	○	160	146
天王寺	32	天王寺	○	1,570	—
東	33	南大江	○	672	280

行政区	学区番号	学区名	賛否	借入総額（千円）	負債金額（千円）
東	34	中大江	×	584	192
	35	北大江	○	449	280
	36	集英	○	190	190
	37	汎愛	×	759	123
	38	浪華	○	160	344
	39	久宝	○	620	463
	40	船場	×	228	123
	41	愛日	○	578	578
	42	玉造	○	200	188
	43	清堀	○	310	15
天王寺	44	東平野	○	432	95
北	45	瀧川	○	130	—
	46	松枝	○	240	43
	47	菅南	○	160	70
	48	堀川	○	280	—
	49	西天満	○	257	105
	50	堂島	○	290	—
	51	中之島	○	125	—
此花	52	芦分	○	—	—
北	53	安治川	○	142	—
	54	桜宮	○	183	165
	55	都島	○	346	66
	56	済美	○	525	205
	57	曽根崎	○	202	46
此花	58	上福島	○	476	114
	59	下福島	○	—	—
	60	西野田	○	252	403
西淀川	61	西淀川	○	798	299
東淀川	62	東淀川	○	818	239
東成	63	東成	○	954	869
住吉	64	住吉	○	—	288
西成	65	西成	○	470	556
合計65学区のうち、反対17　賛成48					

凡例：賛否に関して、○は賛成、×は反対、—は賛否を特定できなかったもの。

備考：ただし西区のNo 1～11の学区の内で、1学区を除いた10の学区が反対していたことは確認できている。そのあたりの事情については、『南区志』大阪市南区長堀橋筋1丁目外91ヶ町区、1928年、や『東区史 第二巻 行政編』大阪市東区法円坂町外157箇町区会、1940年、が詳しい。借入額については『大阪市会史』での議案より作成した。2回以上にわたって借入がおこなわれている場合は総額となっている。また一つの学区内に複数の、小学校を有する場合は、借入が個々の小学校の名称で行われている場合も、同一の学区のなかに合算して取り扱った。負債額については、『大正15年度大阪市財政要覧』大阪市役所1926年、より、作成した。また内容が記されていない学区もあり、そこでは次の資料によって、補足している。西区に関しては『西区史 第一巻』大阪市西区役所、1943.9、南区に関しては『南区志』大阪市南区役所 1928、による。学区の通し番号については『大阪市財政要覧』で用いられている順に従った。

ここからは、賛成派の多くが学区制廃止を見越して、高額な建設費をほぼ全額、交付金として大阪市より借入れていたことがわかる。そして、一〇年間の償還期間のうち、一年分か二年分を返却しただけで、学区制廃止をむかえ、学区の借金は学区の財産も含めて大阪市に引き継がせる。そのように学区制廃止に賛成することと、引換に大阪市からの多額な借入をおこなって、豪華な校舎を鉄筋コンクリート造によって完成させることがおこなわれていたと考えられる。それに対して、反対派は学区制廃止が過去の二回と同じように、見送られると考えていたようだ。そのために借入金を早々と償還してしまっていた。ここに学区制廃止に対する、政治的なかけ引きが関連してくる。

そのことをもう少し詳しく、賛成派の事情からみてみよう。学区廃止時に改築が進行中であった集英小学校なども含め、遅れて改築をおこなった学区では、学区統一の実現により、大阪市からの交付金を返却する必要がなくなることを、あらかじめ視野にいれて改築にあたったと考えられる。また、久宝小学校のように償還金が多く残存していた、学区では借金が大阪市に引き継がれる、学区統一の選択が望ましかったと推測される。学区が廃止された五年後の昭和七年（一九三二）の第二期工事で、全館の鉄筋コンクリート造化が完了した、浪華小学校では学区廃止前に第一期工事によって鉄筋コンクリート造の校舎が竣工していた。そのため、ここでの学区制廃止賛成の条件としては、第一期工事と同一の建築家により、残された木造校舎の鉄筋コンクリート造化を完成することにあった。無条件に賛成を表明した愛日小学校においても、昭和四年竣工の鉄筋コンクリート造校舎の建設事業が、大阪市に引き継がれておこなわれていた。このように学区制廃止後の時期にわたっても、優先された改築がおこなわれていた。そのことからもその背景に「取引」があったことが推測される。

一般的に学区制廃止に対する賛否については、以上考察してきた東区とほぼ同じような展開を南区などでもみることができよう。ただ西区ではほとんどの学区が反対を表明する。西区においては一部校舎だけを鉄筋コンクリート造造とする改築の方法が多かったことが、原因であると思われる。つまり全面改築でないので、借入金の額が東区と比べると低く押さえられていた。学区廃止時には学区の借金も財産も含めて、大阪市に引き継がれるということは、多額の交付金を受けなかった学区にとっては当然不利なことであった。よって反対の立場を選んだと推察できる。

以上のことより、大正期の大阪市の多くの富裕学区では富裕学区にとって負の要素が強い学区制廃止を認める見返りに、鉄筋コンクリート造に改築するための多額な交付金を受けるという図式が成立していたとみることができる。大阪市当局側では学区制廃止を円滑に進めることを目的に、高額な交付金を貸し出すという戦略を持っていたと考えられる。そのため、学区制廃止に最も強固に反対をする富裕学区の多い中央部を中心に、極めて高額な交付金を貸し出すのだ。このように鉄筋コンクリート造校舎の建設のための交付金が、学区制廃止のための有効な手段として使われたと考えることができる。

小　結

本章では、大阪市の公立小学校において大正後期の数年間に集中した鉄筋コンクリート造への改築ラッシュという現象を、これまでは関連づけて考えられることのなかった学区制廃止とそれに伴う交付金の配分という視点から考察した。

その結果、以下に示す知見を得た。大阪市側では学区制度廃止のための政治的な戦術として、交付金を広範囲に高額な単位で分配し、一方、学区側ではその資金で高額な鉄筋コンクリート造への改築を実現する。そこでの借入は、多くの学区では学区制度廃止が前提条件として考えられたために巨額な単位でおこなわれた。そのために豪華な小学校建築も多く、出現することになる。この時期に実現したすべての鉄筋コンクリート造校舎の建設費に、大阪市からの借入金が関連しているということが確認された。学区制廃止時の昭和二年（一九二七）三月三一日までに、改築の着工にかからねばならないとする期間の限定によって、大阪においては鉄筋コンクリート造への改築が極めて短期間でおこなわれることになったといえる。またそこで生み出された小学校建築は学区の経済力によってふたつに分類される。ひとつは全面改築によって豪華な建築的な内容をもつ校舎で中央部に多く見られ、もうひとつは一部改築や増築が中心で規模も小さいものが多く中間部に多く見られる。

注

（1）明治二二年（一八八九）の大阪市誕生時からの市域は「中央部」と呼ばれていた。現在の旧東区、西区、旧南区、北区がほぼ該当する。

（2）藤岡洋保の研究によれば、昭和二年（一九二七）の段階では初期の改築小学校が一九校竣工していた。復興小学校の多くは起工が始まったばかりで、昭和二年（一九二七）の段階では三九校に過ぎず、両方合わせても五九校であって、大阪市の小学校数には及ばない。

（3）学区としては、東淀川、西淀川、東成、住吉、西成の五学区を指す。

（4）この背景にはこの時期までに、学区の小学校の鉄筋コンクリート造化がほぼ終了してしまっていたことが指摘できよう。301頁の竣工校数の推移のグラフの竣工校校名についてては、表2－5に記されているが、昭和五年（一九三五）以降に関して、ここで補足するか、昭和五年（一九三五）には大阪市建築課の設計による校舎が初めて竣工する。曾根崎、松島、真田山、済美第五、九条第四、松枝、天王寺第二の各小学校である。ただしこれらの校舎の多くは学区制のもとで民間建築家の手により鉄筋コンクリート造校舎をすでに完成させていた。すなわち、ここでの竣工は二期工事であった。はじめて鉄筋コンクリート造校舎が竣工したのは松島、済美第五、九条第四の三校に限られた。昭和六年（一九三一）には学区からの引き継ぎ事業として、学区制廃止前に学区側で作成されていた設計案に基づき、堀川小、金甌小、広教小の校舎が三校とも二期工事として竣工する。昭和六年（一九三一）には他に御津小、済美第六小も竣工するが、大阪市建築課による設計で、ともに二期工事であった。昭和七年（一九三二）には学区からの引き継ぎ事業の最後であった浪華小の二期工事が完成する。はじめての竣工としては鷺州第二小があり、大阪市建築課の設計であった。二期工事としては桃園第二小が大阪市建築課の設計で竣工している。昭和八年（一九三三）には大阪市建築課の設計で玉出第二小が竣工している。昭和九年（一九三四）には西九条、鶴橋、晴明丘、今宮第五、森之宮の各小学校が大阪市建築課の設計によって竣工している。西九条、森之宮は二期工事であった。昭和一〇年（一九三五）以降は関西風水害の復興事業による多数の校舎の竣工があるため、301頁の竣工校数の推移のグラフでは竣工数を昭和九年（一九三四）までにとどめた。

（5）関東大震災後の復興小学校や昭和九年（一九三四）の室戸台風後の大阪市の小学校などの自然災害の後の状況に近いものがあったと考えられる。

（6）藤岡洋保の研究によれば、東京市立小学校では昭和四年（一九二九）をピークに一〇〇校を超す復興小学校が竣工している。

（7）この時期に実現された鉄筋コンクリート造校舎については第二章一節で詳しく取り扱った。

（8）通常は家屋税付加税をはじめとする税収に、区有財産の資料や利子、さらに教育費国庫下渡金、教員住宅料府補助金などの収入によって運営されており、臨時の出費である校舎改築は積立金以外に主に大阪市からの借入金によっておこなわれた。その返済のため学区の家屋税などの不加税が上昇することとなる。

（9）各学区の学務委員を中心に運営されており、大正一〇年（一九二一）までは教員の給与なども各学区の裁量に任せられていた。大正一〇年（一九二一）以降は学区の自由裁量権は校舎の改築や敷地の移転など、物理的な側面のみに限定される。

（10）大久保透『最近之大阪市及其付近』明治四四年（一九一一）三五〇頁

（11）鉄筋コンクリート造への改築は各学区単位で発動されていた。そこでの動きは学区を経営する連合区の区会議員からなる学務委員の中から選ばれた建築委員が中心となっておこなわれた。

（12）東京市では五〇万円を超えるものも散見できるが、番町小学校など数校に過ぎない。これは関東大震災のため、大正一二年（一九二三）以降は東京市当局の手に建設主体がかわるためだと考えられる。神戸市では神戸市当局が主体で、早い時期に展開したために、一般に金額は低いものになっている。坪単価については表２－４を参照。

（13）表２－４からは大阪市もにならず、東京市や神戸市の鉄筋コンクリート造校舎も含めても、船場小学校の坪単価が突出していることがわかる。この理由としては大阪市では最初の時期の鉄筋コンクリート造であり、外壁にタイルを貼り室内プールを設置したり屋上には天文台を設けるなど、様々な特別の設備が付加されたためだと考えられる。このように大阪市では各校によって坪単価の格差が激しく、校舎の建築的な内容は豪華と簡素に両極化する傾向が見られた。豪華なものの代表的な事例として、船場小学校があった。一方、東京市では坪単価は平均的なものになっていることが分かる。そのため各校では特別な施設はみられない。大阪市の小学校が一般的に豪華な内容の校舎を実現させていたというイメージは、一部の小学校での特別に付加された様々な施設（室内、プール、茶室、食堂をはじめとする内容やエレベーター設置など設備面での最新の技術の先取り）やファサードを含むデザインなどによって熟成されたものと考えられる。

（14）『大阪市会史　第一八巻（大正一二年）』のなか九月の市会で、木南助役の「二〇〇円から二一〇〜二三〇円程度のものは認める」という答弁があり、大阪市では二〇〇円前後が一般的であったことがわかる。

（15）大正期の大阪では、「富裕学区」という言葉は新聞などをはじめ一般的にも使用されていた。そのことは大阪市議会での記述にも窺うことができる富裕学区とは中央部に位置することが多く、代表的なものに愛日、船場、久宝、集英、汎愛、浪華など東区の各学区があり、さらに西区や南区、北区の一部の学区が該当していたと思われる。すなわち、明治二二年（一八八九）の大阪市制誕生時に既に市域に含まれた学区の多くが該当するといえる。高砂恒三郎『財政合理化大阪市学区問題』大同書院、一九三六年、によれば、富裕層と貧困層の違いは、本税額をはじめ家屋税付加税などの区費の課税率や小学校経常費などに大きく表れるとしていた。そのような観点から、富裕学区の位置付けがなされていたものと考えられる。富裕学区の出現は都市内において地域的に、貧富の差が生じていたことを表している。すなわち中央部には企業会社があるため巨額な納税を行い、学区の区費の多くを負担するが、周囲部では企業会社が少ないために、区費の負担は住民にかかる。さらに周囲部では無産階級が多かったために区費に恵まれず、十分な学区運営ができない貧困区であることが多かった。『大阪市学事統計』大阪市教育部、などには、上記に指摘した複数の側面からの学区別の財政状況が詳しく記されている。そのことをもっともよく表すものに区費の課税率があり、大正九年（一九二〇）の『大阪市学事統計』のなかでの一覧を見ると全学区の平均は三円六一一厘であるなか、貧困区である市岡、天王寺などは一〇円を超える一方、松島、精華、集英、汎愛、浪華、久宝、船場、愛日、堂島、中之島、芦分、安治川、曽根崎は一円以下とあり、とりわけ東区の各学区では割合が低く、愛日の四八厘を最低にし、集英の九〇厘、浪華の二六〇厘、船場、久宝の四四〇厘となっていた。このように課税率の低い学区を富裕学区として位置付けていたようだ。

(16) 明治三〇年（一八九七）の第一市域拡張時に大阪市となる市域であり、現在の天王寺区や浪速区、港区、此花区、福島区、都島区などが該当する。貧困区と分類される学区が多くを占めていた。

(17) 大正期から昭和初期にかけて、小学校建築に関する著作が相次いで刊行される。その一つに『鉄筋混凝土　校舎と設備』肥沼健次、洪洋社、昭和二年（一九二七）があり、そのなかで「五十年や百年は愚か数百年の保存率を持って居るということ」と述べられている。このように、一般に半永久的な耐用年数を有すると考えられていた。

(18) 高砂恒三郎：『財産合理化大阪市学区問題』大同書院、昭和六年（一九三一）一一頁

(19) 明治二六年（一八九一）学区制度が実質的に復活し、その直後に各学区でほぼ一斉に校舎改築のラッシュがおきる。

(20) 明治初期以来、小学校の校舎や敷地は地域負担でおこなわれ、大正期にはいっても学区制ゆえに、学区を運営する連合区という地域に依っていた。

(21) 『大阪市財政要覧』（大阪市役所、一九二七）によれば、支出の過半を占めるものが、臨時の小学校設備費であった。

(22) 大正区においては、『大阪市会史』のなかの大半の議案は小学校設備費であった。

(23) 学区は連合区会の区会議員を中心に運営されており、区会議員は地域の中小商工業者であることが多かった。そのような名望家によって、学区は支配されていた。そのことは松下孝明「大阪市学区廃止問題の展開」『日本史研究』二九一号、一九八六年や、山中永之佑『近代市制と都市名望家』大阪大学出版会、一九九五年、が詳しい。

(24) 大阪市東区法円坂町外百五十七箇町区会編集による『東区史　第二巻』行政編（大阪市東区役所、一九四〇）に詳しく記さ

れている。編纂長でもあった上勤めていた。

(25) 校舎の建築的な内容については『学校建築図集』（日本建築協会、一九三〇）が詳しい。RC造校舎への改築に関しては、『久宝遺薫』（大阪市久宝青年団、一九三六）から当時の様子を知ることができる。

(26) 大正七年（一九一八）には学区経費補助規定が設定される。大正八年（一九一九）には校地校舎無償貸与の制が定まり、三ケ年事業として毎年一〇〇万円が支出され、周囲部を中心に校舎の整備が計られる。

(27) 前年の大正一〇年（一九二〇）に交付金の償還期間が延長され、三年間から七年間となり、さらに一〇年間の長期債となる。

(28) 『大阪市会史　第一八巻（大正一二年）』のなか、六月の市会での沼田議員および中村議員の発言による。

(29) 旧市域と新市域における、学区間の経済的な格差が激しくなり、教育の平等性が保てない状況にあった。そのため学区制廃止が問題になっていた。

(30) このことは社会運動家、賀川豊彦の『空中征服』という小説のなかでの次のような記述からいかに学区制度が強力なものとして地域のなかで機能していたかが分かる。「じっさい大阪市ほど教育について金持ちのいばるところはない。二億円の都市計画が出来ても、全大阪の学区の統一は先任市長もよう手をつけなかった。」この小説は大正一一年（一九二二）に大阪日報に連載された風刺文学で、同年改造社から出版された。

(31) 明治三〇年（一八九七）の第一次市域拡張時に大阪市となった、周囲部（大正一四年以降は中間部と名称がかわる）では急激な人口増により財政難に陥り、学区の運営に苦しむ。そのために学区制廃止の決議が市議会で決まるが、実行されなかった。

(32) 続いて学区制廃止の決議が市議会で決定されるが、ここでも実施には至らなかった。だが学区経費補助規定や交付金などの一定の成果をおさめる。

(33) 『大阪市域拡張史』（大阪市役所、一九三五）によれば編入の条件として西成郡および東成郡ともに学区制統一を第一にあげていた。このことから編入を希望した理由が、小学校教育費の増大による、町村の財政の悪化というように考えられる。

(34) 『大阪市会史　第一九巻（大正一三年）』のなか、九月の市会での村井議員の発言による。

(35) 前掲（34）での村井議員の発言による

(36) 学区制のもとで展開された小学校の鉄筋コンクリート造化は、大阪市を拠点に建築活動を行っていた、多くの民間建築家の手によって設計される。

(37) 明治初期、大阪では京都と並び、一斉に多くの小学校が設置される。

(38) 大正一〇年(一九二一)以来、教員の給与などは市費支弁となるために、財政の支出先は校舎に絞られ、そこに学区の経済力が反映される。
(39) 学区を運営する連合区の有していた区有財産
(40) 『大阪市会史　第一九巻(大正一三年)』のなか、一〇月の市会での沼田議員の発言による。
(41) 『大阪市会史　第一九巻(大正一三年)』のなか、七月の市会での大和議員の発言による。
(42) 『大阪市会史　第二一巻(大正一五年)』のなか、一〇月の市会での海老議員の発言による。
(43) 『大阪市会史　第二一巻(大正一五年)』に詳しい。旧東区内の各学区の対応は『東区史』に詳しい。
(44) 『大阪市財政要覧』(大阪市役所、一九二七)のなかの「学区の財政一班」には、各学区の負債の状況が詳しく記されている。

第三章　昭和戦前期の大阪市建築課による小学校建築

はじめに

わが国での公立小学校校舎の建設事業は国庫補助に基づき、市町村レベルの自治体によって建設がなされる。このことは現在では自明のことと考えられているが、小学校建設の歴史をみれば、当初からそのような建設システムが機能していたわけではない。大阪市を例にとれば、市当局によって校舎の建設が開始されるのは、昭和二年（一九二七）の学区制度廃止以降のことで、明治から大正期にかけては小学校を運営する学区によって独自に建設がなされ、設計についても各学区によって選ばれた民間建築家によっておこなわれていた。

本章では校舎建設の主体が、学区より大阪市当局に移譲されるこの時期に着目し、建設主体の変化が校舎の建築的な側面にどのように影響していったのかをあきらかにする。時間軸上からみれば、ここでは学区制度が廃止される昭和二年より関西大風水害の被害を受け、設計についての内容が変更する昭和九年（一九三四）までの間を対象とする。また、行政当局による計画的な校舎の建設事業は、設計を担当する都市行政の営繕組織の体制整備とも関連するために、大阪市営繕組織の動向もみていく。

なお、筆者は一九九七年一二月の時点で現存していた済美第五（現在、済美）、桃園第二（現在、桃谷）については現地調査をおこなっている。

一　小学校の建設計画

1　昭和二年（一九二七）までの様相

大阪市当局は、昭和二年の学区制廃止により、はじめて小学校の建設事業に着手する。ではそれまでの状態はどういうものであったのかを概観すると、学令の発布がなされる明治五年（一八七二）以来、一時期(1)を除けば、各学区が学区の財源で建設事業をおこなっていたため、校舎の建築の内容には学校間で著しい格差が現れていた。中央部の学区の多くが昭和二年までに鉄筋コンクリート造校舎を完成させていたことと対比的に、大正一四年に大阪市に編入された周辺部の学校の多くは老朽化した木造校舎のままであって、そこでの編入直前の財政事情をみると、多くの町村で財政の危機にあったことが判明している。そのため大阪市への編入条件の一つ(2)に学区制度の廃止をあげる町村が多かった。本章で扱う小学校の建設計画の多くが、大正一四年に編入された地域に多くみられるのは、このことが関連するものと思われる。

では行政当局はこのような事態にどう対処していたのだろうか。大正末期には市会のなかで、教育の平等性という観点から、校舎についても全市的な統一をはからなければならないとする見方(3)が支配的になりつつあった。また大正一二年（一九二三）には大阪市長に関一(4)が就任しており、関一の政策のひとつに、市に権限を集中させることがあり、それは市から独立した行政制度である学区制度とは相いれないもの(5)であった。そのような事象が背景にあって、昭和二年三月を限りに学区制度は廃止される。すなわち全市がひとつの学区となる。そこで、学校建設は行政当局の手によって計画的になされるようになる。

2　建設計画の内容

昭和二年（一九二七）四月より実施される学区制廃止に伴い、大阪市教育部によって小学校校舎の建設計画(6)が立案される。それは第一次より第六次までの事業計画により構成されており、期間は昭和二年より同二一年（一九四六）までの二〇年間にわたるものとして、予定されていた。計画では二四〇〇学級（一校が二八学級からなると設定すれば八六校分に該当する）[7]を新設し、一二〇〇学級（一校が二八学級からなると設定すれば七九校分に該当する）を改築し、予算は約六六〇〇万円であった。しかもすべての校舎を鉄筋コンクリート造にするというものであった。[8]詳しくは表3－1に示したが、第四次計画までに四四校の新設、一〇六校の増築、六九校の改築が予定され、そのうち鉄筋コンクリート造校舎は増築、改築をあわせると三三校が計画されていた。すなわち、最初の段階ではすべての校舎に鉄筋コンクリート造が適用するという内容であったが、計画がより具体化していく段階で、鉄筋コンクリート造に加え、木造の校舎も建設するという計画に変更がおこなわれたものと考えられる。

なお第四次計画は昭和九年（一九三四）の関西大風水害（室戸台風）によって中断されており、それ以降の第五次計画、第六次計画は風水害復興計画との関連で、計画内容に大幅に変更があり、第四章で扱うので、ここでは取り扱わない。また第一次計画に先立ち、学区廃止の直後の昭和二年からは昭和四年（一九二九）にかけて、学区の引き継ぎ事業がおこなわれ、二四校の現場監理業務が該当した。ただし、その内容については第二章で論じているので、ここでは触れない。

この計画内容の最大の特徴はすべての校舎にわたって鉄筋コンクリート造が予定されたことで、その背因には大正一二年（一九二三）に起きた関東大震災の際に、木造の校舎に被害が集中したことがあった。

財政面からこの計画を検討する。大阪市と同様に一挙に多くの小学校を鉄筋コンクリート造で建設する必要のあった関東大震災後の東京市復興事業[9]と比較すれば、東京市復興事業での教育施設費とし、三八六一万円が計上されており、一一七校の校舎再建がその主な内容となっていた。東京市の復興計画は大正一三年（一九二四）に作製されており、大阪市の計画とは時間的に約三年間の違いはあるが、この間の物価上昇率は微小なものだったことを考えれば、予算規模からも大阪市の校舎建設計画が、東京市復興事業以上の規模であったことがわかる。

また、第一次事業から第四次事業までの計画案を通覧すると、事業が回を重ねるごとに鉄筋コンクリート造の占

表3－1　校舎建設計画（1）

事業名	事業年度	事業費（円）	小学校数	新設	増築	改築	敷地拡張
				校数 予算	校数 予算	校数 予算	
学区引継事業		14,119,020	98	5校	29校	64校	
第1次事業	昭和2年 & 昭和3年	2,315,963	26	4校 807,511円	14校 830,614円	8校 575,975円	3校 34,790円
				市岡方面 鷺洲 中本 田辺	北恩加島 南恩加島 田中 八幡屋 石田 十三 三津屋 啓発第二 鶴橋第三 鶴橋第五 鶴橋第六 城北 津守第三 郊外学園	神津 依羅 榎本 榎並 新庄 済美第五　RC 泉尾第二	西淀川 芦分 第四西野田
第2次事業	昭和3年 & 昭和4年	6,729,805	57	18校 3,607,683円	17校 946,252円	22校 1,481,627円	1校 76,200円
					都島第四 真田山　RC 西淀川 鷺洲第六 十三 三国 南方 三津屋 古市 淀川 中本高等 城北 榎並 中本第三 南百済 高松 玉出第三	堀川　＊ 都島第一 松枝　RC 曽根崎　RC 春日出 浪華　RC 広教　＊ 三軒家第三 九条第四　RC 天王寺第二　RC 金甌　＊ 御津　RC 桃園第二　RC 神津 鶴橋第三 鯰江第二 丸山 平野 安立 津守第一 津守第三	森之宮

備考：出典は大阪市会会議録による。第四次事業に関しては「昭和八、九、十年度事業（第九回教育公債）小学校設備一件書類 教育部庶務課」、大阪市公文書館所蔵による。また第二次事業の改築のなかでの＊印は既定事業を表す。小学校名の後にRCという記入があるものは鉄筋コンクリート造を示し、記入のないものは木造を示す。

表3－1　校舎建設計画（2）

事業名	事業年度	事業費（円）	小学校数	新設	増築	改築	敷地拡張
				校数 予算	校数 予算	校数 予算	
第3次事業	昭和5年 & 昭和6年 & 昭和7年	5,277,863	60	6校 1,441,021円	38校 2,328,712円	16校 1,508,130円	
				四貫島 泉尾 市岡 生野 城東 田辺	都島第二 都島第三 都島第四 第五西野田 梅香 恩貴島 泉尾第三 港南 波除 錦 吾妻 天王寺第六 栄第二 伝法 鷺洲第五 大和田第二 佃 豊崎第六 三津屋 啓発第二 啓発第三 三国 鶴橋第四 小路 東小橋 中本第二 中本第三 鯰江 大宮 中川 清水 天下茶屋 金塚 阿倍野 育和 長池 今宮第五 粉浜第二	済美第六　RC 第四西野田 西九条　RC 森之宮　RC 九条第三 鷺洲第二　RC 神津 鶴橋第一　RC 神路 城北 天王寺　RC 常磐 住吉 玉出第二　RC 津守第一 粉浜	

表3－1　校舎建設計画（3）

事業名	事業年度	事業費（円）	小学校数	新設	増築	改築	敷地拡張
				校数 予算	校数 予算	校数 予算	
第4次事業		11,290,200	76	16校 4,698,476円	37校 2,248,852円	23校 2,762,066円	
	昭和8年		27	東野田 湊屋 木川 東中川 南田辺	都島第四 市岡第六 南市岡 大正 野里 西淀川 生野第二 城東第二 長池 安立 南百済 今宮第七 玉出第三	瀧川 清堀 RC 三軒家第二 RC 道仁 RC 鷺洲第三 RC 香簑 鶴橋第二 鯰江第三 今宮第一 RC	
	昭和9年		26	磯路 新千歳 田川 東中本 赤川 平野第二	南恩加島 佃 大和田第二 新庄 三国 生野第三 淀川 鯰江 墨江第二 玉出第一 粉浜第二 鶴橋高等	桜宮 RC 中大江東 RC 桃園第一 RC 桜川 RC 姫島 北中島 中本第四 RC 今宮第二 RC	
	昭和10年		23	西島 姫里 菅原 深江 梅南	第四西野田 三矢 港南 鷺洲第五 三津屋 啓発第三 中本第三 清水 津守第三 今宮第四 育和	九条第一 RC 天王寺第四 RC 啓発第一（南方校） 榎本 天下茶屋 RC 墨江	
	計	39,732,851	317	49校	135校	133校	

める比重が多くなっていくことがわかる。一次事業では一校、二次では九校、三次では九校、四次では一四校と、増加する傾向が窺える。またどの学校を鉄筋コンクリート造にするかどうかの選択については、市会において論議の対象となっていた。木南・大阪市助役[10]によれば、家屋稠密の地域は木造でなく、鉄筋コンクリート造にするという一定の基準があったようだ。実際に建設されたものをみると、鉄筋コンクリート造校舎は敷地が市街地に位置するは中央部や中間部という旧市域に限定されていたことがわかる。その背景には市街地建築物法による規制[11]もあったようだ。

3　実施された建設内容

この計画はどのように現実化されたのだろうか。実際に建てられた校舎について見ると、木造校舎が大半を占め、とりわけ新設についての木造校舎の占める割合は一〇〇%であった。鉄筋コンクリート造校舎は改築と増築のなかで、一部に現れたにすぎない。鉄筋コンクリート造校舎については学区制度が廃止された昭和二年（一九二七）から関西大風水害の起った昭和九年（一九三四）までに時間を限定すれば、二〇校が完成していた。鉄筋コンクリート造が耐震耐火ということで、建築の理想的なありかたとして捉えられていた当時の考えから判断すれば、このような実状は学区制度廃止時の理念とはあきらかに逆行したものとみることもできる。

この背景には、次の二つの原因が考えられる。第一としては、昭和二年（一九二七）の学区制廃止の時期が未曾有の不況にあったという財政上の理由である。ここで対象となった周辺部や中間部の小学校校区の多くでは人口が激増しており、そこでは一刻も早く教室という器を増加させることが必要とされた。そのため、理想的だが工費の高額な鉄筋コンクリート造校舎でなく、それに比較すれば、工費の低廉な木造校舎の採択が、大阪市当局の判断でなされたものと推測できる。昭和二年の時点で、大阪市の財政状況がいかに逼迫したものであったのかは、この時期に建設がはじまっていた大阪市美術館の工事中止という事態からも窺い知ることができる。

第二としては、昭和二年の学区制廃止の時点で、大正一四年までに大阪市域となっていたほとんどの小学校ですでに鉄筋コンクリート造校舎がつくられていたか、もしくは工事中や設計中であったという事実が関連している。すなわち、当初のすべてを鉄筋コンクリート造とする計画内容が、前章でみたように、学区制度廃止までの駆け込み建設によって、すでに鉄筋コンクリート造校舎として実現していたのだ。

二　大阪市建築課の組織内容

学区制度が廃止される昭和二年に、大阪市営繕課は組織拡充の改組をおこない、建築課に名称を変更する。建築課は庶務係、技術係、営繕係、校舎係の四係から構成されていた。この改組の特徴は学校建築の設計と工事を専門的におこなう部署である校舎係の設置[12]と、建築技術者の大幅な増員にあった。学区制度廃止により、小学校の建設事業は大阪市当局によっておこなわれることになる。学区制度廃止の直前には、大阪市に新たに編入された新市域や旧市域の周辺部では、競って校舎の新設や改善の計画を立案[13]していたが、建設費という財政上の問題や大阪市営繕課は学区の小学校設計に関与しないという慣習によって、実際には校舎の建設はおこなわれなかった。このような状況に対応し、学区廃止の後には、小学校を専門に設計する「学校設備営繕課」が教育部のなかに新設される予定[14]であった。しかし実際には建築課のなかに校舎係というかたちで設置される。しかも独立設置された課としてではなく、一係にすぎなかった。なお、当時人口面で大阪市と同規模な大都市であった東京市では、大正一三年（一九二四）に学校建設課が設置されている。

冨士岡重一

新しい組織の構成は波江悌夫営繕課長[15]によっておこなわれる。その責任者の校舎係長には朝鮮総督府技師であった冨士岡重一[16]が就任する。冨士岡は明治四四年（一九一一）から大正四年（一九一五）まで三橋四郎建築事務所[17]で主任として、泰明小学校をはじめ一六校の東京市の小学校設計[18]を担

表3－2　大阪市建築課の技術者一覧（昭和2～9年）

職位	氏名	最終学歴	在職期間	主な担当建築物	備考
課長	波江悌夫	東京大　M43	T13.5-S5.3	大阪城、市美術館	後・清水建設、 事務所自営
課長	冨士岡重一	東京大　M44	S2.8-S18.1	小学校一般	S5.3に課長 表3-3に詳しく記した
主任技師	伊藤正文	早稲田大　T 6	T13.7-S14	商科大学、市美術館、水道局庁舎、小学校、区役所	後・大阪市大家政学部教授
技師	大野直平	名高工　M43	M43-	現場監理	
	新名種夫	京都大　T13	T15.11-S15.7	電気局庁舎、桃山病院、刀根山病院、電気科学館	T13～T15 東京市技師 後・芦屋市建築課長
	川口一三	東京大　T13		構造計算	後・大阪府技師
	三好貫一	早稲田大　T 7		現場監理	T11 石川県技師
	八尋丹二	早稲田大　T 7			
	佐古律郎	関西商工　M41		営繕業務、木造中心	後・波江事務所勤務
	竹内政治	京都大　S 2		構造計算	
	本多正道	京都大　S 2	-S15.6	下寺町集合住宅	後・石本事務所勤務
	辛木貞夫	京都大　T15		中央卸売市場	後・東海興行役員
技手	矢木英夫	京都高芸　T 9	T9-S6	市工芸学校	後・設計事務所自営
	渡辺久夫	神戸高工　T15		市美術館	後・岡山県技師
	桐本楠雅	東京大　S 3			
	吉田清三郎	京都大　S 2		東淀川区役所	後・天理教施設技師
	竹花末春	早稲田大　S 2	-S15.10	真田山小学校	
	井手正雄	京都大　S 3	-S16.12		
	宮田秀穂	福井高工　S 3		動物園	
	佐々木荘一	関西商工　M44			

備考：技師以上については昭和2年から昭和9年までの期間に在職した者全員を挙げたが、技手については主だった技術者を挙げた。

当しており、このような小学校設計の実績があったことが校舎係の業務に相応しいと評価されて、係長就任へと繋っていったものと考えられる。

　校舎係には三人の技師が配属される。建築課全体の技師数は六人であり、この人員配分からも建築課のなかでいかに校舎係が重視されていたかがわかる。技師として他に構造計算を主に担当する川口一三(19)と設営係主任技師を兼任する大野直平(20)が配属されていた。

　技手をみると、多くのものは組織改組までは各区役所に所属していた建築技術者によって構成されていた。学区制廃止までは各区役所の学務係には一名の建築技術者が配置(21)されており、主に営繕業務を担当していた。加えて木造小学校に関して簡単な増改築などの設計を担当(22)していたようだ。大正一五年（一九二六）までの段階にこのような区役所の技術者は一二名が確認され、一二名すべてが校舎係の技手に移籍していた。また新卒の学卒者が竹内政治、吉田清三郎、竹花末春と三名が配属されていた。さらに設営係に所属した工業学校出身の中堅技術者の多くは校舎係に移ってくる。

このように校舎係のスタッフは組織改組前は設営係に所属した技手を中心とする建築技術者に、各区役所に所属していた主に営繕業務を担当とする建築技術者と、新たに大阪市に採用された学卒の高等教育を受けた建築技術者との三つにわけられる。

また以上の三つのグループに加えて、この時期には東京市建築局技師の新名種夫や石川県営繕課技手の三好貫一、神戸市営繕課技手の熊本一之などのように他府県や他市の営繕組織の技術者が大阪市建築課に移ってきたケースもみられる。

校舎係設置にともなう技術者の大幅な増員をみると、前年の大正一五年（一九二六）の時点での営繕課は設営係と調査係の二係より構成され、技師は三人、技手は二二人であったが、改組後では技師六人、技手は五〇人とほぼ建築技術者の数は二倍になっている。校舎係だけをみると、技師三名、技手二七名を数える。

さらに校舎係には正式な職員とは別に、小学校工事監督嘱託として宗兵蔵をはじめ、前大阪市営繕課長であった花岡才五郎などの民間建築家も含め、計一〇〇人もの建築技術者が臨時に採用されていた。その背景には業務量にくらべ、建築技術者数の不足があった。すなわち、大阪市の当初の計画では、昭和二年（一九二七）四月一日以降、いっさいの設計および現場監理は市側でおこなう予定であったが、さきの組織拡充が当初の計画とくらべ、小規模なものにとどまったことで、十分な人員配置ができず、学区制廃止前に学区側に雇われて設計をおこなった民間建築家が、今度は大阪市側に雇われ、自分の設計した校舎の現場監理業務をおこなうというケースもみられた。

校舎係の誕生した翌昭和三年（一九二八）には建築課の組織改組が改めておこなわれ、庶務係、設計係、工務係、営繕係の四係になる。その結果校舎係は消滅している。その原因はわからないが、校舎係とは恒常的に小学校を専門に設計する部署として設置されたことを考えれば、前述した校舎建設計画の変更の影響を受け校舎建設事業の大半が木造になったことで、建築課の業務全体のなかでの小学校設計業務の占める割合が低下し、校舎係を独立した組織として設置しておく必要性がなくなっていたとも考えられる。なお、この時期、建築課は美術館や市立商科大、電気局庁舎、中央市場、大阪城復興、ホテル、集合住宅など、鉄筋コンクリート造によるビッグプロジェクトを抱えていたことも指摘しておく必要があるだろう。

表3-3　冨士岡重一の経歴

	経歴	設計に関わった建築
明治19. 9.26 41. 4. 1 44. 7.10	滋賀県大津市石山で生まれる 第三高等学校卒業 東京帝国大学建築科卒業	
44. 7.15	東京・三橋四郎建築事務所入所	京橋区市立泰明小学校 京橋区市立文海小学校 深川区市立數矢小学校
明治45年 (大正元年)	製図主任	ウラジオストック日本領事館 安東県日本領事館 四谷区市立第二小学校 神田区市立橋本小学校 麹町区市立富士見小学校 下谷区市立西町小学校 大倉組本店 日本鋼管株式会社事務所 麹町区市立日比谷小学校 大阪・石原時計店
大正 2		岩倉鉄道学校 朝鮮漢城鉱業会社発電所 京橋区市立宝田小学校 中央新聞社本社 大阪市東大江小学校
大正 3. 1	東京工科学校講師嘱託	和歌山県立中学校 小石川区市立指ケ谷小学校 四谷区市立第一小学校 深川区市立森下小学校
大正 4. 4.12	三橋四郎死去のため事務所解散	京橋区市立月島第二小学校 本所区市立外手町小学校 深川区市立柳川小学校
大正 5. 7.21 6. 4. 1 9. 4.15 10. 9.29 12.10.28 13. 4. 9 13. 4.10 昭和 2. 7.27	朝鮮総督府嘱託・官房土木局営繕課 朝鮮総督府技師・官房土木局営繕課 総督官房土木部・景福宮出張所長 土木局建築課長代理 欧米各国出張 帰国 京城高等工業学校講師嘱託 依頼免本官	朝鮮総督府
2. 8. 1 2. 8.23 3. 5. 4 5. 3.18 15. 8.14 18. 1.23 33. 7.24	大阪市技師 大阪市建築課校舎係主任技師 大阪市建築課設計係主任技師 大阪市建築課長 大阪市理事・建築部長 退職 死去	

出典：「経歴書」冨士岡聡氏所蔵、をもとに作成する。三橋事務所での設計年は竣工年ではない。

三　建築の特徴

1　標準化の試み

大阪市では学区制廃止にさきだつ大正一四年（一九二五）に、鉄筋コンクリート造校舎の標準案がつくられる[31]。これは本格的な標準化への胎動であったが、この以前にも標準化を模索する動きは出現していた[32]。大正一四年の標準案成立の背景には、大正一二年（一九二三）九月に起こった関東大震災による影響があったと考えられる。地震の被害をみて、大阪市当局は鉄筋コンクリート造の設計の標準化を試みる。そこで、大正一二年一〇月に臨時小学校設備調査会[33]が組織され、一年以上の時間を費やし、大正一四年に標準案を決定する。それは「耐震耐火を目的としてすべて鉄筋コンクリート建[34]」というもので、一小学校の総学級数は二八、普通教室の大きさは五間×四間半、とされていた[35]。この学級数と教室の縦五間という長さは、後述の冨士岡重一の記す大阪市小学校の設計規格と一致する。だが教室の横四間半という長さは、その理由は不明だが、あとで記す設計規格の四間とは一致しない。

この標準案を基本として、プランの定型化も含め柱のスパンや階高などの設計の規格化がおこなわれていたと考えられる。その内容は雑誌『建築と社会』昭和五年（一九三〇）二月号、に掲載された「大阪市小学校校舎の実情と其計画の大要[36]」に示されている。これは大阪市立小学校の建築的な内容について論じたもので、大阪市建築課技師・冨士岡重一によって執筆されていた。冨士岡はさきにみたように大阪市の小学校校舎を主に担当する技師であった。ここでは大阪市当局による市立小学校の設計に対する方針が記されており、その内容は設計規格に関するものとプランニングに関するものの二つに分けられる。

なお、この時期の大阪市建築課による図面の寸法表示は、尺貫法に基づいているため、ここでは尺の寸法表示も併せておこなう[37]。

2　設計規格

「大阪市小学校校舎の実情と其計画の大要」によると、教室の桁行き方向について三教室分の長さが「十五間」とあることから、一教室分は五間（約九・〇九m）となる。梁間の方向については、中廊下を挟み左右に教室があるものでは幅「九間半」とあり、廊下幅の一間半を除去すると八間となり、一教室分はその半分であるから四間（約七・二七m）となる。

この方針が示された昭和五年前後に建設された小学校の桁行方向の柱の間隔をみると、三・〇三mの数値を示すものが多い（左図参照）。つまり一〇尺が基準となっていたようだ。ここでは三・〇三mの柱の間隔を事例にとり考えていくと、一教室分の長さは桁行方向に二本の柱によって三等分されている。梁間方向の柱の間隔をみると、約七・二七二m（二四尺）になっていることが多い。このように約三・〇三m（一〇尺）×約七・二七m（二四尺）によってひとつの単位がつくられ、普通教室は三単位、すなわち約九・〇九m×約七・二七m＝約六六・〇八㎡（二〇・〇二坪）から構成される。このことから上に述べた方針の内容とほぼ一致することがわかる。

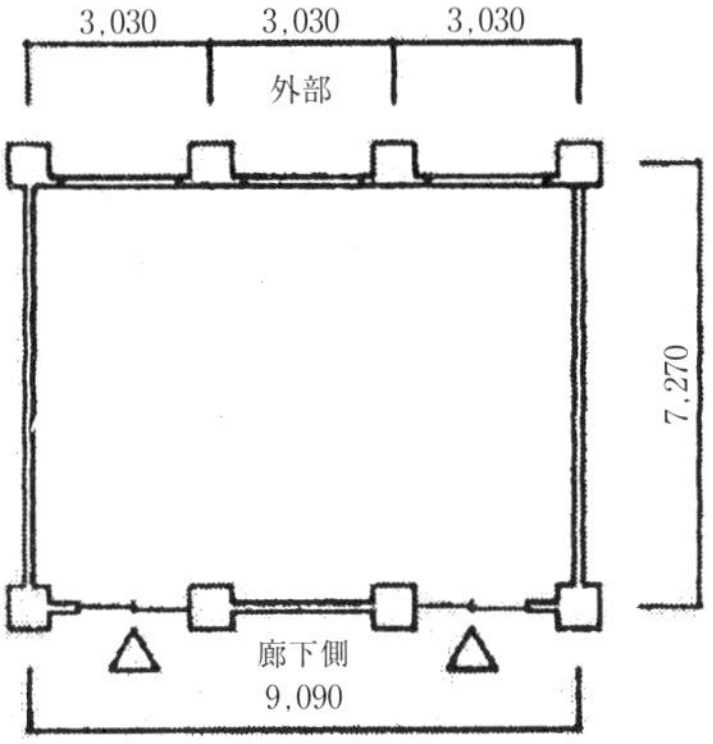

鉄筋コンクリート造教室の平面図
（単位はmm）

さらにその単位が普通教室以外にも適用されていることをみてみる。特別教室は四単位から構成されていることがわかる。廊下の幅はさきにみたように一間半とあることから、メートル法に換算すれば、二・七二七mとなる。以上判明した数値を具体的に充てはめてみると、講堂の上階は普通教室が中廊下を挟んでそれぞれ三教室あるため、講堂の桁行長さは三・〇三m×三スパン×三教室分＝二七・二七m、すなわち一五間となる。梁間長さは七・二七m×二教室＋廊下幅二・七二m＝一七・二六m、すなわち九・四九間になることがわかる。このように教室の大きさを規定することが、講堂の大きさの決定へと繋っていったと考えられる。つまり講堂の大きさ

鉄筋コンクリート造校舎の平面図
（単位は mm）

もこの単位によって構成されていることがわかる。

以上みてきた面積のユニット化に加え、平面計画上もっとも基本となる柱の間隔に規格化がなされていた。桁行方向の柱の間隔の数値をみると、一部の例外を除きほとんどの学校で一〇尺（約三・〇三m）になっていること[38]が確認できる。ここからは柱の間隔に対する設計規格は存在していたと判断できる。

断面については、『続学校建築図集』[39]に「大阪市立小学校鉄筋混凝土構造標準規格図」が掲載されており、一定の標準が決められていたことが窺える。この図集は雑誌『建築と社会』の昭和八年（一九三三）五月に刊行された学校建築特集号を単行本化したものであるから、昭和八年五月までにはこのような標準のものが作成されていたことがわかる。ただしここでの図面は一、二、三階ともに教室であることから、一階が雨天体操場兼講堂であるタイプについてはこのことが適応されるかどうかは判明しない。

3　プランの定型化

この時期の大阪市による小学校のプランは、一階に雨天体操場兼講堂を設置し、上階に教室を中廊下式で設置する点に特徴がある。

表3－4から読み取れるように、講堂兼雨天体操場がすでに設置されているケースを除けば、六校ともにこのようなプランが採用されている。このことは鉄筋コンクリート造だけに限定されるものではなく、木造の校舎においい

表3－4　鉄筋コンクリート造小学校竣工一覧

小学校名	行政区	竣工年	事業計画		工費(千円)	建築面積(m²)	延床面積(m²)	プラン		意匠			柱間隔(m)	現存	設計者	施工者	出典
			何次	内容				形	講堂	柱型	開口部	その他の特徴					
済美第五	北	S4.7	1	改築	190	1072	3133	L	○	○	アーチ	塔屋は不整形のボールト	3.0	○		成山組	学校建築図集
天王寺第二	天王寺	S5.2	2	改築	70	431	1294	L		○		1期の外観を踏襲				松村組	建築と社会
桃園第二（桃谷）	南	S5.9	2	改築	73	512	1716	コ		○	アーチ	屋上塔屋に丸窓	3.03	○		井上組	近代建築画譜
真田山	東	S5.10	2	増築				ヨ		○	丸窓、出窓				竹花末春		
曽根崎	北	S6.2	2	改築				コ		○	丸窓						
御津	南	S6	2	改築				L	○	○	パラボラアーチ		15尺		尾藤	松村組	改築落成記念
松枝	北	S6.6	2	改築													
花園（松島）	西	S6.12	2	改築				—		○							
九条第四*	港		2	改築													
鷺洲第二（大仁）	西淀川	S7.12	3	改築	164	1267	3742	L	○	○		塔屋の形状は不正形な曲線				小坂井組	近代建築画譜
済美第六	北	S8.2	3	改築			31	コ		○		塔屋の形態は不正形な曲線					
玉出第二（岸里）	西成	S8.2	3	改築	120	924	2046	—	○			1教室分の連続庇				銭高組	
天王寺（晴明丘）	住吉	S8.9	3	改築				—		○							続学校建築図
西九条	西	S8	3	改築				—		○							
豊崎第六	大淀	S8	3	増築													
鶴橋第一	東成	S9.2	3	改築				—	○			1教室分の連続庇					
今宮第五（橘）	西成	S9.3	3	増築				—	○							浅沼組	
森之宮	東	S10.1	3	改築	164	1505	2564	コ		○						山田組	近代建築画譜
道仁	南	S10.3	4	改築	128			L		○					本多正道	井上組	百周年記念
清堀	東	S10.11	4	改築	92					○						森下組	歴史と思い出
合計20校																	

ても同様にみられる。ただし木造の場合は階数が鉄筋コンクリート造と異なり、二階のみとなっている。

詳しい史料がみつかった第四次小学校設備計画(40)では鉄筋コンクリート造校舎は一四校の計画が確認され、発見できた図面集(41)からは体操場がすでに設置されており、体操場については改築の対象になっていない三校を除けば、一一校のすべてのプランにおいて、一階が体操場、二階と三階にそれぞれ中廊下式で六教室が配置されるという計画になっていることがわかる。

木造についても図面集(42)からは一階が体操場、二階が中廊下式で六教室配置になっていることが判明する。さらに新設校では全ての学校でプランがほぼ共通していることがわかる。詳しくみれば第四次計画では一六校が新設で予定されており、それらは運動場の面積で二つに大別される。一つは一〇〇〇坪のもので一〇校ある。もう一つは一三〇〇坪のもので六校あり、それぞれさらに二つに分けられる。一〇〇〇坪のものは体操場があるもの八校と、設置しないもの

真田山小学校

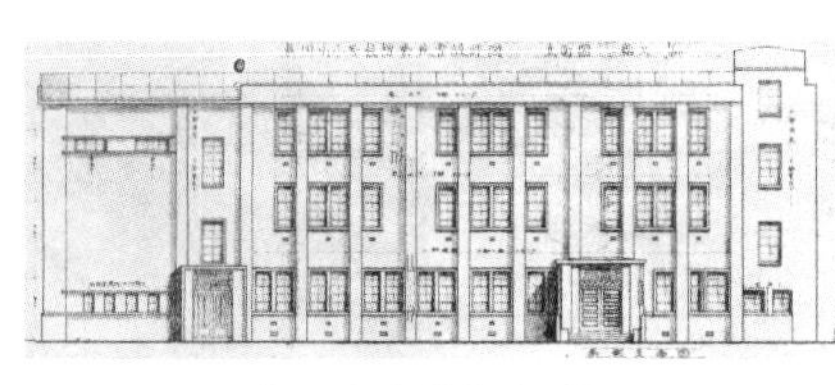

真田山小学校立面図

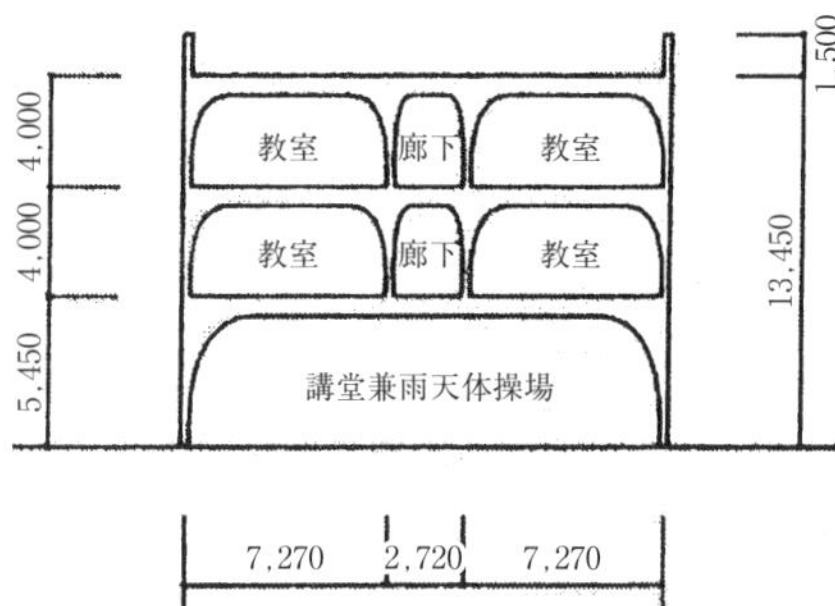

鉄筋コンクリート造校舎の断面図
（単位は mm）

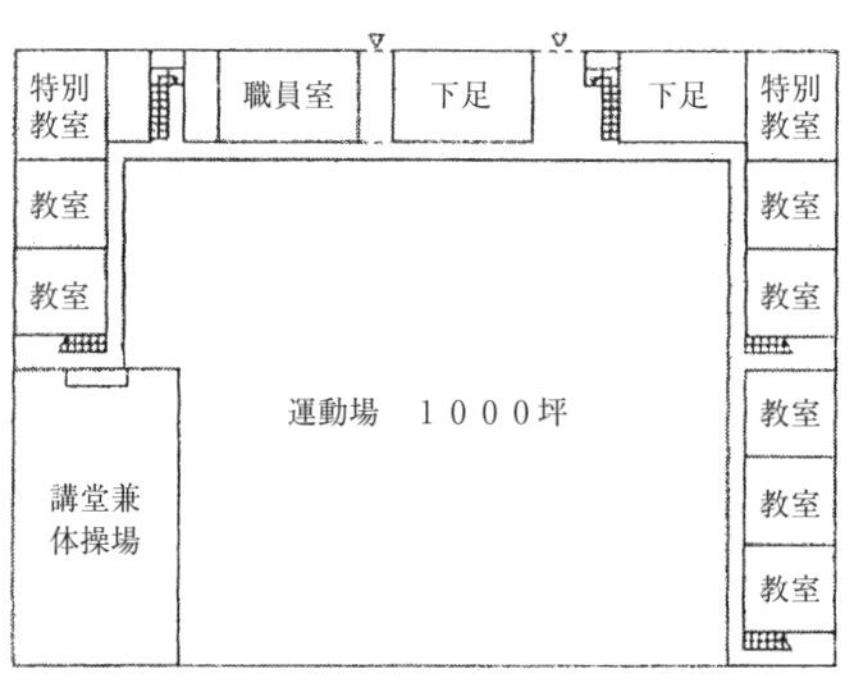

木造校舎の配置図

二校に、一三〇〇坪のものは教室数が三五教室のものが五校と、二五教室のものが一校となっていた。ここでは体操場を設置しない二校を除けばいずれもが、一階が体操場、二階が教室というプランを採用していた。

また、いずれのケースにおいてもコの字プランを取り、コの字の中央部に位置する玄関部や職員室のある棟、つまり表道路に面しての棟はまったく同一のプランを有しており、コの字プランの両翼の長さを調節することで、教室数を増減するというシステムになっていた。ここからはプランの規格化がおこなわれていたことがわかる。

このような体操場を一階に置き、階上に教室を配置するプランについて、冨士岡重一は昭和四年（一九二九）一二月に「下が広間で其張間十間内外、桁行十五、六間の内部、無柱のホールの上に六教室を有する」[43]ものは、「鉄筋であっても木造であっても」大阪市の小学校建築の特徴であると記していた。

では一体このようなプランとはいかに生まれてきたのだろうか。大阪では学区制度廃止以前には前稿であきらかにしたように、民間建築家の設計によって小学校はつくられており、その時のプランを踏襲した一面もあったようだ。大阪市内で多くの小学校を設計していた民間建築家・増田清設計のもの(44)には、ここで表れたプランと共通するものがあったことが判明している。また、大阪市の小学校では敷地が狭いために運動場をできるだけ広く取る必要があり、運動場と面して使用可能なように一階に設置されたという点も指摘できる。

他市での様相をみると、東京市では体操場兼講堂は平屋(45)、大阪市と同様に敷地の狭い傾向にあった神戸市では、ちょうど大阪市のプランの一階と三階が入れ替わったプラン(46)になっており、講堂は最上階に設置されることが多かった。

4　意匠の特徴

鉄筋コンクリート造と木造では同一の技術者が設計に関わったが、構造的制約からそれぞれ異なった意匠になっており、さらにそのふたつを併せた混構造がつくられたのも大阪市の特徴のひとつといえる。

本章で対象とする時期に建てられた鉄筋コンクリート造校舎の竣工数は二〇校あり、そのうち一七校で柱型を突出する意匠の確認ができる。このような柱型を外壁面より突出させる手法は、前述の大阪市の小学校の指針である「柱は全部壁外に追い出し室内部に突出部を設けない」(47)という内容と一致する。ただし、特別教室や階段室の外観部分には、そのことは適用されていない。また柱の外側にガラスの開口部を連続して設置するもの(48)もあった。

一方で柱型を表出しないものも三校あり、昭和八年（一九三三）に竣工する玉出第二校を嚆矢とし、そこでは一教室を三等分する二本の柱が外壁と同一面に表れてはいるが、柱型は突出せず平滑な壁になる。同様なものに今宮第五校や鶴橋第一校があり、いずれもが一階部分に雨天体操場を有し、二階三階は中廊下式の教室配置のプランとなっている。

玉出第二小学校

桃園第二小学校

鶴橋第六小学校（木鉄混成）

開口部の取扱いでは、昭和七年（一九三二）に竣工のものまではアーチや丸窓を使用するものがみられるが、昭和八年（一九三三）以降に完成するものは矩形の開口部に変化する。また昭和七年（一九三二）までのものには窓回りの四周にモールディングが付加された事例もみられたが、昭和八年（一九三三）以降に竣工するものにはみられない。階段塔屋の扱いをみると、昭和七年までに完成のものには塔屋屋根の形状に特徴があって放物線状のものが多い。[49]が昭和八年以降は矩形によるものに変容する。

以上みてきた要素からも判断できるように、昭和七年までに竣工するものには装飾的な要素を一部残した取り扱いや、形態に曲面を使用する例などがみられたが、昭和八年に竣工の玉出第二校以降は、無装飾を前提とする意匠に変化していく。この背景には、設計をおこなう組織上の技術者の変化もその要因のひとつにあったと考えることもできるだろう。具体的にみれば、建築課の設計主任技師が昭和七年以降には、冨士岡重一から伊藤正文[50]に変わったという側面が指摘できる。第四章で後述するように伊藤正文は日本インターナショナル建築会[51]の中心メンバーであって、大阪市建築課の技術者の多くを日本インターナショナル建築会に入会させており、大阪市建築課の設計の建築に対しても無装飾を前提とする意匠の積極的な導入を試みていた。[52]

さらに鉄筋コンクリート造と木造の混構造である「木鉄混成」[53]の校舎では、一階が鉄筋コンクリート造による講堂兼雨天体操場で、二階が木造の教室となっており、鉄筋コンクリート造部分はモルタル仕上げ、木造部分は下見板貼りになっていた。

5　木造校舎

以上主に鉄筋コンクリート造校舎についてみてきたが、木造校舎については学区廃止後に耐震をふまえた規準案[54]がつくられ、主に矩計図と詳細図の標準化がおこなわれることになる。そこではほとんどの寸法と仕様が決定されており、この標準図に基づけば、玄関廻り以外の外観意匠までがほぼ共通するものになっていく。耐震設計の手法は次の四点[55]からなる。

（一）柱は大部分を「通し柱」となしたること、殆ど管柱を使用せず

（二）水平架構即ち土嚢、胴差桁等には燧材を入れること

（三）柱と梁には斜材を用いること。而して小屋梁には挟み筋違を用い二階梁は合せ梁なるを以て此部分の筋違は真に入れる。之が為めには教室内には斜材が天井に露出する為め天井が折上げとなる

（四）壁体の開孔ならざる部分には筋違を用いること。其他接合部分には帯織物、羽子板鉄物、『ボールト』等を以て之を補強する方法も採った。又柱が管柱になるときは之に添状を当てること。又陸梁二階梁の部分には水平に『ボールト』を十文字に張ること即ち『クモ筋違』を用いて居り、屋根の張間の大なるものにありては、其重量を軽減せしむる為に石綿盤の如き軽量なるものを用いて居る。

このような設計手法は窓際の天井を折上形状とし、屋根葺材を人造スレートにするといった外観や内部空間を規

定することにつながっていく。

一方、外観の特徴は下見板貼りの壁に窓枠と建具に限って白色ペンキ仕上げという、意匠のものが多い。さきにみたように矩計が標準化されていたことで、外壁は共通の仕様[56]になっていた。そのため設計担当者が自由にデザインが可能な箇所は玄関部に限定される。ここで建てられた、すべての校舎の意匠については史料的な制約もあって確認できないが、全般に簡素な意匠の傾向[57]にあったようだ。

史料が見出せた木造校舎を次に検証する。

（1）田辺第二小学校（現長池小学校）

住吉区の新設校で昭和四年（一九二九）に二階建て校舎が完成する。焦茶色のオイルステイン塗の下見板貼りで、開口部に限定して白ペンキ塗となる。玄関の取り扱いをみると、車寄せが設けられ、三角形の妻壁を二階の屋根部分に立ち上げる。

（2）古市小学校

旭区の古市小学校は昭和五年（一九三〇）に増築工事で、雨天体操場兼講堂が出来る。その二階は中廊下式の教室となる。屋根がマンサード状となるが、下側の屋根の勾配は小屋組のトラスの斜材の傾きがそのまま用いられていた。二階の床梁は鉄骨が組み込まれた構造となる。外壁は校舎と共通して下見板が張られる。

（3）三先小学校

港区の新設校で昭和五年（一九三〇）に二階建て校舎が完成する。ブロックプランはL字型で、一階は普通教室三室、特別教室として理科・手工の二室、講堂兼雨天体操場、職員室、校長室からなり、二階は普通教室一四室、特別教室として唱歌室が一室、応接室からなる。普通教室は一七室、特別教室は三室で、作法室はなかった。講堂兼雨天体操場の二階は中廊下式の教室配置で六教室が載る。延焼防止の鉄筋コンクリート造の防火壁が四箇所教室の界壁を利用して設置されていた。

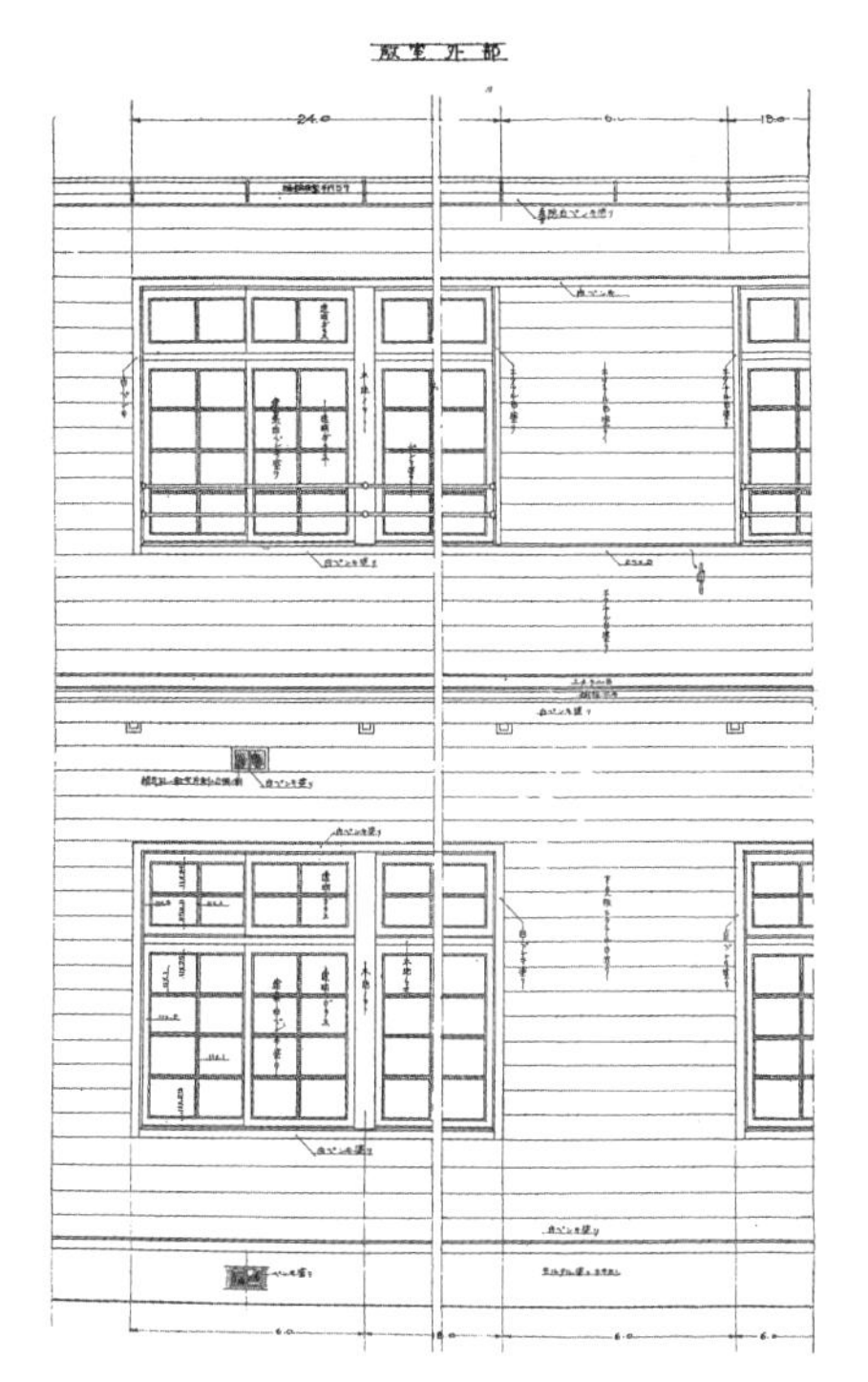

木造校舎 外壁標準詳細図

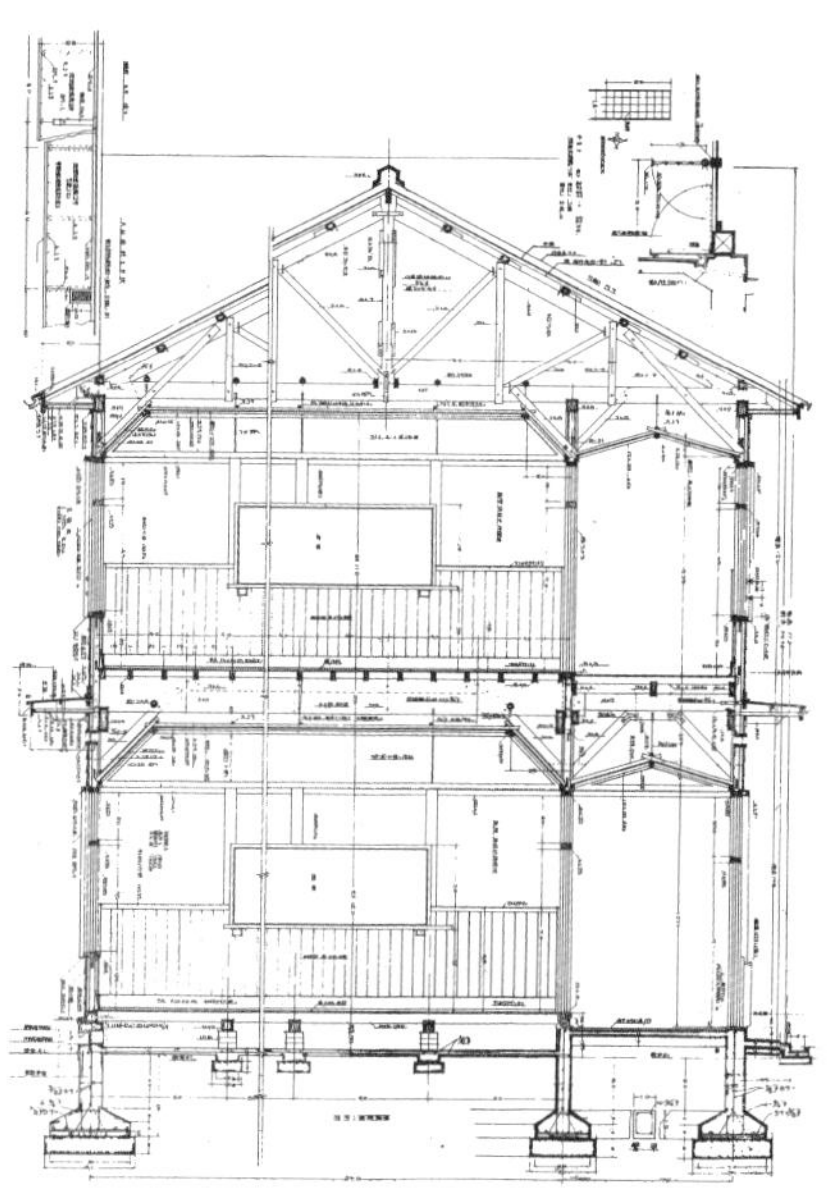

木造校舎 標準矩形図

古市小学校 講堂

長池（田辺第二）小学校

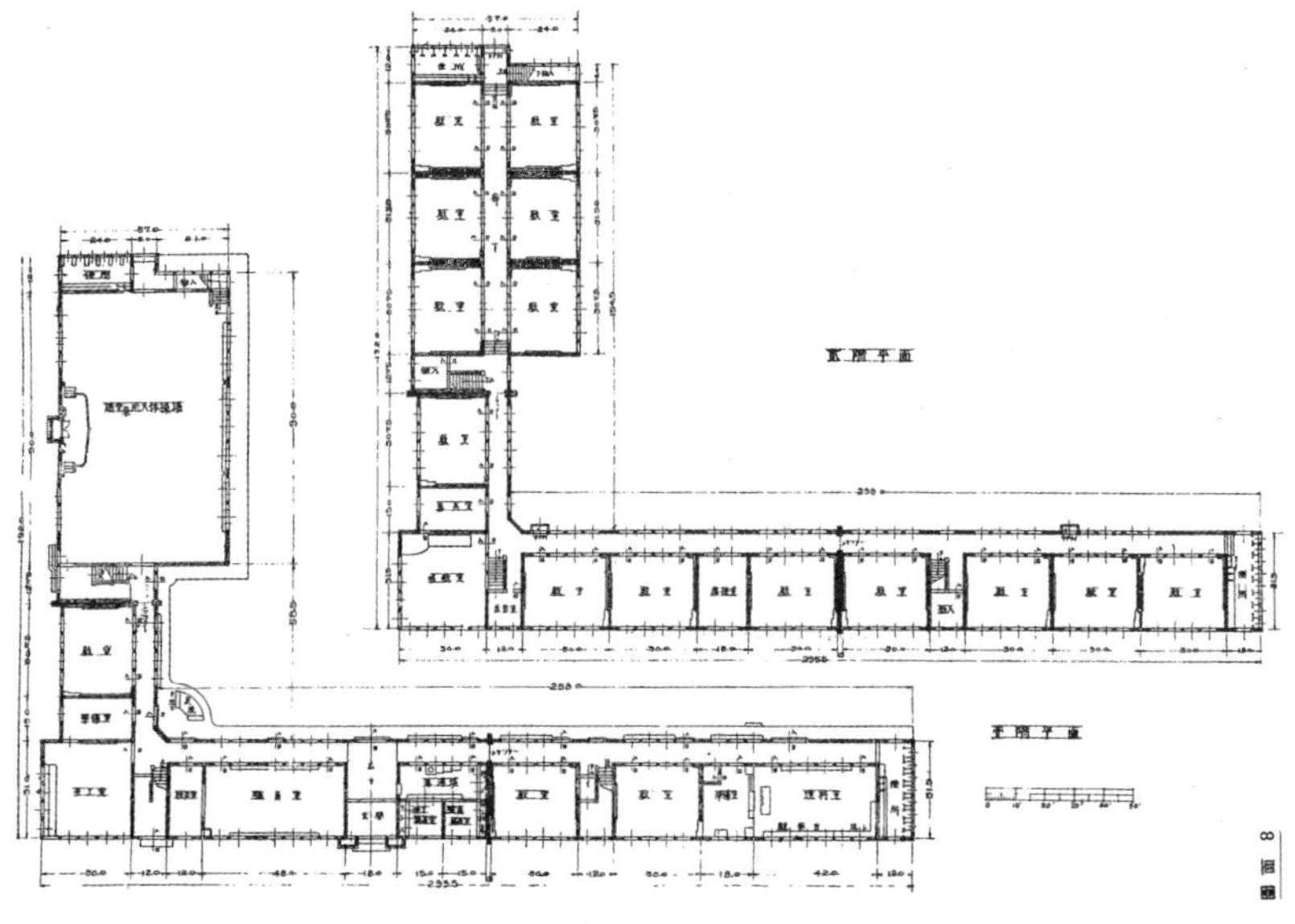

三先小学校　1階2階平面図

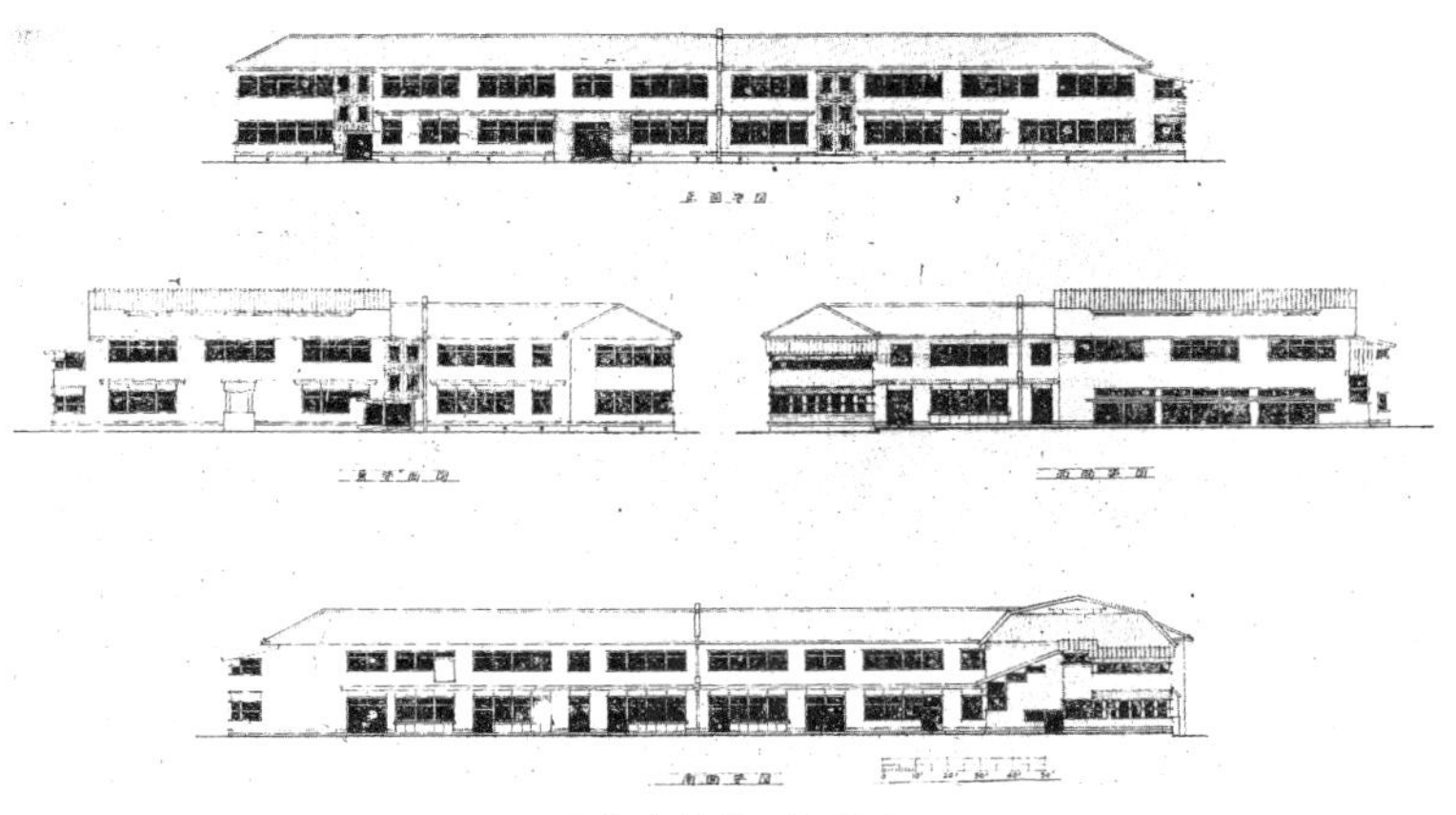

三先小学校 立面図

（4）波除小学校

港区の新設校で昭和八年（一九三三）に二階建て校舎が完成する。コの字型のブロックプランを有し、北棟・東棟・西棟の三棟が一体化したものとなるが、各棟中央部の階段だけが鉄筋コンクリート造となっていた。火災時の延焼を防ぐことを目的として設置されたものだが、昭和九年（一九三四）九月の室戸台風では頑強なこの階段が挟まっていたことで、木造校舎は倒壊を免れえた。このことは新聞にも紹介され[58]、耐風の理由は次のように記された。

波除校の様式を見るに木造校舎の中央に防火の目的で鉄筋コンクリート作りの階段がありこの他玄関が鉄筋となっているがたまたまこの鉄筋の階段と玄関が今回の記録的颶風に対して実証したのは完全に風圧力を二分する働きをなした事実。

大阪の被災現場を視察中の文部省柴垣鼎太郎[59]建築課長はこの構造に着目し、建築構造の大家佐野利器に再調査を願い、「木造としては最適のもの」であることが確認される。柴垣鼎太郎建築課長は「この波除校を学校建築の模範的様式として全国にその採用方を通牒」することになる。

「校舎の鉄筋化は全国的の要望として叫ばれているがさてこれを事実上に鉄筋化するには厖大な経費が許さない」というなかで、「木造校舎でも大丈夫という新事実が発見され学校建築界に一大光明がもたらされるに至った」とある。これを契機に全国で木造校舎のなかに鉄筋コンクリート造部分が挿入されていくことになる。

波除小学校プランの模式図
（大阪時事新報 1934.10.2）

表3－5　朝永建築工務所の小学校に関わる工事一覧

数	竣工年月	小学校名	区	工事形態	構造	請負金額
1	昭和２年９月	鶴橋第５	東成	新築	木造	114.500円
2	昭和３年７月	清堀	東	改築	RC	150.000円
3	昭和４年11月	精華	南	追加	内部波板	2.300円
4	昭和５年７月	錦	港	新築	木造瓦葺	99.500円
5	昭和５年12月	鶴橋第３	東成	増築	鉄骨鉄筋鉄・木造スレート葺	47.500円
6	昭和８年６月	伝法	西淀川	増築	木造スレート葺	36.350円
7	昭和８年８月	長池	住吉	増築	鉄骨・木造スレート	52.750円
8	昭和９年４月	九条第３	港	改築	木造瓦葺	59.700円
9	昭和９年10月	中本第２	東成	取毀	木造	1.500円
10	昭和10年１月	鯰江	旭	仮設	木造波板葺	20.450円
11	昭和12年１月	味原	東	改築	RC	213.500円
12	昭和13年７月	神路	東成	改築	RC 及び木造	155.000円
13	昭和14年６月	東中川	東成	改築	RC 及び木造	142.500円
14	昭和14年11月	玉出第２	西成	改築	RC 及び木造	126.500円

出典：朝永建築工務所「工事請負経歴書」（筆者所蔵）

6　施工者

この時期の校舎を手がけた請負業者の経歴書が見い出せた。表３－５に内容を記す。木造校舎を七校、鉄筋コンクリート造校舎を五校請負っていた。当主の朝永国次郎は、大阪府立今宮職工学校建築科の夜間課程の卒業生で、東成区内で建築工務所を自営していた。おそらくはその地縁で周辺の小学校の施工を手がけることになったようだ。(60)

四　事　例

1　済美小学校

大阪市が学区制度を廃止した後に、大阪市によって最初に建設された鉄筋コンクリート造小学校校舎である。それまでのように学区が中心の建設事業ではなかったことで、設計は大阪市建築課の手によっておこなわれた。詳細をみれば、学区制廃止を受けて大阪市は初めて第一次小学校校舎建設事業を立てる。この校舎はそのなかでの改築事業のひとつだった。昭和二年（一九二七）から三年（一九二八）にかけて計画されたこの事業は総額二三二万円の事業費で、二六校が対象とされ、新設・増築・改築・敷地拡張の四種類の建設形態をとった。そのなかで鉄筋コンクリート造になったのは、この済美第五小学校一校にとどまった。鉄筋コンクリート造化がより本格化されるのは昭和三年から四年（一九二九）に計画される第二次小学校建設事業以降である。

その沿革をみると、大正五年（一九一六）に第三北野小学校として設立される。大正九年（一九二〇）には済美第五小学校と改称され、昭和一六年（一九四一）には済美小学校と改称される。現在は北天満小学校（済美第四小学校）と合併し、扇町小学校となる。

昭和四年に竣工したこの小学校のブロックプランはL型となり、一階に屋内体操場が設置され、その上部二階・三階には中廊下式の教室が配置される。柱のスパンは桁行方向で三・〇mとなる。建築面積は一〇七二㎡、延床面積は三一三三㎡となり、工費は一九万円だった。

外観の特徴は柱型が外壁に表われ出ることや、一階の開口上部がアーチの形状をなる点にくわえ、南東部の階段塔屋の形状が不整形の三角形状をしたヴォールトになっている点にある。次頁写真にも示したように南東部の塔屋には外側に重いコンクリートの壁がうねり、そして下部壁体からは意図的にずらされる。ここからはある種スピード感と同時に、コンクリートによる彫塑のような芸術性が見て取れる。深読みすれば、この造形は何かを主張しているという見方も可能だ。ここでは、形に精神面を投影させたドイツ表現派建築の強い影響が表れていたと捉えられよう。たしかに大正後期から昭和一桁代には全国各地でコンクリート造建築を中心に、しかも小学校などの公共建築を中心にドイツ表現派の奇妙なデザインの影響が流行する。だが、それにしてもこれほどまでにいびつな、崩された造形があったのだろうか。戦後は大阪市立南中学校校舎になった昭和六年（一九三一）竣工の御津小学校に代表されるように、昭和四年（一九二九）から昭和六年にかけて竣工する大阪市建築課設計の小学校には、ドイツ表現派の影響が強くみられるものがつくりあげられていた。

済美小学校があったこの界隈は大阪三郷の境界域であり、戦前期までに建った古い町家や長屋が残る地域にあった。現在は解体されて存在しない。

済美小学校

済美小学校 玄関

済美小学校 塔屋

済美小学校 ベランダ装飾

済美小学校塔屋内部

済美小学校階段室

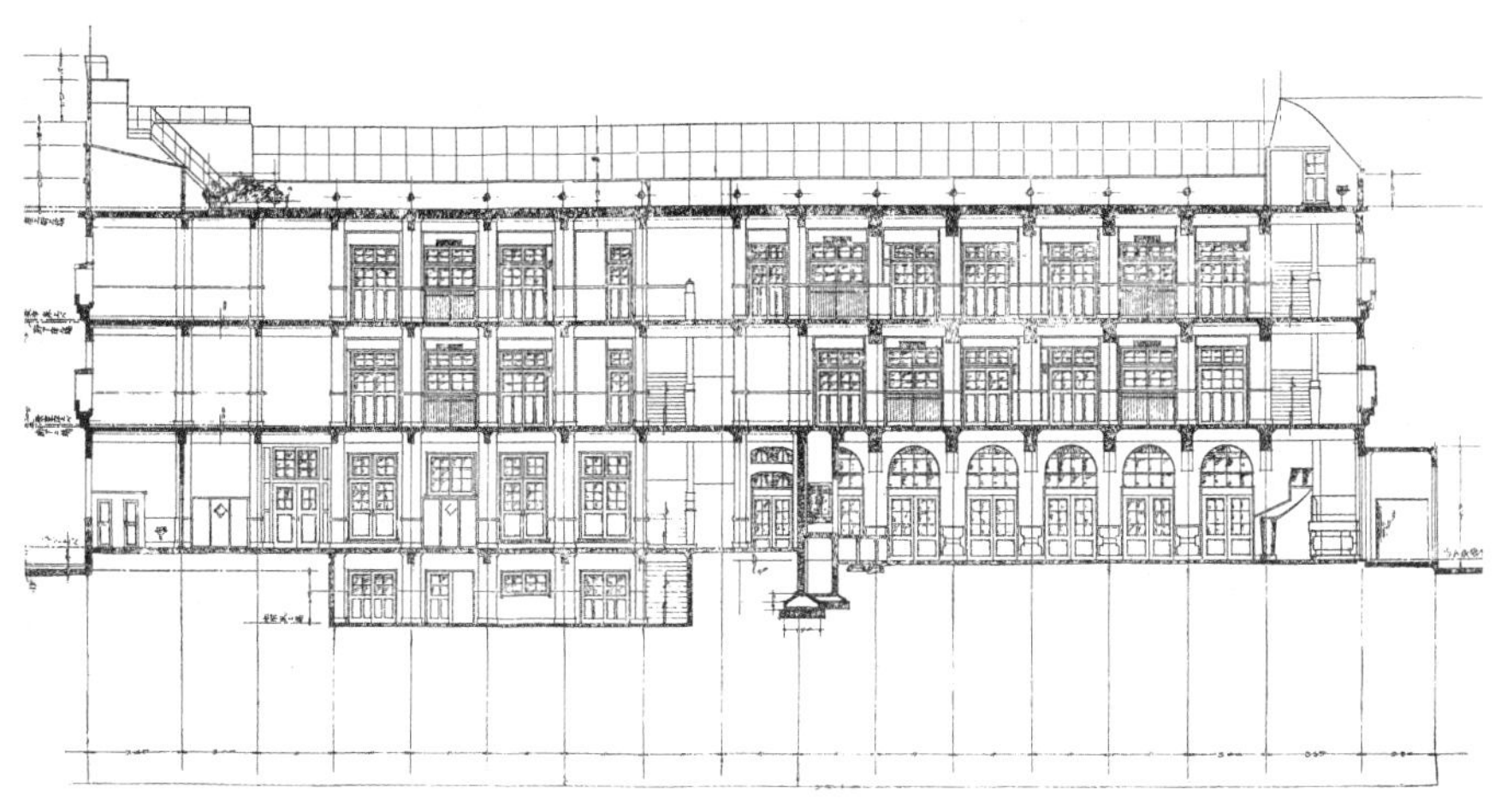

済美小学校 断面図

済美小学校 児童出入口

意匠的な見所は、階段室のアーチ状の梁や奇妙な形づくられた階段手摺り子、あるいは校庭側のバルコニーの腰壁の左官彫刻による意匠、玄関や児童出入口の欄間の鉄細工意匠にあって、造形的にはドイツ表現派の影響を受けた鋭角的な意匠をみせる。

このような建築に対して伊藤正文は「新しく出来かけているのは、済美第五小学校だ。コンクリート建築としての表現は充分である。（中略）当然私達にとって批判の位置に置かるべきものである」と「途上の発見」『デザイン』[61]（昭和四年三月号）に記していた。

2　北田辺小学校

昭和八年（一九三三）に住吉区に新設された小学校で、ブロックプランはコの字型で、木造二階建てとなる。昭和一桁代後半の時期の木造小学校校舎は、L字型かコの字型のプランが多かった。一階は北棟に児童昇降口・下足置場が、東棟に玄関・職員室・体操場兼講堂が、西棟に理科室・手工室があり、一階全体をとおして普通教室が九ある。二階は普通教室が二〇室、ほかに唱歌室・裁縫室・作法室・応接室がある。体操場兼講堂の上階に木造教室が中廊下式で六室載っていることを考えれば、一階は鉄骨造の可能性が高い。

この校舎は前述した港区の波除小学校と同様に木造校舎のなかに、鉄筋コンクリート造の玄関や児童昇降口、便所、応接室が箱状に挿入されていた。その大きさは間口が四・五m、奥行きは九・五mあり、およそ一三坪であった。それが各棟に一箇所ずつ一階から二階のスラブまで占めている。延焼防止のコンクリートボックスは外観にも反映されており、木造部分は下見板張りだったが、鉄筋コンクリート造の部分は表情を変え、白いモルタル仕上げになっていた。屋根だけは木造棟と共通して瓦葺きで架けられていた。

この小学校は昭和一桁代後半の時期に建設された大阪市建築課設計の校舎としては一般的な建物であったが、当時の優れた学校建築を集めた『続学校建築図集』[62]に掲載されていた。その写真は外観ではなく、内部の廊下と階段室との取り合い部分であり、そこには木造建築ならではのシンプルな意匠が表れていた。それを見たのが当時日本に亡命していたドイツの建築家ブルーノ・タウトである。タウトの日記[63]によれば、新築まもない北田辺小学校を見学したことが記されている。昭和八年（一九三三）六月二三日のことである。

市の新築校舎、三十学級を収容できる、体操場と講堂、建築費は一平方米當り二十七圓だという、暖房はない。内部の快適な釣合、教室もなかなかすぐれている。

その日伊藤正文と一緒にタウトに同行した本多正道[64]によれば、タウトは「小学校内部の階段の手摺りに対して素材を竹にしたらよい」といった証言[65]を筆者は得ている。

北田辺小学校 講堂外観

北田辺小学校 玄関廻り

北田辺小学校 階段と廊下の取り合い１（ブルーノ・タウトが触れた手摺）

北田辺小学校 階段と廊下の取り合い２（ブルーノ・タウトが触れた手摺）

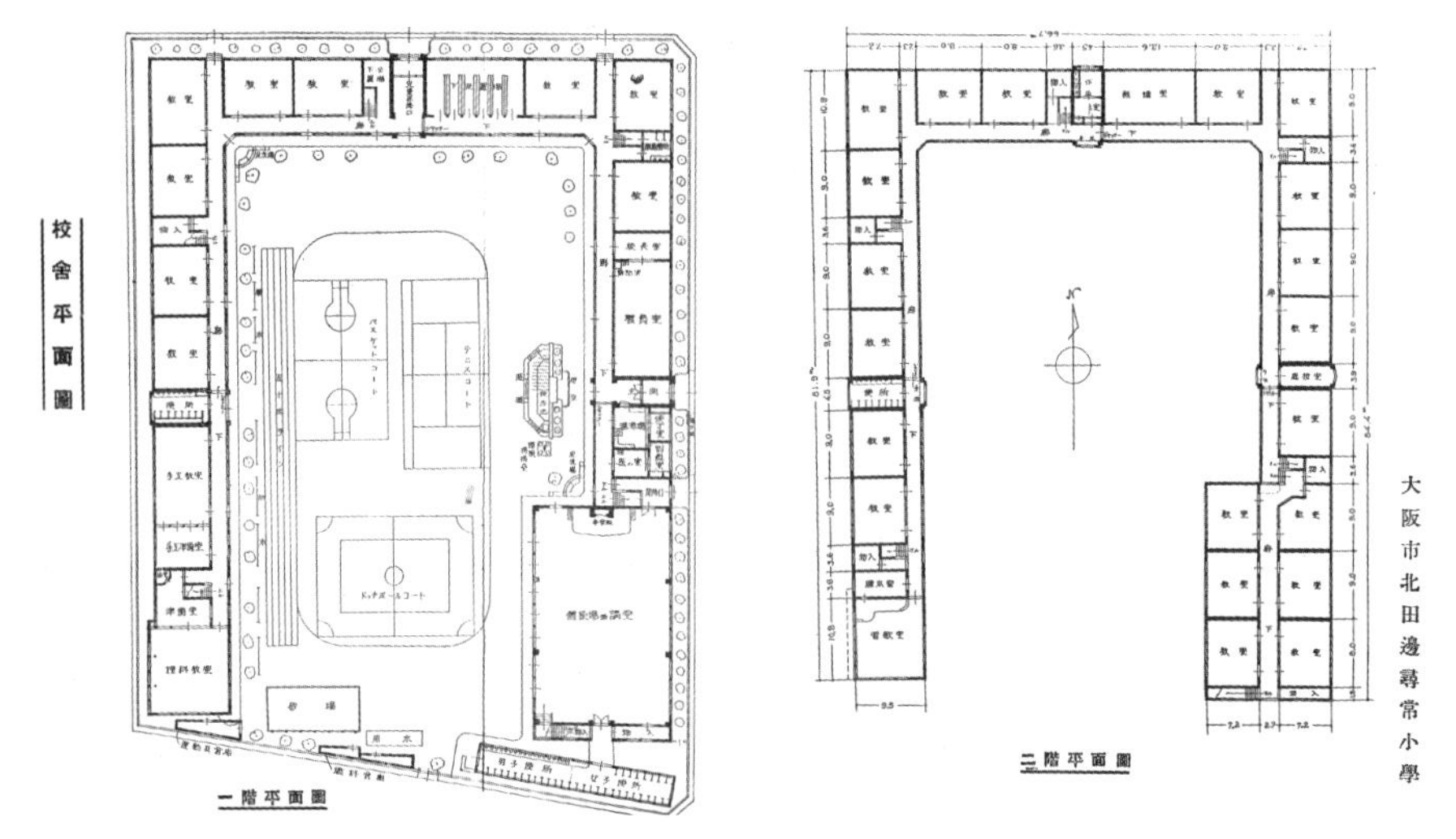

北田辺小学校 配置図兼１階平面図・２階平面図

北田辺小学校 校庭側

小結

以上の考察により次のような結論が導き出せた。

昭和二年（一九二七）の学区制度の廃止を受け、大阪市が直接に小学校の建築に関与するようになったことで、計画的な校舎の建設が進み標準化がおこなわれていく。その過程のなかで、大阪市営繕組織が拡充改組されて小学校建築を専門に設計する校舎係が設置される。ここで対象とする昭和二年から昭和一〇年（一九三五）までの間に鉄筋コンクリート造によるものは二〇校が建設される。鉄筋コンクリート造は旧市域に、木造は大正一四年（一九二五）に編入された新市域に建てられる傾向にあった。設計の規格化は木造校舎では矩計図が中心で、耐震設計に基づくものであった。鉄筋コンクリート造については教室の大きさや柱の間隔、矩計図についておこなわれた。その平面計画については、鉄筋コンクリート造と木造に共通して、一階を雨天体操場兼講堂、その上階を中廊下式の教室配置という、大阪市独特のタイプのものがつくり出されていた。

意匠面については鉄筋コンクリート造では柱型を突出させるものが多かったが、昭和七年（一九三二）以降は、無装飾を前提とする意匠に変化した。その背景には日本インターナショナル建築会の中心的なメンバーであった伊藤正文が設計主任となり、小学校設計の責任者である設計主任となったことが関連する。また、木造では下見板張によるものが多い。

注

（1）明治二二年（一八八九）から明治二六年（一八九三）の間は大阪市の誕生に伴い、学区が統一されて全市がひとつの学区になっていた。詳しくは第一章参照。

（2）『昭和大阪市史文化編』（大阪市役所、昭和二八）六五頁で指摘されている。たとえば大隅校を有する大道村（現、東淀川区）では、大阪市編入にあたっての希望条件の一つに「学区統一は編入と同時に是非断行せられたきこと」とある。大隅小学校一

○○周年誌による。

（3）市会議事録などからも窺える。

（4）大正一二年（一九二三）から昭和一〇年（一九三五）まで大阪市長を勤める。元東京高商教授であり都市政策を専門とする学者市長として知られた。著作としては、『都市政策の理論と実際』（一九六八年五月）がある

（5）松下孝昭「大阪市学区廃止問題の展開―近代都市史研究の一視角として」『日本史研究』（二九一号、一九八六年一月）に詳しい

（6）前掲（2）六七頁による。この間に毎年六〇〇〇人の児童が増加するものと設定されていた。

（7）前掲（2）による。なお、一小学校の学級数を二八学級と設定した根拠は、「大阪市小学校校舎建築規格案」『セメント界彙報』（第一四九号、大正一五年一〇月一五日）による

（8）「大阪市の小学校は全部三階鉄筋混凝土にて」『セメント界彙報』（第一〇〇号、大正一三年一〇月）による。その背景には関東大震災があったようで、この決定は大阪市小学校設備調査委員会による

（9）藤岡洋保「関東大震災と東京市営繕組織」『日本建築学会論文報告集』（第二九六号、昭和五五年一〇月）に詳しい。

（10）昭和二年（一九二七）二月一四日の市会での木南正宜助役の答弁による。『大阪市会史第二二巻』（昭和四八年）による

（11）市街地は防火地区に指定されていることが多く、そこでは耐火構造にすることが定められていたことで、鉄筋コンクリート造にせざるを得なかったと筆者は考えている。

（12）『昭和二年版　大阪市職員録』（一九二七）による

（13）前掲（7）「大阪市小学校校舎建築規格案」による。

（14）波江営繕課長の手により立案中であり、前掲（7）「大阪市小学校校舎建築規格案」による。

（15）東大を明治四三年（一九一〇）に卒業した建築技術者で、辰野片岡建築事務所を経て大阪市営繕課に勤務、二代目営繕課長を勤める。表3－2を参照。

（16）東大を明治四四年（一九一一）に卒業した建築技術者で、表3－3に詳しく記した。

（17）東大を明治二六年（一八九三）に卒業した建築技術者で、逓信技師や東京市技師を勤めた後設計事務所を自営する。鉄鋼コンクリートの技術開発をおこなう。著書に『和洋改良大建築学』がある。

（18）三橋四郎が発明した鉄鋼コンクリートで仕上げられ、木造ながら三階建てで塔屋を備える洋風のものであった。後に関東大震災でこのタイプの小学校校舎はほとんどが倒壊する。

（19）東大を大正一三年（一九二四）に卒業した建築技術者で構造計算を得意とした。表3－2参照。

(20) 名古屋高等工業学校を明治四三年（一九一〇）に卒業した建築技術者で、詳しくは表3－2参照。
(21) 大正一五年（一九二六）の大阪市の各区役所の職員名簿と、昭和二年（一九二七）の大阪市建築課の職員名簿を照合した。
(22) 北区小学校図面一式などから判明する。大阪市公文書館所蔵。
(23) 表3－2に詳しく記した。
(24) 町田房之助や小早川謙治など大阪市立工業学校の卒業生が揚げられる。
(25) 表3－2に詳しく記した。
(26) 表3－2に詳しく記した。
(27) 県立広島工業学校建築科の卒業生で神戸市営繕課を経て大阪市建築課に入るが、後に神戸市電気局営繕課長を勤める。大阪市役所在職中に担当した建築は現時点では判明しないが、神戸市役所在職中は蓮池小学校などを担当する。意匠に長けた建築技術者であった。
(28) 大阪の民間建築家を代表するひとりで、学区制廃止前の大阪市の小学校を設計していた。集英、久宝、浪華、北大江などの各校がある。第二章二節参照。
(29) 前・大阪市営繕課長で花岡建築事務所を主催していた。小学校としては御津、桃園第二、愛日（二期）などの各校がある。経歴をあげると、明治九年（一八七六）下関市生まれ、明治三五年（一九〇二）工手学校を卒業、東京砲兵工廠を経て山陽鉄道技師の後、明治四一年（一九〇八）大阪市営繕係に入り、大正六年（一九一七）営繕係主任技師、大正八年初代営繕課長、大正一三年に退職。経歴は中川倫『新大阪大観』大正一二年による。第二章二節参照。
(30) 前掲（12）と『昭和三年版　大阪市職員録』（一九二八）による。
(31) 「小学校設備標準制定」『大正一四年度大阪市教育要覧』（一九二五）
(32) 大正九年の大阪市による小学校設備調査委員会の設置に遡ることができるが、ここでは木造による校舎が対象であった。その設置は大阪市当局が経済的に貧窮する学区に対し、校舎建設費などに対する経費援助をおこなう際に、工費の一定化を図る必要があったことを理由とした標準化であった。
(33) 『大阪市広報』第五七二号（大正一二年一一月一〇日）によれば、委員としては教育部主事、東西南北の各区の主事、建築技術者では営繕課技師の花岡才五郎と井上謙一、加え西区技手・沢口定吉、北区技手・中谷栄蔵が入っており、営繕課内部の技術者によって構成されていた点に特徴がある。建築関係者としては営繕課の技師に加えて、大阪市の顧問建築家的な立場にあった片岡安や武田五一が委員として名を連ねている点に特徴がある。外部の知識人が関与するということからは、小学校建築が重要であるという認識が高まりつつあったことが窺える。

(34) 前掲（8）による。
(35) 前掲（8）による。
(36) 学校建築特集が組まれていた。
(37)「大阪市木造小学校建築の耐震構造」『建築と社会』（昭和四年二月）による。
(38) 表3－4参照。
(39) 日本建築協会から昭和九年（一九三四）に刊行されている。
(40)『昭和八、九、十年度事業（第九回教育公債）小学校設備一件書類』教育部庶務課・昭和七年度（一九三二）、大阪市公文書館所有。
(41) 前掲（40）に同じ
(42) 前掲（40）に同じ
(43)「昭和四年に於ける学校建築の趨勢」『建築と社会』（昭和四年一二月、日本建築協会）による。「最近大阪市小学校建築の新傾向」『大大阪』第七巻第七号・昭和六年（一九三一）七月
(44) 増田清の設計による難波稲荷校（昭和二）で、大阪市都市整備局にマイクロフィルムで当初の図の一部が保管されていた。
(45) 古茂田甲午郎『東京市の小学校建築』（日本建築学会パンフレット、昭和二年）による。
(46) 川島智生「大正・戦前期の神戸市における鉄筋コンクリート造小学校建築の成立とその特徴について」『日本建築学会計画系論文報告集』第五一四号、一九九八で詳しく論じた。
(47) このことは意匠面から生じたものではなく、「鉄筋造校舎にあっては柱を教室内に突出せしむれば、室内に約二尺程の利用不能部分が出来るので、多くは柱を壁外に追い出すこととされて居る」とある。前掲（36）「大阪市小学校校舎の実情と其計画の大要」による。
(48) 真田山小学校や済美第六小学校にみられる。
(49) 内部においても階段の手摺りや親柱が一体化して、宙に反った形態を呈するものが済美第五校や桃園第二小学校でみられた。このことからも表現派の影響を受けた意匠の時期には伊藤は小学校には関係しなかったとみられる。
(50) 昭和七年（一九三二）に冨士岡は波江の退職を受けて営繕課長に就任するため。伊藤が設計主任となる。
(51) 伊藤正文が実質的な主催者であったと考えられる。
(52) 建築課所属の建築技術者の多くが組織され、若い技術者のみならず、課長・冨士岡ですら研究会員のひとりとして取り込まれていた。伊藤と並びインター会の中心メンバーであった新名種夫が伊藤に次ぐ次席の技師の地位にいた。詳しくは第四章

参照。

(53) この時期の大阪市会議事録にも、このような表記が見られる。

(54) 「大阪市木造小学校建築の耐震構造」『建築と社会』昭和四年二月

(55) 前掲（1）と同じ

(56) 「大阪市小学校標準矩形図」『学校建築図集』日本建築協会、昭和五年（一九三〇）に詳しい。

(57) 建築課長冨士岡重一の自邸（西宮市）は下見張りで、簡素な幾何学模様の装飾がみられるなど、大阪市の木造の小学校と共通点を指摘できる。

(58) 「木造でも大丈夫だ　理想様式発見さる：微動もしなかった波除小学校　小学校建築に新光明」『大阪時事新報』一九三四・一〇・二

(59) 東京帝大建築学科を明治三五年に卒業

(60) 現、大阪府立今宮工科高等学校

(61) 創生社から発行

(62) 昭和九年に日本建築協会より発刊

(63) 『日本―タウトの日記Ⅰ』岩波書店、昭和二五年

(64) 元大阪市建築課技師で、一九九四年頃は神戸市東灘区御影に居住していた。

(65) 筆者は一九九四年七月に本多正道の家で、本多正道に聞き取り調査をおこない、上の証言を得た。

表3－6　昭和10年時の校舎の構造別面積一覧（1）

校名	校地面積	校舎面積				
		延面積				
		建物面積	木造	鉄筋	その他	計
松ケ枝	4,202	1,986	1,776	2,774	—	4,550
瀧川	7,819	3,184	5,140	2,132		7,272
菅南	2,723	1,211	—	2,645	—	2,645
堀川	5,539	1,950	—	6,243	—	6,243
西天満	5,353	2,858	1,652	3,201	—	4,853
堂島	5,789	1,914	—	6,195	—	6,195
中之島	4,244	2,300	2,554	1,254	—	3,808
都島第一	4,221	2,017	3,573	—	—	3,573
都島第二	6,999	2,643	2,381	—	1,274	3,655
都島第三	5,496	2,201	3,870	248	—	4,118
都島第四	4,841	1,272	2,726	—	—	2,726
桜宮	8,238	2,923	2,686	1,621	—	4,307
済美第一	6,013	1,908	2,253	2,031	—	4,284
済美第二	5,767	2,101	1,967	2,023	—	3,990
済美第三	5,023	1,805	—	6,768	—	6,768
済美第四	4,255	1,436	1,788	1,838	—	3,626
済美第五	5,060	1,885	704	3,797	—	4,501
済美第六	4,382	1,623	129	4,704	—	4,833
曽根崎	7,649	2,929	1,861	3,160	—	5,021
北区　計	103,613	40,146	35,060	50,634	1,274	86,968
芦分	2,975	1,120	2,082	—	—	2,082
第一上福島	5,395	2,486	4,776	1,145	—	5,921
第二上福島	4,416	1,960	1,673	2,042	—	3,715
下福島	4,901	2,138	—	5,428	—	5,428
第一西野田	5,401	1,914	2,766	—	—	2,766
第二西野田	5,558	2,195	4,033	13	—	4,046
第三西野田	7,006	2,387	3,636	—	—	3,636
第四西野田	6,324	2,286	2,286	—	—	2,286
第五西野田	6,512	2,687	4,277	—	—	4,277
西九條	9,986	3,541	2,353	2,717	—	5,070
春日出	5,774	2,415	3,095	—	—	3,095
四貫島	6,346	2,720	5,959	—	—	5,959
梅香	6,298	2,076	2,731	1,785	—	4,516
島屋	6,033	2,310	4,389	—	—	4,389
恩貴島	4,998	1,991	3,882	—	—	3,882
桜島	4,151	1,300	1,292	8	—	1,300
此花区　計	96,804	37,214	51,633	13,235	862	65,730
南大正	4,792	2,547	3,313	3,734	—	7,047
南大正女子	3,806	1,792	2,724	1,290	—	4,014
中大江	3,808	1,346	—	5,396	—	5,396
中大江東	2,912	1,644	2,745	1,092	—	3,837
北大江	4,241	1,550	—	5,983	—	5,983
集英	2,860	1,521	—	3,926	—	3,926
汎愛	3,006	1,296	—	5,780	—	5,780

（2）につづく

表3－6　昭和10年時の校舎の構造別面積一覧（2）

校名	校地面積	校舎面積				
		延面積				
		建物面積	木造	鉄筋	その他	計
浪華	4,312	1,825	1,046	4,520	—	5,566
久宝	3,382	1,471	—	7,365	—	7,365
船場	4,459	2,693	—	4,547	3,280	7,827
愛日	4,807	1,924	846	4,866	—	5,712
清堀	4,792	1,116	530	2,049	—	2,579
味原	5,026	1,866	1,866	—	—	1,866
真田山	9,240	1,810	—	5,980	—	5,980
森之宮	5,625	1,678	20	4,547	—	4,567
玉造	3,094	1,437	2,696	2,254	—	4,950
東雲	4,299	1,833	1,943	600	—	2,543
東区　計	74,461	29,349	17,729	63,929	3,280	84,938
東江	3,947	2,053	—	5,877	—	5,877
江戸堀	4,939	2,055	798	4,220	—	5,018
靭	3,590	1,808	—	5,585	—	5,585
明治	5,369	2,556	—	6,779	—	6,779
広教	6,146	2,143	793	4,007	—	4,800
西大	6,975	2,445	2,214	3,281	—	5,495
堀江	5,151	2,237	1,964	2,903	—	4,867
高台	3,801	2,185	2,687	2,475	—	5,162
日吉	5,015	2,297	3	6,394	—	6,397
花園	3,944	1,129	653	1,217	—	1,870
本田	4,600	1,812	40	4,573	—	4,613
西区　計	53,477	22,720	9,152	47,311	—	56,463
安治川	4,558	1,174	1,975	—	—	1,975
九條第一	4,952	1,744	1,962	—	—	1,962
九條第二	5,329	1,937	3,355	—	—	3,355
九條第三	4,474	1,949	3,809	86	—	3,895
九條第五	4,688	2,163	4,514	—	—	4,514
市岡第一	5,828	2,312	4,231	—	—	4,231
市岡第二	4,165	2,991	3,761	—	—	3,761
市岡第三	4,961	1,534	4,371	—	—	4,371
市岡第四	5,069	2,562	3,631	—	—	3,631
市岡第五	5,329	2,364	4,728	—	—	4,728
市岡第六	5,042	1,874	2,389	—	—	2,389
波除	4,976	2,055	3,841	257	—	4,098
田中	5,270	2,083	4,446	—	—	4,446
八幡屋	5,289	1,821	4,024	—	—	4,024
石田	5,289	2,026	3,857	—	—	3,857
南寿	4,804	2,046	4,425	—	—	4,425
三先	5,660	1,561	3,393	—	—	3,393
南市岡	2,423	883	1,597	170	—	1,767
錦	4,919	1,948	3,642	—	—	3,642
吾妻	4,636	1,835	2,761	—	—	2,761
築港北	4,793	1,802	2,961	—	—	2,961

（3）につづく

表3－6　昭和10年時の校舎の構造別面積一覧（3）

校名	校地面積	校舎面積				
			延面積			
		建物面積	木造	鉄筋	その他	計
築港南	6,289	2,541	3,433	—	—	3,433
港区　計	113,700	45,180	80,202	513	—	80,715
三軒家第一	4,940	2,212	2,806	3	—	2,809
三軒家第二	5,475	2,286	3,097	—	—	3,097
三軒家第三	4,952	1,702	2,729	3	—	2,732
泉尾第一	6,511	2,740	4,050	—	—	4,050
泉尾第二	5,535	2,020	3,970	—	—	3,970
泉尾第三	5,765	1,676	3,027	—	—	3,970
大正	6,578	1,641	2,965	158	—	3,123
鶴町	6,241	1,792	3,403	—	—	3,403
北恩加島	6,092	2,358	2,956	3	—	2,959
南恩加島	5,818	1,755	3,843	—	—	3,843
港南	4,959	1,471	2,750	—	—	2,750
大正区　計	62,866	21,653	35,596	167	—	35,763
天王寺第一	3,801	2,176	1,655	1,396	—	3,051
天王寺第二	4,485	1,690	5,495	—	—	5,495
天王寺第三	3,457	1,724	1,188	1,822	—	3,010
天王寺第四	7,753	1,586	1,731	—	2,001	3,732
天王寺第五	10,873	2,326	1,695	1,858	—	3,553
天王寺第六	4,149	1,692	1,077	1,656	63	2,796
天王寺第七	5,492	1,952	3,494	—	—	3,494
天王寺第八	5,046	1,734	2,772	—	—	2,772
天王寺第九	3,166	1,339	—	4,325	—	4,325
東平野第一	5,226	2,351	1,132	2,811	—	3,943
東平野第二	6,069	2,414	2,031	2,013	—	4,044
東平野第三	3,130	1,366	1,359	7	—	1,366
天王寺区　計	62,647	22,350	18,134	21,383	2,064	41,581
桃園第一	6,293	1,051	—	3,087	—	3,087
桃園第二	4,499	1,663	—	4,867	—	4,867
金甌	4,257	1,970	—	4,603	—	4,603
渥美	4,179	2,245	—	7,829	—	7,829
芦池	2,327	1,137	—	4,176	—	4,176
御津	3,521	1,472	43	6,768	—	6,811
大宝	4,214	2,360	—	8,182	—	8,182
道仁	3,399	1,502	—	3,707	—	3,707
高津	4,536	998	—	3,510	—	3,510
日本橋	3,888	2,043	2,760	—	—	2,760
精華	3,307	1,255	—	8,175	—	8,175
育英	4,459	2,681	—	4,737	—	4,737
南区　計	48,879	20,377	2,803	59,641	—	62,444
難波新川	5,147	2,023	1,392	1,786	—	3,178
難波立葉	3,542	1,627	741	3,102	—	3,843

（4）につづく

表3－6　昭和10年時の校舎の構造別面積一覧（4）

校名	校地面積	校舎面積				
			延面積			
		建物面積	木造	鉄筋	その他	計
難波河原	2,631	1,307	622	3,307	—	3,929
難波元町	4,442	1,192	416	2,353	22	2,791
難波塩草	4,333	2,096	2,932	—	—	2,932
難波稲荷	5,033	1,874	2,139	2,598	—	4,737
難波桜川	3,464	1,495	1,495	—	—	1,495
難波芦原	3,843	2,119	2,268	2,102	—	4,370
敷津	5,349	1,776	1,601	1,636	83	3,320
大国	4,914	2,255	2,217	1,875	—	4,092
恵美第一	4,248	1,744	1,460	1,666	—	3,126
恵美第二	4,212	2,277	2,258	1,950	—	4,208
恵美第三	4,274	2,073	4,563	426	—	4,989
栄第一	5,335	1,927	23	5,610	—	5,633
栄第二	5,010	1,556	1,999	—	—	1,999
浪速区　計	65,777	27,341	26,126	28,411	105	54,642
伝法	8,469	3,272	4,772	—	—	4,772
鷺洲第一	8,303	2,747	2,264	1,444	—	3,708
鷺洲第二	4,763	1,113	300	2,439	—	2,739
鷺洲第三	5,765	2,315	2,001	942	—	2,943
鷺洲第四	5,623	3,249	3,236	13	—	3,249
鷺洲第五	4,950	1,225	1,824	—	—	1,824
鷺洲第六	4,535	1,478	2,808	—	—	2,808
香簑	8,608	2,153	2,394	—	—	2,394
野里	5,459	1,748	2,438	—	—	2,438
大和田第一	5,716	2,937	5,062	—	—	5,062
大和田第二	5,144	1,535	3,070	—	—	3,070
佃	5,830	1,662	2,839	—	—	2,839
姫島	5,960	2,152	2,850	—	—	2,850
福	2,241	813	1,319	3	—	1,322
川北	4,479	1,238	1,238	—	—	1,238
西淀川	3,478	1,340	2,403	—	—	2,459
西淀川区　計	89,323	30,977	40,818	4,897	—	45,715
中津第一	5,942	2,327	2,723	2,067	—	4,790
中津第二	5,699	1,993	2,785	—	—	2,785
中津第三	4,959	1,699	2,919	—	—	2,919
豊崎第一	6,033	2,280	3,355	—	—	3,355
豊崎第二	5,805	2,096	2,400	—	—	2,400
豊崎第三	4,762	2,139	2,465	—	—	2,465
豊崎第四	5,392	2,646	2,646	—	—	2,646
豊崎第五	5,438	1,758	1,188	1,354	—	2,542
豊崎第六	5,657	1,722	1,909	2,147	—	4,056
北中島	5,650	1,908	2,122	7	—	2,129
三国	4,986	1,356	2,478	—	—	2,478
新庄	4,288	866	1,046	—	—	1,046
神津	7,630	2,370	4,032	—	—	4,032

（5）につづく

表3－6　昭和10年時の校舎の構造別面積一覧（5）

校名	校地面積	校舎面積				
		延面積				
		建物面積	木造	鉄筋	その他	計
十三	5,557	2,047	3,677	4	—	3,681
三津屋	5,143	1,801	2,992	—	—	2,992
啓発第一	12,433	3,447	3,891	—	—	3,891
啓発第二	8,574	2,664	4,618	3	—	4,621
啓発第三	5,056	1,528	2,158	171	—	2,329
豊里	5,646	1,208	1,753	4	—	1,757
大隅	3,911	784	1,043	—	—	1,043
南方	4,015	746	1,411	—	—	1,411
東淀川区　計	122,576	39,385	53,611	5,757	—	59,368
鶴橋第一	5,957	2,254	2,118	1,966	—	4,084
鶴橋第二	5,814	2,950	2,950	—	—	2,950
鶴橋第三	4,643	1,766	2,315	—	1,613	3,928
鶴橋第四	7,574	3,055	5,268	200	—	5,468
鶴橋第五	8,245	2,264	2,559	—	1,382	3,941
中川	4,985	2,079	2,641	—	1,053	3,694
東小橋	4,784	1,857	3,643	—	—	3,643
中本第一	8,483	3,484	4,888	—	—	4,888
中本第二	6,241	2,045	3,005	—	—	3,005
中本第三	5,030	1,965	2,536	—	—	2,536
中本第四	7,187	1,761	2,790	—	—	2,790
生野	8,338	2,395	3,994	—	—	3,994
生野第二	5,375	962	1,935	—	—	1,935
生野第三	7,813	1,524	2,670	160	—	2,830
神路	6,961	2,677	3,539	—	—	3,539
今里	3,954	1,640	3,280	—	—	3,280
小路	6,147	2,559	3,577	12	462	4,051
東成区　計	119,438	42,682	60,152	2,346	5,514	68,012
城東	9,418	2,876	9,834	—	—	9,834
城東第二	6,900	1,072	1,772	—	—	1,772
鯰江	9,299	1,909	2,927	—	—	2,927
鯰江第二	5,323	2,020	2,315	—	—	2,315
鯰江第三	5,986	1,932	1,932	—	—	1,932
榎本	7,253	1,677	2,474	—	—	2,474
古市	7,206	2,382	3,708	—	—	3,708
清水	4,637	1,249	2,389	—	—	2,389
榎並	5,070	1,924	3,876	—	—	3,876
城北	8,066	2,958	4,849	—	—	4,849
淀川	5,214	1,907	2,211	—	—	2,211
大宮	5,520	2,070	2,699	—	1,094	3,793
鴫野	6,602	2,199	3,105	216	924	4,245
旭区　計	92,257	28,559	49,163	216	2,018	51,397

（6）につづく

表3－6　昭和10年時の校舎の構造別面積一覧（6）

校名	校地面積	校舎面積				
		延面積				
		建物面積	木造	鉄筋	その他	計
天王寺	6,745	2,299	2,860	1,821	—	4,681
常磐	6,188	2,576	3,187	100	—	3,287
高松	6,094	1,811	2,391	4	—	2,395
丸山	7,062	2,728	4,423	—	—	4,423
天下茶屋	7,744	2,501	2,921	—	—	2,921
金塚	7,808	2,441	4,033	—	—	4,033
阿倍野	6,693	2,340	3,350	117	—	3,467
田辺	9,954	2,590	3,874	—	—	3,874
北田辺	6,750	1,966	1,903	1,054	—	2,957
長池	7,601	1,990	3,051	—	—	3,051
住吉	9,481	2,298	4,161	—	—	4,161
墨江	12,615	3,426	4,963	—	—	4,963
安立	4,734	1,884	4,783	—	—	4,783
敷津	5,994	1,188	1,188	—	—	1,188
敷津第二	3,950	1,427	1,427	—	—	1,427
長居	6,486	1,541	1,541	—	—	1,541
依羅	5,040	1,450	2,774	—	—	2,774
平野	6,783	3,439	7,161	—	—	7,161
南百済	9,588	1,691	1,757	—	—	1,757
育和	3,699	1,533	2,509	—	—	2,509
喜連	2,690	828	1,115	3	—	1,118
住吉区　計	148,658	45,583	63,614	3,099	—	71,713
今宮第一	7,491	1,684	2,370	—	—	2,370
今宮第二	3,206	1,253	2,620	—	—	2,620
今宮第三	3,983	1,647	2,052	1,745	—	3,797
今宮第四	4,983	2,007	3,220	—	—	3,220
今宮第五	5,950	2,586	3,714	2,433	—	6,147
今宮第六	4,273	1,802	3,458	—	—	3,458
今宮第七	3,851	943	1,835	—	—	1,835
玉出第一	6,387	2,076	3,694	—	—	3,694
玉出第二	6,777	2,650	1,468	1,966	—	3,434
玉出第三	8,381	2,546	3,352	—	—	3,352
津守第一	5,748	2,164	3,351	3	—	3,354
津守第二	4,223	1,306	1,403	—	—	1,403
津守第三	5,183	1,112	1,717	—	—	1,717
粉浜	7,048	2,390	3,218	—	—	3,218
粉浜第二	5,690	1,919	1,919	—	—	1,919
西成区　計	83,174	28,085	39,391	6,147	—	45,538
全市合計	1,337,650	481,601	588,184	307,686	15,117	910,987

備考：単位 m^2
※高等小学校は除く
※出典は『大阪市学事要覧　昭和10年度版』昭和10年5月1日現在

第四章　鉄筋コンクリート造小学校の標準化について
——復興小学校建築の成立と特徴

はじめに

昭和九年（一九三四）九月二一日に起きた関西大水害（室戸台風）により、関西地方の多くの木造小学校校舎は倒壊する。そのために大阪市と京都市を中心にして中小の都市も含めて、昭和一〇年（一九三五）から昭和一五年（一九四〇）にかけて、一斉に鉄筋コンクリート造の校舎が建てられていく。被災した校舎の数は大阪市でもっとも多く、総数一七六校が復興計画の対象とされた。それらの校舎の建設をおこなうことを目的として、大阪市教育部のなかに臨時校園建設所が設置される。

本章ではこのような大阪市の復興事業に着目し、そこで現れた校舎の意匠や計画内容を検証する。ここで実現された校舎は一様にある基準に従ってつくられていることに特徴があった。まず、そのような基準をつくりあげた臨時校園建設所の組織とは、どのようなものであったのかをあきらかにする。この組織の設計係長に伊藤正文[1]が就任しており、伊藤はモダンデザインの建築を積極的にわが国導入する役割を果たす「日本インターナショナル建築会」[2]の中心メンバーとして活動していた。

次に校舎のスタイルが二つの類型に集約されたことについて言及する。伊藤はそのような基準を設定するにあたり、教室に関する室内環境工学についての研究をおこなっており、その成果と、校舎の計画内容やファサードの意匠との関連を見る。そこから、臨時校園建設所が志向した建築理念をあきらかにしていく。

一　臨時校園建設所の組織

1　関西大風水害と校舎の被災

昭和九年（一九三四）九月二一日に近畿地方を襲った台風の被害は二府四県に及んだ。その被害の状況[3]は大阪府では全壊建物一三、六〇〇、死者一、九五〇人を出すなど大被害を被った。その中で学校教職員や児童生徒に被害が著しく、死者六九七人に及び、小学校の全壊は二八校、半壊七一校、大破七七校に達した。そのことは表4－1～表4－3に詳しく示した。特に当時は、ほとんどの校舎が木造であったため、このように悲劇的な状況が生まれていた。当時の大阪府建築課長・中沢誠一郎は、

今回の災禍に当り最も悲惨であったことは、学校校舎が倒壊して多数の学童を犠牲としたことであった。[4]

と記している。

風水害時には大阪市の小学校の建築様態はどのようなものであったのだろうか。昭和九年（一九三四）九月二一日の時点で、二四四校の小学校があった。被災しなかった校舎は鉄筋コンクリート造と一部の木造校舎だけであった。そのことを『大阪市風水害誌』[5]は次のように記す。

今回の罹災を免れたのは、全部鉄筋コンクリート建築の三十一校及び昭和三年以降の建築にかかる耐震的最新式木造建築の三十五校、計六十六校であって、これ等を除く全部又は一部旧式木造建築の百八十校は、何れも倒壊又は大破の災厄を受けた。

地図に落とした被災校の位置（左頁図参照）からは、中央部の東西南北の各区では被害がほとんど生じておらず、周辺部に被害が集中していることが読み取れる。また海岸沿の校舎の多くが浸水していたことがわかる。

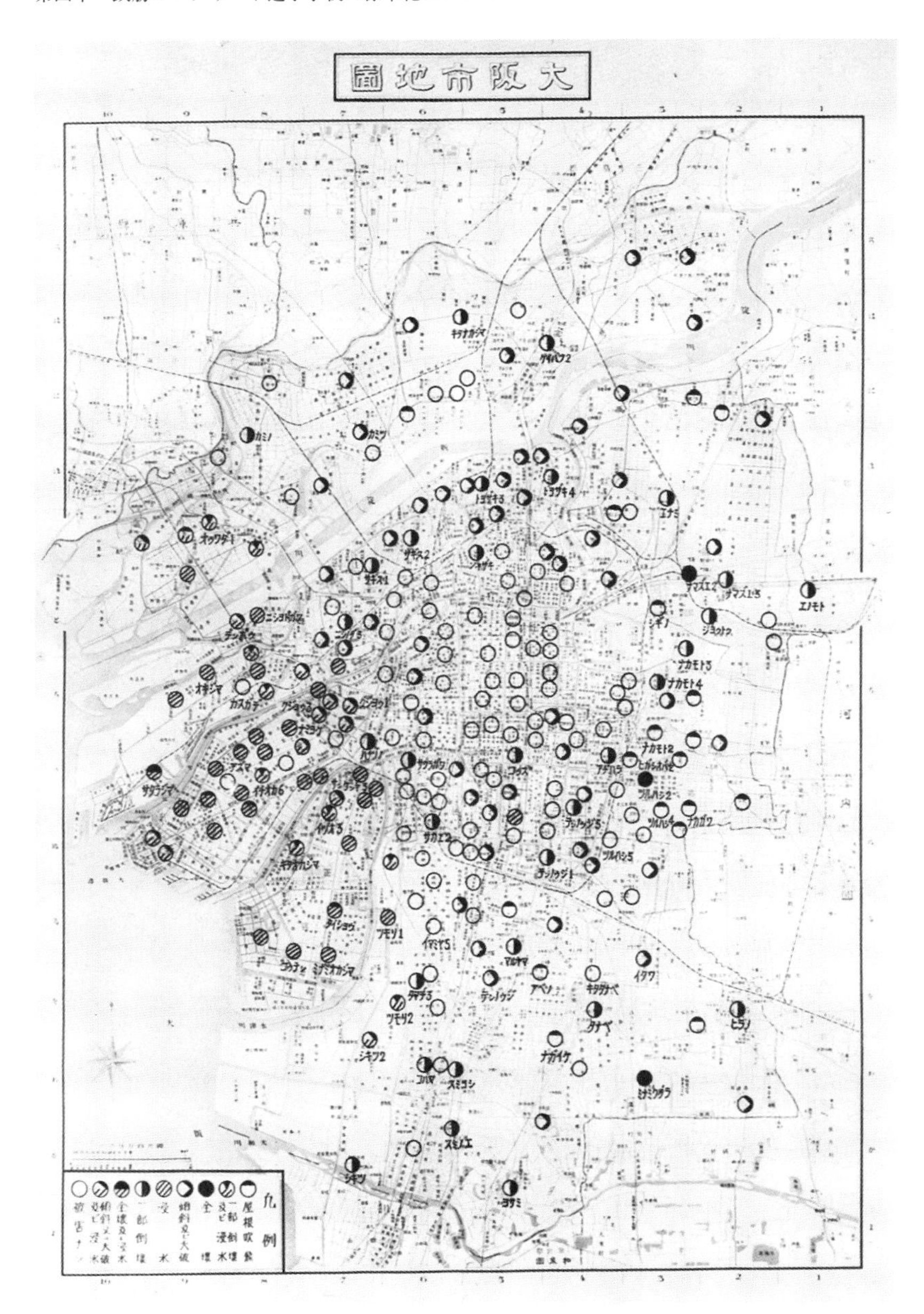

地図に落とした被災校の位置

表４－１　関西大風水害被災小学校全壊一覧（被害金額順）

校名	区	被災校舎の建設年	被害額（円）
味原	東	大正11年５月	165,600
北恩加島	大正	大正10年６月	144,430
天王寺第一	天王寺	大正８年10月	115,500
花園	西	明治40年	107,550
天王寺第五	天王寺	大正２年３月	106,060
桜島	此花	大正12年12月	99,840
天王寺第六	天王寺	大正９年７月	97,920
九條第一	港	大正２年12月	93,600
鷺州第一	西淀川	大正11年５月	90,400
天王寺第四	天王寺	明治42年10月	89,260
曽根崎	北	明治43年３月	88,480
鯰江第二	旭	大正４年７月	84,800
泉尾第三	大正	大正15年７月	83,590
鶴橋第二	東成	大正７年５月	80,760
丸山	住吉	大正８年	78,790
西九條	此花	明治38年５月	76,280
中本第三	東成	大正８年	74,500
南百済	住吉	大正11年	71,800
啓発第二	東淀川	昭和２年３月	69,360
津守第三	西成	昭和４年５月	67,540
敷津第二	住吉	大正７年	57,115
敷津	住吉	明治44年10月	54,375
香簑	西淀川	大正８年５月	51,500
鯰江第三	旭	大正９年３月	45,000
大隅	東淀川	昭和２年３月	35,375
榎本	旭	明治42年１月	28,100
済美第五	北	昭和４年８月	26,880
鷺州第二	西淀川	大正13年	20,000
合計　28校			

備考：ここでは高等小学校も入れてある。
　　　※で示した。
出典『大阪市風水害誌』大阪市　昭和10年

天王寺第１小学校　全壊

北恩加島小学校　全壊

南百済小学校　全壊

中本第四小学校　仮設校舎

表4－2　関西大風水害被災小学校　半壊一覧（被害金額順）

校名	区	被災校舎の建設年	災害額（円）
都島第一	北	大正５年11月	230,706
第三西野田	此花	大正14年１月	228,300
第一西野田	此花	大正５年７月	220,050
第二西野田	此花	明治43年２月	214,950
第五西野田	此花	大正９年10月	212,350
第四西野田	此花	大正８年10月	210,253
九條第二	港	明治35年４月	206,290
済美第二	北	明治34年６月	187,330
粉浜	西成	大正12年６月	186,450
春日出　尋	此花	明治43年10月	186,280
泉尾第一	大正	大正９年12月	175,920
四貫島	此花	大正８年３月	171,400
高台	西	大正９年９月	165,000
築港北	港	大正７年６月	163,700
鶴町	大正	大正10年１月	162,630
中本第一	東成	大正１年２月	161,220
九條第五	港	大正８年３月	158,400
東平野第二	天王寺	大正７年４月	152,460
日本橋	南	大正８年９月	148,725
第一上福島	此花	明治40年４月	148,200
築港南	港	大正12年５月	141,480
天王寺第七	天王寺	大正11年９月	141,200
桜宮	北	明治41年11月	139,140
大和田第一	西淀川	大正８年９月	135,400
城東　高※	旭	昭和６年	131,840
敷津	浪速	明治44年12月	131,820
田辺	住吉	大正13年	130,860
豊崎第四	東淀川	大正７年	130,680
三軒家第一	大正	明治43年12月	127,385
生野	東成	大正11年１月	127,000
神津	東淀川	大正９年10月	125,280
栄第二	浪速	大正12年２月	122,640
済美第一	北	明治39年９月	119,600
平野　尋	住吉	大正３年	117,150
墨江	住吉	大正11年	115,480
鷺州第四	西淀川	大正７年10月	113,000
難波芦原	浪速	大正14年４月	110,350
都島第二	北	大正14年３月	107,820
住吉	住吉	大正11年	105,565
済美第四	北	明治43年５月	104,550
南恩加島	大正	大正13年11月	104,000
江戸堀	西	明治42年５月	98,700
天下茶屋	住吉	大正９年12月	92,290
姫島	西淀川	大正12年４月	91,300
豊崎第五	東淀川	大正９年８月	89,700
榎並	旭	大正３年12月	89,000
中本第四	東成	大正２年１月	88,335
泉尾第二	大正	大正３年７月	88,320
大国	浪速	明治42年４月	88,320
西六	西	大正４年１月	86,300
常磐	住吉	大正14年	80,760
難波新川	浪速	明治41年９月	80,300
鯰江	旭	昭和２年11月	79,080
高津	南	大正２年８月	78,600
鶴橋第一	東成	大正３年４月	74,220
恵美第一	浪速	明治45年６月	73,200
中本第二	東成	大正８年６月	71,500
恵美第二	浪速	明治41年４月	69,600
清水	旭	大正４年３月	65,400
野里	西淀川	昭和３年９月	64,700
難波桜川	浪速	大正４年３月	62,700
喜連	住吉	明治42年３月	51,840
育和	住吉	大正12年１月	51,400
難波立葉	浪速	明治45年３月	50,050
今宮第二	西成	大正４年４月	50,050
津守第二	西成	大正11年４月	49,500
三国	東淀川	昭和２年３月	38,350
北中島	東淀川	大正８年６月	35,550
新庄	東淀川	昭和２年３月	34,750
鷺州第五	西淀川	昭和２年３月	34,000
鷺州第三	西淀川	大正７年７月	31,000
合計　71校			

備考：ここでは高等小学校も入れてある。※で示した。
出典『大阪市風水害誌』大阪市　昭和10年

表4－3　関西大風水害被災小学校　大破一覧（被害金額順）

校名	区	被災校舎の建設年	災害額（円）
瀧川	北	明治44年11月	179,200
難波　高※	浪速	大正９年７月	157,500
市岡第六	港	大正11年12月	156,720
市岡第五	港	大正12年２月	155,400
神路	東成	大正11年３月	154,950
中ノ島	北	大正７年	154,200
鶴橋第四	東成	大正13年８月	154,000
市岡第二	港	大正５年７月	153,480
市岡第三	港	大正８年３月	149,880
市岡第四	港	大正９年11月	148,260
南大江	東	明治31年９月	147,600
伝法	西淀川	大正11年11月	142,610
東雲	東	大正12年５月	142,000
豊崎第一	東淀川	明治43年	139,320
今宮第五	西成	大正11年10月	137,280
石田	港	大正13年12月	134,030
田中	港	大正13年11月	132,960
梅香	此花	大正14年９月	128,400
南大江女子	東	明治45年６月	127,500
恵美第三	浪速	大正６年６月	126,620
天王寺第八	天王寺	大正11年12月	126,300
難波塩草	浪速	明治43年11月	126,240
今宮第四	西成	大正10年３月	126,000
豊崎第三	東淀川	大正６年	123,670
玉造	東	大正３年２月	121,280
堀江	西	大正11年７月	118,500
玉出第三	西成	大正14年６月	117,800
安治川	港	大正３年12月	114,270
今宮第六	西成	昭和２年３月	112,530
八幡屋	港	大正13年12月	110,580
三軒家第三	大正	大正５年３月	107,400
今宮第三	西成	大正14年１月	103,200
松ヶ枝	北	明治43年３月	97,716
金塚	住吉	大正13年12月	95,480
豊崎第二	東淀川	大正２年	94,950
玉出第一	西成	昭和２年６月	93,800
芦分	此花	大正７年９月	92,800
佃	西淀川	大正８年	92,000
中津第二	東淀川	大正７年	91,540
鶴橋　高※	東成	昭和２年９月	90,750
古市	旭	大正11年12月	90,000
玉出第二	西成	大正13年６月	89,400
安立	住吉	昭和２年３月	89,100
東平野第三	天王寺	大正11年４月	82,160
境川	港	明治45年４月	81,415
広教	西	大正12年	81,200
啓発第一	東淀川	明治34年５月	81,180
南寿	港	大正15年11月	78,650
第二上福島	此花	明治43年２月	74,430
今宮第一	西成	大正11年	73,600
長居	住吉	大正12年	70,720
小路	東成	大正10年５月	70,330
城北	旭	大正６年10月	69,400
九條第三	港	大正11年11月	69,120
十三	東淀川	昭和２年３月	63,600
淀川	旭	大正11年10月	63,600
天王寺	住吉	大正10年	61,100
豊崎第六	東淀川	大正14年8月	57,960
依羅	住吉	昭和２年３月	57,720
東平野第一	天王寺	明治44年10月	56,810
三津屋	東淀川	大正14年８月	56,000
難波元町	浪速	大正11年	53,510
高松	住吉	大正14年9月	53,100
福	西淀川	大正９年11月	50,200
川北	西淀川	大正10年11月	50,100
西淀川	西淀川	大正13年	48,600
中津第一	東淀川	明治44年	43,415
森之宮	東	大正２年９月	40,300
天王寺第三	天王寺	昭和２年８月	40,230
南方	東淀川	昭和２年３月	39,900
三軒家第二	大正	明治36年12月	38,600
津守第一	西成	大正14年７月	37,800
西天満	北	大正8年７月	37,120
市岡第一	港	大正15年５月	28,800
豊里	東淀川	大正14年１月	27,000
難波稲荷	浪速	大正３年７月	24,750
難波河原	浪速	昭和３年４月	22,000
合計　77校			

備考：ここでは高等小学校も入れてある。
出典『大阪市風水害誌』大阪市　昭和10年

また校舎の形状も関係していたようで、東西方向の棟の倒壊が多かった。354頁に写真を示した天王寺第一小学校は大正八年の北側校舎、北恩加島小学校は大正一一年の北側校舎、南百済小学校は明治二四年の北側・南側の両校舎が倒壊していた。南側からの風がいかに強烈であったかがわかる。なお、表3－6（348頁）は、室戸台風直後の昭和一〇年五月一日における大阪市小学校校舎の構造別一覧であり、鉄筋コンクリート造の校舎と、木造校舎を学校別に峻別ができる。

小学校校舎の復興事業は、管轄する各行政の手に委ねられることになるが、被害の著しかった大阪市では復興計画のなかで、建設のための組織として臨時校園建設所が新設される。

2　設立

大阪市臨時校園建設所は、昭和一〇年（一九三五）五月二四日[7]に設立される。大阪市は教育施設の復興事業を開始するにあたって、『大阪市学校復興起工誌』[8]（以下「復興起工誌」と呼ぶ）を発刊し、その中で復興事業に対して詳しい説明をしている。それによると、大阪市では臨時校園建設所について、「実施計画及工事監督等ニ至ル総テノ事務ヲ一丸トシタ執行機関」と位置付けていた。組織の構成としては庶務係、計画係、設計係、工事係の四係が設置されることになる。設立の理由には「風水害ニヨル校園ノ復旧復興事業ハ膨大ナルモノデ」、しかも「工事ハ急施ヲ要スルタメ従前ノ組織デハ到底ソノ機能ヲ十分発揮スルコトハ不可能ナ状態ニ至ッタ」ために、「事務ノ簡易刷新ヲ図リ能率ヲ増進スルニアルヲ思イ偶々本市ノ職制大改正ニ遭遇」したとある。

また、臨時校園建設所長上島直之[9]は開設にあたり、小学校の復興に加えて「毎年増加する学童の収容に備え、且つ現在の二部教授の撤廃を期する為の小学校校舎の新増築の既定計画随行」[10]の二つが主な仕事であると記していた。

臨時校園建設所の存続した期間は、およそ二年間であった。昭和一二年（一九三七）七月の組織改組[11]により臨時校園建設所は廃止され、教育部に建設課が生まれる。この背景には昭和一一年（一九三六）一二月には最初の復興小学校[12]が竣工し、復興計画が予定どおりではないにしても一定の軌道に乗りはじめたことが考えられる。また、昭和一二年より第五次小学校設備計画[13]の開始などがあったことも影響しているとみられる。

　従来、大阪市が管轄する建築のなかで特別に大規模なものについては、臨時建築事務所[14]が組織されて建設にあたることが多かった。臨時校園建設所も短期間に多くの小学校を建設する目的という点から、臨時組織として設立されたと捉えることができる。一般に臨時組織は目的とされる建築の完成をもって、その組織は解消される。だが、臨時校園建設所では臨時組織としての使命は終えるが、新たに小学校を建設する目的で、教育部のなかに恒久的な組織として、建設課が設置される。臨時校園建設所に所属した建築技術者はそのまま教育部建設課に移籍していた。ここからは臨時校園建設所という組織が、恒久的な学校営繕組織である建設課に組織改組されたと捉えることもできる。

　昭和戦前期では大都市における小学校建設事業は、市に管轄する施設の建設事業の大半[15]を占めていた。その背景には大都市周辺部の新市街地への人口集中[16]という社会的な要因と、もうひとつは木造校舎から鉄筋コンクリート造への改築が集中した[17]という要因があった。そこで学校建設事業を専門におこなう営繕組織が中小の都市[18]に至っても設置されることになる。このことからも、市当局にとって小学校の建設がいかに重要なことであったかが理解される。大阪市では校舎係[19]の設置が昭和二年（一九二七）の学区制度廃止に伴って、建築課のなかでおこなわれていた。このことについては第三章で論じた。この校舎係は一年間で廃止されるため、その後大阪市の内部には学校建築を専属で担当する部署は臨時校園建設所の設置までは存在しなかった。

　さらに教育部建設課は、昭和一六年（一九四一）には建築部に移管し、第二建築課[20]に名称を変える。そこでの業務内容は学校建築の建設を専門としている。しかしながら、この組織は昭和一七年（一九四二）の大阪市職制のなかでは見いだせないことから、戦時体制の強化により建築部に防火改修課[21]が新設された時点で消滅したものと考えられる。

3　技術者構成

臨時校園建設所が開設された直後に近い、昭和一〇年（一九三五）七月一五日の時点での職員録[22]によると、大阪市の吏員のうち、建築に関する職制については、技師、技手、技術員の三つにわかれており、一般には技師が技術面の責任者であった。

臨時校園建設所のなかで、校舎の設計についての決定権を有していたと考えられる設計係長には、経理部営繕課[23]の設計係長であった伊藤正文が就任していた。技師については大学や高等工業学校卒業などの高学歴者が多く、技手以下は甲種乙種の工業学校出身者が多くを占めており、その範囲は広く全国の工業学校に及んでいた。（表4－5参照）

また臨時校園建設所の設立は、突発的な災害による復興事業を目的としていたため、組織を編成する十分な時間が取れなかったと考えられる。そこで経理部営繕課を中心に臨時ホテル建設事務所[24]など、さまざまな部署から急遽人員が集められ、組織構成されることになった。

だが、臨時校園建設所の人員や竣工工事件数、竣工工事高などの建築的な活動を示す数字[25]は、大阪市に管轄する一般的な市営事業を担当する経理部営繕課を上回っていたようだ。昭和一〇年（一九三五）七月一五日の時点での人員配置[26]をみると、営繕課は冨士岡重一[27]課長以下、営繕課全体で合計三七名の組織に過ぎず、同時期の臨時校園建設所の建築技術者は、兼任する冨士岡重一課長以下、全体では合計四一名の建築技術者を抱えていたことからも、大阪市当局が臨時校園建設所に対して市営繕課と同等以上に位置付けていたことが窺える。復興事業の進展とともに

伊藤正文

所員の人数は増加し、復興事業の最盛期にあたる昭和一二年（一九三七）では、「庶務係八三名、計画係一五名、設計係七五名、工事係一七六名、計三五一名[28]」に達しており、人員配置の面では営繕課以上の大組織になっていたことがわかる。臨時校園建設所の技術者の構成を、教育部建設課及びに建築部第二課の技術者構成と併せて表4－4に記した。

表4－4　臨時校園建設所の組織構成

年度		昭和10年	昭和11年	昭和12年	昭和13年	昭和14年	昭和15年
組織名		臨時校園建設所	臨時校園建設所	教育部建設課	教育部建設課	教育部建設課	建築部 第二建築課
課長		冨士岡重一*1	冨士岡重一*1	伊藤正文	伊藤正文	新名種夫	辛木貞夫
設計係	係長	伊藤正文*2	伊藤正文*3	辛木貞夫	伊藤正文	伊藤正文	桐本楠雄
設計係	技師	後藤虎之助 本多正道	後藤虎之助 （兼任） 本多正道 竹花末春 （兼任）	後藤虎之助 （兼任） 本多正道 竹花末春 （兼任）	後藤虎之助 （兼任） 竹花末春 （兼任）	後藤虎之助 （兼任） 竹花末春 中村収次郎	後藤虎之助 （兼任） 加藤栄一 中村収次郎
設計係	技手 臨時技手 技術員	15名 6名	17名 4名 30名	33名（兼任3名） 18名（兼任5名）	33名 14名	22名 18名	26名 17名
工事係	係長	三好貫一	三好貫一	三好貫一	三好貫一	新名種夫	井手正雄
工事係	技師	辛木貞夫	辛木貞夫 井手正雄 後藤虎之助 （兼任） 竹花末春 （兼任）	篠原清孝 井手正雄 後藤虎之助 （兼任） 竹花末春 （兼任）	篠原清孝 井手正雄 加藤栄一 後藤虎之助 （兼任） 竹花末春 （兼任）	篠原清孝 井手正雄 加藤栄一 後藤虎之助 （兼任）	篠原清孝 栗本栄一 後藤虎之助 （兼任）
工事係	技手 臨時技手 技術員	9名 4名	16名 18名 40名	35名（兼任3名） 12名 62名（兼任3名）	41名 8名 52名	33名 2名 38名	38名 1名 30名
合計人数		40名	93名	160名	156名	121名	119名

備考：出典は『大阪市職員録』大阪市役所、昭和10年・11年・12年・13年・14年・15年版による。また、臨時校園建設所は昭和12年7月には教育部建設課に改組されているが、仕事の内容は連続しているので、最後のRC造校舎が竣工する昭和15年までの組織の変遷を取り上げている。なお＊1は兼任の技師と記されており、設計係と工事係の両方の上部に位置していたと考えられる。正確にいえば課長職ではない。＊2土木部河川橋梁課河川係と兼務、＊3は経理部営繕課設計係と兼務とある。

表4－5　臨時校園建設所の技術者陣営

職名		氏名	最終学歴	
営繕課長		冨士岡重一	東京大	M44
設計係長		伊藤正文	早稲田大	T 6
工事係長		三好貫一	早稲田大	T 7
技師	設計係	後藤虎之助	大阪高等工業	T 8
		本多正道	京都大	S 2
		竹花末春	早稲田大	S 2
	工事係	辛木貞夫	京都大	T14
		井手正雄	京都大	S 3
		後藤虎之助 *		
		竹花末春 *		
技手	設計係	八木幸助	福岡工業	M38
		川上辰馬		
		沖増次	桃山中学	M45
		池上徳一	兵庫工業	T 3
		北原眞琴	東京高等工学	T10
		竹内千代松	関西商工	T 5
		宮崎正夫	京都紫野中学	T13
		吉永栄蔵	熊本工業	M42
		佐川伊佐夫	福井高等工業	S 3
		小早川謙治	大阪市工業	T 9
		中村収次郎	東京大	S 7
		長谷川吉治	兵庫工業	T10
		大久保小輔	東京高等工学	T 9
		中山克	早稲田大	S 9
		塚安治	今宮職工	S 2
		柳沢瞭	今宮職工	T13
		吉川悌治		
	工事係	篠原清隆	大阪市工業	T 2
		三品勝之助	大阪市工業	T 2
		川端三十郎	大阪市工業	T 2
		占部定一	兵庫工	T 7
		横田文夫	兵庫工	T 7
		吉川悌治 *		
		加藤栄一	横浜高等工業	S 3
		本郷忠夫	早稲田工手	T10
		村井等昌	大阪市工業	T12
		佐藤健三郎		
		下村捨三	大阪市工業	T15
		谷垣宜二	関西商工	T11
		馬場和夫		
		沖増次 *		
		北原真琴 *		
		渡辺金蔵	関西商工	T12
技術員	設計係	宇津木潔(伴)	京都大	S 9
		生田鉄也	京都大	S10
		青樹英次	東京大	S10
		伊藤幸一	東京工業大	S10
		小泉嘉四郎	東京大	S10
		清原潔	東京大	S10
		檜皮正隅	神戸高等工業	S 5
		指物哲	関西商工	T14
		亀澗弘	名古屋高等工	S 6
		麻野俊定	早稲田大	S10
		薬師神賢一	早稲田大	S 9
		田中芳郎	関西商工	T11
		小池錆三	東京美術	S 9
		土井久二	福井高等工	S10
		前原大二郎	早稲田大	S11
		吉田邦一	福井高等工	S10
		稲垣吉弘 *		
		加藤義男	吉野工業	
		西田親正 *		
		浅原博一		
		福山良三	関西高等工	S 5
		邊見順市	東京工専	S 7
		栗岡忠夫	日本大専門	S 8
		安藤英男	日本大専門	S 8
		田中元夫	日本大専門	S 8
		宗圓親兵衛		
		上野季太郎	関西高等工	S 7
		東田政治	関西高等工	S 5
		坂井進太郎	兵庫工業	S 6
		安原敏	大阪工専	S 8
技術員	工事係	平尾喜六		
		栗本栄一	京都大	S 9
		松永孝太郎	早稲田高等工	S 6
		御前正義	西野田職工	T 4
		武本良治	名古屋高等工	S 6
		金井誠一	早稲田工手	T11
		中川六郎	工手学校	M41
		本郷孝		
		弓庭安一	関西商工	T 9
		飯干君美	関西高等工	S 6
		西村栄一	日本大	S10
		堀内恒雄	早稲田工手	T14
		塚本謙一	都島工業	S 2
		阿部磯吉	名古屋高等	S10
		古川晃	福井高等工	S10
		黒熊春巳	日本大高等工	S 5
		佐嶋謙吾	工手学校	T14
		服部勝治		
		桶田達枝	神戸高等工	S11
		曽和幸男	和歌山工業	T12
		邊下秋義	関西商工	T12
		依田新三郎	日本大高等工	S 8
		三浦英太郎	都島工業	S 5
		小関一夫	都島工業	S 2
		沢崎好雄	兵庫工業	
		河野武	日本大高等工	S 8
		佐々木一雄	日本大	S 9
		出崎四郎	日本大	S 7
		永沢清信	関西商工	S 2
		弓達修	松山工業	S 3
		高柳誠	武蔵高等工業	S 8
		木村音吉	関西商工	S 3
		橋詰一男		
		雑賀幸夫	日本大	S 9
		太田治	今宮職工	T13
		堀内利秋	松山工業	S 4
		遠藤八郎	関西工学	S 9
		稲垣好弘 *		
		西田親正 *		
		宗圓親兵衛 *		

備考：職名および氏名は昭和11年7月の「大阪市職員録」による。

なお、臨時技手は含んでいない。

作成にあたり、当時建築教育をおこなっていた各学校の卒業者名簿の閲覧をおこなった。

また、大阪市総務局人事課の協力を得、不明な個所を補足した。

4　建設方法

臨時校園建設所でおこなわれた事業遂行にあたっての手順は、昭和一六年（一九四一）に刊行された伊藤正文著の『国民学校』[29]から知ることができる。そこでは復興小学校設計の際におこなわれた学校建築研究の成果がまとめられ、そのなかで臨時校園建設所での仕事の手順が述懐されている。それによれば一つの学校の建設事業は、まず市議会で予算案が議決されることからはじまり、起債認可がなされる。次に敷地の地耐力の検査がおこなわれ、その結果によって構造の方法が選択される。それから実施設計に進み、実行予算書が作成され工事入札に至る、ということが記されている。そのため企画から設計完了までに一年以上の時間が費やされることが通例であったようだ。そのことは「設計完了の最短距離はやはり一ケ年近くと見なければなるまい[30]」という記述からも窺い知ることができる。

次に具体的な建設事業の進め方をみていく。まず、設計係の内部では複数の数の班が組織され、一班あたり数名の人員でそれぞれチームを構成し、一校の設計に対処していくというシステム[31]になっていた。通常は班長を技手が勤め、その下に技術員および助手や雇いと呼ばれた臨時人夫がいた。そこでは班単位で競争させて[32]、それぞれ設計に取り組ませることがあったようだ。また構造計算や電気、衛生、積算などを専門とする技術者も各班のなかに加えられていた。一方工事係は、一校単位に現場主任の下に二〜三人が配置され、経験豊かな建築技術者である「老練家ノ指導員[33]」が抜きうちで、各現場を巡回するという管理体制になっていた。

二　復興計画の内容

1　復興計画の概要

大阪市当局は風水害があった一年後の昭和一〇年（一九三五）九月には復興の指針を決定している。『復興起工誌』によると、中等学校や幼稚園も含めると校舎の復興事業の対象校は二二二校、総経費三、三二〇万円であり、この規模は東京市での東大震災復興事業の教育施設に関する対象校数や総経費[34]に匹敵する。
復興計画の大要は、大阪市当局が委託した内田祥三、武田五一、坂静雄、内藤多仲の四氏[35]により以下のような方針が決められる。

（一）小学校建築ハ理想トシテハ鉄筋コンクリートハ望マシイ（後略）
（二）校内ニ避難場所トシテ鉄筋コンクリート建築物ヲ必要トスル

当初、大阪市当局は「災害校園舎全部ヲ鉄筋コンクリート造で復興スルモノ[36]」として復興費総額を四．四九一万円としたが、国庫補助率の半減など予算の状況はきびしく、結果として、昭和九年（一九三四）一二月一四日の市会[37]では小学校復興費は二、一六〇万円、対象校は一七六校、総延坪一四二、三九〇坪に限られた。また、その内容としては坪数の内、鉄筋コンクリート造を八割、木造を二割とする基準[38]が設けられ、五ケ年の継続事業とされた。このようにはじめに打ち立てられた学者による方針が、この決定に大きな役割を果たしていたと考えられる。つまり、「全部ヲ鉄筋コンクリートニスルト云フコトハ洵ニ望マシイ[39]」が、現実には「一校ニ一棟ハ鉄筋コンクリート[40]」いう結果になり、校舎の鉄筋コンクリート造化は大阪市当局が当初、計画した内容とは異なった位相で展開されることになる。

この事業は昭和九年（一九三四）より一三年（一九三八）度に亘る継続事業として施行されることになる。加えて二ケ年継続事業として、現在施行中であった第四次小学校設備計画（昭和八、九、一〇年度）の中の新設一六校、増築一〇校の計二六校の木造計画の一部を、鉄筋コンクリート造に変更のために一五〇万円の工費の追加が決定されている。

ここで大阪市の小学校設備計画について説明しておくと、先に触れたように学区制度廃止を受けて、昭和二年（一九二七）以降は大阪市が主体で小学校の建設事業がおこなわれていく。昭和二年の第一次小学校設備計画[41]にはじまって昭和一〇年（一九三五）の時点では第四次計画が実施されていた。

小学校は義務教育の施設という観点からはその建設は本来、国家がおこなうものであると考えられるが、わが国では明治初期の設立以来、小学校の運営や建設の費用は、受益者負担を口実として、小学校の位置する各学区が負担させられていた。だが、大正期から昭和戦前期にかけて、大都市を中心に学区制度が廃止され[42]、市に管轄が移る。市当局は小学校の運営や建設を市営事業のなかに位置付けていた。そのために昭和戦前期には多くの都市で市の予算の多くの部分が小学校建設費に費やされることになる[43]。しかしながら、復興小学校については、被災校が広範囲の学校に渡っていたため、市の予算の中での履行は財政上困難であった。短期間に巨額な資金を必要としたために、市の単独の財政では賄い切れず国庫の補助が必要とされた。

大阪市での復興の予算計画は、当初、関東大震災時の東京市での計画をモデルとしていたが[44]、東京市が受けたような高率の国庫補助は大阪市においては受けることができず、八分の一[45]というような低い割合の国庫補助を受けるにとどまった。この背後には同年の函館市の大火災では、その復興にあたって国庫補助の割合が八分の一[46]とされ、そのことが前例となり、このような割合の国庫補助が大阪市にも適用されることになった。

復興計画と関連して、第四次小学校設備計画が存在していた。また、昭和一二年（一九三七）より第五次小学校設備計画が開始され、総額一、五〇三万円、三ケ年継続事業として、二四校の新設、二四校の増築、一四校の敷地拡張が計画された。さらに第六次小学校設備計画[47]が昭和一五年（一九四〇）に開始され、すべて木造で総額二、六八九万円、三カ年継続事業として、二五校の新設、五二校の増改築、一三校の校地拡張が計画されていた。

2　復興計画の実施

「復興起工誌」によれば、昭和一〇年（一九三五）九月の時点で復興計画は決定されていたと考えられる。そこでは復興計画は年度別に対象とされた学校名とその年度全体の予算案が記されていた。では、いかなる順位で計画がなされていったのだろうか。そこでは校舎の状態によって全壊、半壊、大破というように大別がおこなわれ[48]、被害の激しいものから優先的に復興していこうと考えられていた。とりわけ「犠牲児童ヲ出シタ」小学校から順番に起工

表4−6　小学校復興計画の一覧

年度	校数	予算（万円）	小学校名
昭和９年	18	350	鶴橋第二、鯰江第二、味原、鯰江第三、南百濟、桜島、姫島、豊崎第四、鷺洲第一、天王寺第五、大和田第一、春日出、北恩加島、中本第二、中本第四、平野、玉出第三、住吉
昭和10年	60	887	桜宮、都島第一、都島第二、曽根崎、四貫島、第二西野田、第三西野田、第四西野田、玉造、花園、堀江、築港北、川北、九条第一、九条第二、九条第五、市岡第二、市岡第三、香簑、市岡第六、鶴町、泉尾第一、泉尾第三、三軒家第二、日本橋、天王寺第一、天王寺第三、天王寺第四、難波桜川、難波塩草、難波立葉、難波新川、恵美第一、鷺洲第三、鷺洲第四、神津、中津第二、豊崎第一、豊崎第二、豊崎第三、十三、啓発第二、生野、神路、中本第一、榎並、城東、淀川、常磐、丸山、田辺、墨江、敷津第二、津守第二、津守第三、粉浜、栄第二、今宮第一、今宮第二
昭和11年	35	541	済美第二、済美第四、済美第五、西九条、梅香、第一西野田、森之宮、江戸堀、築港南、市岡第一、安治川、三軒家第一、泉尾第二、東平野第一、東平野第三、敷津、大国、恵美第二、難波河原、鷺洲第五、野里、豊崎第五、三津屋、新庄、小路、中本第三、古市、鯰江、高松、安立、長居、天下茶屋、玉出第二、今宮第三、今宮第四
昭和12年	32	541	松ケ枝、済美第一、第五西野田、第一上福島、南大江女子、広教、西六、九条第三、八幡屋、三軒家第三、天王寺第六、東平野第二、芦原、難波稲荷、難波元町、恵美第三、佃、伝法、鷺洲第二、北中島、三国、啓発第一、南方、鶴橋第一、鶴橋高等、城北、榎本、育和、喜連、敷津、今宮第五、今宮第六
昭和13年	29	541	滝川、西天満、中之島、第二上福島、芦分、南大江、東雲、高臺、石田、田中、市岡第五、南壽、南恩加島、天王寺第七、天王寺第八、高津、福、西淀川、中津第一、豊崎第六、大隅、豊里、鶴橋第四、清水、天王寺、金塚、依羅、玉出第一、津守第一
合計	174	2860	

出典：出典は『大阪市学校復興起工誌』大阪市臨時校園建設所、昭和10年による。
なお、ここでは昭和12年の境川実務学校や昭和13年の難波実務学校は校数から削除して考えているために、合計の校数は本文では176校と記したが、表では174校となっている。また、予算に関しては明解に区分することが困難であったため含めて明記した。

がなされていくケースが多かったようだ。昭和九年（一九三四）度に予算決定がなされていた鶴橋第二校(49)、以下一八校（表4−6参照）がその対象に挙げれているが、いずれもの小学校で数多くの児童が亡くなっていた。さらに昭和一〇年（一九三五）以降の優先順位としては次のように決められていた。

一、児童ノ激増スル学校
二、浸水地ニ位スル学校
三、既定事業ニ関係セル学校
四、運動場狭隘ニシテ管理困難ナル学校
五、バラック代リノ補強ニ止メ置キタル学校
六、校地ノ整理ヲ要スルモノ(50)

また昭和一〇年には校数は六〇校(51)が予定され建設のピークになっているのがわかる。翌昭和一一年（一九三六）は三五校、一二年（一九三七）には三二

味原小学校模型

鶴橋第二小学校模型

校、一三年（一九三八）には二九校が予定されている。ここで復興が予定されている小学校の半数近くは、第四次小学校設備計画のなかで建設の対象になっていた。このことは第四次小学校設備計画の対象と予定されていた小学校では、老朽化した木造校舎[52]が多くを占めていたために、台風で倒壊する割合が多かったことを示す。

ここからは、臨時校園建設所により建設された校舎には、関西大風水害による復興校舎と、関西大風水害以前に事業既決され、進行中であった第四次小学校設備計画による校舎の二種類があることがわかる。また、さきの優先順位は六つあげられていたが、実際にはその中の三の項目である第四次小学校設備計画が関西大風水害の影響を受け、内容が改まった変更案が大きく関連していたことが明らかになった。

復興計画の進捗状況は、起債の遅れもあって計画は遅滞する傾向にあったが、昭和一二年（一九三七）にはいると、一転して建設事業は軌道にのりはじめ、「三日にあけず地鎮祭を行うような始末」[53]というような建設ラッシュの時期が続く。

だが、昭和一二年九月一〇日の臨時資金調整法にはじまる建築資材統制[54]は復興計画の見直しを強いる。翌一三年六月二〇日より発令された鉄鋼配給規制法により、それ以降鉄筋が使用できなくなり、その結果、鉄筋コンクリート造の着工は不可能になる。さらに昭和一五年（一九四〇）三月二日のセメント配給規制法により、コンクリートの使用はできなくなる。軍関係以外の建築は、鉄筋コンクリート造の資材調達は不可能になっていた。そのような物

表4－7　竣工一覧（1）

小学校名	行政区	建設時期（年月）		事業内容		校舎		RCの割合		延床面積（m^2）	遮光庇		施工者	備考
		起工	竣工	復興	既定	平面	類型	全体	一部		有無	類型		
昭和11年 計10校														
住吉	住吉		11．8	○		L	甲		○		○	A	中村組	甲型講堂
北恩加島	大正		11．8	○					○	4,749			山田組	
北中島	東淀川		11．9		○				○					
生野第三	東成		11.10		○	—	甲		○	1,156	○	A	奥村組	
大和田第二	西淀川		11.10		○				○		○			
天王寺第五	天王寺		11．1	○			甲		○		○	B		甲型講堂・図面
玉出第三	西成		11.11	○			甲		○		○	A		
今宮第一	西成		11.12	○		コ		○		4,200				落成記念画譜
新庄	東淀川		11.12		○				○					
玉出第一	西成		11．		○	—			○	4,208				
昭和12年 計45校														
中本第二	東成	10.11	12．1	○					○	3,452	×		森下組	工費215,762円
木川	東淀川	11．2	12．1		○				○	3,584			有山組	
鷺洲第三	西淀川	11．1	12．1	○					○	2,903			木村組	S12.6に講堂竣工
難波新川	浪速	11．3	12．1	○					○	2,185			山田組	S13.1に２期工事竣工
難波桜川	浪速	11．3	12．1	○			甲		○	2,600	○	A	大阪橋本組	
姫島	西淀川	10．9	12．2		○				○	3,614			銭高組	
味原	東	11．	12．2	○				○		3,772	×		朝永国次郎	講堂
桜宮	北	11．3	12．2	○					○	2,201			新工務所	S14.3に２期工事竣工
粉浜第二	西成		12．2		○				○					
桜島	此花	11．2	12．3	○					○	1,524			大倉土木	
南百済	住吉	11．4	12．3	○					○	4,049			山本慶治郎	
今宮第二	西成	11．7	12．3	○					○	2,473			広島藤田組	
鷺洲第一	西淀川	11．1	12．4	○		ロ	甲		○	4,386	○	A	戸田組	講堂
天王寺第四	天王寺	11．7	12．4	○			乙		○	3,440	○		鹿島組	
中本第三	東成	11．8	12．5	○					○	1,566			戸田組	
鶴橋第二	東成	11．9	12．5	○				○		4,583	×		西本組	
九条第一	港	11．8	12．6	○					○	2,128			岡本吉蔵	乙型講堂
桃園第一	南	11．6	12．6		○	L	乙		○	2,448	○		岡本吉蔵	甲型講堂
豊崎第四	東淀川	11．1	12．6	○		コ			○	5,177			戸田組	
大和田第一	西淀川	10.12	12．7	○				○		4,300			小坂井組	
城東	旭	11．8	12．7	○					○	5,576	○		平野庄三郎	S13.11に２期工事竣工
磯路	港	11．9	12．8		○		甲		○	3,502	○	A	鴻池組	
中大江東	東	11．8	12．9		○		乙		○	1,666			松村組	S12.12に２期工事竣工
鯰江第三	旭	10.10	12．9	○					○	4,261			井上福蔵	
鯰江第二	旭	11．5	12．9	○					○	3,014			高橋組	
天下茶屋	住吉	11.12	12．9	○			甲		○		○	C	鍵仲尊雄	
津守第三	西成	11.12	12.10	○					○	1,563			古川春男	S14に２期工事竣工
墨江第二	住吉	11.12	12.10		○				○				中村亀太郎	乙型講堂
榎本	旭		12.10						○					乙型講堂

表4－7　竣工一覧（2）

小学校名	行政区	建設時期（年月）		事業内容		校舎		RCの割合		延床面積（m^2）	遮光庇		施工者	備考
		起工	竣工	復興	既定	平面	類型	全体	一部		有無	類型		
昭和12年（続き）														
中本第四	東成	11．6	12.11	○			甲		○	4,309	○	A	戸田組	S13.5に2期工事竣工
平野	住吉	10.12	12.11	○					○	4,034	×		銭高組	
田川		11．9	12.11		○				○	2,849			井上竹蔵	S13.3に2期工事竣工
市岡第二	港	12．1	12.11	○					○	1,786			浅沼組	S13.10に2期工事竣工
島屋	此花		12.11		○		甲		○	3,003	○	C	鴻池組	S13.10に2期工事竣工
春日出	此花	11．3	12.12	○		コ			○	4,458			清水組	
春日出高等	此花	11．3	12.12						○	3,354			清水組	
香簑	西淀川	12．4	12．1	○					○	1,321			前阪勝三	
三先	港	12．2	12.12		○				○	1,329	×		池田組	
曽根崎	北	12．4	12.12	○			甲		○	2,116	○		小坂井組	
平野第二	住吉	11.12	12.12		○				○	3,676			松村組	
中本第一	東成	11.11	12.12	○			甲		○	3,594	○	B	戸田組	S14.3に2期工事竣工
東中本	東成		12.12				甲		○		○	A		講堂
啓発第三	東淀川		12.12						○	1,235				
難波元町	浪速		12.	○			甲		○		○			
湊屋	港		12.		○				○					
昭和13年 計25校														
花園	西	12．6	13．2	○					○	2,607			池田組	
今宮第四	西成	12．5	13．2	○					○	855			山野組	講堂
鷺洲第四	西淀川		13．2	○					○					
玉造	東	11．5	13．3	○					○	1,957			山田組	
難波立葉	浪速	12．3	13．3	○			甲		○	2,432	○		岡本吉蔵	
日本橋	浪速	12．5	13．3	○			甲		○	2,102	○		松村組	S16.5に2期工事竣工
赤川	旭	11.11	13．3		○				○	2,884			松浦勇太郎	
南田辺	住吉	12．2	13．3		○				○	2,198			森本組	
西島	此花	12．5	13．3		○				○	2,033			中村亀太郎	
菅原	東淀川	12．6	13．3		○				○	2,175				
九条第五	港	11．8	13．4	○			甲		○		○			S14.11に2期工事竣工
生野	東成	12．5	13．5	○		L	乙		○	4,109	○		浅沼組	
敷津第二	住吉	12．8	13．5	○			甲		○	1,323	○	B	中村亀太郎	乙型講堂
恵美第一	浪速	12．6	13．6	○			甲		○	2,310	○		中村亀太郎	
川北	西淀川	12．5	13．6	○			甲		○	2,274	○		鴻池組	
都島第二	北	12．7	13．6	○					○	1,624	○		小坂井組	
丸山	住吉	12．7	13．7	○					○	2,214			鹿島組	
常磐	住吉	12．3	13．7	○			乙		○	2,679			高橋組	
榎並	旭	12．9	13．8	○					○	2,297			山田組	
東野田	北	12．8	13．8		○				○	3,105			鹿島組	
神路	東成		13.10	○					○					
市岡第三	港	12.11	13.10	○					○	2,432			関西不動産	
泉尾第一	大正	12．6	13.11	○					○	6,098			西本組	
新千歳	大正	12．9	13.11		○				○	2,825			鴻池組	
市岡第一	港		13.						○					

表4－7　竣工一覧（3）

小学校名	行政区	建設時期（年月）		事業内容		校舎		RCの割合		延床面積（m^2）	遮光庇		施工者	備考
		起工	竣工	復興	既定	平面	類型	全体	一部		有無	類型		
昭和14年 計10校														
難波塩草	浪速	12．5	14．1	○					○	3,118			戸田組	
四貫島	此花		14．1	○			甲		○		○	C		S15.4に２期工事竣工
粉浜	西成	12．6	14．2	○					○	1,039			池田組	
築港北	港	12．2	14．3	○					○	3,597			新工務所	
市岡第四	港	12．3	14．3		○				○	4,128			浅沼組	
第四西野田	此花	12．1	14．5	○					○	1,212			大阪橋本組	
市岡第六	港	12．5	14．6	○					○	1,014			鴻池組	
深江	東成		14．7		○				○					
第二西野田	此花	12.10	14．9	○					○	3,234			戸田組	
中津第二	東淀川	12.11	14.12	○						3,778			森組	
昭和15年 計４校														
第三西野田	此花	12．6	15．7	○					○	4,299			戸田組	
堀江	西	13．4	15.12	○					○	1,944			不動建設	
難波桜川	浪速	13．2	15.12	○					○	2,164			岡本吉蔵	
鷺洲第六	西淀川		15.						○					
竣工年が特定できないもの 計９校														
九条第二	港			○					○					
三軒家第二	大正			○					○					
今宮第七	西成				○				○					乙型講堂
天王寺第一	天王寺			○					○					
天王寺第三	天王寺			○					○					
豊崎第一	東淀川			○					○					
豊崎第二	東淀川			○					○					
豊崎第三	東淀川			○					○					
淀川	旭			○					○					
合計103校														

備考：小学校名およびに行政区の名称は昭和11年当時の呼称に従った。項目「RCの割合」の「一部」とは木造校舎も併置され建設されたことを示す。延床面積には同時に建設された木造校舎の面積も含まれている。遮光庇の類型の記号は表４の表示および本文中の記号と同じものである。

A：遮光庇が各教室を隔てる壁の位置にある柱型の手前で切断されたタイプ

B：遮光庇が連続し遮光庇の先端が柱型より突出するタイプ

C：遮光庇が連続し遮光庇の先端が柱型と同面であるタイプ

出典は建築学会編による『建築年鑑』昭和13、14、15、16、17年版による。また各校の記念誌や沿革史を閲覧し内容を補足した。大阪市の小学校は統廃合が第二次世界大戦中におこなわれており、竣工年の特定できない小学校は現在、廃校になっているものが多い。竣工数は現時点で確認されたものであり、講堂のみの竣工も含まれている。大阪市では講堂のみが鉄筋コンクリート造となるものもみられた。さらに大阪市の乙型講堂は２階上が木造の教室となっており、記念誌や沿革史などの記述において木造と混同されている可能性が考えられるため、ここであげた竣工校数は必ずしも確定したものではない。

理的な制約を受けて、昭和一五年五月一九日から、木造による第六次小学校設備計画がおこなわれていく。その対象となった校舎の多くは、大正一四年（一九二五）以降に大阪市域に編入された、周囲部と呼ばれていた地域にあった[55]。このように昭和一〇年代（一九三五〜一九四四）では、時代が下るにつれて木造の割合が多くなり、昭和一五年以降、全く鉄筋コンクリート造の建設はおこなわれていない。

臨時校園建設所及びに教育部建設課による鉄筋コンクリート造校舎は、合計で一〇三校の竣工が判明している（表4-7（1）〜（3）参照）。詳しくみれば、一つの小学校のなかで全校舎が臨時校園建設所およびに教育部建設課により鉄筋コンクリート造で建設されたものは、今宮第一小学校を嚆矢とし、味原、鶴橋第二、大和田第一の四校が確認され、それ以外の一〇〇校は校舎の一部が鉄筋コンクリート造で建てられる。このように当初の一七六校を復興する計画は中断し、新たに第六次計画に取って替わられたことがわかる。

三　設計の標準化

臨時校園建設所による設計の特徴とは、小学校校舎の様々な側面に対して、「標準化[56]」がおこなわれたことにある。ここでいう「標準化」とは、臨時校園建設所以前の小学校建設において用いられることの多かった「規格化」という概念とは、あきらかに異なっている。つまり当時の「規格化[57]」の概念とは構造やプランの上での一定の基準を示すに留まることが多く、一方、当時の「標準化[58]」の概念とは、標準の図面が作成され、その図面に基づいて、意匠も含めた全体の計画がおこなわれていくというものであったと考えられる。そのことは今では正確に推し量ることはできないが、「規格化」から発展して「標準化」がなされていったと捉えることができる。では、この二つの概念は具体的にどのように違うのか、その内実はどのようになっていたのかを以下に詳しくみていく。

なお、ここでの「標準化」を考えていく際に、復興小学校以前に建てられた校舎では「標準化」がおこなわれていたかどうかは重要な問題になると考えられる。第三章で論じたように、柱割などの構造計画や吹き放ち廊下などの平面計画に関しては、一定の「規格化」がおこなわれていたことが判明している。しかしながら、意匠面などその他の要素については設計者の主観に委ねられていたようだ。つまり建築全体にわたっては「標準化」がなされていないという状況であった。また、臨時校園建設所は復興小学校に加えて市の既定事業[59]も担当しており、その中で建設される小学校の校舎も共通する設計基準で作られていた。そのため復興小学校の建築と同様な内容を持つ校舎であったと考えられる。

1　標準化への過程

ここでは標準化への過程をあきらかにする。標準化がなされていく背景には次のような経緯があった。関西大風水害のあと、被災した校舎では応急の仮の校舎が建てられ、その仮設の校舎を本建築に改築する際に、一度に膨大な数の校舎が必要とされる。そこではまず「如何にして丈夫で安価な合理的な校舎にすべきか[60]」が問われ、次に一斉の建設という事情のために建設の迅速性が求められる。そのような条件下では、ひとつの学校の設計図が別の学校の校舎建設の際に、設計図としてそのまま転用できるような方式はきわめて有効なものであったと推測できよう。そこで同一の設計図を繰り返し使用できる雛形となる設計図の作成が必要となったと考えられる。

標準化に基づく設計の施工にさきだって、昭和一〇年（一九三五）六月に小学校の改良案が伊藤正文によって、『小学校建築を如何に改良すべきか』（以後『小学校改良』と呼ぶ[61]）として刊行されていた。大阪市当局が復興小学校の設計内容を詳しく記した資料[62]が見出せない現時点では、この著書はその設計内容を示した唯一のものと考えられる。またそこでの内容は、臨時校園建設所が昭和一〇年九月に発行した『復興起工誌』のなかの「設計概要」に要約された内容と一致し、さらには昭和戦前期、大阪市の広報誌的な側面も有していた雑誌『大大阪[63]』に、図面を省いただけで『小学校改良』とまったく同一のものが転載されていることなどを考え併せると、資料として一定の信憑性があると考えられる。『小学校改良』によれば、伊藤は改良された設計案に対して「成案に近いもの」を得たとし、『小学校改良』の中に、矩計に関して三つのタイプ[64]の図を載せていた。以上のことから、ここで提案された内容がそ

模型（1）（右下が木造）

模型（2）

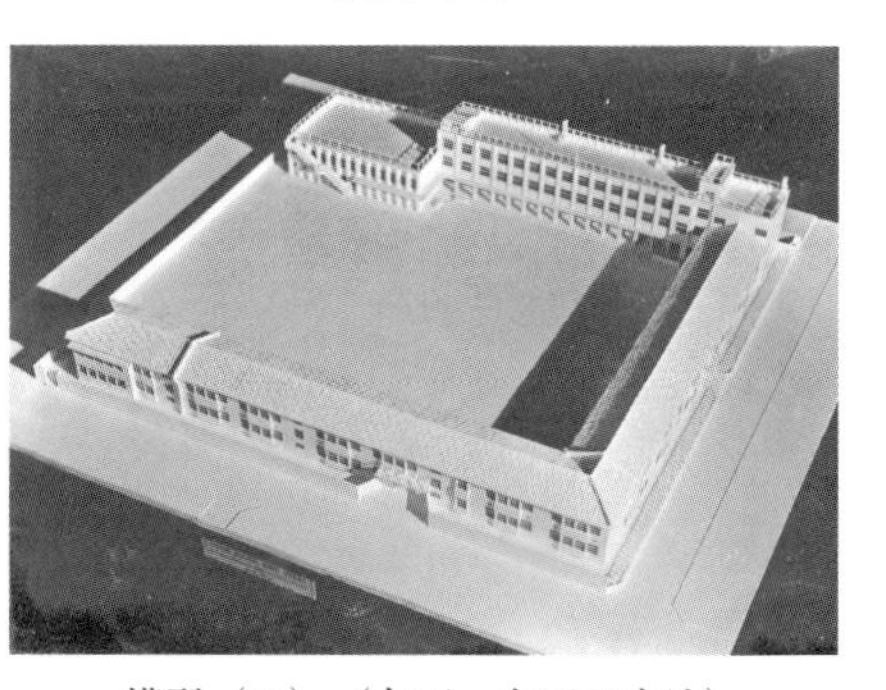
模型（3）（左下、右下が木造）

のまま標準化の雛形を形成したと判断することができる。

このような標準化の雛形は臨時校園建設所が設置される以前にほぼ完成していた。その業務を担当したのが、庶務部建築課(65)であり、そこでは伊藤を設計上の責任者として標準化のモデルの作成がおこなわれていた。(66)

臨時校園建設所の設置以降は伊藤が設計係長に就任する。そのような経緯を考えれば、伊藤の設計理念が臨時校園建設所の内部の技術者の間に浸透力をもっていたことは十分に考えられる。当時伊藤の部下であって現在も存命している複数の建築技術者の証言(67)によれば、伊藤は係長であったが、設計の上での責任者であったことが判明している。また『小学校改良』の著者名に大阪市技師・伊藤正文とあることや、のちに詳しくみていく「大阪市小学校復興計画上の諸問題」や「大阪市における小学校校舎の保健的設計実施報告」などの論文の執筆者名が伊藤正文となっている点などからも、伊藤が標準化に改良を加えていく上で、責任ある立場にあったと捉えることができるだろう。

伊藤は『小学校改良』では「之は一個の未完成案或は研究案」であり、「研究の途にある状態」と位置付け、その後に改良される可能性を示していた。そのことは次にあげる資料からも明らかである。昭和一二年（一九三七）一一月に発表された、伊藤による「大阪市小学校復興計画上の諸問題」（以後「復興諸問題」とよぶ）[68]によれば、階高の変更やホッパー窓の誕生、架構法の甲乙の二種類の用意などが新たになされていることがわかる。そのように昭和一二年一一月の時点では建設事業の開始前に考案された標準化の内容に変更や追加が確認される。このことから、標準化の内容が最初の設定時のまま実施されていったのではなく、途中で変容していたと判断できる。[69]

設計内容の変更はさらに続き、最終的な内容とは、昭和一三年（一九三八）一二月に発表された伊藤による「大阪市における小学校校舎の保健的設計実施報告」（以後「保健実施報告」とよぶ）[70]にみることができるものであったと考えられる。以降、設計に対して新しい試みがなされたことは確認できない。このように標準化の内容は変容している。そのため臨時校園建設所が設置されてからも、さらに標準化のあるべき姿を求めて試行錯誤がおこなわれていくことになった。そのことは『小学校改良』の表紙に掲げられた模型（右頁写真）をはじめ、多くの模型が作られていたことからも窺い知ることができる。

以上、標準化の変容をみてきたが、ここからは臨時校園建設所では、実際に設計や工事にあたる準備としての標準化に基づく設計を作り上げていく仕事が大きな割合を占めていたことがわかる。また臨時校園建設所が存在した二年間は、現実との対応のなかで雛形自身に改良が加えられていく時期にあったといえる。臨時校園建設所が教育部建設課に改組した昭和一二年（一九三七）以降も、昭和一三年（一九三八）までは、引き続き改良がおこなわれている。標準化とはひとつのモデルを決めればその作業は終わるが、ここでは時代的な要求によって小さなレベルでの改良がおこなわれていた。昭和一四年（一九三九）以降は改良がなされたかどうかの確認はできないが、おそらくこの時期には標準化の改良も終了していたとみられる。この背因にはさきに触れたように日中戦争の激化に伴い、前年の一三年後半より鉄筋コンクリート造に対する建設制限[71]がおこなわれたことが関連する。また、標準化に一貫して深く関わっていた伊藤が昭和一四年の前半に大阪市を退職するということを皮切りに、臨時校園建設所の幹部の

表4－8　標準化された設計内容

	項目	内容	備考	出典	従来の大阪市の規格
平面計画	特別教室の数	全体の教室数に係わらずに5種類	理科・裁縫・手工・図画・唱歌	A	×
	特別教室の配置	棟端部	理科室に限って東棟	A	×
	柱の間隔	3メートルスパン	1教室幅を9メートルとし、3分割	A	○
	教室面積	9メートル×7.2メートル	特別教室は普通教室の1.5倍	A	○
	1階吹放ち廊下	運動場の一部として使用	北側教室	A	○
断面	階高	最初は各階の階高を3.3メートル	実際は1階のみ階高3.6メートル 2階、3階は3.3メートル	A B	×
設備	暖房	暖房用温気筒の設置	教室隅切空間の利用	C	×
	換気	換気筒の設置	各教室境の壁の一隅	A	×
	採光	遮光庇	直射光線遮断用	A	×
	換気用の窓	ホッパー窓の設置	遮光庇の下、教室廊下仕切壁	B	×
構造	構造計画書	標準架構に基づき構造計画書を作成	各校で組合わせて対応	B	×
	基礎	地盤に応じて4つの工法の用意	地耐力 5t/m^2 以下→杭打ち 地耐力 5〜10t/m^2 →摩擦杭 地耐力10〜18t/m^2 →布堀基礎 地耐力18t/m^2 以上→単独基礎	A	×
	架構	地盤の地耐力に応じ、甲乙の2種類の柱間隔のものを用意	甲は地耐力15t/m^2 以下の敷地 乙は地耐力15t/m^2 以上の敷地	B	×

出典：伊藤正文『小学校建築を如何に改良すべきか』住宅改良会出版部、昭和10年6月、をA
伊藤正文「大阪市小学校復興計画上の諸問題」『建築雑誌』昭和12年11月、をB
伊藤正文「大阪市に於ける小学校舎の保健的設計実施報告」『建築雑誌』昭和13年12月、をC
備考：従来の大阪市の規格との関係は、○が踏襲、×は関連しない、を示す。

技師たちが次々と退職していったこと(72)も関連していたようだ。

2　標準化の内容

以下にみる内容は、主に昭和一〇年（一九三五）六月に刊行された伊藤による『小学校改良』に準拠するが、その内容が正確に実施案に反映されているかどうかについては重要な問題と考えられるので、「復興諸問題」（昭和一二年一一月）や「保健実施報告」（昭和一三年一二月）を併せて用い補った。ここでの標準化の内容は平面計画、矩計、設備、構造、意匠といった校舎の建築に関する多くの側面にわたっておこなわれていた。その一覧は表4－8に記した。なお、設備のなかの採光と意匠については、本節では扱わない。またここで考案された内容は「東京市の研究と相まって大阪市年来の方針(73)」からの影響があったとみることができる。

室戸台風の翌年の8月には成案がほぼ完成しており、新聞発表(74)されていた。以下記す。

伊藤技師の設計には従来の小学校建築に根本的の改良を加え耐震・衛生・経済の三拍子揃った理想的なものでこの方面の建築設計上に一エポックを劃するものと言われている。改良された要点は天井の高さを従来の四メートル以上を三メートル三以下総体で一間近くを低下し校舎自体に落ちつきを持たせ学童に注意力を集注せしめる。これによって建築費の百分の七（一校当一万四千円）を節約した。この結果全体では約二百万円が浮び上ることになった。

更に横長窓を縦長窓と欄干下に庇を設け採光を完全にし講堂を平屋建とし屋上を非常避難所としたこの計画は文部省の標準設計に採用され近く全国に通達せられる筈である。尚この他自然換気筒を各教室に設け各廊下を縁側の意味に取扱うために廊下と教室境の窓を大きくするなど各方面に新機軸が凝らされたものである。

階高を下げることで、ローコストの実現をはかったものであった。戦後の鉄筋コンクリート造校舎につながっていく。

（ｉ）校舎

まず、平面計画については、教室面積や柱割（次頁図参照）、一階吹放ち廊下の採用（377頁、難波桜川小学校の写真参照）などの基本的な計画は臨時校園建設所以前からの大阪市の規格を踏襲しており、ここで新しく考案されたものは特別教室の内容が加えられたに過ぎない。[75] 特別教室の取扱が教室数の大小には関わらず理科・裁縫・手工・図画・唱歌の五つが設置されることが決められた。また特別教室については、「棟端部に置くことを原則」[76] とした配置になっていた。

次に、矩計での標準化は、一階から三階までの各階高を三・三メートルとし、階高を均一にした点に特徴がある。つまり「一階だけ高くし、外観上の仕上がりとして一階だけの取扱を変えていた」[77] 従来の校舎に対して、ここでは均一の階高によって矩形の規格化がおこなわれていた。このような階高の低減は工費のローコスト化に加えて、[78] 水

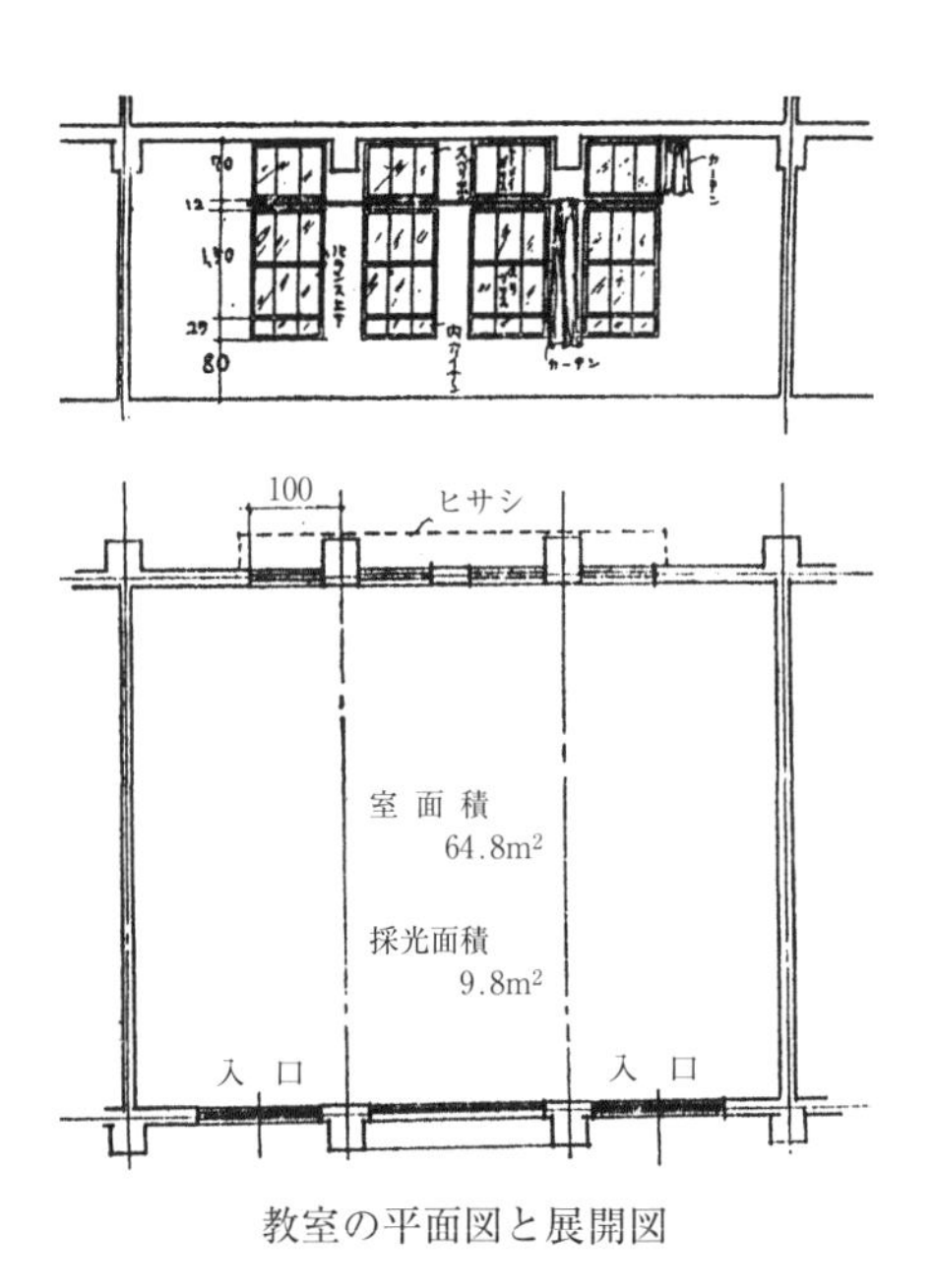

教室の平面図と展開図

普通教室内部

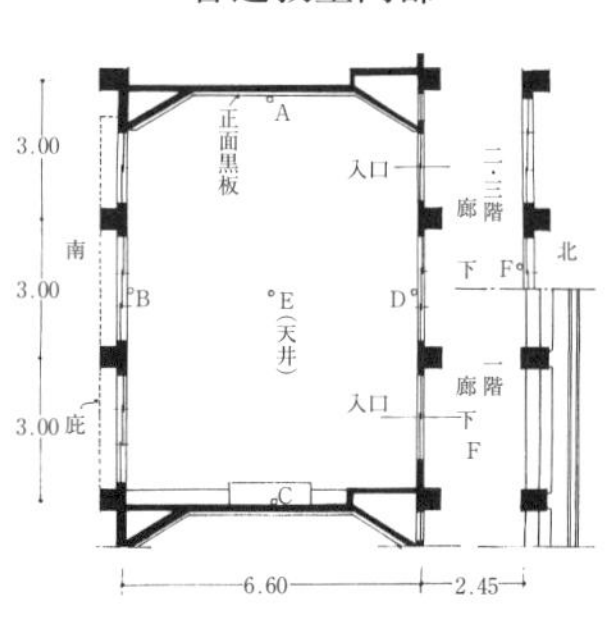

教室平面図（単位はmm）

平ラインを強調するファサードデザインの成立に繋がっていくとみることもできる。

だが現実には、「本市小学校は計画の方針としては必ず木造、鉄筋コンクリート造の混合」(79)（372頁の模型（1）と（3）参照）という状況であったことで、一つの敷地の中で木造校舎と鉄筋コンクリート造校舎が併置されることが多く、その際に木造校舎の二階床高と鉄筋コンクリート造校舎の二階床高は、通行の利便の上で同一のレベルが要求されるそのために、鉄筋コンクリート造校舎の一階階高だけに限って、木造二階のレベルに合わし、三・六メートルに変更された矩形の設計（左頁図参照）となっていた。このように木造校舎との関係が標準化に対して一定の影響を及ぼしていたことも臨時校園建設所による標準化のひとつの特徴と考えられる。

また、設備面についての標準化は一般的な事象といえるが、それに加えて、採光や換気、暖房など環境工学的な設備が考案されていた。採光に関しては外観の意匠とも深く関連するため次節で詳しく論じる。ここでは対象を暖房と換気に限定する。暖房は石炭ストーブが中心であったため、換気と共通して考えられ有効

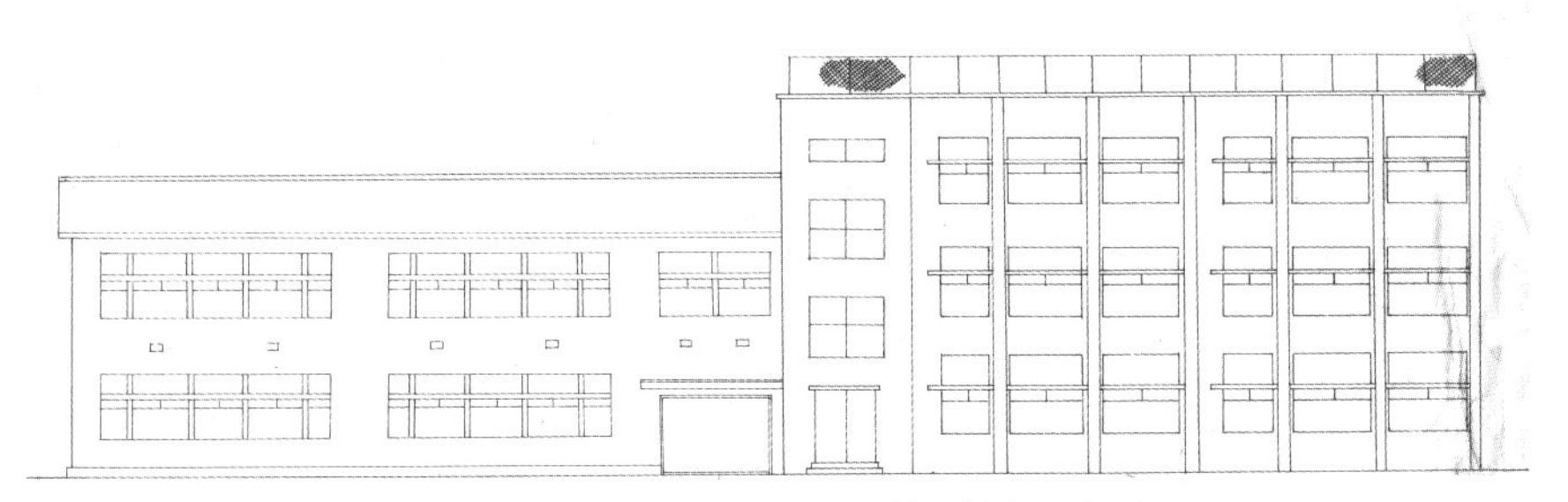

鉄筋コンクリート造と木造の併用校舎の立面

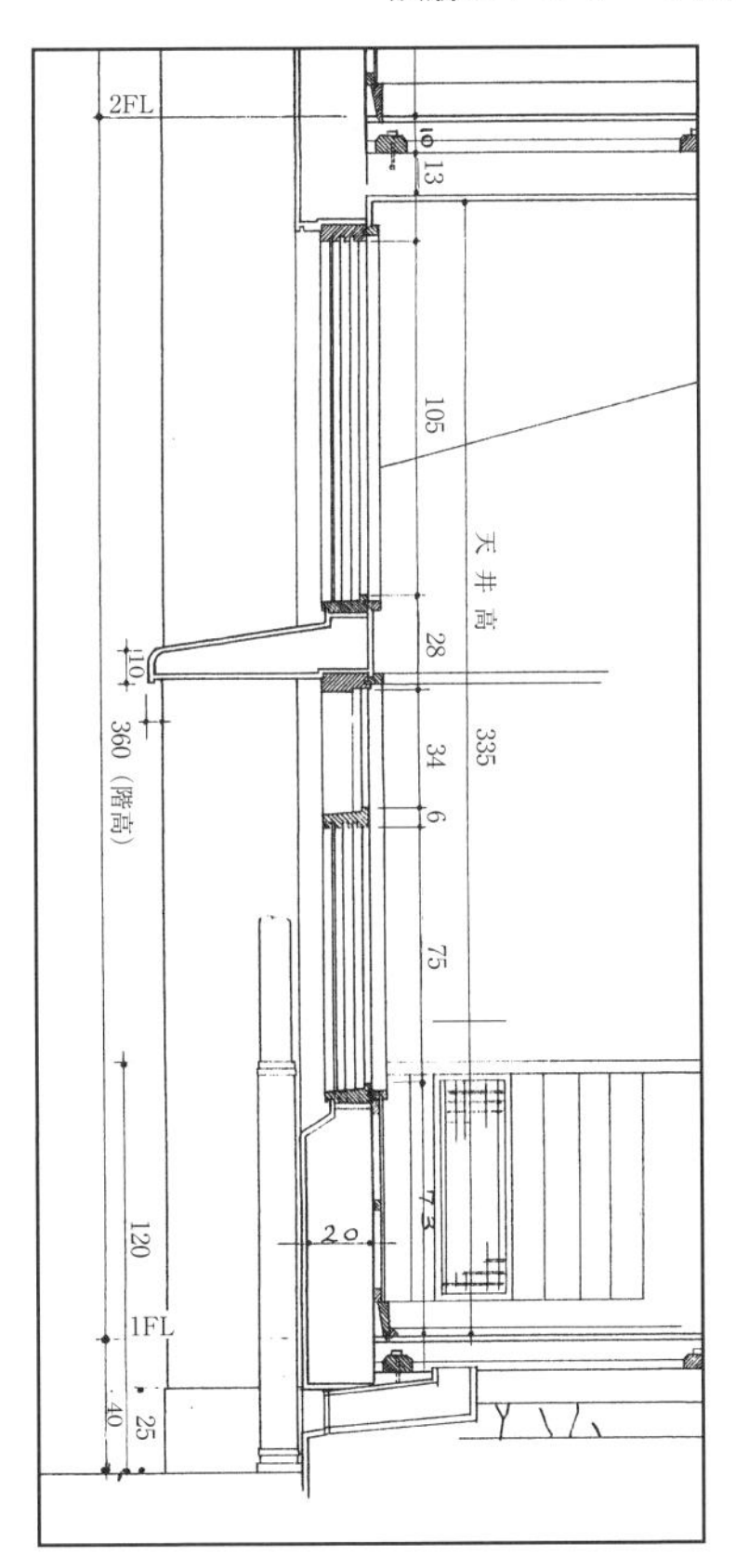

1階標準矩計図

難波桜川小学校

な排気のための換気筒(80)が考案され、「各教室境の壁の一隅」に設置される。また暖房については「教室の隅切部空間の利用法として暖房用温気筒(81)が試行される。これらの筒の設置の背景には教室内の換気などについての伊藤の研究の成果が関連している。さらにホッパー窓（次頁写真参照）という教室内の自然換気装置が遮光庇の下端と、教室廊下間の中仕切側の両方に設置されるケースもあった。

遮光庇とホッパー窓

さらに、構造面については架構図と構造計算が標準化されている。つまり、あらかじめ「標準架構の計算書架構図を作成し、各校に応じて必要なる組合わせ」[82]がおこなわれており、各校ごとの構造計算は省略することが可能となっていた。また、地盤の地耐力によって基礎の工法は四つに分類[83]されており、それらの基礎の類型に適合する構造計画として甲乙の二類型が対応[84]するようになっていた。

具体的には甲の類型は地耐力一五トン／㎡以上の敷地、乙の類型では地耐力一五トン／㎡以下の敷地というように地盤の状態によって、甲乙の選択は自動的に決定されるシステムになっていた。軟弱地盤の土地[85]が多い大阪市では、杭打ちなどの基礎に高額の工費がかかることが予測されたため、少しでも工費を低減しようと規格化がおこなわれたものと思われる。このように標準設計は工費の多くを占めていた躯体や基礎の合理化という点では効果的であったと考えられる。

左頁の図は地質調査を実施した校舎建設予定地を示した大阪市の地図であり、地図上の数値は地層調査をおこなった順をあらわす。

(ii) 講堂・雨天体操場

臨時校園建設所による配置計画の特徴に、講堂兼雨天体操場（以下「講堂」と記す）を校舎から独立させ、平屋建ての鉄筋コンクリート構造で設置することがあった。このことは「一校に一棟は鉄筋コンクリート造」[86]とする、復興計画の政策が関連していると考えられる。さらにその背景には、東京市の復興小学校での屋内体操場の設置[87]による影響があったと考えられる。なお、臨時校園建設所による鉄筋コンクリート造の「講堂」については、資料的な制約もあって全部で何校がつくられたのかは不明であるが、一三校の小学校で設置が確認される。

「講堂」は教室棟と同じように、甲、乙の二つに類型化[88]されていた。但しここでの甲、乙という呼称は、教室にお

大阪市小学校 地質調査地点配置図

甲型講堂　住吉小学校

乙型講堂

ける甲、乙の類型とは特に関連するものではない。甲型の講堂（上の写真参照）は平屋建てで屋上は運動場も兼ねていた。一方、乙型の講堂（上の写真参照）は鉄筋コンクリート造の「講堂上に木造教室を設けたもの[89]」で、敷地が狭隘の場合に適用されていた。つまり、敷地の大小で講堂の類型は決められていたといえよう。そのような類型に収斂するまでの「講堂」の形式には「三種の変遷があり更に特殊型のもの二、従来よりのものを合わせて一〇種の変化[90]」があったとされる。ここからは様々な試行がおこなわれていたことが読み取れよう。

また、甲型講堂の内部の天井に「近代的構成美[91]」をみせる鉄骨コンクリート造の梁のものは住吉小学校など、「復興初期の八校に実施し以後は工費節減の目的で此案を廃棄した[92]」とあり、建設時期により設計内容が変更していたことがわかる。さらに、夏期の日射による蓄熱を避けるため講堂の屋上を芝生にするという実験的な試み[93]（左頁写真参照）もおこなわれており、室内環境がより重要視されていたことがうかがえる。

（iii）家具・照明器具・外構

標準化が行われたものは建築以外に、次のようなものがあった。教室内では机や椅子の設計がなされていた。この背景には近視眼予防を目的とする保健理論[94]があり、児童の体格に応じた机や椅子の規格化がおこなわれていた。また教室内の照明器具[95]は、照度分布などに基づき伊藤みずからによって設計されていた。外部では運動具や砂場などの体育施設[96]や植樹も含む庭園計画[97]なども設計されていた。なかでも運動場に設置された「井戸足洗場[98]」（左頁写真参照）は水呑、水汲、手洗、シャワーなどの機能も併せ持ったものであり、意匠的にはモダンデザインの影響を受けたものであった。このように家具や照明器具などの工業デザイン的な要素の強いものから、校舎の外構に及ぶ内容についても標準化がおこなわれていた。

（iv）標準化の障害になった要素

標準化とは究極的にはひとつのタイプに収斂することを目的とするが、地盤の状態など、標準化にあたって非経済的な要素に対してはいくつかのタイプに類型化することで対応がなされるシステムになっていた。ところが、類型化の手法の適用ですら、困難な要素があった。その最たるものが校舎の配置計画であった。臨時校園建設所によって建設された校舎は、一敷地のなかで校舎の一部に過ぎず、「多くは既設校構内の増築又は改築」(99)であった。つまり一敷地に含まれる校舎のすべてにわたって建設されることは少なく、ほとんどの場合は既存の鉄筋コンクリー

井戸足洗場

芝生敷きの講堂屋上

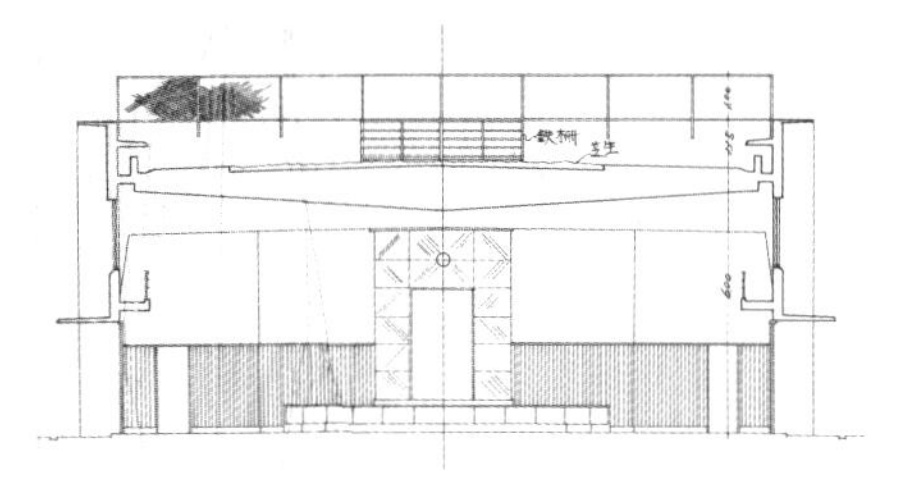

講堂兼屋内体操場の断面図

桃園第一小学校模型

ト造校舎や木造校舎との併置（上の写真参照）という形態を採らざるを得なかったため、既存の校舎の位置によって配置計画は大きく規定されることになる。伊藤はそのことに対して、「改良案の適用は甚だ徹底し得なかった[100]」と総括している。

このことはまた、小学校の敷地に関する土地の形状や大きさに関連する。敷地については各校のいずれもの条件が異なっていた。そのため、臨時校園建設所では土地の形状や大きさまでも規格化することを試みる。そこでは敷地を矩形に整形するために、土地の取得がおこなわれる。そのことは市議会での「校地不整形ノ学校ハ調整ノ上成ルベク完全ナル形態ヲ備ヘラレタキコト[101]」という意見に端的にみることができる。しかしながら、敷地の整形化は「校下部内の共同の利害と予算経済の制約[102]」もあって計画どおりに遂行されず、敷地の形状や大きさは、配置計画とともにもっとも規格化が困難なものであったといえる。

3　標準化の実施

前節であきらかにしたように臨時校園建設所による鉄筋コンクリート造校舎は、一〇三校の竣工が確認される。しかし、現時点で校舎のほとんどが残っていないために、実際の建築にあたることは困難となっている[103]。なお筆者は平成五年（一九九三）一一月の時点で、現存していた敷津第二（現・加賀屋）、住吉、中津第二（現・中津南）、桃園第一（現・桃園）の各小学校の現地調査をおこなった。また、臨時校園建設所による鉄筋コンクリート造校舎が建てられていた各学校で資料調査をおこない、鷺洲第一（現・鷺洲）、鶴橋第二（現・北鶴橋）、敷津第二（現・加賀屋）、天王寺第五（現・五条）などの小学校では、臨時校園建設所による設計図面が保存されていることを確認した。

ここで発見できた図面が臨時校園建設所によるものである信憑性については、図面表題欄にある臨時校園建設所名や図面作成時の年月日、作成者名の明記など[104]から、当時のものであると判断できる。本節ではここで発見できた設計図をみることで、標準化の適用が実際には、どのようにおこなわれていたのかを検討する。

標準化をおこなう際の雛形の図面とはどういうものであったのだろうか。さきにみた「小学校改良」には、各階平面図、外側姿図、鉄筋コンクリート校舎矩計図・其一、其二、其三、鉄筋コンクリート校舎階段矩計図、鉄骨鉄筋コンクリート講堂矩計図、と各図面が掲載されており、「小学校改良」のなかで伊藤が「成案に近いものを得[105]」と記していることを考え併せれば、確証はとれないが、それらは標準化の雛形を示す、標準図の一部であるとみなすことができる。ここでは便宜上、これを「標準図」と呼称する。

現存する設計図がもっともよく揃っている小学校に鷺洲第一小学校（左上写真参照）があり、全体で七〇枚あった図面のうち一一枚の図面が現存する。七〇枚の内訳は意匠図三五枚、構造図一八枚、その他一七枚となっていた。また意匠図と構造図を合わせた五三枚の図面の一覧[106]のうち、一三枚の図面の番号の上には「標」と記されている。このことから、本来は「標」の印のついた図面と「標準図」を比較する必要があるが、「標」の印のついた図面が現実には発見できていないため、比較は困難となっている。確証はとれないが、おそらくはこの図面は「標準図」と同一とみなし得る図面を使用していたと推測できる。

鷺洲第一小学校

同様に天王寺第五小学校（口絵参照）では図面目録のなかで各図面の備考欄に「標準」と記入されているものがみられ、それらは「標準図」と同一とみなし得る図面を使用していた可能性が考えられる。また敷津第二小学校では図面のなかで、「標準」と呼称されたものは確認できなかったが、矩計図が一部発見されており、その矩計図と「標準図」を比較すると、一階の階高が三・六メートルになり、開口部にホッパー窓が設置されるなど一部に違いはみられるが、それ以外はほぼ同一の内容であることが確認される。このことからこの図面では「標準図」の適用がおこなわれていたと考えられる。なお、敷津第二小学校の矩計図に表れた「標準図」との差異はさきにみた標準化の内容に加えられた改良によるものと判断できる。このことは「標準図」の内容に微妙な変更があったことを示している。

このような「標準図」の適用からは、一枚の図面を共有化して雛形として使おうとする意図がみえる。このように設計図は「標準図」のような共用可能な図面と、そうではない図面とに大別することができる。

では、どういった図面が「標準図」を適用していたのかをまとめると、矩計図、講堂兼雨天体操場詳細図、階段詳細図、配筋図、架構図、基礎図などが挙げられる。これらは前節であきらかにした標準化の内容と適合しており、さきにみた『小学校改良』のなかの図面と、ほぼ同一とみなし得る。一方、「標準図」に該当しないとされる図面についても、ファサードのデザインなど、広範囲にわたって規格化が行われていたことで、各学校独自の自由な裁量の部分は少なかったと考えられる。[107]

また、鷺洲第一小学校や天王寺第五小学校のように既存の鉄筋コンクリート造校舎が存在することが多く、配置計画は既存校舎による一定の束縛のなかで決定されたと考えられる。つまり敷地の形状以外に既存校舎の存続などの条件が、配置計画の上での標準化の施行を困難としていた。すなわち、コの字やL型の平面が望ましい[108]とされるなかで、鷺洲第一小学校がロの字型平面[109]を採らざるをえなかったことは、そのことに起因すると考えられる。大阪市の復興小学校ではこのように既存の鉄筋コンクリート造校舎との併置という建設形態も多くみられた。

なお、鷺洲第一小学校では七〇枚の図面によって、二七の教室と六の特別教室、雨天体操場兼講堂が建設されている（表4－9参照）。天王寺第五小学校では、設計図は構造、電気、衛生図を含め、五一枚からなっていた。「標準図」と同一とみなし得る図面は五枚が確認され、その内訳は配筋図や矩計図などの構造図が多く、特に階段矩計図[110]に関しては、A、B、C、と三つの型が用いられていたことが判明しており、三種類の階段の類型が「標準図」として用意されていたことがわかる。その他に照明器具に関して、其ノ一、其ノ二の二枚にわたり「標準図」が用いられていた。ここでは既存の鉄筋コンクリート造校舎が存在していたため、その校舎と接続する形で雨天体操場兼講堂を含む南北二つの棟が建設されている。

　また、敷津第二小学校では設計図は四二枚からなることが確認される。「標準図」の適用はさきにみた矩計図でおこなわれており、ここにおいても構造図を中心にしておこなわれていたと推測できる。ここでは九教室からなる一

表4－9　鷺洲第一小学校設計図面一覧

図面名	標準図の適用	図面の現存	縮尺
意匠図　35枚			
1．在来配置及工事順序図		○	1/200
2．付近見取図、配置及壱階平面図		○	1/200
3．弐階平面図		○	1/200
4．参階平面図		○	1/200
5．屋上平面図及旗竿詳細図		○	1/200、1/20
6．姿図		○	1/200
7．鉄筋校舎矩計図其ノ一	○		
8．鉄筋校舎矩計図其ノ二	○		
9．玄関詳細図			
10．仕丁宿直及湯沸場詳細図			
11．下足室詳細図			
12．唱歌室詳細図			
13．理科室展開図		○	1/50、1/20
14．理科室詳細図			
15．手工室詳細図			
16．図画室詳細図			
17．裁縫室詳細図			
18．作法室詳細図			
19．雨天体操場兼講堂詳細図	○		
20．奉安庫詳細図			
21．映写室詳細図			
22．南階段Ａ型詳細図			
23．屋上ヨリ屋上ニ至ル連結非常階段詳細図			
24．北階段Ｃ型詳細図			
25．北側屋上ヨリ屋上連結階段詳細図			
26．北校舎非常階段詳細図			
27．シャッター及北校舎非常階階平面、足洗場詳細図			
28．講堂外階段図	○		
29．手洗及ダストシュート詳細図			
30．在来校舎取合詳細図			
31．北側校舎取合詳細図			
32．模様替其他詳細図			
33．南校舎標準Ｃ型階段詳細図	○		
34．便所各部詳細図			
35．排水図			

出典：鷺洲小学校所蔵図面

鷺洲第一小学校 俯瞰図

棟と、雨天体操場兼講堂が建設されている。

さらに鶴橋第二小学校では一部の設計図が確認されただけで、全体では何枚の図面によって設計がおこなわれていたのかは詳しくはわからないが、階段詳細図が発見されておりその表題欄にはB型と明記[111]されており、おそらくは天王寺第五小学校で表れていたB型と同一のものであったとみることができる。

以上みてきた各学校の事例からは、構造図や矩計図については「標準図」という共有化した図面が使われていた。平面図に限っていえば雨天体操場兼講堂や階段に使われていたことが窺える。また、意匠図や設備図に対しても共通したものがみられ、何らかの標準化を志向する考えがあったものとみることができるが、現時点ではそのことを示す図面は見つかってはいない。

4　実現された校舎

校舎全体が鉄筋コンクリート造になったケースは少なく、今宮第一・味原・鶴橋第二・大和田第一などに限られる。ここでは竣工記念写真帖『今宮第一小学校落成記念画譜』[112]が見出せた今宮第一小学校の内実をみていく。その冊子には図面として配置図兼一階平面図・二階平面図・三階平面図が、写真は外観として街路側・玄関廻り・校庭側が、各室内部としては講堂・普通教室・理科教室・作法室・廊下・貴賓室・校長室などが紹介される。学区制度の小学校の多くが、学務委員や学区区会議員の紹介をしていたが、大阪市の事業で建設されたためにそのようなページはない。代わりに工事に関わった各専門業社の広告が載っており、その広告費で制作されていたのだろう。

大阪市臨時校園建設所長上島直之は次のような題辞を寄せていた。

風水害復旧のトップ大物工事として、今宮第一小学校が今回華々しく竣工した事は実に欣快措く能はないところであります。この今一校改築工事は校費約二十五万円　岡本組（吉藏）施工にかかるもので昭和十年八月起工、同十一年十二月完成したもので近代式明朗な模範建築と言うべく、普通教室三十、特別教室四他に雨中体操場等あって、鉄筋コンクリート造陸屋根附三階建延四二〇〇平方米、体操場四〇〇平方米の堂々たるものであります。八、九、十年度継続事業と復旧事業とを合併して、此れに当てたもので施工者岡本組の献身的努力と学校関係者各位の熱心なる後援に依って、今日この白亜の明朗校を得たと言うことは我等大阪市民の大なる誇りと言うべきでありましょう。

この小学校は復興事業に昭和八年から一〇年までの継続事業が合わされ、建設された。学区はすでに解散しており、地域とどのような関係で事業は伸展したのだろうか。「今一教育後援会」[113]という組織がつくられており、この組織にくわえて、改築設備改善後援会が設置されており、建設事業を後押ししていた。

この校舎は建築物としてはどのようなものであったのか。ブロックプランはコの字型で南側を運動場とする。玄関は北側にあり、東棟は平屋建の講堂兼屋内体操場と、中廊下式の教室配置、北棟は管理スペース、片廊下式の室配置となり、西棟は片廊下式の教室配置となり、講堂棟を除く二棟は校庭側を歩廊とする。講堂のみ、鉄骨鉄筋コンクリート造となる。写真から鉄骨の梁が梁間方向に露出のまま掛け渡されている様子がわかる。講壇上の奉安所は無装飾の額縁からなるシンプルな意匠となる。

ここではまだ、臨時校園建設所設計による特徴である遮光庇は出現していない。柱型と一階からパラペット下まで続く柱型と頭繋ぎのパラペットによってファサードが構成されており、その形状は前章でみた大阪市建築課が設計した真田山小学校など昭和五年前後に完成させたスタイルに近い。仕様をみると、「外壁ハ全部モルタル掻落シトス」とある。床は米松のフローリング、内壁はプラスター仕上げとなる。

『今宮第一小学校落成記念画譜』表紙

今宮第１小学校 校庭

今宮第１小学校 西側外観

今宮第１小学校 廊下

今宮第１小学校 玄関

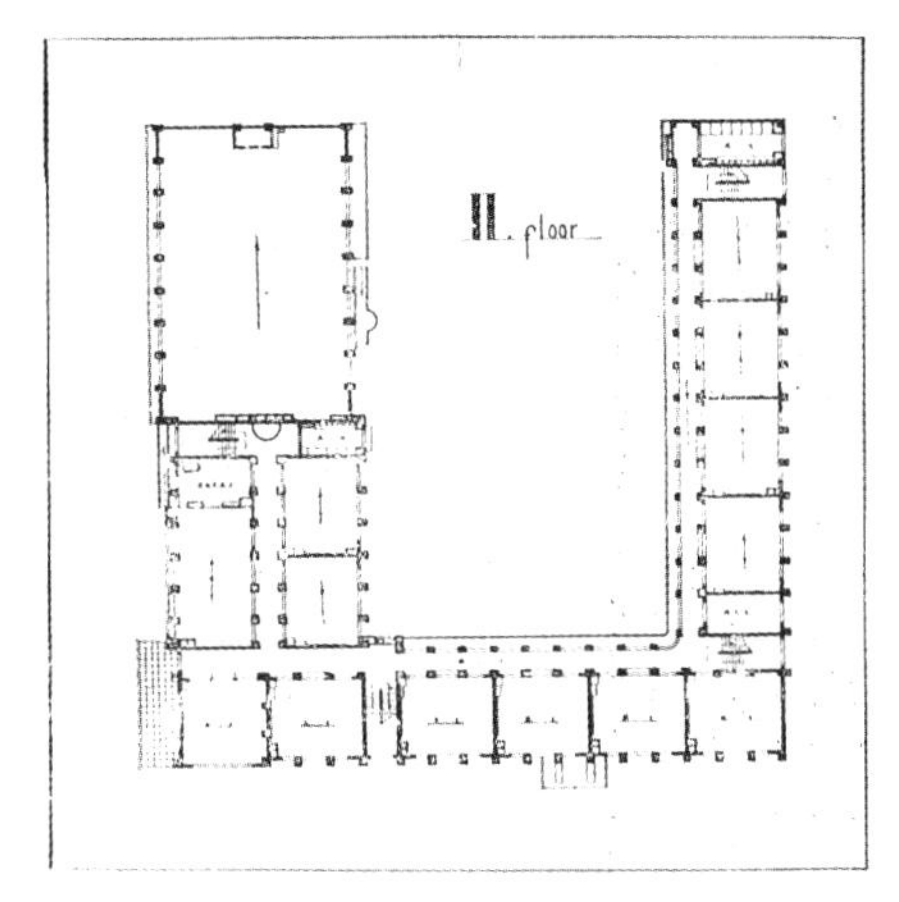

今宮第１小学校　２階平面図

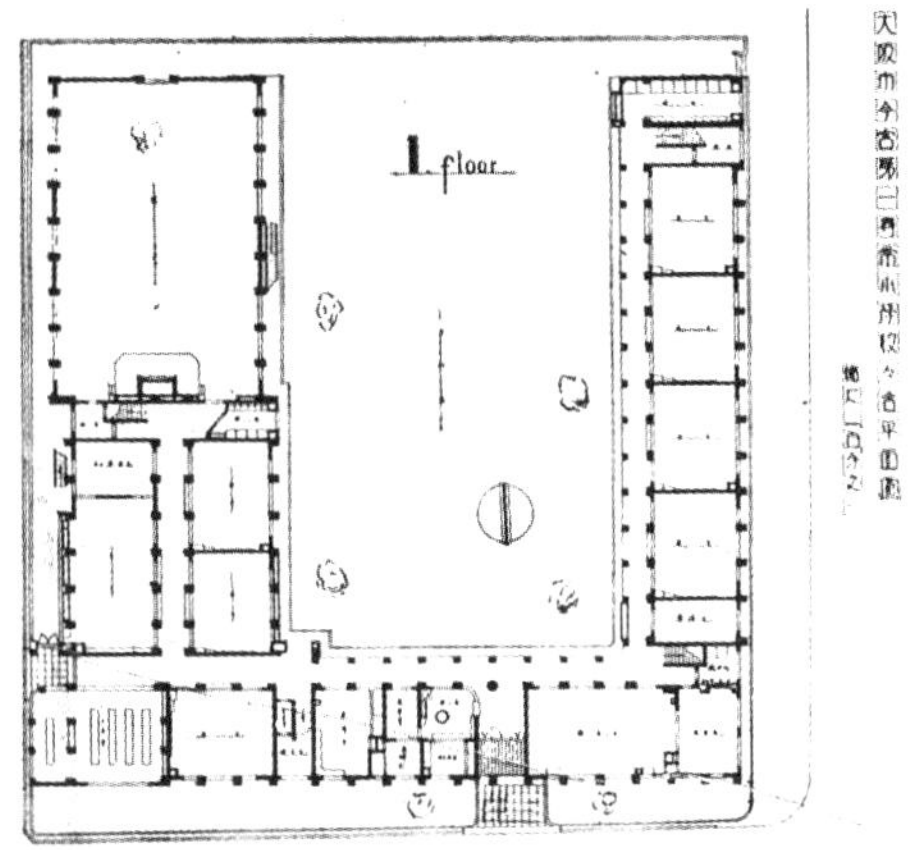

今宮第１小学校 配置図兼１階平面図

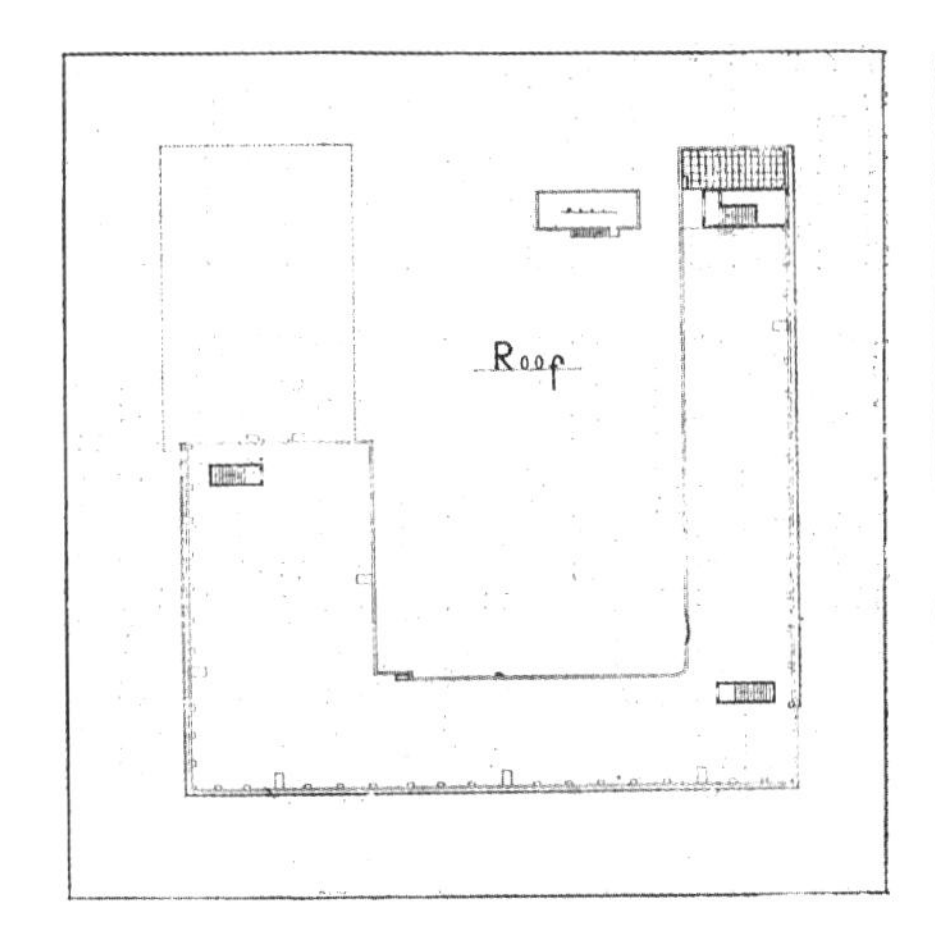

今宮第１小学校 屋上階平面図

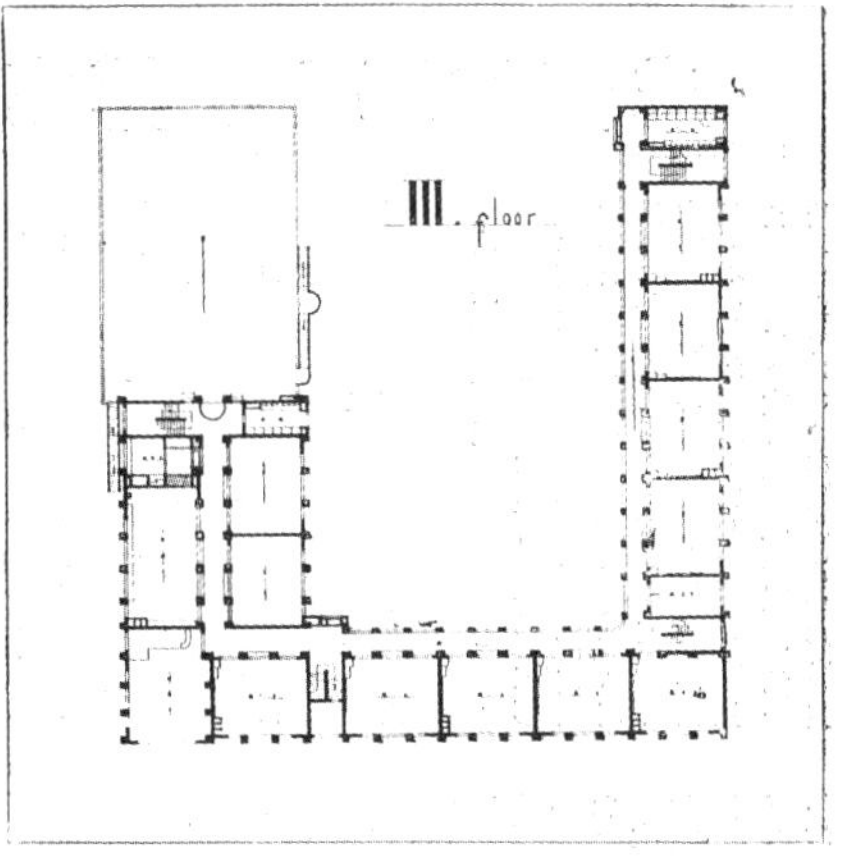

今宮第１小学校　３階平面図

四　意匠面の特徴

本節では意匠面にみられる特徴が、標準化の過程とどのような関係にあったのかをみていく。臨時校園建設所による設計は、ファサードをはじめとする意匠面に関しても標準化の対象とした。標準化のあり様をファサードは意匠面において、もっともよく示していると考えることができる。ここでは、とりわけファサードを構成する上で大きな特徴であった庇の形態に着目する。伊藤正文によれば、ここであらわれた庇は遮光庇[114]と呼ばれ、太陽光を遮ることに加え、反射させた太陽光を教室内に取り入れるための装置であった。史料としては当時刊行された記念誌や雑誌類、伊藤正文の遺族調査で発見された写真類[115]、各小学校が所蔵する設計図面、大阪市が所蔵する設計図面[116]などを手掛かりにして検証していく。

1　伊藤正文のスケッチ

臨時校園建設所の設計係長であった伊藤正文が残した資料のなかに、復興小学校に関するスケッチ二枚を撮影した写真[117]が含まれていた。いずれも伊藤正文が作成したという確証はないが、伊藤正文が復興小学校の設計に関しての事実上の責任者であったことから、伊藤正文の意思が強く反映されたものと見なすことができる。一般的に建築家の設計スケッチは、設計の過程をみていく際にもっとも信頼できる資料とされている。ここで発見できた二枚のスケッチは外観透視図であり、ファサードの形成の過程をみていく上で重要な資料になると思われる。便宜上、遮光庇のない外観図をスケッチ1、遮光庇のある外観図をスケッチ2、と呼称しておく。

スケッチ1（391頁図参照）からは、その裏面に「大阪市小学校復興型第一案」と記されている[118]ことから、標準設計が決定されるまでの試案のひとつと考えられる。ここでは柱型が外観に表わされており、先にみてきた復興小学校以前の、大阪市の小学校のファサードのデザイン[119]に類似している。だが、パラペットの取扱方に違いがあり、ここではパラペットが外壁面に後退することで、パラペットとは別の水平材が柱型の頂部を繋ぎ、柱型と一体となり枠状のフレームを構成する。つまり躯体から突出したフレームによって、ファサード全体がデザインされていた。このことは後に詳しくみる標準設計の甲の類型のファサードの構成に繋がっていくと考えることができる。また、ほかの多くの類型と異なり、遮光庇は設置されていない。そのため『小学校改良』が刊行される以前に設計されたものであると考えられる。このような類型は復興小学校全体のなかで、初期の時期に竣工する鶴橋第二小学校（366頁模型写真参照）と味原小学校（366頁模型写真参照）で実現が確認される。

一方、スケッチ2（左図参照）の裏面には「第二案」[120]と記され、その横には「大阪市復興小学校原案ノ一」と書かれている。このような記述からは複数のファサードのタイプが考えられていたことがわかる。この外観透視図からはファサードに遮光庇が設置されていることがわかる。遮光庇は一教室分の桁行方向を三分割する柱型より、外側に張り出す。また水平的には、遮光庇は一教室の開口部の長さ分が連続し、隣接する教室を隔てる壁の位置に対応する柱型の部分で中断される。この類型については『小学校改良』のなかで「復興型小学校の形式の一つ」として、紹介されている。そこでは「縦長窓の連窓とし、欄間下に庇を設けた事」が改良された特徴とされており、『小学校改良』にあげられていた図面（376頁図参照）や模型写真（372頁写真参照）から、教室中央部の開口が柱型の間で小柱によって、さらに二分割されていたことがわかる。このことからはファサードの上で垂直性を志向する考えがあったことが窺える。また、そこでは「光線を室内深く送る為には竪長の高い窓を配置する方」[121]が照度の平均化という観点からは有利である、という衛生工学上の成果が意識されていたことが読み取れる。

復興小学校スケッチ（1）

復興小学校スケッチ（2）

このように初期の時期から、衛生工学が重要な要素になっていたことは注目すべき点であると思われる。なお、この『小学校改良』が刊行されたのが、昭和一〇年（一九三五）五月であったことからスケッチ2の作成はそれまでにおこなわれていたと考えられる。またこのようなファサードのデザインをみせる校舎は、復興小学校として、最初に竣工する住吉小学校（380頁写真参照）にみられる。なお、ここでの写真は廊下側のファサードであるために、教室側のファサードを示したスケッチ2（前頁図参照）とは異なったものとみられるが、同一のものである。

2　遮光庇による類型化

昭和一〇年（一九三五）九月に刊行される『復興起工誌』では、その表紙に校舎の外観透視図（上図参照）が描かれ、そこには先にみてきた伊藤のスケッチ2とは、異なる形態の遮光庇が現れている。外観透視図からは遮光庇が柱型より外部に突出して、しかもほぼ校舎全体にわたって水平に連続している様子が見て取れる。『復興起工誌』のなかの「設計ノ概要」によると、遮光庇が採光のために設置と記されているが、ファサードの意匠についての記述はなされていない。また『復興起工誌』には模型写真（372頁写真参照）が載せられており、ここからは道路に面したファサードには遮光庇が設置されていることがわかる。ここでの遮光庇はさきにみたスケッチ2に表現されたものと同じ形態を示している。すなわち、遮光庇は一教室の桁行長さに分節されており、表紙の外観透視図にみられたような水平的な連続性は見いだせない。このように遮光庇については校舎の教室側のファサード全体に水平に連続して設置されるケースと、一教室の桁行き長さに分節されて、設置されるケースの二種類があったことがわかる。

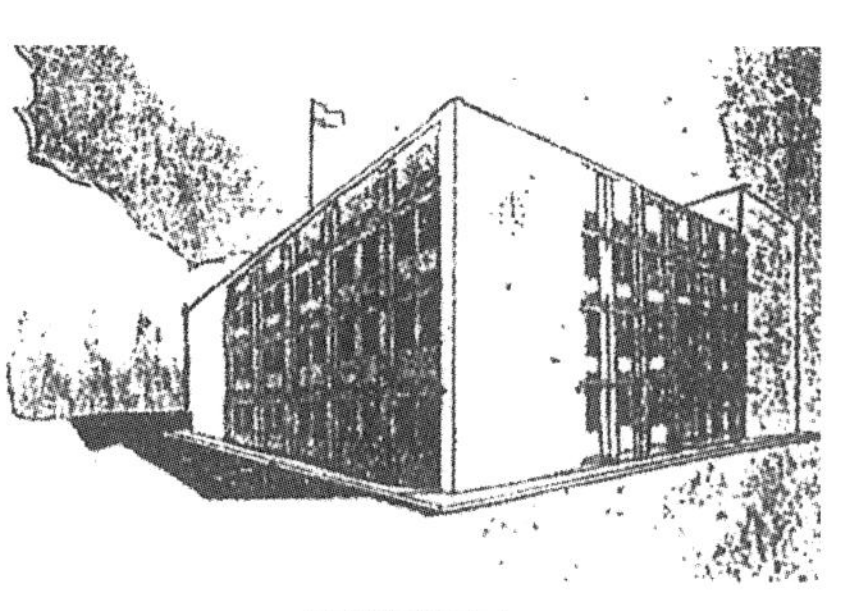

外観透視図

さらに事例をみていくと、昭和一三年（一九三八）三月に竣工する敷津第二小学校（394頁写真参照）では、遮光庇が一教室の桁行きを越えて、校舎全体にわたって水平に連続しており、遮光庇の先端は柱型より外側に突出して設けられていることがわかる。そのため水平ラインが強調されたファサードになっている。天王寺第五小学校（口絵参照）でも同様に遮光庇が扱われていたことがわかる。そのため水平ラインが強調されたファサードになっている。窓の形状をみると、スケッチ2や『小学校改良』の時点では、教室側の中央部の窓を二つに分割していた柱は、ここでは設置されていない。その間がすべて開口部になっている。また、教室部の前方や後方の窓の開口面積がスケッチ2や『小学校改良』の時点と比べて水平方向に広がることで大幅に増加していることがわかる。さらには、ホッパー窓が遮光庇の下に設置されている校舎（378頁参照）もみられる。

また『復興諸問題』のなかには「甲型教室側外観」と紹介された天下茶屋小学校の写真（左上写真参照）があり、柱型の出隅と遮光庇の先端が同面となった事例をみることができる。ここでは柱型と遮光庇の構成によって、ファサード全体が矩形に分割されたデザインが表れている。なお、この写真は天下茶屋小学校を示している。それ以外にも、さまざまなファサードのデザインの提案が、遮光庇を使っておこなわれていた。その一例に394頁の写真の城東小学校ような校舎もあった。ここでは外観に柱型が現れず、フラットな外壁に遮光庇が水平に連続するファサードとなっており、このように柱型が内部に設置されるケースもあった。このことは後で詳しく論じる、乙型と呼ばれる類型の校舎でもおこなわれている。このように遮光庇のある類型では、柱型のないフラットな外壁のものを除いては、柱型との関係において、遮光庇の奥行や長さ、柱型との関係において、次の三つのタイプがつくり出されていたと考えられる。（表

天下茶屋小学校

4－10参照）

（A）遮光庇が柱型より突出するが、長さは教室の開口部にとどまっているもの

（B）遮光庇が柱型より突出して、校舎全体にわたって連続したもの

（C）遮光庇が柱型と同面の奥行で止められ、柱型と一体化している

なお、Aの類型はさらに二つの分類ができる。第一は教室側の中央の窓が小柱によって二分割されているケースであり、第二は小柱がなく、全面的に開口部になっているケース（生野第三小学校の写真参照）で、第二は第一と比べて、全般的に窓の面積が大きくなっている。

臨時校園建設所による教室の桁行長さは九メートル[123]（表4－8参照）と決められており、A、B、Cのいずれの場合においても、その間に二本の柱が三メートル間隔で配置されるようなスパン割をとっていた。従来、大

生野第三小学校

敷津第二小学校

城東小学校

表4－10　遮光庇の類型

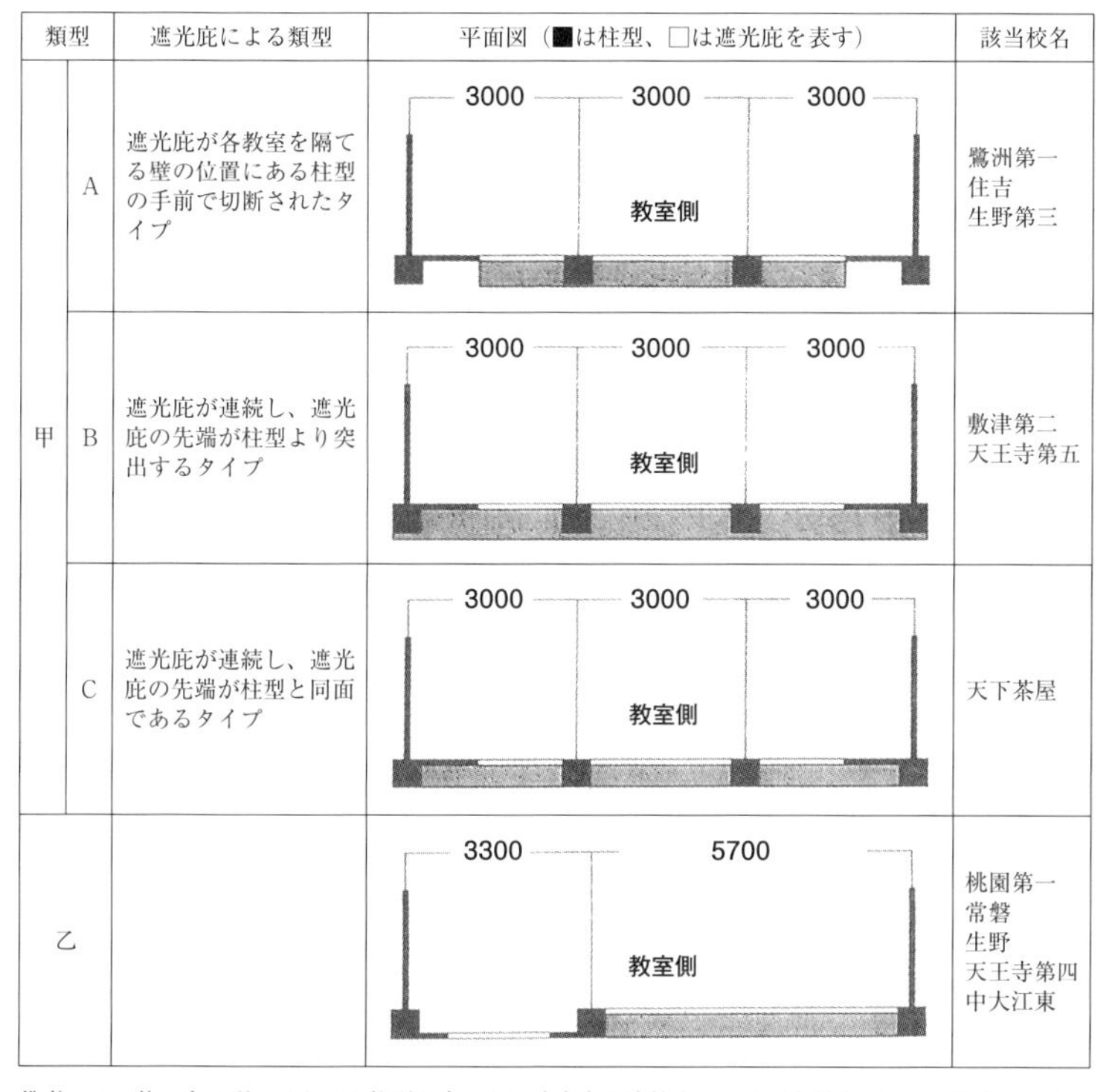

類型		遮光庇による類型	平面図（■は柱型、□は遮光庇を表す）	該当校名
甲	A	遮光庇が各教室を隔てる壁の位置にある柱型の手前で切断されたタイプ	3000　3000　3000　教室側	鷺洲第一 住吉 生野第三
	B	遮光庇が連続し、遮光庇の先端が柱型より突出するタイプ	3000　3000　3000　教室側	敷津第二 天王寺第五
	C	遮光庇が連続し、遮光庇の先端が柱型と同面であるタイプ	3000　3000　3000　教室側	天下茶屋
乙			3300　5700　教室側	桃園第一 常磐 生野 天王寺第四 中大江東

備考：この他にも乙型ではないが柱型が表れない遮光庇が連続するタイプも見出せたが、教室側のファサードの様相を知る写真や図面などの資料が現時点では発見できなかったため、上の表にはあげていない。なお、ここにあげた類型とは現時点で確認できた、臨時校園建設所による小学校校舎のうち、遮光庇を有するものを考察した結果、判明したものである。また平面図の作成は筆者がおこなった。図で明記された単位はメートルである。

桃園第一小学校

天王寺第四小学校

阪市の小学校では教室内の有効面積確保のため、柱型は外部に出すということが、臨時校園建設所による校舎の以前から決まっていた[124]。そうした柱型の存在のために、ファサードは柱型の形態によって一定の規定を受けることになる。そのようなファサードの様相に対して、遮光庇を用いて意匠的に新しい試みがなされていったとみることができる。

また、このような柱型と遮光庇によるファサードの類型の校舎は、先に記したように甲の類型の校舎と位置付けられており[125]、表4－7や表4－10からは復興小学校の多くの校舎が、甲の類型にあったことがわかる。甲の類型に対して、乙の類型が用意されていた。この類型の校舎は、現時点で実現が判明しているものは桃園第一（右頁写真参照）、天王寺第二（現・常磐）、生野、中大江東、天王寺第四（現・聖和、右頁写真参照）の五校がある（表4－7及び表4－9参考）。乙の類型は外壁には柱型が表れず、ファサードは平滑になっているが、外壁の一部が内側に後退している。そのように乙の類型では、外壁の一部の平面的な位置を変えることで、ファサードに変化を与え、より立体的なものとして取り扱おうとしていることが読みとれる。

教室側の外観では、外壁面より内側に後退した壁の後退分の距離が、遮光庇の奥行になっており、内側に後退した壁の桁行き方向に、欄間窓の下端の高さで遮光庇が架け渡されていた。また窓の下部には遮光庇と同様の形態の窓台が設置され、水平ラインを強調していた。このように柱型の見込み方向の奥行分を利用して、ファサード上のデザイン操作がおこなわれていたと考えられる。

乙の類型のデザイン決定は、経済性を重視した構造面[126]や「保健的な見地」に基づく室内環境工学面[127]といった機能面に加えて、意匠的な側面からの配慮もあったと、みることができる。そのことは伊藤が乙の類型を発表する「小学校新校舎の採光[128]」のなかでの次の記述からもあきらかである。


構造の合理化と衛生に関する施設は限られた予算範囲と、審美的見地から検討吟味し、その成果を得るべく努めている。


ではこれらの分類はデザイン上、一体どういう意味があるのだろうか。分類が可能であった学校数は資料的な制約もあって、全体の一〇三校のうち二三校の判明にとどまる。従って全体の傾向については正確に論じることはできないが、類型の判明できたものに限定してみていくと、一定の時代的推移がみられる。すなわち、早い時期では甲のAの類型が多く、それがBやCの類型に推移していく傾向が窺える。乙の類型では確認される最初の着工が昭和一一年（一九三六）七月ということから、早い時期の段階ではこの類型は設定されていなかったものと判断できる。

次に意匠的特徴をみると、甲の類型についてAの型では遮光庇は開口部の位置に設置されるが、連続性はみられず、柱型の存在によってファサードには垂直性が表れていたが、BやCの型では遮光庇は開口部以外の部分にも設置され、水平に連続することで水平ラインを強調するファサードをつくりだしていた。乙の類型は柱型がファサード面より除去され、かつ柱の数が一教室の桁行方向で一本の減少があり[129]、教壇側に柱が寄せられて配置されることで、連続した開口部が可能となり、全体に水平性が強調されるファサードとなっていた。このようなデザイン上の複数のバリエーションの存在は、デザインの上でどのようなファサードが相応しいのかを追求する模索があったことを示している。

また、さきに論じたように敷地の地耐力に起因する甲乙の分類とは異なって、甲のなかの三つの類型の選択には合理的な理由はなかったようだ。そのためそこでの選択には恣意的な要素が加えられることが可能となり、設計担当者にその選択が任せられることに繋っていったとみることができる。さらに甲乙のいずれの類型においても、ファサードデザインには類型化がおこなわれていたために設計担当者による恣意的なデザイン操作は、ほとんどおこなう余地はなかった[130]ことが写真からも読み取れる。

以上みてきたようなさまざまな試行を経て、校舎のファサードは昭和一二年（一九三七）一一月[131]の時点では、甲、乙の二つの類型に収斂していたことがわかった。甲の類型は遮光庇の種類によって先にみたような三つに分類される。そのようなファサードに対する類型化は細部に至るまで同一のデザインの校舎を多数出現させることに繋がっていく。

伊藤正文みずからによる、「遮光庇」についての思いが天王寺第五小学校完成時に吐露[132]されており、少し長いが全文を以下に記す。

風水害の復興事業として着手されていた天王寺区小宮町の天王寺第五小学校は其の当時の惨状が余りにも痛ましかっただけに、今回の復興も亦、大いに注視の的とされている。此の小学校は、昭和十一年一月二十二日、起工式を挙げてより恵心其の工を急いで居たところ、昨年十一月十七日には早くも竣功を遂げ白亜の明朗校舎が、今度は面目を一新してデビューしたのであった。改築校舎は二棟であって、南側に鉄筋コンクリート造り二階建、北側に同じく鉄筋コンクリート造り三階建てが一棟である。此の総延坪九百七十一坪八十八。工費は十六万六千九十四円余で以前の校舎に比べると、全くお話しにならない程の革新振りである。南側を特に二階建てとなしたのは、校庭に取り入れる太陽の光線を考慮されたもので、児童に対して紫外線の必要な事は、今更言葉を新しくする必要もない事である。更に北側に建造された三階建の方は土地の関係上、止むなく廊下を中央に取ってあるが、此の結果騒音採光換気通気等に対して聊か不適当な憾がないでもない。然し之を補う為に此の建築物には窓が三枚引違式と言う特殊の施設がしてある。これは鉄障子の引違窓で、従来の窓の如く二分の一開きのものを三分の二に迄開く様に設備せるもので、三枚に成っている窓障子が、開けると一枚に縮められ、之に依って室内に取り入れられる光線は優に廊下に迄及び少しの不便もなく出来得たのであった。尚且之を外形的の特色から眺めると窓高の欄干下にズッと通っている庇が特に人目をひくのである。これは教室内窓際に於ける高照度を遮る為に特設せられたるもので、私は之を特に『遮光庇』と名付けている。

此の設備は、大阪市に於ても珍らしいもので、窓から直接に差し込む光線の為に児童が神経衰弱や視力を弱める弊害を防いだものだる。然もその表現は伝統的な日本的性格をもち明朗なるものと成った事は、当時者の一同が衷心より喜びとするところである。此の庇を何故特に選んで中間に取付けたかと言うに、庇の上は摺硝子であるが、この光線はずっと奥の廊下に迄達するに便ならしむる為である。そして中間の庇のすぐ下は透明の椅子であるが、之は庇の為に直接日光が差し込まない。一番下の硝子も摺硝子であるから、室内は常に和やかな光線が然も明るく室内に溢れている事に成るのであって、之は小学校建築に一新起源を劃するものとも言い得可く、今後の建築も此の種の様式が続いて採用されるものと予想される次第である。かくして新装なれる天王寺第五小学校は其の校舎の明朗さと共に、児童の体位、学術の上にもめきめきと効果を顕して行く事であろうと確信する次第である。

遮光庇の呼称は、伊藤正文が名付けたことがわかる。

五　伊藤正文の衛生工学研究

1　伊藤正文の衛生工学

伊藤正文の衛生工学の研究は、復興小学校の標準設計をつくりあげる過程でおこなわれている。伊藤は教室内を対象に衛生工学の研究[133]をおこなっている。ここでいう衛生工学とは現在では室内環境工学と呼ばれる分野に近い内容を指していると思われる。伊藤はそのことを「建築保健工学」と名付け「保健工学は建築学と衛生学との直接の連係の上に立てられる」[134]と記している。その成果をまとめたものが『建築保健工学』[135]であり、そこでは教室の居住環境の向上のために、日射や塵埃、空気、騒音、室温度など基礎的な科学の研究をもとに、遮光庇やホッパー窓などの新しい試みが提案されている。

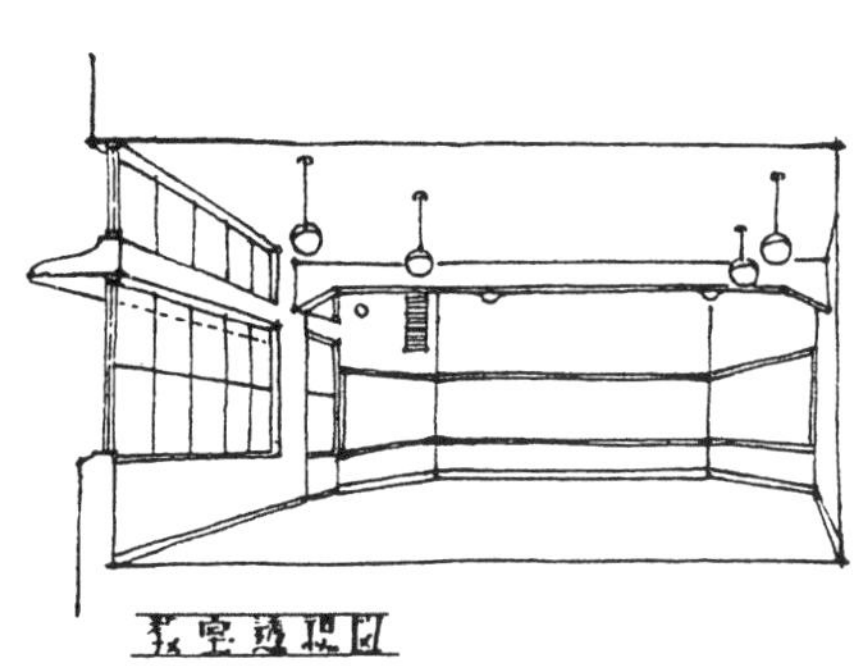

乙型教室の透視図
出典：伊藤正文「小学校新校舎の採光」

このような伊藤による衛生工学研究の第一の目的とは、小学校校舎の改良をおこない、そのことに基づいて標準設計を作るためであった。つまり、科学による成果を用いることが理想の校舎の誕生に繋かっていくとする考えがあったようだ。

伊藤正文が衛生工学に着目した背景には、当時の大阪市の劣悪な環境[136]があった。そこでは市内の虚弱児童の増加が問題になっていた。そのような環境のなかでは、保健的な見地からすれば、採光と空気の摂取に恵まれた「開放教室」[137]がもっとも理想的であると、伊藤は論じていた。さらに「解放教室を設置する余裕のない現状に於ては、解放面積の大きい教室として乙型が望ましい」[138]と記述する（上図参照）。つまり、科学によって悪化した環境を改善することが可能であると考えられていたのだ。

また、藤井厚二[139]をはじめとする建築家による衛生工学の研究に触発された可能性も考えられる。昭和戦前期には新たな建築の創造には衛生工学を中心とする科学の研究が重要な意味を持つと考えられていたようだ。伊藤は「衛生学的検討によって（中略）科学的に討究された日本的な小学校校舎の様式が新しく考案される緒についた[140]」と記しており、科学的合理主義が意匠や形態を規定していくという考えも現れていたようだ。

伊藤の衛生工学研究の成果は戦後、文部省による標準設計[141]に取り込まれる。菅野誠によれば、伊藤の研究は教室換気や明視論[142]などの室内環境計画に貢献があったとされる。

2　遮光庇の機能

ここでは、伊藤正文が衛生工学研究のなかで、もっとも力を注いだ採光に着目し、そこで考案された遮光庇の有した意味を考えていく。

遮光庇が誕生する背景には、衛生工学の進展[143]があり、その一分野として照度[144]に対する科学的な解明が進められていた。とりわけ近視予防の観点から、机上面照度の確保が求められていた。

一方、伊藤は昭和九年（一九三四）の関西大風水害の直後から、復興小学校の設計の担当[145]になり、校舎の標準化を目的に衛生工学の研究をはじめていた。その成果に基づいて、遮光庇の考案がなされたと考えられる。伊藤は遮光庇の設置の目的を、「教室内の日照による照明度を均一に近づけるため[146]」とし、遮光庇の機能としては、まず直射日光を遮断し、次に太陽光線を遮光庇で反射させ、欄間窓をとおして教室内の天井に再反射させ、教室内の奥深くまで光を到達させ、教室内で均等な照度分布の確保を目指していた。また、遮光庇の形態について、伊藤は「大阪市の小学校では柱型を外に押し出しているのを利用して、その間に薄い庇をかけ渡し、位置は窓の欄間下部に一文字につけてゆきます。[147]」と記していた。ここからは柱型の形状を利用して遮光庇が生まれてきたことがわかる。遮光庇の突出長さ[148]は太陽高度に応じて決められていた。なお遮光庇の構造は鉄筋コンクリート造であった（377頁図参照）。

遮光庇

教室の内部

また遮光庇とは、伊藤によれば次のような意味も有していた。[149] つまり市街地の小学校では敷地の大きさが充分ではなく、真北に配置することが困難であるため、「いずれの方向」に面しても「遮光出来る」ことが必要条件となる。遮光庇の設置がそのような問題を解決するひとつの解答と考えられていた。このように面積や形状の上で規格化が困難であった敷地に対して、遮光庇を採用することで、どのような敷地の状態に対しても、教室内に一定の照度の確保ができることが考えられていたことがわかる。すなわち、遮光庇とは標準化できなかった配置計画に起因する差異に対しての、補完機能の有する装置としての側面も考えられていたようだ。

さらに遮光庇には「調温上の機構」として「柱型と共に斜め方向の直射日光を遮り夏期窓壁面の壁面温度の上昇を防ぐ」[150] 効果があるとされる。つまり、冷房用の空調機器が普及していない昭和戦前期においては、窓の外部に突出した建築物によって太陽光を物理的に遮光し、日光と熱射を防ぐことはきわめて重要なことであったと考えられる。

伊藤正文が遮光庇に着目した一因として考えられるものに、東京市の小学校での教室内部に設けられた反射庇[151]がある。それは「窓は天井迄一杯に取設け、更に欄間下室内に直射光線の反射廂をつけ、(中略) 反射光線は天井に再反射し教室の奥に送られる」[152]という方法で採光がおこなわれていた。このように建築内部への採光ということは、当時学校建築の設計の上で重要な課題のひとつになっていたようだ。伊藤は復興小学校の標準設計をつくり上げていく過程で、東京市の小学校での反射庇をモデルとし、それを発展させ遮光庇を考案したとみることができる。

そのことを詳しくみると、東京市の小学校[153]では反射庇は教室内に設置されており、その主な目的は直射光線の反射用であるために、反射庇本体は鉄板にペイント仕上げでつくられている。一方、大阪市の小学校では庇は外部に設置され、直射光線遮断が第一の目的であり、直射光線の反射は第二の目的であった。このような外部に設置された遮光庇は東京市の小学校においても一部の学校で使用が確認される。『小学校改良』に図面が掲載された本郷追分校や、校名の確認はなされていないが、欄間窓の部分に限り、ガラス窓が柱型の見込み分後退して設置されており、それ以外は柱型の外部がガラス窓になり、欄間窓の下部の外側に庇が設置された小学校[154]もみられる。大阪市の小学校での遮光庇とはこのような東京市の小学校の庇の形態に触発されたと捉えることもできる。伊藤による『小学校改良』には、東京市の小学校の反射庇の図面が掲載[155]されていることからもそのことが窺えるだろう。

遮光庇は、採光をはじめとし遮光や調温という機能にとどまらず、校舎の外壁に設置されたことで、校舎の外観意匠を決定づける大きな要素となっていた。標準設計のもとでのファサードとは、科学に基づいたものでなければならなかった。そのように考えれば、衛生工学に裏づけられた遮光庇は相応しいものであったと考えられる。そのことに関して、伊藤は「此方法を実施する為に外観上もすっかり姿を替えて、新しい様式が出来ました[156]」と述べている。

このような遮光庇は、伊藤が設計に関係したと考えられる学習院初等部校舎[157]において昭和一五年（一九四〇）に採用されている。戦後では昭和二六年に遮光庇を用いた新制中学校の計画案が『学校建築計画図集[158]』に掲載されている。この図集が文部省教育施設部によって編集されていることを考え併せると、遮光庇は大阪市以外の学校建築のなかでも認知されはじめていたことがわかる。戦後の大阪市立小学校では、遮光庇の設置は広範囲ではないが確認することができる[159]。

以上みてきたように遮光庇とは本来、機能的要素から生まれたものとみることができるが、外観を整えるという意匠的な側面もあったと考えられる。このように臨時校園建設所による校舎では、伊藤が研究した衛生工学の成果から、意匠が決定されていたという側面を見出せた。つまり、伊藤は衛生工学による成果が、新しい校舎の創造に繋がると考えていたようだ。とりわけ、従来は設計者の主観によってなされることの多かったファサードのデザインが、科学という客観化されたものによっておこなうことができる、と考えられたことは建築デザインという観点においては画期的なことであったといえるだろう。

六　臨時校園建設所の設計理念

設計理念とは、建築家がどういうものを目指していたかを知る上で重要な手がかりのひとつとして考えられている。ここでは臨時校園建設所の設計理念を探ることで、どのようなものが志向されていたのかをみていく。

1　設計理念の背景

昭和一〇年代（一九三五～一九四四）の特徴としては、特に建築家を中心にモダンデザインの影響を受けた「無装飾の建築」[160]が志向されるという傾向があり、東京市の小学校建築にみられるような「構成主義的表現」[161]が現れる。その他にも一般的に「堂々たる」外観の意匠は小学校建築のみならず、他のビルディングタイプの建築においても用いられることは減少し、装飾の目立たない簡素な意匠が求められる傾向にあったといえる。そのことは、大阪市において復興計画の立案者のひとりである坂静雄の記述からも窺える。坂によれば、鉄筋コンクリート造校舎については「質実剛健」で「衛生上の注意の行届いたもの」であればよい、と述べ[162]従来の鉄筋コンクリート造校舎が「外観の壮大」を誇る傾向にあったのに対し、「単純な平面計画」を採用することで工費も低廉で済むとしている。

一方、教育行政による学校建築に対する認識はどのようなものだったのだろうか。関西大風水害の直後に大阪を訪れた松田文相によれば、「将来は文部省内に総括的な建築の監督機関を設けたいと折角考慮中である。また小学校建築の様式なども大いにこれから研究させる。[163]」とあり、そのことは昭和九年（一九三四）一二月に文部省により発布される「学校建築規格[164]」に結実する。つまり、これまで小学校建築について国家による直接の規定はなかったが、関西大風水害を契機として、一定の統制がはじまったとみることができる。

そのことを詳しくみれば、「学校建築は（中略）実用を旨トシ虚飾ヲ避ケ特ニ堅牢強固[165]」としていた。そのことを受けて、大阪府当局は昭和一〇年（一九三五）に国庫補助金交付に際し大阪市に対して「建築ハ今回ノ災害ノ実情ニ鑑ミ質実堅牢ヲ旨トシ苟モ華美ニ流ルルガ如キハ之ヲ避クル様御留意相成度」[166]とし、機能的に根拠のないデザインの校舎を戒めている。

このように校舎の建築に対して、堅牢な容器としての性格がこの時期には求められていたことがわかる。つまり小学校建築において、従来用いられていた意匠の上での小学校らしさを示す「様式性」は必要性を失いつつあった。そのことは、昭和一二年（一九三七）の大阪市議会のなかでの議員・寒川洋治の「小学校ノ設計ノ如キハ単純デ、（中略）燐寸箱ノヨウナ設計」[167]という発言に端的にも表れている。このことは、意匠や形態の上で四角い箱を基本とする無装飾に近づく外観の意匠が、より社会的に認知されやすい状況になりつつあったことを示している。臨時校園建設所による小学校の設計の背景にはそのようなデザイン的な傾向が存在していたことも指摘しておく必要があろう。

さらに臨時校園建設所の設計理念をみていく際に重要だと思われることに、伊藤正文をはじめとする大阪市建築課に所属する建築技術者と、日本インターナショナル建築会との関係がある。この会は機能主義に基づく建築を志向する組織であり、昭和二年（一九二七）に設立され、昭和八年（一九三三）に解消したため、臨時校園建設所が設置された昭和一〇年（一九三五）の時点では存在していない。しかしながら臨時校園建設所の建築技術者の目指したものを理解する上で、この会との関係は無視することはできない事象であると思われる。大阪市技師であり、日本インターナショナル建築会の会員であったものとしては、伊藤をはじめ本多正道[168]、新名種夫[169]がいた。また技手クラスの技術者も準会員や研究会員として所属していた。その他客員に課長の冨士岡重一も参加している。このように大阪市の建築課所属の技術者の中には、日本インターナショナル建築会に所属していたもの多かった。[170]このことは稿を改め詳しく論じる予定である。

ではなぜ、伊藤は小学校建築の標準化に熱心に動いたのか。伊藤は欧米での様相から、学校建築のスタイルの追求が今後の建築一般における「新様式」の誕生に繋がると考えていたようだ。そのように伊藤のなかでは学校建築[171]

は、共同住宅とともに重要なものとして位置付けられていた。

2　標準設計への志向

臨時校園建設所ではどのような建築が志向されたのか。もちろん大災害による復興が前提にあるため、時間的・経済的条件が最優先されて、一定の規格化のもとで個別の設計が最小で済む標準設計が求められたことは間違いない。しかしそれだけではなく、当時、行政当局は小学校校舎建設に際して、建築内容の上での平等性を志向していたことがあげられる。その平等性を実現するために標準設計が必要とされたと考えられる。[172]

すでにみてきたように、臨時校園建設所の設計理念には、伊藤の考えが強く反映されていた。伊藤は『国民学校』のなかで小学校設計に対しての自分の考えを公表し、なぜ標準設計に向かったのかを次のように記す。

> 学校建設の当初に討究すべき事項はその工費予算の決定であるが（中略）工費予算の不均等を出来るだけ減じて、（中略）設備としては大差のない様にしてゆくことが緊要であろう。[173]

このように伊藤は校舎の建築内容に関する平等性こそが、建設にあたってもっとも重要な問題であると論じていた。このことは単に伊藤個人の考えによるものではなく、当時の小学校建築に対する行政に共通した認識であったとみることができる。とりわけ大阪市では学区制度が昭和二年まで強固に機能していたため、その以前に建てられた校舎では建築内容に学区間の経済的格差が激しく反映され、校舎の建築が競ってつくられていたことが背景としてあった。そのように行政当局の有した同一の市のなかでの、地域間格差を排除しなければならないとする施策と、近代主義建築のもつ「平等化」の理念とが重ねられたとみることができる。[174]

また、標準設計への志向については次のような行政側の動向も関連していた。関西大風水害の直後から大阪府建築課において、中沢誠一郎課長を責任者として「将来の小学校建築に対する基準を確定」[175]するために建築指針案が練られ、昭和九年（一九三四）一〇月三一日に決定をみていた。大阪府をとってみてもそのようなことがおこなわれていたことを考えれば、大阪市においてそのような設計の標準化が考えられていたことは十分に予測できる。つまり、行政の側において標準化を推し進めていこうとする機運が醸成されていたと捉えることができる。

3　日本インターナショナル建築会の理念との関連

小学校設計にあたっての理念は「機能主義」と「ローカルティィ」[176]というふたつの理念が深く関連している。このふたつの理念は日本インターナショナル建築会の中心をなす理念であった。以下その関連についてみていく。

校舎の標準設計にあたって、科学が拠り所とされる。ではなぜ科学への依拠がおこなわれたのか。ここでは伊藤の言説を中心にしてその理由を探っていく。伊藤は校舎のデザインに対して「個人的及至は地域的な趣味や装飾的要素を排除してよい筈」[177]とし、「日光と空気」を中心に据えた居住環境の研究が意匠の上で新しいものに繋がっていくと考えていたようだ。ここからは校舎のデザインは主観的なものによって決定されるのではなく、衛生工学など科学によって決定されていくと考えられていたことがわかる。さらには「校舎の衛生学的検討」こそが「新しい様式」[178]の誕生に繋がると考えられていた。

伊藤は昭和四年（一九二九）八月に『インターナショナル建築』創刊号[179]のなかで、「功利的実用的、及び科学的な条件から形態が導き出されて来る」と述べ、今後の建築についてはファサードのデザイン面においても、機能性が重要な成立要素になるという認識を有していたことがわかる。衛生工学の研究によって、科学的に機能主義が追求できると考えられていたようだ。科学的な研究の前提には、そのような機能主義に基づく設計理念があったと言えよう。

次にもう一つの理念である「ローカルティィ」をみていく。なおここで現れた科学とは衛生工学に依拠するものであった。衛生工学とはその根底において、その土地の気候や風土が大きな要因となる。ではその風土性とは、どのように捉えられていたのだろうか。伊藤の理念のなかで、建築と風土との関係をよく表したものに「建築の本質的なるもの（中略）としては風土性―広い意味に拡大すれば国民性という言葉迄も考えられぬことはない―によって規定さるべき」[180]という記述がある。

その出発点は昭和二年（一九二七）の日本インターナショナル建築会の綱領である「真正なるローカルティ」に遡ることができる。伊藤は先に記したようにこの会の主要メンバーであった。綱領の解説によれば、「真正なるローカルティ」とは「民族的地方色の上に立脚せねばならぬ」[181]とあり、広い意味での風土性を含んでいるとの解釈も考えられる。そのような理念のもとで、昭和六年（一九三一）に伊藤は今後の建築は「雨量の多い天候と日光の直射を避ける為の庇」[182]を設けなければならないと論じていた。このことは臨時校園建設所による小学校に遮光庇が設置されることの伏線であったとみることもできる。そのため日本のような「夏の日射による高温を如何に避けるかが重要」[183]である気候のもとでは、太陽光の調節が必要となり、それを解決する方法のひとつとして遮光庇が考案されたといえる。そのことはまた、日本の風土性や地方色に対するひとつの解答であったと捉えることができる。

そのように日本インターナショナル建築会の目指したものは、単に合理主義に基づく「世界の新建築型」[184]ではなく、「日本のローカルティ」に立脚した建築にあった。ここからは「ローカルティ」が、日本インターナショナル建築会の理念の中で重要な位置にあったことが理解できる。また伊藤のなかでは「ローカルティ」の問題が、科学の根底に据えられなければならないと考えられていたようだ。つまり、このような理念に立脚することなしに、「新しい建築」の誕生はないと考えられていた。そのように考えていけば、伊藤が設計上の責任者であった臨時校園建設所の理念と、日本インターナショナル建築会の理念とが重なることが理解できる。したがって、臨時校園建設所による設計理念とは、日本インターナショナル建築会の理念の延長線上にあったと位置付けることができる。

以上みてきたように、臨時校園建設所による設計業態の中心には標準設計の確立があり、その際に根拠とされたものが衛生工学であった。臨時校園建設所の設計理念としては建築の上での機能主義があった。その背景には日本インターナショナル建築会の理念があったとみられる。また、考案された遮光庇に代表されるような「風土性」を考慮した設計の背景には、「ローカルティ」という日本インターナショナル建築会の綱領が存在した。伊藤はこのような二つの設計理念をもとに小学校校舎の建築をとおして、「新しい建築」の創出を目指していたことがわかった。

七　伊藤正文の学校建築の理念

伊藤正文は、臨時校園建設所で小学校建築のモデルをつくりあげる過程で、室内環境工学研究をおこない、学校建築に対する計画面で次のような考えに到達していた。そのことを『学校建築小論』[185]に、次のように記していた。少し長いが以下に引用する。

まず、回顧的に時間軸で論じられる。

明治の終り頃から大正にかけて新設された我国都市の学校は殆ど木造二階建乃至は三階建下見板張で、片廊下式のL型コ型或いはニ型等の棟配置であった。外装の下見板は白木の侭が多く、時には白漆喰、モルタルを塗るものもあり、窓は普通引違硝子障子、場合により上げ下げ窓を設けるものもあった。村邑の学校ではこうした変化も比較的尠く、中廊下又は片廊下に教室を配し、敷地は猶予があるので多くは平屋建とし、東南に空地を広くとって運動場に当て、正門から運動場を横断して、破風造りなどの玄関に達するのが一般的な形式であった。外装は押椽をあてた四分板の下見張りとし、腰や軒下小壁の白漆喰が周囲の単調を破って光って見え、今でも農村や山村には、そこの人々の懐かしくも幼い思出となるこうしたほほえましい風景が残されているのを見る。

昭和に入ると学校建築のスタイルが次のように大きく変わる様子が記されている。

昭和初年以来、所謂建築の機能主義的風潮を多分にうけて、東京市の復興小学校が代表する平面的なコンクリート壁と大きな硝子窓との構成主義的表現が、専ら普及されるに到って、学校建築様式は茲に全く、一変して都市の新建築美の主要素であるかの感を呈したのである。特にその特徴は中北欧地方の窓の大きい表現方法を多分に取入れた点で、それに整った設備を加えたものであった。けれども、此様式が、果して日本の風土にふさわしく、成育する学校の心身に妥当な環境を作るものであるか否かは、現実の結果として現われはじめたのであった。採光を充分にして尚且つ弱視学童が増加し、暖房設備を完全にしてしかも感冒羅患児童の数が相当にある。而して、体位計測の結果は例年依然として大阪及び東京に於ての成績は最劣を示していた。このことは、建物や設備の完備と逆の傾向を辿っているかの様にも見えるのであるが、一般が学童の家庭環境の衛生条件の不良と、完備した筈の教室環境の衛生学的検討による取扱方がはっきりしていなかったという点に主な由因を推定出来るのである。

室戸台風以降のことを次のように解説する。

昭和九年九月の関西の大風水禍は丁度こういう校舎改善の機運に向った時であり、折も折その被害は全関西を通じて宛も小学校舎に限ったかの様に著しい惨状を示したことであった。

衛生的改善の必要を感ぜしめられていた際、加うるに校舎の耐風構造の研究課題を課せられるに到って、更に根本的な校舎建築の研究を為すべき機会が来たのであった。此時に倒壊した校舎の多くは、大正七～八年乃至一〇年の建築にかかるもので、財界の好況ひいては資材価格の高騰に対して当初予算の少ない村立学校では、構造骨組を勢い節減した上に、不良工事によって更に粗悪な施工となっていたことが調査の結果わかったのであった。しかしながら、当時関係当局や、建築界を挙げてその後の対策を考究したために、耐風校舎構造の方針が定まり、従ってその外観様式も一新するに到った。それと同時に校舎の衛星学的検討によって、従来の木造校舎は勿論のこと、鉄筋コンクリート造校舎についても改善対策が興へられる様になり、校舎様式設備全般の変化を見ることとなったのである。云はばこれにより、科学的に討究された日本的な小中学校校舎の様式が新しく考案される緒についたともされよう。

眼を転じて海外を見ると、欧米に於ても、居住衛星の一般的研究から当然学校建築についての検討が進められ、日光と空気とを享受するに充分な教室特に幼稚園舎養護学級教室等に目覚ましい改善と新鮮な意匠とを見せ、共同住宅のテーマと共に、校舎建築が世界の新建築様式の主題として挙げられ、一般建築様式の改革に影響を与えることも少なくなかった。

斯様な校舎様式の変遷を一応顧みて、その様式基準の採択を如何にすべきかということを考えると、結局は建築法の経済限度を何の程度に求めるかが根本的な条件であると思える。丁度国民住居の経済的標準を需めるのと同様に、公費予算の限度に適応して、しかも充分なる学習環境を作るには如何にすべきかということに帰するのである。

今にして惟うに、在来建設された小学校、特に都市のそれは、その地域又は学区の代表者の意図なり希望なりによって、その地域の特定の学童の都合をのみ考慮されたものであった。甚しきは父兄達の希望に重点が置かれて、学童等の為には却って必要好適なもの以外の施設に力を入れたもの等も少なからず見られ、度を超えた父兄の集会場化したきらいもないではなかった。従って地方農山村のそれとの質的開きは甚だしく、児童の家庭環境との設備上の相異も亦著しいこと然の結果であった。

此等の点から考えると、当時都市の小中学校校舎の様式的標準線を、もっともっと個人的乃至は地域的な趣味や装飾的要素を排除してよい筈であった。

と、結論付けられていた。科学に立脚し、建築コストも重視した伊藤正文の学校建築に対する理念がここにみてとれる。

小結

以上、臨時校園建設所の組織の成立とその活動をみてきたが、次のような知見が得られた。

大阪市教育部臨時校園建設所とは関西大風水害により被害を受けた小学校を復興することを目的として、大阪市によって設立された組織で昭和一〇年（一九三五）から昭和一二年（一九三七）まで存在した。復興計画では一七六校が対象とされ、鉄筋コンクリート造校舎を合計一〇三校を建設した。また、二〇〇名に及ぶ建築技術者を有し、設計に関しては設計係長の伊藤正文が責任者であった。

ここでの校舎の設計では構造や矩計のみならず、意匠など全体の計画にわたって標準化が行われていた。また構造図や矩計図については、標準の図面によって設計がおこなわれていた。この時期、意匠面まで規格化がおこなわれたことで、規格化の概念が標準化に繋がっていったとみることができる。

一方で標準化が困難な内容については、いくつかのタイプを用意することで対応を図っていた。校舎における甲乙の二つの類型化もそのひとつで、そこでは校舎の建つ敷地の地耐力の違いによってその選択は自動的に決まるシステムになっていた。甲乙の差異は構造の上での架構方式の違いによりファサードのデザインに反映されていた。校舎の設計は伊藤正文が研究した衛生工学に基づいて作られていた。その研究による成果に遮光庇があり、直射日光を遮断しながら日光を反射させて教室の奥まで取り入れることで、教室内の照度分布を一定にする採光装置であった。遮光庇はファサードのデザインのもっとも大きな特徴となっていた。

臨時校園建設所によってつくられた校舎はモダンデザインの影響を受けた傾向を持つが、そこには伊藤正文の設計理念が反映されており、日本インターナショナル建築会の理念が実践されたとみることができる。

注

（1）明治二九年三月二二日東京生まれ、早稲田大学建築科を大正六年に卒業後、辰野片岡建築事務所（大阪）に入所、その後大阪市役所建築課技師に就任、大正から昭和戦前期での大阪市に係わる建築の設計を担う。一方で日本インターナショナル建築会を設立し活発な設計活動や評論活動をおこなっていた。小学校建築の衛生工学的な研究で学位を取り戦後は大阪市立大学家政学部教授であった。昭和三五年一二月三日に没。

（2）昭和二年七月に京都で結成される建築運動の団体で、主なメンバーは伊藤以外には上野伊三郎、本野精吾、中尾保、中西六郎、新名種夫、本多正道らがいた。モダンデザインに基づく建築をわが国に積極的に導入することを目的とした一方で、わが国の固有の風土性に依拠するローカルティの表現を提案していた。機関誌の発刊や展覧会の開催などの啓蒙活動を関西でおこなう。その構成員としては大阪市役所に所属する建築技術者が多かったことが判明している。昭和八年に解消している。

（3）『大阪市風水害誌』大阪市、昭和一〇年が詳しい。ほかに『建築と社会』第一七輯第一一号・昭和九年一一号、が特集を組んでいた。

（4）前掲（3）のなか「将来の学校建築」五七頁

（5）昭和一〇年大阪市から発行

（6）冨士岡重一「大阪市木造小学校の被害状況と大阪市木造小学校標準矩画」『建築と社会』第一七輯第一一号、一九三四

（7）達第一〇〇号、による。『大阪市学校復興起工誌』大阪市役所臨時校園建設所、昭和一〇年、四頁

（8）関西大風水害の一年後におこなわれた復興起工祭に上梓された記念誌で、復興計画の経緯や復興計画の指針が被害状況とともに記述されている。

（9）明治一九年生まれ、東京高師卒後、船場小学校校長になる。その後大阪市秘書課長を経て、臨時校園建設所初代所長に就任。

（10）上島直之「小学校復興と二部教授撤廃」『大大阪』第一一巻第七号、二八頁、昭和一〇年、七頁

（11）昭和一二年七月一五日現在の『大阪市職員録』による。

（12）住吉小学校を指し一二月一〇日に竣工

（13）大阪市公文書館に所蔵される「第五次学校設備計画関係書類」大阪市教育部、によると、小学校児童の自然増加推定数に対処するために昭和一一年度より昭和一三年度にかけての三年間に、新築二八校、増築四六校など合計九四校を対象として建設をおこなう計画であった。

（14）大正期の大阪市庁舎や昭和戦前期の新大阪ホテルなどの建設時には、民間建築事務所と大阪市営繕組織の合同で設計にあたり、臨時建築事務所が設置されていた。

（15）関東大震災のため復興計画の一環として小学校の建設がおこなわれた東京市や横浜市での様相は少し異なるが、大阪市や神戸市では市の予算の半分以上が小学校の建設事業に費やされる。そのことで仕事量が増大し、営繕組織は土木課から営繕課として独立することにつながる。

（16）六大都市は明治末期から大正期をとおし昭和初期にかけて人口が急増し、新市街地が形成される。

(17) 建設の時期は行政によって微妙に差があったが、概ね昭和五年頃までには本格的に取り組みがなされている。そのため六大都市では大正末期まで営繕課を設置していた。
(18) たとえば大阪市の隣接する尼崎市においても、昭和九年の関西大風水害以降は鉄筋コンクリート造の小学校を主に設計するために営繕組織が設置されている。
(19) 学区制度廃止に伴って建築課のなかに設置される。大阪市の営繕組織では最初の小学校を専門に設計する組織で、係長には冨士岡重一が就任し、各学区より大阪市の手に委ねられた小学校の建設事業を担っていく。
(20) 昭和一五年の『大阪市職員録』による。
(21) 昭和一七年の『大阪市職員録』による。
(22) 昭和一〇年の『大阪市職員禄』による。
(23) 昭和九年の『大阪市職員禄』による。経理部営繕課設計係長とは大阪市の営繕組織での設計に関しての最高の職制であった。そのような位置付けにあった営繕課設計係長が臨時校園建設所設計係長に就任するということは、臨時校園建設所の事業がいかに重要視されていたかがうかがえる。なお営繕課長の冨士岡は臨時校園建設所の技師を兼任していた。
(24) 新大阪ホテル建設のために大阪市技師の三好貫一や新名種夫を中心にして建設事務所が設置されていたが、昭和九年に竣工したことで臨時建設事務所は解消される。その後に三好貫一は臨時校園建設所に工事係長として就任する。
(25) 建築学会による『建築年鑑』(昭和一三年版、昭和一四年版、昭和一五年版)からもうかがうことができる。
(26) 前掲(22)昭和一〇年の『大阪市職員禄』による。
(27) 昭和五年以降大阪市建築課長を勤める。明治一九年生まれ、同四四年東京帝大建築科卒業、三橋建築事務所を経て朝鮮総督府技師となり、その後昭和三年大阪市建築課に入り、校舎係技師を皮切りに翌三年設計係主任となる。三橋事務所時代は東京市の小学校(木造)を多数設計する。昭和一八年大阪市建築部長を最後に退職。
(28) 上島直之「大阪市校園の復興振り」『大大阪』第一三巻第三号・昭和一二年三月・大阪都市協会による。なおここであげられている設計係および工事係の人数は、表4－4には取り上げていない、「雇い」という技術員の下に位置する職種の技術者の数も含んだものと考えられる。
(29) 相模書房から昭和一六年一二月に刊行される。戦後は改訂版が昭和二六年に発行。ただし『学校建築小論』に題目が変わる。
(30) 前掲(29)『国民学校』一二頁
(31) 当時、臨時校園建設所に所属した建築技術者に対して、筆者は平成七年八月に聞取り調査をおこなった。詳しい話をうかがえた人は以下のとおりである。青樹英次（東大・昭和一〇）・今成静男（米沢工業）・飯田多喜男（津工業）・今木延二郎（都島工業・昭和一〇）・宇藤石男（西野田職工・昭和五）・上田泰三（吉野工業）・小沢恒三（都島工業・昭和五）・岡本孝男（都島工業・昭和九）・勝村誠一（名古屋高工・昭和一二）・芝口京見（都島工業・昭和九）・竹村清（西野田職工・昭和一二）・富岡修三（関西高等工・昭和七）・中川匠（関西高等工学校・昭和八）・畑山貞康（早稲田工手・昭和五）・福山良三（関西高等工学校・昭和五）・本多正道（京大・昭和五）・前田頼茂（中央工学校）の一七人である。なお供述の内容の突き合わせをおこない、本文に記す内容を得た。

(32)　当時臨時校園建設所に所属していた、青樹英次（昭和一〇年東大卒）によると、各グループごとに担当する学校は違っていたが、条件はいずれもが共通する要素が多かったために、伊藤にとって一番優秀と思われるものを標準化に採用していったという側面があったと伝えられている。つまり設計係内部で一種のコンペションが行われていたと見ることができる。

(33)　『大阪市会会議録』昭和一二年二月一九日、での臨時校園建設所長・上島直之による答弁による。

(34)　関西大風水害の大阪市におけるもっとも被害が著しかたものに港湾、小学校、結核療養所の三つがあった。その点が関東大震災の復興計画と異なる所で、大阪市では小学校復興事業の占める比重は大きなものであった。

(35)　前掲（7）に同じ、一頁

(36)　前掲（7）に同じ、一頁

(37)　議案第一九〇号による。『大阪市会史』第二四巻、大阪市会事務局調査課、昭和五五年、に詳しい。

(38)　前掲（7）に同じ、四六頁

(39)　前掲（37）『大阪市会史』第二四巻、一九八頁

(40)　前掲（7）に同じ、三〇頁

(41)　昭和二年より学区制度廃止を受けて小学校校舎の建設事業は大阪市当局に移行する。そこで昭和二年より第一次小学校設備計画が開始される。

(42)　学区制度廃止は明治四四年の横浜市を皮切りに、神戸市では大正八年に、大阪市は昭和二年、東京市や京都市は昭和一六年という状況であった。但し大阪市や京都市の学区制度と、東京市や神戸市、横浜市の学区制度は少し様相に違いがあって、制度的にはより地域に密着している大阪市や京都市のほうがより強力に機能していた。

(43)　昭和戦前期の『大阪市財政要覧』によると、小学校建設費が計上される臨時部の歳出のなかで、小学校建設費は継続してもっとも多くの割合を占めていることがわかる。平均して臨時部の歳出額の四分の一以上を占めている。

(44)　前掲（7）に同じ、一〇頁に転載の大阪市会が作成した「大阪市復興ニ関スル意見書」

(45) 前掲(7)に同じ、二九頁によると「四分ノ一ノ補助ヲ申請シタ」が、関西以外の各地方で様々な災害が生じていたために、このような結果となったとある。なお補助の割合は八分の一であったが、国庫補助基礎額四、七〇〇万円のうち五割七分強の比率を占めたとある。
(46) 『大阪市会議録』による。昭和九年一二月一四日の市会での岡教育部長の弁による。
(47) 昭和一五年五月一五日の大阪市会での議案第九六号であり、『大阪市会議録』に詳しい。なお当時の新聞には「周囲部に二五校、オール木材」とある。
(48) 前掲(7)に同じ、五一頁
(49) 原則として、被害の著しかった順序に建設がなされていったことは表4-6と表4-7を比較することで読み取れる。が、鶴橋第二校にみられるように大幅に起工が遅れるケースもみられた。なお、その背因には一小学校内に占める鉄筋コンクリート造校舎の計画の割合が関係し、鶴橋第二校は臨時校園建設所による建設でもっとも大規模な建築面積を有し、味原校とともにすべての施設が鉄筋コンクリート造で新設されることになったために、計画に手間取り着工が遅れた側面も指摘できる。なお、ここでの一八校の校名は表4-6の昭和九年度の欄に記してある。
(50) 前掲(7)五六頁
(51) 前掲(7)五七頁
(52) 昭和二年以前に建てられたもので、大阪市営繕組織によるものではなく、各学区が雇った民間建築事務所や施工会社による建設事業であったため、校舎の内容にばらつきが激しく、木造のものを中心にして低品質のものが多かったようだ。
(53) 井手正雄『私の履歴書』私家版・平成三年・一四頁、井手正雄は臨時校園建設所の技手であり、京都帝大建築科を昭和三年に卒業後、昭和四年より大阪市役所建築課に勤務、昭和一六年に退職する。
(54) 菅野誠『日本の学校建築』文教ニュース社、昭和四八年、八四一頁、に詳しい。
(55) 大正一四年の第二次市域拡張時に編入された地域をあらわし、当時の市会においてもこのような表現が使用されていた。
(56) 伊藤正文は後で詳しくみる「大阪市における小学校校舎の保健的設計実施報告」『建築雑誌』第六四三号、のなかで、「標準型」や「標準矩形」など「標準」という言葉を使用している。つまりここでの「標準」のなかには標準設計という概念を含まれていたと考えることができる。
(57) 昭和二年から昭和九年までの間に大阪市建築課の設計によって建設された小学校校舎を指す。
(58) 昭和二年四月の校舎係の設置に伴い、波江営繕課長によって、学校建築規格が定められていた。その概要は『セメント界彙報』第一四九号・四一頁・日本ポルトランドセメント同業会・大正一五年一〇月一五日、に詳しい。なお東京市の規格化は古茂田甲午郎『東京市の小学校建築』建築学会パンフレット第一輯第六号・昭和二年、が詳しい。
(59) 大阪市では関西大風水害の以前より建設事業が進行していたものを既定事業と呼んでいた。ここでは第四次設備計画が該当するが風水害以後は設計主体が建築課設計係から臨時校園建設所に変わったことで、設計の内容にも変容があらわれ、復興小学校と同様な扱いにあったことがわかる。
(60) 伊藤正文『小学校建築を如何に改良すべきか』住宅改良会出版部・昭和一〇年・一頁
(61) 前掲(60)と同じものである。発行元の住宅改良出版部は当時大阪にあり、会主の西村辰次郎と伊藤は交友関係があった。
(62) 前掲(37)の『大阪市会史』第二四巻によると、昭和九年一二月一四日の市会で、「学校復興計画経過」と「概要」の二冊の小冊子が配布されていたことが確認されるが、その内容は不明である。おそらく設計の詳細にまで触れた内容ではなかったかと考えられる。
(63) 大阪都市協会が発行する雑誌で、大正一四年より刊行される。なお大阪都市協会は大阪市庁内に置かれており、市の広報的な役割を果たしていた。このように大正期から昭和戦前期にかけて大都市には都市問題を中心に扱う雑誌が刊行される。東京市では『都市問題』東京市制調査会が刊行されていた。
(64) 前掲(60)『小学校改良』のなかには図面が揚げられており、「鉄筋コンクリート校舎矩形図」其一・其二・其三とあり、其一は遮光庇があるタイプ、其二は遮光庇を有し、開口部下に換気用の横長窓があるタイプ、其三は遮光庇のないタイプとなっていた。
(65) 臨時校園建設所が設置される昭和一〇年五月までは庶務部建築課が学校の設計および建設業務を担っており、設計係長を伊藤が勤めていた。昭和一〇年六月に組織の改組があり、庶務部建築課は経理部営繕課に名称の変更となった。
(66) 前掲(60)『小学校改良』の「結び」によると、桐本楠雄や矢代幸三郎、竹花末春などの大阪市建築課の技手の名前があがっており伊藤は部下である技手を使って標準化の研究をおこなっていたことがわかる。
(67) 前掲(31)に記したように、筆者は聞き取り調査をおこない、そこでの証言による。本多は臨時校園建設所の設計係技師であり、組織が教育部建設課に変更した後は、設計係長を勤めており、伊藤に次ぐ位置付けにあった。
(68)『建築雑誌』第六三二号、昭和一二年一一月号、に掲載されたもので、臨時校園建設所による標準化の内容はこの時期に至ってほぼ確定されると考えられる。
(69) 伊藤正文「Hopper 窓の機構」『建築と社会』第二〇輯第四号・昭和一二年四月に詳しい。
(70)『建築雑誌』第六四三号、昭和一三年一一月号、に掲載されたもので、大阪市の復興小学校建設事業の設計内容に関する総括として伊藤によってまとめられた報告書である。この時期には復興小学校の半数以上が竣工し、一方で鉄やセメントの統制がはじめられ、小学校復興事業は縮小を迫られていた。つまり今後の展開は期待できないという見通しが背景にあったものと考えられる。

(71) 昭和一四年七月一日現在の「大阪市職員録」には伊藤の名はなく、遅くとも昭和一四年七月までに大阪市を退職していたと推測できる。大阪市総務局人事課の旧職員リストには伊藤の退職年月日の記載は現時点では見つかっていない。筆者が伊藤の三男の哲三に聞き取り調査をおこなった結果は、昭和一四年二月に退職したとのことであった。なお、本多正道に対する聞き取り調査（平成八年八月）では、伊藤は大阪市に在職していても戦時体制によって今後は鉄筋コンクリート造などの新しい建物の設計をおこなうことができないということで退職したとのことである。

(72) 伊藤の退職を皮切りに伊藤の下にいた三好貫一が昭和一四年六月に、本多正道が昭和一五年六月に、新名種夫が昭和一五年七月、竹村末春が昭和一五年一〇月、井手正雄が昭和一六年一二月と、技師以上の幹部職員の退職が相次いだ。

(73) 前掲（60）に同じ、一頁

(74) 「校舎の設計一つで二百万円も浮く伊藤大阪市技師の名案成る懇談会で大体決定」『大阪時事新報』昭和一〇年八月一〇日

(75) 昭和二年から昭和九年までに大阪市建築課の設計によって竣工するRC造校舎は一五校にすぎないが、その多くは柱のスパンが三メートルであり、教室の桁行長さが三メートル掛ける三倍の九メートルとなり、臨時校園建設所の標準設計と同じものが現れていた。また、一階は吹放ち廊下を採用することが多く、このことも共通している。

(76) 前掲（60）に同じ、四頁

(77) 前掲（60）に同じ、四頁

(78) 伊藤正文「小学校新校舎の採光」『大大阪』第一二巻第四号・三四頁・昭和一一年四月号によると、従来の階高四メートルを三、三メートルにすることで、工費の七パーセントを節減し得るとある。

(79) 前掲（67）「復興諸問題」一三七九頁

(80) 前掲（60）に同じ、五頁

(81) 前掲（70）「保健実施報告」一三三一頁

(82) 前掲（60）に同じ、一三頁

(83) 前掲（60）に同じ、一三頁

(84) 前掲（67）「復興諸問題」一三七九頁

(85) 大阪市においては上町台地以外は沖積層のため極めて地盤が悪く、地耐力一五トン／平米を超える敷地は少なかった。従い、乙の類型は少数にとどまる。また軟弱地盤ゆえに基礎の設計は大がかりなものになり、そのことは高額な工費に繋がっていく。前掲（60）『小学校改良』一三頁及び、前掲（67）「復興諸問題」一三七九頁、に詳しい。
(86) 最初は被災を受けた校舎については全部をＲＣ造に改築するとしていたが、国庫補助の関係で実際はこのような方針に変わった。そこで講堂兼雨天体操場を緊急時の避難所にしようとすることが考えられる。そのためＲＣ造が講堂兼雨天体操場で実現することになる。前掲（13）『復興起工誌』一五頁、三〇頁、参照。
(87) 古茂田甲午郎『東京市の小学校建築』建築学会パンフレット第一輯第六号・昭和二年・二八頁、参照
(88) 前掲（73）「復興諸問題」一三七九頁
(89) 前掲（73）「復興諸問題」一三七九頁
(90) 前掲（76）「保健実施報告」一三一九頁
(91) 前掲（65）に同じ、一三頁
(92) 前掲（76）「保健実施報告」一三一九頁
(93) 前掲（76）「保健実施報告」一三二〇頁
(94) 椅子と机との寸法関係が、身体の姿勢の他に視力と照度に影響を与えるというものでそのことは前掲（29）『国民学校』三二頁、参照
(95) 前掲（86）「小学校新校舎の採光」に詳しい。天王寺第五校の設計図のなかには「照明器具図」があり、雨天体操場や教室、廊下、便所など設置個所別に照明器具が設計されていることがわかる。
(96) 前掲（67）「復興諸問題」一三八七頁、参照。鷺州第一校の設計図の中に「運動具設計図」（昭和一二年）があり、ここからは低鉄棒や上げ下げ鉄棒、横木などが設計されていることがわかる。
(97) 前掲（67）「復興諸問題」一三八八頁参照。鶴橋第二校の設計図面の中に「植樹工事配置図」がある。
(98) 前掲（67）「復興諸問題」一三八六頁、および前掲（76）「保健実施報告」一三二四頁、参考
(99) 前掲（70）「保健実施報告」一三一三頁
(100) 前掲（70）「保健実施報告」一三一六頁、による。このように配置計画は困難をきわめた。ここが東京の復興小学校と大きく異なる点であり、つまり東京市では被災が大正期であったので、まだＲＣ造校舎は普及していなかったため、ほとんどの小学校で新規に建設事業をおこなうことができたが、大阪市では大正期に多くの小学校で既設のＲＣ造校舎が全館ではないにしろ、一棟は建てられていたことにより、配置計画は予定どおりに進まなかった。
(101) 『大阪市会会議録』昭和一一年九月二九日の菅野教育部長の答弁
(102) 前掲（70）「保健実施報告」頁一三一六

(103) 平成八年八月の現時点で臨時校園建設所設計によるものの現存が確認される校舎は敷津第二、桃園第一の二校だけである。
(104) 鶴橋第二、鷺州第一、敷津第二、天王寺第五のいずれの学校の設計図面においても臨時校園建設所名の入った表題があり、図面作成年月日や係長「伊藤」の印鑑名が確認できる。なお「係長」以下、「検」「原案」「計算」「製図」「浄写」という項目があり、担当者の印鑑が捺印されるようになっていた。そのため各担当者を特定することが可能である。
(105) 前掲(65)『小学校改良』一頁
(106) 鷺州第一校の計七〇枚の図面中の図面番号二の「付近見取図及配置一階平面図」による。
(107) 当時臨時校園建設所の設計係の技術員として設計を担当していた中川匠氏によると設計担当者の裁量に任せられたのは、標準化が困難であった箇所に限られ、階段部分や塔屋、便所などごく一部だけであり、ほとんどおこなう余地はなかったようだ。
(108) 前掲(73)「復興諸問題」一三七七頁
(109) 大阪市では学級数の多い場合はロの字型を採るようになっていた。前掲(67)「復興諸問題」一三七七頁
(110) ここの標準図のひとつに階段構造図があり、詳細にみれば表題欄のなかに類別として「K型標C」や「春日出型小学校」とありここからは、いくつかに類型化されて標準図が適用されていたことがわかる。
(111) 「新今宮型」と明記が確認される。
(112) 筆者所蔵
(113) 学区制度廃止前の大正一三年に今宮第一小学校の教育事業を後援するために設置される。
(114) 「遮光庇」という呼称は昭和一二年一一月の「復校諸問題」のなかで確認されるなおそれ以前の『小学校改良』や『復校起工誌』においては遮光庇とは呼ばれていない
(115) 伊藤正文の作成による写真帖で、「国民学校写真」と「実験記録写真」と名付けられている二冊からなる。
(116) 大阪市都市整備局のマイクロフィルム。大阪市では解体時に図面の一部をマイクロ化しており、臨時校園建設所によるものとしては鯰江第三校の図面が確認された。
(117) 校舎の外観透視図を写真撮影したもの。
(118) 鉛筆書きで、おそらく伊藤によるものと考えられる。
(119) 昭和二年以降に建てられる大阪市建築課設計による校舎に共通する外観の特徴を示している。
(120) 鉛筆書きで、これもおそらく伊藤によるものと考えられる。
(121) 前掲(60)に同じ、八頁

(122) 出典は伊藤正文の写真帖による。城東校を示す。
(123) 大阪市建築課設計による、昭和四年に竣工する済美第五小学校の図面（『学校建築図集』日本建築協会・昭和五年による）からも、三メートルスパンになっていることがわかる。
(124) 前掲（60）に同じ、八頁
(125) 甲の類型はファサードの種類によっていくつかのタイプがあったことがわかる。
(126) 乙の類型は地耐力の大きい地盤に建設される類型であったことで、柱の間隔は甲の類型では三メートルスパンであるのに対して五、七メートルと三、三メートルの組み合わせで構成されており、柱の本数が一本少ない。しかしながら真に構造的な理由であれば、中間の四、五メートルのところに柱が来るはずであるから、他の要因も作用していたものと考えられる。
(127) 柱数が少ないために、窓が大きく開放できる乙の類型の方が、より開放教室（ガラス窓の面積の多い教室で、日光浴や新鮮な空気の摂取によって健康を回復させる目的があった）に近いために、理想的であると考えられていたことによる。注（137）では開放教室のことにさらに詳しく説明を加えている。
(128) 前掲（78）「小学校新校舎の採光」
(129) 前章で述べたように乙の類型は甲の類型に比べて地盤の地耐力をより期待できる敷地に建設するタイプであったので、柱一本当り、甲の類型より多くの荷重を負担することができるという設定のもとで柱の数が減らされる。そのために柱の数が一教室の桁行方向、つまり間口の間で甲の類型では二本必要であったものが乙の類型では一本になる
(130) 前掲（31）と同じ
(131) 前掲（67）「復興諸問題」一三七九頁による
(132) 「小学校建築に新機軸　天王寺第五小学校の新校舎」『大大阪』第十三巻七号、昭和一二年
(133) 伊藤はこの研究で、昭和一三年に工学博士の学位を出身校の早稲田大得ている。題目は「小学校建築の保健機構改善に関する実験的研究」であり、昭和一三年度の建築学会賞を受賞している。博士論文は採光、換気、防塵、調温の四つの内容からなる。以下その中に含まれる論文を記す。
採光に関しては、
「教室の採光方法に関する一研究」『建築学会大会論文集』昭和一一年三月
「教室新採光法の実施成績」『建築学会論文集』第七号・昭和一二年一二月
「教室内の太陽紫外線照射分布に就て」『建築雑誌論文集』第四号・昭和一二年二月
換気に関しては、

「換気筒を有する鉄筋コンクリート造教室の自然換気量に就て」『建築学会論文集』第三号・昭和一一年一〇年、
「教室内気流の模型実験」『建築学会論文集』第三号・昭和一一年一〇年
「Hopper 通気経路に関する実験的吟味」『建築学会論文集』第一一号・昭和一三年一一月
「Hopper 通気による教室の換気方法に関する研究」『建築学会大会論文集』昭和一二年三月
「暖房時に於ける教室のＨｏｐｐｅｒ通気法吟味」『建築学会論文集』第六号・昭和一二年八月

防塵に関しては、

「教室内の積塵量と通気機構に依るその分布変化」『建築学会大会論文集』昭和一三年四月
「教室の飛塵量測定」『建築学会論文集』第八号・昭和一三年二月
「教室内の飛塵量とその濃度分布」『建築学会論文集』第一〇号・昭和一三年八月

調温に関しては、

「学童の快感帯と教室調温規準の設定」『建築学研究』昭和一三年一〇月
「日射に対する教室構造の防暑効果」『建築学会論文集』第一二号・昭和一四年一月

(134) 伊藤正文による著作、『建築保健工学・第一部』三頁、による

(135) 伊藤正文による著作で、昭和一三年九月一五日に工業図書株式会社から第一部と第二部の二冊にわけて発刊されている。その内容は伊藤の学位論文に基づき、適用の範囲を学校以外の工場や病院などに拡げることでより一般的なものとしている。

(136) 大正期から昭和戦前期にかけては大阪市は工業都市としての側面が強く、環境の悪化は激しいものであった。伊藤正文「校舎衛生に関する主要問題の論及」『建築学研究』第九二号・昭和一四年四月・三頁参照。また、昭和一一年九月二二日の『大阪市会議録』によると、「虚弱児童」のことが問題化していた。

(137) 前掲(127)で記しているが、大阪市では学区制度のもとでの小学校校舎にはこの開放教室が設置されるケースがみられた。通常は屋上に設置され、虚弱児童のために日光浴や空気浴などの療法をおこなう。

(138) 前掲(67)「復興諸問題」一三七九頁

(139) 京都大学建築科教授として衛生工学や環境工学の立場から住宅建築の研究をおこなった。その成果は著書「日本の住宅」(昭和三年)などにみられ、そこでは日本の気候や風土などに基づく研究がなされていた。一方住宅を設計する建築家としても知られ、代表作に聴竹居がある。

(140) 前掲(29)に同じ、九頁

(141) 昭和二五年に文部省は標準設計をつくるが、この時に大阪市臨時校園建設所による復興小学校も参考にされる。一例とし

て教室の広さをみると、文部省によるものは、七メートル掛ける九メートルの決められるが、昭和戦前前期にその数値にもっとも近いものは大阪市の七、二メートル掛ける九メートルであった。なお文部省による標準設計にはA、B、C、Dの型があった。

(142) 前掲（54）『日本の学校建築』八三七頁、による

(143) 大正期に創刊された雑誌『国民衛生』にみられるように、医学をはじめとする様々な科学の発見や発明を受け、建築を健康という観点からみる考えが生まれていた。前掲の（139）藤井厚二の研究もそのひとつと考えられる。

(144) 照度に関する先行研究のひとつに木村幸一郎「窓の形と室内照度の関係に就いて」『建築雑誌』第五六三号、昭和七年一一月、一三七三頁、など一連の研究がある。さらに平山嵩による「建築物の昼光照明に関する研究」昭和一四年、がある。

(145) 本多正道によれば、伊藤は当初、臨時校園建設所に配属されることを嫌がったという。つまり小学校は同一のパターンを建設するだけで、設計としての面白さが期待できないと思われていたようだ。伊藤は臨時校園建設所への勤務にあたって、小学校建築の改良の研究を自由におこなうことが許されることを条件として臨時校園建設所の設計係長に就任する。

(146) 前掲（60）に同じ、七頁

(147) 前掲（60）に同じ、八頁

(148) 前掲（135）『建築保健工学』第一部七九頁によると、七五センチメートルが基準。

(149) 前掲（29）『国民学校』五二頁

(150) 前掲（70）「保健実施報告」一三一六頁

(151) 前掲（60）『小学校改良』によると、「一、二年前から東京市では種々研究され」とある。また「埃が積る等の不便がある為、現在では必ずしも此方法によるとは限られておりません」とある。『小学校改良』には反射庇の設置された東京市の小学校の矩形図が掲載されている。そこからは反射庇が鉄板の上に白色ポルセレンエナメル仕上であることがわかる。

(152) 前掲（60）に同じ、七頁

(153) 前掲（60）に同じ、七頁

(154) 越智隆晴『最新学校の建築とその実際』丸善株式会社、昭和一〇年の巻頭に掲載された写真のひとつにあり、昭和一〇年までに完成した東京市の小学校であった。

(155) 前掲（151）に詳しい。

(156) 前掲（60）に同じ、八頁

(157) 前掲（29）『国民学校』五二頁、参照。「学習院初等部百周年記念誌」によると、初等部校舎は宮内省内匠寮によって設計さ

れていたとされているが、伊藤の三男である伊藤哲三氏によれば、伊藤正文の父がかつて宮内省におり教育に携わっていたという関係で伊藤が設計に関係することになったと伝えられている。直接の関連は現時点では確認できないが、伊藤の著書『国民学校』にその写真が掲載されていることを考え併せると、何らかの関係があったとみることができる。この校舎の竣工は昭和一五年二月二八日であり、伊藤はこの時期は東京で設計活動を行っていたため、伊藤が設計に関与した可能性が考えられる。

(158) 編著が文部省・教育施設部内・学校建築研究会で、昭和二六年一一月に彰国社から刊行されたもの。そのなかの大社中学校(西宮市・設計は日建設計工務)や松任中学校(石川県・設計は正見五郎)の外観透視図からは遮光庇が用いられていることがわかる。

(159) 「大阪市立玉造小学校創立九〇周年記念誌」昭和三八年発行、によれば、戦後である昭和三四年に増築された四階の教室の窓に遮光庇が用いられていることがわかる。

(160) コルビジェやグロピウスあるいはロシヤ構成主義などの影響を受けた建築を示す。

(161) 前掲(29)の『国民学校』七頁

(162) 坂静雄「小学校建築の改善」『大大阪』第一〇巻第一一号・昭和九年一一月

(163) 『大阪朝日新聞』昭和九年一〇月一日

(164) 関西大風水害が契機になり、校舎に関する構造面を中心として、文部省は規格化をはかる。主に木造校舎が対象とされる。

(165) 正式には「学校建築物ノ営繕並ニ保全ニ関スル件」文部省訓令第一六号・昭和九年一二月一八日といい、前掲(54)の『日本の学校建築・資料編』を参考。

(166) 前掲(8)『復興起工誌』二〇頁、「罹災市町村立小学校校舎復旧建築費国庫補助に関する件」による。

(167) 『大阪市会議録』昭和一二年二月一九日、による。ここからは小学校の設計が単純であると認識されていたことがわかる。

(168) 日本インターナショナル建築会の早い時期からのメンバーで、昭和二年京都大学建築科の卒業後、大阪市役所建築課に勤務。大阪市役所時代の主な作品に下寺町の集合住宅がある。臨時校園建設所では設計担当技師として、伊藤の次の地位にあった。教育部建設課では設計係長を勤める。

(169) 「日本インターナショナル建築会の創設メンバーとして知られる。大正一三年京都大学建築科を卒業後東京市役所に勤務、大正一五年以降大阪市役所に勤務、代表作に電気科学館がある。教育部建設課では伊藤の後を継ぎ建設課長を勤める

(170) 日本インターナショナル建築会会員名簿『インターナショナル建築』第二年第二号・昭和五年二月、を主な資料とし、大阪市職員録と照らし合わせて以下の人物を特定できた。青木周一、赤岩四郎、伊勢谷忠夫、伊藤幸一、大久保小輔、大野勝三郎、

海上静一、川西梅次郎、川端輿喜蔵、北川菊次、桐本楠雄、篠原實、竹内千代松、田中庄太郎、田中芳郎、塚安治、野村安太郎、福本敏夫、福本良三、宮崎正夫、宮田秀穂、矢代幸三郎、山家泰、吉本一夫などが現在確認されている。また彼等はインターナショナル建築会の指導のもとに、バウ同人やサミデオ同人、ルンペングルツなどを結成していた

(171) 前掲（29）に同じ、九頁

(172) 学区制度に基づいた小学校では校舎の建築内容に格差があらわれ、大きな問題となっていた。そのため学区制度の廃止後は、各校によって建築内容に格差のない小学校校舎の建設がおこなわれる。また大正期以来、行政当局はスラムクリヤランスも含めた社会改良事業をおこなっており、そのことを推し進めた考えの背景には平等化という概念が存在していた。とりわけ大阪市では大正九年の社会部の設置にみられるように、行政当局による社会事業が活発におこなわれていた。

(173) 前掲（29）『国民学校』一六頁

(174) ル・コルビジェの一連の著作からもうかがえる。

(175) 『大阪朝日新聞』昭和九年一〇月三一日

(176) 日本インターナショナル建築会の中心的な主題の一つで、定義の内容は曖昧であるが、意匠や形態はその建築の建つ場所の気候や風土によって決定されるというもので、本野精吾や上野伊三郎の住宅作品における庇は、この理念の表れととることができる。

(177) 前掲（29）に同じ、一〇頁

(178) 前掲（29）に同じ、九頁

(179) 伊藤正文「建築意匠の研究」による

(180) 伊藤正文「建築に於ける日本的性格に対する基礎的観点」『建築と社会』第二〇輯第七号・昭和一二年七月・一二頁

(181) 本野精吾「日本インターナショナル建築会の宣言及び綱領」『インターナショナル建築』第一年創刊号・昭和四年八月

(182) 伊藤正文「日本に於けるインターナショナル建築」『インターナショナル建築』第三巻第五号・昭和六年五月

(183) 前掲（29）に同じ、四五頁

(184) 前掲（29）に同じ、九頁

(185) 前掲（29）に同じ、九頁

結章

明治五年（一八七二）の小学校誕生時より、昭和一六年（一九四一）の国民学校誕生時までの六九年間の大阪市の小学校の変遷の過程を通史的に考察してきた。第一章では明治期、第二章では大正期、第三章では昭和一桁代、第四章では昭和一〇年代を、それぞれ対象とした。

ここで浮上した論点は次の四点からなる。

第一点は小学校建築の成立過程を教育行財政などの社会的構造面から解読する。その方法としては小学校建設事業と都市行政との関係性について着目し、小学校の建設事業が昭和戦前期まで小学校の経営をおこなっていた学区制度の変化、ならびに大災害の復興事業と深く関連していたことを解明した。

第二点は小学校建築を設計する際の雛形である設計規格について分析する。そこでは設計の標準化を解明するとともに、どのような建築がめざされたのかを建築理念との関連性から探った。

第三点は小学校の建築内容についての究明で、プランニングと意匠面に注目し、教育内容の変化と求められた空間との関係を浮彫化した。また建築技術の進展が校舎の建築的側面にいかに反映されたのかを解析した。

第四点は小学校建築の設計主体についての解明で、担い手は民間建築家と都市行政内部に設置された営繕組織の二種類あり、ここではそれら建築家ならびに建築技術者陣容の解読を試み、どのような履歴と理念を有したのかを検証した。

［第一点］ **小学校建設事業と都市行政との関連（学区制度廃止と災害復興事業）**

第一点をみると、大阪市においては学区制度の変化する時期に、校舎の建設がおこなわれていたということが見出せた。つまり、小学校建設事業は、学区制度の運用と大きく関連していた。そのため、擬洋風校舎、御殿学校、鉄筋コンクリート造と、いずれの場合においても、僅か数年間に建設が集中的におこなわれている。またそこでは、外観の意匠や内部に備わった内容など、とても小学校とは思えないような贅を尽くした校舎の実現を見ていた。それは地域と密接に結び付き、独自の財源を有していた学区が小学校建設事業をおこなっていたからにほかならない。そこでは学区間で競い合って、学区の小学校を豪華にしようとする傾向が強かったことが判明した。そのことは学区制度廃止直前に誕生する鉄筋コンクリート造校舎にもっとも顕著に反映されていた。そして次のような結論を得た。

従来の見方では各学区の寄付金などで高額な工費を賄っていたとされたが、実際は大阪市からの交付金によって工費が賄われていたことが多かったと判明する。この背景には昭和二年時の学区制度廃止があった。つまり、各学区の負債は学区の財産とともに、学区制廃止後は大阪市に引き継がれるとされたために、財源に乏しい学区までもが起債をおこし、大阪市から多額な借金として、鉄筋コンクリート造化を計っていく。その結果、大阪市では学区制度廃止時までに、多くの学区で鉄筋コンクリート造校舎がつくられていく。その数は八〇校に及んでいる。また建設が大正末期から昭和初期にかけての数年間に集中する現象を生んだ。

一方で災害復興事業としては関西大風水害による復興事業があり、大阪市では一〇三校の鉄筋コンクリート造校舎の完成があった。ここでは都市行政の内部に復興事業の一環として、小学校校舎の建築設計をおこなっていく臨時営繕組織が設置され、校舎についての設計の標準化がおこなわれていた。市域中央部に位置する小学校の多くは関西大風水害が発生した時期までに鉄筋コンクリート造校舎に改築されていたために、災害の被害は大正期に編入された市域周辺部の小学校に集中することになる。これらの復興事業によって建設された校舎では、標準化された設計規格にもとづき、つくられていた。

［第二点］**鉄筋コンクリート造校舎における設計の標準化（関東大震災と関西大風水害）**

第二点をみると、大正期から昭和戦前期の鉄筋コンクリート造校舎における設計の標準化が二段階にわたっておこなわれていたことが判明した。

第一の段階として、大正一二年（一九二三）におきた関東大震災を契機として主に構造面を中心におこなわれる。その結果教室の大きさなどの寸法の確定がおこなわれる。詳しくみると関東大震災による被害を鑑み、大正一四年（一九二五）にはひとつの標準案が決定している。しかしながら昭和二年（一九二七）までは大阪市では学区制度が試行されていたことで、その設計規格の適用はなかった。すなわち、設計は各学区が選択した民間建築家に任せられていたため、その設計規格には相違があって、個々の建築家の特徴を反映した多様な設計内容になっていた。ところが昭和二年の学区制度廃止に伴い、以降大阪市が主体で建設事業を進める必要が生じたために、プランの定型化なども含め設計の標準化がおこなわれ、昭和四年（一九二九）完成以降のものに適用される。

第二の段階は昭和九年（一九三四）におきた関西大風水害を契機に日照や換気など室内衛生工学に依拠することで、庇の形状をはじめ窓の大きさなど多方面にわたって標準化がおこなわれていく。その結果、ファサードのデザインが標準化され、外観までもが同一のものになっていく。なお大阪市では教室の大きさや柱の間隔などの構造に関わる内容についての標準化が昭和二年前後にほぼ完成しており、その時期につくられた基準を踏襲せざるを得ず、構造面に関しては改善の余地が少なかったことが関連する。ここでの提案された内容は戦後の我が国の学校建築の標準設計へとつながっていく。

［第三点］**小学校の建築内容**

第三点をみると、プランニング面と意匠面の二面からなる。前者は概観すれば講堂の位置によってプランニングが決定されることがわかった。後者は全体を概観すれば、明治前期は擬洋風、明治後期は近代和風、大正後期から昭和初期にかけての鉄筋コンクリート造校舎は欧米の歴史様式を基調とした洋風の意匠、昭和六年（一九三一）～昭和一〇年（一九三五）以降は無装飾を前提とした近代主義の影響を受けたデザインと、分けることができる。

　プランニングからみると、明治中期以降、校舎として教室の大きさの確定にはじまり、北側廊下の採用、雨天体操場の設置など、文部省による建築基準にもとづく内容に則ったものになっていく。

　鉄筋コンクリート造ではプランは講堂の位置によって二つに分けられる。ひとつは講堂を校舎のなかに組み込むタイプのもの、もうひとつは講堂と校舎が別棟化されたもの、である。前者は大正後期から昭和一〇年（一九三五）までに竣工した校舎に多く、三階建や四階建が可能という鉄筋コンクリート造の構造特性を生かし、最上階に講堂を設置するプランが現れる。また昭和四年（一九二九）から昭和九年に完成する大阪市建築課設計の小学校ではすべてのもので、講堂兼雨天体操場を校舎の一階に設置し、その上階に中廊下式の教室を配置するという定型化されたプランになる。後者は関西大風水害の後の復興小学校でみられ、講堂と雨天体操場が兼用になって、校舎とは別棟化が図られる。

　鉄筋コンクリート造でありながらも、児童の教育とは直接に関連しない作法室などの和室の部屋が多く設置されていた。このことは小学校が昭和戦前期までは依然として地域コミュニティの中心として機能していたことの反映と考えられる。関西大風水害後の小学校においてはそのような室は設置されていない。すなわち学区制度の存在がこのような空間の設置に大きく関連していたといえるだろう。

　意匠面をみると、木造の時期と鉄筋コンクリート造の時期に二分できる。さらにそれぞれふたつに別けることができる。前者は明治初期の小学校の誕生期と、明治後期から大正期にかけての校舎の定型化の時期で鉄筋コンクリート造が出現する直前までのもの、後者は大正後期から昭和初期にかけての鉄筋コンクリート造校舎の誕生時と、昭和一〇年代の鉄筋コンクリート造校舎の設計の標準化、というように計四つに分けられる。

　木造からみていくと、明治初期は擬洋風のものが多く、明治五年（一八八二）から明治六年（一八八三）の短期間に一五校で擬洋風校舎が竣工する。その背景には藤村紫郎という副知事が積極的に洋風意匠の採用を推進していたという行政側の働きがけが関連する。ここで表れた擬洋風の意匠の校舎は藤村紫郎の山梨県令赴任に伴って、山梨県に伝播され、「藤村式」といわれる擬洋風の建築に繋がる。

明治二〇年代後半以降には富裕な学区を中心として、玄関部を強調したいわゆる御殿風の意匠の校舎が競ってつくられていた。また船場小学校のように煉瓦造による本格的な洋風建築や第一盈進高等小学校のような下見板貼り洋風建築の講堂も出現していた。

次に鉄筋コンクリート造をみると、学区制度が施行されていた昭和二年（一九二七）までのものと、昭和二年以降大阪市建築課によるものと、大きく二分できる。前者のものは各学区によって建設されたので、意匠面では市街地に建つオフィスビルディングに似ており、古典的な骨格にもとづくファサードをしめすものが多い。また確認されただけで一九人もの民間建築家による設計がおこなわれていたので、建築家の個々の特質がファサードに反映されていたことも特徴のひとつとして指摘できる。

後者の大阪市建築課によるものは昭和八年（一九三三）を境にして意匠の傾向に違いがみられる。昭和八年までに竣工するものは表現派に影響を受けたものもあったが、昭和八年以降に完成するものは無装飾を前提とする意匠に変容する。その後昭和九年の関西大風水害の復興として、一挙に一〇三校の小学校がつくられ、すべてが無装飾を前提とする校舎となる。その際に室内衛生工学などの科学によって外観意匠までもが規定されることになる。そこで創出された大阪市の復興小学校の特徴としては、遮光庇と突出した柱型によってファサードがデザインされたことが挙げられる。

〔第四点〕**設計主体**

第四点をみると、行政の営繕組織が関与する以前の大正期は民間建築家に設計は委ねられていたが、昭和二年（一九二七）の学区制度廃止以降は大阪市営繕組織の設計となることが判明した。

大正後期には民間建築家の設計によって八〇校という大数量の小学校が鉄筋コンクリート造に改築される。その要因としては、学区制度が強固に機能していた点に加えて、大都市ゆえに大阪では民間建築事務所が多かったことが指摘できる。ここで設計を担った民間建築家は有名な建築家がいる一方で従来の日本近代建築史には現れてこない、知られざる建築家もおり、その経歴や主な作品などの位置付けもおこなった。

大阪市では大正八年（一九一九）に営繕課は設置されているが、学区制度が施行されていたことで、各学区の小学校の設計には関与していなかった。しかし学区制度が廃止された昭和二年以降は大阪市建築課が設計を担当する。建築課のなかに昭和二年から一年間は小学校校舎の設計を専門に担当する校舎係が設置されていた。関西大風水害の復興事業の一環とし復興小学校建設のために、昭和一〇年（一九三五）以降は大阪市教育部に所属する臨時校園建設所が設計をおこなうようになる。

【附録】大阪市行政区別小学校一覧

凡例：各行政区ごとに、小学校とその区の資料を（1）〜（4）の順に掲載した。ここでの行政区は昭和一六年時点のものを示すが、ここに示した小学校は昭和一五年の時点のものである。

（1）その行政区に所在する小学校数と校舎数の表

学区名と校名と各校の詳細の表

学区名の下の（ ）内数字は、明治期から昭和二年まで続いた学区番号である。

（2）「鳥瞰式立体図 大大阪市市勢大観 昭和一〇年」図（全図は口絵参照）より、該当する小学校建物図を切りとり掲載した。

（3）次頁の「大阪市小学校配置図」（新設小学校予定位置）」（昭和八年頃）、昭和七年一〇月の大阪市地図に、手書きで記入して作成されたもの）より該当区部分を拡大して掲載した。

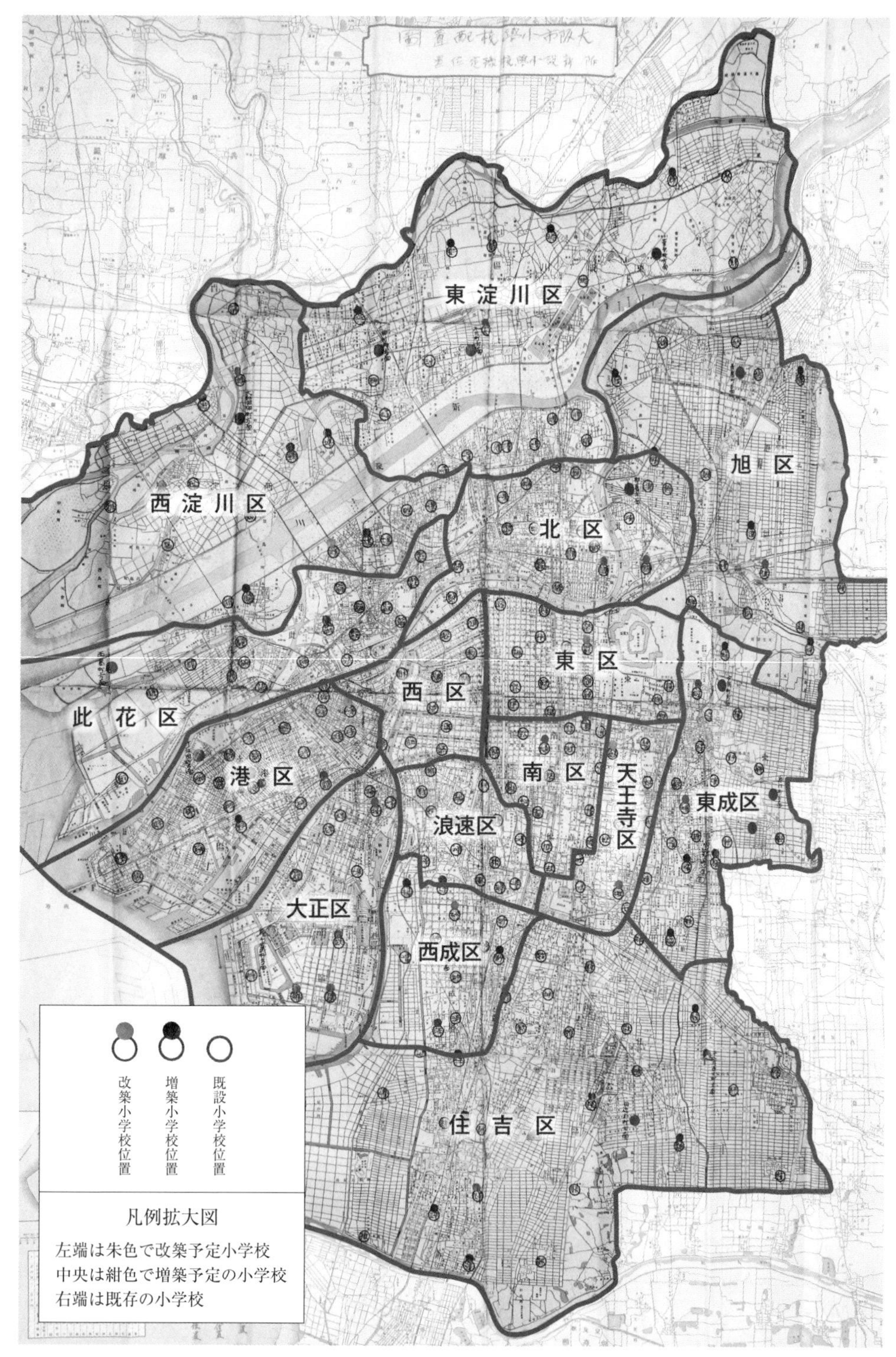

東淀川区
西淀川区
旭区
北区
東区
西区
此花区
港区
南区
天王寺区
東成区
浪速区
大正区
西成区
住吉区
改築小学校位置
増築小学校位置
既設小学校位置
凡例拡大図
左端は朱色で改築予定小学校
中央は紺色で増築予定の小学校
右端は既存の小学校

大阪市小学校配置図

東区

明治二二年の時点で学区番号33～41までは大阪市域
学区番号42～43は第一次大阪市編入市域・明治三〇年
愛日（41）・北大江（35）・清堀（43）・集英（36）・船場（40）・玉造（42）・中大江（34）・浪華（38）・汎愛（37）・久宝（39）・南大江（33）の一一学区
昭和一五（一九四〇）年の人口・一四八、五八〇人

東区の小学校数	17
RC 校舎数	17
全部が RC 校舎数	13
一部が RC 校舎数	4

一覧表

学区名（学区番号）	校名	開校年	RC の竣工年	廃校年	戦災被害	備考
愛日（41）	愛日	M19	T15.11、S4.1	H2	なし	H2 集英小学校と統合し、開平小学校が新設
北大江（35）	北大江	M18	S3.1	S20		S20 中大江小学校と統合 教育改革により、校舎は東第一中学校に転用
清堀（43）	清堀（清堀第１）	M43	S3.7、S10.11	S21		S21 真田山小学校に統合
	味原（清堀第２）	M23	S12.2	存続		S2 味原小学校に改称
	真田山（清堀第３）	T11	S5.10	存続		S22 真田山小学校に改称
	東雲	T12	T14	S19		S19 玉造小学校に統合
集英（36）	集英	M18	S2.12	H2		H2 愛日小学校と統合し、開平小学校が新設
船場（40）	船場	M18	T12.2	S17	煉瓦造のみ全焼	愛日小学校に統合 当時校舎は船場高等女学校に転用
玉造（42）	玉造	M6	S13.3	存続		M20 玉造小学校に改称
中大江（34）	中大江	M6	T13.7、S3.5	存続	半焼	M18 中大江小学校に改称
	中大江東	M45	S12.9	S21	半焼	S21 中大江小学校に統合 当初校舎は相愛学園により転用
浪華（38）	浪華	M18	T14	S19		統合当初校舎は浪華女子商業学校が転用
汎愛（37）	汎愛	M18	T15.5	S17		S17 集英小学校に統合 当初校舎は汎愛中学校が転用
久宝（39）	久宝	M18	T12.11	S21	全焼	M29 久宝小学校に改称 S21 愛日小学校に統合
南大江（33）	南大江	M5	T15.2	存続	半焼	M18 4校が合併して南大江小学校に改称 M43 女子校が開設され男女別学になる S21 女子校男子校が合併
	南大江女子	M43	S3	S21		S16 錦郷小学校に改称 S21 南大江尋常高等学校（男子校）に統合
	森之宮	M36	T13.5、S10.1	S21	半焼	S21 玉造小学校に統合 当初校舎は労働会館に転用

浪速　1期 T14.8　2期 S7.8
浪華小学校校長寄贈の写真が宮内公文書官で閲覧可能、また大阪市教育センターに資料あり

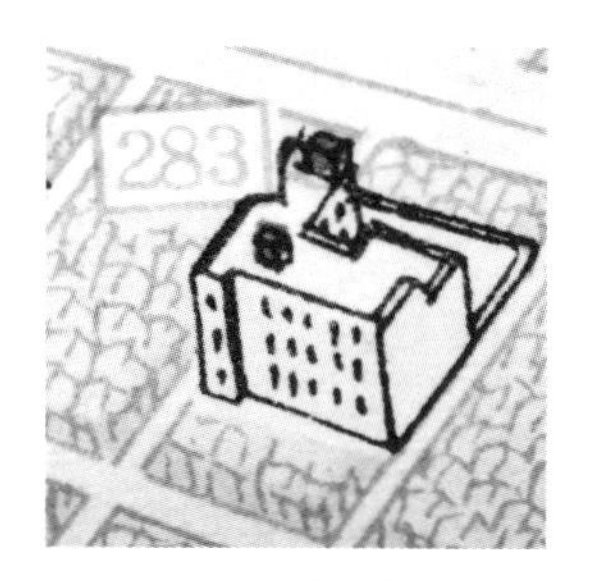

北大江小学校

愛日小学校

味原（清堀第２）小学校

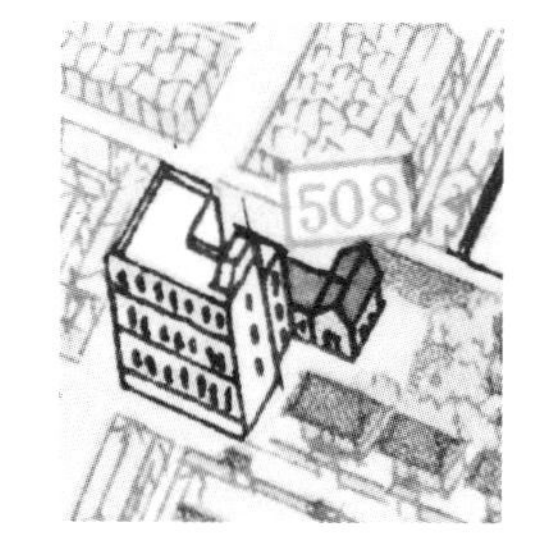

清堀（清堀第１）小学校

東雲小学校

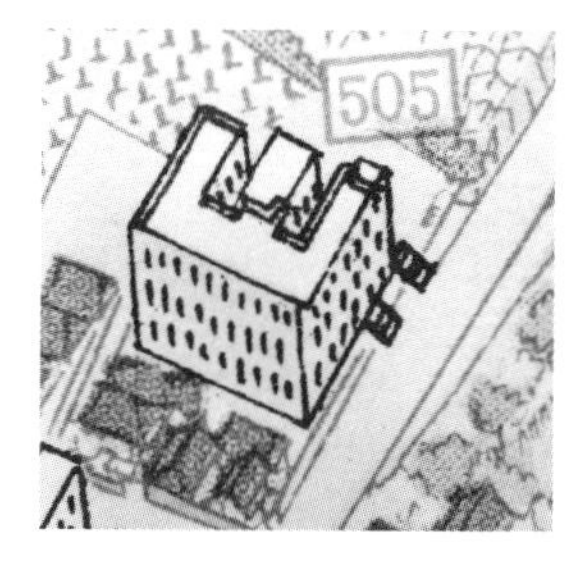

真田山（清堀第３）小学校

船場小学校

集英小学校

中大江小学校

玉造小学校

浪華小学校

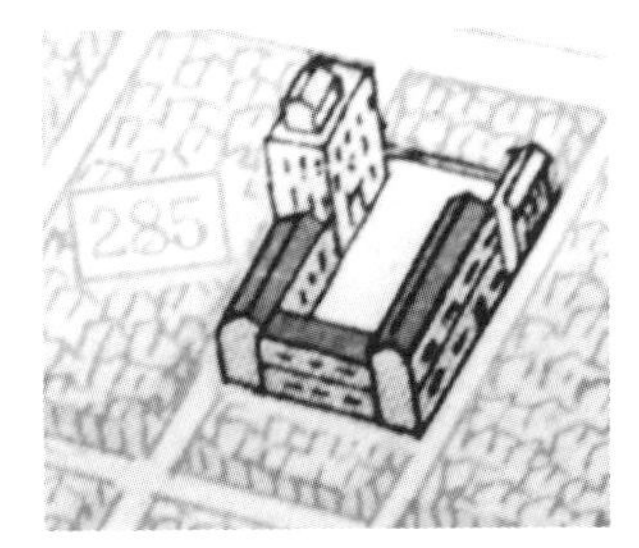

中大江東小学校

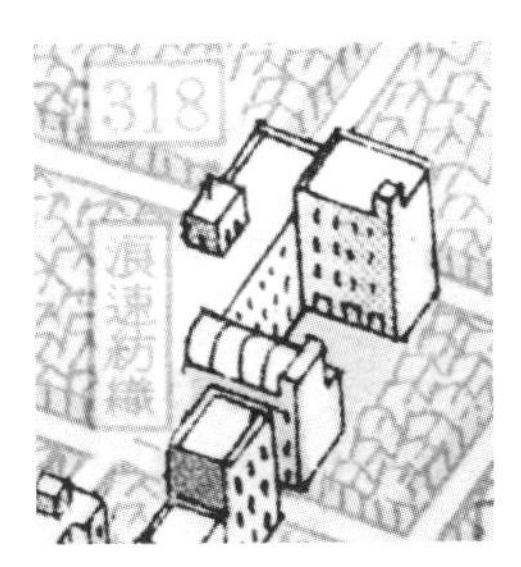

久宝小学校

汎愛小学校

森之宮小学校

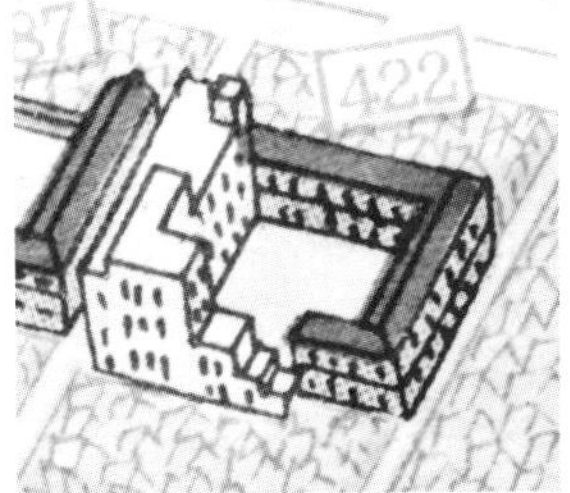

南大江女子小学校

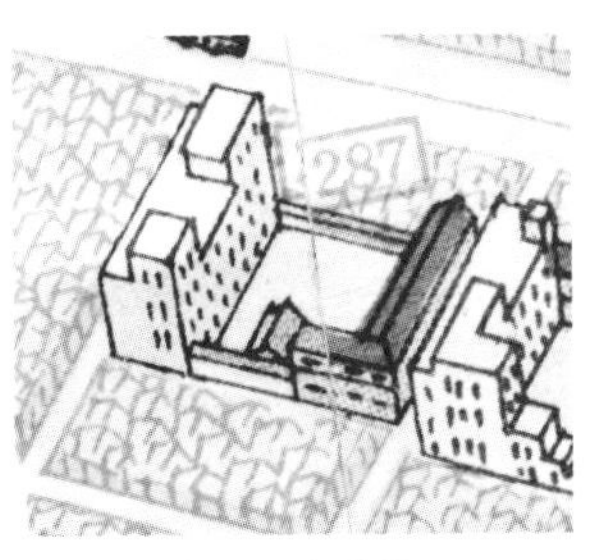

南大江小学校

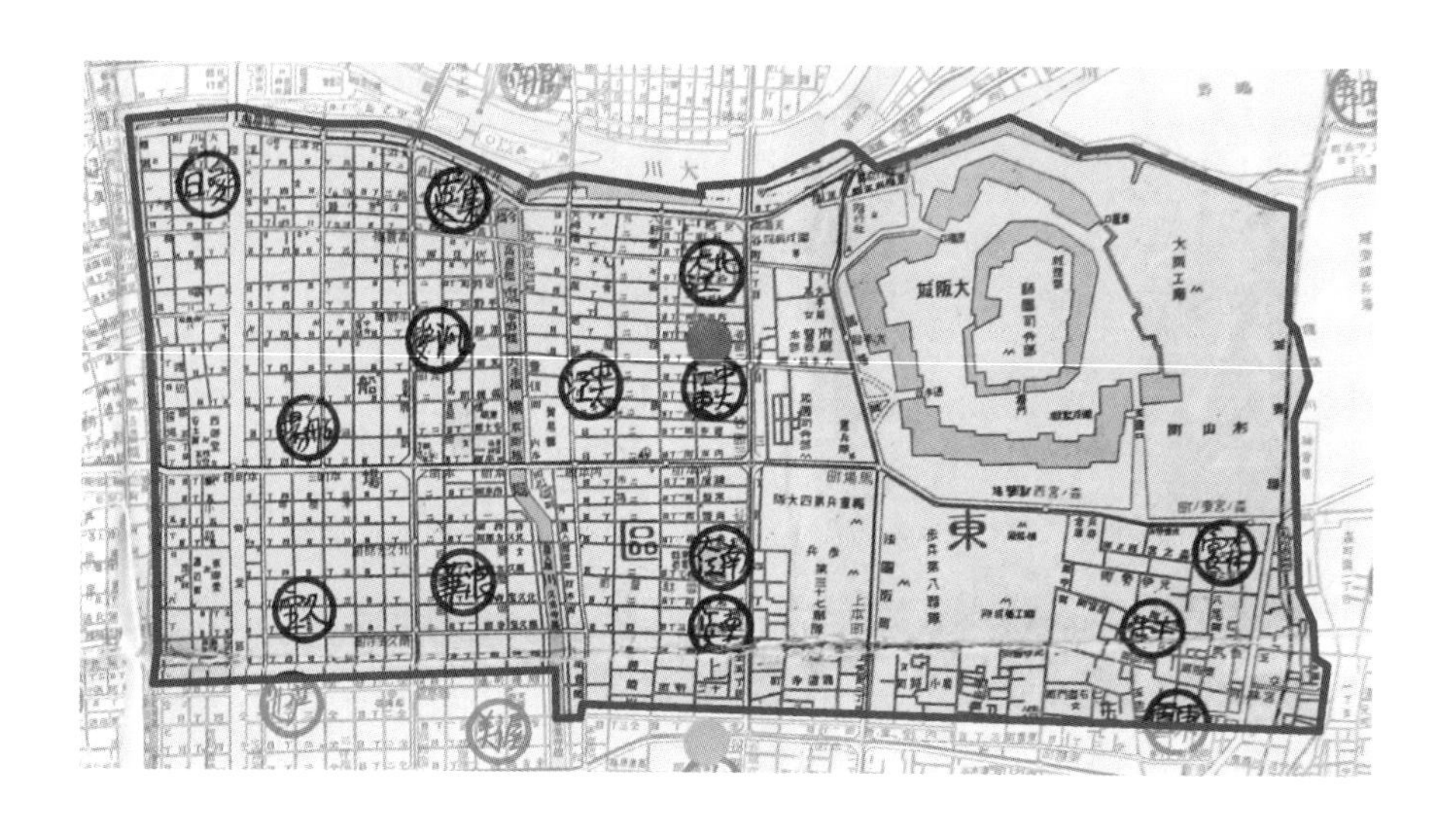
大川
大阪城
船
場
東

西区

明治二二年より全学区は大阪市域
東江（1）・江戸堀（2）・靱（3）・明治（4）・広教（5）・西六（6）・堀江（7）・高台（8）・日吉（9）・松島（10）・本田（11）の一一学区
昭和一五（一九四〇）年の人口・一一七、二二九人

西区の小学校数	11
RC 校舎数	11
全部が RC 校舎数	6
一部が RC 校舎数	5

一覧表

学区名（学区番号）	校名	開校年	RC の竣工年	廃校年	戦災被害	備考
東江（1）	東江	M18	T12	S18	全焼	靱小学校と統合後、S18 西船場小学校に改称して存続
江戸堀（2）	江戸堀	M17	T13.12	S21	半焼	S21 西船場小学校に統合
靱（3）	靱	M6	2期 S4.4	S17		S17 東江小学校に統合後、西船場小学校に改称
明治（4）	明治	M17	S4	S20		S21 西船場小学校に統合
広教（5）	広教	M5	S4.1	S21	全焼	S21 西船場小学校に統合
西六（6）	西六	M17	T15	S20	全焼	S21 西船場小学校に統合
堀江（7）	堀江	M6	S15.12	存続	全焼	
高台（8）	高台	M5	T13	S21	全焼	S21 日吉小学校に統合 校舎は花乃井中学校高台分校として使用後、昭和35年に堀江中学校として利用
日吉（9）	日吉	M7	T14	存続	半焼	M11 日吉小学校に改称
松島（10）	松島（花園）	M9	S6.12、S13.2	S22	半焼	教育改革により廃校 校舎は西一中学校、後に西中学校に転用
本田（11）	本田	M9	T15.10、S4.4	存続		M17 本田小学校に改称

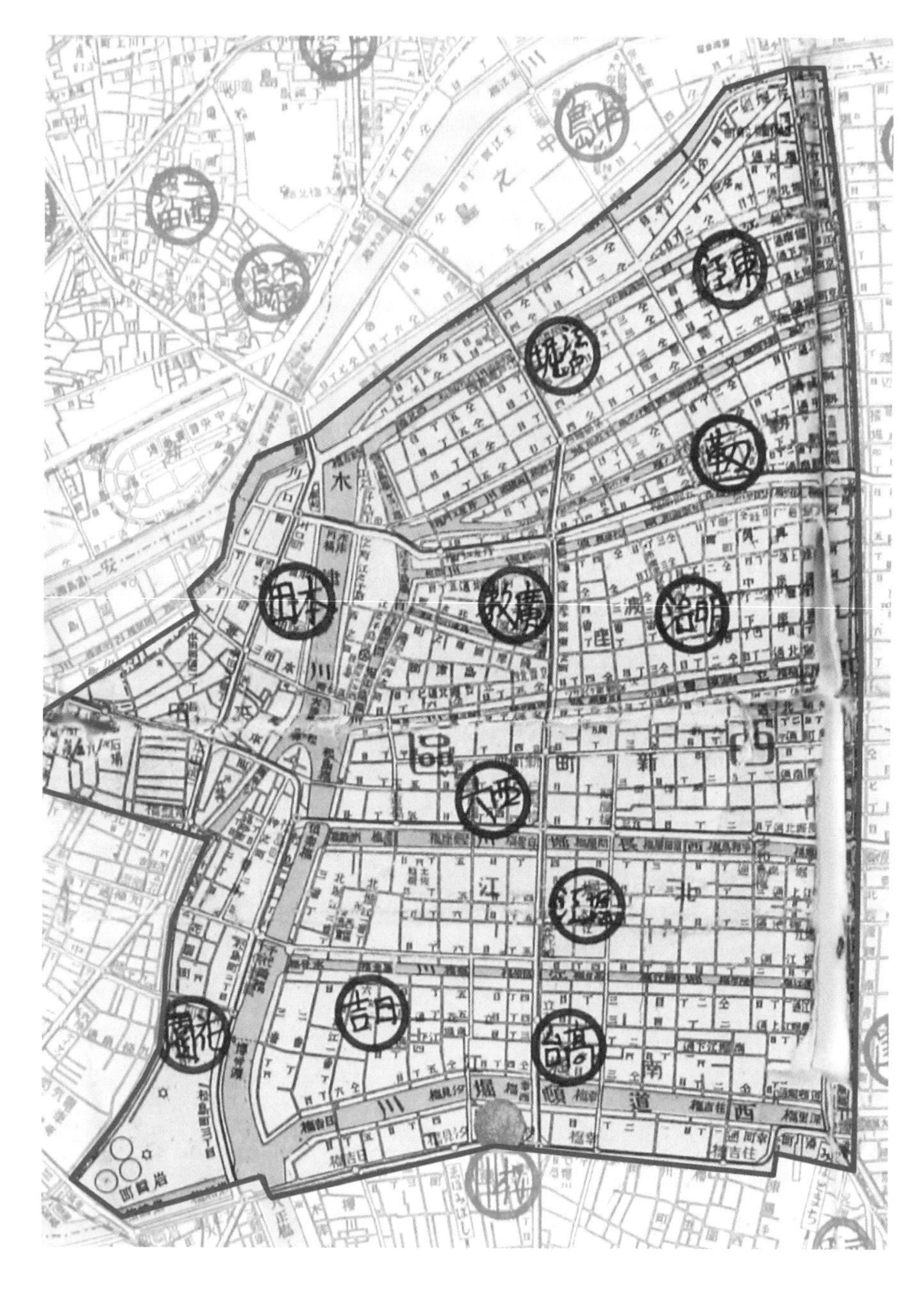

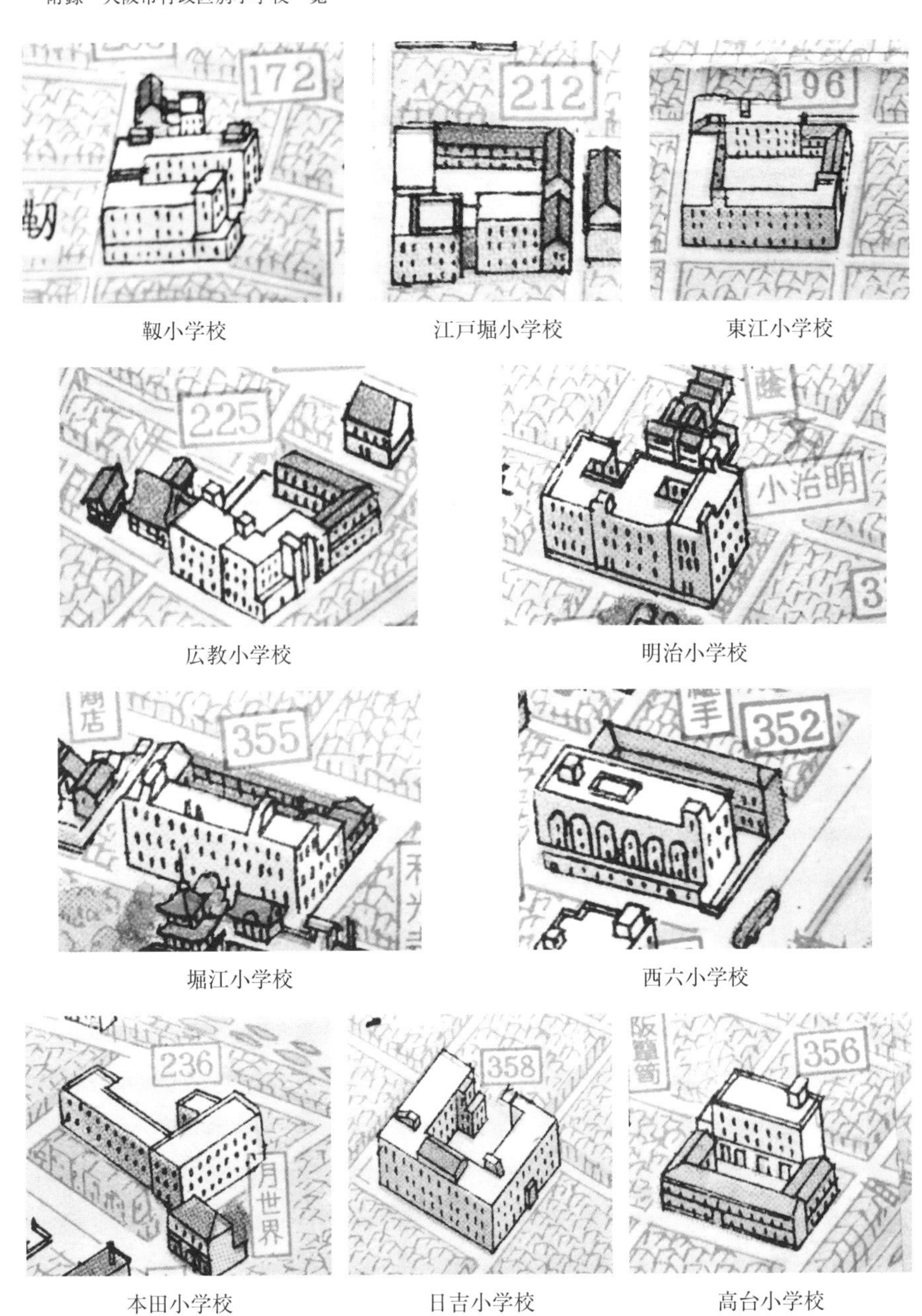

靭小学校　江戸堀小学校　東江小学校

広教小学校　明治小学校

堀江小学校　西六小学校

本田小学校　日吉小学校　高台小学校

南区

明治二二年より全学区は大阪市域
桃園（19）・金甌（20）・渥美（21）・芦池（22）・御津（23）・大宝（24）・道仁（25）・高津（26）・精華（27）の九学区
昭和一五（一九四〇）年の人口・一〇四、六三八人

南区の小学校数	11
RC 校舎数	11
全部がRC 校舎数	11
一部がRC 校舎数	0

一覧表

学区名（学区番号）	校名	開校年	RCの竣工年	廃校年	戦災被害	備考
桃園（19）	桃園（桃園第１）	M6	T13.11、S12.6	H3	なし	M19 桃園小学校に改称 H3 統合して中央小学校になる
	桃谷（桃園第２）	M12	S2.6、S5.9	H3	なし	M15 桃園小学校に統合されるが、M40 桃園第２小学校として再開校 S14 桃谷小学校に改称 H3 統合して中央小学校になる
金甌（20）	金甌	M6	1期 S2.8 2期 S4	H3	なし	M19 金甌校に改称 S21 桃園校に統合 当初校舎は天王寺商業学校に転用
渥美（21）	渥美	M5	T13.2	S21	半焼	M19 渥美小学校に改称 S21 大宝小学校に統合
芦池（22）	芦池	M6	T13.3	S62	なし	S19 商業学校に転用 S62 統合して南小学校になる
御津（23）	御津	M5	S3.4、S6	S19	半焼	M19 御津小学校に改称 S19 大宝小学校に統合 校舎は、御津女子商業学校が転用
大宝（24）	大宝	M19	T13.9	S62	なし	S62 統合して南小学校になる
道仁（25）	道仁	M6	S2	S62	なし	M8 道仁小学校に改称 S21 陸軍兵営、大阪商科大学に転用 S29 再開校 S62 統合して南小学校になる
高津（26）	高津	M5	S4.11	存続	全焼	
精華（27）	精華	M6	S4.11	H7	なし	M33 精華小学校に改称 S21 大宝小学校に統合されるが、S23 再開校
	日本橋	M5	S13.3	存続	半焼	M12 日本橋小学校に改称

桃谷（桃園第２）小学校

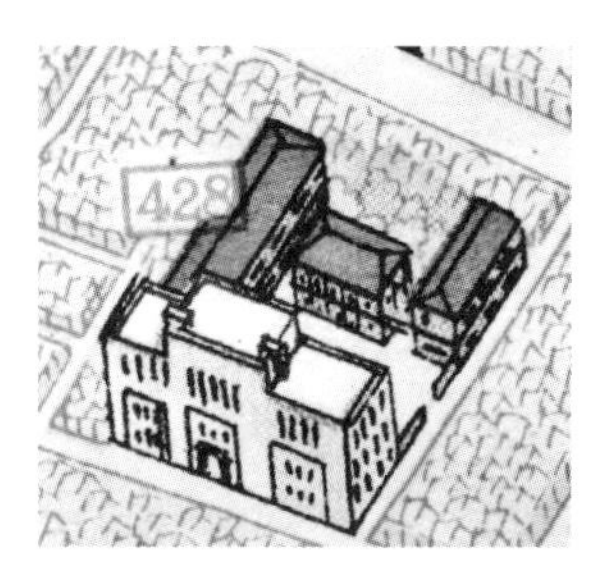

桃園（桃園第１）小学校

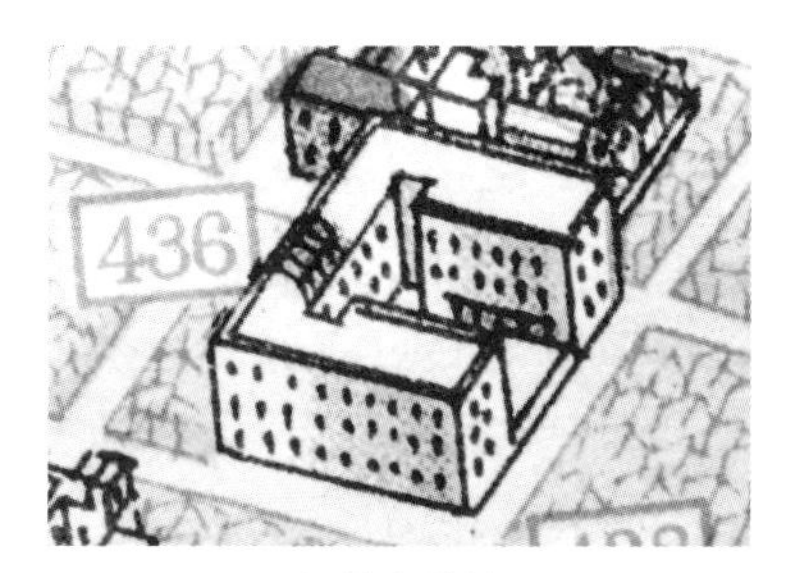

渥美小学校

金甌小学校

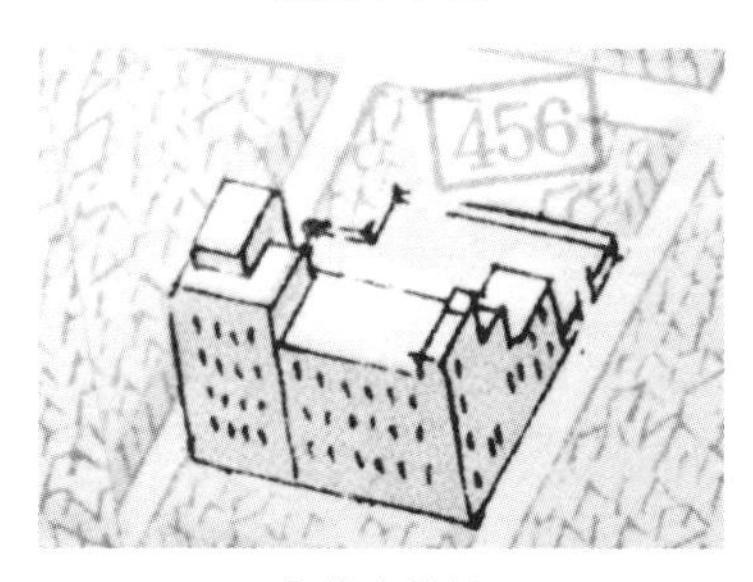

御津小学校

芦池小学校

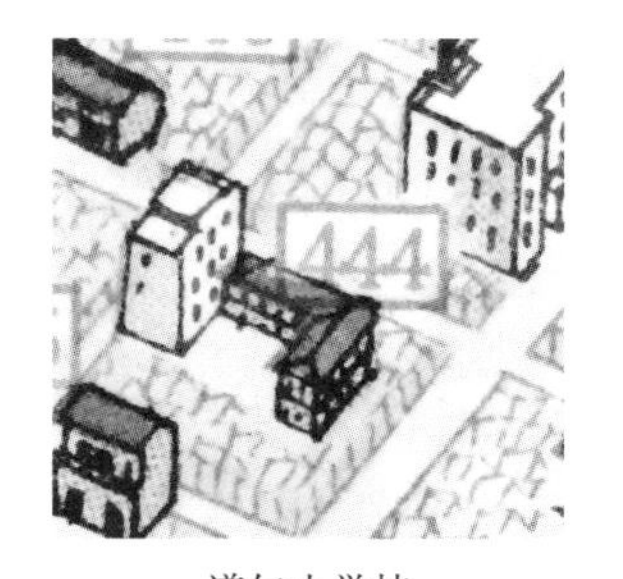

道仁小学校

大宝小学校

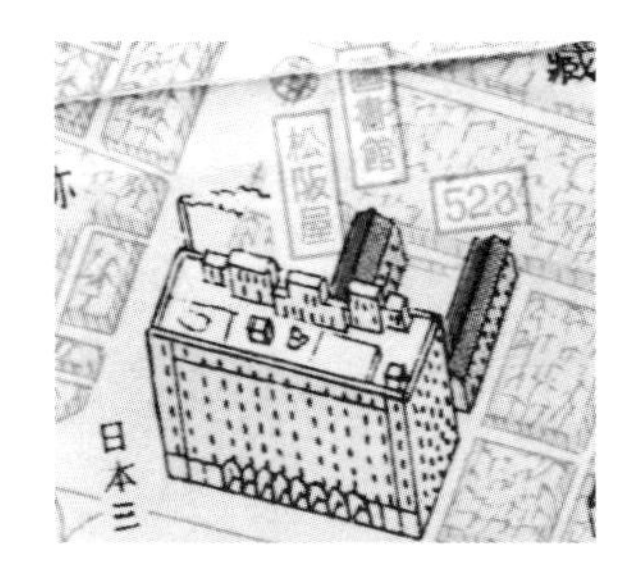

日本橋小学校

精華小学校

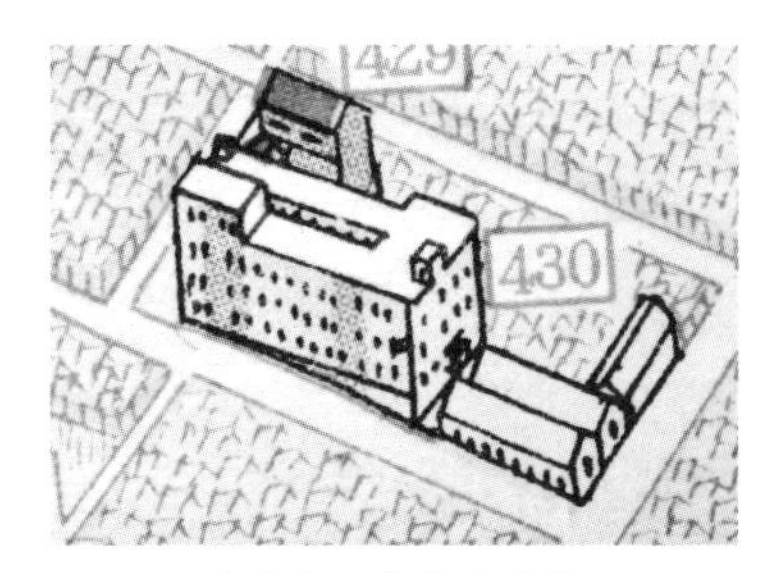

育英女子高等小学校

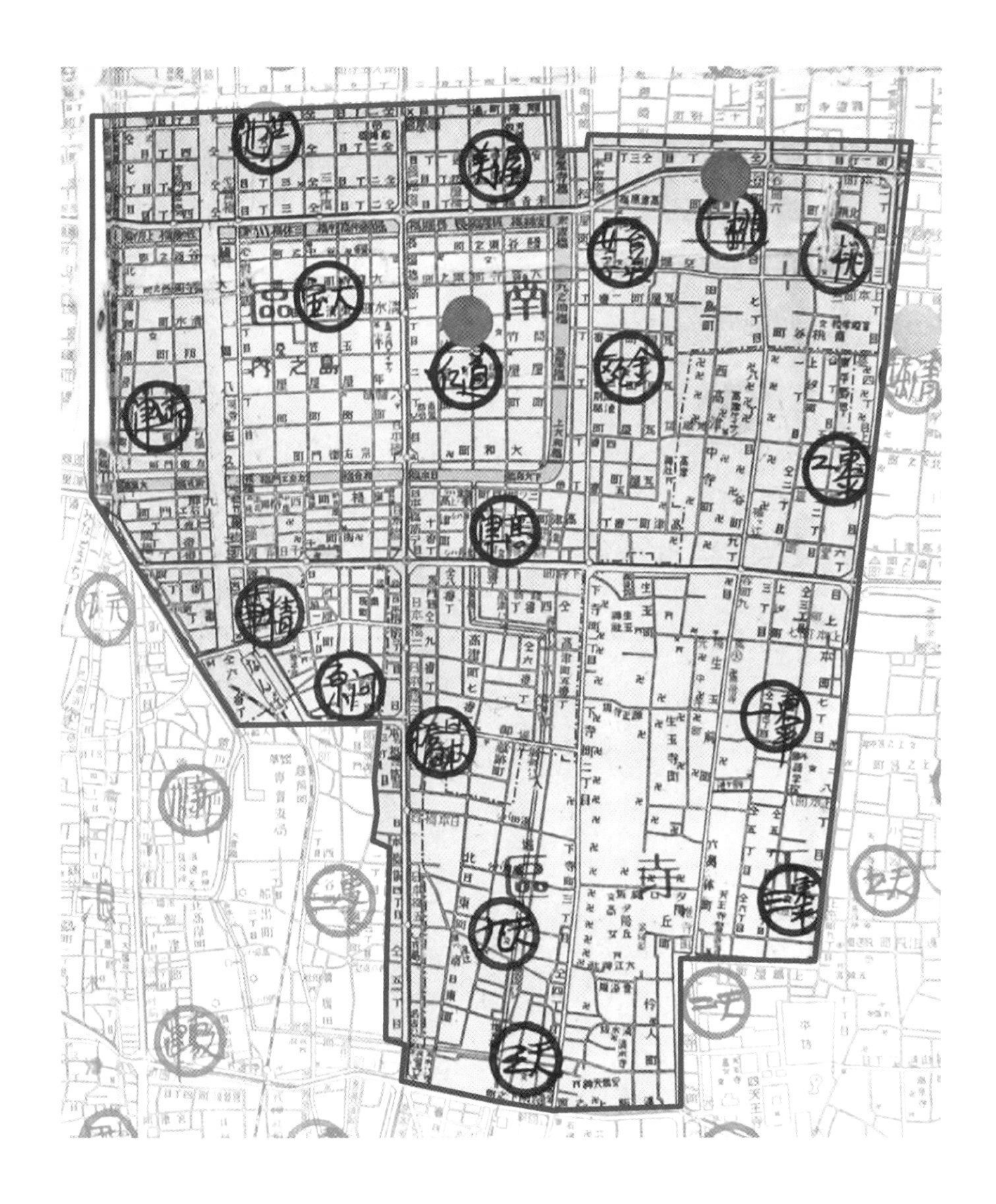

北区

明治二二年の時点で学区番号45～51までは大阪市域
学区番号54～57は第一次大阪市編入市域・明治三〇年
瀧川（45）・松枝（46）・菅南（47）・堀川（48）・西天満（49）・
堂島（50）・中之島（51）・桜宮（54）・都島（55）・済美（56）・曽根崎（57）の一一学区
昭和一五（一九四〇）年の人口・二三九、四三二人

北区の小学校数	19
RC 校舎数	16
全部が RC 校舎数	5
一部が RC 校舎数	11

一覧表

学区名（学区番号）	校名	開校年	RCの竣工年	廃校年	戦災被害	備考
瀧川（45）	瀧川	M5	S4.7	存続		M12 滝川小学校に改称
松枝（46）	松ケ枝	M20	S6.6	S21	半焼	
菅南（47）	菅南	M6	T13.2	S21		S21 西天満小学校と統合
堀川（48）	堀川	M6	S4.11	存続		M8 堀川小学校と改称
西天満（49）	西天満	M18	T14.4	存続		M17 伊勢・若松・衣笠小学校を統合し、西天満小学校に改称
堂島（50）	堂島	M5	S4.6	S61		M16 堂島西・堂島東・北新地小学校が統合して堂島小学校となる S61 曽根崎小学校と統合
中之島（51）	中之島	M5	S3.9	S19	全焼	M19 中之島地区の3校を統合し、中之島小学校を新設 S19 中之島女子商業の開設で廃校
桜宮（54）	桜宮	M6	S14.7	存続	半焼	M39 相生小学校と野田小学校が統合されて桜宮小学校が創立
都島（55）	都島（都島第1）	M8	なし	存続	全焼	M30 都島小学校と改称
	中野（都島第2）	S2	S13.6	存続	半焼	
	南都島（都島第3）	S3	なし	S21	全焼	S21 桜宮小学校へ統合
	北都島（都島第4）	S3	なし	S21	全焼	S21 淀川小学校へ統合
済美（56）	梅田東（済美第1）	M8	S3.3	H1	半焼	T11 済美第1小学校に改称 H1 曽根崎小学校と統合し大阪北小学校へ
	天満（済美第2）	M43	T12	S21	全焼	T9 済美第2小学校に改称 S21 菅北小学校に統合
	北野（済美第3）	M35	S3	S21	焼夷弾を受けた程度で無事	T9 済美第3小学校に改称 S21 曽根崎小学校に統合
	北天満（済美第4）	M43	S3	H16		T9 済美第4小学校に改称 H16 済美小学校と統合し扇町小学校へ
	済美（済美第5）	T5	S4.7	H16	半焼	T9 済美第5小学校に改称 H16 北天満小学校と統合し扇町小学校へ
	菅北（済美第6）	T11	T15.1	存続		T14 済美第6小学校と改称 S16 菅北国民学校と改称
曽根崎（57）	曽根崎	M7	S 3.2、S 6.2、S12.12	H1	半焼	M20 曽根崎尋常小学校に改称 H1 梅田東小学校と統合し大阪北小学校へ

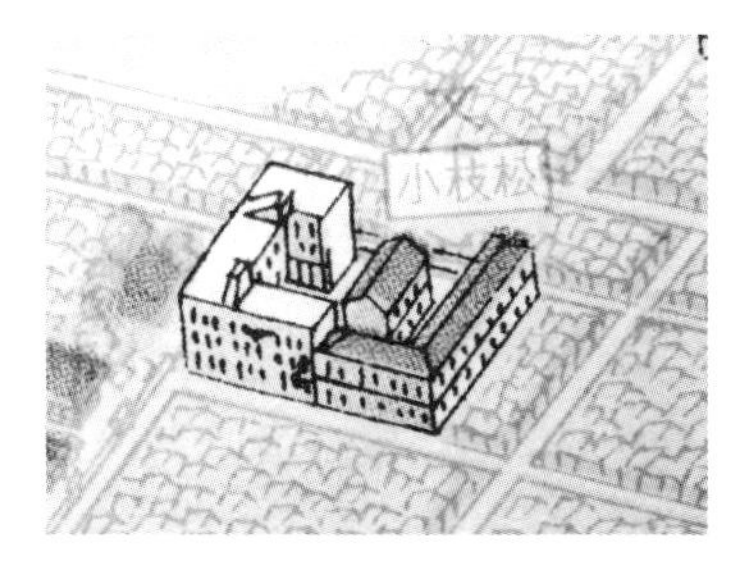

松ケ枝小学校

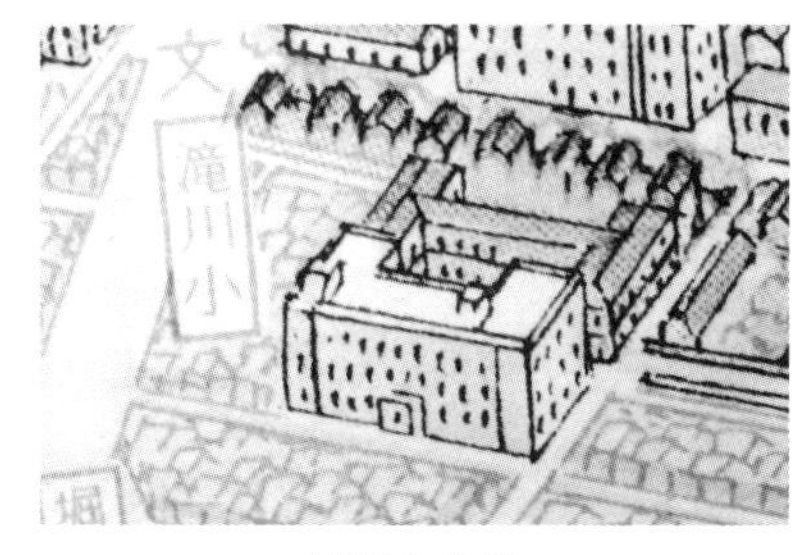

瀧川小学校

堀川小学校

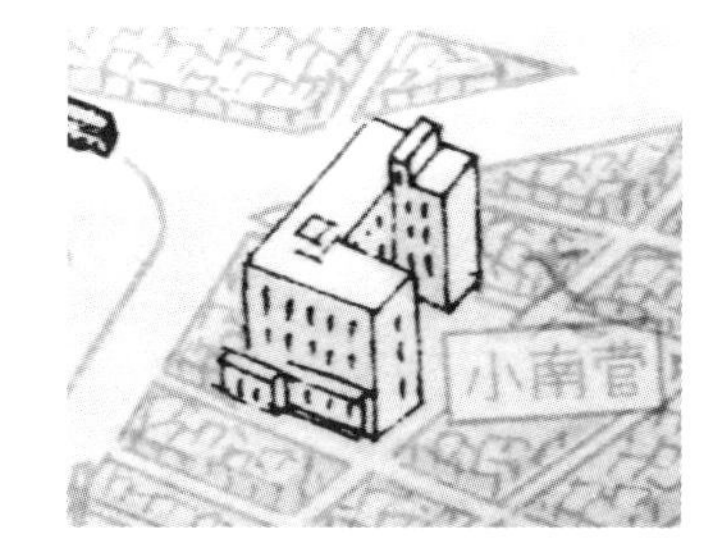

菅南小学校

堂島小学校

西天満小学校

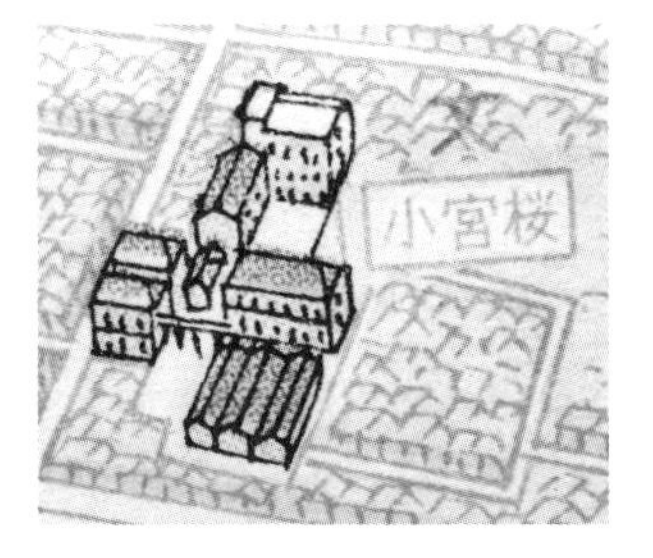

桜宮小学校

中之島小学校

梅田東（済美第１）小学校

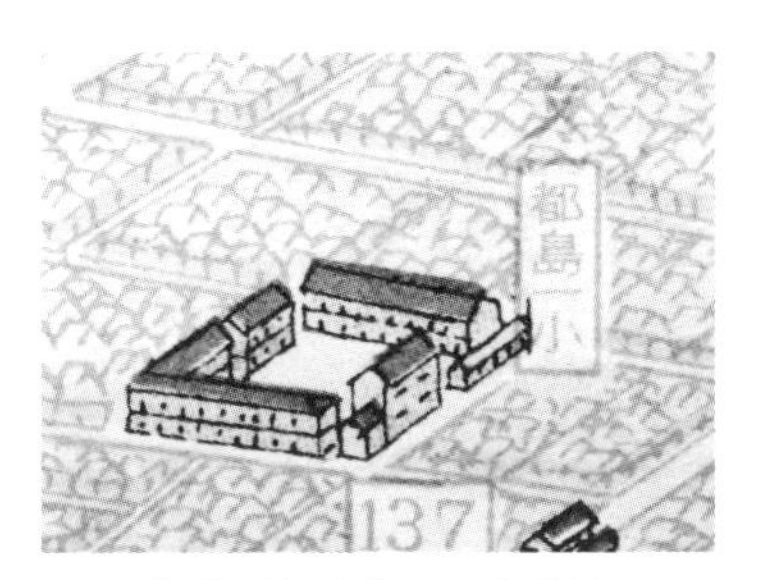

都島（都島第１）小学校

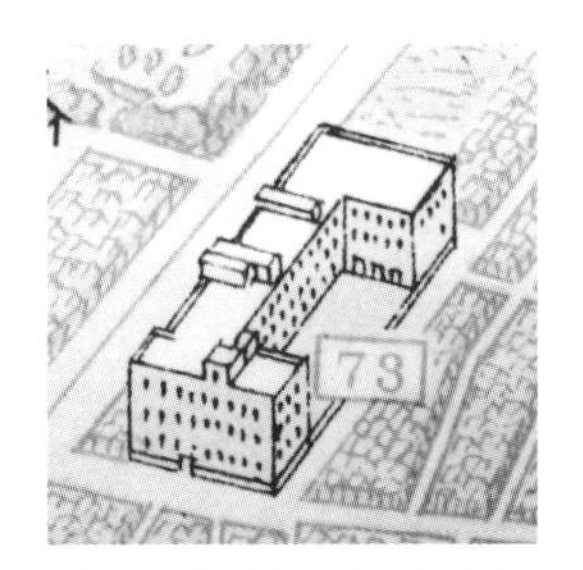

北野（済美第３）小学校

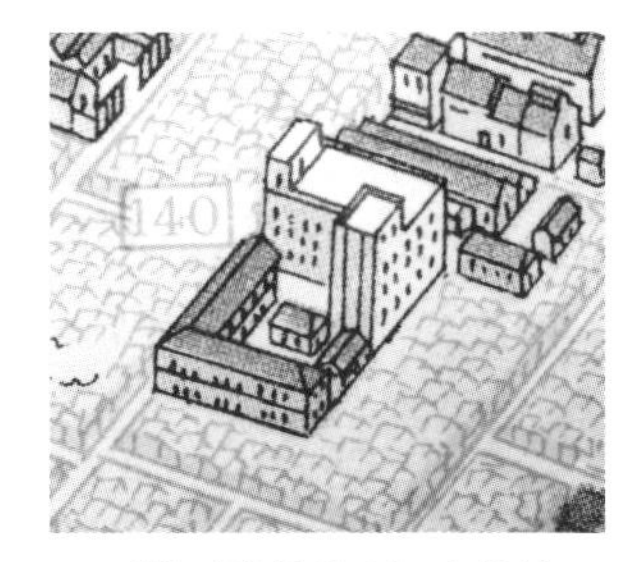

天満（済美第２）小学校

済美（済美第５）小学校

北天満（済美第４）小学校

曽根崎小学校

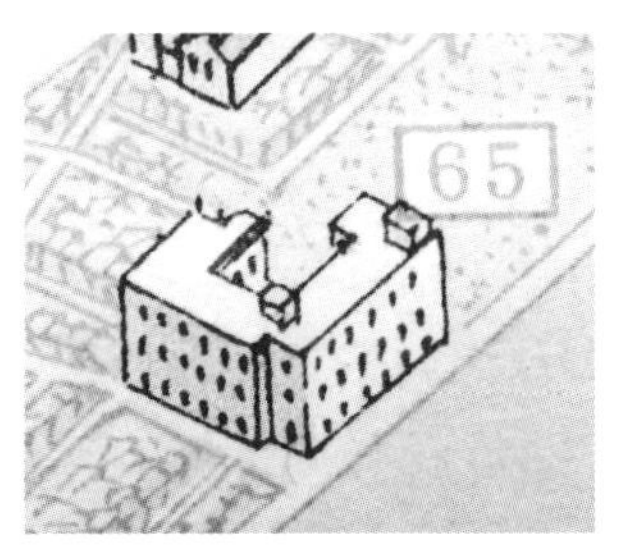

菅北（済美第６）小学校

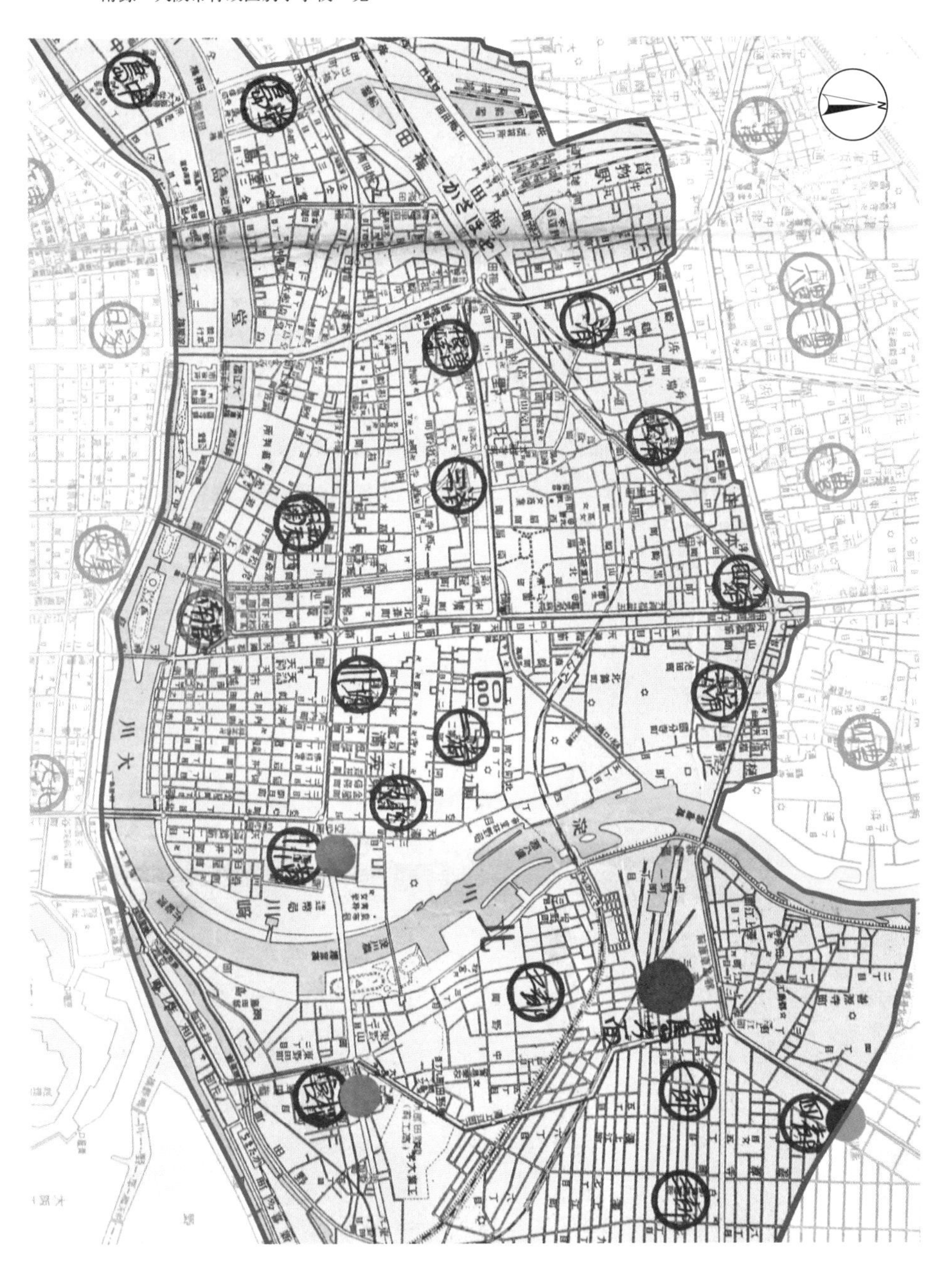

港区

第一次大阪市編入市域・明治三〇年
九条（12）・市岡（15）・安治川（53）の三学区
昭和一五（一九四〇）年の人口・三二二、二三一人

港区の小学校数	24
RC 校舎数	13
全部が RC 校舎数	2
一部が RC 校舎数	11

一覧表

学区名（学区番号）	校名	開校年	RC の竣工年	廃校年	戦災被害	備考
九条（12）	九条東（九條第 1）	M8	S12.6	存続	なし	M30 九条小学校と改称 S23 九条東小学校と改称
	九条南（九條第 2）	M35	S11〜S15	存続	半焼	S16 九条南小学校と改称
	九条中（九條第 3）	M39	なし	S21	全焼	S21 九条北小学校に統合
	九条北（九條第 5）	T8	S13.4	存続	なし	S16 九条北小学校と改称
市岡（15）	市岡（市岡第 1）	M27	S13	S21	全焼	S21 磯路小学校に統合
	本市岡（市岡第 2）	T5	S12.11	存続	半焼	T5 市岡第 1 小学校から分離 S23 市岡小学校と改称
	東市岡（市岡第 3）	T8	S13.10	S21	全焼	S21 磯路小学校に統合
	八幡屋北（市岡第 4）	T9	S14.3	S21	全焼	S16 八幡屋北小学校に改称 S21 三先小学校に統合
	魁（市岡第 5）	T12	なし	S21	全焼	S21 磯路小学校に統合
	音羽（市岡第 6）	T12	S14.6	S21	全焼	S21 磯路小学校に統合
安治川（53）	安治川（西区第 1）	M7	なし	S19	なし	工業学校に転換のため、S19 安治川女子工業高校に移転
	吾妻	S5	なし	S21	全焼	S21 磯路小学校に統合
	石田	T13	なし	S21	全焼	S21 磯路小学校に統合
	磯路	S12	S12.8	存続	半焼	
	三先	S5	S12.12	存続	全焼	
	田中	T13	なし	S21	全焼	S21 磯路小学校に統合
	築港北	M9	S14.3	S21	全焼	S21 三先小学校に統合
	築港南	M45	なし	S21	全焼	S21 三先小学校に統合
	波除		なし	S21	全焼	S21 磯路小学校に統合
	錦	S5	なし	S21	全焼	S21 三先小学校に統合
	湊屋		S12	S21	半焼	S21 磯路小学校に統合
	南市岡	S5	竣工年は不明	存続	半焼	
	南寿	T14	なし	S21	全焼	S21 磯路小学校に統合
	八幡屋	T13	なし	S21	全焼	S21 三先小学校に統合

※菊水・池島の両校は、昭和15年以降の開校なので除外した。

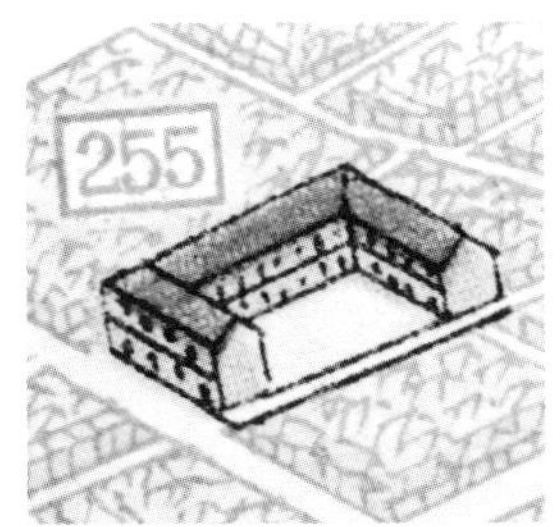

九条北（九条第５）小学校

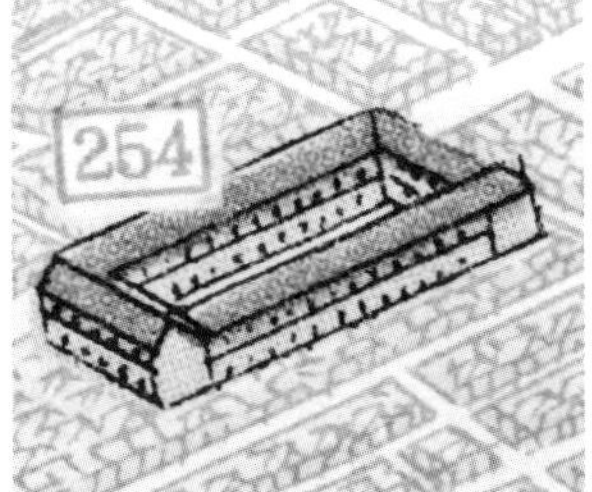

九条中（九条第３）小学校

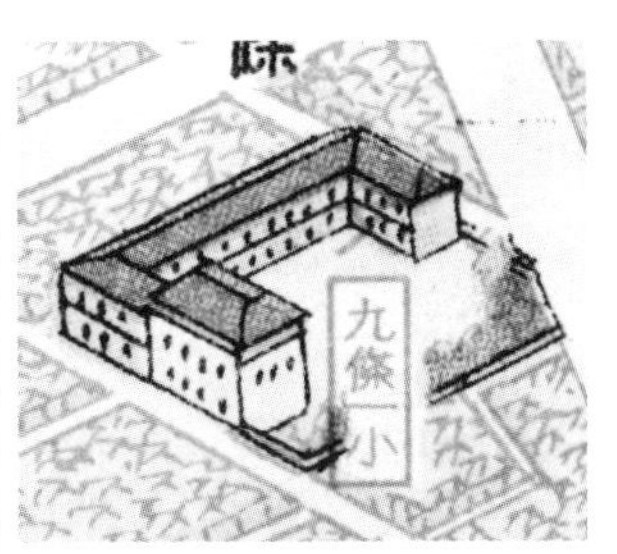

九条東（九条第１）小学校

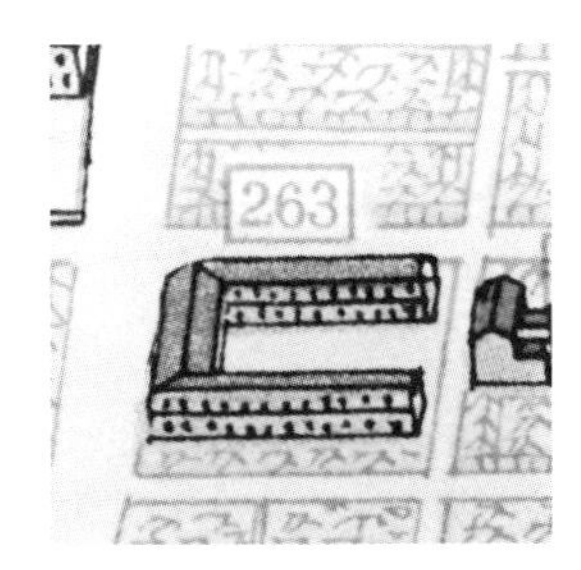

東市岡（市岡第３）小学校

市岡（市岡第１）小学校

魁（さきがけ）（市岡第５）小学校

八幡屋北（市岡第４）小学校

安治川小学校

音羽（市岡第６）小学校

田中小学校

石田小学校

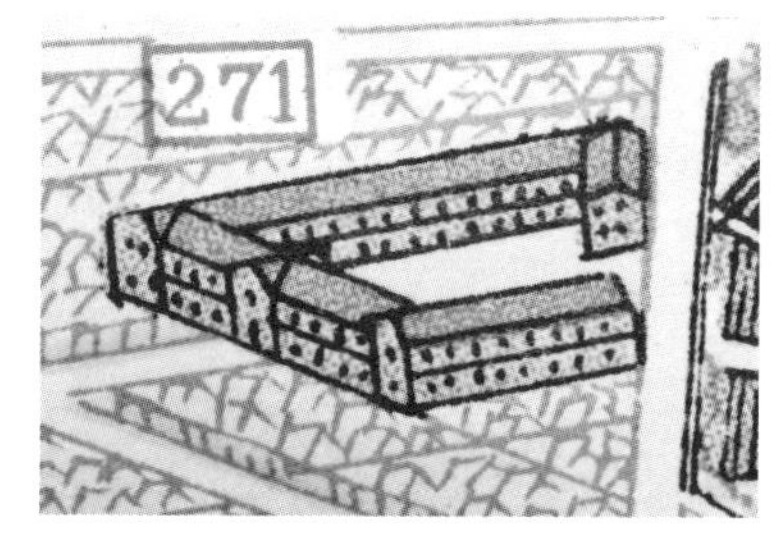

錦小学校

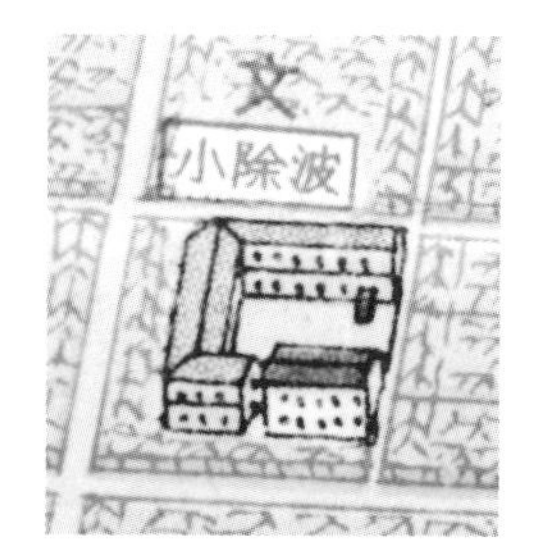

波除小学校

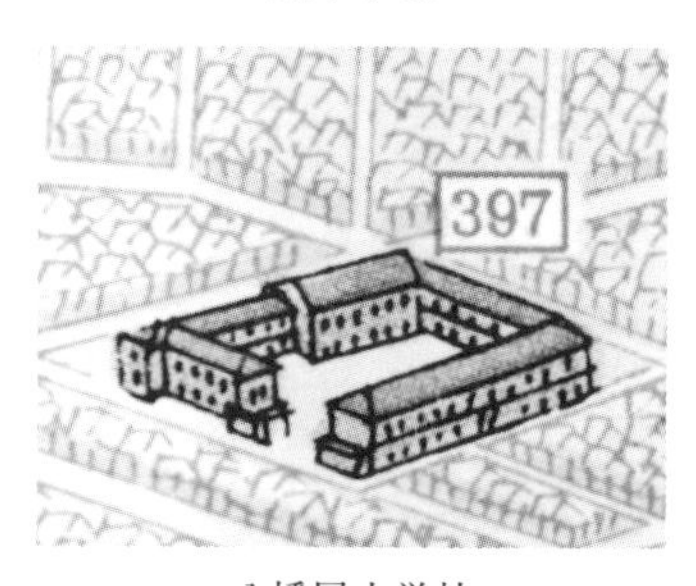

八幡屋小学校

南寿小学校

浪速区

第一次大阪市編入市域・明治三〇年
28（難波）・29（木津）・30（栄）・31（恵美）の四学区
昭和一五（一九四〇）年の人口・一五万人

浪速区の小学校数	16
RC 校舎数	15
全部が RC 校舎数	2
一部が RC 校舎数	13

一覧表

学区名（学区番号）	校名	開校年	RC の竣工年	廃校年	戦災被害	備考
難波（28）	難波新川（難波第 1 ）	M7	T12.7、S12.1	存続	全焼	統合して、難波元町小学校
	難波立葉（難波第 2 ）	M23	S4、S13.3	存続	全焼	
	難波河原（難波第 3 ）	M24	S3	S19		廃校後、河原女子商業に転用
	難波元町（難波第 4 ）	M39	S12	S60	全焼	統合して、難波元町小学校
	難波塩草（難波第 5 ）	M40	S14.1	存続		
	難波稲荷（難波第 6 ）	M41	S2	S21	全焼	
	難波桜川（難波第 7 ）	M41	S12.1、S15.12	S21	なし	校区消失
	難波芦原（難波第 9 ）	T10	設計年 T12	S21	全焼	
木津（29）	敷津（木津第 1 ）	T7	T12.10、2 期 S3.3	存続	全焼	
	大国（木津第 2 ）	M37	S3.3	S21	全焼	
栄（30）	栄（栄第 1 ）	M9	S3.4	S21	なし	
	東栄（栄第 2 ）	T12	なし	S21	全焼	
	南栄（有隣）（栄第 3 ）	M44	T15	S21	全焼	
恵美（31）	恵美（恵美第 1 ）	M6	S 3.7／S13.6	存続	全焼	
	浪速津（恵美第 2 ）	M37	設計年 T13	S21	全焼	校下が焼けたので廃校
	戎（恵美第 3 ）	T8	設計年 T13	S21	全焼	

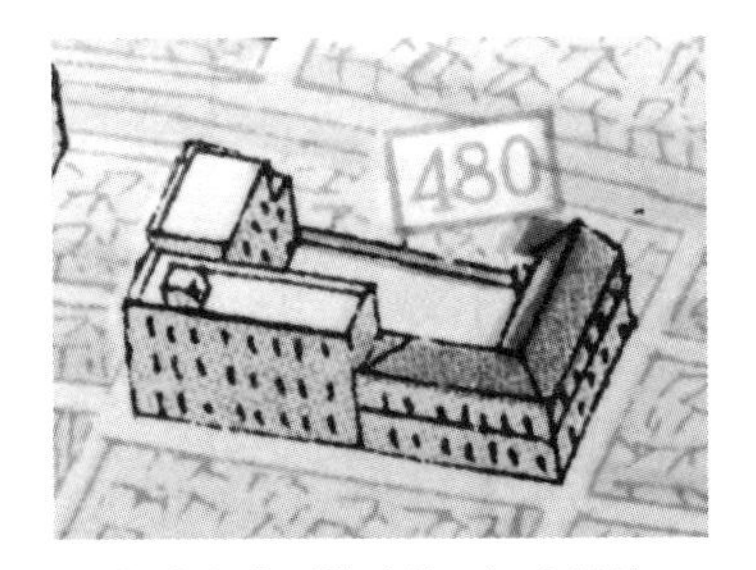

難波立葉（難波第２）小学校

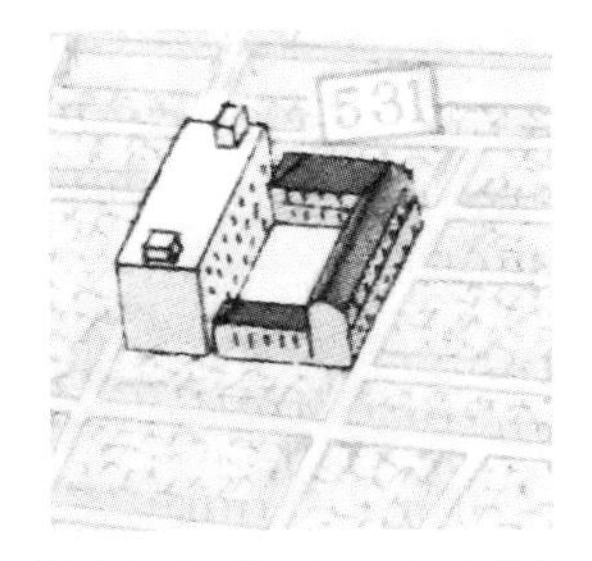

難波新川（難波第１）小学校

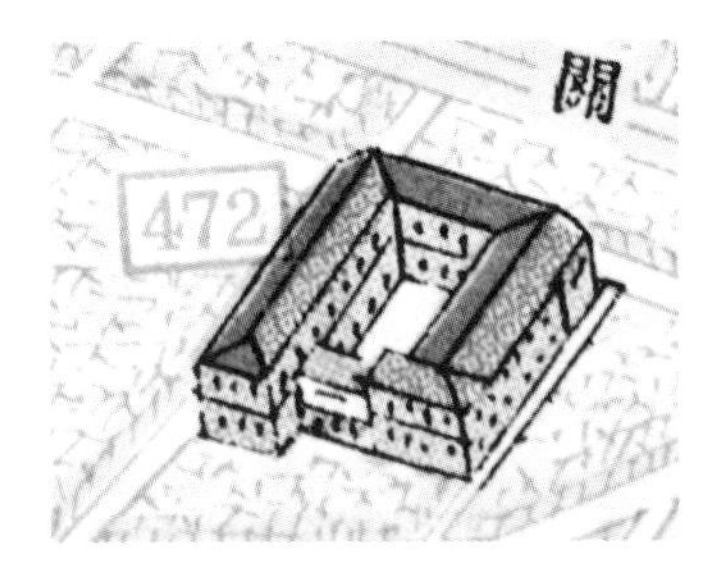

難波塩草（難波第５）小学校

難波元町（難波第４）小学校

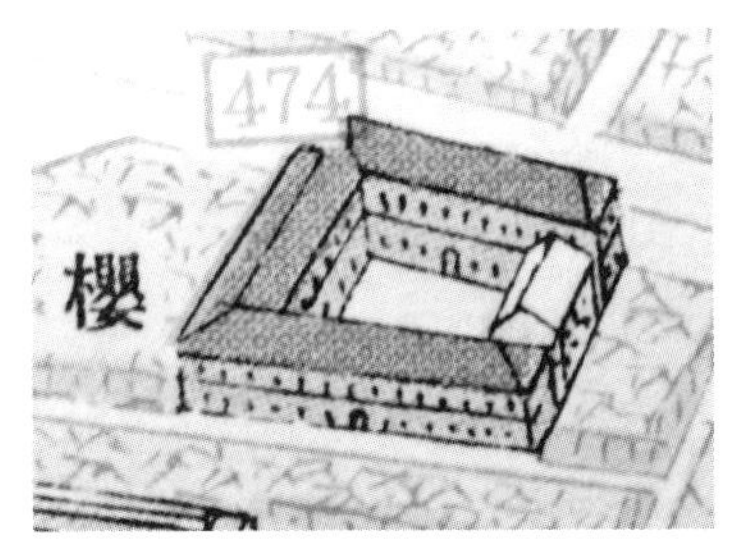

難波桜川（難波第７）小学校

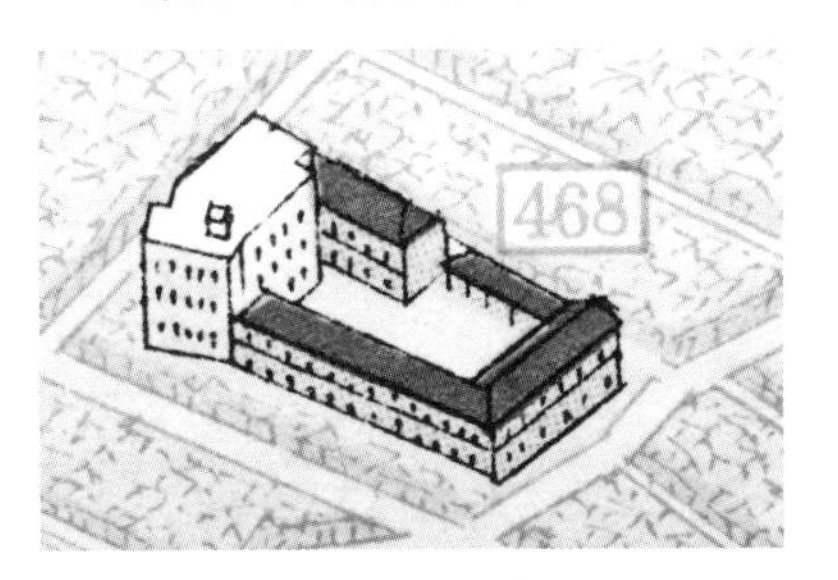

難波稲荷（難波第６）小学校

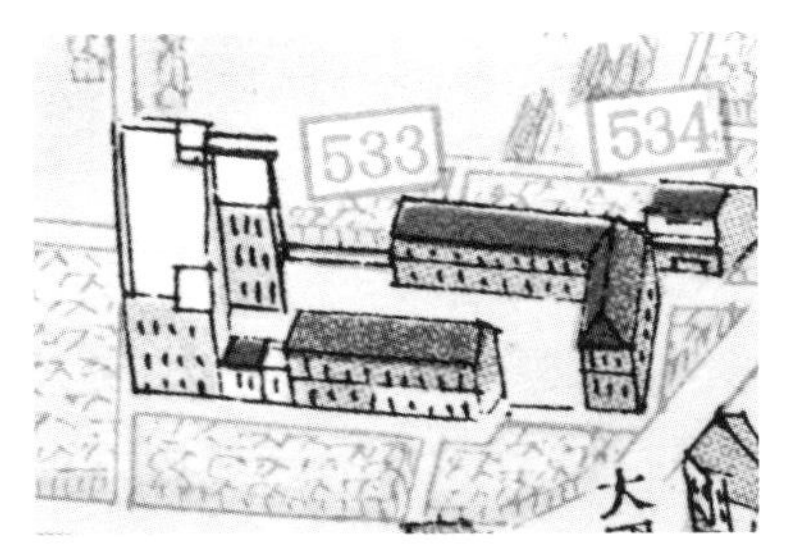

敷津（木津第１）小学校

難波芦原（難波第９）小学校

栄（栄第１）小学校

大国（木津第２）小学校

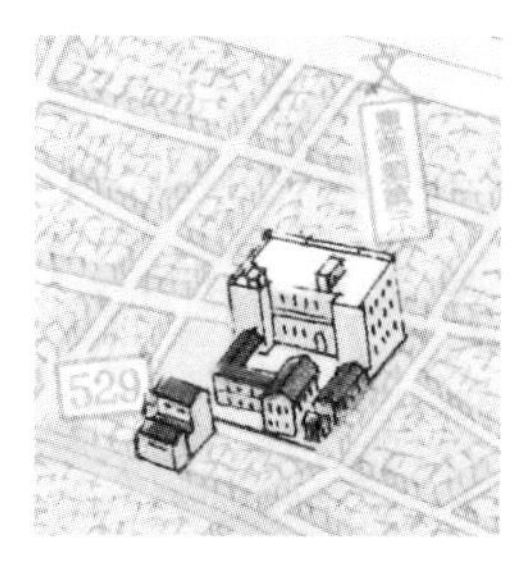

浪速津（恵美第２）小学校

東栄（栄第２）小学校

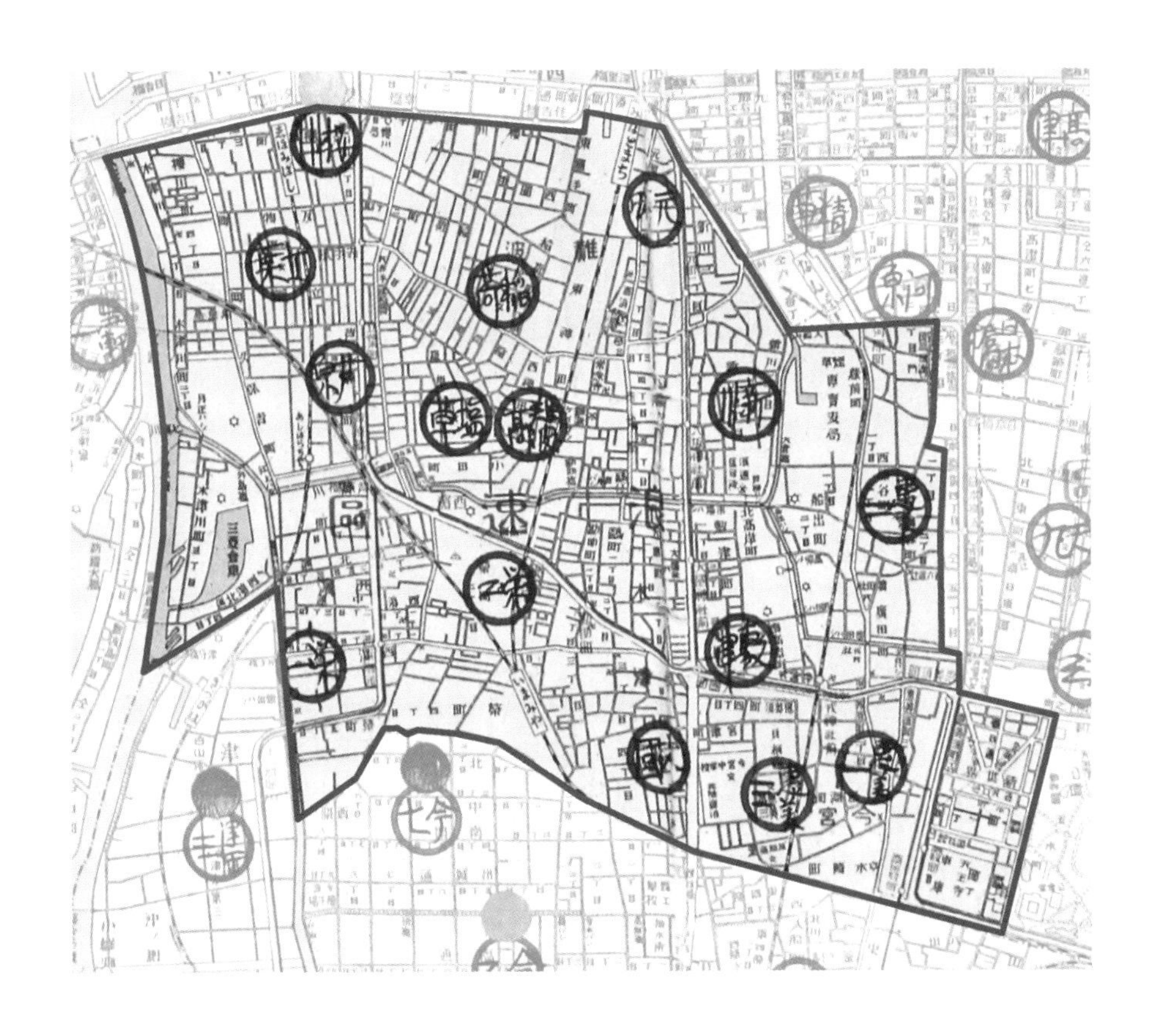

天王寺区

第一次大阪市編入市域・明治三〇年
天王寺（32）・東平野（44）の二学区
昭和一五（一九四〇）年の人口・一一九、一一七人

天王寺区の小学校数	12
RC 校舎数	9
全部がRC 校舎数	3
一部がRC 校舎数	6

一覧表

学区名（学区番号）	校名	開校年	RCの竣工年	廃校年	戦災被害	備考
天王寺（32）	天王寺（天王寺第1）	M7	T13、12 S11～15	存続	全焼	戦災被害により休校となるが、S30再開する
	大江（天王寺第2）	M36	S2、S5.2	存続		S16 大江小学校に改称
	聖和（天王寺第4）	M42	S12.4	存続	半焼	S14 聖和小学校に改称
	五條（天王寺第5）	T2	S2.12、S11.1	存続		S14 五條小学校に改称 S22 五条小学校に改称
	桃丘（天王寺第6）	T9	S2	S20		S14 桃丘小学校に改称
	河堀（天王寺第7）	T11	なし	S26	半焼	
	逢阪（天王寺第3）		S2	S21	全焼	S24より、日本橋中学校
	桃陽（天王寺第8）	T12	なし	存続		S14 桃陽小学校に改称
	日東（天王寺第9）	T13	S2.10	存続		S14 日東小学校に改称
東平野（44）	生魂（東平野第1）	M35	T15.8、S3.5	存続	半焼	S16 生魂小学校に改称
	東平（東平野第2）	M8	S3	H3	全焼	H3 中央小学校に統合
	上本町（東平野第3）	T12	なし	S26	全焼	

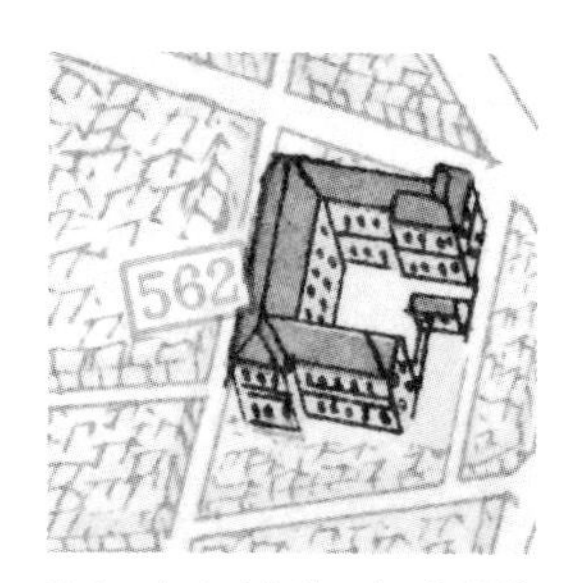

聖和（天王寺第4）小学校

大江（天王寺第2）小学校

天王寺（天王寺第1）小学校

河堀（天王寺第７）小学校

桃丘（天王寺第６）小学校

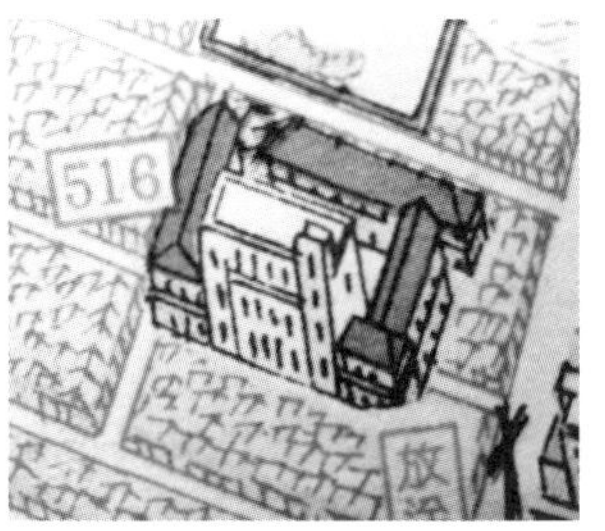

五條（天王寺第５）小学校

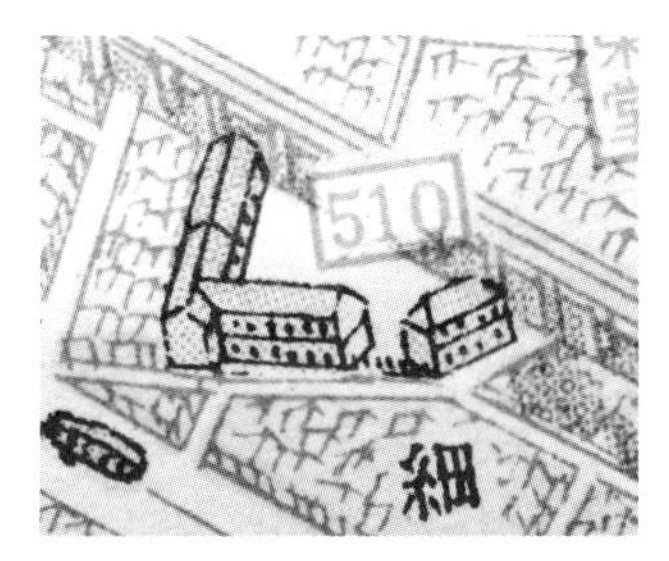

桃陽（天王寺第８）小学校

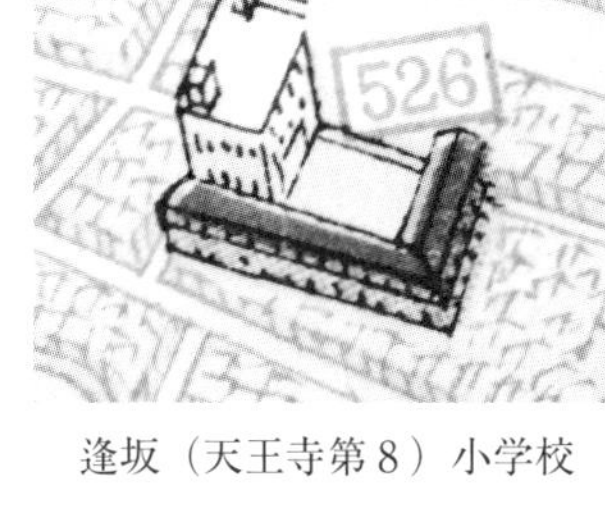

逢坂（天王寺第８）小学校

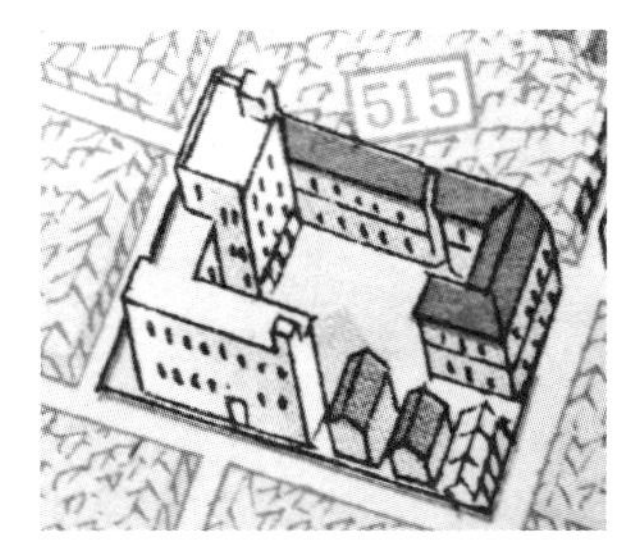

生魂（東平野第１）小学校

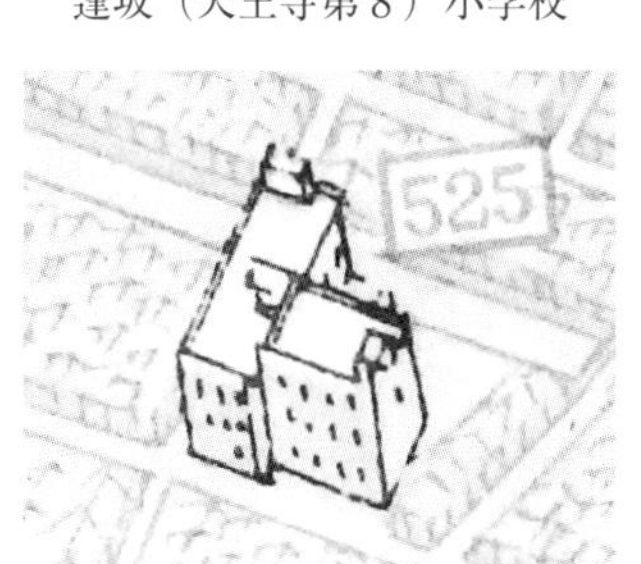

日東（天王寺第９）小学校

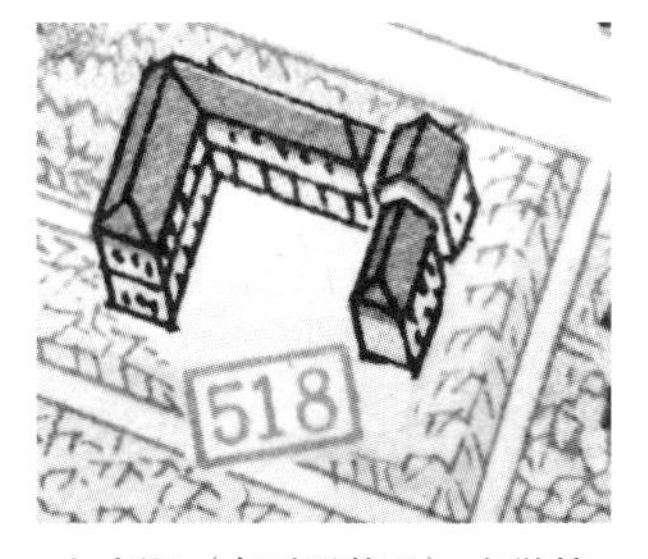

上本町（東平野第３）小学校

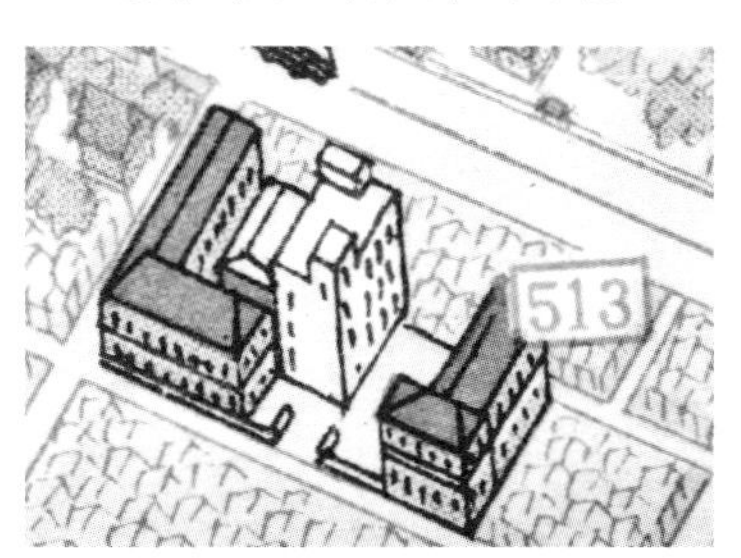

東平（東平野第２）小学校

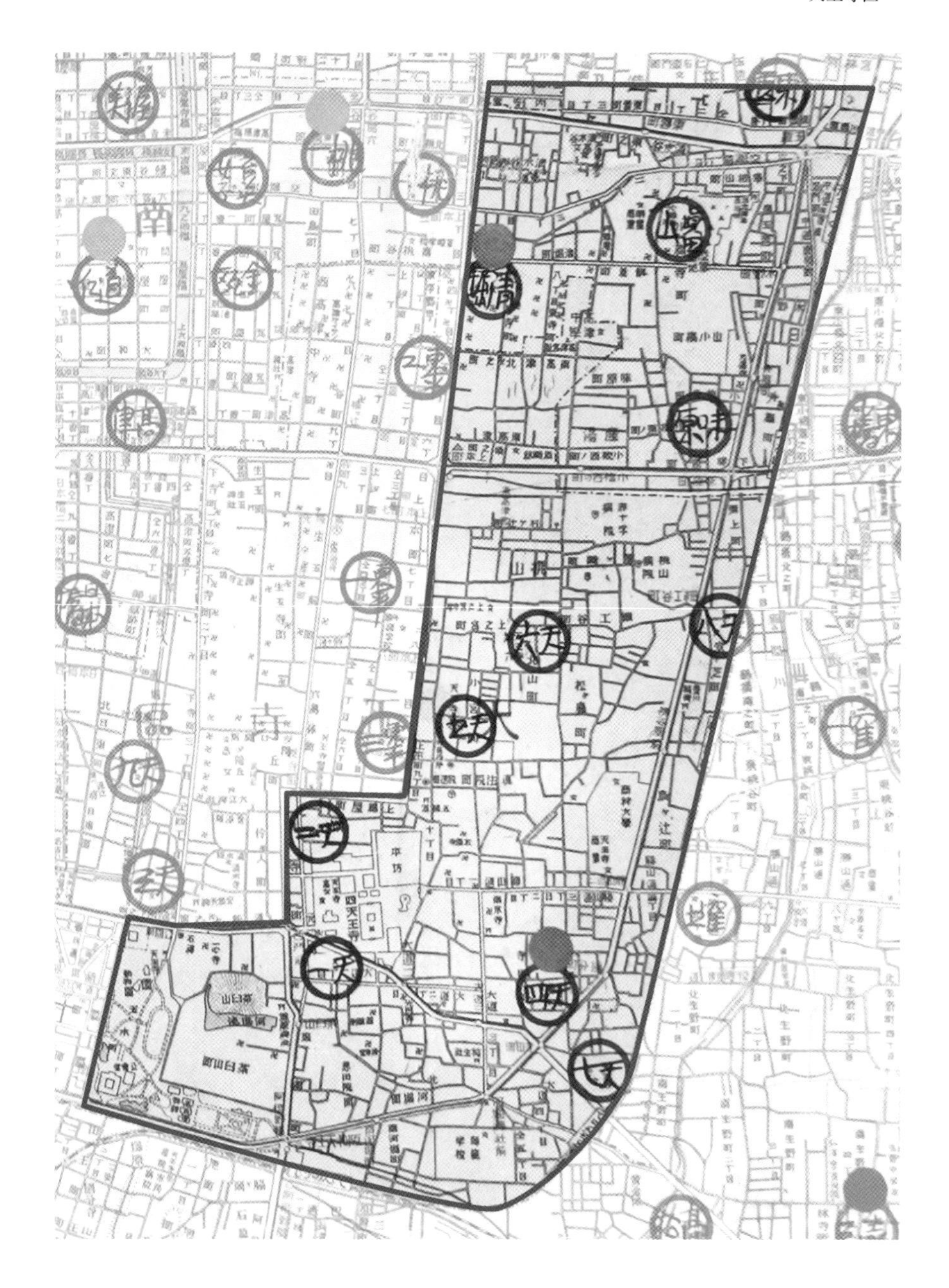
南
四天王寺

大正区

第一次大阪市編入市域・明治三〇年（16）・（13）の二学区
昭和一五（一九四〇）年の人口・一三七、九三一人

一覧表

学区名（学区番号）	校名	開校年	RCの竣工年	廃校年	戦災被害	備考
(16)	泉尾東（泉尾第１）	M8	S13	存続	なし	S22 泉尾東小学校に改称
	泉尾北（泉尾第２）	T3	なし	存続	なし	S16 泉尾北小学校に改称 S28 再開校
	中泉尾（泉尾第３）	T13	なし	存続	なし	S16 中泉尾小学校と改称
	北恩加島	T11	S11.8	存続	なし	
(13)	三軒家東（三軒家第１）	M8	なし	存続	全焼	M20 三軒家東小学校と改称
	三軒家南（三軒家第２）	M41	S11～15	S21	半焼	S21 三軒家西小学校に統合。 校舎は青年学校が使用
	三軒家西（三軒家第３）	T5	なし	存続	なし	S16 三軒家西小学校と改称
	新千歳	S13	S13.11	S21	半焼	S21 北恩加島小学校に統合
	大正	S8	S11	S21	なし	S21 泉尾東小学校と統合。 校舎は三軒家南小学校として使用
	鶴町	T10	なし	存続	全焼	S24再開校
	港南	S5	なし	S21	全焼	S21 南恩加島小学校に統合
	南恩加島	T13	なし	存続		S16 南恩加島小学校と改称

第何か不明　泉尾第　RCの竣工年：S13.11

大正区の小学校数	12
RC校舎数	5
全部がRC校舎数	1
一部がRC校舎数	4

北恩加島小学校

泉尾東（泉尾第１）小学校

三軒家南（三軒家第２）小学校

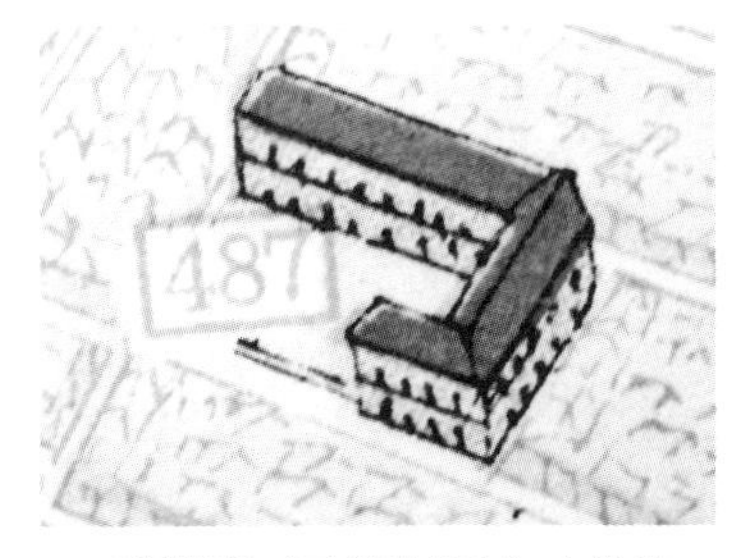

三軒家東（三軒家第１）小学校

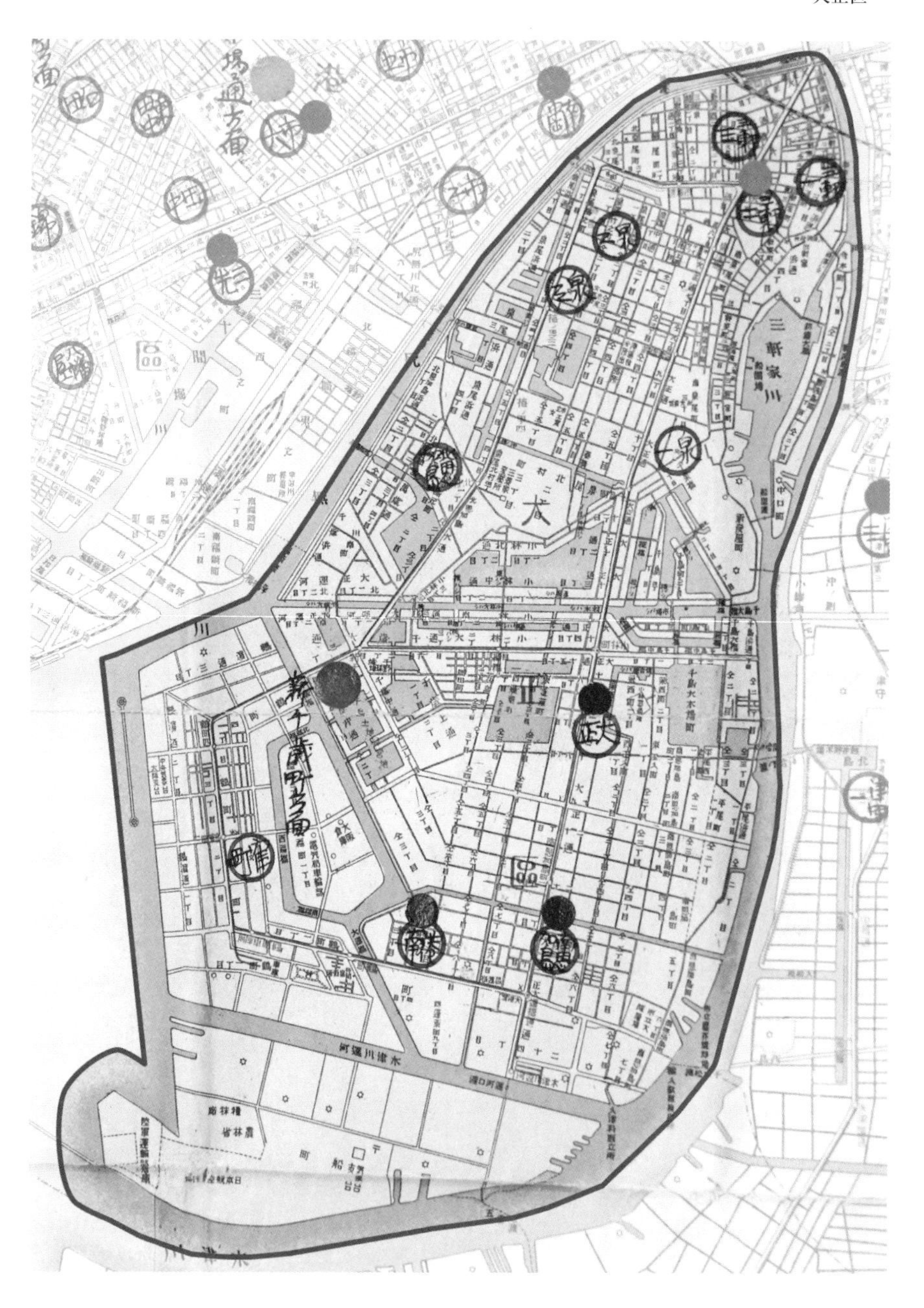

此花区

学区番号52だけは明治二二年の時点で大阪市域
学区番号17・58・59・60は第一次大阪市編入市域・明治三〇年
春日出（17）・芦分（52）・上福島（58）・下福島（59）・西野田（60）の五学区
昭和一五（一九四〇）年の人口・二一五、七七五人

此花区の小学校数	17
RC校舎数	13
全部がRC校舎数	1
一部がRC校舎数	12

一覧表

学区名（学区番号）	校名	開校年	RCの竣工年	廃校年	戦災被害	備考
春日出（17）	春日出	S6	S12.12	存続	半焼	
芦分（52）	芦分	M6	なし	S16		S16 野田小学校に統合
上福島（58）	上福島（第1上福島）	M7	T13	存続	全焼	
	福島（第2上福島）	M36	T15	存続		
下福島（59）	下福島	M10	S3.10	S17	なし	児童数減少によりS17廃校。校舎は下福島高等女子学校に
西野田（60）	玉川（第1西野田）	M7	なし	存続	半焼	M36 第一西野田小学校と改称 S16 玉川小学校と改称
	野田（第2西野田）	M36	S14.9	存続	全焼	S14 野田小学校と改称
	吉野（第3西野田）	M34	S15.7	存続	半焼	S22 吉野小学校と改称
	新家（第4西野田）	T8	S14.5	S22	半焼	S22 吉野小学校に統合
	大開（第5西野田）	T9	なし	存続		
	梅香	T14	T15	存続	半焼	S16 梅香小学校に改称
	恩貴島	S5	なし	S21	全焼	S21 島屋小学校に統合
	桜島	T11	S12.3	S21	半焼	S21 島屋小学校に統合
	島屋	T11	S12.11	存続	半焼	
	西島	S13	S13.3	存続	半焼	S35 再開校
	西九條	M35	S8	存続	半焼	S16 西九条小学校に改称
	四貫島	T8	S14.1	存続	半焼	S16 四貫島小学校に改称

芦分小学校

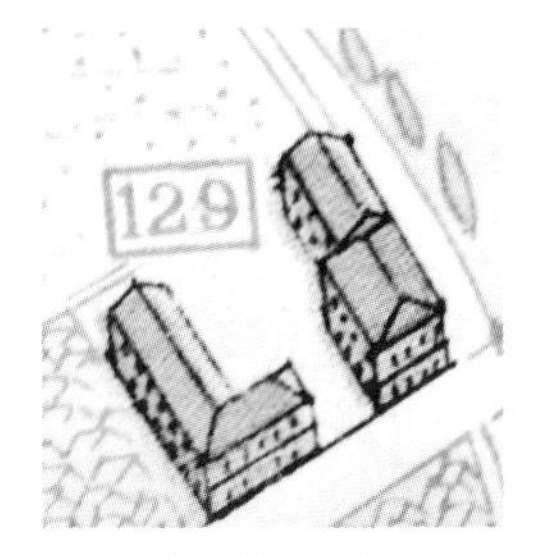

春日出小学校

上福島（第２上福島）小学校

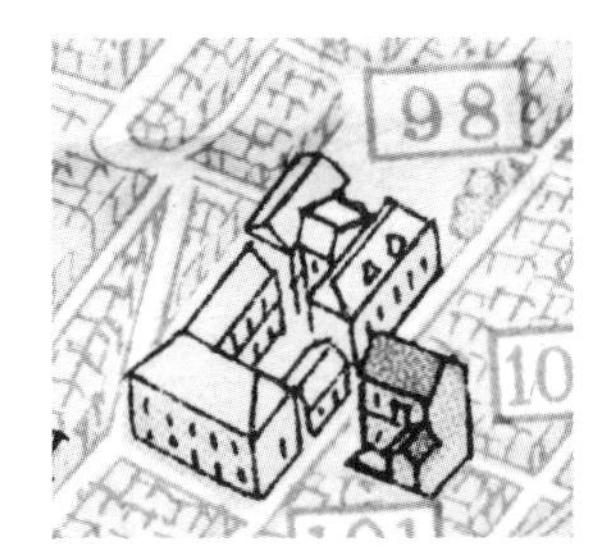

福島（第１上福島）小学校

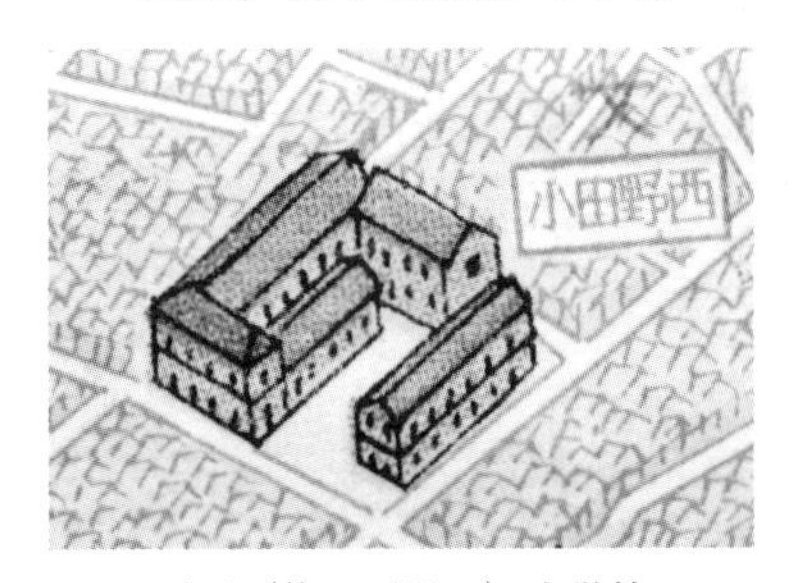

玉川（第１西野田）小学校

下福島小学校

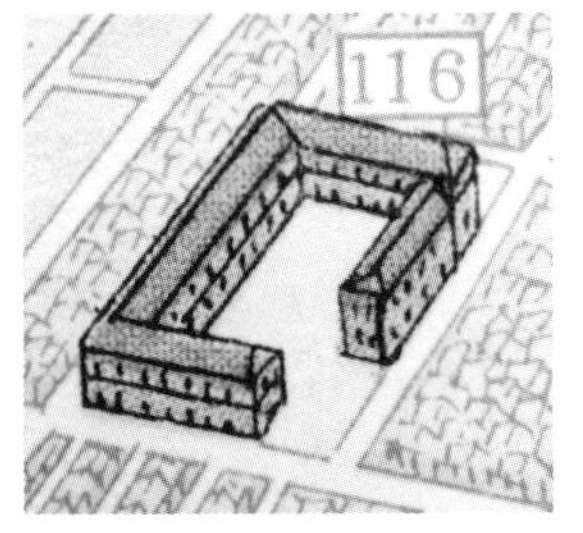

吉野（第３西野田）小学校

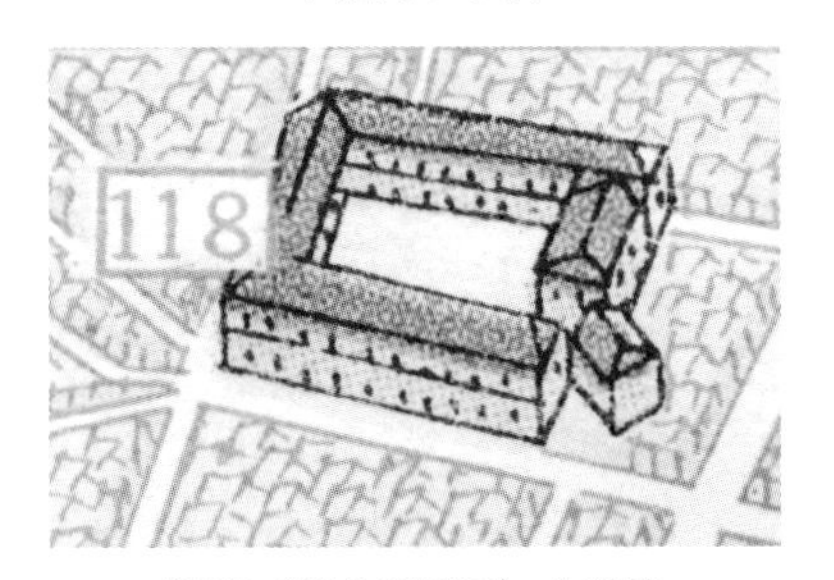

野田（第２西野田）小学校

梅香小学校

大開（第５西野田）小学校

四貫島小学校

西九条小学校

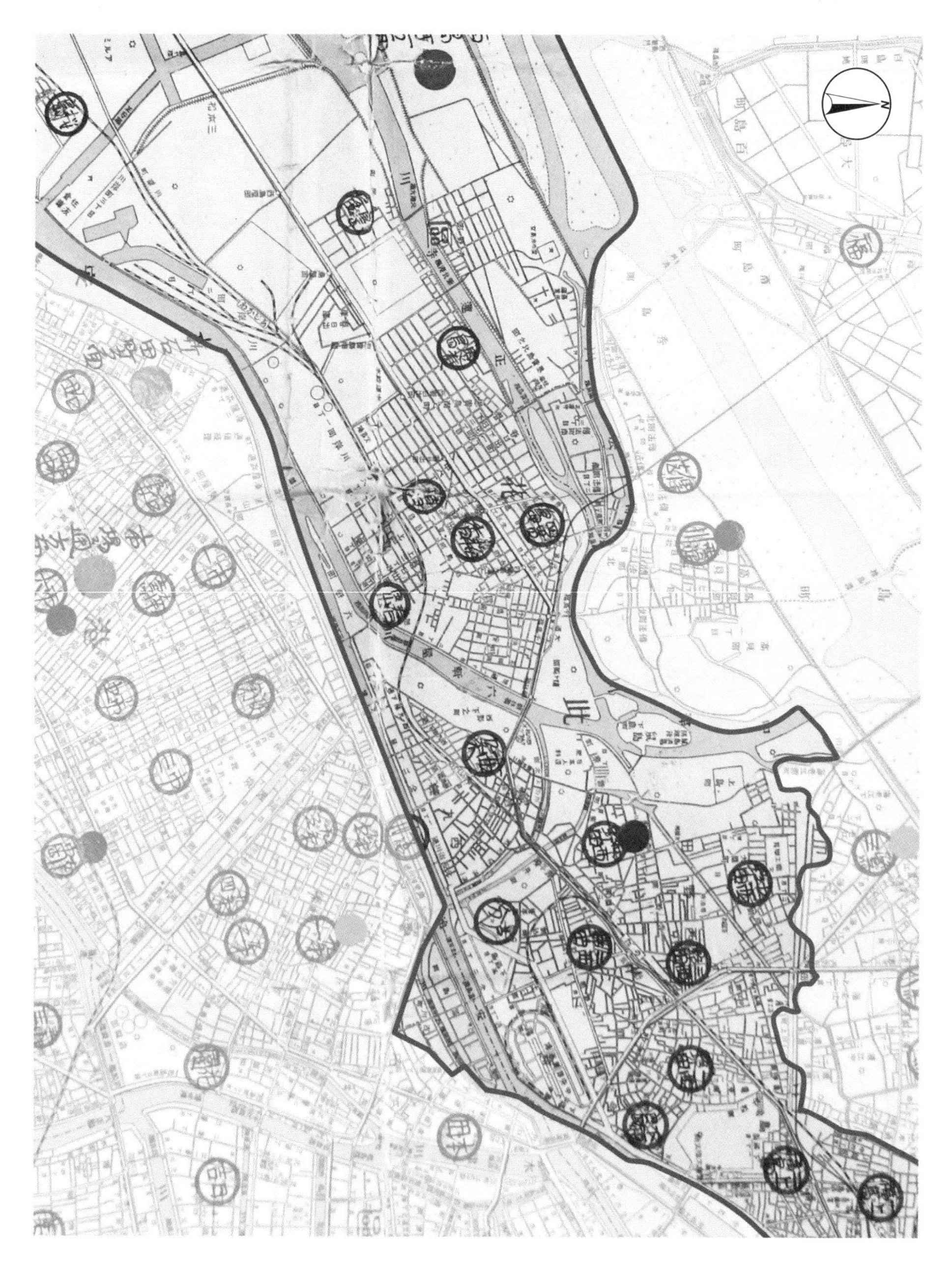

西淀川区

第二次大阪市編入市域・大正一四年
（61）の一学区
昭和一五（一九四〇）年の人口・二二六、四九八人

西淀川区の小学校数	17
RC 校舎数	10
全部が RC 校舎数	0
一部が RC 校舎数	17

一覧表

学区名（学区番号）	校名	開校年	RC の竣工年	廃校年	戦災被害	備考
（61）	伝法	M6	なし	存続		M31 伝法小学校と改称
	鷺洲（鷺洲第１）	M31	S12.4	存続		S15 鷺州小学校と改称
	大仁（鷺洲第２）	T1	S7.12	S26	半焼	
	海老江西（鷺洲第３）	T3	S12.1	存続		S16 海老江西小学校と改称
	浦江（鷺洲第４）	T7	S13.2	S43		S21 浦江小学校と改称 S43 大淀小学校に改称
	柏里（鷺洲第５）	T13	なし	存続	全焼	S16 柏里小学校と改称
	海老江東（鷺洲第６）	S8	S15	存続		S16 海老江東小学校に改称
	川北	M6	S13.6	存続		T14 川北小学校に改称
	大和田（大和田第１）	M7	S12.7	存続		M18 大和田小学校に改称 S16 大和田東小学校に改称 S42 大和田小学校に改称
	大和田西（大和田第２）	S6	S11.10	S20頃	半焼	
	佃	M7	なし	存続	半焼	
	香簑（香簑第１）	M7	S12.1	存続	半焼	M8 香簑小学校に改称
	野里（香簑第２）	T9	なし	存続		T14 野里小学校に改称
	西淀川	T14	なし	存続		S16 高見小学校に改称
	姫島	M7	S12.2	存続		M24 稗島小学校に改称 S16 姫島小学校に改称
	福	M32	なし	存続		S16 福小学校に改称
	加島	S12	なし	存続	半焼	香簑小学校加島分教場として開校

西淀川小学校

伝法小学校

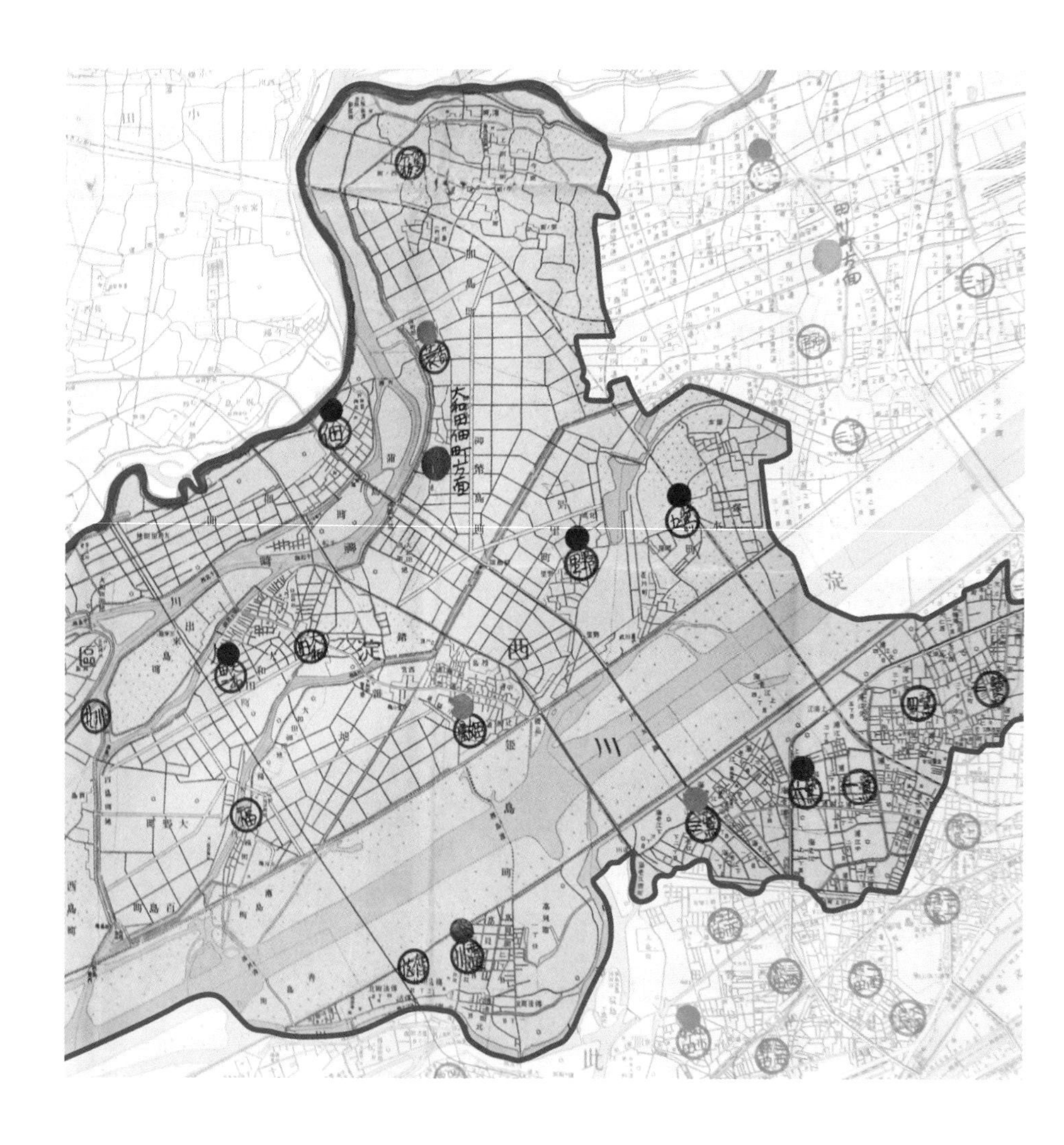
大和田佃町方面

東淀川区

第二次大阪市編入市域・大正一四年
（62）の一学区
昭和一五（一九四〇）年の人口・二六七、九四四人

東淀川区の小学校数	24
RC 校舎数	14
全部が RC 校舎数	0
一部が RC 校舎数	14

一覧表

学区名（学区番号）	校名	開校年	RC の竣工年	廃校年	戦災被害	備考
（62）	大隅	M6	なし	存続		S16 大隅小学校に改称 S55 大隅東小学校に改称
	神津	M6	なし	存続		T14 神津小学校に改称
	木川	S11	S12.1	存続		
	北中島	M7	S11.9	存続		S16 北中島小学校に改称
	啓発（啓発第１）	M34	なし	存続	全焼	S16 啓発小学校に改称 S24 啓発小学校として再開
	東淡路（啓発第２）	T14	なし	存続		S16 東淡路小学校に改称
	西淡路（啓発第３）	S9	S12.12	存続	半焼	S16 西淡路小学校に改称
	十三	T15	なし	存続		
	新庄	M8	S11.12	存続		
	菅原	S13	S13.3	存続		
	田川	S11	S12.11	存続		
	豊崎本庄（豊崎第１）	M8	S11～15	存続		
	豊仁（豊崎第２）	M40	S11～15	存続	全焼	S13 豊仁小学校に改称 空襲で全焼後、豊崎東小学校に統合され廃校となるが、S27 豊仁小学校として独立
	豊崎（豊崎第３）	T4	S11～15	S21	全焼	S21 豊崎本庄小学校に統合
	豊崎東（豊崎第４）	T6	S12.6	存続		S16 豊崎東小学校に改称
	北豊崎（豊崎第５）	T9	設計年 T10	S21	全焼	S21 豊崎本庄小学校に統合
	豊崎西（豊崎第６）	T14	S8	S21	全焼	S21 豊崎本庄小学校に統合
	豊里	M7	なし	存続	全焼	T7 豊里小学校に改称
	中津（中津第１）	M8	S2	存続		M37 中津小学校に改称
	中津南（中津第２）	T5	S14.12	H22	半焼	H22 大淀小学校に統合
	成小路（中津第３）	T14	なし	S21	全焼	S21 神津小学校に統合
	三国	S2	なし	存続		
	三津屋	T15	なし	存続	半焼	
	南方	S2	なし	存続		S9 南方小学校に改称 S35 西中島小学校に改称

豊崎本庄（豊崎第１）小学校

十三小学校

啓発（啓発第１）小学校

豊崎（豊崎第３）小学校

豊仁（豊崎第２）小学校

中津（中津第１）小学校

北豊崎（豊崎第５）小学校

豊崎東（豊崎第４）小学校

三国小学校

成小路（中津第３）小学校

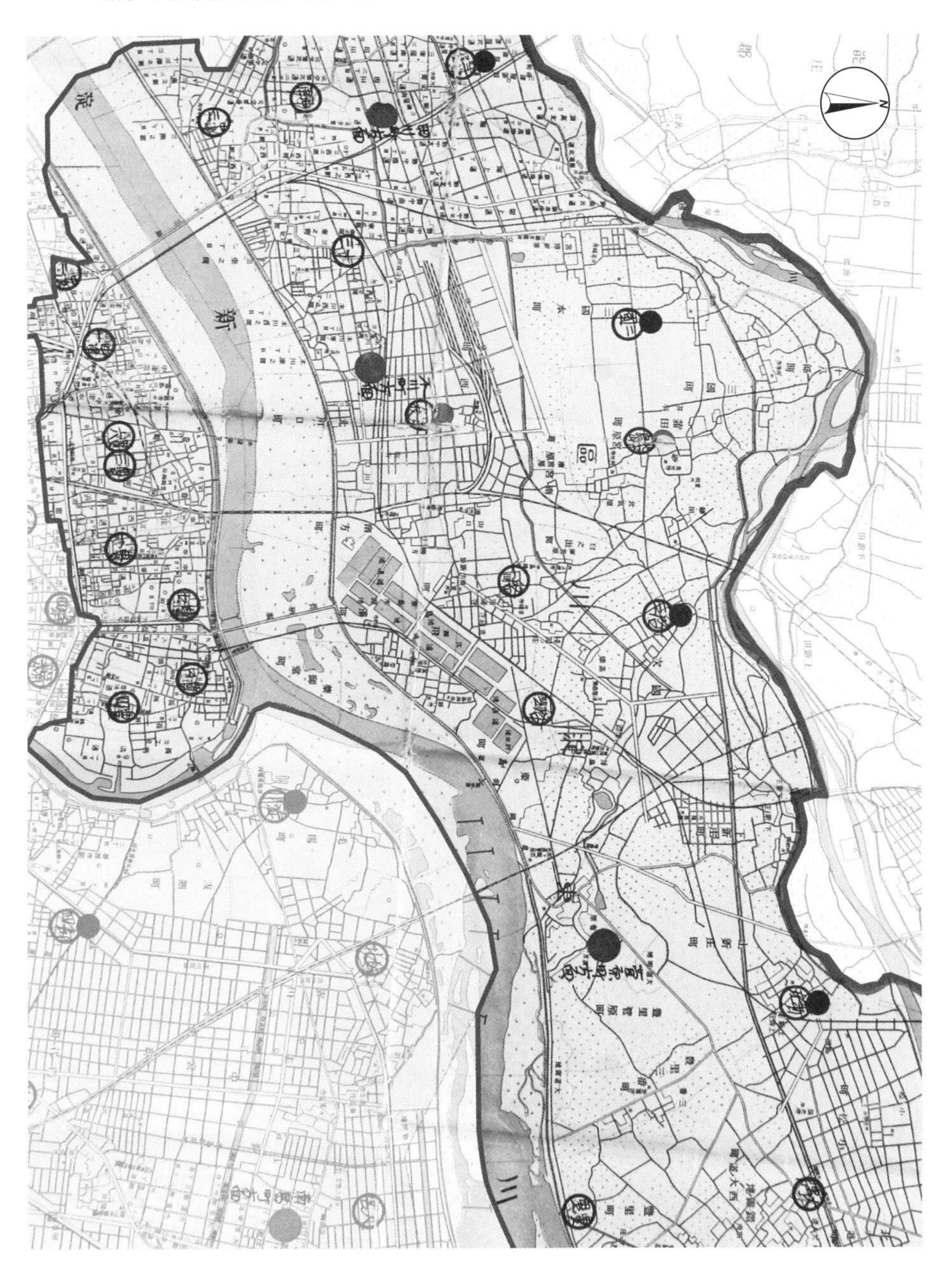

旭区

第二次大阪市編入市域・大正一四年
(63)の一学区
昭和一五(一九四〇)年の人口・二四八、八七五人

旭区の小学校数	14
RC 校舎数	7
全部が RC 校舎数	0
一部が RC 校舎数	7

一覧表

学区名(学区番号)	校名	開校年	RC の竣工年	廃校年	戦災被害	備考
(63)	城東(城東第1)	M26	S12.7	存続	半焼	S22 城東小学校と改称
	諏訪(城東第2)	S2	なし	存続		S22 城東第2小学校を諏訪小学校と改称
	城北(城北第1)	M22	なし	存続	半焼	
	淀川(城北第2)	T10	なし	存続		
	鯰江(鯰江第1)	M35	なし	存続	半焼	
	聖賢(鯰江第2)	T7	S12.9	存続		
	今福(鯰江第3)	S6	S12.9	存続	半焼	
	榎並	M9	S13.8	存続		
	榎本	M42	S12	存続		
	古市	T11	S5	存続		
	清水	M6	なし	存続		前身は千林小学校。 T11 清水尋常小学校を創立
	鴫野	S8	なし	存続		
	大宮	S8	なし	存続	半焼	
	赤川	S11	S13.3	存続		S22 高倉小学校と改称

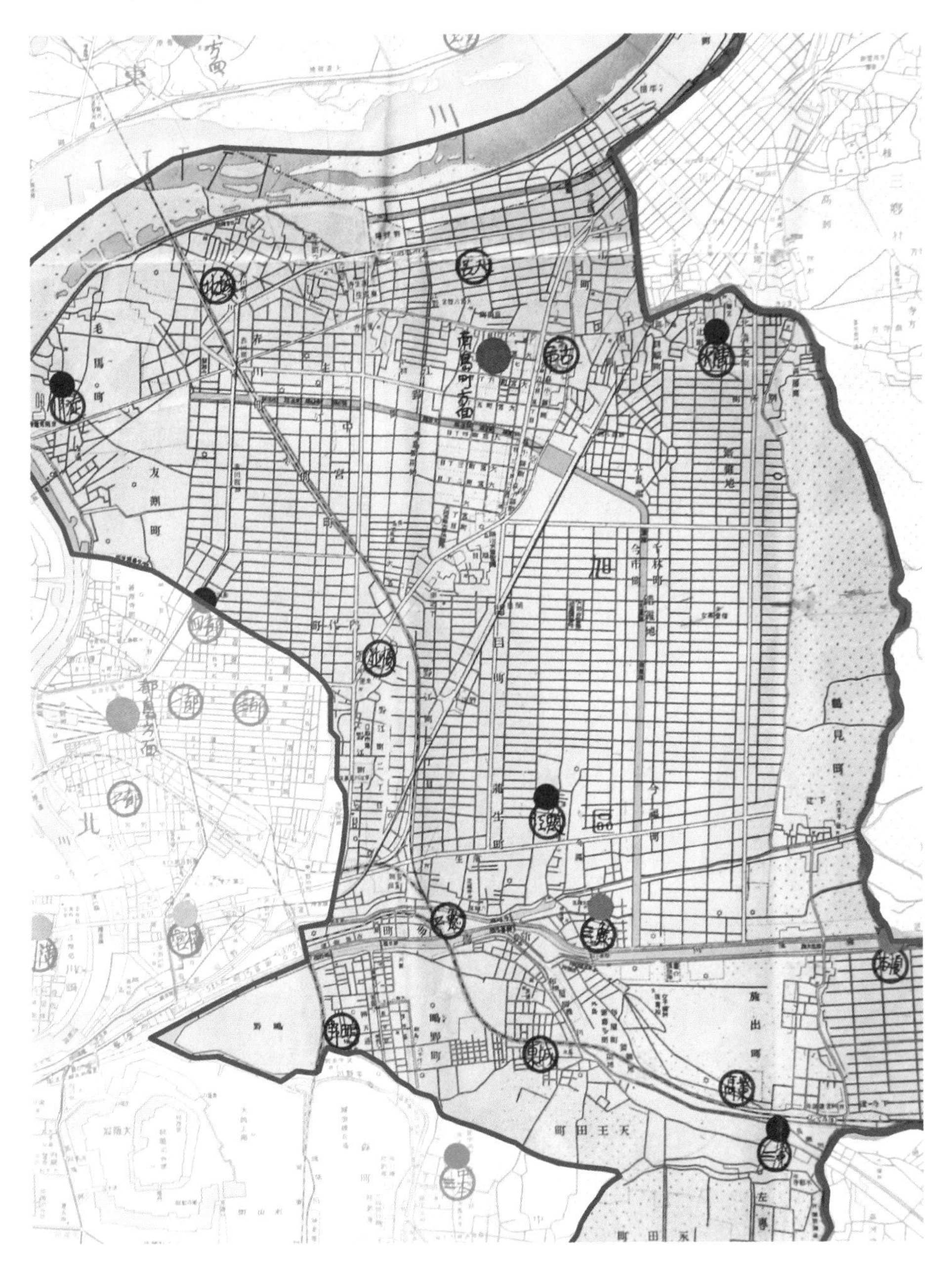

毛馬町
友渕町
鶴見町
天王田町
鴫野町

東成区

第二次大阪市編入市域・大正一四年
（63）の一学区
昭和一五（一九四〇）年の人口・三七一、八一三人

東成区の小学校数	20
RC 校舎数	11
全部が RC 校舎数	1
一部が RC 校舎数	10

一覧表

学区名（学区番号）	校名	開校年	RC の竣工年	廃校年	戦災被害	備考
（63）	生野（生野第１）	M10	S13.5	存続	半焼	M20 生野小学校と改称
	東桃谷（生野第２）	S5	なし	存続		S16 東桃谷小学校と改称
	林寺（生野第３）	S9	S11.10	存続		S22 林寺小学校と改称
	今里	S6	なし	存続		神路小学校から分離独立し創立
	鶴橋（鶴橋第１）	M20	S9.2	存続		S16 鶴橋小学校と改称
	北鶴橋（鶴橋第２）	T7	S12.5	存続		S16 北鶴橋小学校と改称
	大成（鶴橋第３）	T11	なし	存続		S16 大成小学校と改称
	御幸森（鶴橋第４）	T13	なし	存続		S22 御幸森小学校と改称
	勝山（鶴橋第５）	S3	なし	存続		S22 勝山小学校と改称
	神路	M15	S13.10	存続		S16 神路小学校と改称
	小路	M6	なし	存続		M34 小路小学校と改称
	中川	S6	なし	存続		S6 御幸森小学校より分離し、中川小学校創立
	中本（中本第１）	M20	S12.12	存続		M22 中本小学校と改称
	中道（中本第２）	T4	S12.1	存続	半焼	S15 中道小学校と改称
	中浜（中本第３）		S12.5	存続		S16 中浜小学校と改称
	北中道（中本第４）	T11	S12.11	存続		S15 北中道小学校と改称
	東小橋	S7	なし	存続		S22 東小橋小学校と改称
	東中川	S14	なし	存続	全焼	S36 東校舎竣工
	東中本	S12	S12.12	存続		S22 東中本小学校と改称
	深江	S14	S14.7	存続		

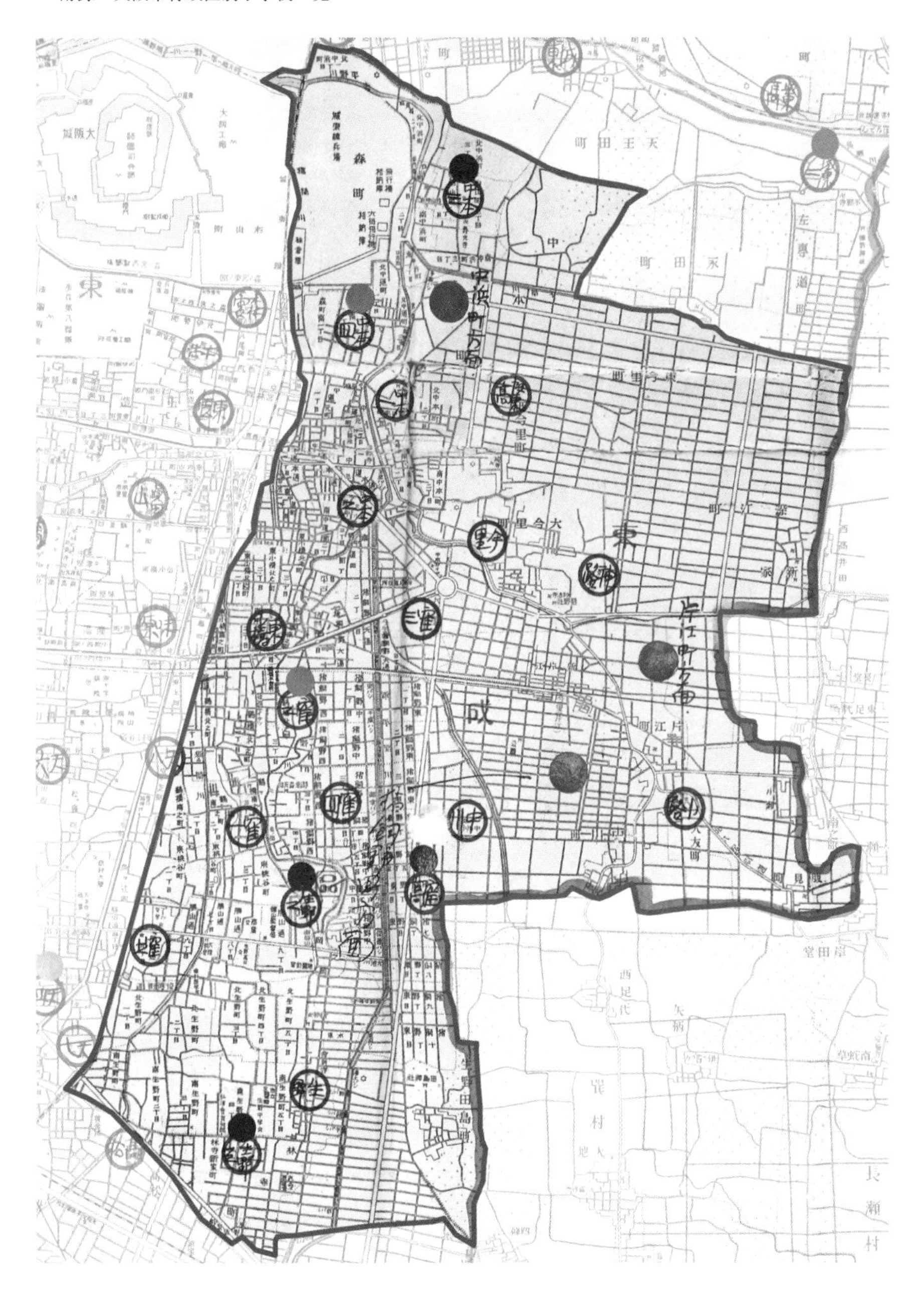
東
成

住吉区

第二次大阪市編入市域・大正一四年（64）の一学区

昭和一五（一九四〇）年の人口・三七六、六四三人

住吉区の小学校数	24
RC 校舎数	11
全部が RC 校舎数	0
一部が RC 校舎数	11

一覧表

学区名（学区番号）	校名	開校年	RC の竣工年	廃校年	戦災被害	備考
（64）	晴明丘	M34	特定できない	存続		S13 晴明丘小学校に改称
	天下茶屋	T10	S12.9	存続		T14 天下茶屋小学校に改称
	育和	M16	なし	存続		T14 育和小学校に改称
	依羅	M6	なし	存続		M21 依羅小学校に改称
	加賀屋（敷津第２）	T7	S13.5	存続	半焼	S13 加賀屋小学校に改称
	北田辺	S7	なし	存続	半焼	S7 北田辺小学校に改称
	喜連	M5	なし	存続		M20 喜連小学校に改称
	金塚	T12	なし	存続		T14 金塚小学校に改称
	敷津浦	M5	なし	存続	半焼	S13 敷津浦小学校に改称
	常磐	M45	S13.7	存続		S16 常磐小学校に改称
	安立	M43	S11	存続	全焼	S16 安立小学校に改称
	墨江	M5	なし	存続		T14 墨江小学校に改称
	墨江第 2	S12	なし	存続		S16 遠里小野小学校に改称
	住吉	M41	S11.8	存続		
	高松	T14	なし	存続		
	田辺（田辺第１）	M6	なし	存続		M34 田辺小学校に改称
	長池（田辺第２）	S4	なし	存続		S4 長池小学校に改称
	長居	M28	なし	存続		
	平野（平野第１）	M5	S12.11	存続		M16 平野小学校に改称
	平野西（平野第２）	S13	S12.12	存続		S16 平野小学校に改称
	南百済	M7	S12.3	存続		M27 南百済小学校に改称
	南田辺	S11	S13.3	存続		
	丸山（天王寺第３）	M40	S13.7	存続	半焼	
	阿倍野（天王寺第６）	T12	なし	存続		T14 阿倍野小学校に改称

育和小学校

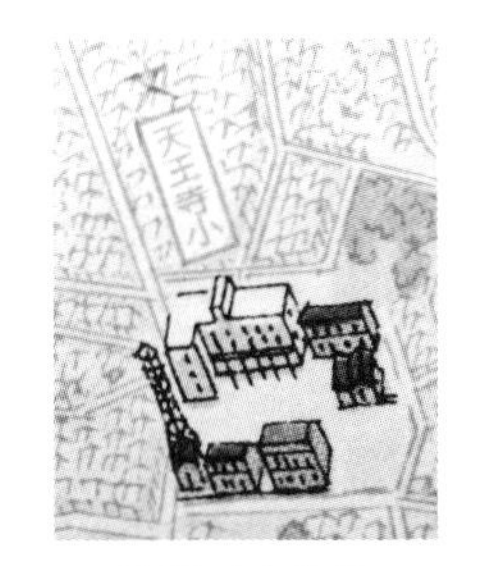

清明丘小学校

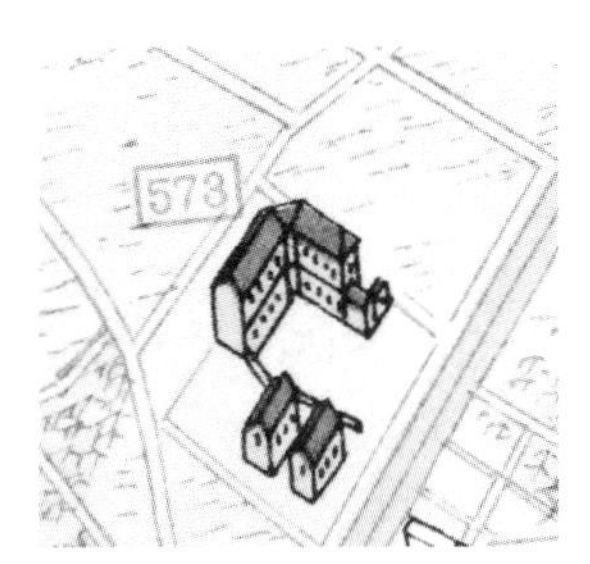

高松小学校

北田辺小学校

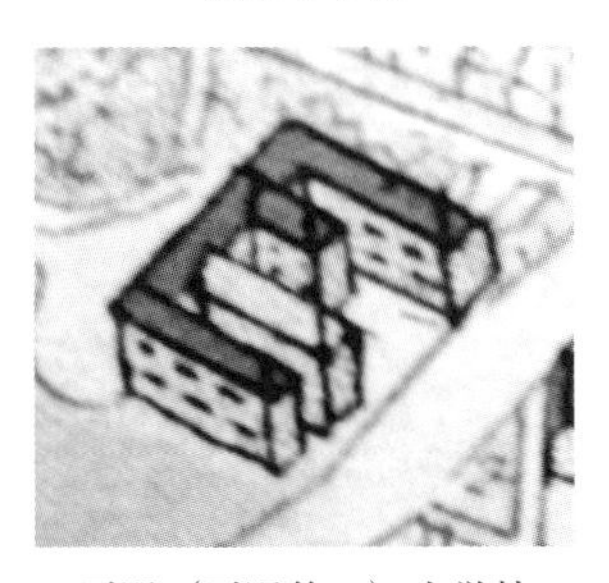

平野（平野第１）小学校

田辺（田辺第１）小学校

平野西（平野第２）小学校

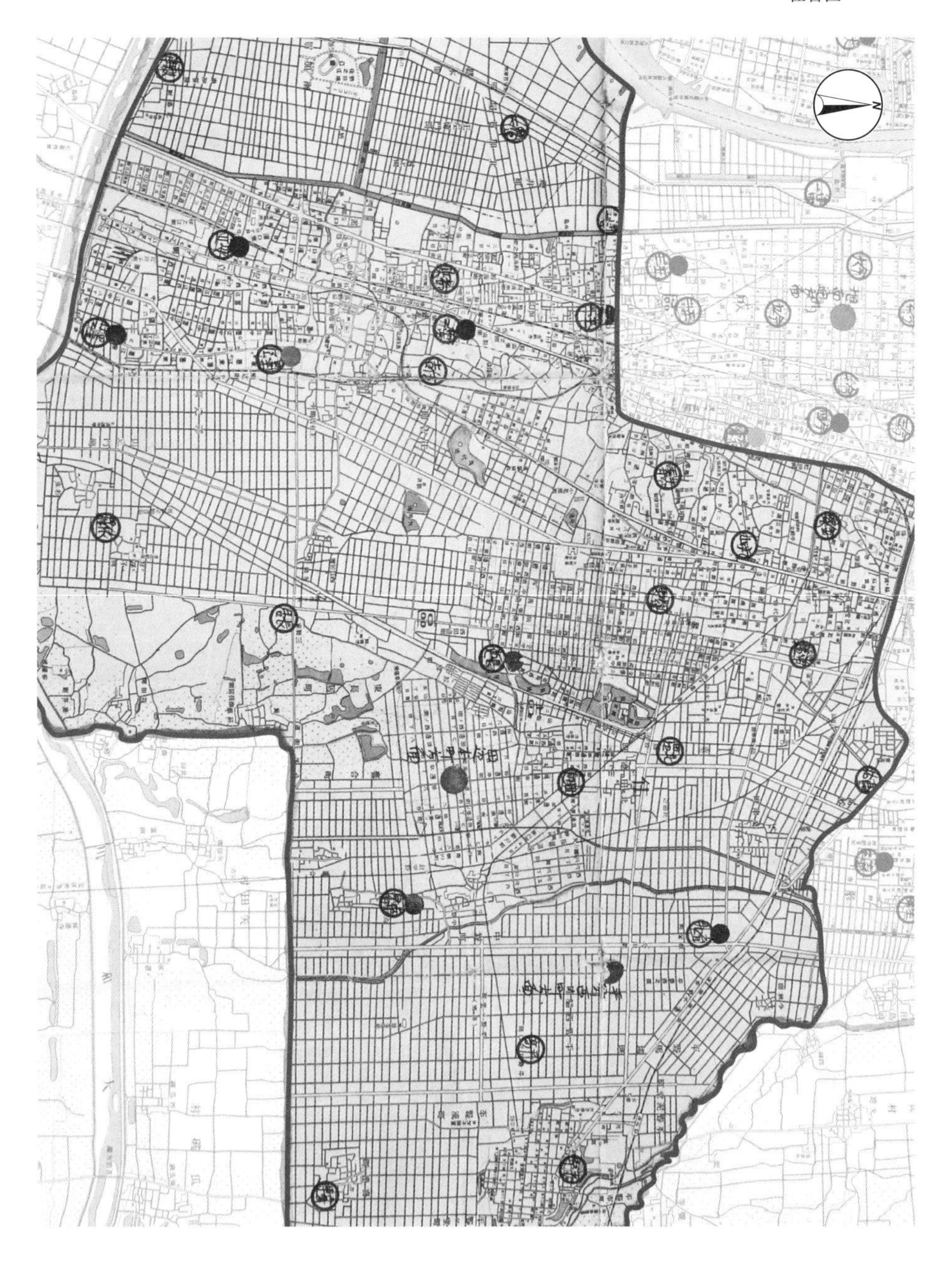

西成区

第二次大阪市編入市域・大正一四年
（65）の一学区
昭和一五（一九四〇）年の人口・二一五、八二八人

西成区の小学校数	16
RC 校舎数	11
全部が RC 校舎数	1
一部が RC 校舎数	10

一覧表

学区名（学区番号）	校名	開校年	RC の竣工年	廃校年	戦災被害	備考
（65）	粉浜（粉浜第１）	M10	S14.2	存続		T13 粉浜小学校と改称
	東粉浜（粉浜第２）	S5	S12.2	存続		S14 東粉浜小学校と改称
	津守（津守第１）	M8	なし	存続		M15 津守小学校と改称
	南津守（津守第２）	T13	なし	存続		S22 南津守小学校と改称
	北津守（津守第３）	T14	S12.10	存続	半焼	S22 北津守小学校と改称
	梅南	S13	なし	存続	半焼	
	玉出（玉出第１）	M6	S11	存続		M41 玉出小学校と改称
	岸里（玉出第２） →（天王寺第４）	T2	S8.2	存続	半焼	S16 岸里小学校と改称
	千本（玉出第３）	T9	S11.11	存続		S16 千本小学校と改称
	弘冶（今宮第１）	M31	S11.12	存続		S16 弘冶小学校と改称
	長橋（今宮第２）	T4	S12.3	存続	半焼	S22 長橋小学校と改称
	萩之茶屋（今宮第３）	T6	設計年 T12 S14.1	存続	半焼	S15 萩之茶屋小学校と改称
	今宮（今宮第４）	T10	S13.2	存続		S16 今宮小学校と改称
	橘（今宮第５）	T11	S9.3	存続	半焼	S22 橘小学校と改称
	松之宮（今宮第６）	M2	なし	存続		S16 松之宮小学校と改称
	開（今宮第７）	S5	なし	S21	全焼	S16 開小学校と改称 S21 長橋小学校に統合

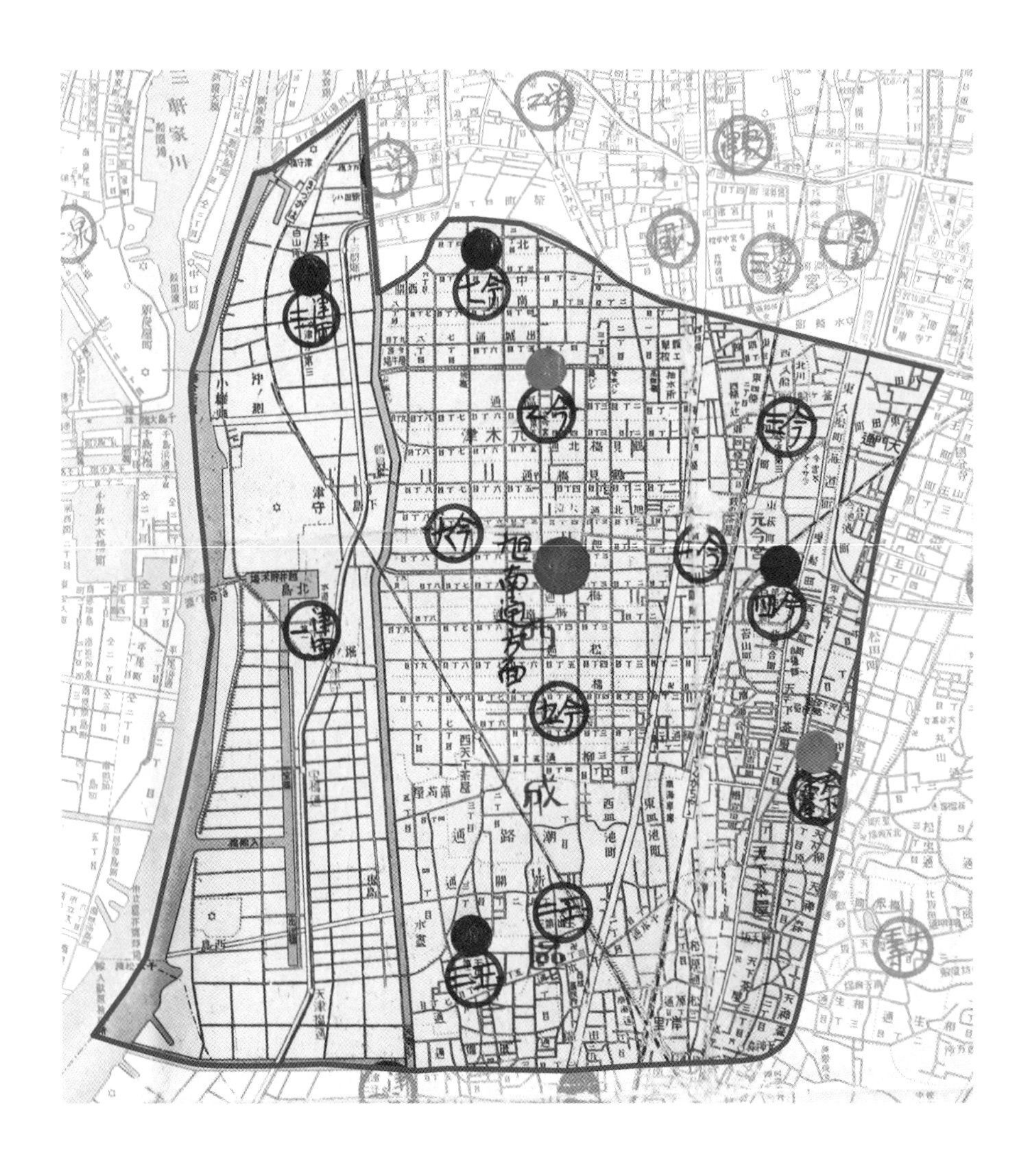

参考文献

《各小学校に関する文献》

小学校名は『昭和一五年学事要覧』にもとづく。文献のないものは校名をあげていない。昭和15年の区制の順に並べた。

東区

・愛日小学校
『あいじつ　創立九十周年記念』大阪市立愛日小学校　昭和三七
『愛日　創立百周年記念誌』大阪市立愛日小学校　昭和四七
『愛日小学校総誌』愛日小学校を讃える会実行委員会　平成二
・北大江小学校
『北大江沿革誌』大阪市立北大江小学校　大正一〇年～昭和三年まで
・味原小学校
『創立四十周年記念誌』大阪市立味原小学校　昭和二五
『創立五十周年記念要覧』大阪市立味原小学校　昭和三五
『創立六十周年記念誌』大阪市立味原小学校　昭和四四
『あじはら　創立七十周年記念誌』大阪市立味原小学校　昭和五五
『創立八十周年記念誌』大阪市立味原小学校　平成二
・真田山小学校
『さなだやま　創立四十周年記念』大阪市立真田山小学校　昭和三七
『真田山'67　創立四五周年誌』大阪市市立真田山小学校　昭和四三
『真田山'72』大阪市立真田山小学校　昭和四七
『創立五十周年誌』大阪市立真田山小学校　昭和四七
『真田山の教育』大阪市立真田山小学校　昭和五三
・東雲小学校
『東雲小学校の思い出』大阪市立東雲小学校第18期卒業生　平成一三
・集英小学校
『創立九十周年記念誌』大阪市立集英小学校　昭和三八
『集英一九七〇』大阪市立集英小学校　昭和四五
『集英創立百周年記念』大阪市立集英小学校　昭和四八
『集英　閉校記念誌』大阪市立集英小学校閉校記念誌事業委員会　平成二
・船場小学校
『船場小学校沿革史』船場小学校
「船場復元地図　昭和十年頃」船場小学校同窓会　昭和五九
「船場復元地図　改訂版　昭和十年頃」船場小学校同窓会　昭和六〇
・玉造小学校
『たまつくり創立九十周年記念誌』大阪市立玉造小学校　昭和三八
『玉造　創立百周年記念』大阪市立玉造小学校　昭和四八
『わたしたちの玉造　創立百二十周年記念誌』大阪市立玉造小学校　平成五
『わたしたちの玉造　創立百三十周年校舎増築竣工記念誌』大阪市立玉造小学校　平成一五
・中大江小学校
『中大江小学校沿革史』中大江小学校
『中大江　創立百周年記念誌』大阪市立中大江小学校　昭和四八
『八十八年史』大阪市立中大江小学校　昭和三六
『わたしたちの町中大江　創立百二十周年記念』大阪市立中大江小学校　平成五
『なかおおえ　創立百三十周年記念』大阪市立中大江小学校　平成一五
・浪華小学校
『大阪市立浪華尋常小学校沿革誌』大阪市立浪華尋常小学校　明治三六

『浪華校記念誌』浪華同窓会　昭和四八

・汎愛小学校

『大阪市汎愛尋常小学校　増築記念』大阪市汎愛尋常小学校　大正二

『大阪市汎愛尋常小学校　学舎記念帖』大阪市汎愛尋常小学校　大正三

『大阪市汎愛尋常高等小学校　大阪市汎愛家政女学校　卒業記念帖』汎愛尋常高等小学校　大正三

『汎愛小学校沿革史』汎愛小学校

・久宝小学校

『久寶遺薫』大阪市久宝青年団　昭和一一

・南大江小学校

『大江の栞』大阪市南大江尋常高等小学校　昭和元

『南大江九十年史』大阪市立南大江小学校　昭和三七

『落成』大阪市立南大江小学校　昭和四五

『南大江　創立百周年記念誌』大阪市立南大江小学校　昭和四七

『わたしたちの町　南大江』大阪市立南大江小学校　昭和五七

『南大江　わたしたちの町　改訂版』大阪市立南大江小学校　平成三

『南大江　百三十年のあゆみ』大阪市立南大江小学校　平成一五

『創立百四十周年記念誌』大阪市立南大江小学校　平成二四

・森之宮小学校

『創立五周年記念誌』大阪市立森之宮小学校創立五周年記念事業委員会　昭和五八

『創立十周年記念誌』大阪市立森之宮小学校創立十周年記念事業委員会　昭和六三

『わが町　もりのみや』大阪市立森之宮小学校　平成一〇

『創立三十周年記念誌　森之宮』大阪市立森之宮小学校創立三十周年記念事業委員会　平成二〇

西区

・東江小学校

『東江誌』東江尋常高等小学校創立五十周年記念会　昭和一〇

・江戸堀小学校

『新建築図集一巻』華匠会

『江戸堀誌』大阪市江戸堀尋常高等小学校　大正一四

『創立五十周年記念誌』江戸堀尋常高等小学校　昭和九

『江戸堀小学校校下復元地図』大阪市立江戸堀小学校　平成一三

・靱小学校

『大阪市西区靱北通一丁目外拾六ケ町誌』大阪市靱尋常小学校　明治四〇

『靱報』靱尋常高等小学校　大正一一年から昭和九年まで

『靱のおもいで　われら還暦の回想』靱尋常小学校卒業同級会　昭和四六

川端直正『靱の歴史』昭和四九

・明治小学校

『めいじ　復興十周年記念』大阪市立明治小学校　昭和四二

『めいじ　校舎新築落成記念』大阪市立明治小学校　昭和四五

『明治郷土史　創立百年記念』明治小学校創立百年記念事業推進委員会　昭和五〇

『明治　わたしたちの学校と町』大阪市立明治小学校　昭和五八

・西六小学校

『大阪市西六尋常小学校　増築記念帖　創立三十周年』大阪市西六尋常小学校　大正四

「西六小学校のあゆみ」『堀江小学校百年のあゆみ』昭和四七

『西六いまむかし』西六連合振興町会　昭和六一

・堀江小学校

『復校十年のあゆみ』大阪市立堀江小学校　昭和三七

『百年のあゆみ』大阪市立堀江小学校　昭和四八
『西六・堀江の街子ども風土記　堀江小学校創立百三十周年記念』大阪市立堀江幼稚園　平成一五
・高台小学校
嶋津隆文『学校統廃合と廃校活用　地域活性化のノウハウ事例集』東京法令出版会　平成二八
・日吉小学校
『日吉六十年史』大阪日吉強化委員会　昭和九
『日吉百年　大阪市立日吉小学校創立百周年記念』大阪市立日吉小学校百周年記念事業委員
『創立九十周年記念誌』大阪市立日吉小学校　昭和三九
『日吉百年』大阪市立日吉小学校百周年記念事業委員会　昭和四九
・松島（花園）小学校
『大阪市花園尋常高等小学校竣工　記念絵はがき』大阪市立花園尋常高等小学校　昭和七
・本田小学校
『創立六十年記念誌』本田小学校創立六十年記念事業委員会　昭和一〇
『本田　創立九十周年記念誌』大阪市立本田小学校　昭和四一
『創立百周年記念誌』大阪市立本田小学校　昭和五一
『わたしたちの町本田』大阪市立本田小学校　昭和五一
『創立百十周年記念誌』大阪市立本田小学校創立百十周年記念事業委員会　昭和六一
『校舎竣工記念誌』大阪市立本田小学校校舎建設・記念事業委員会　平成六
『創立百二十周年記念』大阪市立本田小学校創立百二十周年記念事業委員会　平成八
『創立百二十周年追録』大阪市立本田小学校創立百二十周年記念事業委員会　平成八
『私たちの学校　創立百三十周年記念』大阪市立本田小学校創立百三十年記念事業委員会　平成一八

南区

・桃園第一小学校
『桃園　九十年史』大阪市立桃園小学校九十年誌委員会　昭和一八年から昭和三八
『桃園学報　八十周年記念特別号』大阪市市立桃園小学校　昭和二八
『桃園』大阪市立桃園小学校　昭和三八
『桃園　創立百周年記念誌』大阪市立桃園小学校　昭和四八
『桃園小学校創立百十周年記念誌』大阪市立桃園小学校創立百十周年記念委員会　昭和五八
『桃園　閉校記念誌』大阪市立桃園小学校「桃園教育を明日につなぐ」記念事業委員会　平成三
・桃谷小学校
『ももだに　創立五十周年記念誌』大阪市立桃谷小学校　昭和三三
『桃谷　創立六十周年記念』大阪市立桃谷小学校　昭和四二
『桃谷　創立七十周年記念誌』大阪市立桃谷小学校　昭和五二
『桃谷小学校　創立八十周年記念誌』大阪市立桃谷小学校　昭和六二
『桃谷　閉校記念誌』大阪市立桃谷小学校閉校記念事業委員会　平成三
・金甌小学校
『金甌小学校　開校記念誌』大阪市立金甌小学校　昭和三三
『九十年史』大阪市立金甌小学校　昭和三八
『創立百周年記念誌　学校のあゆみ』大阪市立金甌小学校　昭和四八
『閉校記念文集　金甌の子』大阪市立金甌小学校　平成三
『謳歌せよ、金甌校史　閉校記念誌』大阪市立金甌小学校閉校記念事業委員会　平成三

・芦池小学校
『芦池尋常小学校新築記念』芦池尋常小学校　昭和二
『蘆池連合沿革誌』大阪市南区役所、昭和二
『芦池　創立九十周年記念』大阪市立芦池小学校　昭和三八
『わたしたちの町と学校』大阪市立芦池小学校　昭和四八
『あしいけ』大阪市立芦池小学校　昭和四八
『創立百十周年記念学校要覧』大阪市立芦池小学校　昭和五八
・御津小学校
『沿革誌一』御津尋常小学校　明治三五
『校長訓諭録』御津尋常小学校　明治三八
『本校内容一班』御津尋常小学校　大正元年から大正一四
『卒業記念帖』大阪市御津尋常小学校　昭和八
『沿革誌　別編』御津尋常小学校　昭和一一
『沿革誌　二』御津尋常小学校　昭和一三
・大宝小学校
『大宝』大阪市立大宝小学校　昭和四七
『大宝　創立百十周年記念』大阪市立大宝小学校創立百十周年記念事業委員会　昭和五七
・道仁小学校
『九十周年記念祝典誌』大阪市立道仁小学校　昭和三八
『百周年記念誌』大阪市立道仁小学校　昭和四八
『創立百十周年（再開三十周年）記念誌』大阪市立道仁小学校創立百十周年記念事業委員会　昭和五八
・高津小学校
『校地移転校舎落成　創立九八周年記念誌』大阪市立高津小学校　昭和四五
『こうず　日本に学校が生まれて百年』大阪市立高津小学校　昭和四七
『百十周年記念』大阪市立高津小学校　昭和五七
『創立百二十周年記念』大阪市立高津小学校　平成四
『創立百三十周年記念誌』大阪市立高津小学校　平成一四
・精華小学校
『改築落成記念』大阪市精華尋常小学校　昭和五
『九十周年史』大阪市立精華小学校　昭和三八
『創立百周年記念誌』大阪市立創立百周年祝賀委員会　昭和四八
『精華』大阪市立精華小学校　昭和四八
『精華　わたしたちの学校』大阪市立精華小学校　平成五
『精華　創立百二十周年』大阪市立精華小学校　平成五
『精華』大阪市立精華小学校　平成七
・日本橋小学校
『創立百周年』大阪市立日本橋小学校　昭和四七

北区

・瀧川小学校
『滝川校の今昔　創立八十周年記念祝典に際し』大阪市立滝川小学校　昭和二七
『創立百周年記念誌』大阪市立滝川小学校　昭和四七
『わたしたちの滝川』大阪市立滝川小学校　平成四
・松枝小学校
『大阪市松枝尋常小学校沿革誌』松枝尋常小学校　明治三九
・堀川小学校
『堀川尋常小学校敷地買収に関する書類』明治四〇
『絵はがき　改築落成記念』大阪市堀川尋常高等小学校　昭和六
『堀川　創立百三十周年記念誌』大阪市立堀川小学校　平成一五
『あゆみ　創立九十周年』大阪市立堀川小学校　昭和三八
『堀川　創立百周年記念誌』大阪市立堀川小学校　昭和四八
『卒業記念』大阪市立堀川小学校　昭和四九

『わたしたちのほりかわ』大阪市立堀川小学校　平成四
『堀川幼稚園　堀川小学校　校園舎竣工記念誌』大阪市立堀川幼稚園
大阪市立堀川小学校園舎竣工記念事業委員会記念誌部会　平成四
•西天満小学校
『西天満校増築一件書綴』大阪市北区役所第二課土木係　明治四二
『西天満校増築一件書類』大阪市北区役所第二課土木係　明治四二
『卒業記念帖』西天満尋常小学校　大正八
『西天満五十年誌』西天満尋常高等小学校創立五十周年記念会　昭和一〇
『百三十周年記念誌』大阪市立西天満小学校　平成一四
『八十年の歩み』大阪市立西天満小学校　昭和三〇
『西天満小学校百年誌』大阪市立西天満小学校　昭和四七
•堂島小学校
『堂島尋常小学校沿革誌』大阪市北区役所　明治三六
『堂島尋常小学校設備綴』明治四一
『堂島小学校復興十周年　記念誌』大阪市立堂島小学校　昭和三四
『九十周年記念　あゆみ』大阪市立堂島小学校　昭和三七
『記念誌復校十年』大阪市立堂島小学校　昭和四三
『百年のあゆみ』大阪市立堂島小学校　昭和四七
『堂島校園沿革総史』大阪市立堂島小学校　昭和六一
•中之島小学校
『中之島誌』中之島尋常小学校創立六五周年・中之島幼稚園創立五十周年記念会　昭和一二
『中之島校園沿革誌』中之島尋常小学校創立六五周年中之島幼稚園創立五十周年記念会　昭和一二
『中之島誌』中之島尋常小学校創立六五周年中之島幼稚園創立五十周年記念会　昭和一二
•桜宮小学校
『桜宮小学校のあゆみ　創立五十周年記念誌』大阪市立桜宮小学校　昭和三二
『七十周年』大阪市立桜宮小学校創立七十周年記念事業委員会　昭和五一
『語り部　その一』大阪市立桜宮小学校同窓会　昭和六四
『語り部　その二』大阪市立桜宮小学校同窓会　平成二
『語り部　その三』大阪市立桜宮小学校同窓会　平成三
『語り部　その四』大阪市立桜宮小学校同窓会　平成四
『語り部　その五　開校百二十年を考える』大阪市立桜宮小学校同窓会　平成五
『語り部　その六』大阪市立桜宮小学校　平成六
『語り部　その七・八　校舎の建築』大阪市立桜宮小学校　平成八
『語り部　その九』大阪市立桜宮小学校同窓会　平成九
『語り部　その十』大阪市立桜宮小学校同窓会　平成一〇
『百周年』大阪市立桜宮小学校百周年記念誌作成委員会　平成一八
•都島小学校
『都島あゆみ2号　創立九十周年記念』大阪市立都島小学校　昭和四四
『創立百周年記念誌』大阪市立都島小学校　昭和五〇
『創立百周年記念　特集号』大阪市立都島小学校　昭和五〇
•梅田東（済美第二）小学校
『あゆみ　創立九十周年記念誌』大阪市立梅田東小学校　昭和三九
『梅田東創立百周年記念誌』大阪市立梅田東創立百周年記念行司委員会　昭和五〇
•北天満（済美第四）小学校
『創立五十周年記念誌』大阪市立北天満小学校　昭和三五
『きたてんま　創立七十周年記念誌』大阪市立北天満小学校　昭和五五
『北天満　創立九十周年記念』大阪市立北天満小学校創立九十周年記

念誌委員会　平成一二

・済美（済美第五）小学校

『創立八十周年記念誌』大阪市立済美小学校　平成八

『創立四十年記念誌』大阪市立済美小学校　昭和三四

『済美五十周年記念誌』大阪市立済美小学校創立五十周年記念事業委員会　昭和四一

『創立六十周年記念誌』大阪市立済美小学校創立六十周年記念誌編集委員会　昭和五一

『創立七十周年記念誌』大阪市立済美小学校創立七十周年記念事業推進委員会　昭和六一

『創立八十周年記念誌』大阪市立済美小学校　平成八

・菅北（済美第六）小学校

『かんぽく　創立五十周年記念』大阪市立菅北小学校　昭和四七

『菅北　創立六十周年記念』大阪市立菅北小学校　昭和五六

・曽根崎小学校

『創立五十周年記念』大阪市曽根崎尋常高等小学校　大正一三

『曽根崎　八十周年記念誌』大阪市立曽根崎小学校　昭和三〇

『そねざき』大阪市立曽根崎小学校　昭和三九

『曽根崎』大阪市立曽根崎小学校創立百周年記念行事委員　昭和四九

『曽根崎』大阪市立曽根崎小学校　昭和五九

『曽根崎　閉校記念誌』大阪市立曽根崎小学校閉校記念事業委員会　昭和六四

・中野小学校

『創立五十周年記念誌』大阪市立中野小学校創立五十周年記念誌委員会　昭和五二

此花区

・春日出小学校

『春日出　開校六年のあゆみ』大阪市立春日出小学校　昭和四二

『春日出教育十一年』春日出教育十一年刊行会　昭和四七

『春日出　創立五十周年記念』大阪市立春日出小学校　平成二四

・芦分小学校

『創立百十周年同窓会再開五周年記念誌』旧大阪市立芦分小学校同窓会　昭和五八

・上福島小学校

『上福島百周年記念』大阪市立上福島小学校創立百周年記念事業委員会　昭和四九

『わたしたちの町　上福島』大阪市立上福島小学校　平成六

『創立百二十周年記念誌』大阪市立上福島小学校創立百二十周年記念事業委員会　平成六

・福島小学校

『福島創立七十周年記念誌』大阪市立福島小学校　昭和四八

『わたしたちの町福島　創立八十周年記念事業　校舎落成記念誌』大阪市立福島小学校　昭和六〇

『福島　創立九十周年記念誌』大阪市立福島小学校　平成四

・玉川小学校

『学校要覧』大阪市立玉川小学校　昭和三七

『玉川百年のあゆみ』大阪市立玉川小学校　昭和四九

『わたしたちの町玉川　創立百二十周年記念』大阪市立玉川小学校　平成六

・野田小学校

『創立六十周年　本校のあゆみ』大阪市立野田小学校　昭和三八

『野田　創立七十周年記念誌』大阪市立野田小学校創立七十周年記念事業委員会　昭和四八

『野田　創立八十周年記念　新校舎竣工記念』大阪市立野田小学校創立八十周年記念事業委員会　昭和五八

『野田　創立九十周年記念』大阪市立野田小学校創立九十周年記念事業委員会　平成五

『わたしたちの野田』大阪市立野田小学校　平成一五

『野田　創立百周年記念誌』大阪市立野田小学校創立百周年記念事業委員会　平成一五

・吉野小学校

『平成七年度　学校要覧』大阪市立吉野小学校　平成七

『学校要覧』大阪市立吉野小学校　昭和三七

『よしの　創立百周年記念誌』大阪市立吉野小学校　昭和二二

・大開小学校

『おおひらき　創立五十周年記念誌』大阪市立大開小学校　昭和四五

『おおひらき　創立七十周年記念誌』大阪市立大開小学校　平成二

『八十年のあゆみと校舎竣工記念』大阪市立大開小学校創立八十周年校舎竣工式典事業委員会　平成一三

・梅香小学校

『創立五十周年記念誌』大阪市立梅香小学校　昭和五〇

・島屋小学校

『創立四十周年記念誌』大阪市立島屋小学校　昭和三七

『創立七十周年記念誌』大阪市立島屋小学校創立七十周年記念誌事業委員会　平成四

『創立八十周年記念誌』大阪市立島屋小学校創立七十周年記念誌事業委員会　平成一四

『わたしたちの島屋』大阪市立島屋小学校　平成一四

・西島小学校

『とりしま　十周年記念』大阪市立西島小学校　昭和四四

『とりしま　二十周年記念誌』大阪市立西島小学校再開二十周年記念事業委員会　昭和五五

『西島　三十周年記念誌』大阪市立西島小学校再開三十周年記念事業委員会　平成三

『西島　再開五十周年記念に寄せて』大阪市立西島小学校　平成二一

『わたしたちのとりしま　再開五十周年』大阪市立西島小学校　平成二一

・西九条小学校

『学校沿革大要』大阪市立西九条小学校　昭和三六

『創立七十周年記念誌』大阪市立西九条小学校　昭和四七

『創立八十周年記念学校要覧』大阪市立西九条小学校創立八十周年記念行事委員会　昭和五七

『西九条　北校舎竣工記念要覧』大阪市立西九条小学校　昭和六一

『創立九十周年記念誌』大阪市立西九条小学校創立九十周年記念事業委員会　平成四

『創立百周年記念誌』大阪市立西九条小学校創立百周年記念事業委員会　平成一四

『わたしたちの町　西九条』大阪市立西九条小学校　平成一四

・四貫島小学校

『五十年記念誌』大阪市立四貫島小学校　昭和四五

天王寺区

・天王寺（天王寺第一）小学校

『創立九十周年記念誌』大阪市立天王寺小学校　昭和三九

『天王寺』大阪市立天王寺小学校創立百周年記念事業委員会　昭和四九

『わたしたちの町天王寺』大阪市立天王寺小学校　平成一七

『創立百三十周年記念誌』大阪市立天王寺小学校創立百三十周年記念事業委員会　平成一六

•大江（天王寺第二）小学校

『大江』大阪市立大江小学校創立八十周年記念事業委員会　昭和二八

『大江　創立百年記念誌』大阪市立大江小学校　昭和四八

『わたしたちの町大江　創立百十年記念』大阪市立大江小学校創立百十年記念委員会　昭和五八

『大江　創立百三十年記念』大阪市立大江小学校創立百三十年記念委員会　平成一五

•聖和小学校

『聖和　創立五十周年校舎増築・講堂落成記念』大阪市立聖和小学校創立七十周年記念事業委員会　昭和三四

『聖和　創立七十周年記念』大阪市立聖和小学校創立七十周年記念事業委員会　昭和五四

『聖和　創立八十周年記念誌』大阪市立聖和小学校　平成元

•五条（天王寺第五）小学校

『五条　学校要覧』大阪市立五条小学校　昭和四三

『五条　創立六十周年記念』大阪市立五条小学校　昭和四八

『創立七十周年記念誌』大阪市立五条小学校創立七十周年記念事業委員会　昭和五六

『新校舎竣工記念五条』大阪市立五条小学校記念事業委員会　平成五

『わたしたちの五条』大阪市立五条小学校　平成五

『創立九十周年記念誌』大阪市立五条小学校　平成一五

『創立百周年記念誌』大阪市立五条小学校　平成二五

•桃陽小学校

『創立三十周年記念特集号』大阪市立桃陽小学校　昭和二七

『桃陽創立五十周年記念』大阪市立桃陽小学校　昭和四八

『わたしたちの町　桃陽』大阪市立桃陽小学校　平成一五

•日東（天王寺第九）小学校

『日東三十年誌』日東小学校三十周年記念事業後援会　昭和二九

『創立四十周年』大阪市立日東小学校　昭和三九

『日東五十年誌』大阪市立日東小学校　昭和五〇

『創立七十周年記念誌』大阪市立日東小学校　平成六

•生魂（東平野第一）小学校

『わたしたちのいくたま百年のあゆみ』大阪市立生魂小学校創立百周年記念事業委員会　昭和五〇

『校舎竣工・創立百二十周年記念誌』大阪市立生魂小学校校舎竣工・創立百二十周年記念行事委員会　平成七

『わたしたちの町生魂　創立百三十周年記念誌』大阪市立生魂小学校　平成一七

•東平（東平野第二）小学校

『東平　創立百周年記念誌』大阪市立東平小学校創立百周年記念誌委員会　昭和五〇

『東平小学校閉校記念誌』東平小学校閉校記念事業委員会　平成三

住吉区

•晴明丘小学校

『沿革要覧　創立五十周年並増築記念』大阪市立晴明丘小学校　昭和二五

『創立六十周年記念』大阪市立晴明丘小学校　昭和三六

『わたしたちの町と学校　創立八十周年記念誌』大阪市立晴明丘小学校　昭和五六

•天下茶屋小学校

『天下茶屋小史』大阪市立天下茶屋小学校　昭和三〇

『天下茶屋　創立五十周年記念誌』大阪市立天下茶屋小学校　昭和四六

•育和小学校

『育和　八十年のあゆみ』大阪市立育和小学校　昭和三八

『育和小学校　創立九十周年記念誌』大阪市立育和小学校　昭和四八

『育和　百周年記念誌』大阪市立育和小学校百周年記念事業委員会　昭和五八

●依羅小学校

『依羅郷土史』大阪市立依羅小学校創立八十五周年記念事業委員会　昭和三七

『わたしたちの学校とまち』大阪市立依羅小学校百周年記念誌編集委員会　昭和四八

●加賀屋小学校

『郷土加賀屋の歴史』大阪市立加賀屋小学校　昭和二九

『加賀屋　創立五十周年記念誌』大阪市立加賀屋小学校　昭和四二

『加賀屋』大阪市立加賀屋小学校創立六十周年記念誌編集委員会　昭和五三

『創立七十周年記念誌』大阪市立加賀屋小学校創立七十周年記念誌編集委員会　昭和六二

『加賀屋　創立八十周年　新校舎竣工記念誌』大阪市立加賀屋小学校　平成一一

●北田辺小学校

『なでしこ　新校舎落成記念』大阪市立北田辺小学校　昭和三五

『創立三十周年記念誌』大阪市立北田辺小学校　昭和三八

『北田辺　創立五十周年記念誌』大阪市立北田辺小学校創立五十周年記念事業委員会　昭和五八

『創立八十周年記念誌』大阪市立北田辺小学校創立八十周年記念事業委員会　平成二五

●喜連小学校

『学校要覧　鉄筋校舎落成記念号』大阪市立喜連小学校　昭和三四

『喜連　創立百周年記念誌』大阪市立喜連小学校創立百周年記念事業委員会　昭和四八

●金塚小学校

『創立五十周年記念誌』大阪市立金塚小学校　昭和四八

『かなづか　創立六十周年　校舎竣工記念』大阪市立金塚小学校創立六十周年並びに校舎竣工記念事業特別委員会　昭和五八

『創立70周年、東校舎・講堂竣工記念』大阪市立金塚小学校創立七十周年並びに東校舎・講堂竣工記念行事特別委員会　平成七

●敷津浦小学校

『創立九十周年記念』大阪市立敷津浦小学校　昭和三九

『しきつうら』大阪市立敷津浦小学校　昭和四九

●常磐小学校

『創立五十周年記念誌』大阪市立常磐小学校　昭和三七

『ときわ　創立六十周年記念誌』大阪市立常磐小学校　昭和四七

『常磐七十年のあゆみ』大阪市立常磐小学校　昭和五七

『わたしたちの常磐　副読本』大阪市立常磐小学校　昭和六〇

『わたしたちの常磐　創立百周年』大阪市立常磐小学校　平成二四

『創立百周年記念誌』大阪市立常磐小学校　平成二四

●安立小学校

『卒業記念』大阪市安立尋常高等小学校　昭和一三

『あんりゅう　創立七十周年記念』大阪市立安立小学校　昭和五五

『八十周年記念誌　あんりゅう』大阪市立安立小学校　平成二年二月

『平成八年度　学校要覧』大阪市立安立小学校　平成八

●墨江小学校

『墨江　創立百周年記念』大阪市立墨江小学校　昭和四七

●遠里小野小学校

『をりおの　創立十五周年記念誌』大阪市立遠里小野小学校ＰＴＡ　昭和二八

『おりおの　Ｎｏ十四』大阪市立遠里小野小学校　昭和四〇

『おりおの　創立三十周年記念誌』大阪市立遠里小野小学校創立三十

周年記念誌編集委員会　昭和四三
『おりおの　創立四十周年記念誌』大阪市立遠里小野小学校創立四十
周年記念誌編集委員会　昭和五二
『おりおの　創立五十周年記念誌』大阪市立遠里小野小学校　昭和六二
『遠里小野　創立六十周年記念誌』大阪市立遠里小野小学校　平成九
『遠里小野　創立七十周年記念誌』大阪市立遠里小野小学校　平成一九
●住吉小学校
『学校要覧』大阪市立住吉小学校　昭和二九
『住吉小学校』大阪市立住吉小学校　昭和四二
『住吉小　創立八十周年記念誌』大阪市立住吉小学校　昭和六三
『創立九十周年記念誌』大阪市立住吉小学校　平成一〇
●高松小学校
『たかまつ　創立五十周年記念誌』大阪市立高松小学校　昭和五〇
『高松　創立八十周年記念誌』大阪市立高松小学校　平成一七
●田辺小学校
『田辺　創立九十周年記念』大阪市立田辺小学校　昭和三八
『学校要覧』大阪市立田辺小学校　昭和三八
『田辺百年のあゆみ』大阪市立田辺小学校　昭和四八
『田辺　創立百十周年記念誌』大阪市立田辺小学校　昭和五八
『わたしたちの町田辺　創立百四十周年記念誌』大阪市立田辺小学校
平成二五
●長池小学校
『創立三十周年記念誌』大阪市立長池小学校　昭和三四
『長池　創立四十周年記』大阪市立長池小学校　昭和四三
『長池　創立五十周年記念』大阪市立長池小学校　昭和五四
●長居小学校
『ながい七十周年記念』大阪市立長居小学校　昭和四〇
『ながい　創立八十周年記念』大阪市立長居小学校創立八十周年記念
事業委員会　昭和五〇
『ながい　創立百周年記念誌』大阪市立長居小学校　平成七
●平野小学校
『創立八十周年記念』平野小学校ＰＴＡ　昭和二七
『わたしたちの大阪』大阪市立平野小学校　昭和三七
『郷土　ひらの』大阪市立平野小学校　昭和三七
『創立九十年記念誌』大阪市立平野小学校　昭和三八
『平野百年のあゆみ』大阪市立平野小学校　昭和四七
●平野西小学校
『学校要覧　Ｎｏ三』大阪市立平野西小学校　昭和三八
『学校要覧　Ｎｏ五』大阪市立平野西小学校　昭和四〇
『創立三五周年記念誌』大阪市立平野西小学校創立三五周年記念誌編
集委員会　昭和四八
『創立五十周年記念誌』大阪市立平野西小学校創立五十周年記念委員
会　昭和六三
●南百済小学校
『創立八十周年記念誌』大阪市立南百済小学校　昭和二九
『歴史的に見た南百済』南百済小学校　昭和三五
『みなみくだら創立九十周年記念誌　百年の歩み』大阪市立南百済小
学校　昭和三九
『百年のあゆみ』大阪市立南百済小学校　昭和四九
『南百済　創立百十周年　屋内体育館等竣工記念誌』大阪市立南百済
小学校　昭和五九
『南百済　創立百二十周年記念誌』大阪市立南百済小学校　平成六
『創立百三十周年記念誌』大阪市立南百済小学校　平成一六
『創立百四十周年記念』大阪市立南百済小学校　平成二六
●南田辺小学校
『南田辺教育』大阪市立南田辺尋常小学校　昭和一二

『学校要覧』大阪市立南田辺小学校　昭和三八
『創立二十周年増築落成記念誌』大阪市立南田辺小学校　昭和四二
『三十周年記念誌』大阪市立南田辺小学校　昭和四二

• 丸山小学校

『要覧　まるやま』大阪市立丸山小学校　昭和四五
『六十　丸山　創立六十周年記念誌』大阪市立丸山小学校　昭和五四

• 阿倍野小学校

『みそじの歩み』大阪市立阿倍野小学校　昭和二八
『あべの創立四十周年記念』大阪市立阿倍野小学校　昭和三八
『創立五十周年記念』大阪市立阿倍野小学校　昭和四八

西淀川区

• 伝法小学校

『でんぽう　創立九十周年記念誌』大阪市立伝法小学校　昭和三八
『創立百周年記念誌』大阪市立伝法小学校　昭和四八
『伝法小学校百十年のあゆみ』大阪市立伝法小学校　昭和五八
『伝法　創立百十周年記念』大阪市立伝法小学校創立百十周年記念事業委員会　昭和五八
『伝法　わたしたちの町と学校』大阪市立伝法小学校創立百二十周年記念誌部　平成五

• 鷺州（鷺州第一）小学校

『創立六五周年記念』大阪市立鷺州小学校　昭和三八
『さぎす　創立八十周年記念誌』大阪市立鷺州小学校創立八十周年記念事業委員会　昭和五三
『校舎落成記念』大阪市立鷺洲小学校校舎建設委員会　昭和六一
『鷺洲　創立百周年記念誌』大阪市立鷺洲小学校創立百周年記念事業委員会　平成一〇
『わたしたちの鷺洲』大阪市立鷺洲小学校創立百周年記念事業委員会　平成一〇

• 海老江西（鷺州第二）小学校

『平成六年度　学校要覧』大阪市立海老江西小学校　平成六
『海西　創立六十周年記念誌』大阪市立海老江西小学校　昭和四九
『創立五十周年記念』大阪市立海老江西小学校　昭和三八
『わがまち海老江』大阪市立海老江西小学校　平成三
『海西　創立八十周年記念誌』大阪市立海老江西小学校創立八十周年記念事業委員会　平成六
『海西　創立百周年記念誌』大阪市立海老江西小学校創立百周年記念事業委員会　平成二六

• 浦江小学校

『学校要覧』大阪市立浦江小学校　昭和三七

• 柏里小学校

『柏里　創立五十周年記念誌』大阪市立柏里小学校五十周年記念事業委員会　昭和四九
『柏里　創立八十周年記念誌』大阪市柏里小学校　平成一六
『柏里　創立九十周年記念誌』大阪市立柏里小学校　平成二六

• 海老江東小学校

『創立五十周年記念誌』大阪市立海老江東小学校創立五十周年記念事業実行委員会　昭和五八
『北校舎　講堂　プール竣工　創立六十周年記念誌』大阪市立海老江東小学校北校舎　講堂　プール竣工創立六十周年記事業委員会　平成五
『創立八十周年記念誌』大阪市立海老江東小学校創立八十周年記念事業委員会　平成二五

• 川北小学校

『九十年のあゆみ』大阪市立川北小学校　昭和三八
『百年のあゆみ　かわきた』大阪市立川北小学校創立百周年記念誌編

集委員会　昭和四八
『創立百三十周年記念誌』大阪市立川北小学校　平成一五
•大和田小学校
『大和田　創立百周年記念誌』大阪市立大和田小学校創立百周年記念事業委員会　昭和四九
『創立百三十周年記念誌』大阪市立大和田小学校創立百三十周年記念事業委員会　平成一六
•佃小学校
『佃　九十年史』大阪市立佃小学校　昭和三九
『つくだ　創立百周年記念』大阪市立佃小学校創立百周年記念事業委員会　昭和四九
『竣工・開校百三十周年記念誌　佃』大阪市立佃小学校竣工・開校百三十周年記念事業運営委員会　平成一五
『佃　創立百四十周年記念誌』大阪市立佃小学校百四十周年記念事業運営委員会　平成二五
•香簑小学校
『香簑』大阪市立香簑小学校　昭和四九
•野里小学校
『学校沿革誌』大阪市立野里小学校　昭和四〇
『五十年のあゆみ』大阪市立野里小学校　昭和四五
『野里　わたしたちの学校と町』大阪市立野里小学校　昭和五五
•姫島小学校
『ひめじま　創立九十周年記念誌』大阪市立姫島小学校創立九十周年記念誌編集委員会　昭和三九
『ひめじま　創立百周年記念誌』大阪市立姫島小学校創立百周年記念実行委員会　昭和四九
『ひめじま　わたしたちの学校と町　学校が生まれて百年』大阪市立姫島小学校　昭和四九
•福小学校
『ふく　創立七十周年記念誌』大阪市立福小学校　昭和四〇
『福　わたしたちの学校とまち　創立八十周年記念誌』大阪市立福小学校創立八十周年記念行事委員会　昭和五四
『わたしたちの福町　福小　創立百周年記念』大阪市立福小学校創立百周年記念事業実行委員会　平成一一

大正区

•泉尾東小学校
『創立八十周年記念誌』大阪市立泉尾東小学校八十周年記念誌委員昭和三〇
『記念誌』大阪市立泉尾東小学校　昭和三五
『泉尾東九十年誌』大阪市立泉尾東小学校九十年記念事業委員会　昭和四〇
『創立百周年記念誌』大阪市立泉尾東小学校　昭和五〇
•泉尾北小学校
『いずおきた　創立五十周年記念』大阪市立泉尾北小学校ＰＴＡ創立五十周年記念行事委員会　昭和四〇
『創立七十周年記念誌』大阪市立泉尾北小学校創立七十周年記念事業委員会　昭和五九
『創立八十周年北校舎・講堂・屋上プール竣工記念誌』大阪市立泉尾北小学校創立八十周年北校舎・講堂・屋上プール竣工記念事業委員会平成六
•中泉尾小学校
『創立四十周年記念誌』大阪市立中泉尾小学校　昭和三九
『創立八十周年』大阪市立中泉尾小学校　平成一六
『創立九十周年記念誌　さらなる未来へ』大阪市立中泉尾小学校創立九十周年記念誌委員会　平成二六

・北恩加島小学校
『沿革の栞　五十周年誌』大阪市立北恩加島小学校　昭和四七
『北恩加島小学校六十年の歩み』大阪市立加島小学校　昭和五七
・三軒家東小学校
『学校要覧』大阪市立三軒家東小学校
『三軒家東　わたしたちの町』大阪市立三軒家東小学校　昭和五一
『創立百周年記念誌』大阪市立三軒家東小学校創立百周年記念事業委員会　昭和五〇
『百周年記念集』大阪市立三軒家東小学校　昭和五二
三軒家西小学校
『創立五十周年記念誌』大阪市立三軒家西小学校創立五十周年記念事業委員会　昭和四一
・鶴町小学校
『鶴町　六十周年記念誌』大阪市立鶴町小学校創立六十周年記念委員会　昭和五六
『つるまち教育』大阪市立鶴町小学校　昭和三七
『つるまち　鶴町小学校創立六十周年鶴浜小学校開校記念誌』大阪市立鶴町小学校　昭和五六
『つるまち教育』大阪市立鶴町小学校　昭和四二
『つるまち　創立七十周年記念誌』大阪市立鶴町小学校　平成三
『つるまち　創立八十周年記念誌』大阪市立鶴町小学校　平成一三
・南恩加島小学校
『四十年の歩み』大阪市立南恩加島小学校　昭和三九
『南恩加島五十年史』大阪市立南恩加島小学校　昭和四九
『南恩加島　わたしたちの町』大阪市立南恩加島小学校　昭和五九
『南恩加島　六十年史』大阪市立南恩加島小学校　昭和五九
『南恩加島九十周年記念誌』大阪市立南恩加島小学校　平成二六

浪速区

・難波河原小学校
『絵はがき　落成記念　大阪市浪速区難波河原尋常小学校　同実科女学校』大阪市浪速区難波河原尋常小学校　昭和四
・難波元町小学校
石川一夫『元町幼稚園　元町小学校　戦前史』昭和五八
『創立70周年記念誌「もとまち」』大阪市立元町小学校創立70周年記念事業委員会　昭和五一
『もとまち　創立五十年誌』大阪市立元町小学校　昭和三一
『創立百十周年記念誌　別冊』大阪市立難波元町小学校　昭和六二
『難波元町　統合十周年記念誌』大阪市立難波小学校統合十周年記念祝賀・事業委員会　平成七
・難波塩草小学校
『塩草　校舎竣工記念要覧』大阪市立塩草小学校　昭和六一
・難波芦原小学校
『九十周年記念誌』大阪市立難波小学校　昭和三九
『難波』大阪市立難波小学校創立百周年事業委員会　昭和四九
『難波　創立百十周年記念祝典』大阪市立難波小学校創立百十周年事業委員会　昭和五九年『難波　難波小学校百十年の栄光』大阪市立難波小学校　昭和六二
・敷津小学校
『開校十周年記念』新聞　大阪市立敷津小学校　昭和二八
『敷津　創立百周年記念』大阪市立敷津小学校創立百周年記念事業委員会　昭和四九
・大国小学校
『創立五十年誌』大阪市立大国小学校内創立五十種運江記念事業委員会　昭和二九
『大国教育　六十年のあゆみ』大阪市立大国小学校　昭和三八

『創立百周年記念誌』大阪市立大国小学校　平成一六

・栄第一小学校

『栄第一尋常高等小学校新築落成記念帖』栄第一尋常高等小学校　昭和三

『学校要覧　一九六九』大阪市立栄小学校　昭和四五

『さかえ　栄小学校百周年記念誌』大阪市立栄小学校　昭和四七

『栄え小学校編年記　一』大阪市立栄小学校　昭和四八

『さかえ』大阪市立栄小学校　昭和五〇

・恵美第一小学校

『恵美八十周年誌』大阪市立恵美小学校　昭和二八

『恵美　創立百周年記念誌』大阪市立恵美小学校　昭和四八

東成区

・生野小学校

『八十年の回顧』大阪市立生野小学校　昭和三一

『生野百周年記念誌』大阪市立生野小学校創立百周年記念事業委員会　昭和五一

『創立百周年記念式典写真集』大阪市立生野小学校創立百周年記念事業委員会　昭和五二

・東桃谷小学校

『わたしたちの町生野』大阪市立生野小学校　昭和六二

『東桃谷　校舎落成・創立三十周年記念号』大阪市立東桃谷小学校　昭和三五

『東桃谷　創立五十周年記念』大阪市立東桃谷小学校創立五十周年記念事業委員会　昭和五四

・林寺小学校

『はやしでら　一九六一年版』大阪市立林寺小学校　昭和三六

『はやしでら　創立三十周年記念』大阪市立林寺小学校　昭和三九

『はやしでら　創立五十周年記念誌』大阪市立林寺小学校創立五十周年記念事業委員会　昭和五九

・今里小学校

『創立三十周年　本館新築落成記念沿革誌』大阪市立今里小学校　昭和三五

『いまざと　学校要覧』大阪市立今里小学校　昭和四五

『いまざと　創立四十周年記念』大阪市立今里小学校　昭和四五

『今里　創立五十周年記念誌』大阪市立今里小学校創立五十周年記念事業実行委員会　昭和五五

・鶴橋小学校

『鶴橋小学校八十年のあゆみ』大阪市立鶴橋小学校八十周年記念祝賀委員会　昭和三一

『鶴橋』大阪市立鶴橋小学校創立百周年記念事業委員会　昭和五〇

・北鶴橋小学校

『北つる　創立五十周年』大阪市立北鶴橋小学校　昭和四三

・大成小学校

『創立五十周年記念誌　たいせい』大阪市立大成小学校五十周年事業委員会記念誌編集委員会　昭和四七

『大成　創立六十周年記念誌』大阪市立大成小学校　昭和五七

『たいせい　創立八十周年記念誌』大阪市立大成小学校八十周年記念事業委員会　平成一四

・御幸森小学校

『学校要覧』大阪市立御幸森小学校　昭和四二

『みゆきもり　創立五十周年記念誌』大阪市立御幸森小学校　昭和四九

・勝山小学校

『創立四十周年記念誌』大阪市立勝山小学校　昭和四二

『かつやま　五十周年記念誌』大阪市立勝山小学校創立五十周年記念事業委員会　昭和五二

『わたしたちのまち』大阪市立勝山小学校　昭和五二

・神路小学校

『記念誌　第2期校舎落成　創立八十周年』大阪市立神路小学校　昭和三八

『私たちのふるさとと学校　創立百周年記念誌』大阪市立神路小学校創立百周年記念事業委員会　昭和五七

『神路　創立百二十周年記念誌』大阪市立神路小学校　平成一四

・小路小学校

『創立百周年記念誌』大阪市立小路小学校百周年記念事業委員会　昭和四八

・中川小学校

『新校舎落成　創立四十周年記念　学校要覧』大阪市立中川小学校　昭和四六

『中川　創立五十周年記念誌』大阪市立中川小学校創立五十周年記念事業委員会　昭和五六

・中本小学校

『創立八十周年記念誌』大阪市立中本小学校　昭和四三

・中道小学校

『なかみち』大阪市立中道小学校　昭和四〇

・中浜小学校

『創立五十周年記念誌』大阪市立中浜小学校　昭和四〇

『七十年のあゆみ』大阪市立中浜小学校　昭和六〇

・北中道小学校

『きたなかみち　創立小学校五十周年　幼稚園五周年記念誌』大阪市立北中道小学校　大阪市立北中道幼稚園　昭和四五

・東小橋小学校

『創立三十周年記念』大阪市立東小橋小学校　昭和三七

・東中川小学校

『二五年のあゆみ』大阪市市立東中川小学校　昭和四〇

・東中本小学校

『ひがしなかもと　創立二十周年記念誌』大阪市立東中本小学校　昭和三三

『創立三十周年記念誌』大阪市立東中本小学校創立三十周年記念誌編集委員会　昭和四四

『東中本　創立五十周年記念誌一九八七』大阪市立東中本小学校　昭和六二

・深江小学校

『記念誌　創立三十周年』大阪市立深江小学校　昭和四四

東淀川区

・大隅小学校

『創立九十周年記念誌』大阪市立大隅小学校　昭和三八

『大隅』大阪市立大隅小学校創立百周年記念委員会　昭和四八

・神津小学校

『学校要覧』大阪市立神津小学校　昭和四八

『神津　創立百周年記念誌』大阪市立神津小学校創立百周年事業委員会　昭和六〇

・木川小学校

『創立五十周年記念誌』大阪市立木川小学校創立五十周年記念誌編集委員会　昭和六一

『パンフレット　七十歳になった木川小学校　大阪市立木川小学校七十周年記念』大阪市立木川小学校　平成一八

・北中島小学校

『沿革略史　創立八十周年』大阪市立北中島小学校　昭和二九

『創立九十周年記念誌』大阪市立北中島小学校　昭和四〇

『北中島　創立百周年記念誌』大阪市立北中島小学校創立百周年記念事業委員会　昭和五〇
•啓発小学校
『啓発　再開二十周年のしおり』大阪市立啓発小学校　昭和四四
『啓発　創立九十周年記念』大阪市立啓発小学校創立九十周年記念事業実行委員会　平成四
•東淡路小学校
『創立四十周年記念誌』大阪市立東淡路小学校　昭和四〇
『創立五十周年記念誌』大阪市立東淡路小学校　昭和五〇
『東淡路　六十年のあゆみ』大阪市立東淡路小学校　昭和六〇
『東淡路　創立七十周年記念誌』大阪市立東淡路小学校　平成七
•西淡路小学校
『西淡路　創立二十周年記念誌』大阪市立西淡路小学校　昭和二九
『にしあわじ　創立三十周年記念』大阪市立西淡路小学校　昭和三九
『西淡路　創立五十周年記念』大阪市立西淡路小学校　昭和五九
•十三小学校
『十三　創立五十周年記念誌』大阪市立十三小学校五十周年記念事業委員会　昭和五一
•新庄小学校
『創立百周年記念誌』大阪市立新庄小学校　昭和五〇
•菅原小学校
『校下のうつりかわり』大阪市立菅原小学校　昭和三〇
『すがわら　第二資料集』大阪市立菅原小学校　昭和四六
『本校PTAの歩み　表彰記念誌』大阪市立菅原小学校　昭和四〇
『菅原　創立三十周年記念誌』大阪市立菅原小学校　昭和四三
『すがはら　創立四十周年・PTA結成三十周年記念』大阪市立菅原小学校創立四十周年　昭和五三
『すがはら　学校創立五十周年PTA結成四十周年記念誌』大阪市立菅原小学校　平成元
•豊崎本庄小学校
『百年のあゆみ』大阪市立豊崎本庄小学校　昭和五〇
•豊仁小学校
『学校要覧』大阪市立豊仁小学校　昭和三八
『学校要覧』大阪市立豊仁小学校　昭和四〇
『ほうじん　創立百周年記念誌』大阪市立豊仁小学校　平成一四
•豊崎小学校
『学校要覧』大阪市立豊崎小学校　昭和四〇
•豊崎東小学校
『豊崎東　五十周年』大阪市立豊崎東小学校　昭和四二
『豊崎東　創立六十周年記念誌』大阪市立豊崎東小学校創立六十周年並びに校舎落成記念事業委員会記念誌部　昭和五二
『わたしたちの町　豊崎東』大阪市立豊崎東小学校　平成九
•豊里小学校
『九十周年記念誌』大阪市立豊里小学校　昭和四〇
『豊里百年』大阪市立豊里小学校　昭和四九
•中津第一小学校
『九十年史』大阪市立中津小学校　昭和三九
•中津南小学校
『中津南小学校の沿革』大阪市立中津南小学校　昭和四一
『学校要覧』大阪市立中津南小学校　昭和四〇
『学校要覧』大阪市立中津南小学校　昭和三八
『学校要覧　創立七十周年記念』大阪市立中津南小学校　昭和六一
•三国小学校
『三国のびゆく　五十年の歴史のあしあと』三国小学校創立五十周年記念委員会　昭和五四
『三国　創立五十周年記念誌別冊』大阪市立三国小学校　昭和五四

『のびゆく三国　創立七十周年記念誌』大阪市立三国小学校創立七十周年実行委員会　平成一一

•三津屋小学校

『新校舎落成祝賀記念』大阪市立三津屋小学校　昭和四〇

『祝・新校舎落成』大阪市三津屋小学校　昭和四七

『三津屋　創立五十周年記念誌』大阪市立三津屋小学校　昭和五三

西成区

•粉浜小学校

『のびゆく粉浜　創立九十周年』大阪市立粉浜小学校　昭和四二

『粉浜　創立百周年記念誌』大阪市立粉浜小学校　昭和五二

『粉浜』大阪市立粉浜小学校　昭和五二

『粉浜　創立百二十周年記念誌』大阪市立粉浜小学校創立百二十周年記念事業委員会　平成九

•東粉浜小学校

『ひがしこはま　創立三十年記念誌』大阪市立東粉浜小学校　昭和三五

『ひがしこはま　創立四十周年記念誌』大阪市立東粉浜小学校創立四十周年記念事業委員会　昭和四六

『東粉浜　創立五十周年記念誌』大阪市立東粉浜小学校五十周年記念事業委員会　昭和五五

•津守小学校

『つもり九十』大阪市立津守小学校　昭和四〇

『つもり』大阪市立津守小学校　昭和五〇

『津守　創立百年記念』大阪市立津守小学校　昭和五〇

『津守　津守小学校閉校記念誌』大阪市立津守小学校閉校記念誌委員会　平成二七

•南津守小学校

『四十周年記念誌』大阪市立南津守小学校　昭和四〇

『わたしたちの学校と町のあゆみ　創立五十周年記念』大阪市立南津守小学校　昭和四九

•北津守小学校

『北津守　創立四十周年記念プール竣工』大阪市立北津守小学校　昭和三九

『つもり　九十』大阪市立北津守小学校　昭和四〇

『北津守』大阪市立北津守小学校　昭和五〇

•梅南小学校

『講堂落成記念　学校要覧』大阪市立梅南小学校　昭和三九

『ばいなん　創立四十周年記念誌』大阪市立梅南小学校創立四十周年並びに全校舎鉄筋化完成記念事業委員会　昭和五四

『わたしたちのまちばいなん』大阪市立梅南小学校　昭和六三

『ばいなん　創立五十周年記念誌』大阪市立梅南小学校創立五十周年記念事業委員会　昭和六三

•玉出小学校

『創立百周年記念誌』大阪市立玉出小学校　昭和四八

•岸里小学校

『絵はがき　全校舎竣工記念』大阪市立岸里小学校　昭和三四

『五十年史』大阪市立岸里小学校　昭和三八

『岸里　創立六十周年記念誌』大阪市立岸里小学校　昭和四八

『岸里　昭和五七年度学校要覧』大阪市立岸里小学校　昭和五七

『岸里　創立七十周年記念誌』大阪市立岸里小学校　昭和五八

『創立八十周年記念誌』大阪市立岸里小学校　平成五

『わたしたちの岸里』大阪市立岸里小学校　平成二五

『岸里小学校の百年』大阪市立岸里小学校　平成二六

•千本小学校

『校舎増築落成記念　学校要覧』大阪市立千本小学校　昭和三三

『創立六十周年記念誌』大阪市立千本小学校　昭和五六

『千本　創立八十周年記念誌』大阪市立千本小学校　平成一二
『わたしたちの千本』大阪市立千本小学校創立八十周年記念事業委員会　平成一二

•弘治小学校
『今宮第一小学校落成記念書譜』大阪市立弘治尋常小学校　昭和一一

•長橋小学校
『学校要覧』大阪市立長橋小学校　昭和三八
『大阪市立長橋小学校創立五十周年要覧』大阪市立長橋小学校　昭和四一

•萩之茶屋（今宮第三）小学校
『伸び行く喜び　創立四十五周年講堂落成記念』大阪市立萩之茶屋小学校　昭和三八
『萩之茶屋の教育第二集　希望への歩み』大阪市立萩之茶屋小学校　昭和三七
『五十周年記念誌』大阪市立萩之茶屋小学校　昭和四二
『大阪市立萩之茶屋小学校閉校記念誌』大阪市立萩之茶屋小学校　平成二七

•今宮小学校
『さようなら今宮小学校これからよろしく新今宮小学校』今宮小学校統合移転閉校記念事業実行委員会　平成二七

•橘小学校
『増築校舎落成記念』大阪市立橘小学校　昭和三四
『特別教室校舎増築記念』大阪市立橘小学校　昭和三九
『校舎増築落成記念　学校要覧』大阪市立橘小学校　昭和四三
『橘　創立五十周年記念誌』大阪市立橘小学校　昭和四七
『創立六十周年記念』大阪市立橘小学校　昭和五七
『橘　創立七十周年記念誌』大阪市立橘小学校　平成四

•松之宮小学校
『まつのみや』大阪市立松之宮小学校　昭和五二
『松之宮　創立五十周年記念誌』大阪市立松之宮小学校　昭和五二

港区

•九条東小学校
『九条東九十年のあゆみ』大阪市立九条東小学校　昭和四九
『わたしたちの町九条』大阪市立九条東小学校創立百周年記念行事委員会　昭和四九
『創立百周年記念によせて』大阪市立九条東小学校創立百周年記念行事委員会　昭和四九
『大阪市立九条東小学校講堂・体育館・特別教室落成並びに創立百十周年記念誌』大阪市立九条東小学校　昭和五九
『創立百二十周年記念誌』大阪市立九条東小学校　平成七

•九条南小学校
『創立九十周年記念誌』大阪市立九条南小学校創立九十周年記念事業委員会　平成四
『創立百周年記念誌』大阪市立九条南小学校　平成一四
『ふるさと九条南　創立百十周年記念読本』大阪市立九条南小学校　平成二四
『創立百十周年記念誌』大阪市立九条南小学校創立百十周年記念事業委員会　平成二四

•九条北小学校
『創立五十周年記念誌』大阪市立九条北小学校創立五十周年記念委員会　昭和四四
『九条北　六十年の歩み』大阪市立九条北小学校　昭和五四

•市岡小学校
『平成六年度　学校要覧』大阪市立市岡小学校　平成六

『学校要覧』大阪市立市岡小学校　昭和三八

・磯路小学校
『わが校のあゆみ』大阪市立磯路小学校　昭和三五
『いそじ　創立三十周年記念誌』大阪市立磯路小学校　昭和四二
『いそじ　創立五十周年記念誌』大阪市立磯路小学校創立五十周年記念事業委員会　昭和六二
『磯路　創立七十周年記念誌』磯路小学校創立七十周年記念事業委員会　平成二〇

・三先小学校
『みさき　四十周年記念』大阪市立三先小学校　昭和三五
『創立五十周年記念　みさき』大阪市立三先小学校　昭和五四

・田中小学校
『学校要覧』大阪市立田中小学校　昭和三九
『学校要覧』大阪市立田中小学校　昭和五六
『創立五十周年記念誌』大阪市立田中小学校　平成一一

・築港北小学校
『学校要覧　創立十五周年記念号』大阪市立築港小学校　昭和四三
『創立十五周年記念　ちっこう』大阪市立築港小学校　昭和四三
『ちっこう』大阪市立築港小学校　昭和三九
『ちっこう´七八・四　創立二五周年記念誌』大阪市立築港小学校　昭和五三

・築港南小学校
『校報南庭　大阪市築港南尋常高等小学校』築港南小学校後援会　昭和六年から昭和一五
『本校創立二十周年記念誌』大阪市築港南尋常高等小学校　昭和七

・波除小学校
『波除創立二十周年記念誌』大阪市立波除小学校創立二十周年記念事業委員会　昭和四七
『なみよけ　創立五十周年記念誌』大阪市立波除小学校創立五十周年記念事業委員会　平成一五

・南市岡小学校
『平成五年度　学校要覧』大阪市立南市岡小学校　平成五
『ふるさと南市岡』大阪市立南市岡小学校　平成五

・八幡屋小学校
『やはたや　創立五十周年記念』大阪市立八幡屋小学校　昭和四九
『八幡屋　講堂・体育館・特別教室落成創立六十周年記念誌』創立六十周年講堂・体育館落成記念事業委員会　昭和五九
『パンフレット　八幡屋小学校　創立八十周年記念』大阪市立八幡屋小学校　平成一七

旭区

・城東小学校
『城東新聞　創立七十周年記念号』大阪市立城東小学校　昭和三八
『城東　八十周年記念誌』大阪市立城東小学校　昭和四八
『城東　九十年のあゆみ』大阪市立城東小学校　昭和五八
『城東　創立百周年記念誌』大阪市立城東小学校　平成五

・諏訪小学校
『諏訪　創立四十周年記念』大阪市立諏訪小学校　昭和四二
『諏訪　創立五十周年記念』大阪市立諏訪小学校　昭和五二
『わたしたちの町諏訪』大阪市立諏訪小学校　昭和六二
『創立八十周年記念誌』大阪市立諏訪小学校創立八十周年記念事業委員会　平成一九

・城北小学校
『城北　第二号』大阪市立城北小学校　大正一〇
『あゆみ　創立六十周年記念』大阪市立城北小学校　昭和三九
『しろきた　創立八十周年記念誌』大阪市立城北小学校　昭和五七

・淀川小学校

『創立五十周年記念誌』大阪市立淀川小学校　昭和四六

・鯰江小学校

『創立百周年記念　鯰江』大阪市立鯰江小学校　昭和四九

『わたしたちの町　わたしたちの鯰江小学校』大阪市立鯰江小学校創立百四十周年記念事業委員会　平成二六

・聖賢小学校

『聖賢　創立五十周年記念』大阪市立聖賢小学校　昭和四三

『聖賢　創立六十周年記念誌』大阪市立聖賢小学校六十周年記念事業委員会　昭和五三

『聖賢　創立七十周年記念誌』大阪市立聖賢小学校　昭和六三

『わたしたちの町聖賢』大阪市立聖賢小学校　昭和六三

『創立八十周年記念誌』大阪市立聖賢小学校八十周年記念事業委員会　平成一〇

『創立九十周年記念誌』大阪市立聖賢小学校　平成二〇

・今福小学校

『学校要覧』大阪市立今福小学校　昭和四一

『今福』大阪市立今福小学校　昭和五六

『Imafuku』大阪市立今福小学校六十周年記念事業委員会　平成三

『今福　創立七十周年記念誌』大阪市立今福小学校創立七十周年記念事業委員会　平成一三

『今福　創立八十周年記念誌』大阪市立今福小学校創立八十周年記念事業委員会　平成二五

・榎並小学校

『えなみ　創立九十周年記念』大阪市立榎並小学校　昭和四一

『えなみ　創立百周年記念誌』大阪市立榎並小学校百周年記念事業推進委員会　昭和五一

大森久治『榎並と野江』昭和五一

『えなみ　創立百十周年記念誌』大阪市立榎並小学校創立百十周年記念事業推進委員会　昭和六一

『えなみ　創立百二十周年記念誌』大阪市立榎並小学校創立百二十周年記念事業委員会　平成八

『えなみ　創立百三十周年記念誌』大阪市立榎並小学校創立百三十周年記念事業委員会　平成一八

『えなみ　創立百四十周年記念誌』大阪市立榎並小学校創立百四十周年記念事業委員会　平成二八

・榎本小学校

『えのもと一九六九　創立六十周年記念誌』大阪市立榎本小学校　昭和四四

『えのもと』大阪市立榎本小学校創立七十周年記念行事委員会　昭和五四

・古市小学校

『学校要覧　講堂落成記念　創立四十周年記念』大阪市立古市小学校　昭和三八

『ふるいち』大阪市立古市小学校創立記念事業委員会　昭和四八

『ふるいち』大阪市立古市小学校記念事業推進委員会　昭和五七

・大淀小学校

『五十周年記念』大阪市立大淀小学校　昭和四三

『学校要覧　創立六十周年』大阪市立大淀小学校　昭和五三

・清水小学校

『本校の要覧』大阪市立清水小学校　昭和三五

『清水　校舎落成記念』大阪市立清水小学校　昭和五二

・鴫野小学校

『しぎ乃　創立三五周年記念』大阪市立鴫野小学校　昭和四二

『しぎの　創立五十周年記念誌』大阪市立鴫野小学校　昭和五八

『創立七十周年記念誌』大阪市立鴫野小学校創立七十周年記念事業委

員会　平成一五

•大宮小学校

『創立三十周年』大阪市立大宮小学校　昭和三八

『学校要覧』大阪市立大宮小学校　昭和四七

『創立五十周年記念誌』大阪市立大宮小学校創立五十周年記念事業実行委員会　昭和五八

『わがまち大宮　創立六十周年記念』大阪市立大宮小学校　平成四

•淡路小学校

『学校要覧』大阪市立淡路小学校　昭和四一

『パンフレット　淡路の町と小学校の歴史年表』大阪市立淡路小学校　昭和六〇

•九条小学校

『わたしたちの町九条』大阪市立九条小学校　昭和四九

『創立百周年記念誌』大阪市立九条小学校　昭和四九

•姫里小学校

『創立二十周年記念誌』大阪市立姫里小学校　昭和三七

『ひめさと　創立三十周年』大阪市立姫里小学校　昭和五二

『ひめさと　創立四十周年記念誌』大阪市立姫里小学校　昭和五七

『わたしたちの学校と町　姫里』大阪市立姫里小学校創立五十周年記念事業委員会　平成四

『ひめさと　創立五十周年記念誌』大阪市立姫里小学校創立五十周年記念事業委員会　平成四

『ひめさと　創立七十周年記念誌』大阪市立姫里小学校創立七十周年記念誌編集委員会　平成二四

•西船場小学校

『西船場教育　九十年のあしあと』大阪市立西船場小学校　昭和三七年から昭和四〇

『百年の歩み』大阪市立西船場小学校　昭和四七

《学校建築に関する文献》

青木正夫『建築計画学八学校Ⅰ』丸善　昭和五一

大倉三郎「学校建築偶感」『建築と社会』第一三巻　二号　日本建築協会　昭和五

川島智生『近代京都における小学校建築』ミネルヴァ書房　平成二七

木村幸一郎「窓の形と室内照度の関係に就いて」『建築雑誌』第五六三号　昭和七

喜多明人『学校施設の歴史と法制』エイデル研究所　昭和六一

教育実際社編纂『優良小学校施設状況』宝文館　明治四二

建築学参考図刊委員会編纂『学校建築参考図集』建築学会　昭和九

肥沼健次『鉄筋混凝土校舎と設備』洪洋社　昭和二

後藤慶二「鉄筋コンクリートに於ける建築様式の動機」『建築知識』第一巻第一号　昭和二

近藤栄、堀勇良『日本の建築　明治大正昭和　十日本のモダニズム』株式会社三省堂　昭和五六

坂静雄「小学校建築の改善」『大大阪』第一〇巻第一一号　昭和九

宗兵蔵「巻頭言」『建築と社会』第一三巻　二号　日本建築協会　昭和五

高砂恒三郎『財産合理化大阪市学区問題』大同書院　昭和六

林野全孝「愛珠幼稚園舎の建築」『愛珠幼稚園百年史』昭和五五

冨士岡重一「大阪市小学校校舎の実状と其計画の大要」『建築と社会』第一三巻　二号　日本建築協会　昭和五

菅野誠『日本の学校建築』文教ニュース社　昭和四八

菅野誠・佐藤譲『日本の学校建築』文教ニュース社　昭和五八

菅野誠・佐藤譲『日本の学校建築・資料編』文教ニュース社　昭和五八

日本建築協会編『学校建築図集』日本建築協会　昭和五

日本建築協会編『学校建築図集　続』日本建築協会　昭和九

平山嵩による「建築物の昼光照明に関する研究」昭和一四

藤岡洋保「東京市立小学校における初期の鉄筋コンクリート造校舎に

ついて」『日本建築学会学術講演梗概集』昭和五四
藤岡洋保「関東大震災と東京市営繕組織」『日本建築学会論文報告集』第二九六号　昭和五五
古茂田甲午郎『東京市の小学校建築』日本建築学会　昭和二
峰弥太郎『現代小学校の建築と設備』洪洋社　大正一四
『小学校の模範的設備』小学教育研究会、大正六
冨士岡重一「昭和四年に於ける学校建築の趨勢」『建築と社会』昭和四
冨士岡重一「最近大阪市小学校建築の新傾向」『大大阪』第七巻第七号　昭和六
『昭和八、九、十年度事業（第九回教育公債）小学校設備一件書類』教育部庶務課　昭和七
雑誌『デザイン』創生社　昭和四
雑誌「鉄筋コンクリートの校舎」『セメント界彙報』日本ポーランドセメント同業会　第一一五号　大正一四
雑誌「大阪市の小学校は全部三階鉄筋混凝土にて」『セメント界彙報』日本ポーランドセメント同業会　第一〇〇号　大正一三
雑誌「大阪市木造小学校建築の耐震構造」『建築と社会』昭和四
山口廣『日本の建築　明治大正昭和　六都市の精華』三省堂　昭和五四
山口廣『自由様式への道　建築家安井武雄伝』南洋堂　昭和五九

《近代建築に関する文献》

佐々木武一『近代建築画譜』近代建築画譜刊行会　昭和一一
石田潤一郎『関西の近代建築』中央公論美術出版　平成八
海野弘『モダンシティ大阪』創元社　昭和六二
稲垣栄三『日本の近代建築―その成立過程』丸善　昭和三四
江村恒一『建築の細部参考写真集　第壱輯』創生社　大正一五
坂本勝比古『日本の建築　明治大正昭和　五商都のデザイン』株式会社三省堂　昭和五五
高杉造酒太郎『明治大正建築写真聚覧』日本建築学会　昭和一一
谷川正己『日本の建築　明治大正昭和　九ライトの遺産』株式会社三省堂　昭和五五
ブルーノ・タウト・篠田英雄訳『日本―タウトの日記Ｉ』岩波書店　昭和二五
村松貞次郎『日本科学技術史体系　第一七巻・建築技術』第一法規出版　昭和三九
村松貞次郎・近江栄『近代和風建築』鹿島出版会　昭和六三
近藤豊『明治初期の擬洋風建築の研究』理工学社　平成一一
初田亨『近代和風建築』鹿島出版会、昭和六三
藤森照信『都市　建築』岩波書店　平成二
藤原恵洋『日本の近代建築における和風意匠の歴史的研究』東京大学博士学位論文　昭和六二
藤森照信ほか『図でみる都市建築の大正』柏書房株式会社　平成四
雑誌『インターナショナル建築』第二年第二号　昭和五
『建築家　渡辺節』社団法人大阪府建築士会　昭和四四
雑誌『建築と社会』第一七輯第一一号　昭和九年一一号
『建築年鑑』昭和一三年版、昭和一四年版、昭和一五年版
『日本建築協会会員名簿』日本建築協会　大正一五
『分離派建築会第三　一九二四』岩波書店　大正一三
雑誌『建築と社会』第十三輯第一号　日本建築協会　昭和一〇

《教育に関する文献》

大森久治『明治の小学校』泰流社　昭和四八
賀川豊彦『空中征服』改造社　大正一一
倉沢剛『小学校の歴史Ⅲ　府県小学校の成立過程・前編』ジャパンライブラリービューロー
鬼洞文庫蔵『大阪府教育百年史第三巻史料編二』昭和四七
『日本教育史　資料七』文部省　臨川書店　昭和四五

『日本近代教育百年史三　学校教育（一）』国立教育研究所編　昭和四九
『文部省第三年報』（『大阪府教育百年史第一巻概説編』）大阪教育委員会　昭和四八
『大阪市学事統計』大阪市　明治三八／大正九／昭和一〇／昭和一五

《近代大阪に関する文献》

磯村英一『區の研究』市政人社　昭和一一
芝村篤樹『日本近代都市の成立―1920・30年代の大阪―』松籟社　平成一〇
岡本良一・守屋毅『明治大正図誌一一巻大阪』筑摩書房　昭和五三
大久保透『最近之大阪市及其付近』明治四四
『大阪市風水害誌』大阪市　昭和一〇
『昭和大阪市史文化編』大阪市役所　昭和二八
『昭和二年版　大阪市職員録』昭和二
『昭和三年版　大阪市職員録』昭和三
『新修大阪市史第五巻』大阪市　平成三
『新修大阪市史第六巻』大阪市　平成六
『大正一四年度大阪市教育要覧』大正一四
『大阪市制九十年の歩み』大阪市総務局　昭和五四
『大阪市域拡張史』大阪市役所　昭和一〇
雑誌『大大阪』第二巻第十号
『行幸記念光栄録』行幸記念光栄録編纂所　昭和四
山中永之佑『近代市制と都市名望家』大阪大学出版会　平成七
『大阪都市地図　明治前期・昭和前期』柏書房株式会社　一九九五

《大阪の学校に関する文献》

赤塚康雄『なにわの学校物語　消えたわが母校』柘植書房　平成七
赤塚康雄『なにわの学校物語　続消えたわが母校』柘植書房新社　平成一二
上島直之「大阪市校園の復興振り」『大大阪』第一三巻第三号　昭和一二
上島直之「小学校復興と二部教授撤廃」『大大阪』第一一巻第七号　昭和一〇
小山仁示『改訂大阪大空襲　大阪が壊滅した日』東方出版　昭和六〇
松下孝昭「大阪市学区廃止問題の展開」『日本史研究』二九一号　昭和六一
『大阪朝日新聞』昭和九
『大阪市会会議禄』昭和九
『大阪市会史　第一八巻』大阪市　大正一二
『大阪市会史　第一九巻』大正一三
『大阪市会史　第二一巻』大正一五
『大阪市会史　第二二巻』昭和四八
『大阪市会史　第二四巻』昭和五五
『大阪市学校復校起工誌』大阪市役所臨時校園建設所　昭和一〇
『大阪市学事統計』大阪市　大正九
『大阪市会議録』昭和一二
『大阪市財政要覧』大阪市　昭和二
『大阪市史史料』第二輯　大阪市　昭和五五
「大阪市職員録」昭和九年、昭和一〇年から昭和一七
『大阪市広報』第五七二号　大正一二
『大阪日報』明治八年一二月
『大阪市立教育機関沿革史料』大阪市教育研究所　昭和五八
新聞「大阪時事新報」昭和九年一〇月
『大阪府・京神地区学校大観　一九六八年版』株式会社教育情報社　昭和四二
『大阪市衛星都市学校大観』教育情報社　昭和三三
『大阪市政』大阪市役所　昭和一一

『大阪市今昔写真集　西南部版』樹林舎　平成二一
『大阪市今昔写真集　東南部版』樹林舎　平成二一
『大阪市今昔写真集　北部版』樹林舎　平成二二
『写真集　おおさか百年』サンケイ新聞社　昭和六二
『近代大阪の五十年』財団法人大阪都市協会　昭和五一
『目で見る大阪市の百年　上巻』株式会社郷土出版社　平成一〇
『ふるさとの想い出写真集　明治大正昭和　大阪（上）』株式会社国書刊行会　昭和六〇

《区史に関する文献》

『旭区史』旭区創設五十周年記念事業実施委員会　昭和五八
『阿倍野区史』阿倍野区市域編入三十周年記念事業委員会　昭和三一
『生野区誌』生野区創設十周年記念事業実施委員会　昭和二八
『大淀区史』財団法人　大淀コミュニティ教会　大淀区史編集委員会　昭和六三
『北区史』北区制百周年記念事業実行委員会　昭和五五
『此花区史』大阪市此花区三十周年記念事業委員会　昭和三〇
『城東区史』城東区史編纂委員会　昭和四九
『大阪市制百周年記念　写真で見る　此花区』市制百周年記念事業此花区実行委員会　平成二
『新北区・中央区の発足　大阪市行政区再編成の記録』大阪市市民局　平成二
『住吉区史』住吉区制七十周年記念事業実行委員会　平成八
『大正区史』大正区制施行五十周年記念事業委員会　昭和五八
『天王寺区史』天王寺区制三十周年記念事業委員会　昭和三〇
『東區史　第二巻　行政編』大阪市東區法円坂町外百五十七箇町區会　昭和一五
『東区会史』東区役所　昭和一九
『東住吉区史』東住吉区創設十五周年四カ村編入三周年記念事業委員会　昭和三六
『東成区史』東成区創設三十周年記念事業実行委員会　昭和三二
『浪速区史』浪速区役所　昭和三二
『南北堀江誌』南北堀江誌刊行会　昭和四
『南區志』大阪市南区役所　昭和三
『続・南区史』大阪市南区役所　昭和五七
『南北堀江誌』南北堀江誌刊行会　昭和四
『西区史　第一巻』大阪市西区役所　昭和一八
『西区史　第三巻』西区史刊行委員会　昭和五四
『西淀川区史』西淀川区制七十周年記念事業実行委員会　平成八
『西成区史』西成区役所　昭和四三
『東住吉区史』東住吉区創設十五周年四カ村編入三周年記念事業委員会　昭和三六
『東淀川区史』東淀川区創設三十周年記念事業委員会　昭和三一
『福島区史』福島区制施行五十周年記念事業実行委員会　平成五
『港区誌』大阪市港区創設三十周年記念事業委員会　昭和三一
『都島区十年の歩み』都島区創設十周年記念事業委員会　昭和二八

《伊藤正文の論文並びに著書》

「大阪市における小学校校舎の保健的設計実施報告」『建築雑誌』第六四三号　昭和一三
「学童の快感帯と教室調温規準の設定」『建築学研究』昭和一三
「換気筒を有する鉄筋コンクリート造教室の自然換気量に就て」『建築学会論文集』第三号　昭和一一
「教室内気流の模型実験」『建築学会論文集』第三号　昭和一一
「教室の採光方法に関する一研究」『建築学会大会論文集』昭和一一
「教室新採光法の実施成績」『建築学会論文集』第七号　昭和一二

「教室内の太陽紫外線照射分布に就て」『建築雑誌論文集』第四号　昭和一二
「教室内の積塵量と通気機構に依るその分布変化」『建築学会大会論文集』昭和一三
「教室の飛塵量測定」『建築学会論文集』第八号　昭和一三
「教室内の飛塵量とその濃度分布」『建築学会論文集』第一〇号　昭和一三
「建築に於ける日本的性格に対する基礎的観点」『建築と社会』第二〇輯第七号　昭和一二
『建築保健工学・第一部』産業図書　昭和二三
「校舎衛生に関する主要問題の論及」『建築学研究』第九二号　昭和一四
『国民学校』相模書房　昭和一六
「小学校新校舎の採光」『大大阪』第一二巻第四号　昭和一一
『小学校建築を如何に改良すべきか』住宅改良会出版部　昭和一〇
「日射に対する教室構造の防暑効果」『建築学会論文集』第一二号　昭和一四
「日本に於けるインターナショナル建築」『インターナショナル建築』第三巻第五号　昭和六
「暖房時に於ける教室の Hopper 通気法吟味」『建築学会論文集』第六号　昭和一二
「Hopper 通気経路に関する実験的吟味」『建築学会論文集』第一一号　昭和一三
「Hopper 通気による教室の換気方法に関する研究」『建築学会大会論文集』昭和一二
「Hopper 窓の機構」『建築と社会』第二〇輯第四号　昭和一二

あとがき

本書は一九八五年から一九九七年までの一二年間におこなった大阪市の小学校研究の成果をもとにして、その後の新たな研究を加え、まとめたものである。明治五年（一八七二）から昭和一六年（一九四一）の間に大阪に建てられた小学校を建築史学の観点で考究した。視角としてプランや意匠など建築物本体、設計をおこなった建築家、経営母体の学区制度と校舎建設経緯、標準化と設計手法などを設定し解明を図った。

筆者は大阪市にくわえて京都市・神戸市の計三都市の小学校を対象に、『近代日本における小学校建築の研究』としてまとめ、博士学位請求論文として一九九八年に京都工芸繊維大学に提出した。以来一九年が瞬く間に過ぎて、今春にようやく一冊の本として世に問うことが出来て、感無量の気持ちになっている。

昨春に単行本にまとめることが決まり二十年間のブランクを経て、再び大阪の小学校建築に向かい合うことになった。だが大阪には本物の校舎の建物は何一つ残っていない。厳密には北天満小学校が一校あるが、解体撤去の予定とされる。あるのは二〇数年前に現地調査をおこなった時の記憶と、その時に集めた文献史料だけであった。研究を開始したのは三十年も前のことだから、細部についての記憶は明確ではなく、設計者も含めて当事者はみな鬼籍に入って誰も聞く人はいない。取材ノートや写真を手掛かりに再構築を試みた。長い歳月は忘却の一方で、これまでみえなかったことを浮上させ、新しい発見を盛り込むことができた。そのひとつが明治村に千早赤阪小学校講堂として移築された第一盈進高等小学校のことで、この建物は明治期大阪の小学校建築の唯一の遺構であり、文献の再調査により今まで不明であった来歴の位置付けが出来た。

大阪の小学校の研究者として、一番の痛恨は戦前期までの鉄筋コンクリート造校舎がただ一校も残らなかったことだ。研究を開始した昭和六〇年の時点では一〇〇校以上が残っていたが、ちょうどその頃大阪の中心部では児童数激減を受けた統廃合の嵐にあって、毎年のように小学校校舎の解体がおこなわれていた。同時に耐用年数の六十年を迎えつつあり、建替えが加速していた。

京都や東京、神戸では戦前期までの校舎は転用されて保存活用されている。大阪は歴史的な建造物が残りにくい土地柄なのか。そのことを考える際に手掛かりになることがある。学校統廃合の歴史であり、大阪ほど統廃合が激しかった都市はなかった。このことは大阪の町の社会構造により大きな変化があったことを反映している。昭和一五年（一九四〇）の時点で、大阪市には計二五三校の小学校があった。その七年後の昭和二二年（一九四七）では一五〇校になった。すなわち一〇三校が消滅していた。鉄筋コンクリート造校舎は戦前に一六四校完成していた。なぜこれほどまでに多くの小学校が廃校になったのか。それは東京市の小学校が関東大震災復興で旧市街地ではほぼすべての小学校で総鉄筋コンクリート造になったのに対して、大阪市の小学校では昭和一一年（一九三六）の時点で、総鉄筋コンクリート造は三二校しかなく、木鉄混合が五六校、木造だけが一五六校であり、木造の割合が多かったことを反映している。昭和二〇年（一九四五）の時点で、二七七校のうち一四七校が焼失していた。また小学校の元学区（昭和二二年で廃止）の町が空襲で消滅し、人口が激減していたことが関係する。浪速区と港区では空襲前の人口のわずか数％に激減しており、東区、西区、南区、都島区、天王寺区でも十数％になっており、当然児童数が激減し、休校を余儀なくされたという一面もあった。さらに戦中に船場や汎愛などの豪華な小学校校舎が中学校や商業学校に転用され、小学校としては廃校になった。つまり京都の学区小学校のように学区のアイデンティティが持続できずに、大阪では早い時期に希薄になっていたことも指摘できる。

さて筆者は二十数年前に愛日・西天満・堀川・曽根崎・道仁・精華・金甌・桃園・桃谷・御津・本田・集英・北大江など十数校の調査を実施し、小学校空間として存在していた時に立ち会えた。この時の印象は今も強く残っており、新規に書き加えた。本原稿をすべて書き終えた冬の朝、すべては忘却の彼方へ消え去る。敢えて時間の流れに抗い、書き残すことだけが歴史をつくっていくものだという心境に至った。

振り返れば二十数年前には戦前期までの校舎設計の当事者が存命していた。本多正道、中川匠、福山良三、山田邦夫、吉本一夫らであった。とくに本多正道からは多くの歴史的証言を得た。来日して間もない時期にブルーノ・タウトを新設校で竣工前の北田辺小学校に案内した事実を御教示いただいた。また多くの建築家の遺族に出会っている。伊藤正文、増田清、国枝博、横浜勉、池田実、冨士岡重一、波江悌夫、熊澤栄太郎、千賀正人、佐古律郎、井手正雄らがいる。今は亡くなった上林博雄、光崎育利の両先生には研究でお世話になった。大阪市都市整備局の武井幸雄氏、分離派建築会研究者の菊地潤氏、大阪市立中央図書館、上宮高校、清水建設、安井建築設計事務所、大阪市立南小学校・中央小学校・開平小学校には史料提供などで協力を得た。

本刊行は日本学術振興会平成二八年度科学研究費補助金（研究成果公開促進費、JSPS KAKENHI Grant Number JP16HP5250）によるものです。大阪大学出版会の大西愛氏には感謝する次第である。

平成二九年一月一七日

川島智生

初出一覧

川島智生「大阪市立小学校校舎の鉄筋コンクリート造の普及過程に関する研究」『日本建築学会近畿支部研究報告集』平成六年

川島智生「大正期大阪市における鉄筋コンクリート造小学校の成立と学区制度との関連について」『日本建築学会計画系論文報告集』第四八六号　平成八年

川島智生「大正期大阪市の鉄筋コンクリート造小学校の成立と民間建築家との関連について」『日本建築学会計画系論文報告集』第四八九号　二一三－二二二頁　一九九六年　一一月

川島智生「明治初期大阪における擬洋風小学校校舎について」『日本建築学会大会学術講演梗概集』平成八年

川島智生「明治中期大阪市小学校校舎の和風意匠について」『日本建築学会計画系論文報告集』第四九五号　平成九年

川島智生「昭和戦前期の大阪市における小学校建築の研究─臨時校園建設所の組織とその建築について」『建築史学』第三一号　平成一〇年

川島智生「小学校建築の近代（一～二一）『建設通信新聞』平成一三年・平成一四年

川島智生「一九二〇年代・鉄筋コンクリートの「スタイル」探求─建築家・増田清による「剛接アーチ」空間─『まちなみ』第二九巻　第三三九号　平成一七年

川島智生「大阪市における大正昭和初期の鉄筋コンクリート造校舎について─町民自治の賜「学区小学校」の建築」『文教施設』第三九号　文教施設協会　平成二二年

川島智生「町人が作った小学校とその建築美」『「大阪の学校」草創期を読む』ブレーンセンター　平成二七年

川島智生「一九二〇年代大阪市学区小学校の建築特質と校舎のその後①─船場（旧東区）の先駆的校舎の一群と一九四〇年代の過酷な統廃合」『文教施設』第六四号　文教施設協会　平成二八年

川島智生「一九二〇年代大阪市学区小学校の建築特質と校舎のその後②─島之内（旧南区）の先駆的校舎の一群と一九四〇年代の過酷な統廃合」『文教施設』第六五号　文教施設協会　平成二九年

人名索引

あ 行

か 行

さ 行

た 行

な 行

は 行

ま 行

や 行

わ 行

事項索引

あ 行

か 行

さ 行

た 行

な 行

は 行

ま行

や行

ら行

わ行

建築名索引

あ 行

か 行

さ 行

た 行

な　行

は　行

ま　行

川島 智生（かわしま　ともお）

1957年生まれ　大阪工業大学建築学科卒業
1998年　京都工芸繊維大学大学院工芸科学研究科博士後期課程修了。
　神戸女学院大学講師、京都大学研修員を経て、
現　在　京都華頂大学現代家政学部教授。専門は日本近代建築史。
　博士（学術）。
著　作　『民藝運動と建築』共著、淡交社、2010
　『近代奈良の建築家・岩崎平太郎の仕事—武田五一・亀岡末吉とともに』淡交社、2011
　『近代日本のビール醸造史と産業遺産』淡交社。2013
　『関西のモダニズム建築』共著、2014
　『近代京都における小学校建築』ミネルヴァ書房、2015
　『「大阪の学校」草創期を読む』共著、株式会社ブレーンセンター、2015
　『日本帝国の表徴』えにし書房、2016

近代大阪の小学校建築史

2017年2月28日　初版第1刷発行　［検印廃止］

著　者　川島智生

発行所　大阪大学出版会
代表者　三成賢次

〒565-0871　吹田市山田丘2-7
大阪大学ウエストフロント
TEL（代表）06-6877-1614
FAX　06-6877-1617
URL　http://www.osaka-up.or.jp

印刷・製本　尼崎印刷株式会社

ISBN 978-4-87259-579-6 C3052